敬　启

尊敬的各位老师：

感谢您多年来对中国政法大学出版社的支持与厚爱，我们将定期举办答谢教师回馈活动，详情见我社网址：www.cuplpress.com 中的教师专区或拨打咨询热线：010-58908302。

我们期待各位老师与我们联系

·北京市高等教育精品教材立项项目·

外国刑事诉讼法

主编 卞建林 刘 玫

中国政法大学出版社

主 编 简 介

卞建林 中国政法大学教授，诉讼法学和证据法学博士研究生导师，法学博士，教育部普通高等学校人文社会科学重点研究基地中国政法大学诉讼法学研究院院长，兼任中国法学会刑事诉讼法学研究会会长，国务院学位委员会法学学科评议组成员。主要研究领域为刑事诉讼法学、证据法学、比较刑事司法制度。代表性成果有《刑事起诉制度的理论与实践》、《刑事诉讼的现代化》、《刑事证明理论》等。主编《刑事诉讼法学》、《证据法学》等教材。主编的《刑事证明理论》一书曾获北京市第九届哲学社会科学优秀成果一等奖。

刘 玫 中国政法大学教授，硕士研究生导师，法学博士，中国政法大学刑事诉讼法研究所所长，兼任中国法学会刑事诉讼法学研究会理事，兼职律师。主要研究领域为诉讼法学和证据法学。任教以来，以本科生、双学士、硕士研究生为基本授课对象，共系统讲授刑事诉讼法学、证据法学、外国刑事诉讼法、港澳台刑事诉讼法等多门课程。代表性成果有《香港与内地刑事诉讼制度比较研究》（独著）、《传闻证据规则及其在中国刑事诉讼中的适用》（独著）。主编《刑事诉讼法学》教材多部。

编 写 说 明

本教材面向法学专业本科学生、诉讼法专业研究生以及其他法律工作者,供其学习、研究外国刑事诉讼法之用。"他山之石,可以攻玉",要改革和完善我国的刑事诉讼制度,离不开对外国相关制度的研究和借鉴。为此,本书选择了当今世界上具有代表性的八个国家,力求对其刑事诉讼制度作比较系统、客观、全面的介绍,并特别关注相关国家近年来刑事诉讼法的改革情况。

本书选写了英国、美国、加拿大、法国、德国、日本、意大利和俄罗斯等八个国家的刑事司法制度和诉讼程序。从法律渊源和司法传统来说,英国、美国代表英美法系,以普通法、习惯法为主,加拿大也属于这一法系,与英国、美国不同,加拿大有成文的刑事法典,而且刑事实体法与刑事程序法合一。法国、德国则是大陆法系的代表性国家。日本传统上秉承大陆法系的立法模式,第二次世界大战以后,大量吸收英美法系内容,因此其呈现出典型的混合模式特征。20世纪80年代末,意大利刑事诉讼制度改革后也表现出与日本相同的趋势。而俄罗斯的刑事诉讼法律制度,既不同于英美法系,又有别于大陆法系,有其自身的特点,并对我国的刑事诉讼制度有深刻影响。鉴于上述各国的刑事诉讼法律制度各具特色,都有一定的代表性,本书选择这八个国家加以介绍,以便读者学习、研究和比较。此外,为了便于读者对外国刑事司法制度与刑事诉讼程序的沿革、现状及发展有比较全面的了解和整体的印象,我们编写了外国刑事诉讼法概述一章,概要介绍了外国刑事诉讼法的历史演变、当代通行的刑事诉讼原则以及刑事诉讼法的发展趋势。

本书两位主编曾分别多次作为访问学者出国考察和访问,国外留学、访问的经历使其得以亲身感受当今世界上法治发达国家的司法制度,从而对外国刑事诉讼法有一个感性认识。在此基础上,两位主编结合近年来国内外的有关研究资料和文献,完成此书。

特别需要指出的是,中国政法大学比较法研究所讲师、毕业于俄罗斯圣彼得堡国立大学的元铁博士,和现就读于法国埃克斯-马赛大学的诉讼法博士研究生施鹏鹏，受邀参与了本书俄罗斯、法国部分的撰写，为本书增色不少。非常感谢他们。此外，在本书写作过程中，宋桂兰、田力男、李晶、郭鑫、倪润、胡钰娟等，参与并付出了辛勤的劳动，在此一并表示衷心的感谢。

本书的缺点和错误，祈请各位同行和学友斧正。

编　者
2008 年 9 月

目 录

■ **第一章 外国刑事诉讼法概述** ……………………………………………… (1)
    第一节 外国刑事诉讼法的历史沿革 ……………………………………… (1)
    第二节 外国刑事诉讼原则 ………………………………………………… (8)
    第三节 外国刑事诉讼法的一般发展趋势 ………………………………… (13)

■ **第二章 英国刑事诉讼法** …………………………………………………… (16)
    第一节 英国刑事诉讼法的历史沿革和法律渊源 ………………………… (16)
    第二节 英国刑事司法组织 ………………………………………………… (19)
    第三节 英国的法官制度和陪审制度 ……………………………………… (25)
    第四节 英国刑事诉讼程序 ………………………………………………… (28)
    第五节 英国刑事证据制度 ………………………………………………… (44)

■ **第三章 美国刑事诉讼法** …………………………………………………… (51)
    第一节 美国刑事诉讼制度的历史沿革 …………………………………… (51)
    第二节 美国的刑事司法组织 ……………………………………………… (59)
    第三节 美国刑事诉讼程序 ………………………………………………… (69)
    第四节 美国刑事证据规则 ………………………………………………… (83)

■ **第四章 加拿大刑事诉讼法** ………………………………………………… (97)
    第一节 加拿大刑事司法制度的历史沿革 ………………………………… (97)
    第二节 加拿大刑事司法组织 ……………………………………………… (100)
    第三节 加拿大刑事诉讼程序 ……………………………………………… (106)
    第四节 加拿大证据制度 …………………………………………………… (123)

■ **第五章 法国刑事诉讼法** …………………………………………………… (128)
    第一节 法国刑事诉讼法的历史沿革 ……………………………………… (128)
    第二节 法国刑事司法组织 ………………………………………………… (134)
    第三节 法国刑事诉讼程序 ………………………………………………… (148)

第四节　法国刑事证据制度 …………………………………………（184）
■第六章　德国刑事诉讼法 ……………………………………………（189）
　　第一节　德国刑事诉讼法的历史沿革 …………………………………（189）
　　第二节　德国刑事司法组织 ……………………………………………（194）
　　第三节　德国刑事诉讼程序 ……………………………………………（200）
　　第四节　德国刑事证据制度 ……………………………………………（223）
■第七章　日本刑事诉讼法 ……………………………………………（233）
　　第一节　日本刑事诉讼法的历史沿革和特点 …………………………（233）
　　第二节　日本刑事司法组织 ……………………………………………（236）
　　第三节　日本刑事诉讼程序 ……………………………………………（245）
　　第四节　日本刑事证据制度 ……………………………………………（268）
■第八章　意大利刑事诉讼法 …………………………………………（282）
　　第一节　意大利刑事诉讼法的历史沿革 ………………………………（282）
　　第二节　意大利刑事司法组织 …………………………………………（288）
　　第三节　意大利刑事强制措施 …………………………………………（292）
　　第四节　意大利刑事诉讼程序 …………………………………………（298）
　　第五节　意大利刑事证据制度 …………………………………………（318）
■第九章　俄罗斯刑事诉讼法 …………………………………………（326）
　　第一节　俄罗斯刑事司法制度的历史沿革 ……………………………（326）
　　第二节　俄罗斯刑事司法组织 …………………………………………（329）
　　第三节　俄罗斯刑事诉讼程序 …………………………………………（336）
　　第四节　俄罗斯刑事证据制度 …………………………………………（357）
■主要参考书目 …………………………………………………………（362）

第一章 外国刑事诉讼法概述

第一节 外国刑事诉讼法的历史沿革

一、外国古代弹劾式诉讼制度和神示证据制度

弹劾式诉讼盛行于奴隶制时期，是人类司法史上最早的诉讼模式，主要实行于古巴比伦、古希腊、古罗马以及封建社会初期的一些国家中。所谓弹劾式诉讼制度，就是个人享有控告犯罪的绝对权利，国家审判机关不主动追究犯罪，而是以居中裁判者的身份处理刑事案件。这种诉讼制度是人类摒弃原始血亲复仇制度后采用的第一种诉讼形态，其产生在很大程度上受当时生产力极端低下的初级生产关系的制约和原始氏族社会解决纠纷的传统方式的影响。其主要特征是：

1. 国家没有专门的追诉犯罪的机关，对犯罪的控诉由公民个人承担。通常，被害人或其代理人作为原告向法院直接提起控诉，只有当原告起诉后，法院才受理并进行审判。没有原告，法院不主动追究。按古罗马时期的表述，即"无原告即无法官"，也就是实行"不告不理"原则。传唤被告及证人的义务由原告承担。例如，《萨利克法典》第3条规定："凡传唤别人到法庭者，应偕同证人，一同到被传唤人家，如本人不在，应使其妻子或其他家属通知他本人，前赴法庭。"

2. 原告和被告的诉讼地位平等，享有同等权利，承担同等义务。案件审理程序通常是由原告提出控诉的理由和证据，再由被告提出反对的理由和证据，然后由法官作出判断。例如在古雅典，案件在审判时先宣读原告的控诉书，再宣读被告的反驳书，然后由双方当事人发言和进行辩论，当事人也可以请懂法律的人为自己辩解，最后由法官作出判决。

3. 法院或其他裁判机构在诉讼中处于消极的裁判地位。法官在接到被害人或其代理人的控诉后，不进行专门的调查，不主动收集证据，只是在开庭审理时听取原被告双方的陈述和辩论，以原被告双方提供的证据为依据作出裁判。

弹劾式刑事诉讼制度具有的主要优点，一是明确区分了控诉和审判的职能，有利于防止法官集控诉和审判权于一身，独断专行，滥用职权。二是原告和被告诉讼地位平等，双方可以在法庭上进行平等的对抗和辩论，有利于法官听取双方意见，居中裁断，从而有利于案件的公正处理。但这种诉讼模式将追诉犯罪的权力完全赋予被害人或其他公民个人行使，使国家在追究犯罪的问题上处于相对被动的地位，必然影响对犯罪的有效追究和及时惩罚。而且法官在法庭审理时过于消极的态度，也不利于准确查明案情，正确裁判。

与弹劾式的诉讼模式相适应，当时实行神示证据制度。所谓神示证据制度，是指法官根据神的启示、借助神的力量来判断是非曲直，确定诉讼争议。由于当时生产力发展水平极其落后，人对客观世界的认识能力极其有限，因此人们将神奉为生灵万象的创造者，是自然界和人世间万事万物的主宰者，认为神无所不知，无所不能，神的意志是公正和正义的象征，是判断是非、解决纷争的标准。对于诉讼中难以查明的事实或不易决断的争端，便以各种方式诉之于神，凭借神的力量来确定争议事项的真伪，判断诉讼双方的是非。

神示证据制度的证明方式是形形色色、多种多样的，它与不同国家、不同地区的宗教信仰和图腾崇拜有密切关系。诅誓、水审、火审等，是神示证据制度中经常采用的一些证明方法。诅誓，即当事人或证人对神盟誓，保证陈述的内容是真实的。由于他们笃信神的力量，认为欺骗了神就必定要受到神的惩罚，确认诅誓具有证明的效力。例如，著名的古巴比伦王国《汉穆拉比法典》第131条规定："倘自由民之妻被其夫发誓诬陷，而她并未被破获有与其他男人同寝之事，则她应对神宣誓，并得回其家。"水审、火审，是指通过一定的方式使当事人或证人接受水和火的考验，借助神的启示来判定当事人或证人对案情的陈述是否真实，被告人是否有罪。据有关记载，水审有采用将被告人投入水中，或者将其手伸入沸水或油锅中，如果被淹死或烫伤，则证明被告人陈述不实或有罪；如果无恙，则证明其所述真实或无罪。例如，古巴比伦《汉穆拉比法典》第2条规定："设若某人控他人行妖术，而又不能证实此事，则被控行妖术的人应走近河边，投入河中。如果他被河水制服，则揭发者可以取得他的房屋；反之，如果河水为他剖白，使之安然无恙，则控他行妖术的人应处死，而投河者取得揭发者的房屋。"火审是用火或烧热的金属对嫌疑人进行考验。例如，9世纪法兰克人的《麦玛威法》中规定："凡犯盗窃罪，必须交付审判。如在神判中为火所灼伤，即认为不能经受火审的考验，处以死刑。反之，如不为火所灼伤，则可允许其主人代付罚金，免处死刑。"

二、外国中世纪纠问式诉讼制度和法定证据制度

公元476年西罗马帝国灭亡后，欧洲逐步进入封建时代，史称"中世纪"。中世纪后期，为巩固中央集权君主专制统治，加强对农民起义和异己力量的镇压，欧洲大陆国家普遍实行纠问式的诉讼制度。所谓纠问式诉讼制度，是指国家司法机关对犯罪行为，不论是否有被害人控告，均依职权主动进行追究和审判的诉讼制度，其典型代表是德国1532年的《加洛林纳法典》和法国1539年的《法兰索瓦一世令》。英国在君主专制时期的星座法庭，实行的也是纠问式诉讼。纠问式诉讼的主要特点是：

1. 对刑事案件的追究不再取决于被害人的控告，而是由司法机关主动追究犯罪。也就是说，握有司法权力的官员一旦发现犯罪，无论被害人是否提出控告，都可以依职权主动追究并进行审判。只要能够揭发和惩治犯罪，权力怎样使用都可以。由于没

有专门的侦查起诉机关，对犯罪的侦查、控诉和审判权合一，司法官员权力极度膨胀。

2. 对被告人实行有罪推定，被告人沦为诉讼客体，成为刑讯逼供的对象。在纠问式诉讼中，某个人一旦被指控或怀疑犯罪，在没有确实证据或依诉讼程序证明犯罪之前，先假定其有罪并将其作为罪犯对待。在有罪推定的情况下，被告人不是诉讼的主体，而是诉讼的客体，是被追究的对象。被告人口供是定罪的主要依据，为了逼取口供，对被告人广泛采用刑讯逼供。刑讯逼供制度化、合法化，是纠问式诉讼的显著特点。例如，在法兰克王国的纠问式程序中，对被告人要进行两次拷打。第一次是在侦查期间，逼使他承认犯罪；第二次是在判刑以后，逼使他供出共犯。

3. 由于纠问式诉讼的审理不允许当事人在法庭上辩论，审讯通常又不公开进行，判决主要以审讯被告人的书面记录或被告人的书面供词为根据，因此这种诉讼模式下的审理又被称做书面审理主义或间接审理主义。

纠问式诉讼是适应王权不断加强、封建领主对农民的镇压日益残酷的需要而产生的，是封建专制极权在诉讼中的表现。与原始弹劾式诉讼相比，在诉讼的民主性方面无疑是倒退了，但它确立追究犯罪的职责应由国家机关承担的原则，则是诉讼历史发展的必然。

在欧洲大陆中世纪封建国家实行纠问式诉讼时，在证据方面采用法定证据制度，又称形式证据制度。法定证据制度的主要特征是，不同种类的证据的证明力大小以及它们的取舍和运用，由法律预先加以规定。法律对证据证明力和运用规则的规定，主要是根据证据的形式，而不是证据的内容。法官无权按照自己的判断来分析评价证据，运用证据认定案情需要符合法律规定的各种形式性的规则。此外，法定证据制度带有明显的封建等级特权的印记，公然因证人身份的高低贵贱而区分其证言的证明力。

法定证据的主要内容就是对证据按其形式进行分类，把证据分成完全的和不完全的。一个完全的证据，就是确定案件事实、判断被告人有罪的充分依据。不完全的证据可以作为被告人有犯罪嫌疑、应受刑讯拷问的根据。不完全的证据又分为不太完全的、多一半完全的和少一半完全的证据，几个不完全的证据凑在一起可以构成一个完全的证据。在1857年的《俄罗斯帝国法规全书》中，列入完全证据的有：①受审人的坦白是所有证据中最好的证据；②书面证据；③亲自勘验；④具有专门知识的人的证明；⑤与案件无关的人的证明。列入不完全证据的有：①受审人相互间的攀供；②询问四邻得知的犯罪嫌疑人的个人情况和行为；③实施犯罪行为的要件；④表白自己的宣誓。

法定证据制度还对诉讼中经常出现的一些证据形式，如被告人口供、证人证言、书证等，明确规定了收集和判断的规则。特别是被告人口供，被认为是全部证据中最有价值和最完全的证据，是"证据之王"，对案件的判决起决定性的作用，因此，对如何取得和运用被告人口供，有具体而详尽的规定。由于法律过于强调被告人口供的证据价值，侦查人员和审判人员便千方百计采取一切办法来获取这种"证据之王"，刑讯逼供成为封建时期各国刑事诉讼中普遍采用的方法，成为纠问式诉讼和法定证据制度的重要特征。

法定证据制度在中世纪后期欧洲大陆国家的出现，是与当时中央集权的君主专制国家为打破地方封建割据、限制地方司法权力而创设全国统一的司法体系相呼应的，对消除各地在诉讼中运用证据的混乱状况具有积极的意义。同时，法定证据制度中的一些规则，在一定程度上总结和反映了当时运用证据的某些经验，与神示证据制度相比，是证据制度发展史上的一大进步。但是，法定证据制度搞形而上学，将证据的内容与形式割裂，把审理个案中运用证据的局部经验当做适用于一切案件的普遍规律，把某些证据形式上和表面上的一些特征作为评价这类证据证明力的绝对标准，以法律的形式预先规定法官断案必须遵守的死板规则，从而束缚了法官的手脚，使他们在办案过程中不能从实际情况出发去运用证据查明案件事实真相。特别是法定证据制度把被告人口供规定为最好的证据，是"证据之王"，由此导致了刑讯逼供的盛行。

三、外国近现代辩论式诉讼制度和自由心证制度

资产阶级革命开创了人类历史的新篇章，也将包括诉讼制度的法制的发展推进到了一个新的历史阶段。主张民主、自由、人权的资产阶级在夺取政权的斗争中对封建纠问式诉讼的专制和黑暗进行了猛烈的抨击，在夺取政权后对原有的刑事诉讼程序加以扬弃和改造，建立起新的辩论式诉讼制度。较之封建纠问式的诉讼制度，其主要变革在于：

（1）起诉与审判职能分开，实行不告不理。刑事案件的侦查由警察机关进行或者由检察机关指挥警察进行，侦查终结后对犯罪嫌疑人的起诉由检察机关进行或者由检察机关委派公职律师进行。法院不再承担控诉犯罪的职责，而是专门负责对刑事案件进行审判。在起诉与审判的关系上实行不告不理原则。侦查是起诉的准备，起诉是审判的前提，只有经合法有效的起诉，法院才能开始审判活动，而且审理不能超出起诉书指控的范围。从而克服了纠问式诉讼中起诉、审判合为一体的弊端，保证了审判的客观公正。

（2）实行无罪推定原则，被告人享有广泛的诉讼权利。在被告人未经法庭审判正式确定为有罪之前，先假定其无罪。被告人不再是诉讼的客体，而是诉讼的主体，法律赋予其以辩护权为核心的广泛的诉讼权利。被告人有权获得律师的帮助，有权保持沉默，刑讯逼供被禁止，被告人的人格尊严和诉讼权利得到法律的确认和维护。

（3）控诉、辩护、审判三角分立，构建刑事诉讼的基本结构。控诉人、被告人都是诉讼的当事人，与法院一起构成诉讼的主体。公诉人或自诉人履行控诉职能，被告人、辩护人履行辩护职能，法院履行审判职能。控辩双方在平等的地位上互相对抗，法院在此基础上居中裁断。这就是近现代刑事诉讼的基本结构模式。

由于法律传统和法律文化的差异，在资本主义刑事诉讼基本结构共性的基础之上，大陆法系国家与英美法系国家在历史演变的进程中各自形成了具有自身特点的诉讼制度。在诉讼理论上，称大陆法系国家的诉讼模式为"职权主义诉讼"，又称"审问制"（Inquisitorial System），其主要特点是注重发挥侦查机关、检察机关和审判机关在刑事诉讼中的职权作用，特别是法官在审判中的主动指挥作用；称英美法系国家的诉讼模式为

"当事人主义诉讼",又称"对抗制"(Adversary System),主要强调双方当事人在诉讼中的主体地位,使其在诉讼中积极主动争辩对抗,而审判机关相对消极,处于居中裁判的地位。

具体说来,大陆法系职权主义诉讼程序的基本状况为:

(1) 警察、检察官和其他有侦查权的官员依职权主动追究犯罪。在大陆法系国家,对犯罪的侦查通常由检察机关进行,或者由检察机关指挥司法警察或刑事警察进行。《法国刑事诉讼法》第一编"负责公诉与预审的机关"明确规定,共和国检察官受理申诉和告发并作出相应的评价和处理,应采取或使他人采取一切追查违法犯罪的活动,为此有权指挥辖区内的司法警察的一切活动,有权决定采取拘留的措施;所有官员和公务人员在履行职责中知晓任何重罪、轻罪,都应毫不迟疑地通知共和国检察官,并向检察官移送有关情报、笔录和文件;司法警察在得知发生现行重罪时,应立即报告共和国检察官,并不迟延地到达犯罪发生地点,进行一切必要的查证工作。《德国刑事诉讼法》第160条规定:"当检察官通过报告或其他方式知悉一种可疑的犯罪行为的时候,就要去探查确实情况,以便决定是否应当提起公诉。"

(2) 侦查和预审在刑事诉讼程序中居重要地位,侦查、预审不公开进行。例如,《法国刑事诉讼法》明确规定:"重罪案件必须进行预审"(第79条);"侦查和预审程序一律秘密进行"(第11条)。法律授权一切负责公诉和预审的机关,包括司法警察、共和国检察官、预审法官以及其他辅助人员,为查明犯罪可以进行一切必要的调查、预侦、搜查、扣押等措施,可以询问证人、犯罪嫌疑人、被告人。《奥地利刑事诉讼法》第199条第1项规定:"审讯前,预审法官应提醒被告,他须肯定、明确和如实地回答向其提出的问题。"虽然现在犯罪嫌疑人在侦查阶段可以获得律师协助,但总的说来,在侦查中控诉一方的地位要比被告人有利。

(3) 在刑事案件的追诉上,一般采用公诉为主、自诉为辅的方式。德国、奥地利等国均实行公诉与自诉并存的追诉机制。公诉由检察机关代表国家提起。对于某些轻微的刑事案件,被害人可以直接向法院提起自诉,要求追究加害人的刑事责任。为保障自诉权的顺利行使,保护被害人的合法权益,检察机关必要时可以对自诉案件提起公诉,或者在自诉过程中担当自诉。法国刑事诉讼法规定,旨在适用刑罚的公诉,应由法官或者法律授权的行政官员(主要指共和国检察官)进行。任何遭受重罪、轻罪或违警罪直接损害者,有权提起损害赔偿的民事诉讼。符合刑事诉讼法规定的条件时,被害人也可以提起刑事诉讼。

(4) 法官起主导、指挥作用的审判程序。大陆法系国家刑事诉讼中的职权主义,集中体现在审判阶段。法官在庭审中起主导作用,可以依职权主动讯问被告,询问证人;可以采取足以证明一切事实真相的证据,决定采取一切必要的证明方法;有权对当事人及其他诉讼参与人的申请作出决定。当事人则处于相对被动的接受指挥的地位。例如,法国刑事诉讼法规定:讯问中,审判长有责任维持秩序,并指导审判。德国刑事诉讼法也规定:审判长指挥审判,讯问公诉被告人以及采取证据。

(5) 确定的上诉和法律救济程序。大陆法系国家通常实行三审终审制。第二审从事实上进行复审，称事实审；第三审从法律适用上进行审查，称法律审。为纠正已生效裁判可能存在的错误，大陆法系国家一般规定有两种特殊的法律救济程序，即发生新事实的再审程序和审查适用法律错误的监督审程序。

英美法系当事人主义诉讼程序的基本状况为：

（1）侦查主要由警察机关进行。在英美法系国家，刑事诉讼通常从逮捕或传讯犯罪嫌疑人开始，但刑事立法和传统理论一般不把警察的侦查活动纳入刑事诉讼程序。英美当事人主义的诉讼程序在侦查中注重对犯罪嫌疑人权利的保障，使犯罪嫌疑人具有对抗侦查机关的手段。凡采取限制或剥夺人身自由的强制措施，或者搜查、扣押犯罪嫌疑人的财产，必须取得法官签署的许可令状。执行逮捕后应无不必要迟延地将被告人带至签发逮捕证的法官面前接受聆讯，除法律有明确规定的以外，应当允许被告人交付保释。被告人有权保持沉默，被告人有权自被传讯或逮捕始即获得律师的帮助，如被告人因为经济原因不能委托律师时，有权免费获得法律援助。

（2）在起诉方式上，英国历史上检察官、警察、政府机关、商号及公民个人都有起诉权，实际上，绝大部分案件由警察部门负责起诉。1985年《刑事起诉法》在英格兰和威尔士设立了统一的刑事起诉机构，从而改变了过去警察集侦查与起诉权力于一身的传统做法。英国过去还实行大陪审团审查起诉的制度，后于1933年取消，改由治安法院负责对以可诉罪向刑事法院起诉的案件进行预审。美国不存在自诉，全部刑事案件或者以检察官起诉书提出控诉，或者经大陪审团审查后以大陪审团公诉书提起公诉。美国宪法修正案规定，非经大陪审团提起公诉，人民不得被判处死罪或其他不名誉罪。这一宪法性保障主要适用于联邦刑事司法系统。

（3）诉讼双方当事人的抗辩集中体现在审判程序中。英美国家审理刑事案件，实行小陪审团制度，即由1名职业法官主持庭审，由12名非职业的陪审员组成陪审团负责对被告人是否有罪作出裁定。审理中，起诉方（检察官或者起诉律师）和辩护方（主要是辩护律师）在地位平等的基础上依次进行举证，按交叉询问程序对证人进行询问。控辩双方随时可以就证据的关联性、可采性提出异议，由主持庭审的法官当即作出裁断。审理中陪审团成员不得向证人发问，主持庭审的法官也不能主动调查核实证据。双方举证后进行终结性辩论，法官对陪审团作简短提示，然后陪审团退庭评议。认定被告人有罪必须由陪审团作出一致裁决。法官根据陪审团的有罪裁决径行科刑。西方法学家称此庭审模式为辩论主义诉讼，认为这种诉讼"其含义是有明显对立不分胜负的双方，一方是公诉人，而另一方是被告人，他们都向法院提出他们各自所了解的事实"，"法官充当冲突双方之间的公断人"。也有人认为英美审判中的交叉询问程序是查明指控事实的最佳途径，即所谓控诉方对"真实"情况是从右边致以亮光，而辩护方则从左边致以亮光，使审判官看清了"真实"情况。

（4）对上诉程序和再审程序限制较多。英美法系的刑事诉讼大体上采用两审终审或者三审终审制。由于英美法院的体系比较复杂，上诉的程序相对不太明确，同时法律关于对未生效判决、裁定的上诉限制较多。传统上，由于受"禁止双重危险"原则的制约，控诉一方的上诉权非常有限。此外，如果第一审系陪审团审判，对陪审团关于被告人是否犯有指控罪行的裁决通常不允许上诉。但被告人可以以一审适用法律错误或者违反法律程序为由提请上级法院审查。对已生效的裁判，同样由于贯彻禁止双重危险原则，一般不允许进行再审，为被告人利益的少数情况例外。

总之，英美法系当事人主义诉讼模式强调通过当事人间的平等对抗发现"真实"，解决争议；而大陆法系职权主义诉讼模式强调运用国家权力查明事实真相，惩治犯罪。这两种诉讼结构的特征在庭审阶段最为明显。需要指出的是，第二次世界大战以后，随着世界形势的变化和人权运动的高涨，英美与大陆两大法系之间出现互相接近、互相吸收、互相借鉴的趋向，两大法系之间的差距正日益缩小。

在证据制度方面，资产阶级废除了纠问式诉讼时期的法定证据制度，代之以自由心证证据制度。自由心证证据制度的特征是，法律不预先规定各种证据的证明力和判断运用证据的规则，证据的取舍、证明力的大小以及争议事实的认定都由包括陪审员的法官自由判断，法官或陪审员通过对证据的审查判断所形成的内心信念称做"心证"，"心证"达到深信不疑的程度，叫作"确信"。法官或陪审员只根据自己的内心确信来判断证据和认定事实。

最早提出在立法上废除法定证据制度并建立自由心证证据制度的是法国资产阶级代表杜波尔。1791年1月，法国制宪会议通过杜波尔提出的法案，发布训令，明确宣布：法官必须以自己的自由心证作为裁判的惟一根据。1808年《法国刑事诉讼法》第342条对自由心证进行了详细规定："法律对于陪审员通过何种方式而认定事实并不计较；法律亦不为陪审员规定任何规则，使他们据以判断证据；法律仅要求陪审员深思细察，并本诸良心，诚实推求已经提出的对被告不利和有利的证据在他们的理智上产生了何种印象。法律未曾对陪审员说，'经若干名证人证明的事实即为真实的事实'；法律亦未说，'未经某种记录、某种证件、若干证人、若干凭证证明的事实，即不得视为已有充分证明'；法律仅对陪审员提出这个问题：'你们已经形成内心的确信否？'此即陪审员职责之所在。"这是关于自由心证的典型表述。

英美法系国家同样要求法官、陪审员应当根据从全部法庭审理中所获得的内心信念来确定案件事实，对刑事案件的认定要达到"排除合理怀疑"。这一证明标准适用于认定被告人有罪与否以及每一具体的犯罪构成要素。关于"合理怀疑"，引用得最为广泛的定义是加利福尼亚州刑法典中的表述："它不仅仅是一个可能的怀疑，而是指该案的状态，在经过对所有证据总的比较和考虑之后，陪审员的心里处于这种状况，他们不能说他们感到对指控罪行的真实性得出永久的裁决已达到内心确信的程度"。

自由心证证据制度使审判人员在办案中可以按照自己的理性自由地判断证据，不受法定条条框框的束缚，有可能从案件实际情况出发运用证据认定事实真相。这与法定证据相比是历史的进步。同时，自由心证制度的确定，引起了诉讼结构的变革，促进了诉讼制度的民主化。它从法律上废除了封建法定证据制度中的刑讯逼供和封建等级特权，改变了以被告人口供为定罪主要根据的传统，为被告人获得和行使辩护权提供了保障。

第二节　外国刑事诉讼原则

由于政治、经济制度和法律文化传统的差异，世界各国在长期的司法实践中通过立法或其他方式纷纷确立了一些适用于本国刑事诉讼的、符合刑事诉讼内在机理的基本原则，将其作为立法机关设计刑事诉讼程序和制度的基本依据，亦为评判刑事诉讼活动的正当性和合理性提供基本标准。诚然，国情差异的普遍存在必然导致各国刑事诉讼原则不尽相同，但就刑事诉讼的一般原理和基本运行规律而言，特性中更存在着共性，本节将对这些为许多国家广泛承认的，体现诉讼民主、进步和文明的刑事诉讼原则予以分别阐释。

一、程序法定原则

程序法定原则作为现代程序法的基石，被视为刑事诉讼的首要原则，具有极其重要的地位与作用。程序法定原则的产生较为久远，据意大利学者考证可追溯至1215年英国的《自由大宪章》，其第39条规定，任何自由人，如未经其同级贵族之依法裁判或未经国法判决，不得被逮捕、监禁、没收财产、剥夺法律保护权、流放或加以其他任何伤害。1789年法国《人权宣言》从宪法角度明确规定了程序法定原则。《人权宣言》第7条规定："除非在法律规定的情况下，并按照法律所规定的程序，不得控告、逮捕和拘留任何人。"1791年法国宪法对此予以了确认，并由此陆续被欧洲大陆国家所吸收。在英美法系国家，与程序法定原则具有共同内涵与精神的为"正当法律程序"原则，即除非事先经过依据调整司法程序的既定规则进行的审判，任何人不得被剥夺生命、自由、财产或者法律赋予的其他权利。美国宪法第五修正案以及第十四修正案均有关于"正当法律程序"的规定。

程序法定原则是刑事诉讼的基本要求，一般认为包括两层含义：①刑事诉讼的具体程序必须经由法律预先明确规定，否则不能予以适用，这亦是法律可预见性的内在要求；②刑事诉讼的具体程序必须依据业已明确规定的法律进行，国家机关违反法律的诉讼行为应当被认定为无效。需要指出的是，这里所指的"法律"仅从狭义层面而言，即是国家立法机关制定的法律。当然，亦有学者指出，程序法定原则应当具有形式和实质双重内涵，包括程序合法性和程序正当性两项要件，前述两层含义仅是程序合法性的要求，而程序正当性则要求规范刑事诉讼具体程序的法律本身必须具备正当性，即实质的合法性。

二、司法独立原则

司法独立的含义是指司法机构独立地行使司法权而且仅仅只是服从法律，在适用法律的过程中司法机构应当排除一切外来干预。学者普遍认为，司法独立与法治密切联系在一起，即如果司法不能独立，不能保障法律被严格公正地执行，也难以实现法治。司法独立原则作为现代法治国家普遍承认和确立的一项基本原则，不仅是现代意义的审判程序和制度建立的标志，也是公正程序的集中体现。正如美国学者埃尔曼指出，"如果司法过程中不能以某种方式避开社会中行政机构或其他当权者的摆布，一切现代的法律制度都不能实现它的法定职能，也无法促成所希望的必要的安全与稳定。这种要求通常被概括为司法独立原则。"

司法独立原则源自于资产阶级学者的"三权分立"学说。法国学者孟德斯鸠提出，"如果司法权不同立法权和行政权分立，自由也就不存在了。如果司法权和立法权合二为一，则对公民的生命和自由施加专断的权力，因为法官就是立法者。如果司法权和行政权合二为一，法官便将握有压迫者的力量。"为保证政治自由，防止权力滥用，立法、行政、司法这三种权力不但要分立，而且应该互相制约。其中，司法权作为惩罚犯罪和裁决私人争论的权力，必须中立和超然，"既不能交给特定阶层——常设性的立法团体所专有，也不能交给某一特定职业人员所有，而应当交给人民选举出的人所组成的法庭，法官应同被告人地位平等，司法权必须依法行使；如果立法者是法官，就会形成一种专断的权力。所以司法应当完全独立，专门由法官和陪审法官行使"。

三、无罪推定原则

意大利著名刑法学家贝卡利亚在其《论犯罪与刑罚》一书中指出："在法官判决之前，一个人是不能被称为罪犯的。只要还不能断定他已经侵犯了给予他公共保护的契约，社会就不能取消对他的公共保护。"尽管也有人提出，在英国司法判例的不成文规则中，在古罗马"一切主张在未被证明前推定其不成立"的法律公式中，都包含有无罪推定的实际内容和朦胧思想，但是贝氏的上述论断一直被公认为关于无罪推定原则最早同时也是最经典的表述。自1789年法国《人权宣言》首次将无罪推定原则写入成文法以来，世界各国纷纷将其纳入本国刑事诉讼法典，甚至上升为宪法原则。特别是自20世纪中叶以来，随着《世界人权宣言》、《公民权利和政治权利国际公约》等重要国际法律文件的先后确认，无罪推定原则已成为一条世界各国普遍适用的联合国刑事司法准则。

具体而言，无罪推定原则要求：①任何人在被有权机关依据法律确定为有罪之前应该被认定为无罪；②证明被告人有罪的责任应当由控诉一方承担，被告人没有证明自己无罪的义务；③证明被告人有罪必须达到法律规定的要求，不能达到要求的或存在疑问的必须作出有利于被告人的判决，即认定被告人无罪。无罪推定原则不仅有利于保护被告人、实现诉讼的平等对抗，也符合自然法则的基本要求，是人类在追诉犯罪、维护社会秩序与追求个人自由、捍卫人格尊严之间作出的价值选择。

四、不得强迫自证其罪原则

不得强迫自证其罪原则起源于英国。1637年，英国王室特设法庭在审理约翰·李尔印刷出版煽动性书刊的案件中强迫其宣誓作证，在李尔予以拒绝后判定其罪名成立并处以刑罚。1640年，李尔在被释放后向国会呼吁通过法律确立反对强迫自证其罪的规则并得到国会支持，至此不得强迫自证其罪原则在英国率先确立。美国独立后，在其联邦宪法第五修正案中明确规定，任何人在任何刑事案件中不得成为反对自己的证人。此后，法国、德国、日本等国亦陆续在其刑事诉讼法中作出类似规定。1966年联合国大会通过的《公民权利和政治权利国际公约》在第14条关于公正审判的国际标准中同样明确了此原则。

一般认为，不得强迫自证其罪原则包括以下内容：①被追诉人没有义务提出任何可能使自己处于不利地位的陈述或其他证据，追诉方不得以任何暴力、残酷等非人道方式强迫被追诉人提供上述证据；②被追诉人有权在审前和审判程序中保持沉默，拒绝回答对其所进行的讯问，并不得因此作出任何对其不利的判断；③对于是否作出对其不利的陈述或提出对其不利的证据，被追诉人具有选择权，且这种选择必须基于其真实意志。不得强迫自证其罪原则作为一项国家刑事司法制度的重要内容，是犯罪嫌疑人、被告人的辩护权得以有效行使的根本性保障，也是避免和防止刑讯逼供、冤假错案的有力途径，彰显了诉讼的民主、文明与人权保障。

五、比例原则

比例原则，又称广义的比例原则或相当性原则，是国家干预人民基本权利时所必须遵守的基础原则，即国家行使权力、干预人民基本权利所使用的"手段"与所欲达到的"目的"之间必须合乎比例，抑或说具有相当性关系。比例原则起源于德国，是德国法的产物。1794年颁布的《普鲁士一般邦法》第十章第17条规定："采取必要的措施来维护公共安宁，安全和秩序以及排除对公众或个别成员现存的危害，是警察的任务。"这里所提及的"采取必要的措施"即为通过必要性的衡量标准来对警察权的行使进行限制。此后，经过漫长的发展以及领域的延伸，比例原则逐渐成为德国的一项宪法性原则，在行政法、刑法以及刑事诉讼法等公法领域广泛适用。

比例原则的具体内涵一般认为包括适合性原则、必要性原则与狭义比例原则。所谓适合性原则，是指国家机关为达到特定目的所采取的手段必须适合或有助于该目的的有效实现。所谓必要性原则，是指国家机关唯有在无法采取其他更为有效且对公民基本权利限制更少的手段时，方能采取其预先设定的手段以实现特定目的。所谓狭义比例原则，是指国家为实现特定目的对公民权利所造成的不利益，在程度上不应超过其所欲维护的利益。比例原则在肯定国家公权力行使的前提下，通过强调权力行使必须审慎、必要且预先进行利益衡量进而实现法律对基本人权的保障，使得国家权力对公民的干预降低到最低限度。

六、有效辩护原则

刑事诉讼的历史同时是辩护权得以确立和发展的历史。格老秀斯认为，自卫权属于天赋权利。英国1679年《人身保护法》规定，被告人有答辩权。美国宪法第六修正案规定，被指控者有权获得律师协助其辩护。时至今日，被告人有权获得辩护已具备广泛的国际共识，成为现代诉讼的一项重要制度，世界各国纷纷在其刑事诉讼法中明确赋予被告人以辩护权,甚至以专章形式作出详尽规定。从主体间性角度分析,被追诉人的主体存在以追诉方的存在为前提,也是以追诉方的利益诉求为利益对策。这就决定了辩护权的价值对于被追诉人来说,实质就是最低限的主体性存在,如果连有限的辩护权都不能享有,其他权利更无从谈起也没有任何意义。

但是,就效用分析和实质正义而言,辩护权不仅应该得到行使,更必须保证这种行使是有效的。例如,美国宪法第六修正案所规定的对质条款和强制条款,被告人无力聘请律师时有权获得法律援助,被告人有权进行上诉和申诉,诸如此类规定都是为了保证被追诉人的辩护权能够切实得到有效行使,保证其合法利益得到法律最大限度的尊重和维护。基于此,有效辩护原则应当至少包含以下几个方面:①被追诉人在刑事诉讼中有权获得充分、有效的辩护,这种辩护可以自行行使,也可以委托他人行使;②被追诉人对其所聘请的辩护人可以要求无因更换,以确保被追诉人能够选择出最能代表其利益的人协助其辩护;③国家应当保证被追诉人的辩护权能够有效行使,当被追诉人无力聘请律师时免费为其指定辩护,在特定案件中对被追诉人实行强制辩护。

七、控审分离原则

控审分离,是指控诉职能和审判职能必须分别由专门行使控诉权的机关或个人以及专门行使审判权的机关来承担,而不能把两种职能集中由一个机关或个人承担。一般认为其包括三层含义:①控诉职能和审判职能应分别由两个不同的主体承担,不能合二为一;②没有控诉就没有审判,审判程序的启动必须以适格主体提起诉讼为前提;③诉审同一,审判的对象和范围应以起诉的对象和范围为限,不得恣意变更。

在古代纠问式的诉讼模式中,没有专门的控诉机关,控诉职能和审判职能统一由一个机关行使。近代司法改革确立了控审分离的原则,这是刑事司法制度史上的一个巨大进步。控审分离不仅有利于强化国家追诉犯罪的能力和水平,维护社会秩序,更有利于确立审判机关的中立地位,保证审判机关客观公正地审理和裁判案件,并体现对犯罪嫌疑人、被告人人权保障的价值取向。控审分离原则为许多国家的刑事诉讼法典所确认。例如,《德国刑事诉讼法典》第155条(调查范围)第1款规定:"法院的调查与裁判,只能延伸到起诉书中写明的行为和以诉讼指控的人员。"又如,《日本刑事诉讼法典》第249条(公诉效力所及于人的范围)规定:"公诉,对检察官指定的被告人以外的人,不发生效力。"

八、控辩平等原则

控辩平等原则不仅是"等腰三角形"诉讼构造的支撑性原则,而且是诉讼构造的动力机制。控辩平等使得法官中立有可能变成现实,而且对法官中立具有强制作用。在刑事诉讼中,由于国家具有普通民众不可比拟的资源优势和权力优势,因而当原告以国家公诉人的身份出现时,控诉权与辩护权也就产生了天然的不平衡。为了有效防止国家控诉权对被告人的不适当压制,改变被告人在刑事诉讼中极端不利的境地,在程序设计上就应该考虑如何实现控辩双方在力量上的平衡,唯此方能保证诉讼过程中双方的平等对抗，保证裁决最大限度地公平、公正。可以说，控辩平等使诉讼过程变成了真正的程序运作，只要诉讼过程充分实现了控辩平等，也就能实现法官中立；实现了法官中立，也就能最大限度地实现判决的公正。

实现控辩平等，不能仅仅规定控辩双方的地位平等和程序均等，更必须从实体上弥补控辩双方的天然失衡。具体而言，首先是限制控方的权力，增加控诉难度，在起诉标准、证明责任以及证据排除规则等方面对控方施以更为严格的规定，为其控诉行为的进行设置种种必要的障碍。其次是强化被告一方的辩护权，保证辩护权得到及时、充分、有效的行使，扩展被告人的权利保护，实现控辩的实质平等。最后，从宏观上看，要实现控辩平等，必须从诉讼目的的高度进行平衡，在"惩罚犯罪"与"保障人权"之间作出合理的价值抉择，唯此程序中的控辩平等才有立身之本。

九、禁止双重危险原则

禁止双重危险原则主要为英美法系国家所使用，与大陆法系国家的一事不再理原则相对应。作为现代法治国家的一项基本诉讼原则，其一般是指任何人不得因同一犯罪行为而遭受两次以上的起诉、审判或科刑。禁止双重危险原则最早可追溯到罗马法时期，公元前6世纪前半期查士丁尼《学说汇纂》一书中曾作出下列表述："长官不应当允许同一个人因其一项本人已被判决无罪的行为再次受到刑事指控。"但是在此时期禁止双重危险原则还仅仅是一项相对的原则，并且比较模糊，其真正得以确立并根植于普通法的土壤，一般被认为是12世纪英国国王亨利二世与大主教托马斯·贝克特之间那场著名争端的结果。此后，禁止双重危险原则经历了一个漫长且充斥着曲折与斗争的发展历程后，逐渐为世界许多国家所确立，并成为国际司法准则的重要内容之一。

美国宪法第五修正案规定，任何人不得因同一犯罪行为遭受两次生命或肢体的危险。联合国《公民权利和政治权利国际公约》第14条第7款表明，任何人已依一国的法律及刑事程序被最后定罪或宣告无罪者，不得就同一罪名再予审判或惩罚。通过上述经典表述我们不难看出，禁止双重危险原则作为刑事诉讼的基本原则之一，对于保障被追诉人的利益、避免其反复遭受刑事程序所带来的痛苦、防止追诉和审判的恣意无度以及维持裁决的终局性方面具有至关重要的作用。同时，这一原则亦有利于降低错误定罪的风险，激励追诉机关有效侦查和起诉，实现诉讼的公正、效率和人权保障价值。正如美国联邦最高法院在1957年格林诉美国一案中所表达的观点，"国家具有各种资源和权力，不应当允许重复地就某个行为对个人加以定罪，这样将使其处于尴尬、付出和痛苦之中，并强迫他生活在生命和安全持续的焦虑之中，同时增加了使无罪的人被定罪的可能性。"[1]

---

[1] Green v. united states 335 U. S. 184, 187~188 (1957).

第三节 外国刑事诉讼法的一般发展趋势

一、两大法系诉讼制度的日益融合

近半个世纪以来，英美法系国家和大陆法系国家在立足本土资源的基础上，相互借鉴、结合和吸收，当事人主义和职权主义的差距日益缩小，融合的趋势有增无减。大陆法系国家积极汲取英美法系国家的长处，强化当事人在诉讼中的地位和作用，特别是强化控辩双方在法庭审理过程中的对抗，并扩大对被告人的权利保护。例如，德国在过去的20年间对法院和当事人各方之间的责任分配重心发生了偏移；俄罗斯2001年新修改的《刑事诉讼法典》第15条确定了辩论制诉讼模式，明确规定法院不是刑事追究机关，不得参加指控或辩护，指控方和辩护方在法院面前一律平等；法国2000年将无罪推定原则正式写进《刑事诉讼法典》，其序言第3条明确规定，每个犯罪嫌疑人或被追诉人在其被确认为有罪之前均推定为无罪。而英美法系国家为了适应打击犯罪、维护社会秩序的需要也逐步吸收了大陆法系国家的职权主义做法，注重通过成文法调整刑事司法领域，制定了一系列规范刑事诉讼的法律法规，扩大侦查权的适用范围，简化诉讼程序，避免案件的处理过于拖沓和冗长。例如，英国在二战以后通过了大量的刑事立法，较为典型的有1948年的《刑事审判法》、1973年的《刑事法院职权法》、1984年的《警察与刑事证据法》、1985年的《犯罪起诉法》、1988年的《法律援助法》、1994年的《刑事司法与公共秩序法》、2003年的《刑事司法法》等；美国在2000～2004年期间，联邦最高法院裁决了超过20份关于逮捕、搜查和扣押的案件，其中有关"责令停止和身份识别"法令以及对没有破坏社会安宁的轻微犯罪的逮捕都以微弱优势获得认可。[1]

二、联合国刑事司法准则的重要性愈发凸显

所谓联合国刑事司法准则，是指联合国自1945年创建以来制定、认可或倡导的，在刑事司法中应当遵循和贯彻的政策、标准、规则和规范的总称。随着国际社会人权观念的普遍提升以及法律制度全球化的发展趋势，联合国刑事司法准则作为全人类法律文化的宝贵财产，对世界各国国内刑事司法和犯罪预防制度的改革发挥着十分重要的作用，并逐渐成为衡量一国刑事司法文明、民主、进步与否的国际标准，受到国际社会不同形式、不同程度的承认和支持。1948年《世界人权宣言》正式发布；1955年第一届联合国预防犯罪和罪犯待遇大会通过了《囚犯待遇最低限度标准规则》；1966年第21届联合国大会通过了《国际人权公约》，其中包括《经济、社会及文化权利国际公约》、《公民权利和政治权利国际公约》以及《〈公民权利和政治权利国际公约〉任择议定书》；1985年通过《联合国少年司法最低限度标准规则（北京规则）》、《关于司法机关独立的

---

[1] 陈光中主编：《21世纪域外刑事诉讼立法最新发展》，中国政法大学出版社2004年版，第203～204页。

基本原则》;1995 年通过《为罪行和滥用权力行为受害人取得公理的基本原则宣言》;2000 年通过《联合国打击跨国有组织犯罪公约》;2003 年通过《联合国反腐败公约》,如此等等。这些国际公约的相继通过,不仅有助于促进国际范围内的人权保障和犯罪预防,对于世界各国在刑事司法领域加强平等互利的交流与合作亦具有重要意义,使得诸如司法独立、公正审判、正当法律程序等基本刑事司法理念为国际社会所广泛接受。

三、人权保障机制的逐步完善

进入 20 世纪,人类社会爆发的两次世界大战在带给全世界人民深重灾难的同时,也引起了人们深刻的反思。尤其是随着第二次世界大战的爆发与结束,鉴于数千万生灵惨遭涂炭,基本人权和人类尊严受到残酷践踏,各国纷纷对人权问题开始予以强烈关注。人权保护第一次被规定在具有普遍性的国际组织文件《联合国宪章》中,宪章明确指出:"重申基本人权、人格尊严与价值,以及男女与大小各国平等权利之信念拘束。"此后,强化对公民基本人权的尊重和保障,尤其对犯罪嫌疑人、被告人基本人权的尊重和保障,成为各国刑事诉讼共同追求的重要目标,并在其诉讼制度与程度等方面得到充分落实。例如,不论英美法系国家还是大陆法系国家,大都分别以宪法、法律或判例的形式确立了无罪推定原则,设立了普遍的法律援助制度并实行一定程度的强制辩护、反对强迫自我归罪、禁止双重危险,建立严格的起诉标准和非法证据排除规则等。需要指出的是,近年来,对被害人的保护问题同样愈发引起人们的重视。例如,法国在 2000 年对其《刑事诉讼法典》的修改中大幅增加了被害人在刑事程序中的参与作用;德国 2004 年通过的《被害人权利改革法》规定被害人有一个原则上的请求权,即请求刑事法庭对他针对被告人在民法上造成的损失的诉愿以可执行的方式作出判决;美国有超过 30 个州已经确立了犯罪被害人的宪法性权利,并采取了相应的补偿制度,而联邦亦通过一系列有关被害人问题的立法以强化对被害人的保护。

四、犯罪控制手段的适当强化

在世界经济迅猛发展的同时大量社会问题也随之滋生,各国所面临的犯罪形势变得越来越严峻,刑事犯罪不仅频发而且手段日趋复杂和隐蔽,社会秩序遭到严重威胁和挑战。鉴于此,无论当事人主义国家还是职权主义国家大都逐步强化犯罪控制手段,在保障基本人权、尊重正当法律程序、遵守国际刑事司法准则的基础上扩大侦查权的种类和适用范围,并对有组织犯罪、毒品犯罪以及恐怖犯罪等规定了特殊程序,以期能够更有效果、更有效率地打击犯罪,确保社会秩序得到有力维护。例如,英国 2003 年通过的《刑事司法法》将逮捕的依据由犯罪的严重程度转变为是否有逮捕的必要,并将任何可捕罪的起诉羁押的期限从 24 小时延长至 36 小时,而不仅仅限于此前法律规定的严重可捕罪;美国 2001 年通过的《爱国者法》在其第二章有关监听程序的适用中,放宽了要求使用外国情报监视法的标准,解禁了大陪审团获得的电子监听信息和其他信息与联邦执法官员的共享,并授权电话和计算机公司,在他们相信有涉及对任何人有立即的危险的紧急情况需要无迟延地披露时,主动披露顾客的信息或记录;德国以前是绝对禁止使用窃听器记录现场谈话的,但在1992年为了有效打击有组织犯罪允许在私人住所外进行监听,在1998年德国议会就通过法律在增加严格条件下允许监听私人住宅。

五、对诉讼效率的追求更加明显

随着刑事犯罪的节节攀升,司法资源所面临的窘境日益迫切,案件积压程度严重,司法压力不断增大,更为危险的是,倘若大量犯罪不能得到及时有效的追诉和惩戒,必然易于导致违法行为的迅速蔓延,导致普通民众的安全感急剧下降,社会也就失去了应有的稳定和秩序。因此,追求诉讼效率、实现有限司法资源利用的最大化逐渐成为当前许多国家进行刑事诉讼立法的重要指引。为达到这一目的,世界各国相继改革其刑事诉讼程序中原有的妨碍诉讼效率实现的做法,通过实行案件繁简分流、设立和强化简易程序以及有罪答辩程序等努力提高处理刑事案件的能力和速度。例如,英国2005年《刑事诉讼规则》第三部分明确赋予了法院对刑事案件的准备和处理有积极管理的权力,规定所有诉讼参与人都有责任在法院的监督之下使案件的处理更为有效地进行;俄罗斯2001年新通过的《俄罗斯联邦刑事诉讼法典》借鉴美国的辩诉交易以及其他国家的简易程序,建立了被告人认罪特别程序、被告人与被害人和解程序等便捷程序;意大利在其新修订的《刑事诉讼法典》中大大丰富了简易程序的适用,规定了依当事人要求适用刑罚程序、处罚令程序和调解程序等一系列快速审理程序,以期提高诉讼效率,缓和司法资源的紧张局面。

第二章 英国刑事诉讼法

第一节 英国刑事诉讼法的历史沿革和法律渊源

英国的全称是"大不列颠及北爱尔兰联合王国（The United Kingdom of Great Britain and Northern Ireland）",简称"联合王国"。其领土由英格兰、威尔士、苏格兰和北爱尔兰四个部分组成。其中前两个部分合称英格兰与威尔士，前三个部分合称不列颠。由于历史的原因，苏格兰的司法制度自成体系，北爱尔兰也有其相对独立性。因此，通常意义上所说的"英国法"以及"英国刑事诉讼法"，主要是指在英格兰和威尔士实行的法律制度。

一、英国刑事诉讼法的历史沿革

英国曾经长期实行奴隶制和军事部落的分散统治。公元5世纪初盎格鲁-撒克逊人自北欧入侵以后，建立了若干王国。盎格鲁-撒克逊统治末期，在英国已经形成了四级法院体系，即村镇法庭、百户区法庭、郡区法庭和贤人会议。1066年，诺曼底公爵威廉（Duke William of Normandy）征服英国，建立了统一的英吉利王国。此后威廉为巩固其统治，博得人民的拥护和好感，一方面对原有的法律、制度和习惯予以保持，另一方面大力加强中央集权，统一全国的司法制度。到14世纪中叶，各郡都设立了治安法官，负责处理破坏治安的案件。14世纪末，又通过大法官[1]及以后建立的衡平法院的判例发展了衡平法。衡平法与普通法相近，作为普通法的一种补充，衡平法对那些在普通法院不能获得法律救助的人予以救助。不过它多适用于特定的民事诉讼中。16世纪时英国把犯罪分为可诉罪与简易罪，在刑事诉讼程序中就相应地划分了正式审判程序和简易审判程序。

资产阶级革命之后，英国的资本主义生产迅速发展，资产阶级在政治上确立了其统治地位。但是由其具体的政治、经济、文化传统等因素决定，英国的法律形式和诉讼程序却并未发生根本性的变革，而是适应资本主义发展的需要，对封建制度下的普通法进

---

[1] 大法官（Lord Chancellor），既是英国上议院议长，又是英格兰和威尔士司法机关首脑，还是内阁成员。2005年《宪法改革法》通过后，其地位和职权发生变化。参见本书第341页。

行了逐步调整，并作出了新的解释。18世纪中叶，刑事诉讼制度的发展中开始出现以国王的名义起诉、允许被告辩护、实行对抗式诉讼制度、整顿和修改习惯法等情况。当时，"法律严格奉行依照先例主义，即以前某一案件的判决对以后同类案件具有约束力，即使后来发现以前的判例是错误的，也是如此"。[1] 在此之后，刑事法令日益增多，但大多是为某一罪名或具体诉讼程序专门制定的单行法令。英国进入垄断资本主义阶段以后，法院系统逐步简化，衡平法院不再自成体系，衡平法统归普通法院适用，"社会干预"有所加强，检察机关的职权和规模不断扩大。在刑事立法领域，出现了大量的制定法，但是仍以判例法的汇编为主。时至今日，英国尚无一部完整、系统的刑事诉讼法典。另外，与大陆法系不同的是，英国在传统上并未将刑事实体法和刑事程序法截然分开，在刑事法令中刑法的内容和刑事诉讼法的内容常常交错、结合在一起，在法学著作中也多是如此。

19世纪以来，英国在刑事诉讼制度的许多方面都开始构造新的现代法律体系，这些改革对司法制度和诉讼程序的日常运作产生了重大影响。在刑事司法的组织体系和职责划分方面，有组织的警察机关在19世纪的完善和真正意义上的独立对推进检察机关在20世纪后期的组建具有重大而深远的意义，而刑事诉讼中维护人权的观念则对英国刑事诉讼体制的变迁和发展持续具有着深远的影响。

20世纪六七十年代以来，在一系列具有重大影响的案件的触动下，英国社会对刑事司法制度中存在的许多问题提出了严厉的批评。为此，1978年英国成立了皇家刑事诉讼委员会（RCCP），对英格兰和威尔士的整个刑事诉讼结构进行调查。这个委员会的成员包括法官、律师、警察、学者以及商界、宗教界、新闻界的人士，具有广泛的代表性。这个委员会通过卓有成效的工作，于1981年提交了一份报告，报告指出了刑事司法制度存在的缺陷，将改革的重点放在大幅度地改变警察权力、嫌疑人权利、与此相应的证据规则以及建立法定的起诉机构上。议会采纳了委员会的多数意见，于1984年和1985年相继制定了《警察与刑事证据法》和《犯罪起诉法》。在皇家刑事诉讼委员会成立之后，司法实践中相继发生的一系列错案引起了公众更大的关注。于是又成立了皇家刑事司法委员会（RCCJ），以检查英格兰和威尔士刑事司法制度的效率，保证能够对犯罪者定罪，对无罪者确定无罪，合理和有效地运用司法资源。皇家刑事司法委员会1993年的报告对整个刑事司法系统的有效性进行了考察，并对刑事诉讼立法提出了重要的修改建议。这些建议充分反映在了1994年《刑事审判与公共秩序法》中。在过去的20年里，英国的刑事司法制度发生了深刻的变革。立法对警察权力的规范、对庭审中证据运用方式的改革以及全国性检察机构的建立，正在不断改进和完善英国的刑事司法制度。特别是，英国刑事诉讼的新发展在一些制度上引人关注。一是证据披露制度，包括控方初步披露、辩方披露、控方二次披露、第三方披露、公共利益豁免等。在依正式审判程序审理的案件中，被告人有权事前预览控方的证据，包括"不打算使用的材料"。辩方只在以下几种情况下有披露证据的义务：不在现场的证据；专家证言；在严重欺诈案件的预

---

[1] [英] 丹宁勋爵：《法律的训诫》，杨百揆等译，群众出版社1985年版，第249页。

备性审理程序中。二是关于沉默权（the right to silence）的例外规定，1994年《刑事审判与公共秩序法》第34条至第37条允许陪审团将被告人的沉默作为不利于其的证言。三是关于禁止双重危险的例外生效，并且具有追溯力，这一规定是刑事司法体系向被害人倾斜的一个重要方面，只适用于英格兰和威尔士普通法院以及军事法院。根据2003年《刑事司法法》，在英格兰和威尔士共有29种犯罪可以根据这个条文提起重新审判，如果通过命令形式本法在北爱尔兰生效，则会再增加20种罪名。

二、英国刑事诉讼法的法律渊源

英国是普通法国家，判例法居主导地位，制定法只是对判例法的补充。英国的判例法是从中世纪开始的威斯敏斯特法院的司法活动中逐步发展和完善起来的，"遵循先例"原则在18世纪中期成为英国普通法中一项最基本的原则。该原则主要表现为四种情况：上议院的判决、上诉法院的判决、高等法院的判决以及欧洲人权法院的判决。自19世纪以来，制定法取得了重大发展，在刑事立法领域出现了大量的制定法。目前，英国刑事诉讼法的法律渊源主要由判例法和制定法构成。

英国没有成文宪法，但是其宪法性法律中包含了大量有关刑事诉讼的内容。英国至今尚未制定出统一的刑事诉讼法典，议会通过的大量制定法是英国刑事诉讼法的重要渊源。英国各项立法都是针对某一事项的单行立法，在刑事诉讼领域这种单行法至少有几十部，如1965年《英国刑事诉讼程序（证人出庭）法》、1974年《英国陪审团法》、1976年《英国保释法》、1980年《英国治安法院法》、1984年《英国警察与刑事证据法》、1984年《英国警察与刑事证据法执行守则》、1985年《英国犯罪起诉法》、1994年《英国皇家检控官守则》、1994年《刑事审判与公共秩序法》、1995年《英国刑事上诉法》、1996年《英国刑事诉讼和侦查法》、2003年《英国刑事司法法》、2005年《英国宪法改革法》等。现选择几部主要法律予以介绍。[1]

（一）1984年《英国警察与刑事证据法》

该法是关于警察权的一个系统立法，其制定目的是规范警察权并对刑事证据方面的法律进行改革，如创新性规定在警察局的讯问要录音录像等。此外，该法进一步强调对犯罪嫌疑人的保护，要求警察在所有阶段都应将对犯罪嫌疑人的处理记录在案等。

（二）1985年《英国犯罪起诉法》

该法的重要意义在于创设了皇家检控署，而在此之前，则由警察和检察长负责起诉。该法改变了警察既是侦查机关又是起诉机关的双重角色，创设了皇家检控署，接手警察启动的刑事诉讼程序，决定如何进行下一步诉讼活动。皇家检控署是一个单一的、独立和全国性的机构，管辖整个英格兰和威尔士。该机构独立于警察并有权决定不起诉，但无权直接侦查案件或者指挥警察进行进一步的侦查。

（三）1994年《英国刑事审判与公共秩序法》

该法主要对沉默权进行了相应限制，允许法庭针对被告人在警察讯问期间或者法庭

---

[1] 宋英辉、孙长永、刘新魁等：《外国刑事诉讼法》，法律出版社2006年版，第78~82页。

审判期间保持沉默这一现象进行推论。虽然此推定一定程度上弱化了被告人的诉讼地位，但基于强化犯罪控制、维护社会秩序的考虑，这一规定亦是英美法系国家刑事诉讼发展的当然趋势。

（四）2003 年《英国刑事司法法》

该法对案件的审理以及量刑程序进行了大幅改革，主要有以下几个方面的内容：①在证人作证方面，该法规定法庭有权通过实时视听传输系统听取法庭外的证言。②在禁止双重危险方面，该法对禁止双重危险原则进行了改革，如果发现新的和令人信服的证据，允许对一系列非常严重的犯罪进行再审。③在证据规则方面，有两方面的改革：一是关于一个人的不良品格的证据在刑事审判中的可采性问题；二是改革刑事诉讼中关于传闻证据可采性的法律规定，从而进一步改革证据规则。④在陪审审判方面，该法规定，如果存在对陪审团进行干扰的现实危险或者已经存在这样的危险，审理可以在没有陪审团的情况下进行；如果由于对陪审团进行干扰而解散了陪审团，则案件可以在没有陪审团的情况下继续进行审理。⑤在治安法院量刑权方面，该法对刑事法院量刑权进行了重大修正，扩展了治安法院的量刑权，对任何犯罪都可以判处 12 个月或者 12 个月以下的刑罚。

（五）2005 年《英国宪法改革法》

该法于 2005 年 3 月 21 日获得英国议会通过，并于 3 月 24 日得到英王批准。根据该法案，英国终止了上议院的司法权，设最高法院取代上议院的司法职能。上议院的刑事上诉管辖权成为历史，英国刑事诉讼上诉程序形成以最高法院为终审机构的新格局。英国关于宪法改革的计划于 2003 年 6 月公布，并在那时建立了宪法事务部。司法体制改革取消了延续了 7 个世纪之久的上议院的司法权，反映了新背景下英国为解决新问题和旧制度之间的矛盾而做出的选择。这些变化将促使英国宪法更加透明和公开，并增加公众对之的信心。

第二节 英国刑事司法组织

英国的刑事司法组织主要包括警察机关、检察机关和法院。作为一个整体，英国的刑事司法体系担着以下任务：在可能发生犯罪的地方采取措施，预防和减少犯罪；帮助受害人；保证被追诉人得到及时、公正、合法的处理，作出有罪或无罪的判决；对罪犯施以适当的惩罚，使得他们不会再次犯罪。

一、英国警察机关

英国的警察制度具有悠久的历史。最早出现由专人负责维持社会治安的制度可以追溯到 13 世纪以前。1253 年的国王御令和 1285 年的温彻斯特法令确认了地方城镇推举专人负责巡查守夜、维护治安及抓捕罪犯的做法，促进了巡夜人、警务官这些居民自治警察组织的发展。当时的巡夜人、警务官虽然都没有报酬，但已经在一定程度上属于维护治安的"专门人员"了。这种以警务官为主的地方治安体制一直延续到 19 世纪。1750 年，伦敦鲍街的治安法官亨利·菲尔丁创建了英国历史上第一个专业侦查机构——鲍街侦缉队。1785 年，他们的薪金开始靠财政部的赠款支付。此后，按照鲍街警探的模式，伦敦及其周边地区扩充了警探和巡逻队员。这就是英国警察的雏形。

英国是最早创建近代警察的国家。1829 年，国会通过了《大伦敦警察法》，授权内政大臣罗伯特·皮尔组建了大伦敦警察厅，这标志着英国近代正规警察机构的诞生。此后，英国政府要求各地方政府按照伦敦的模式建立警察机构。到 19 世纪中期，英格兰和威尔士的各郡、市都建立或改建了自己的警察机构。

英国目前共有 52 支警察部队，17 万余名警察。这些警察部队名义上归属于内政部领导，实际上是独立的，地方警察部队彼此之间也互不隶属。警察机关的经费由内政部和地方政府共同负担。地方警察局一般下设交通管理、刑事侦查、警察行动和人员训练等直属机构。各地的警察管理局负责管理当地的警务工作。警察管理局与地区警察局长共同制订年度警务计划，并负责对年度计划的执行情况进行检查和考核。警察管理局与地区警察局长每一年度须向当地公众报告工作，其年报向社会公开发布。

英国刑事案件的侦查全部由警察机关进行。1984 年《英国警察与刑事证据法》和 1996 年新颁布的《英国警察与刑事证据法的实践法》赋予了警察进行侦查活动的必要权力，同时也规定了对警察权力的限制措施。

2003 年《英国刑事司法法》对警察权进行了改革，主要包括以下四个方面：①逮捕不再根据犯罪的严重程度，而是根据是否有逮捕的必要；②将任何可捕罪，而非此前所规定的限于任何严重可捕罪的起诉前羁押的期限，根据警监的授权，从 24 小时延长到 36 小时；③允许在逮捕现场直接给予保释，即"街头保释"，条件是被逮捕人没有立即被带到警察局进行处理的必要；④允许警察在一个人因可记录罪被逮捕后处于警察羁押状态时，从这个人身上提取指纹和 DNA 样本，即使作无罪处理的，也照样保留其样本。

二、英国检察机关

如前所述，组成英国的四个地区的法律制度存在着很大的差别。就检察机关的设置而言，苏格兰的检察机关已经有几百年的历史了，而英格兰和威尔士的检察机关则是根据 1985 年《英国犯罪起诉法》（The Prosecution of Offences Act）建立的。19 世纪以前，英格兰和威尔士没有官方的公诉人，传统上实行私诉制度，对犯罪人提起诉讼是公民个人的事。1829 年最早的正规警察出现之后，起诉的职责逐渐落到警察身上。1879 年的《英国犯罪起诉法》建立了集中的公诉制度，创设了检察官的职位。但是在实践中，检察官有权介入的案件的范围很小，绝大多数的起诉是由警察来进行的，检察官在刑事诉讼中的权限和作用极为有限。20 世纪 70 年代以来，旧的刑事起诉制度开始受到猛烈抨击，将侦控职能分离，建立一个独立、公正、权威的全国性起诉机关的计划被提上议事日程。

1985 年 5 月通过的《英国犯罪起诉法》是改革检察体制和刑事起诉制度的一部重要的制定法，根据这部法律所规定的检察机构的新体制，除原有的中央法律事务部之外，在英格兰和威尔士设立皇家检控署（Crown Prosecution Service，简称 CPS），首长为检察长，由检察总长任命，检察长应接受检察总长的监管，并向检察总长报告工作情况。在皇家检控署之下又划分了 13 个检察区，每区设一个检察署，由首席检察官负责监管其所在检察署的工作。首席检察官和其他检察官都由检察长任命。在检察署之下，设置了独立承办案件的最基层的 99 个检察分支机构，此外，伦敦和约克还有一个中央要案办公室。因此，英国检察机关的分支机构，一共有 100 个。总体上看，检察机关的新体制是由以检察总长为首长的中央法律事务部、皇家检控署、区检察署以及各分支机构组成的一个完整体系，实行全国一体化且分层管理的原则，上下级之间有明确的监管及被监管的关系。

英国检察官的主要职责是审查和决定起诉。1984 年《英国警察与刑事证据法》和 1985 年《英国犯罪起诉法》改变了警察实施起诉的做法，实现了刑事侦查与起诉的分离。根据新法，警察拥有侦查权和刑事起诉初始的决定权，检察机关拥有审查起诉和起诉的最终决定权。警察对案件调查结束、决定对嫌疑人提出指控之后，将案件材料移送给检察机关，检察官对案件材料和证据进行仔细的审查，然后根据刑事起诉政策作出起诉与否的决定。如果发现证据不足，他可以要求警察补充收集证据，无权自行收集。检察官在审查起诉时要从证据和公共利益两个方面进行权衡。只有当现有的证据能提供"现实的定罪期望"，且对案件的起诉符合公共利益的考虑时，才应该作出起诉的决定。

检察官决定起诉的案件，视案件的种类自己出庭公诉或由雇请的大律师出庭公诉。其中，检察官只能在治安法院出庭支持公诉，而不能在刑事法院出庭。治安法院只能对轻罪案件进行判决，最多可以判处 6 个月以下的刑罚。重罪案件必须在刑事法院审判。检察官不能出庭，必须另外雇请大律师出庭支持公诉。

三、英国法院系统

英国的法院设置比较复杂。在 1873 年以前，英国的高级法院超过 10 种，初级法院为数更多。这种复杂的设置使得普通人对诉讼案件的管辖法院很难知晓。1873 年至 1876 年，英国对司法制度进行了改革，缩减合并了一些法院，才初步建立了一个统一的法院体系。1971 年《英国法院法》又进行了调整，始形成现在的法院组织体系。英国法律中的审级概念并不明确。为了叙述上的方便，可将英国的审级基本上分为四级：治安法院为第一审级；刑事法院为第二审级；高等法院和上诉法院为第三审级；上议院为第四审级。

英国法院的设置有以下特点：①基层法院按民事、刑事分别设立，负责审理民事案件的称为郡法院，负责审理刑事案件的称为治安法院；②英国的刑事法院、高等法院和上诉法院合称最高法院，但却不是最高审级，上议院才是最高审级；③英国的上诉渠道较多，上诉形式复杂，不服治安法院判决的上诉更是如此。

英国法院对刑事案件的管辖分工是和英国对犯罪的分类密切相关的。要了解英国刑事法院系统的设置和特点，首先需要明确英国法上对犯罪的分类。传统上，犯罪在英国可以分为三类：①简易罪（summary offences），即只能由治安法院以简易方式审理的犯罪，这类犯罪通常都比较轻微，如交通肇事、轻微的盗窃等；②可诉罪（indictable offences），包括最为严重的谋杀、强奸、抢劫等犯罪，要由检察机关以提出正式公诉书（indictment）的方式起诉，并在刑事法院由法官和陪审团进行审判；③可以选择审判法院的犯罪（offences triable either way），包括除简易罪和可诉罪以外的绝大多数犯罪，涉嫌犯有该类犯罪的被告人可以选择由治安法院或者由刑事法院进行审判。以上三类犯罪的划分决定的是受理第一审刑事案件时治安法院与刑事法院的分工。除了治安法院和刑事法院之外，英国负责刑事案件审理的还有高等法院、上诉法院和上议院。

英国负责审刑事案件的法院设置和职能如下：

（一）治安法院（Magistrates' Court）

治安法院是英国审理刑事案件的基层法院，在英国的法院系统中发挥着极为重要的作用。目前，由治安法院处理的刑事案件约占英国全部刑事案件的95%。根据1980年《治安法院法》第148条的规定，治安法院就是根据法令、授权或根据习惯法赋予的使命行事的任何一个法官或法庭。其设置是由英国内政部参照行政区划将全国各郡划分为900多个司法小管区，每个小管区各设一所治安法院。在治安法院工作的法官称为治安法官（Magistrates）。治安法官分无薪治安法官和领薪治安法官两种。治安法院审理刑事案件通常由两名或三名无薪治安法官组成合议庭进行。如果是领薪治安法官主持案件的审理，则可以独任进行。在由无薪治安法官审理的案件中，法庭书记官（court clerk）会为其提供法律指导和帮助。

治安法院审理案件不实行陪审制，治安法官对案件的事实和法律问题进行审理。治安法院审理案件公开进行，但未成年人案件和涉及国家机密的案件除外。合议庭审理的案件，判决以多数票通过。如果是由两名治安法官审理的案件，当他们的意见不能取得一致时，必须再增加一名治安法官。

治安法院一般均设有四种法庭：成年人法庭（Adult Magistrates' Courts）、少年法庭（Youth Courts）、家事法庭（Family Courts）和许可证法庭（Licensing Courts），其中有权处理刑事案件的是前两种法庭。在刑事诉讼中，治安法院的主要职责有：

1. 发布逮捕令和搜查令，签署要求犯罪嫌疑人出席治安法院的传票，对警察逮捕的犯罪嫌疑人决定是否予以羁押或保释等。逮捕令和搜查令的发布无须开庭，治安法官有权处理。

2. 对可诉罪进行预审，这种预审又叫交付审判或移送审判程序，旨在由治安法官对那些以公诉书进行起诉的可诉罪案件进行审查，以确定控诉一方是否有充分的指控证据，案件是否有必要移送刑事法院审判，以保证被告人免受无根据的起诉和审判。20世纪三四十年代英国废除大陪审团之后，对起诉进行审查的职责就落在治安法院身上。目前，绝大多数可诉罪案件在刑事法院审判之前，都要经过治安法院的这种预审程序。根据1996年《刑事诉讼与调查法》的规定，这种预审程序中对证据的审查只限于书面方式，而且审查的对象只是控诉一方的证据。审查之后，治安法官作出撤销案件的决定或者移送刑事法院审判的决定。

3. 对简易罪进行审判，但其所判处的刑罚一般限于6个月以内的监禁刑、总额不超过 5000 英镑的罚金或者其他轻微的刑罚,对于数罪并罚的案件,所能判处的监禁刑不超过 1 年。

4. 对已满 10 岁但未满 18 岁的未成年人犯罪案件进行审判。少年法庭的审理一般不公开进行。

(二) 刑事法院 (Crown Court)

刑事法院是对可诉罪进行第一审的法院。刑事法院是根据 1971 年《法院法》的规定,在古老的巡回法院 (Court of Assize) 和季节法院 (Quarter Sessions) 的基础上建立起来的。刑事法院是一所全国性的单一法院,它在英格兰和威尔士各地设立的固定地点开庭,在伦敦老贝利街[1]开庭时,则称中央刑事法院 (the Central Crown Court)。

刑事法院没有自己固定的法官,而是由高等法院法官、巡回法官、记录法官或者治安法官主持进行审理。刑事法院是英国惟一实行陪审制的法院,对可诉罪的第一审案件必须召集陪审团。

目前,刑事法院在英格兰和威尔士的开庭地按照地域划分为 6 个巡回区,包括中部及牛津巡回区、东北巡回区、北部巡回区、东南巡回区、威尔士及切斯特巡回区和西部巡回区。刑事法院在每一个巡回区的开庭地又可以分为第一、第二和第三级。第一级开庭地不仅审理刑事案件,也审理民事案件,它可以由高等法院法官、巡回法官和记录法官主持庭审;第二级开庭地不负责民事审判,其进行刑事审判至少要有一名高等法院法官主持;第三级开庭地则没有高等法院法官出庭。全英国共有 90 多个刑事法院的开庭地。

刑事法院在刑事案件中的职能主要有:①对于所有按照正式起诉程序提起诉讼的可诉罪享有审判权,而且这些案件只能在刑事法院进行第一审审判;②对于可选择审判法院的罪行,治安法院以简易方式审理并对被告人定罪后发现应当判处的刑罚已超越其职权范围而移送刑事法院量刑的,刑事法院负责对这种被告人判处刑罚;③对于不服治安法院对被告人定罪或量刑判决的上诉案件,有权进行审判。根据法律规定,治安法官可以参加刑事法院的上诉审。刑事法院受理不服治安法院判决的上诉时,应由 1 名巡回法官或记录法官与 2 至 4 名非原审的治安法官组成合议庭。评议时,以多数票通过判决,如果票数相等,主持庭审的法官有权再投一票,以作出最后决定。

(三) 高等法院 (High Court of Justice)

高等法院是 1873 年由原来的王座法院、衡平法院等多种法院合并而成的。下设三个庭,包括王座庭 (Queens' Bench Division)、大法官庭 (Chancery Division) 和家事庭 (Family Division)。王座庭是这三个庭中最大的一个,它对刑事、民事案件都有管辖权,其他两个庭则只能审理民事案件。王座庭审理的刑事案件主要是不服治安法院或刑事法院判决的上诉案件。高等法院审理刑事上诉案件,一般由 3 名法官组成合议庭进行,不召集陪审团。

---

[1] 老贝利街 (Old BaiLey Street),是伦敦的一个地名,中央刑事法院即坐落于此。老贝利就成为这个法院的代称。该法院设有 18 个法庭,可以同时开庭审理各种刑事案件。

高等法院的职能主要是行使上诉审和监督审判的职能。即受理有关治安法院和刑事法院以原审法院报核的方式提出的上诉，审理范围仅限于法律和程序问题，而不涉及事实问题；有权根据申诉发布各种令状，起到监督审判的作用。比如，有权发布人身保护令释放受到不当羁押的人，可以通过下达调卷令命令下级法院将案件移送高等法院重新审判等。不服高等法院的判决，还可以上诉到上议院，但必须首先得到高等法院或上议院的批准。

（四）上诉法院（Court of Appeal）

英国于1907年建立上诉制度，当时设有刑事上诉法院，使得经审理被定罪的人首次获得上诉的权利，而原有的上诉法院仅负责受理民事上诉案件。1966年《英国刑事上诉法》取消了刑事上诉法院，代之以上诉法院刑事庭，审理对刑事法院可诉罪定罪不服的上诉。

上诉法院刑事庭由高等法院首席法官主持，除已有的上诉法官外，还有若干当然的上诉法官参加合议庭。他们是：上议院的法律议员、大法官、上诉法院民事庭庭长和高等法院家事庭庭长。此外，大法官还有权指定某高等法院法官、已退休的高等法院法官或已退休的上诉法院法官参加合议庭。

顾名思义，上诉法院不受理初审案件。它受理的是不服刑事法院定罪的上诉案件。但刑事法院的无罪判决不能上诉。在特定情况下，上诉法院也受理检察总长提交给它的案件。对有罪判决的上诉，如仅涉及法律问题，当事人有权上诉；如涉及事实问题或者既涉及事实又涉及法律问题，必须得到原审法院同意，当事人才能上诉；如果仅涉及量刑问题，则必须先取得上诉法院的同意。上诉法院审理刑事案件，由3名法官组成合议庭进行。不服上诉法院的裁决，可以上诉到上议院，但这种案件一般必须涉及具有普遍重要性的法律问题，而且必须取得上诉法院或者上议院的同意。由于上诉到上议院所需花费的律师费用极其昂贵，加上这种上诉很难得到批准，因此在英国的司法实践中，能够从上诉法院上诉到上议院的案件为数极少。

（五）上议院（House of Lords）或最高法院（Supreme Court）

在英国议会通过2005年《英国宪法改革法》以前，英国的上议院不但享有立法权，而且作为最终上诉审级行使审判权，受理来自上诉法院、高等法院和军事上诉法院的民事、刑事和军职诉讼案件。但是，只限于受理涉及具有普遍意义重大法律问题的上诉案件。

上议院设有若干常设上诉议员（Lords of Appeal in Ordinary），或称为法律议员（Law Lords）。上诉案件的审理通常由5名以上常设上诉议员在大法官主持下进行。审理时不阅卷，一般只听取控辩双方律师的陈述，必要时才听取上诉人的陈述。听审后由各位常设上诉议员就法律问题发表意见，然后以多数票通过裁决。其裁决以上议院决议的形式作出，并载入上议院的议会记录之中。

根据2005年《英国宪法改革法》的规定，设立新的最高法院取代法律议员并且取消了大法官的上议院议长和英格兰与威尔士法院最高首长的职权。上议院的司法职能转移给新设立的英国最高法院，最高法院将不再设于英国的国会大厦内。此外，依据2005

年《英国宪法改革法》设立了司法任命委员会（Judicial Appointments Commission），负责英格兰和威尔士的司法任命，以及司法惩戒。

除了以上几类法院之外，英国还有验尸法院和军事法院。

验尸法院（Coroners Court）属习惯法法院，它专门负责对死因不明、怀疑为暴力他杀或其他非正常死亡的尸体进行检验，并完成初步的调查和预审，以查明死者身份，确定死亡原因和性质。需要指出的是，验尸法院没有审判权，但有权将案件移送到刑事法院按正式起诉程序审理，这类案件就不需要经过治安法院的预审。如果死因不明，验尸官可以命令一名病理学家进行验尸。勘验往往还需要召集陪审团和通知死者家属的代理律师、警察或可能受到民事、刑事追诉的人到场，并且要传唤证人到场。勘验结论如确定某人谋杀、非预谋杀人或溺婴等，则其法律效力等同于起诉书，勘验的效力如同预审。勘验结论和证据要一并移送刑事法院。

军事法院（Courts-Martial）是英国负责审理军职罪和军职人员所犯普通刑事罪的专门法院。根据英国的法律规定，陆军和空军的军职人员犯有普通刑事罪，如果军事法院的审判在前，并不妨碍普通法院再予以审判，但普通法院应当考虑已受到的军事刑罚；反之则不然，如果普通法院先行审理后决定释放或予以定罪，军事法院不得就同一罪行对该军职人员再予追诉。对于在英国本土以外服役的军职人员的家属，以及受雇于军队的文职人员，军事法院也有管辖权。军事法院合议庭由 3 名军官组成，审理时不设陪审团，但有 1 名军法顾问（Judge-advocate）出庭，就实体法和程序法问题向合议庭提供协助，但是他不参加合议庭的评议。军法顾问一般至少有 5 年高级律师工作经历。不服军事法院的判决可以向军事上诉法院提出上诉。对军事上诉法院的判决不服，可以再向上议院提出上诉，但必须是具有普遍意义的重大法律问题，而且事先要取得军事上诉法院或者上议院的许可。

第三节 英国的法官制度和陪审制度

一、英国的法官制度

英国的法官制度等级森严，法官任职制度完整而严密。英国的法官制度还有一个显著的特点是，法官不都固定于某个法院，而是按照法律的规定，某个法庭应当由哪几类法官组成合议庭进行审理，有的法官就在这些法院流动。英国（处理刑事案件的）法官可以分为以下几类：

（一）无薪治安法官（Lay Magistrates，或 Justices of the Peace）

在治安法院从事审判工作的法官称为治安法官（Magistrates）。治安法官可以分为两种：无薪治安法官和领薪治安法官。到 1997 年，英格兰和威尔士的领薪治安法官约有 100 名，而无薪治安法官则有 3 万余名。在英国治安法院工作的主力是无薪治安法官。无薪治安法官必须是非法律专业人士。

无薪治安法官是英国基层法院的业余法官。1327年以前，各郡的若干骑士和绅士被委任为治安监督官，1344年被授予司法权，这就是治安法官的前身。1360年首次命名为治安法官。此后，国王在每个郡都委派若干名治安法官。他们根据国家法令可以对被指控或被怀疑的人加以逮捕或拘禁。现在，治安法官由当地议会所属的顾问委员会推荐，由大法官"代表女王并以女王的名义"任命。

无薪治安法官在治安法院工作不领取报酬，但是对于他们在履行职务期间的花费和因此减少的收入，则通过津贴的方式予以补偿。现在英国的3万余名治安法官在450所治安法院内供职。他们全年一般工作35天左右。英国曾经规定治安法官应具有财产资格，1906年予以取消。现在只需具有住所资格，即必须居住在该地区或其附近15英里以内。

在过去，无薪治安法官一般都没有受过正规的法律教育或专门训练。自1966年起规定，新任命的治安法官必须在第一年内利用业余时间接受专门训练，如参加听课、旁听审案和参观监狱等，以了解有关的法律程序、证据规则和对付罪犯的办法。治安法官年满70岁或者由于其他原因，经大法官指示，即可将他们列入"后备名册"，此后，一般不出庭工作，但仍可享有治安法官的头衔，并可担任治安法官的一些轻微的工作。

（二）领薪治安法官（Stipendiary Magistrates）

领薪治安法官是英国经过专门训练，领取薪金的专职法官。根据1997年《治安法官法》（The Magistrate's Act 1997）的规定，领薪治安法官由英国女王从大法官推荐的执业7年以上的出庭律师或事务律师中任命。与无薪治安法官相比，英国的领薪治安法官数量很少，目前全国只有100名左右，只在一些重要的市镇才有。他们一般固定于某个司法管区，但大法官有权予以调动。根据需要，大法官还可以任命代理领薪治安法官。领薪治安法官可以独任审理简易案件，伦敦的领薪治安法官还有权裁决引渡请求。

（三）记录法官（Recorder）

记录法官是英国的一种业余法官。凡是从业10年以上的初级律师或高级律师，都可以向大法官提出申请，并经大法官推荐，由英国女王予以任命，任期为3年。大法官有权延长记录法官的任期，但以不超过72岁为限。大法官还可以以不胜任工作为由，解除这种任命。记录法官每年担任法官为期4周，其余时间仍旧从事律师职业。目前英国约有记录法官300余名。

（四）巡回法官（Circuit Judge）

巡回法官是英国职业法官的一种，其地位比记录法官高，较高等法院法官低。凡从业10年以上的高级律师或任职5年以上的记录法官，都有资格经大法官推荐，由女王任命为巡回法官。绝大多数巡回法官都固定于某一郡法院或刑事法院，但大法官有权予以调动。巡回法官的退休年龄为70岁，但根据大法官的意见也可留任至75岁。大法官还有权以不胜任工作或行为不端为由将其免职。

（五）高等法院法官（High Court Judge）

高等法院法官是英国职业法官中最重要的一种。只有年满50岁、从业10年以上的高级律师，才有资格经大法官提名，由女王任命为高等法院法官。任命之后，由大法官指定固定于高等法院中的一个庭，同时，还往往要被派到地方各级法院开庭。作为一种权宜措施，大法官还可任命代理高等法院法官，以处理高等法院或刑事法院的工作。高等法院法官的退休年龄为 75 岁。

（六）上诉法官（Justice of Appeal）

上诉法官是英国上诉法院的专职法官。凡高等法院法官或者从业 15 年以上的高级律师，经大法官推荐，由首相提名，可被女王任命为上诉法官。上诉法官主要审理不服治安法院、刑事法院判决的上诉案件，通常由 3 名法官组成合议庭进行审理。

（七）上议院常设上诉议员（Lord of Appeal in Ordinary）

上议院常设上诉议员又叫法律议员（Law Lord），在议会通过 2005 年《英国宪法改革法》以前，法律议员负责审理上诉案件。根据 1876 年《英国上诉管辖权法》的规定，在上议院中增设精通法律的议员，由大法官推荐，首相提名，英王任命。他们都是长期担任高级法官职务或从业 15 年以上的高级律师，都是英国著名的法学家，而且被封为终身贵族。法律规定他们的退休年龄是 75 岁，但实际上是终身任职，并且领取薪金。常设上诉议员还负责审理下议院移送的法令草案，以及为上议院起草的一些法令草案。英国现有常设上诉议员 20 余名。需要指出的是，根据 2005 年《英国宪法改革法》的规定，设立新的最高法院以取代上诉议员行使终审权。

（八）大法官（Lord Chancellor）

在英国议会通过 2005 年《英国宪法改革法》以前，大法官既是英国上议院议长，又是全国司法部门的首脑，还是内阁成员。他还必然是执政党的一名要员。大法官由新上任的首相提名，英王正式任命，与首相共进退。大法官在审判方面的主要职责是：主持上议院对上诉案件的审理；主持高等法院大法官庭审理民事案件，并可参加高等法院、上诉法院的庭审；兼任东南巡回区的首席法官。大法官在司法行政方面的主要职责是：推荐法官人选，提请英王任命；指导高等法院、刑事法院和郡法院的司法行政事务；任命各巡回区的司法行政长官，并且定期召集三个行政长官会议，决定法官的增补、调动和司法财政事项。根据 2005 年《英国宪法改革法》的规定，取消大法官的上议院议长以及英格兰和威尔士法院最高首长的职权。

二、英国的陪审制度

西方国家的陪审制度是资产阶级司法民主的一种形式。

陪审制度是在古代审判制度的基础上发展起来的一项诉讼制度。它起源于奴隶制国家古希腊和古罗马，当时在雅典设置了称作"赫里埃"的公民陪审法庭，在罗马也设置了类似的陪审法庭，专门负责审理刑事案件。1066 年，随着诺曼底公爵威廉征服英国，这一制度也传入英国。从 12 世纪开始，英国实行大陪审团制度。13 世纪又开始实行小陪审团制度。十七八世纪资产阶级革命时期，资产阶级思想家反对封建专横，正式提出实行陪审制的主张。资产阶级夺取政权以后，最终在法律上确定了陪审制度。

英国的大陪审团负责审查起诉，小陪审团参与法庭审理。1933年，大陪审团取消，只保留了小陪审团（也称审案陪审团，或简称陪审团）。

（一）陪审员资格

英国的陪审团由12人组成，根据1974年《英国陪审团法》的规定：凡在议会或地方选举中登记为选民，年龄在18岁到65岁之间，自13岁起在英国居住5年以上，没有因犯罪被剥夺陪审权或受职业限制不得参加陪审的人，有资格担任陪审员。

陪审员由大法官提供，即大法官签发传票，召集一批陪审员于指定日期到某个刑事法院履行职务，然后从中抽签确定。

（二）回避

英国法律规定，刑事法院按照正式起诉程序开庭审理案件时必须召集陪审团。

陪审团的回避程序相当繁琐。开庭时，由书记官从事先通知当日到庭的陪审员中抽签确定12人，然后经双方当事人及其律师要求回避以后，再抽签补足并确定下来。

要求回避必须在陪审员抽签唱名之后、宣誓入席之前提出。

回避原有无因回避和有因回避两种。其中无因回避是指不需要说明理由的回避请求。对此法官不得拒绝。只有被告人或其辩护律师有权提出无因回避，在同一案件中可以要求7名陪审员无因回避。1988年《英国刑事审判法》取消了1974年《英国陪审员法》关于无因回避的规定，被告人及其辩护律师不再享有无因回避权。

现在的回避制度只是有因回避。根据法律规定，诉讼双方均可提出回避请求，但必须申述理由，如陪审员可能对被告人存有偏见，或陪审员同本案起诉人或被告人有亲友关系，不具备陪审员资格等，然后由法官裁决。

回避之后出现不满12人的缺额时，再抽签补足，宣誓进入陪审席。

陪审团的职责是参加庭审，听取证据，然后进行评议，就诉讼中的事实，即被告人有罪还是无罪作出裁断。

英国要求陪审团在两小时内作出一致裁断（即12名陪审员一致同意），裁断一经首席陪审员宣布，即发生法律效力。意见不一致，就延长两小时继续评议，如果还未达成一致意见，再给以时间要求作出多数裁断（不少于10人）。如果多数裁断也无法作出，则由法官宣布解散该陪审团，另组陪审团重新审理。

第四节 英国刑事诉讼程序

英国的刑事诉讼程序比较复杂，刑事诉讼中的法律用语，有其特定的含义。本节将简要叙述英国的刑事诉讼程序。

一、英国刑事诉讼法的特点

英国属于典型的普通法系国家，在其诉讼程序上尤其鲜明地体现了这一点。英国刑事诉讼法具有以下特点：

1. 英国的刑事诉讼法与刑法不是截然分开的。与大陆法系不同，英国的刑事实体法和刑事程序法在传统上是结合在一起的。实体法中有程序法的规定，程序法中也有实体法的规定，在法学著作中也是如此。英国的刑法和刑事诉讼法是交错在一起的，但现在也有单行的法规。

2. 判例法是英国法的重要渊源。英国法院判决书中的判决理由部分，对下级法院今后审理案件具有约束力。法院的审级越高，其判例适用的范围越广，即所有法院必须考虑先前的有关案例；下级法院必须服从其上级法院的判例；上诉审法院一般也要受自己判例的约束。英国上议院作为英国的最高审级，从1898年以来一直强调应该遵循该院的判例，但是在1966年通过一项决议，作为一种例外情况，即如果可能导致不正义并且限制法律的发展时，可以不遵循该院的某一先例。

3. 与判例法相对应而言，英国也存在制定法。英国的制定法均由议会通过，多系单行法律，没有统一的、结构严谨的刑法典和刑事诉讼法典。1965年曾成立法律编纂委员会，拟定了某些法典草案，但均未获得通过。

4. 英国的刑事诉讼采用当事人主义，庭审实行对抗制（Adversary System，亦称辩论制）。所谓对抗制，就是法官只负责主持法庭辩论，起诉方与被告方都是诉讼主体，虽然相互对立进行争辩，但地位平等，权利相同，诉讼双方都可以提出证据，以支持本方的主张，最后由陪审团和法官分别就事实问题和判刑问题作出裁决。

二、侦查程序

在英国，刑事案件的侦查全部由警察机关进行。1984年《英国警察与刑事证据法》和1996年新颁布的《英国警察与刑事证据法的实践法》赋予了警察从事侦查活动所必需的权力，同时也对其进行了限制。由于办理刑事案件广泛涉及对公民权利的保护问题，警察必须公正地进行侦查。根据1996年《英国警察与刑事证据法的实践法》的要求，警察进行的每一项工作都必须有记录。即使不是起诉所必要的证据，也有义务做好记录。警察必须全面地收集证据。在侦查工作结束之后，警察收集的这些证据都必须让被告人知道。

（一）刑事案件的来源

刑事案件通常来源于被害人的控告或者知情人的举报。任何人（包括警察）都可以告发犯罪。举报可以用任何方式提出，包括打电话报案。但是，凡申请发出逮捕令的告发，则必须用书面方式提出，并且要进行宣誓以证明告发是有根据的。

（二）询问和讯问

警察在接到被害人的控告和知情人的举报后，有权对当事人进行询问。英国警察有广泛的调查询问权，根据1964年修订的《英国法官规则》第1条的规定，警察为了解案情和收集证据，可以询问任何人（不论其是否犯罪嫌疑人），但除了成文法上有特别规定的（如恐怖主义分子）以外，被询问人可以拒绝回答警察的提问。警察不得对被询问人使用暴力或以暴力相威胁，也不能诱供或点名问供。

通过询问，如果警察认为被询问人确有犯罪嫌疑时，则警察必须遵照《英国法官规则》第 2 条和第 3 条的规定，告知犯罪嫌疑人有沉默权。此后，如果被询问人愿意回答警察的提问，可以继续进行讯问，但警察必须告知被讯问人：他的回答将制成笔录并将被录音，今后将作为证据使用。从 1991 年开始，根据英国内政部颁布的《英国录音实施法》，警察讯问犯罪嫌疑人，必须同时制作两盘录音。近来，《英国录音实施法修正案》又规定，在进行讯问时，除了必须同时制作两盘录音外，有条件的还要同时制作两盘录像。这种制度和做法保证了警察调查取证的合法性和证词的可靠性。

需要说明的是：警察询问当事人和犯罪嫌疑人，应当遵循《英国法官规则》的有关规定。《英国法官规则》虽然不是议会通过的法律，但它是高等法院的法官在一致同意的基础上制定的规则。如果警察在侦查时不遵守这些规则，那么他即使取得了证据，也有可能在其后的法庭审理时被法官和陪审团所排除。因此，英国的警察在对当事人进行询问和讯问时，一般都会严格遵守《英国法官规则》的各项规定。

警察还可以邀请任何人到警察局协助警察进行侦查，但必须出于被邀请者的自愿，不能强迫。到警察局以后，被邀请者可以拒绝回答，也可以以任何方式提供协助，但不得作虚伪的回答或者有意提供引导警察犯错误的情报。

关于犯罪嫌疑人的沉默权，近年来在英国有较大的变化。按照英国法律规定，犯罪嫌疑人享有沉默权。警察在对其进行讯问之前，必须首先告知其权利。英国通过 1994 年《英国刑事审判与公共秩序法》对沉默权作了一定的限制，规定在一些法定情况下，被告人的沉默可以被法庭在判断证据时据以作出对其不利的推论。

（三）搜查和扣押

为了侦破刑事案件，取得确实的证据，英国法律赋予警察以广泛的搜查权。搜查分为有证搜查和无证搜查。

1. 有证搜查。在一般情况下，警察对犯罪嫌疑人进行搜查时，必须事先向治安法官提出书面申请，由治安法官批准后签发搜查证，由警察负责执行。搜查证自签发后的一个月以内有效，每张搜查证只能使用一次。如果是有证逮捕，则可以在逮捕后进入犯罪嫌疑人的房屋进行搜查而不必另外申请搜查证。但如果是无证逮捕，则不得在逮捕后直接进入嫌疑人的房屋进行搜查。

2. 无证搜查。无证搜查是指警察在紧急情况下没有搜查证而对犯罪嫌疑人进行的搜查，其对象一般是人身与车辆。只要警察有合理的怀疑认为某人携带有违禁品或在其车辆中藏匿有盗窃来的赃物，警察就有权对其进行无证搜查。但无证搜查只能由穿制服的警察进行。如果警察在发现犯罪嫌疑人时没有穿制服，则必须把要搜查的对象带到穿制服的警察面前，才能进行搜查。

警察对从被搜查人身上或住处搜得的犯罪证据，有权进行扣押。但是，根据 1984 年《英国警察与刑事证据法》的规定，下列物品不得扣押：当事人与律师之间有关本案的通信或通话录音；当事人与他的诉讼代理人之间关于法律咨询或涉及诉讼程序的通信或通话录音。

（四）逮捕

按照英国的法律，犯罪可以分为轻微犯罪、可捕罪和严重可捕罪三种。对不同的犯罪，法律规定了不同的逮捕条件。越是严重的犯罪，警察对其逮捕的权力也就越大。由于逮捕是一种严重影响公民权利的措施，实施逮捕时必须严格遵守法律规定的程序。英国将逮捕分为有证逮捕和无证逮捕两种。

1. 有证逮捕。在通常情况下，警察认为需要逮捕犯罪嫌疑人时，应向法庭说明逮捕的理由，然后由治安法官签发逮捕证，才能进行逮捕。治安法官对于犯有可捕罪者，或者应处监禁者，或者被告人的住址不明、发出传票不能有效保证其出庭者，有权签发逮捕证。逮捕证在英格兰和威尔士全境有效。如果经过当地警察局的背书，在苏格兰和北爱尔兰也有效。逮捕证上要写明被逮捕人的姓名以及有关他的相貌特征的描述，还应写明所控罪行。警察在执行逮捕时，一般要向被逮捕人出示逮捕证，必要时可以使用武力。逮捕证在执行完毕以前，一直有效。警察如果没有合法手续就逮捕人，则可能会受到起诉。

2. 无证逮捕。无证逮捕适用于下列情况：对于正在实施可捕罪或者有正当理由怀疑其正在实施可捕罪的人，警察可以在没有逮捕证的情况下将其逮捕。税务人员和海关人员对于违反税法和海关法的人，也可以实行无证逮捕。2000年《英国恐怖主义法》和2001年《英国反恐怖主义、犯罪和安全法》将警察的权力进一步扩大，在反恐怖主义调查中警察对恐怖分子嫌疑人有权进行无证的拦截、搜查与逮捕。此外，任何公民对于夜间非法闯入住宅或夜间实施可捕罪者以及在逃的罪犯，均可以实施无证逮捕。

在进行无证逮捕时，必须告知被逮捕人他已被逮捕和逮捕的原因。普通公民进行无证逮捕后，应尽快将被逮捕人送交警察局或者治安法官，否则，他可能受到非法拘禁和民事侵权的追诉。警察进行无证逮捕或接受公民送交的被捕人之后，应在24小时内提出控告，移送治安法院，并将控告书副本交给被捕人。对被怀疑从事恐怖活动者，无证逮捕后的羁押时间可以延长至48小时，在特殊情况下，内政大臣还可以下令延长5天。

3. 逮捕后的讯问。警察将犯罪嫌疑人逮捕后，必须将其带到警察局才能进行讯问。在讯问前，除了要告知他有权保持沉默外，还必须告知他有聘请律师的权利。犯罪嫌疑人是否聘请律师要由他本人决定并且签字。如果嫌疑人提出要聘请律师，则警察的讯问必须等律师到场后才能进行。从1991年开始，根据英国内政部的规定，警察对被羁押的犯罪嫌疑人进行讯问时必须录音，而且要同时录制两盘磁带，一盘磁带供警察在侦查时使用，另一盘经嫌疑人签名后封存。如果在法庭审理时，被告人对警察提供的被告人口供持有异议时，可向法官提出申请，将原封存的磁带拆封，来同警察使用的那盘磁带进行核对。

在通常情况下，警察必须等律师到场才能进行讯问。否则，如果是在律师不在场的情况下进行了讯问，将会被法官和陪审团以取证手段不合法为由而排除其作为证据使用。律师要求会见嫌疑人的，一般应当在4小时内安排会见，如果律师来不了，可以延长时间等他到来，有时也可以建议被逮捕人聘请当地律师。如果遇到紧急情况（例如需了解共同犯罪人的去向、及时解救被绑架的人质、查获危险物品、追缴赃款赃物等），法律授权警察在律师不在场的情况下也可以讯问被逮捕人，但需要由上级批准，由总警长发布命令后才可以讯问，同时必须记录在案。而且只要达到目的，就应当停止讯问，而不能再问及其他问题。不过这种情况很少，非常有限。总之，出于对当事人权利的尊重，警察讯问被逮捕人时，原则上应当有律师在场。这是一种法定的权利。警察在律师不在场的情况下讯问犯罪嫌疑人，只是一种特殊的例外。

（五）逮捕后的羁押

1984年《英国警察与刑事证据法》加强了对犯罪嫌疑人的保障和保护。根据该法规定，必须把被逮捕者带到拘留警察面前，拘留警察有义务判断是否存在拘留的合理依据。当拘留警察确信为"保全或保护犯罪证据或与之相关的证据，或者为了通过讯问从犯罪嫌疑人处获得这样的证据"而有必要采取拘留措施时，他有权批准拘留。该法在法律上认可了仅为讯问而拘留嫌疑人的实践做法。拘留警察只负责对被逮捕人的看管，而不参与对案件的侦查。拘留警察的重要职责，就是使被逮捕人的权利得到保障，他要对被逮捕人在拘留所的一切权利负责。他们每天都要对被逮捕的人的各种情况做好记录，完整的记录都要让被逮捕人看到，并要由他签字后才能送到警察局。

犯罪嫌疑人在被羁押期间有以下权利：免费与独立的律师谈话；告知他人他已被捕；查阅诉讼法中关于警察的权利与手续的规定。嫌疑人在被羁押期间接受警察讯问的，不应被要求站立接受讯问；除非特殊情况，在任何24小时之内至少应有8小时的休息时间；在规定的用餐时间应间断侦讯；侦讯官员应当明示其姓名和级别。嫌疑人如果认为其羁押不合法，可以向高等法院申请人身保护令。

嫌疑人在治安法院初次出庭到治安法院开庭审理的期限不能超过56天，到刑事法院开庭审理不能超过70天。

（六）逮捕后的保释

保释是指被羁押等待侦查或审判的人提供担保，保证按照指定的期日出庭，并履行必要的手续后予以释放的制度。根据英国1976年《保释法》的规定，被告人在诉讼的各个阶段，即从其受到羁押起，直至被定罪判刑后决定提起上诉等阶段，都存在保释的问题。而且，警察局、治安法院、刑事法院都可以实行保释，高等法院也有权干预各级法院的保释。

根据英国的法律，任何人被警察逮捕后，除非有足够的理由证明继续关押他是合法的并由治安法官决定外，对于大多数犯罪嫌疑人来说，在被逮捕后一般都可以很快保释出去等待审判。保释分为无条件保释和附条件保释两种。所谓无条件保释，就是要犯罪嫌疑人出具一个保证书，保证不妨碍侦查和不逃避审判。当犯罪嫌疑人在保证书上签字以后，就可以回家去等待审判。所谓附条件保释，就是在决定准予保释前，由预审法官对犯罪嫌疑人明确宣告几条要求，例如：在保释期间不得与哪些人接触；不得离开居住的地区；定期向当地警察机关报告情况；等等。在犯罪嫌疑人表示愿意遵守这些条件后，即将其放走，让其回家去等待审判。在有些情况下，办理保释手续时还要扣押犯罪嫌疑人的身份证件或护照。英国为了扩大保释的适用范围，皇家刑事司法委员会在其1993年的报告中建议，赋予警察在准予被告人保释时附加一定条件的权力，以使更多的被告人能在侦查阶段获得保释。这样，由于被告人未被羁押，警察可以有更多的时间进行侦查，同时也可以减轻治安法院的负担。

在保释期间，法官可以修改保释条件，并应通知被告人和担保人。被保释人无正当理由不按时到庭的，要逮捕被保释人，以潜逃罪论。

保释申请如果被警察机关或治安法院拒绝，被告人可以向刑事法院或高等法院申诉。如果被告人仅仅是对治安法院附加的保释条件有意见，则只能向刑事法院申诉。

（七）验尸

英格兰和威尔士共设有350余名验尸官，各有其固定辖区。管辖区以尸体发现地为准，不以死亡原因和死亡地为准。普通法还规定，意图阻碍验尸官的勘验而掩埋尸体者为犯罪。担任验尸官的必须是高级律师、初级律师或从业5年以上的医师。验尸官由郡议会任命，退休年龄为65岁。

有下列情形之一的，验尸时应当召集7至11名陪审员参加：可能是由于谋杀或溺婴而死；死于监狱或某些特定地点；由于疾病、毒药或某些需要报告政府有关部门的事故而死亡；在交通事故中死亡；死于某种如再度发生将危及正常健康的情况。

验尸有时还需要通知死者家属的代理律师、警察或者可能受民事、刑事追诉者到场；并且传唤证人到场，询问证人应制作笔录。受传唤的证人拒不到场或拒绝回答的可处以罚金。

经过勘验以后，陪审团评议作出勘验结论，由验尸官和陪审员签名。结论以陪审团的多数票通过，少数票不得超过两票，否则解散陪审团，召集新的陪审团重新勘验。

三、起诉程序

1985年英国议会通过的《英国犯罪起诉法》标志着英国的刑事起诉制度开始实施一项重大的变革。在此之前，警察、检察官、商号、中央和地方各机关以及任何个人都可以作为刑事案件的起诉人，而大部分的刑事案件是由警察担当起诉人的。根据《英国犯罪起诉法》的规定，自1986年1月1日起，警察在侦查终结后，认为证据充分、应该起诉的案件，要移交给新设立的皇家检控署，由它决定是否向法院起诉。

英国又于1994年6月颁布了《英国刑事案件起诉规则》，又称《英国皇家检察官检控手册》，成为检察机关从事起诉工作的基本依据。英国检察机关起诉工作的程序如下：

1. 受理警察移送起诉的案件。当警察对刑事案件侦查终结并决定移送起诉后，应将该案的全部案卷和证据材料移送检察机关。检察机关应积极予以配合，并指派专人接受移送起诉的案件。

2. 审查起诉。检察官受理案件后，应当进行认真的审查。他的责任是将应被起诉的人送交法院审判，为此，检察官必须是公正、独立和客观的，不能因对被告人、受害人或证人的种族、原国籍、性别、宗教信仰、政治观点或性倾向等的个人看法影响其作出决定，检察官还须不受任何来源的不适当或过分的压力所左右。

经过审查，检察官可以作出继续原指控、改变原指控或者停止诉讼的决定。但是，检察官如果认为需要改变原指控或者停止诉讼，一般应当先与警察联系，以便警察能够提供可能影响他们作出决定的资料。检察官应与警察密切合作来作出准确的决定，但是否改变原指控或是否停止诉讼的最终决定权在检察官。实践中，如果警察对检察官决定不起诉有意见时，可以向检察机关反映，要求复查纠正，但这只是个别的情况。法律并没有赋予警察要求复议的权力，也没有规定检察官有对不起诉决定进行复议的义务。因而，当检察官最终决定改变原指控或者停止诉讼时，大多数警察表示应服从这个决定，因为这是法律赋予检察官的权力。据统计，英国检察官决定不起诉的比率为12%。

3. 关于是否起诉的权衡。根据《英国刑事案件起诉规则》第4、5、6条的规定，检察官在审查案件时，主要从两个方面进行检验：一是证据检验；二是公共利益检验。

（1）证据检验。检察官要审查所有证据，看它们是否达到了确实充分而无合理怀疑的程度。既要看警察提供的证据是否可靠，是否充分，又要考虑被告方可能从哪些方面进行辩解，要看根据现有的证据是否存在"现实的定罪希望"。所谓"现实的定罪希望"，是一个客观的检验标准，它意味着：陪审团或法官在法律的正确指导下，很可能给被指控的被告人定罪量刑。

为便于具体操作，《英国刑事案件起诉规则》第5条要求检察官重点从以下几个方面对证据进行检验：①审查证据的合法性。要考虑某些证据由于取证的方式不合法或者违反传闻证据法则而可能被法庭排除。②审查证据的可靠性。要考虑由于被告人的年龄、智力或者精神状态方面的因素，其口供是否可靠。③审查证人的背景。要考虑是否有什么可能影响其对案件作证的可疑的动机，或者在先前对其他案件作证时的表现。④审查被告人的身份。如果对被告人的身份发生疑问，则要考虑有关此点的证据是否充分。

如果检察官认为根据现有证据，法庭没有可能给被告人定罪，他就可以决定不起诉，而不再继续推进诉讼。

（2）公共利益检验。在对证据进行检验后，检察官如果认为根据现有的证据可以给被告人定罪，那么是否要起诉还要接受第二个检验——公共利益检验。所谓"公共利益检验"，就是要从公共利益考虑，看对被告人是否有必要追究刑事责任，公众是否有兴趣对被告人起诉。这就要看被告人本人的一些具体情况。

《英国刑事案件起诉规则》第6条从正反两个方面列举了支持与反对进行起诉的公共利益因素。

支持进行起诉的公共利益因素共有14项，总的原则是：罪行越严重，越有可能根据公共利益而需要进行起诉。具体来说，主要包括下列情形：定罪很可能会导致很重的判刑；实施犯罪时使用了武器或以暴力相威胁；罪行是针对服务于公众的人员（警官、监狱官和护士）；被告人处于有权威或者负责任的地位；证据显示被告人是犯罪头子或者是该罪行的组织者；有证据证明该罪行是预谋的；等等。

反对进行起诉的公共利益因素有8项，这些因素体现了对于过失犯罪、初犯、偶犯、老年人犯罪等从宽处理的原则。具体来说，主要包括下列情形：法庭很可能处以数额很小的或者象征性的罚金；因错误判断或者误解而犯下的罪行（同时还要考虑该罪行的严重程度）；造成的损失或伤害较轻，而且是一个单独事故的结果，如果是由于错误判断造成的，则更要予以考虑；在罪行发生与审判日期之间曾有很长的拖延；被告人是老年人，或在犯罪的时候正患有严重的精神或身体疾病，除非该罪行是严重的或者有被重犯的真实可能性；被告人已弥补了所造成的损害或伤害（但不能仅因为被告已经赔偿就不起诉）；等等。

《英国刑事案件起诉规则》第6条指出，根据公共利益作出决定时，并不仅仅是把支持和反对起诉这两个方面的因素简单相加的问题，而必须根据每个案件的具体情况和该案中这些因素的重要性，作出一个总体的评价。

根据《英国刑事案件起诉规则》的规定，检察官在进行公共利益检验时还应当注意以下三个问题：被害人的利益与公共利益的关系；青少年罪犯的利益；以警察部门的警告作为免除法庭审判的替代方式是否合适。

英国法律赋予了检察官一定的自由裁量权，对于构成犯罪的被告人是否起诉，要在考虑各种因素后酌情处理。但是检察官的自由裁量权也不能任意行使，而必须受到一系列条件的限制。

4. 决定起诉。检察官在对案件进行审查后，决定提起公诉的，就要考虑起诉的具体方式和程序问题了。按照英国的审判程序，比较轻微的刑事案件，由治安法院直接作出判决；重罪案件要先由治安法院进行预审，然后由预审法官决定是否需要提交刑事法院进行审理。检察机关决定起诉的案件，还要考虑是按简易程序审理，还是按正式起诉程序审理。如果是按照简易程序审理，检察官只需制作无一定格式的简易起诉书（或称告发书）即可，有时甚至可以口头提出。如按正式起诉程序审理，检察官必须制作有严格格式的正式起诉书，而且必须以书面提出。正式起诉书应包括三个部分，即起始、罪名和事实。起始部分包括法院名称和被告人姓名；罪名部分包括具体罪名和援引据以追诉的法律条文，属于普通法的罪名可不列条文，无法确定罪名的，可简列其犯罪特征；事实部分简要说明具体犯罪行为，但不列证据。每一罪名和事实合称一个罪状，一份起诉书可以追诉若干罪状，但每个罪状应分别列出。起诉书如有缺陷可以修改，但应注明；定罪后对起诉书则不能修改。

按照英国的习惯做法，检察官只能在治安法院出庭支持公诉。在刑事法院审理重罪案件时，检察官则不能出庭，而必须另外雇请大律师出庭支持公诉。

2003年《英国刑事司法法》规定了一种新的提起公诉的方法，即警察、皇家检控署或者其他公诉人可以通过签发书面指控的方式对被告人提起刑事诉讼，在签发书面指控时，公诉人必须同时签发正式的出庭通知，要求被告人到治安法院对书面指控作出答辩。

1988年成立的"严重诈骗案件调查局"负责对英格兰、威尔士和北爱尔兰地区绝大多数严重而复杂的诈骗案件进行公诉。该局直接对检察总长和议会负责并报告工作。当诈骗案件提交该局以后，如果局长有充分的理由认为这是一起严重或复杂的诈骗案件，他将授权组成一个由律师、会计师、警察及援助人员组成的专案组，对案件开始调查。该局通常只受理诈骗金额超过100万英镑的案件，同时还要考虑案件是否具有国际因素，是否引起公众的普遍关注以及案件的侦查是否需要较高的专业知识等因素。当案件侦查终结以后，如果认为已构成商业严重诈骗罪，就可以决定直接向法院起诉，而不必将案件移送检察机关审查起诉。可见，严重诈骗案件调查局实际上是一个具有高科技手段和雄厚实力、集侦查权与起诉权于一体的专门机构。

5. 证据展示制度。英国实行证据展示制度。根据1996年《刑事诉讼与调查法》调整以后的现行证据展示制度要求：负责调查犯罪案件的警察有义务将其在调查过程中收集和制作的材料进行记录和保存；在控诉方第一次展示中，检察官不仅要展示其准备在法庭上作为指控证据使用的材料，还应展示其不打算使用的材料；辩护方随后有义务将其准备在法庭上提出的辩护理由和证据展示给控诉方；在辩护方作证据展示之后，控诉方有义务将新的证据材料向辩护方作第二次展示。

四、审判程序

英国的刑事审判程序比较复杂，根据犯罪案件的不同而采用不同的程序。

（一）简易审判

简易审判是由治安法院依照简易审判程序进行的审判。治安法院依照简易审判程序审理的案件有下列几种：只能由治安法院管辖的简易罪；介于最轻和最重之间、可选择审判法院的犯罪；可以按简易程序审理的可诉罪，决定权在法院，但必须取得被告人的同意；可以以正式起诉程序审理的简易罪。统计资料表明，在英国，绝大多数刑事案件是由治安法院按照简易程序审理的。

简易审判是由治安法官受理简易起诉书开始的。治安法官经审理以后，认为该案应按正式起诉程序审理的，应在法庭证据调查结束前，将简易审判程序变更为预审程序。治安法院审理案件，除法律上规定的青少年案件和涉及国家机密的案件外，一律公开进行。简易审判时，被告人一般也须出庭。凡保释时承担按时到庭受审义务的，或被控可诉罪而以简易程序审理的，或所犯的简易罪可处监禁刑罚的被告人必须到庭，被告人经传唤而拒不到庭的，法院可以签发逮捕证，强制其到庭。缺席审判只是作为一种例外情况，运用时要很慎重。

简易审判的程序如下：法庭传唤被告人到庭，讯问姓名、身份等无误后，向被告人说明控告的内容，并问被告人作何种答辩。如果被告人作有罪答辩，法庭则不再听证，可迳行判决。凡以简易程序审决而可能判处的刑罚不超过3个月监禁的罪行，被告人可以以邮寄的方式作出有罪答辩，尔后法庭作出缺席的有罪判决。如果被告人作无罪答辩，法庭应该听证审理，其程序是：①起诉人陈述；②起诉方证人作证，进行主询问和交叉询问；③被告人或其律师如果愿意，可作陈述；④被告人如果愿意可作证；⑤被告方证人作证，进行主询问和交叉询问；⑥起诉方如果愿意可提出反驳证据；⑦被告人如尚未陈述，这时可作陈述。双方还可要求作第二次陈述。被告人有最后陈述权。

听证和陈述以后，治安法官进行评议。评议分两个步骤：一是关于定罪，二是关于判刑。判决按治安法官的多数票通过，票数相等则另组合议庭重新审理。如果所判刑罚超过治安法院的判刑权限，治安法院可以只定罪而不判刑，然后移送刑事法院判刑。判决以口头方式宣布，但任何一方提出上诉，则应制作书面判决。

（二）预审

英国刑事审判中的预审程序，又称作移送审判程序或交付审判程序，是由治安法官对那些按照公诉书起诉的可诉罪案件进行审查，以确定控诉一方是否有充分的指控证据，案件是否有必要移送刑事法院举行由法官和陪审团共同进行的法庭审判，从而保证被告人免受无根据的起诉和审判的一种程序。

英国的预审制度经历了复杂的发展演变过程。在1933年以前，预审由23名陪审员组成的大陪审团负责，大陪审团取消之后，这一任务便由治安法院承担起来。预审原来有两种形式，一种是书面预审，一种是言词预审。1996年《英国刑事诉讼与调查法》对此作出了修改，废除了言词预审，只保留了书面预审。

预审不是一种审判程序，因为法官在这种程序中不对被告是否有罪作出任何裁断，被告人也没有作出有罪或无罪答辩的机会。法官在预审程序结束后作出撤销案件的决定或者移送刑事法院审判的决定。目前在英国，绝大多数的可诉罪案件在刑事法院进行审判之前，都要经过预审程序。

治安法院对预审的管辖权，不论犯罪是否在该治安法院辖区内发生，只要犯罪发生在英国，就有权进行预审。预审可由1名治安法官独任进行，也可由7名以内的治安法官组成合议庭进行。负责预审的治安法官即为预审法官。预审时被告人必须出庭。预审一般公开进行，但有关案件和预审的详细情况，媒体不得披露。

预审程序目前可分为两种：一种是不审查证据的移送审判，即预审法官不用审查任何证据即可直接将案件移送刑事法院审判。适用这一程序的前提是，被告人有律师的帮助，而辩护律师已经获得控诉一方提交的本方证据的复印件，并认为控方的证据足以证明将被告人移送法院审判是合理的。另一种是通过审查证据的移送审判，即控诉一方必须将本方的证据提出于法庭上，以使被告人有机会对这些证据进行质证。适用这种程序的前提是被告人没有获得律师帮助，或者即使获得律师帮助，律师认为控诉一方的证据并不充分，因此不同意将该案件移送刑事法院审判。

在英国的刑事司法实践中，预审程序由于需要在审判之前对控方证据进行不同程度的审查，过去有些案件还授予被告方提出本方证据的权利，而控辩双方的证据将来还要在陪审团审判过程中再次提出和进行审查，这就带来了不必要的重复调查问题，造成严重的诉讼拖延。另一方面，实践中移送程序往往流于形式，而缺乏实质性的意义。1996年《刑事诉讼与调查法》建立了一种改良的预审程序，把在预审程序中进行审查的证据全部限制为书面方式。而且在这种程序中审查的只能是控诉一方的证据（基本上为控方证人的书面陈述），辩护一方不得向法院提出证据，不能对控诉一方的证人进行交叉询问，但可以提出有关对控诉一方的指控"无辩可答"、从而要求法庭直接撤销案件的申请。但是，控辩双方仍然可以就是否应当移送刑事法院审判或者撤销案件作出口头陈述。

（三）少年法庭的审判程序

治安法院内设立的少年法庭是专门对未满18岁的未成年人犯罪案件进行审判的法庭。除法律明确规定由刑事法院进行审判的情形以外，未成年人犯罪案件一律都由治安法院的少年法庭进行审判。少年法庭的法官是从治安法官中经过特定程序专门挑选出来的，在从事对未成年人犯罪案件的审判之前还要经过一定的培训。少年法庭与普通成人法庭的区别主要有：①少年法庭一般必须与成人法庭分别设置并加以隔离，有条件的地方甚至将少年法庭与成人法庭分别设于不同的建筑物内；②少年法庭的审理是不公开的，可以参加这种审理活动的主要是当事人、控辩双方的律师、法庭职员、证人、缓刑监督官、社会工作者和新闻工作者等；③审理少年被告人的法庭不得超过 3 名法官，其中至少应有 1 名男性和 1 名女性；④法庭可以要求少年被告人的父母或监护人出席审判活动；⑤新闻媒介在报道案件时不得透露少年被告人的姓名或其他可能使人们对其身份作出推断的细节，也不得透露涉入该诉讼的其他未成年人的情况；⑥少年法庭的气氛应当较为轻松，并要与正规、严肃的成人法庭有所区别，如少年被告人不必立于被告人席，而是可以与其父母一起坐在面对法庭的椅子上；治安法官的桌子只能略高于被告人的座位；法官应直接称呼被告人名字的第一个字；在宣布对其定罪的判决时应尽量采用舒缓的语气等。

（四）刑事法院的审判程序

英国实行对抗式（adversary）审判制度，这种审判制度在刑事诉讼中集中体现在刑事法院对可诉罪案件举行的有陪审团参加的第一审审判程序中。这种制度的基本特点是：法官和陪审团一般不会主动调查证据、传唤证人及对证人进行询问，而是处于一种较为消极的地位，负责听取由控辩双方提出的证据。控辩双方向法庭提出各自的证人和证据，有权向本方证人进行询问，并向对方的证人进行反驳性的询问，意在使陪审团对该证人的可信性及其证言的可靠性产生合理的怀疑。除非对方提出异议，法官和陪审员一般均不得对控辩双方提出的证据范围及进行的询问加以干预。因此，调查证据并使自己一方的证据事实展示在法庭上，这完全是控辩双方的责任。法官与陪审团在作出裁决方面分别负责法律和事实问题，但法官除了对已经陪审团作出有罪裁断（verdict）的被告人进行量刑（sentence）以外，还在法庭审判过程中充当法律问题仲裁者的角色，即在一方提出异议或申请，或者根据司法利益自己认为必要的情况下，对有关证据的可采性、控辩双方提出的请求是否许可等问题及时作出裁决，保证那些不具有可采性的证据不被提到陪审团面前，促使双方遵守法律程序和证据法规则。法官在审判过程中还有权对案件的法律问题向陪审团作出指导。

刑事法院的庭审公开进行，新闻媒介可以报道全部情况。但是依照法律规定有关国家机密的案件不公开审理。少年儿童就猥亵、强奸等罪行作证时，法庭可以命令除法庭官员、双方当事人及其律师，以及善意的新闻记者以外的人一律离庭。有关性犯罪的案件，审理不秘密进行，但可以限制新闻媒介的报道。

被告人必须到庭受审，一般不作缺席审判。被告人如不按时到庭，刑事法院可以签发拘票或逮捕证，强制到庭。正式审判的程序如下：

1. 审判前程序。为了保证法庭审判活动的质量，英国近年来在刑事法院的审判前程序上进行了改革。立法机构建立了一些新的程序，以确保可能作出的有罪答辩能够在审判前尽可能早的阶段作出，使得有关证据可采性等问题能够在审判前尽可能早的阶段得到处理。1995 年，"答辩和指导的听审"（plea and directions hearing）程序在法律上得到建立，适用于除严重诈骗案件之外的其他所有案件。这种程序的目的是促进控辩双方做好准备工作，使法庭做好必要的审判前安排并了解必要的情况。主持这一程序的法官可以是不主持法庭审判的法官。

按照"答辩和指导的听审"程序，被告人被从治安法院移送审判之后，法官在某一时间举行听审，届时辩护一方必须提供一份他打算要求出庭的控方证人名单，控辩双方都要向法官和对方以简要的形式提出有关将在法庭审判中申请法庭解决的问题。对于那些严重、复杂、审判时间可能很长的案件，控诉一方还要向法官提交本方简要的案情陈述。如果被告人答辩有罪，法官应当直接考虑量刑问题。如果被告人答辩无罪或者他的答辩不被控诉一方所接受，法官将要求控辩双方提交记载以下事项的材料：案件中的问题；传唤出庭的证人人数；所有实物证据或表格；控诉证人出庭作证的顺序；所有可能在法庭审判中出现的法律要点，证据可采性问题等；所有已被展示的证明被告人不在犯罪现场的证据；所有有关通过电视系统或录像带提供认同证言的申请；审判可能持续的时间长度；证人能够出庭作证及控辩双方可以出席法庭审判的日期，等等。了解了上述情况以后，法官就可以确定法庭审判的日期并作出其他适当的指导。

目前，"答辩和指导的听审"程序已经成为所有案件必经的程序（严重案件除外）。关于在这一程序中法官所作出的决定的效力问题，根据1996年《英国刑事诉讼与调查法》的规定，在陪审团宣誓、有罪答辩被接受或者"预先听审"（preparatory hearings）程序开始之前，主持"答辩和指导的听审"的法官可以根据控辩双方的申请或自行就证据的可采性或者案件涉及的其他法律问题作出裁定（rulings）。这种裁定一旦作出，就在整个法庭审判程序中具有法律效力，除非主持审判的法官根据控辩双方的请求或者按照司法的利益对此加以撤销或变更。

针对审判持续时间长并且复杂的案件，1996年《英国刑事诉讼与调查法》设立了"预先听审"程序。刑事法院的法官可以在陪审团宣誓之前，根据控辩双方的申请或者自行决定举行这种程序。实践中通常由法官在"答辩和指导的听审"程序进行中决定。"预先听审"程序是由主持法庭审判的法官主持的，它被用来在陪审团不在场的情况下解决案件中的法律问题。在这一程序中，法官有权要求控诉一方将本方的案情陈述（case statement）提交给辩护一方；之后，法官可以要求辩护一方提供一份书面陈述，其中载明将要提出的辩护的主要内容等。主持"预先听审"程序的法官可以就有关证据可采性等法律问题作出裁定，该裁定对随后举行的法庭审判具有法律约束力。

2. 提审程序。提审（arraignment）是法庭审判开始后的第一个阶段。法庭书记官必须将记载有被告人罪状的公诉书在法庭上宣读，然后问被告人作出有罪答辩还是无罪答辩。但是答辩必须对每一罪状逐一进行。

如果被告人作出有罪答辩，法庭就不再召集陪审团，进行听证和辩论，而直接进入量刑程序。有罪答辩必须由被告人亲自向法庭作出，不得由其律师代为答辩。在法庭宣告判刑之前，被告人可以撤回有罪答辩；刑事法院一旦作出判决，则不能再撤回有罪答辩。被告人作了有罪答辩，法官往往会从轻判处刑罚。

如果被告人作出无罪答辩，法庭审判就进入下一个阶段。法庭应立即召集陪审团按照正式起诉程序继续进行审判。被告人如果保持沉默不作答辩或者不直接答复问题，法庭均以无罪答辩记录在案，审判继续进行。

除了上述两种答辩以外，被告人还可以提出其他答辩方式，如对管辖权异议的答辩、法律上无罪的答辩、特赦答辩、一事不再理答辩以及不适于答辩和受审的答辩等。

被告人在法庭上也可以不作任何答辩而要求撤销起诉书，但是必须有根据。如犯罪的事实不充分，或者有欺诈行为，或者未按法律规定拟制和签署起诉书等情况，都可以成为申请撤销起诉书的理由和根据。如果起诉书明显地不能成立，法院不仅可以而且应该予以撤销；当然刑事法院也有权对起诉书作出修正，或者根据同样的事实重新提出起诉书。

3. 遴选陪审员程序。在被告人作出无罪答辩的情况下，要经过抽签和要求回避等程序组成陪审团。陪审团必须宣誓，保证会根据他们所听到的证据作出真实的裁决，然后进入陪审席。

刑事法院在对可诉罪案件进行第一审审判时必须召集陪审团。庭审中由一名合格的法官主持庭审，对审判过程中出现的诸如证据是否可采、被告人权利是否保证等法律问题作出裁决；陪审团的职责则在于参加庭审，听取证据，进行评议，然后就诉讼中的事实问题——即被告人是否有罪作出裁断，法官只能在陪审团作出有罪裁断后才能对被告人的量刑问题进行判决。

根据1974年《英国陪审团法》的规定，所有被登记为合法选民、年龄在18岁至65岁之间的人都可以依法担任陪审员。陪审员的遴选由大法官通过刑事法院书记官从当地选民名单中以随机抽签的方式决定。被依法选出的公民有义务作为陪审员出席刑事法院的法庭审判，除非他因犯罪而被剥夺了陪审权，或者因为从事特定职业而无法担任陪审员。英国于1988年取消了无因回避制度，只保留了有因回避。根据法律规定，在12名陪审员遴选出来之前，法庭通常会举行一种对候选陪审员的审查程序，届时控辩双方都可以向法官就被召集来的候选人提出申请回避的请求，但必须提供申请回避的理由，如对被告人持有偏见、事先了解案情、与控辩双方中的任何一方有某种关系等，并就此向法官证明。法官有义务对某一被申请回避的候选人是否具备担任陪审员的资格进行调查，并作出是否将某一候选人甚至已经选出的陪审员全部排除于陪审团之外的决定。

4. 控诉方作开头陈述并提出本方证据。召集陪审团完毕之后，法庭审判就进入开头陈述（open speech）阶段。控方的这种陈述包括两部分内容：一是就指控的内容从事实和法律两方面加以解释；二是简要介绍将要提出的控方证据，并向陪审团说明这些证据是如何能够结合起来证明被告人犯有被指控的罪行而且达到排除合理怀疑的程度的。

在开头陈述作出之后，控方律师要按照在审判前确定的顺序依次向法庭提出本方的证据，包括传唤本方的证人，展示本方的物证，宣读本方的书证等。对于由本方传唤出庭的证人，控方律师应当实施主询问（direct-examination）。主询问的目的在于将证人所了解的对本方有利的事实尽量全面地展示在法庭上，并尽量使陪审团产生直观、鲜明的印象。主询问中有一项较为重要的规则：控诉一方不得向证人提出诱导性问题。这种问题通常是指强烈地暗示证人按照提问者事先已知的答案作出回答的问题。

在控诉方提出每一项证据之后，辩护律师都可以要求法官排除该证据的可采性，使其不出现在陪审团面前。法官应对此申请作出裁断。同时，对于控诉方提出的每一证人，辩护律师可以进行交叉询问（cross-examination）。实施交叉询问的目的在于使辩护律师有机会对控方证人证言的可信性进行质疑，使该证人吐露在主询问中未陈述的对被告人有利的事实，或者使其作出与其在主询问中所作证言相矛盾的新证言，从而达到使陪审团对该证人的可信性及证言的可靠性持否定或怀疑态度的目的。辩护律师在交叉询问中必须遵守以下规则：①询问的最终目的在于维护委托人的最大利益，因此询问不得使陪审团产生对被告人不利的印象；②不得作出使证人的名誉或尊严受到损害的陈述或提出这种问题；③不得对其有机会进行交叉询问的证人进行指责；④不得向法庭发布有关某一证人犯有罪行、行为不端等意见；等等。

在控诉方提出证据、辩护方对其证据进行反驳完毕之后，控方律师通常会说："这就是控诉一方所有的指控和证据"。随后，根据案件的情况，辩护律师可以向法庭提出"无辩可答"（no case to answer）的申请。也就是说，辩护律师认为控诉方的证据根本就达不到证明被告人有罪的程度，辩护律师不再出示证据，直接请求法官裁决案件不成立。法官如果认为辩护律师的申请可以接受，他就可以指导陪审团作出被告人无罪的裁断，从而结束法庭审判。如果法官认为情况相反，他可以驳回辩护律师的申请，继续以下的程序。

5. 辩护方作出陈述并提出证据。在英国的刑事审判过程中，控辩双方在提出证据、询问证人等方面有平等的权利和机会。具体来讲，如果辩护方准备提出被告人以外的证人或其他证据时，辩护律师有权进行开头陈述。如果辩护方只有被告人作证，或者只提品格证人，则辩护律师无此权利。在辩护律师进行开头陈述的情况下，他要向陪审团简要陈述本方辩护的内容和所提出的证据要证明的事实情况，也可以对控方所提的证据进行批评。

在口头陈述之后，辩护律师可以依次向法庭提出本方证据，传唤本方证人。被告人作证要在其他证人之前。辩护律师可以对本方证人实施主询问，控方律师也可以对这些证人逐一进行交叉询问。无论是对控诉方还是辩护方的证人，实施主询问和交叉询问的规则都是相同的。

6. 终结陈述程序。在所有证据都出示完毕之后，控辩双方都要向陪审团作终结陈述，以使他们相信本方的诉讼主张。具体的程序是：控方律师首先作终结陈述（closing speech），向陪审团总结本方提出的证据及其所能证明的事实，并对辩护方证据的不可信性作出评论。随后由辩护方作终结陈述，对本方的辩护证据和所要证明的事实进行总结，说明控诉方的证据尚不足以证明被告人有罪。

双方的这些陈述不是证据，而是供陪审团参考的意见和主张。双方都不能无中生有地编造事实，凭空无据地得出结论，而必须把自己的陈述严格限定在已经提出的证据的范围之内。

被告人或其辩护律师有作最后陈述的权利。

7. 法官的总结和提示程序。主持庭审的法官要用易为陪审员理解的语言，向陪审团作总结提示。其内容包括：①陪审团和法官各自的职责；②各种争议问题的举证责任；③解释被指控的犯罪，以及检察官需要证明的所有事项；④对于被告人为两个以上的案件，要求陪审团分别考虑他们各自的罪行是否得到令人满意的证明；⑤向陪审团总结法庭审判过程中提出的证据并对它们进行评论；等等。

8. 陪审团的评议、裁断程序。法官作出总结性提示之后，陪审团退出法庭进入专门的评议室进行评议。评议秘密进行，陪审员不得将评议情况向外界泄露，新闻界或出版界也不得试图了解或者透露评议的情况。

根据1974年《陪审团法》的规定，陪审团在对被告人是否有罪进行评议两个小时以后必须作出意见一致的裁断；届时如果没能达成一致意见，法官可以延长两个小时让陪审团继续进行评议；如果这时仍不能达成一致意见，法官可以要求陪审团作出多数裁断，但多数意见的持有者不得少于10人。如果这种多数裁断也不能作出，法官就可以解散该陪审团，另外组成新的陪审团重新审判。

陪审团的裁断一经作出，法庭即可重新开庭，法官首先问陪审团团长是否达成了一致或者法定的多数裁断，陪审团团长作出肯定的回答后，即将评议结果交法官宣布。如果陪审团作出的是有罪裁断，就开始进行法官的量刑程序。

9. 法官的量刑程序。被告人在提审程序中答辩有罪，或者陪审团对其裁断有罪之后，法官通常要听取有关被告人前科、劣迹或品行的证据，并阅读由缓刑监督官（对成年被告人）或社会工作者（对未成年被告人）提交的量刑前报告。量刑前报告的内容主要包括被告人的年龄、经历、职业、品格、教育程度、家庭情况、有无前科、被逮捕和释放日期等，以及对被告人适用刑罚的建议。

最后，由合议庭确定适当的刑罚，并作出判决。判决由合议庭庭长在公开开庭时宣告，被告人必须在场。如果延期宣判，可不由原审法官宣告。判决从作出之日起生效，但法院另有命令的除外。判决宣告后可以变更或撤销，但必须在宣判后4周内宣布。

2003年《英国刑事司法法》首次明确了对成年人量刑的目的是为了惩罚犯罪，减少犯罪，改造和矫正以及公共保护和修复，对量刑的原则也进行了明确规定，包括任何先前定罪，如果是近期的并且是相关的，将被作为一个加重情节，因而会被判处更为严厉的刑罚。此外，对刑罚种类也进行了改革，还设立了新的"量刑指导委员会"。

10. 上诉。被告人对定罪不服或对量刑不服都可以提出上诉，但是起诉方不能就无罪判决提出上诉，也不能就同一案件对被告人再次提出控诉。

英国的法院组织复杂，因而上诉渠道较多，上诉形式也颇为繁复。以下着重介绍不服治安法院判决的上诉和不服刑事法院判决的上诉。

（1）不服治安法院判决的上诉。对治安法院判决不服的，既可以向刑事法院上诉，也可以向高等法院王座庭上诉，但二者程序不同。

其一，向刑事法院上诉的程序。被告人不服治安法院的判决，可以向刑事法院上诉。起诉方则只有在法律有特别规定的极少数情况下才有权上诉。上诉必须在治安法官宣告判决后的3周内，以书面形式向原审法院的书记官提出。刑事法院对不服治安法院判决的上诉案件，采取重新审理的方式进行，由 1 名记录法官或巡回法官主持，与 2 至 4 名治安法官组成合议庭进行审理。治安法院的原审法官不得参加上诉审合议庭。全部庭审程序与治安法院的程序基本相同，可以再次提证，也可以补充新证据。判决以表决的多数票通过，如果票数相等，主持庭审的记录法官或巡回法官有第二次投票权。刑事法院可以行使治安法院原来所享有的一切权限，因此它可以纠正原判的任何缺点与错误，可以维持、撤销或改变治安法官的定罪与判刑。对刑事法院的判决不服，还可以上诉至上诉法院。

其二，向高等法院王座庭上诉的程序。治安法院应被告人的要求，可以就法律问题以报核的方式开启向高等法院王座庭上诉的程序。由于向高等法院王座庭的上诉仅限于法律问题，因此，不仅被告人可以提起上诉，而且起诉方和被害人也可以提起上诉。高等法院王座庭审理上诉案件时，仅就法律问题听取双方律师的辩论。高等法院有权维持、撤销或改变原审判决，也可以附加意见将案件发回重审。

双方当事人不服高等法院上诉判决的，可以再就法律问题向上议院提出上诉，但必须是具有普遍意义的重大法律问题，而且要经过高等法院或上议院的批准。

（2）不服刑事法院判决的上诉。被告人不服刑事法院的判决，不论是对定罪、判刑还是其他问题的上诉，都可以向上诉法院刑事上诉庭上诉，但根据上诉内容的不同，其程序也不同。

其一，对定罪的上诉。可以分为两类，一种是法律上诉，这种上诉不需批准，在定罪后 4 周内，被告人或其辩护律师向上诉法院递送上诉书，说明上诉理由即可。另一种是事实上诉，即只涉及事实问题或既涉及法律问题也涉及事实问题。对此须经批准，由上诉法院批准或者由原审法院发给适于上诉的证明书，证明情况属实适于上诉。上诉法院审理案件，由不少于 3 名上诉法官或高等法院法官组成合议庭。上诉审公开进行，法官们事先阅卷，多数情况下听取双方律师的法律主张，而不是审理事实。经过法庭审理后，上诉法院对案件作如下处理：驳回上诉，维持原判；撤销原定罪；命令收容住院；以起诉书中另一较轻罪名代替原罪名；采纳新证据，将案件发回重审。

其二，对判刑或其他问题的上诉。除判处绝对确定法定刑的情况以外，被判刑的犯罪人都可以就原判刑罚提出上诉，但必须取得上诉法院的许可。上诉法院认为应该改判的，只能在刑事法院所具有的判刑权限内予以改判，但必须遵循上诉不加刑原则。

在英国议会通过 2005 年《英国宪法改革法》以前，不服上诉法院的判决，可以再上诉到上议院，但须具备两个条件：一是必须经上诉法院证明上诉内容涉及具有普遍重大意义的法律问题；二是必须经上诉法院或上议院批准。上议院审理案件时，通常由 5 名常设上诉议员在大法官主持下进行，审理时不阅卷，只听取双方律师的口头辩论。合议庭的成员均应表示自己的意见，上议院的判决以上议院决议的形式公布。

2005 年《英国宪法改革法》设立新的最高法院，上议院的司法职能被取消。因此，对高等法院上诉判决不服的当事人不再向上议院提出上诉，而改为向最高法院提出上诉。

第五节　英国刑事证据制度

一、证据的涵义和证据法

英国刑事证据法中没有对证据的涵义作出明确规定。法学家布莱克斯通（William Blackstone）曾给证据下了一个定义："为一方或另一方证实、澄清或查明确有争议的事实或争议之点的真相者，是证据。"墨菲（Murphy）给出的定义是，"有助于在法庭上说服法官或陪审团相信所宣称的某些事实的真实性或者盖然性的任何材料"。从司法实践和制定法的具体内容中可以发现，英国证据法上对证据主要是从关联性和可采性这两个方面进行规定的。

英国证据法由判例和法规组成，是在大量的判例的基础上逐步形成的。直到18世纪末期，有关证据的规则仍然散见于判例之中，后来又陆续制定了一些成文法，典型的如1851年《英国证据法》、1898年《英国刑事证据法》等。在此基础上逐渐发展成为现在的英国证据法。20世纪六七十年代以来，英国陆续制定了许多有关刑事证据的法律，如1984年《英国警察与刑事证据法》、1988年《英国刑事审判法》、1994年《英国刑事审判与公共秩序法》、1996年《英国刑事诉讼与调查法》、1999年《英国青少年审判与刑事证据法》、2003年《英国刑事司法法》、2005年《英国刑事诉讼规则》等。制定法在英国刑事证据法中所占比重越来越大。

英国证据法详细地规定了可以作为证据的事实和材料种类、需要用证据来证明的事实、举证责任、判断和采纳证据的原则等内容。

二、证据的关联性和可采性

（一）证据的关联性

所谓关联性，是指证据必须与案件的待证事实有关，从而能够用来证明待证事实的属性。英国法学家斯蒂芬对关联性一词的解释是："所应用的任何两项事实是如此互相关联着，即按照事物的通常进程，其中一项事实本身或与其他事实相联系，能大体证明另一事实在过去、现在或将来的存在或不存在。"因此，当事人提出的证据必须与他的主张和争议事实绝对有关，与案件无关的应予排除。

关联性所涉及的是证据的内容，不是证据的形式。判断一个证据是否具备关联性，要看该证据所要证明的问题是什么，该问题是不是案件的实质性问题，以及所提出的证据对该问题是否具有证明性。

（二）证据的可采性

所谓可采性，是指证明必须为法律所容许，可用以证明案件的待证事实。凡是可以在诉讼过程中向法庭提出，供法官和陪审员据以判定被告人是否有罪、所犯何罪和罪行轻重的证据，都是可采证据。确定哪些事实可以援引以认定被告人有罪或无罪，以及什么人、在什么情况下、如何向法院提供这些事实，即证据的可采性问题，这是英国证据法的中心问题。

英国证据法理论认为，证据必须同时具有关联性和可采性。关联性基本上是逻辑问题，而可采性则属法律问题。证据是否可采，由法官和陪审员决定；不具可采性的，应在排除之列，而且法庭可以拒绝提证。可采的证据首先必须具有关联性，无关联的证据都是不可采的。但是并非所有逻辑上有关联的证据都具有可采性，对各种公共政策的考虑也是影响到证据是否被采纳的重要因素。

(三) 排除法则

对于某些特定种类的证据来说，出于对其关联性和可采性的考虑，英国证据法上一般地排除将其作为证据使用。证据的排除法则，包括传闻法则、意见证据法则、文书的次要证据法则，以及有关事实的排除法则。2003年《英国刑事司法法》在证据规则上主要的变化是不良品格证据和传闻证据。作为对被害人一方的重新平衡，对这些证据放松了可采性上的要求。该法把普通法上的证据规则法典化了。并且以前的普通法规则是假定为排除，采纳是例外；现在的制定法规则是假定被采纳，排除是例外。

1. 传闻法则。英国证据法上所说的传闻（hearsay），是指证明人为了证明某一事实而转述他所听到的他人就同一事实所说的话。可见，传闻是一种"第二手证据"。英国早在1202年就认识到了传闻证据的不可靠性，但仍然可以自由采用。到1660年，传闻只能被用作佐证，禁止单独采纳。1680年之后，传闻证据开始被排除，成为最早的一个排除法则，即传闻法则。

传闻法则是当今英国证据法的一项基本法则。其含义为，"其他人而不是在诉讼中作证的人所宣称的事实（一般）不得采纳为证明所主张的任何事实的证据"。传闻法则是一项排除证明手段的法则。之所以排除这种证明手段，是出于以下原因：①它存在着复述不准确或伪造的可能；②由于未经宣誓而提出，又不受交叉询问，其真实性无法证实，也妨碍当事人质证权的行使；③采纳其作为证据容易拖延诉讼。

传闻法则适用于三种情形：①口头陈述，即转述他人告知的事项不能作为证据；②书面陈述，即诉讼中的任何一方如果依靠文书来表述事实内容，则必须传唤文书的制作者；③用行为表明的暗示，即在诉讼中重复、模仿的知情者的行为也不得用作证据。

传闻法则也存在一些例外情况，主要有：①临终遗言。在对杀人罪的控诉中，死者临终遗言中关于死亡原因的陈述，可以采纳为证据。②证人的作证书。证人在治安法官面前制作了作证书，待刑事案件移送审判之后，证人因为死亡、病重等原因无法到庭作证时，可以在审判时宣读这一作证书。③承认。被告人在审判之前作出的、而在审判中对其不利的陈述或行为，可以采纳为证据。④公文中的陈述。当其作为证明文书所述事实的手段而被采纳时，构成传闻法则的例外。⑤有关公共或一般权益的陈述。此类陈述要构成传闻法则的例外，须是陈述者对该项权益有足够的认识，而且是发生争执前作出的。传闻法则还有许多其他例外，如商业记载、有损利益的陈述、结婚证书、洗礼证书等。

2. 意见证据法则。意见证据法则是有关证据法的一个重要法则，即反对由非专业人员以意见或判断结论的形式提供证言。一般情况下,一个被传唤出庭作证的普通证人,只能叙述自己所直接了解的实质性事实,不得发表依据其观察所得出的结论和意见。

排除意见证据的理论基础在于:从已经证明的事实中得出结论是法院的职能,证人以及其他证明手段的职能只是把事实提交给法院。证人因不具有专门性知识、基本的技能和经验,由其所作的判断和意见应该排除。

对于普通证人提供的证言,判断其究竟是意见还是事实有时比较困难。总的来说,以其推理为基础的应属于意见,以其观察所得的印象为基础的则不是意见。

不同于普通证言的意见,专家证人的意见是可以采纳为证据的。关于专家的含义,《布莱克法律词典》的定义是,"经过该学科科学教育的人,或者掌握从实践经验中获得的特别或专有知识的人"。常见的采纳专家证人意见的领域有弹道、手纹、笔迹、精神状态、海运、商业习惯等。

对一个证人的意见是否具有专家意见的资格,以及他所提供的意见是不是关于一项需要专家鉴定的事项,须由法官来决定。

3. 文书的次要证据法则。英国证据法适用"最佳证据规则",即要用最好的、最直接的证据来证明一项事实。据此,文件证据一般应使用原件,因为证明一个文件内容的最佳证据就是文件的原件。至于抄写件、影印件或口述件,均属第二手材料,为次要证据。因而,只有在下述情况下才可采用抄写件、影印件或口述件:①原件已遗失或销毁而无法出示的;②难以出示原件的,如墙上字迹或墓刻;③原件在对方手中,经通知对方,仍拒绝出示的;④文件保管人在本辖区以外并且拒绝出示的;⑤如系官方文件或公共文件,可以第二手材料代替。

4. 倾向性证据法则。在英国刑事审判中,关于一个人具有某种倾向性的证据,特别是关于被告人有犯罪倾向的证据通常是不可采的。起诉方通常不得提出被告人过去的行为不端的证据,来证明案件中的争议事实。此项法则包括下列两种情况。

(1) 品格证据。它是指有关一个人品格优劣及是否具有特定品格(如暴力倾向)的证据。这种证据通常是无关联性的,因而在法律上也不具可采性,但是以下情况例外:被告人如果提出自己品格良好,则起诉方可以提出其不良品格的证据加以反驳;被告人过去曾被定罪的事实为控告的组成部分;被告人提出无罪证据而被交叉询问时,询问人在发问时可以问及其过去的罪行及品格;被告人定罪之后,法院在判刑之前,可以查询和采纳有关其前科和品格的证据,以便作出恰当的判决。

除了被告人以外,证人的品格也是值得注意的问题。为了表明证人的品格不良而不应受到信任,在询问对方证人的可信性时,可以询问有关他的名声、意向或前科方面的问题。

(2) 类似事件的证据。作为一般原则,被告人在其他场合的类似行为是没有关联性的,因而不可采纳。但在下述情况下,类似行为明显地成为所控罪行的有关事实,因而具有可采性:类似行为是本案所控罪行的本身或其组成部分,如被告人一个晚上曾3次盗窃汽车;本案所犯之罪已经证实,则证明被告人在其他场合有类似行为的证据可以采纳,用以证明其犯罪意图、明知故犯或其他心理状态;所控罪行只是一系列类似行为之一,而被告人提出自己的行为是意外事故或事实错误等作为辩护理由时,类似行为的证据可以用来推翻其辩护。

5. 有关事实的排除法则。有关事实的排除法则,是指出于维护某种特定利益的需要,而排除有关证据的法则。与传闻法则、原件证据法则和文书的次要证据法则不同,有关事实的排除法则不是一种排除证明手段的法则,而是一种排除事实的法则。它主要包括下列情况:

(1)公共特权。如果泄露有关的证据会损害公共利益,就必须予以排除。法官应当考虑事关公共特权的证据排除问题。即使诉讼双方都未拒绝提供证据,只要接受这一证据会损害公共利益,法官就应当拒绝考虑它。

(2)司法诉讼。根据此项法则,不得要求法官和陪审员提供有关诉讼过程中在他们面前发生的情况的证据,以维护法官的尊严。

(3)非法获得的证据。英国关于非法获得的被告人供述问题,奉行非任意自白的排除法则,以保证能够排除虚假的被告人供述。

关于非法获得的其他证据,要由法官根据案件具体情况并通过行使其自由裁量权来进行。法官在排除某一证据的可采性时必须对该证据的证明价值和它对诉讼的公正性可能产生的不利影响加以权衡。法官在行使这种自由裁量权时所要把握的尺度是:保证被告人获得公正的审判,并排除所有严重妨碍被告人获得公正审判的证据。

三、举证责任

举证责任是指提出某种主张的人承担证明其主张的责任,也就是说,"谁主张,谁举证",即刑事诉讼中的起诉人必须在法庭上提出证明其主张的事实。这是英国证据法的一个基本原则。

(一)举证责任的承担

在刑事诉讼中,英国奉行无罪推定原则,即被告人在被法院判定有罪之前,应被推定为无罪。因此,当被告人对所控的罪行作无罪答辩时,起诉方应负证明被告人有罪的责任,而被告人不负证明自己无罪的责任。

依据某种只有他自己知道的事实而提出主张的当事人必须证明他所依据的事实。在诉讼的不同阶段,举证责任是可以有变化的,或者说,这一原则也有例外,凡遇下列情形,被告人也负有举证责任:①如果被告方在辩护时提出被告人患有精神病症或不适于受审,被告方就有责任证明这一点;②如果某制定法规定,在没有合法授权、正当理由、特殊情况或例外情况下,某种特定的行为就是非法的,这时被告方就有责任证明存在合法授权、正当理由、特殊情况或例外情况;③如果被告方主张其行为曾取得同意、出于意外事故、由于受胁迫、激于义愤或目的在于自卫等,这时被告方应负举证责任;④如果被告方拟推翻制定法对某些事实的推定,或拟引用条文中的但书、例外或豁免,这时被告方也应负举证责任。

(二)证明标准

在刑事诉讼中,起诉方所提供的证据必须达到使法官和陪审团不存在任何合理疑点的程度，才能解除举证责任，这也称作刑事证据的标准。如果陪审团存有合理疑点，而起诉方又无法进一步证实被告人有罪，则应判定该事实不存在，宣告将被告人无罪释放。对被告方所提供证据的要求则较低，只要所证明的事实的盖然性与对方相等即可，不需要达到不存在合理疑点的程度。但是对"不存在合理疑点"的解释则是众说纷纭，在刑事审判实践中，法官和陪审团主要考虑的是他们自己对证据是否感到满意，定案是否完全有把握。在举证责任转移到被告方的时候，证明标准只要达到"盖然性占优势"就可以了。

（三）推定

英国证据法规定了法律推定。推定分两种：可反驳的推定和不可反驳的推定。可反驳的推定是指，在一个基础事实被确定的情况下，如果没有相反证据，就推定某一事实存在。对一项可反驳的推定，公诉方、辩护方根据情况可以提出异议，但是所承担的证明责任是不同的。不可反驳的推定是要求法庭在特定情况下得出的结论，实际上是一种实体法的规定，例如10岁以下儿童的任何行为均不构成犯罪。

（四）无需证明的事项

以下事项是无需证明的：

1. 正式承认（Formal Admission）。自1967年《英国刑事审判法》开始，英国法上规定了正式承认。该法第10条规定，在任何刑事诉讼中，公诉人或者被告人或者代表其利益的人的口头证据所提供的任何事实，为该诉讼之目的可以采纳，依据本条之规定，任何一方对任一此类事实的承认都将在该诉讼中用作对其不利的确证。正式承认可以在庭审前或法庭上提出。正式承认的事实不再作为争议事实。在经过法庭认可后，也可以收回。

2. 司法认知（Judicial Notice）。所谓司法认知，是指对于某些众所周知的确定事实，或者可以通过无可争议的渠道准确查明的事实，法庭不再要求诉讼中的任何一方依通常的方式举证证明的一项制度。例如一个星期有7天，或者1991年7月8日是星期几这样的事实。司法认知的事实的范围非常广泛，除了日常生活中人们常见物的外形、特性、位置，人和动物的各种习惯、反应、行动，自然界的运动规律以外，还包括人类社会生活中的确定存在，如历史事实、众所周知的风俗习惯、当前发生的政治和外交事件，等等。法庭在确定司法认知时，有时会参考一些有关的资料，但这些资料只是作为参考，而并不是证据。

四、证据的种类

（一）证人证言

一般来说，任何人都有出庭作证的资格和义务。法院可以向证人发出传票或传证人令强制证人出庭作证。接到传票的证人，如果认为自己无法提供证据，可以向刑事法院或高等法院申述理由，经同意后方能免除作证义务。如果证人无正当理由拒不到庭，可对其签发逮捕证或者以藐视法庭罪而受到惩罚。

在证人资格问题上，属于少数例外的有以下几种情况：

1. 少年儿童。未成年并不妨碍其作证资格，因此少年儿童只要懂得或理解应讲真话，便可作证。如果少年儿童懂得或理解宣誓的意义，则应作附誓证言，否则作不附誓证言，而后者不能单独作为定罪的依据，而必须有其他佐证。

2. 精神不健全的人。一个人并非仅因其精神上有疾病就不能出庭作证。精神不健全的人如懂得应讲真话，并且理解宣誓的意义，即可作证。精神不健全的人在与其精神状态无关的问题上可以作证，但是陪审团如认为其证言受精神不正常的影响，可不予采纳。

3. 刑事案件中的被告人。同案审理的共犯无资格充当起诉方的证人，不得提供不利于同案另一共犯的证据。但也有例外，如在扰乱公共秩序案件的审理中，为了保护公共利益，被告人有资格也有义务为起诉方作证。至于非同案审理的共犯则不同，可以充当起诉方的证人，但法官应提示陪审团不应仅凭这种证据对其他共犯定罪。

4. 配偶。按照1984年《英国警察与刑事证据法》规定，在刑事诉讼中，除非配偶双方因某一罪名被共同指控而不能互为证人以外，配偶一方应该为其成为被告人的一方配偶的利益作证。在法定的情况下，被告人的配偶也有义务为了起诉方的利益作证。

5. 其他。英王、外国元首和享有外交特权者，都没有作证义务。

关于拒绝作答的特权，这是指证人在一定情况下拒绝向法庭提供与诉讼中某一问题有关的信息的权利。这项特权主要包括：①反对自证其罪的特权，即如果证人回答了某个问题就会使其自陷于罪，则享有拒绝回答该问题的特权。证人向法庭提出理由以后，法庭根据案情和问题内容来决定是否允许其拒绝回答。在一般情况下，不能强迫该证人作证。②法律职业上的特权，即律师与当事人之间的秘密交谈和通信，包括有关诉讼的问题以及非诉讼的法律事务，对此律师有权拒绝回答。但是，任何策划犯罪或欺骗行为的交谈和通信不在此列。在英国，医师与病人之间，牧师与忏悔者之间的通信，并不享受特权。

证人证言一般应根据宗教信仰宣誓后提供，这种证言称为附誓证言；如不信仰宗教，也可以誓愿代替宣誓，其效力与附誓证言相同；对未经宣誓的证言，对方不能进行询问，而对儿童的未经宣誓的证言，对方可以进行询问。

证人提供证言应遵循两条规则，一是证言应在法庭公开提供；二是证言必须限定于证人亲眼目睹的事实。证人提供证言以后，还要接受主询问、交叉询问和再询问。

（二）书面证据

书面证据可分为三种，即书面陈述、文件证据和证言笔录。

书面陈述是证人在法庭外以书面方式提供的证言。书面陈述必须符合下列条件才能采纳作为证据：①证人必须亲自签字，而且声明所述真实，如有虚伪陈述，自愿承担刑事责任，未满18岁者还应注明年龄；②事先将书面陈述的副本送交对方，并得到对方同意；③在书面陈述中如果引用其他文件，还必须附送所引之文件。

书面陈述一般应当庭宣读，而且作书面陈述的证人除因病重不能到庭或者依法不能出庭的少年儿童外，都应传唤到庭以接受对方询问。

官方文件和公共文件作为证据采纳一般不需要鉴定，私人文件则须鉴定，以确定文件的有效性。

证言笔录是证人在法庭上所作证言的笔录，特别是预审庭准备移送刑事法院庭审时使用的证言笔录。证人在法庭上的陈述，由书记官制作笔录，证人和法官签字，在以后的审判中可以作为证据，不一定再作口头陈述。英国法律还规定，经合格医师证明证人病危，治安法官可在证人病床前作附誓证言的笔录，其效力与法庭上的证言笔录相同。

（三）实物证据

实物证据包括以下四类，即送检物品、当事人的身体外形、现场勘验和文件的外形特点。

1. 送检物品。送交法院检验的物品通常有武器、衣服、被盗窃的物品和样品等。至于某一实物同案件争议事实是否有关联，必须通过检验并提交法庭审查。

2. 当事人的身体外形。在伤害案中，法院需要检查当事人的伤害部位或毁损的外形，以确定伤害的程度。

3. 现场勘验。一般在法庭以外的与某一事实有关的现场，由法官和陪审员实地勘验。法官有权决定是否进行现场勘验。经过勘验以后，法官的意见可以作为证据。

4. 文件的外形特点。如果出示文件是为了证明与其内容有关的事实，该文件属于书面证据；如果出示文件是为了证明其外形特点，该文件则属于实物证据，而实物证据是不适用最佳证据规则的。

实物证据的来源，既有警察在搜查、扣押中取得的，也有法官和陪审员在现场勘验中获得的，还有证人、被告人、被害人提供的。

第三章　美国刑事诉讼法

第一节　美国刑事诉讼制度的历史沿革

一、美国刑事诉讼制度的形成与发展

美国的全称为美利坚合众国（The United States of America），是一个联邦制国家。1607 年，首批英国人在现在的弗吉尼亚州詹姆斯顿建立了殖民地。从这一通常被看做殖民地时期开始之时起到现在，将近有 400 年的历史。1776 年，美国东部沿大西洋海岸 13 个原英国殖民地宣告独立，至今也已逾 200 年。在此期间，美国由最初的 13 个州发展为 50 个州，疆域从大西洋海岸拓展至太平洋，人口由不足 300 万增长至 2.5 亿。

在法律传统上，总体而言美国源自英国普通法系。1607 年，英国人入侵北美，当时美国东部海岸的 13 个州沦为英国殖民地。伴随着入侵者的坚船利炮，英国殖民当局也把自己的普通法与司法制度带进了北美，美国人也承认英国的普通法是他们的传统和渊源。但由于种种原因，各殖民地的法律并没有整齐划一的发展模式。随着美国疆界的扩张，曾由西班牙、墨西哥或法国长期占领的地域大片地划归美国，这些地区的法律仍保留有最初统治时期的特征，最为典型的是路易斯安那州，另外有其他 8 个州至今关于共同财产方面仍沿用类似大陆法系民法的规定。考虑到大多数殖民地居民的语言和民族性，州与州法律之间的相同之处远大于不同之处，而且深受英国法律的影响，这是毫无疑义的。

17 世纪，美国的诉讼程序通常缺乏技术性，审判的进行时常依据源自《圣经》及自然法则的是非感。人们通过对来自英国的审判程序作出相应的修改，以适应美国人的需求，所采用的诉讼模式往往是殖民地居民比较熟悉的英国地方法院的做法。其特征是，诉讼程序缺乏正式的形式，抗辩过程简单，因而最适合技术性较低的法律体系和大多未受过正规法律训练的法官。

自上世纪 60 年代始，以沃伦为首席大法官的联邦最高法院发动对美国刑事诉讼程序的改革，成就卓著，影响巨大，以至于称得上一场"刑事司法革命"或"正当程序革命"。这场革命的最重要成分是通过联邦最高法院关于规范州和联邦刑事司法制度结构和运作的实体宪法标准的判决而得以确立的，从而成为了美国刑事司法最大的特点，即

将一些直接涉及公民人权和自由的诉讼行为上升到宪法高度，为公民在刑事诉讼中的权利提供宪法性保障。这些保障集中体现在宪法前十条修正案（又称"权利法案"）中。在前八条修正案所规定的23项权利中，有12项与刑事诉讼有关。第四修正案保障人民反对不合理的搜查和扣押的权利；第五修正案要求对所有不名誉罪由大陪审团审查起诉，禁止双重危险，反对强迫自我归罪；第六修正案列举了在所有刑事指控中享有的权利：迅速审判，公开审判，由公正的陪审团审判，被告知指控的性质和理由，与对方证人对质，强制获得与己有利的证据，获得律师帮助；第八修正案增加了禁止收取过多保释金的权利。最后，除了上述特定权利外，在第五修正案中有正当程序条款。该条款从总体上禁止在刑事司法程序中"未经法律的正当程序而剥夺生命、自由或财产"。

最初，"权利法案"被认为只适用于联邦政府，各州的诉讼受州的宪法和法律调整。1868年宪法第十四修正案被通过，规定"各州不得制定或施行剥夺合众国公民的特权与豁免的法律。也不得未经正当的法律程序，即行剥夺任何人的生命、自由或财产。并在其辖境内，也不得否认任何人应享有法律上的同等保护。"最高法院通过判例确认，根据第十四修正案"正当法律程序"的要求，"权利法案"中关于基本人权的保障的相关规定，除经大陪审团提起公诉和禁止课以过多保释金和罚金的权利以外，同样适用于在州司法系统进行的刑事诉讼。

第二次世界大战以后，人权保障运动高涨，加强对公民的人权保障尤其对犯罪嫌疑人、被告人的人权保障日益成为美国刑事司法制度的主流。在此背景之下，自20世纪60年代起，沃伦首席大法官领导的联邦最高法院进行了一场轰轰烈烈的"刑事司法革命"，通过一系列判例相继确立和完善了关于被告人权利保护的宪法性标准，并且通过宪法第十四修正案将正当法律程序的适用范围从联邦司法系统扩展到州司法系统。其间著名的案例主要有：1961年关于非法证据排除的"马普诉俄亥俄州案"，1962年关于反对残酷和非正常刑罚的"罗宾逊诉加利福尼亚州案"，1963年关于律师帮助权的"吉第安诉韦英怀特案"，1964年关于反对强迫自我归罪的"马洛伊诉霍根案"，1965年关于质证权的"波因特诉德克萨斯州案"，1966年关于侦讯过程中沉默权的"米兰达诉亚利桑那州案"，1967年关于强制本方证人出庭作证的"华盛顿诉德克萨斯州案"，1968年关于陪审团审判的"邓肯诉路易斯安那州案"，1969年关于禁止双重危险的"本顿诉马里兰州案"等。

进入70年代以后，随着人们对"秩序"的愈发关注以及联邦最高法院保守派法官占主导地位，美国刑事司法进行了一定的调整与转向，在坚持"正当法律程序"的同时注重对社会利益的维护，保护被害人的声音亦日趋得到增强。进入21世纪，"9·11"事件的发生使得美国更加注重对国土安全的保护和对恐怖主义的打击，刑事司法一定程度上具有保守主义倾向。如2001年国会以近乎无异议通过的爱国者法案，大大增强了政府侦查、预防和惩罚恐怖活动的权力；2002年美国总统布什签署《国土安全法》，宣布成立新的反恐机构——"国土安全部"，该部融合了海岸警卫队、移民局、特勤局及海关总署等22个联邦机构的一系列职能，负责保卫国土安全和协调情报收集工作。

二、被追诉者诉讼权利的宪法保障

美国刑事司法制度的最大特点，就是将一些直接涉及公民人权和自由的诉讼行为上升到宪法高度，为公民在刑事诉讼中的权利提供宪法性的保障。如上所述，这些保障集中体现在被称为"权利法案"的宪法修正案之中。"权利法案"对个人权利尤其是对犯罪嫌疑人、被告人权利的保障在刑事诉讼中集中体现于审判阶段，并且在长期的司法实践中得到充分发展。

1. 获得律师帮助辩护的权利。美国宪法第六修正案规定，被告人享有获得律师帮助为其辩护的权利。在司法实践中，这一保障被理解为在刑事诉讼的每个重要阶段被告人都可以由其律师代表，其目的是切实保障刑事被告人在刑事诉讼各阶段的合法权益不受侵犯，切实保障法庭的公正审判得以实现。如果被告人因贫穷无钱聘请律师，法院有义务为其指定律师，费用由政府方开支。如果在审判阶段，或者在被告人对指控作答辩时，或者在课刑时，没有给予或保障被告人这一权利，则构成对宪法权利的重大侵犯，其后果是自动撤销任何对被告人定罪的裁决。

2. 获得迅速、公开审判的权利。宪法第六修正案规定，在一切刑事诉讼中被告人享有获得迅速、公开审判的权利。这一权利实际包含两个方面，一是迅速审判，二是公开审判。所谓迅速审判就是无不必要的延误。如何衡量要考虑若干因素，如延误的长短、延误的原因、被告有无主张这项权利以及对被告人造成的不公正后果等。如果被告人获得迅速审判的权利受到侵犯，惟一的补救就是撤销指控，而且此后对同一罪行不能再次提出指控。获得公开审判同样是被告人受宪法保障的权利，但法庭在诉讼的某一阶段根据显示的适当理由，如涉及年轻女性的强奸案件中过于渲染的情节，可以决定不许公众旁听，或限制某些人旁听。一般说来，被告人的亲友不在禁止旁听之列。

3. 由陪审团审理的权利。宪法第三修正案第2款第3项和第六修正案对此均有规定。司法实践中，将标准控制在：凡被控法定最高刑为6个月以上监禁之罪行时，有权要求经陪审团审判。由于这是一项受宪法保障的权利，而不是必经的诉讼程序，因此被告人可以放弃，选择由职业法官审判。在联邦司法系统，陪审团由12人组成，并且要求意见一致才能裁决被告人有罪。在州司法系统，不要求陪审团必须意见一致，联邦最高法院通过判例（*Apocada v. Oregon*）曾经确认，在12名陪审员中有9名赞成有罪的裁决并不违宪。

4. 获得公正、公平审判的权利。这一权利的宪法基础源于第五和第十四修正案关于正当法律程序的要求。美国刑事司法制度有两个基本原则，一是任何人必须由公正的法庭审判才能定罪；二是任何人被定罪只能以法庭上采纳的证据为基础。然而，在审判前或审判期间对某起重大案件的过度宣传却可能对陪审团产生不良影响，或者导致陪审员错误地考虑并非在法庭上出示的资料。因此，为了控制或消除不当宣传的影响，保障被告人利益，根据案情需要可以采取多种方法，如更换审判地点；将陪审员与外界隔离；延期审理；或者限制出庭律师向社会泄露案情，甚至由法官对报纸、电视等新闻媒体加以限制。如果被告人的这一宪法权利受到侵犯，有关定罪将被撤销。

5. 与对方证人对质的权利。这一权利存在于所有刑事诉讼之中,包括审判、预审和未成年人诉讼。但是不适用于纯粹调查的程序,如大陪审团程序、验尸官的询问和立法机关的调查。对质权由三个部分构成,即向对方证人作交叉询问的权利;亲自出席庭审的权利;了解控诉方证人身份的权利。

6. 以强制手段取得于被告人有利证据的权利。宪法基础源自第六修正案。内容有两个方面:要求证人出庭作证的权利;提出辩护的权利,包括被告人传唤己方证人和提出自己关于案件事实的说法的权利。据此,如果法官对惟一的辩护方证人作威胁性的评论实际造成其不敢如实作证的后果,或者排除至关重要的辩护证据,均构成对被告人辩护权的严重侵犯。

7. 不被强迫自我归罪的权利。反对被迫自我归罪的权利由宪法第五修正案的规定引申而来,旨在禁止政府使用暴力、强制或其他非法手段取得被告人的陈述、承认或坦白。这一特权适用于犯罪嫌疑人、被告人和证人等自然人。此外,这一特权仅限于言词证据的取得,而采用一定的强制手段使被告人接受合理的身体或精神检查,如提取指纹、脚印、血样等,不受此特权的限制。

8. 证明有罪必须排除合理怀疑的权利。宪法第五修正案和第十四修正案关于正当程序的规定,要求对于确认被告人犯有被控罪行所必要的每一项事实的证明都必须达到排除合理怀疑的程度。否则根据无罪推定的原则,就要依法判决被告人无罪。

9. 不受双重危险的权利。宪法第五修正案规定,任何人不得因同一罪行遭受两次生命或身体的危险。这意味着犯罪人只能因同一罪行受到一次追诉或惩罚,当被告人已经因一项罪行受到指控,该指控已经产生定罪或无罪(或者等于宣告无罪的撤销案件)的裁决,那么禁止对同一罪行再有任何进一步的起诉或惩罚。

以上是美国宪法关于刑事诉讼中权利保障的一些原则性规定。当然,规定是一回事,实际执行又是另一回事,纸上的规定并不等于现实的存在。贫富的巨大差异极易造成在诉讼权利上的实际不平等,轰动世界的所谓"世纪审判"的O.J.辛普森一案的审判结果,便向世人清晰地揭示了这一点。

美国的刑事诉讼,在承袭英国传统的抗辩式诉讼程序的基础上,有了很大发展,形成自己的特点,成为当代具有代表性的两大刑事诉讼模式之一——英美法系当事人主义诉讼的典型。

三、美国刑事诉讼法的渊源

美国每个司法辖区规范刑事司法程序的法律都会源自几个不同的渊源。对于联邦系统的案件来说,这些渊源是:①联邦宪法;②联邦成文法;③联邦刑事诉讼规则;④地方地区法院规则;⑤以联邦法院普通法上的决定权或其对刑事司法程序运作的监督权为基础的联邦法院规则(与解释宪法、成文法或者法院规则相对的规则);⑥司法部门和涉及联邦程序运作的其他机关的内部规章。在州的层次上,更多的渊源在发挥作用:①联邦宪法;②联邦成文法;③州宪法;④州成文法;⑤州法院规则;⑥地方法院规则;⑦以州法院普通法上的决定权或其对刑事司法程序运作的监督权为基础的州法院规则；⑧涉及程序运作的州和地方机关的内部行政标准；⑨地方命令。下面将通过州体系中适用的渊源，来讨论这些不同渊源的一般特征。[1]

（一）联邦宪法

根据《宪法》第6条规定，联邦宪法是"这片土地的最高法"。因此，联邦宪法的效力优于所有其他的法律渊源，当发生冲突时，联邦宪法优先适用。然而，联邦宪法所涵括的领域毕竟有限，这为其他法律渊源留出了可以填补的缝隙。而且，如果这些渊源的要求比宪法的要求更为严格时，那么甚至这些渊源可能发挥主要作用。

（二）联邦成文法

通常联邦成文法只适用于联邦系统的刑事诉讼程序，但是有一定范围限制的联邦立法（如联邦监听法）亦适用于州刑事司法程序。此类成文法中规定的禁止和限制，优于与其相冲突的州法律规定，并且也因此由州法院适用于州的起诉。

（三）州宪法

每一个州都有一系列的宪法性规定来保证被告人的某些权利，并限制政府在刑事诉讼程序运作中的权威。一般来说，州宪法性条款涵盖了与联邦宪法权利法案中规定的刑事诉讼规则相同的内容，当然亦存在比联邦刑事诉讼规则更为严厉或与之完全不同的一些州宪法性条款。

（四）州成文法

每一个州都有一组广泛的规范刑事司法程序的成文法规定，这一系列相继的规定通常被描述为州司法辖区的"刑事诉讼法典"。然而，在这些司法辖区中只有1/3真正将其刑事诉讼法律法典化，有10个州的刑事诉讼"法典"只不过是一个刑事诉讼程序成文法的松散集合体，只就完整法典所涉专题不到一半的内容进行了参差不齐的规定。剩下的司法辖区，其基本的成文法规定则介于真正意义的法典和松散的法条集合之间。

（五）普通法院规则

在联邦系统，联邦最高法院根据国会授权制定的《美国联邦地区法院刑事诉讼规则》（简称《联邦刑事诉讼规则》）在规范刑事司法程序方面发挥着重要作用，其条款适用于联邦地区法院几乎由提起指控到案件最终处理的全过程。这一规则不仅大体上统一了联邦地区法院的刑事诉讼程序，亦对州的刑事诉讼制度产生了重大的影响，为许多州所借鉴和吸收。在州一级的法院系统，也可根据立法机关的授权或宪法性的背景制定其法院规则，以适用于其自身的刑事司法程序。

（六）地方法庭规则

在大多数司法辖区，个别法院采纳的本法院通过的地方法庭规则，在刑事诉讼中发挥着一定的、有时甚至是关键的作用。在联邦系统，联邦地区法院可能采用在某些有限范围内适用的地方法庭规则，这些规则必须在惯例和程序的范围内，并且不得与规范同

---

[1] [美]韦恩·R.拉费弗等：《刑事诉讼法》，卞建林等译，中国政法大学出版社2003年版，第42~50页。

一问题的联邦刑事诉讼规则和联邦成文法中的条款相冲突。

（七）普通法判决

普通法判决一度作为美国规范刑事诉讼的法律的主要渊源，随着刑事诉讼法典的引入、很多州大量的法庭规则的通过以及刑事诉讼法的宪法化，普通法判决的作用逐渐减弱。现今除了少数几个州之外，其他所有的州规范刑事司法程序的法律标准主要来源于联邦和州的宪法、成文法以及法庭规则的结合。尽管如此，普通法规则仍然重要，在诸如可允许的终结陈述的内容、诱惑侦查以及陪审团预先审查的范围等问题上，在大多数司法辖区多半是由普通法判决所规定的。

（八）运用监督权的判决

1943年，美国联邦最高法院在麦克纳勃（Mcnabb）诉合众国一案中，首次宣告了自己通过"对联邦法院刑事司法程序运作的监督权"的行使，确立刑事诉讼判决规则的权力。最高法院在麦克纳勃案中并没有对监督权的范围加以清晰的界定，但同时暗示自己有权形成关于公正的标准，甚至可以违反法律的规定，这在以后最高法院关于规范诉讼程序的一系列判决中延续下来。在司法实践中，最高法院可通过监督权来建立一般的程序标准，亦可通过监督权指令进行重新审判。

（九）内部行政标准

刑事诉讼运作过程中的所有主要参加人都受制于通常被定性为"国内行政标准"的规定，这些标准大多是政府机构对其雇员或者许可机构对以其名义行为的人科以的行为规则。因此，检察官、警察、缓刑官等都要受聘请他们的政府部门所制定的行为规则的限制，而公诉律师、辩护律师等也要受到许可其从事法律职业的机构所制定的行为规则的限制。

（十）地方法令

地方法令在规范刑事司法程序的法律中发挥相对较小的作用，一般处理下列行政性问题：保存和展示记录、扣押机动车以及返还或以其他方式处理扣押财产等。当然，也存在着一些地方法令可能与侦查惯例直接相关并且增强了警察的权力，如可在适当情况下要求被截停的人承担证明自己身份的责任等。

四、美国刑事司法程序的基本目标

纵观美国刑事司法程序，总体上存在着一些基本的价值目标，这些目标构建了刑事司法程序的基本结构，并且成为支配性的法律原则的基础。[1]

（一）实施实体法

庞德曾经指出："法律程序，是手段而非目的，它必须附属于实体法，作为在诉讼中实现实体法的手段。"尽管程序也促进了一些独立于实体法目标的价值，但是庞德归纳出了一切程序性体系以实现实体法为存在的理由这一特征，是毋庸置疑的。这一普遍

---

[1]［美］韦恩·R.拉费弗等：《刑事诉讼法》，卞建林等译，中国政法大学出版社2003年版，第27~42页。

性的起点适用于刑事司法程序，要求建立一个推动刑事实体法有效实施的程序——即在这一程序中，政府可以进行侦查、逮捕、起诉、定罪以及对那些违反刑事实体法禁止性规定的人科以刑罚。

（二）发现真相

发现真相与刑事司法程序的两个主要关注点相联系：一是实现法律的有效实施，二是确保政府的公正。刑事司法程序的很多要素都旨在推进真相的发现，如赋予警察和检察官获取信息和证据的权力、保证一个既能对有罪的人定罪又能给被错误指控的人昭雪的审判程序。尽管发现真相很重要，但在某些情况下，它也会让位于其他价值的利益，比如维护个人的尊严和自治。

（三）对抗审判模式

美国刑事司法程序的结构是通过对抗制性质的程序进行审判。尽管对抗制审判的目标主要与审判程序和审前程序有关，但就美国刑事司法程序的总体特征而言，对抗审判具有极其重要的地位，以至于刑事司法程序被定性为"对抗制司法体制"。在对抗制刑事诉讼程序中，通常会有两个中立的裁判者——陪审团（针对事实问题作出裁决）和法官（针对法律问题作出裁决）；对抗的双方是公诉方和辩护方。在当今美国，对抗审判一般被认为是发现真实的最佳途径。

（四）控诉责任

美国的刑事司法程序不仅为实现对抗制，更为实现控诉制而设立。对抗制审判与控诉制程序的概念互为补充，但并不等同。对抗制将展开案件法律和事实的责任加诸于所有诉讼参与人，而控诉制则将判决有罪的证明责任在当事人双方之间分配。控诉制程序要求政府承担证明被告人有罪的责任，并不要求被告人承担证明自己无罪的责任。

（五）错误定罪最小化

刑事司法程序中控诉制度和对抗制度的设计一定程度上是为了使错误定罪最小化，保护无辜的被指控人不受错误定罪。虽然错误定罪最小化的目标与程序的真实发现功能紧密相联，但是二者的侧重点亦是有所差别。真实发现致力于平等地确保有罪判决和无罪判决的准确性，而保护无辜者、使错误定罪最小化更偏重于有罪判决的准确性，错误定罪最小化反映了这样一种愿望：即使以有罪的人逃脱法律惩罚为代价，也要保证无辜者不受法律追究，错判一个无辜者比放纵一个有罪的人要糟糕得多。

（六）错误控诉和被指控人诉讼负担最小化

受到犯罪指控的无辜者即使最终被无罪释放，还是不可避免地承担了实质性的负担：指控对个人名誉的影响、获得判决前所耗费的财力和精力、未来处于不确定状态的心理焦虑等。鉴于这些实际可能存在的负担，美国刑事司法程序作为一个注重保护无辜者的刑事司法程序并不仅仅限于避免错误定罪，亦追求错误控诉的最小化。达到错误控诉最小化的目标主要通过刑事诉讼程序的各种审查程序达到，如必须具备合理理由方能进行逮捕，大陪审团审查起诉等。同时，消除不必要的诉讼负担作为一个补充性目标亦为美国刑事司法程序所确认，这在审前保释条款、被告人有权获得迅速公开审判以及禁止双重危险、共同诉讼等方面都有所体现。

（七）规定非专业人员参诉

传统上，非专业人员参诉是通过陪审团、大陪审团以及外行的治安法官来实现的。但时至今日，陪审团审判已成为惟一具有普遍性的非专业人员参诉的表现形式。尽管大多数州相继在其司法系统中允许非专业治安法官参加，但在这些州，大量刑事案件还是由身为法律人的专业治安法官所处理的。至于大陪审团，只有十几个州还继续要求大陪审团参与所有重罪案件。

非专业人员参与刑事诉讼主要基于一个单纯的价值判断，即刑事诉讼程序的进行是如此重要以至于不能将权力绝对地交予政府，而外行的参与大大缓解了这种忧虑。首先，外行陪审员不同于法官和检察官，其具有独立于政府机构的特性；其次，陪审员作为社区的代表使得刑事诉讼被赋予了正当性的特别外观，亦使得判决更易为公众所接受；最后，陪审员的"无经验"保证了其对于审判过程的全新洞察，避免了司法官员审判预断的产生，加强了程序的真实发现能力。

（八）尊重个人尊严

如果从其影响范围来考虑的话，尊重个人尊严这一基本目标无疑影响最为深远。个人尊严包括隐私、自治、不受侮辱和诽谤的自由，要求刑事司法实践尊重个人尊严一般基于下列理由：①所有人，包括罪犯，都有权受到政府对他们尊严的尊重，这是作为民主社会基石的社会契约的内在要求；②鉴于"刑事法律惩罚的严厉性"以及"被追诉人社会地位于刑事诉讼程序的减损可能"等因素，尊重个人尊严是维护个人自由、遵循法治要求的必要前提；③尊重个人尊严有助于确保刑事司法程序和刑事法律实施更易于获得公众的接受和认可。

（九）对公正表现的维持

刑事司法程序不仅寻求为人们提供一个公正的程序，还要求在适用这些程序的过程中维持公正的表现，即单纯公正的刑事司法程序是不够的，这些程序还必须被公众和诉讼参与人认为是公正的。为彰显公正表现，必须致力于以下两点标准的维持：一是保证程序公开性的标准；二是禁止可能的偏见产生的标准。前一标准主要指保证公正能接近审判和诸如预审的宪法性或成文法标准；后一标准则主要指无须存在切实产生偏见的证据，仅仅依据偏见产生的可能性即可予以救济，例如倘若法官在执行法律的过程中存在可能的利益，有罪判决就将被自动推翻，而不需要探究这种利益是否切实产生了一个带有偏见的决定。

（十）达到程序适用的平等

在一个致力于达到"法律面前人人平等"的社会里，达到程序适用的平等自然成为刑事司法程序的一个基本目标。强调程序适用的平等并不意味着必须以同样的方式适用于所有在刑事司法程序中有同样地位的人（比如所有的犯罪嫌疑人、所有的被告人），但是相似的情况必须得到相似的对待。换句话说，具有相同地位的人的区别对待必须以合理的、与程序功能相关的理由为基础，这一基础随着被处理问题的不同而不同。例如，检察官可以根据被告人过去犯罪记录的差别作出区别考虑是否提起指控的理由基础，但是无论如何，绝不能以此剥夺被告人接受陪审团审判的权利。

（十一）强调被害人的利益

刑事司法程序强调被害人的利益是一个相对新近的发展。联邦刑事司法体系以及几乎每一个州都受某种形式的"被害人权利"立法的约束，并且过半数的州已经通过了其保护被害人权利的宪法修正案。目前，保护被害人的法律主要基于以下几个目标设计：①使被害人获得完整的经济赔偿；②提高行政机关对被害人恶劣处境的敏感性；③尊重被害人的隐私；④为对被害人的潜在威胁提供保护；⑤减少愿意协助公诉方的被害人的责任；⑥除了仅仅作为证人外，为被害人提供参与的机会。这些规定显然不能对被害人可能具有的所有利益作出全部回应，但其确实反映了这样一种广泛的共识，即被害人的利益可能会与由检察机关代表的社会利益发生分离，并且这种单独的利益至少在刑事程序中得到强调。

第二节 美国的刑事司法组织

一、美国警察机关

在美国，没有全国统一的警察体制。通常所说的警察主要指州一级的警察，即州、市、县、镇等地方警察。一般来说，各市、县、镇，甚至村，都有自己的警察局。由于城镇规模的大小，各警察局的编制人员也各不相同。全国建立最早、规模最大的警察局是纽约市警察局，始建于1845年，现拥有3万余名警察。而众多的美国乡间小镇，警察局通常只有一到两名警察。由于警察属于当地政府雇员，装备、薪水均由地方财政开支，因此警察局规模的大小、人员的多少，完全取决于当地政府的财政能力和维护治安的实际需要。除州和市镇地方警察外，大学校园、桥梁隧道等重要设施也都有自己的警察。各州、市、县、镇警察的警徽标志、着装样式等各不相同，各自在其管辖范围内独立行使职权，履行职责。

警察的主要职责是维护地方安全，负责处理一切妨碍社会治安、扰乱公共秩序的违法事件，调查一切违反地方法律的犯罪，包括重罪、轻罪和交通肇事罪，查获、逮捕、审讯犯罪嫌疑人。除此之外，警察还为所在社区提供各种各样的服务，包括维护施工安全、交通安全，救死扶伤等。各市县的警察严格限制在本辖区内执行公务，除紧急追捕（hot pursuit）等特殊情况外，不能在辖区外行使警察权力。州政府雇佣的警察，负责处理本州内跨越市县边界的犯罪。通常任务繁忙的是州交通巡警，他们往来巡驶在本州内大大小小的公路上，有权处理一切发生在公路上及其周边地区的违法犯罪事件。此外，因为50个州的法律各不相同，各州还分别授予本州的警察其他一些职能。

在联邦一级，行使警察职权的主要是美国联邦调查局[1]。联邦调查局成立于1908年7月26日，隶属于司法部。联邦调查局局长由总统提名，经参议院批准后获得任命，任期10年。联邦调查局负责调查处理违反联邦法律的案件，享有广泛的司法权限。联邦调查局对间谍活动、恐怖组织、抢劫银行、绑架诱拐等严重刑事犯罪均有权调查，还协助各州的地方警察确认和追踪州际间的逃犯，发布最严重的通缉犯的信息。联邦调查局建有全国最完备的罪犯指纹档案，可备各州和地方警察甚至外国刑警组织查对。联邦调查局在全国范围内分片设有指挥中心，在各州和某些大城市设有办事处。凡发生违反联邦法律的案件，由联邦调查局管辖。对于违反州法律的案件，由地方和州警察管辖，必要时可请求联邦调查局予以协助。如果某项罪行同时违反联邦和州法律，则由联邦和州有关当局共同管辖。

除联邦调查局外，联邦政府中还有一些行使某些专项警察职能的机构，如：联邦毒品执行局（麻醉品管理局DEA），专司打击贩毒活动；联邦烟酒火器局（ATF），专司打击非法贩卖烟酒、枪械的犯罪活动；联邦移民归化局（INS），专司打击偷渡贩人等非法移民活动；等等。

二、美国检察机关

美国的检察机关存在联邦和州两套系统。美国的检察机关与大陆法系国家的检察机关不同，也与其法院体系不同，没有全国统一的、上下隶属的、独立的检察系统。联邦和各州虽然都有总检察长这一职务，但是前者并不领导后者，而且隶属政府行政部门。州以下的县、市、区则设置检察署或者起诉律师事务所。

（一）联邦检察机关

联邦最高检察机关为联邦司法部，司法部首长为总检察长（Attorney General）。总检察长为联邦政府首席法律官员，在所有法律事务中代表美国，负责向总统和其他行政部门首脑提供法律建议。1789年，美国首任总统华盛顿因处理法律事务的需要，根据法律授权任命埃德蒙·伦道夫（Edmund Randolph）为第一名总检察长。从1789年至1870年期间，总检察长是内阁的成员，但并非一名部长。1870年设立司法部以来，总检察长便成为司法部的首脑。[2] 协助总检察长工作的有副总检察长（Assistant Attorney General）、总律师（Solicitor General）、总检察长助理等。

根据《美国法典》第28编的有关规定，总检察长的职权范围包括以下方面：

1. 行政管理。有权授予司法部内除假释局、监狱管理局等官员以外的一切机构、人员及其他雇员以权力和职责；有权指派总律师或司法部其他官员前往国内各州或地区参加联邦或州法院受理的涉及美国国家利益的未决诉讼以及其他国家关注的案件；有权颁布规章制度，在一定情形下取消联邦检察官及其助手、司法部任何官员、雇员参加调查

---

[1] Federal Bureau of Investigation，简称FBI。
[2] 美国联邦政府现设13个部，各部部长均称Secretary，惟有司法部长称Attorney General。原因是先有总检察长（Attorney General），后有司法部（Department of Justice）。

和起诉的资格，免除故意违反规章者的职务；有权调查联邦检察官、执行官、书记官、缓刑官、执法官等人员的行为、记录、公文、账目；在国会定期会议之前向国会报告监管侦查和起诉等工作情况。

2. 法律顾问。在总统、政府各部长或军队首长要求时，为他们提供法律咨询意见；政府部门或机构的首长鉴于国家利益，需要律师就各项诉求询问证人或开展法律上的调查时，在通知总检察长后，总检察长应当参加询问或调查。

3. 进行诉讼。对于联邦最高法院、上诉法院、专门法院受理的国家关注的案件，总检察长有责任进行诉讼、参加辩论，或者指派总律师代表为之；认为涉及国家利益的案件，可以亲自或指派总律师或司法部其他官员进行诉讼，参加辩论；对有关反对国家罪行的材料，总检察长有收集、记录、保管的义务；有权侦查政府官员的职务犯罪行为。

4. 指导、监督下属官员进行诉讼。指导联邦检察官、助理检察官、特别任命的检察官进行刑事、民事诉讼，指导大陪审团、执法官主持的程序；对于国家或其机构、官员为一方当事人的诉讼，应当进行监督。

此外，总检察长还直接领导联邦调查局的工作。

联邦最高检察机关中除了总检察长之外，副职分别为司法部副部长和副总检察长。副部长主管的工作与检察业务关系不大，在司法部长缺任时，由其行使司法部长的职权。

副总检察长协助总检察长管理、指导民事、民权、税务、移民、法律政策情报和司法行政管理等司局级机构的工作；负责有关任命联邦司法官员、总统任命的部内官员事项；管理部内律师的雇佣计划；按照出版、行动自由的原则，副总检察长对新闻单位和公民提起的诉讼负有实际责任。

美国联邦司法部的机构非常庞大，业务范围极为广泛。从总体讲，它是政府的一个行政部门，但是部内民事、刑事、民权、反托拉斯等司局有权履行检察职能。他们在各自主管领域内有权代表合众国、政府各部及其独立机构、以公职身份处理公务时的国会议员、内阁官员、其他联邦官员提起民事诉讼；有权在控诉政府各部、各机构首脑和其他政府官员的民事案件中进行辩论、提出上诉并在上诉审中进行辩论；对重点打击的犯罪活动，有权指示联邦调查机构进行调查、控诉和上诉。民事司、刑事司可以将民事案件和特别的刑事案件移交联邦检察署的检察官处理，并给予具体支持，如提供临时补充的起诉人员、提供刑罚方面的建议。

美国全国分 94 个司法管辖区，为了便于在联邦各个司法区开展检察工作，每个司法管辖区设置联邦检察署（U. S. Attorney's Office），首长为联邦检察官（U. S. Attorney），其下根据工作繁简配备一名至数十名助手不等。各联邦司法区检察署的规模大小不等，视案件多少而定，但至少由首席和助理检察官两人组成。联邦检察官由总统提名，参议院通过后获得总统任命，任期 4 年，期满后由总统免职。助理检察官由总检察长任免。

根据《美国法典》第 28 编有关规定，联邦检察官有下列职权：①与总检察长助理共同制定履行职责程序的内部规定；②向总检察长报告工作；③对本司法区内实施的违反联邦法律的犯罪行为，有权要求或继续侦查，提起刑事控诉或者建议大陪审团提起公诉；④在大陪审团提起公诉的案件中，有权向大陪审团提供有罪证据、就法律问题向大陪审团作解释；大陪审团决定提起重罪公诉的，可由检察官制作公诉书并提交有管辖权的联邦地区法院；⑤在法庭审理阶段，有权代表政府出庭，出示有利于政府方的证据，与被告律师进行辩论；⑥参与判决，配合缓刑局制作判决前的调查报告，有时可就量刑提出建议；⑦在适当情形下，可与刑事被告人达成辩诉协议；⑧在涉及国家的民事案件中，代表政府起诉或辩论；在控告税务官员的民事案件中，代表被告进行诉讼；对因收受罚金、没收等行为违反国内税法者，进行侦查起诉。

(二) 州和地方检察机关

1. 州检察机关。美国各州普遍设州检察长。除新泽西、特拉华、康涅狄克、罗德岛这四州的检察长是任命的以外，其他州的检察长都是选举产生的，任期一般为6年。在州检察长的领导下，设置一个类似州检察署的机构，有的称检察长办公室，有的称法律与公共安全局，名称不一，性质相似。在州一级，除检察长外，往往还配备检察官、助理检察官，是州政府的公务员。

州检察长的职权依州宪法、州议会立法和习惯法而定，因此职权有大有小。概括起来主要职权为：作为州长、州政府的法律顾问，为州长、州政府官员提供法律咨询；提供检察官、犯罪侦查人员、法医等专业人员；必要时可以派助手到法院、罪犯矫正部门或警察机关协助工作；提起、中止或撤销诉讼，进行辩诉交易；出席大陪审团对案件的审查；其他职权。

州检察长的地位视各个州而不同，但总的来说是很高的。根据70年代的调查，已经有16名州检察长成为州内阁成员。各州比较共同的是，他们不但属于行政部门，而且是立法机关的法律顾问，并在两者之间起着桥梁作用。与司法机关的关系，以加利福尼亚州最为密切，州检察长还可以补充州高级法院法官的缺额。

对于州检察长这一职务的性质，看法并不一致。相当多的州政府当局认为其是行政性官员，而另一些人则认为其兼有行政和准司法性质，也有些组织要求州检察长在代表政府从事检察工作方面发挥更大的作用。

2. 地方检察机关。除特拉华、罗德岛、阿拉斯加等少数州外，绝大多数州均在所辖市县设地方检察机构，有些州在县以上设司法区，一个司法区跨越几个县，在司法区设置检察机构，管理全区的检察事务。[1] 各地方检察机构的规模视当地人口和案件多寡而定。人口密、诉讼多的地区，检察机构可能规模庞大、人员众多，如洛杉矶市，检察长辖下配备数百名检察官。而幅员小、案件少的地方，检察机构可能仅一到数人，甚至还可能是兼职的。

有关资料表明，地方检察机构设置的状况存在问题，需要改革。根据调查，很多县一级的检察机关由于案件过少，检察官任务不足，再加上资金有限，难以购置较好的侦查设备和雇佣富有经验的技术人员和会计人员，工作质量和效率较低。为了改变这种状况，总统预防犯罪委员会建议地方检察机构设置在区一级，而县一级一般不设。

---

[1] 例如俄克拉何玛州划为58个县，分36个司法区，每区设一所检察署。

地方检察官一般有资格规定，要求必须是律师；此外，还有居住要求，县检察官必须在其任职的县居住或至少居住一段时间。其产生办法由州宪法或地方法律规定。现除新泽西、康涅狄克等少数州是任命的外，绝大多数州的地方检察官均由选举产生，任期一般为4年。不限期任命的检察官，由任命当局任意决定任期。法律没限定任期的，任命当局可不附加理由地将其免职，法律限定任期的，依法免职。

地方检察官的主要职权为：在提起控诉前调查犯罪事实，有些案件可参与侦查；有权审查证据材料，决定刑事案件的起诉与撤诉；在刑事案件审判时，代表政府方出庭并且出示有利于政府方的证据，与辩方律师辩论等。

按照习惯法，原来只有州检察长这一职务，没有地方检察官的职务。地方检察官产生后，两者各自独立，一般没有纵向关系。对于州宪法或法律规定的地方检察官的职权和责任，州检察长无权增减。地方检察官承办的案件，州检察长一般不加干涉。但是，有些州法律赋予检察长以干预地方检察官提起诉讼的权力。依据法律规定，州检察长有权出席大陪审团的调查程序。地方检察官是否有权出席，法律时而肯定时而否定。实践中，在法律没有规定的情况下，只要有充分理由，州检察长可以代替地方检察官出席大陪审团调查程序。

根据总统法律实施委员会的报告，州检察长与地方检察官之间的关系大致可以分为三类。第一类，没有领导与被领导关系，只有协调、帮助的关系，如合并管辖起诉、提供咨询。多数州属于这一类。具体做法各州并不相同。第二类，州检察长对地方检察官的业务活动无权过问。第三类，检察长有权直接监督地方的起诉工作，并且对本州一切刑事诉讼负有全部责任，阿拉斯加、特拉华、罗德岛三个州属于这一类。

检察官与行使侦查权的警察的关系，法律没有明确规定。在司法实践中，除某些微罪（如酗酒、流浪、卖淫、违反交通规则等案件）和检察官自行侦查、处理的不履行抚养义务、企业欺诈等案件外，一般由警察履行侦查职能，检察官履行起诉职能。检察官凭借警察收集到的证据，判断控诉证据是否达到"可成立理由"的程度，达到的，决定提起诉讼或建议大陪审团提起公诉；未达到的，可以要求警察继续侦查或者决定不提起诉讼。在法庭审理阶段，检察官可以要求目睹犯罪经过或者了解犯罪情况的警察作为控方证人出庭作证，警方应积极配合。

三、美国法院组织

（一）法院体系

美国法院体系实行双轨制，即存在联邦法院和州法院两套各成体系、相互独立的法院系统。美国法院双轨制的形成是有历史原因的。《美国宪法》第3条规定，合众国的司法权属于最高法院及国会随时规定和设立的低级法院。这是一个原则性的规定，并不具体，而13个州在宪法制定之前早有各自的法院系统。到1787年前后，究竟要不要建立一个强大的中央政府，亦即联邦政府，并具有广泛的权力来调节同各州之间的关系，同时在诸如外交和国防方面负全部责任，以及要不要建立联邦各级法院的问题，在美国曾引起一场激烈的论战。主张建立联邦和联邦法院的认为，"如果13个相互独立的法院在审理源于同一法律的案件上均拥有最后审判权，则政出多门，比如产生矛盾和混乱，"而且认为"使联邦政府的缺点达到登峰造极的情况，就是缺乏司法权"。[1] 经过一番论战，双方以"伟大的妥协"而告终，即继续保留州法院系统，同时设立联邦法院系统。于是，1789年第一届国会制定了《美国司法法》（Judiciary Act），该法明确规定联邦普通法院分为最高法院、上诉法院和地区法院三级以及各级法院的管辖和程序等。

1. 联邦法院系统。联邦法院体系是依据联邦宪法的规定建立起来的。《美国宪法》第3条第1款规定，合众国的司法权属于最高法院及国会随时决定和设立的低级法院。据此，第一届国会制定了《司法法》，将全国划分司法区并在各司法区设立法院，由此演变成现行联邦普通法院的结构，即1所最高法院，13所上诉法院，91所地区法院，另有3所特别司法区法院。

实际上，美国联邦法院存在两种类型。一类是上述由联邦最高法院、联邦上诉法院和联邦地区法院构成的普通法院体系，称之为"宪法性法院"，其宪法基础是《美国宪法》第3条司法条款。[2] 另一类是"立法性法院（legislative courts）"，是国会根据合众国宪法第1条立法条款设立的。《美国宪法》第1条第8项第9目规定，国会有权"设立最高法院以下的各级法院"。据此，每当国会认为必要时，则创设各种专门法院。具代表性的如联邦理赔法院、联邦关税法院（1980年后改称"国际贸易法院"）[3]、联邦关税与专利上诉法院、联邦税收法院、美国退伍军人上诉法院、联邦军事上诉法院等。国会创设这类法院的目的，部分原因是想要有比联邦普通法院"更具弹性"的审判机关，部分原因是想减轻普通法院的工作负担，部分原因是为了公共领域的特殊问题而出于技术上的考虑。

"宪法性法院"与"立法性法院"的最大区别就是各自的宪法基础不同。具体说来，此两类法院的不同之处主要有以下几点：

第一，管辖权不同。宪法性法院在宪法明确界定的范围内享有一般司法管辖权，而立法性法院一般出于特殊的目的创设，实行专门管辖。

第二，职能不同。立法性法院除司法职能外，还具有某些非司法职能或准司法职能，即履行司法职责以外的某些行政或准立法职责，而宪法性法院的职能则严格限制在司法领域内。

第三，尽管立法性法院在某种意义上是宪法上诉体系中的一部分，但它们设立和存在的理由在于保障实施某特定的国会制定法。

第四，与宪法性法院不同，立法性法院有权提供咨询意见，即在没有具体案件或诉讼争议时，可以对政府行为的适当性和合宪性作出裁定。

第五，也是很重要的一点区别是，宪法明确保障宪法性法院法官的任期、薪金和独立性。《美国宪法》第3条第1款规定，最高法院与低级法院的法官忠于职守，得终身

---

[1] 《联邦党人文集》第22篇和第30篇论文。
[2] 系根据《美国宪法》第3条创设，并且直到3个原立法性法院"蜕变"成宪法性法院前，为美国司法体系中仅有的宪法性法院。
[3] 1956年成为宪法性法院。

任职，于规定期间应得到酬金，该项酬金于任期内不得减少。而根据宪法立法条款产生的法院并不享有此类保障机制。[1]

(1) 联邦最高法院。联邦最高法院由《美国宪法》第3条明文规定设立。它的构成和职权也由宪法明文规定。联邦最高法院只有1个，1798年9月设于首都华盛顿，目前由9名大法官组成。这9名大法官均由总统提名，由参议院通过才能出任。大法官的任期为终身制，除非犯有严重罪行可由参议院弹劾或自动辞职外，任何人无权强迫其下台。

美国国会有权确定最高法院的法官人数，但国会不能改变宪法本身授予最高法院的权力。最高法院在建立之初，只有6名法官，1801年减至5名，1807年增至7名，1837年增至9名，1863年增至10名，后又于1866年减为7名，总之，多次变化，几经增减。从1896年才固定为9名直到现在，其中一名为首席大法官。首席大法官除负责全院审判工作，还负责全院行政工作，但在判决时，同其他大法官一样，只有一票的权利。现任首席大法官为约翰·罗伯茨，于2003年宣誓就任联邦上诉法院哥伦比亚地区（华盛顿特区）法官，2005年由布什总统提名、参议院批准通过，就任美国联邦最高法院第17任首席大法官。他也是美国有史以来最年轻的首席大法官。

美国最高法院的开庭期是从每年10月的第一个星期一开始，通常大约持续到次年6月底。开庭期间，法官主要是阅读案卷、听取双方律师的口头辩论，然后开会讨论，书写意见，作出判决。由于每个法官具有不同的经济或政治集团的背景，经常出现意见分歧，因而判决往往以一票之差的微弱多数通过。凡是判决的多数意见可以作为判例，对联邦和州的各级法院具有约束力。如果双方意见的票数相等，则维持原判，这种判决不能成为判例。大法官还可以在判决书中书写附属意见，即同意某一方的意见而自己的论据有所不同。联邦最高法院的判决编入《美国联邦最高法院判例汇编》。美国最高法院受理的初审案件很少，其中以州际之间的诉讼居多，主要还是受理上诉案件，即审理涉及联邦宪法和法律的、有重大法律意义的案件。这些上诉案件到达最高法院基本上有两种方式：一是申请调卷令，自1925年起最高法院增加了这种方式，即当事人对联邦上诉法院、各州最高法院的判决不服，可以向联邦最高法院申请调卷令，但决定权在最高法院，即必须至少有4名大法官同意才颁发调卷令进行复审。这种方式占案件的绝大部分，但必须是涉及重大的联邦宪法性问题。如果该申请被否决，仍维持下级法院的判决，但不意味着大法官同意下级法院的判决。二是上诉可以由某个州的最高一级法院或者联邦政府提出。只要上诉是合法的，最高法院必须作出决定，或维持下级法院的判决，或撤销下级法院的判决，或宣布下级法院的判决无效。

现在，每年大约有5000余件案件涌向最高法院，但它从中只接受150~180件在法庭里安排口头辩论进行审理，另有100件左右依据书面材料作出裁决。前两项受理的案件，仅占案件总数的5%，其他占案件总数95%的案件都不予受理。为此，到达最高法院的案件首先要由大法官的法律秘书阅读案卷材料，并写出案情摘要送给大法官。然

---

[1] 参见 Henry Abraham, *The Judiciary* (10th. ed. 1996).

后，9 名大法官每月举行三次秘密会议进行筛选，凡是 4 名以上大法官同意的案件，该案就被批准安排口头辩论进行审理。从案件被批准受理到实际上开庭审理，其间还要经过 4 个月左右的时间。美国最高法院还具有"司法审查权"。所谓"司法审查权"就是通过具体案件宣布国会、行政部门或州政府某项法令违反宪法而使之无效的权力。它并非一般意义上所指的解释宪法的权力，而是在实质上改变宪法的权力。它也不是在某项法令的制定前后直接宣布该法令是否有效，而是通过最高法院所受理的具体案件，在判决中宣布该法令是否违宪。美国最高法院曾宣布过一百多个联邦法律和几百个州法律违宪，美国最高法院由于拥有这项权力，虽然只有 9 名大法官，每年受理的案件又很少，但是在美国政界和法律界却占有一种特殊的地位。

在当今"诉讼浪潮"席卷美国之际，美国有人提出在联邦法院系统增设一级法院的主张，即在目前的上诉法院与最高法院之间，增设一个全国性的上诉法院，以减轻最高法院的负担。美国弗吉尼亚大学教授迪克－霍华德说："这几十年来，我们诉诸法律、对簿公堂的劲头更是到了犯上瘟疫的程度。"当时刚刚离任的美国第 15 任首席大法官沃伦·伯格也多次讲过，"案子越来越多，难于应付"，并且呼吁改革法院。但究竟如何改革，目前尚无定论。

（2）联邦上诉法院。联邦上诉法院又称为巡回上诉法院，创立于 1891 年。为了便于处理案件，上诉法院分设于各司法巡回区。美国全国共分为 11 个"巡回区"（Circuits），各个巡回区设一所上诉法院。所谓"巡回区"，就是根据地理位置，为方便管理和诉讼分成的区域，例如第十一巡回区，包括阿拉斯加、爱达荷、蒙大拿、俄勒冈、华盛顿（州，而不是特区）、加利福尼亚、亚利桑那、内华达、夏威夷诸州以及关岛和北马里亚那群岛地区。此外，华盛顿哥伦比亚特区作为一个独立的巡回区单独设立一所联邦上诉法院（Court of Appeals for Washington D. C.）。还有一个专门处理专利或商标领域的案件以及以美国政府或其下设机构为被告的上诉案件的"联邦巡回区上诉法院（Court of Appeals for Federal Circuit）"。上诉法院的法官先由总统提名，经参议院通过后，再由总统任命。上诉法院依据诉讼数量确定法官人数，而且法官数额也因时间的推移不断变化，诉讼数量多，法官人数自然较多，反之亦然。最高法院可以指派本法院大法官任上诉法院法官。上诉法院的行政事务由 70 岁以下资历较深的法官负责。

联邦上诉法院没有初审权，只受理不服辖区内联邦地区法院初审判决的上诉案件。华盛顿哥伦比亚特区上诉法院除受理上诉案件外，还有一半的案件是根据当事人的申请对联邦行政管理机构的有关决定进行的初审。上诉案件的来源，是不服联邦地区法院、专门法院的判决，或者不服某些行政机构（如联邦某一委员会、国家劳工关系局）的裁决提起的上诉。每所上诉法院只有权受理本司法巡回区范围内的联邦地区法院裁决的上诉案件，对于不服各州法院的判决的上诉案件，联邦上诉法院是绝对没有权力受理的。

联邦上诉法院一般仅就法律问题进行审理，不审理案情事实，审判庭通常由 3 名法官组成，没有陪审团。上诉法院的首席法官可以指派资历较深的联邦地区法官参加审判。特殊重大案件，由本司法巡回区上诉法院全体法官审判。审判是在联邦法典规定的地点进行的。联邦上诉法院的判决，除了联邦最高法院进行复审以外，具有最后的确定力。

（3）联邦地区法院。联邦地区法院又被称为联邦基层法院。美国的每个巡回区又下设若干地区法院，如在华盛顿州就设有两个地区法院，一个是华盛顿州西部地区法院，设在西雅图市；一个是华盛顿州东部地区法院，设在斯不堪市。有的州人口少，往往只设有一个地区法院，如阿拉斯加就是如此。目前，全国共有 94 所。除哥伦比亚特区外，联邦地区法官必须是该区的居民，在该区永久任职。联邦地区法院还在该区内各城市定期开庭。联邦地区法院的法官由总统提名，经参议院通过后，由总统任命，一般是终身制，除经弹劾或判处有罪外，不得免职。联邦地区法院的首席法官，由联邦地区法院法官中 70 岁以下、资历最深的法官担任。

地区法院审理的大部分案件都是发生在该区之内，并且是违反联邦法律的，例如滥用邮件、盗窃联邦政府财物、违反了纯洁食物、有关银行业及伪造等法律的案件。

联邦地区法院是一般民事、刑事案件的初审法院。审理案件一般是法官独任，重大案件则由 3 名法官组成合议庭并召集陪审团进行审理。这也是联邦法院系统中惟一实行陪审制的法院。

联邦地区法院作出的裁决是初审裁决，如果不服该裁决，一般可以向联邦上诉法院提起上诉。对于法律违宪案件的判决，可以向联邦最高法院提出上诉，是否受理，由最高法院决定。

2. 州法院系统。各州的法院系统由各州自己设立，一般由州宪法明文规定。多数州实行 3 级制，少数州实行 2 级制。各州各级法院的名称很不一致，有名称同而级别异的，也有级别同而名称异的，因而不能按照各个法院的名称说明其体制，根据各州法院的职能和实际地位，可以按州最高法院、州上诉法院和州基层法院三级加以说明。

（1）州最高法院。州最高法院一般设在州的首府，是州的最高审级，法官 3 至 9 名不等，多数州为 5 至 7 名。审理不服本州基层法院或上诉法院某些裁决而上诉的案件，在特定情况下，还审理州政府为一方当事人的初审案件，另外，其还有受理州法律违反州宪法的案件，具有解释州宪法的权力以及颁发"特别令"以指导下级法院的诉讼活动，如准予迁移审讯地的申请、禁止下级法院对某案件继续行使审判权的权力。

对于这一级的法院，有的州称"最高审判法院"、"违法行为处理法院"，也有的州分设民事最高法院和刑事最高法院。惟独纽约州法院的名称特殊，该州初审法院称为最高法院（Supreme Court），中级上诉法院称为最高法院的上诉庭，而最高审级则被称为上诉法院（Court of Appeals）。

州最高法院的裁决一般是终审的，但涉及联邦宪法和法律的，可以向联邦最高法院上诉或申请调卷令复审。州最高法院作出裁决的判例，一般对本州的下级法院具有约束力，一般仿效联邦最高法院将判例汇编成册，发至本州下级法院，以便下级法院引用或参考。

（2）州上诉法院。凡是实行三级制的州都设上诉法院，大多数州的上诉法院是作为中级上诉法院而设立的，审理不服基层法院的裁决而上诉的案件，名称有"上诉法院"、"地区上诉法院"、"高等法院"等。大的州有设几所上诉法院的。法官 3 至 15 名不等。

(3) 州基层法院。州基层法院是指受理其辖区内初审案件的法院。按案件管辖范围的不同,可以分有限管辖法院和一般管辖初审法院。

有限管辖法院只受理本辖区内甚为轻微的刑事案件、微额诉讼标的的民事案件或者某类专门案件。属于这类初级法院的有：县法院；设于市、村、镇的市法院和治安法院，但不是每州都设治安法院；一般设于城区的专门法院，如警察法院、交通法院、小额索赔法院、遗嘱法院、未成年人法院等。

有限管辖法院的诉讼程序很不正规，只要说明当事人身份、律师姓名和案件处理结果的材料，别无其他记录，所以也可称为"无记录法院"。败诉的当事人不服法院判决的，可向一般管辖初审法院提出"上诉"。

一般管辖初审法院通常被称为"区法院"、"巡回法院"，也有命名为"普通诉讼法院"、"高等法院"的。一区设一所，大城市的区可能设分院或分庭。有些州，联合数县成立一个司法区，每司法区设一所或更多的一般管辖初审法院。

一般管辖初审法院的权限及诉讼程序具有以下特点：对初审的普通民事、刑事案件具有一般管辖权；对不服有限管辖法院判决而提出"上诉"的案件，有重新审判权，没有一般上诉含义的复审权；某些州的一般管辖初审法院，具有复审某些行政机关裁决的权力。

一般管辖初审法院审判案件实行正规的诉讼程序，由一名法官和陪审团组成审判组织。诉讼各阶段都有详细记录，所以也可称为"记录法院"。

以上是从理论上阐明各州初级法院的体制和管辖，实际上，各州甚至一个州内各地初级法院的设置很不统一，案件管辖也很不明确。为解决这一问题，芝加哥市首先进行了改革，将全市的普通法院和专门法院合并成统一的市法院，下设各庭，共配备法官30余名，效果较好。现在若干城市已经采纳了这种统一法院体制的模式。

(二) 陪审制度

美国是当今少有的仍同时实行大陪审团与小陪审团制度的国家之一。

英美法系的英国和大陆法系的法国以及其他一些国家都曾经实行过大陪审团负责起诉的制度，但随着历史的发展，法国于1808年废除了这一制度，英国作为大陪审团制度的起源国也于1933年废除了这一制度。在美国国内，在美国独立之后，各州都对大陪审团制度表示了极大的尊重，并将它写入美国宪法第五修正案："任何人都不得被要求就一起杀人罪或其他不名誉的指控作出回答，除非有大陪审团的报告或起诉书为据。"从19世纪中期开始，掀起了一系列要求废除大陪审团的运动，反对者认为，大陪审团制度是一种旧习俗，不符合时代进步的要求，而且大陪审团调查案件既浪费金钱，又浪费时间。到了20世纪20年代，美国西部的大多数州相继在司法实践中废除了大陪审团制度，尽管其中有相当数量的州仍在法律中保留了有关大陪审团的条款。但是在美国东北部各州，大陪审团仍然在刑事案件的调查和起诉中发挥着重要的作用。

大陪审团是与小陪审团相对应而存在的，他们具有多方面的区别，这些区别可以大致归纳为以下几个方面。

1. 在职能方面，大陪审团的职能是审查案件是否必须提起起诉，简而言之，就是负责审查起诉,而小陪审团的职能是参与审理案件,对被告人是否有罪作出裁断。

2. 在人员组成方面,大陪审团一般由23人组成,根据美国《联邦刑事诉讼规则》第6条的规定,大陪审团的成员应不少于16人,也不应多于23人。一般是由没有固定职业,但有代表性的退休人员担任。在挑选大陪审团成员时,拥有中等资产的白人往往处于优先考虑的地位,而资产较少的人、穷人、黑人、妇女和西班牙人的后裔则很少被挑选。

而小陪审团一般由12人组成,少数州规定由6人组成即可。美国法律规定,未满18岁,不在本地居住,不通晓英语以及听力有缺陷的人、有前科者,没有资格充任陪审员。此外,在美国的传统习惯上,不担任陪审员职务的还有以下一些人员:法官、律师、医生、牙科医生、消防队员、教师和各种政府官员。

3. 在任期方面,大陪审团在任期内可审查若干起案件,而小陪审团则是一案一组团。

4. 在活动方式方面,大陪审团的活动一般是秘密的,而小陪审团的活动在法庭上是公开的,当然,其退庭评议除外。

5. 在作出决定的方式方面,大陪审团作出决定要求过半数即可,而小陪审团作出决定则通常要求一致同意,有少数州不要求一致同意。

除了以上几点区别之外,值得一提的是,小陪审团成员的挑选程序较大陪审团要严格得多。在法院开庭时,由书记官从预先准备的候审陪审员名单中抽签,抽够了12名就称作预备陪审员。接着,被告人及其律师、检察官均可询问陪审员的姓名、职业、工作、居住地等情况,并且可以询问"你是否认识本案被告人及其律师或者检察官"等问题。为了保证由公正的陪审团进行审判,诉讼双方有权对陪审员申请回避。

对陪审员提出回避,美国分为无因回避和有因回避两种。前者指双方律师可以不必说明理由而拒绝某人充任陪审员的要求,在这种情况下,法院会更换该陪审员而召集另一名陪审员。后者指必须说明理由,是否允许,由法庭决定。在美国,无因回避有严格的次数限制,这种限制因案件类型而异,即被指控犯死罪者,双方当事人有权提20次;被指控超过1年监禁之罪者,起诉方有权提6次,被告有权提10次;被指控不超过1年监禁或罚金,或两者并处者,每一方有权提3次。

第三节 美国刑事诉讼程序

总体上,美国的刑事诉讼程序可以分为三个阶段,即审前程序、审理程序和审后程序。从近数十年的发展来看,审前程序在美国刑事诉讼中所起的作用越来越大,地位越来越重要。一方面,联邦最高法院通过始于上世纪60年代的司法革命,将警察的侦查行为纳入法治的轨道,明确被告人自被讯问时起有权获得律师的帮助,禁止以非法手段收集证据,运用司法权力强行将宪法对被告人诉讼权利的保障在审前程序加以贯彻;另一方面,大量的刑事案件不需要经过正式庭审便可以在审前程序得到解决,特别是随着"辩诉交易"的合法化和广泛流行,使得在审前程序解决的刑事案件高达80%至90%。

在不少美国人看来，这种审判前的解决，在刑事司法程序中，即使不是最关键的时刻，也是关键时刻之一。这是了解美国刑事诉讼制度必须加以注意的。

一、审前程序

尽管重罪与轻罪之间，州与州之间，甚至在一州内地方与地方之间，以及理论与实际之间，刑事诉讼程序并不完全一致，但一般说来，审判前程序基本包括以下几个步骤，即：①提出控告；②采取必要的侦查措施；③在警察局"登记"；④逮捕后在治安法官前聆讯；⑤预审；⑥正式起诉；⑦传讯；⑧被告人答辩；⑨证据开示。下面拟结合《美国联邦刑事诉讼规则》的有关规定，对审前程序的主要内容作概要的介绍。

（一）控告

控告是说明犯罪事实的书面陈述，可以是指控、报案或检举，通常由犯罪被害人或者获得有关犯罪信息的警方人员向联邦治安法官或法律规定的其他适当官员提出。控告一般构成签发逮捕令状的基础。

（二）采取必要的侦查措施

联邦和州刑事诉讼法未对侦查活动作出系统的、详尽的规定。实践中，侦查措施包括勘验现场、验尸、辨认、采证、询问证人、讯问嫌疑人以及窃听、搜查、扣押和逮捕等。美国的侦查力量主要是由联邦和各州政府的侦查机关构成的。联邦同州的侦查机关之间没有行政隶属关系。

1. 讯问。在美国，根据任何公民的指控，或者情报人员的"提示"或者警察在巡逻值勤时发现了犯罪，警察就可以对嫌疑人进行讯问。

美国最高法院通过一个判例宣布并确立了这样一个规则，即："用强迫手段取得的供述，即使经过其他证据证实是正确的，也应予以排除，不得作为证据。"这条规则又被称为"排除规则"，简而言之，就是用非法或违法手段获取的证据，应由法庭予以排除的规则。1961 年，美国联邦最高法院宣布排除规则适用于联邦和各州的法院。联邦最高法院所持的论点为：警察可以从自己的错误中吸取教训，同时对于维持法院的正直也是必要的。由于美国的犯罪率不断上升，适用"排除规则"也确实放纵了一些罪犯，学术界和社会上也对此规则颇有微词，美国最高法院于 1984 年又通过了排除规则的两个例外情况，一是使用合法手段最终会发现用非法手段取得的证据，只要政府官员能证明这一点，则非法取得的证据可以采用；二是执法官员根据有签发搜查证权力的官员签发的搜查证所进行的搜查，但最终发现缺乏可成立的理由，因而该搜查证无效，但起诉方在法庭上提供的根据该搜查证进行搜查所取得的证据，作为例外可以采用。

《美国宪法》第六修正案规定，被告人有权"取得辩护律师之协助"。同样，美国通过另一个判例[1]明确要求侦查官员在讯问时必须告知嫌疑人享有委托辩护律师的权利，对受到拘押的嫌疑人，不论在指控前还是在指控后，讯问时都应当有律师在场方为合法。这就是著名的米兰达规则。这一规则对通过受到节制的讯问来发现案件真相构成了

---

[1] 米兰达诉亚利桑州一案，参见《美国联邦案例汇编》第 384 卷，第 436 页。

阻碍，因为如果犯罪嫌疑人的供述获取程序违反了该规则的"预先告知"程序，那么无论讯问多么短暂，多么有节制，而且犯罪嫌疑人自觉自愿地接受讯问，但是在庭审中也要将该供述予以排除。

米兰达判例针对警察讯问所创立的程序制度涉及四个因素——警告、要求律师帮助的权利、被告在审讯前对讯问有保持沉默的权利、犯罪嫌疑人表示沉默时讯问停止的权利。这四项要求与普通法规定及米兰达判例前的判例法都有所区别。

由于现实生活的情况千变万化，联邦最高法院认为，僵硬地要求警察在任何情况下都必须执行米兰达警告是不现实的，而且会阻碍其他更好的替代程序的发展。因此，联邦最高法院以及下属法院通过一些案例确定了至少两种例外。在这两种例外情况下，便不需要给予米兰达警告。

第一个例外是"公共安全（Public Safety）"例外。所谓公共安全例外，就是如果不对被捕者立即进行审问，将对公共安全造成危害。这从"纽约州诉阔尔斯（1984）"一案中就可以看出。在这个案子中，一位妇女在一家超级市场附近被强奸。警察闻讯赶来时，罪犯刚刚离去，受害人告诉警察罪犯刚刚进入那家超级市场，并带了一支手枪。警察追进超级市场时，发现一个可疑的人转身向外跑去。警察拔枪追去并高喊"站住"。在嫌疑犯站住后，警察上前拍搜一遍，见身上只有一个枪套，没有枪。警察便问："枪在哪里？"嫌疑人朝远处一个纸箱点点头，说："在那里。"在审判中，被告要求把被告的回答和根据他的回答找到的枪这一情况排除于证据之外，根据是警察违反了米兰达警告。最高法院认为，在本案的特殊情况下，丢失的枪支如不立即找到，将对公共安全造成危害。因此，警察不必先作米兰达警告。法院同时又解释说，在这个案子中，警察的问话是出于对公共安全的考虑，而不是为了得到归罪的证据，因此不存在强迫被告对自己作证的问题。

第二个例外是"抢救例外（Rescue Exception）"。这一例外一般发生在劫持案中。如果嫌疑人被逮捕时受害人并不在现场，警察可以直接讯问受害人的下落。这样做的目的同样是为了营救受害者，而不是为了得到归罪的证据。可以想象，如果给予被捕者以米兰达警告，就很容易使他保持沉默，这样就会给营救造成延误。需要指出的一点是，抢救例外并不是联邦最高法院确立的一条法律原则，它是由许多州法院确立的。

总之，尽管美国宪法上规定了旨在保障人权的诉讼原则，其他法律也有相应的规定，但是实际上，在侦查及讯问中，侵犯人权的事情还是层出不穷，同时，米兰达规则的合理性和有效性也在不断地遭到质疑。

2. 逮捕。在美国，逮捕指司法当局拘留或羁押某人使其回答法律上的指控或接受讯问，可分无证逮捕与有证逮捕两种。

（1）无证逮捕。它指由于情况紧急，事先未取得治安法官签发的逮捕令而进行的逮捕。在司法实践中，警官在自己在现场的情况下对正在作案、企图作案或刚作完案的重罪犯和扰乱治安者，或者掌握了足以证明嫌疑人犯有重罪的合理根据时，可以执行无证逮捕。普通公民对于现场作案的重罪犯也可以进行无证逮捕。

对轻罪的无证逮捕，有些州的规定与此不同。如加利福尼亚州规定，只要警官有理由认为，他在场时被捕人正在实施轻罪，并且该被捕人是有罪的，警官就可以进行无证逮捕。另一些州规定，不论警官是否在场，只要警官以可成立的理由认为被捕人实施了轻罪的，就可以进行无证逮捕。

对"在场"的理解，有人解释为警官必须亲眼目睹犯罪的进行。根据法院的解释，"在场"是指逮捕人通过自己的感官直接感知犯罪发生的情况。感官包括视觉、听觉、嗅觉、触觉和味觉等器官。

（2）有证逮捕。它是指由治安法官根据控告或者侦查人员提交的经宣誓的"提请签发令状申请书"，经审查确认存在合理根据而签发逮捕令，由警察或其他执法人员执行的逮捕。

由于公民的人身、住所权利受宪法保护，逮捕的条件有严格限制。首先，申请逮捕的官员要向签证官提交控诉书或附有宣誓申请书的控诉书。控诉书必须说明犯罪行为已被实施并且被捕人对此犯罪行为应负责任。宣誓申请书要详细列举被捕人的姓名、身份、逮捕理由、逮捕地点等事项。不知姓名的，可以适当明确地描述被捕人的特征。

其次，宪法第四修正案要求除非具有"合理根据（Probable Cause）"，否则不得签发逮捕令。根据联邦最高法院有关判例和法律学者的一般解释，所谓"合理根据"指，根据执法人员所了解的事实和情况或者所得到的可以合理信赖的信息，足以使一个正常而谨慎的人相信犯罪正在发生或者已经发生，即事实和材料使一个正常理智的人相信嫌疑人有罪的可能性要大于无罪的可能性。尽管有了这种解释，但实际操作起来，还是很难把握。由于"合理根据"往往在许多案子中成为辩论的焦点，美国最高法院以及下级法院又就此确立了一些总的原则：一般来说，如果一个人仅仅在犯罪现场，或者仅仅同某一犯罪有联系，而没有直接发现有犯罪行为，他的逮捕便没有合理根据；仅仅行踪可疑也不构成合理根据，原因是，只要是公共场合，任何人在任何时间都可以去，不能仅仅因为某人在某地的出现不合常规就可将他逮捕；先有告密者的举报也不构成合理根据。在打击贩毒或其他团伙犯罪活动中，警察常常安排下若干耳目，但警察不能单凭耳目的报告就逮捕某个人，他还必须有第一手资料，也就是根据举报再进行跟踪观察，如观察结果证实了耳目的举报，才可将嫌疑人逮捕。很显然，合理根据这一原则的确立，是为了限制警察滥用职权，但由于这个概念本身的模糊性，它的运用必然受到诸多外部因素的影响，如法官的不公正以及当时社会的思潮等。

逮捕的第三个条件就是逮捕必须符合法定程序和要求：执行人必须是有权执行逮捕的官员或个人；执行必须在法定的区域之内为之，原则上不得在签证州以外的地区执行，但当今多数州制定"即时追捕法"或者"域外统一即时追捕法"，对实施重罪的嫌疑人可以跨州追捕；关于逮捕的时间，许多州对重罪嫌疑人的逮捕时间没有限制，昼夜都可进行，但对轻罪嫌疑人的逮捕必须在白天进行，有些州，不论重罪或轻罪嫌疑人，逮捕时间都没有限制；此外，联邦和许多州的法律要求逮捕官在进入房屋以前必须宣告来意和授权，并对宣告后是否能破门闯入房屋、逮捕时是否能使用武力、手铐等问题作出了不同的规定。

3. 搜查与扣押。美国法律允许警官为了寻找武器、作案工具和赃物，收集犯罪证据，对嫌疑人的人身、住宅、文件、财产、车辆等进行搜查。

有证搜查必须事先得到批准，并在签发搜查证后10天内执行，通常应在白天进行而且不得超出搜查证所确定的范围。必须向被搜查人出示搜查证。

无证搜查是逮捕的一个部分，即逮捕附带进行搜查，或者由于情况紧急，在来不及获得搜查证的情况下进行的搜查。

关于拦截汽车进行搜查，几乎所有的法院都同意有权管理或调查交通问题的治安官员可以拦截汽车，以检查驾驶执照、是否酒后开车或涉及其他交通安全和控制的问题。但是，超出上述目的而拦截汽车，比如为了查清是否犯了与交通无关的刑事罪，在美国意见很不一致，争论激烈。后来，美国最高法院的罗伯特·杰克逊法官在一项裁决中表明了态度："如果某个小孩被诱拐，警察在附近设置路障，并搜查每辆驶过的汽车，这是严厉地不加区别地进行搜查。然而，如果这是拯救受威胁的生命并发现邪恶罪行的惟一办法，那么就理所当然地让过路者服从这种无礼。但是我不主张滥用这种路障，以广泛搜查丢失的几瓶威士忌酒来抓获一个私酒贩子。"

美国最高法院通过一个判例[1]规定，警官可以在公共场所临时阻拦他怀疑的人，并对其进行拍身搜查和询问。拍身搜查的目的是为了保护公共场所的安全，只限于从上而下轻拍被阻拦人的外衣，以检查有无危险物品，如有无枪支等，但不得进行全身搜查。在进行有证搜查时，凡是赃物、犯罪工具、其他犯罪证据以及违禁品可以予以扣押，与犯罪无关的其他物品不得扣押。被扣押的物品应开列清单，一份交给被搜查人。

（三）登记

嫌疑人被逮捕后带到警察局，要履行登记手续，包括嫌疑人的姓名、住址，逮捕的时间，涉及的罪行。如果是重罪，还要照相和提取指纹。

如果警长认为证据不足或者罪行轻微不足以提起诉讼者，可以采取适当"训诫"后送交其亲属；如果确认不曾犯罪者，就予以释放。

登记的程序，各州有微小的差别。

（四）在治安法官前初次聆讯

在大多数司法区，立法和司法规则要求将被捕者"无不必要延误"（Without Unnecessary Delay）地解送至地方法官或治安法官面前接受讯问。尽管"无不必要延误"的确切含义各州不太一致，但在联邦和大多数州，如果超过6个小时仍未将被捕人解送至法官前接受讯问，是考虑被告人认罪交待是否自愿的一个重要因素。

当被捕者被押解至治安法官处接受讯问时，治安法官首先应当告知被捕者依法所享有的权利，通常包括适用所谓"米兰达警告"或"米兰达规则"，即告知被捕人或嫌疑人有权保持沉默；他所讲的一切都可能在法庭上用作不利于他的证据；有权获得律师帮助；如果因贫穷而请不起律师，可以由国家为其提供律师；以及其他由立法规定的权利。

如果指控的是轻罪，此时被捕者可以同时被传讯，被要求对指控作出答辩。如果指

---

[1] 特里诉俄亥俄州一案，参见《美国联邦判例汇编》第392卷，第1页。

控的是重罪，通常不要求被捕者作答辩，而是安排对重罪指控进行预审。当治安法官对被捕者进行初次讯问时，还要对被捕者作适当的暂时处置，如决定将被捕者继续关押，或者将被捕者具结释放或取保释放。

（五）预审

预审有时又称预先听证（Preliminary Hearing）或审查性审判（Examining Trial）。被指控犯有重罪的被告人有权要求在近期内举行预审，预审的主要目的是审查是否存在合理根据以支持对被告人提出的指控，以确定是否交付审判。如果缺乏合理根据就要撤销指控，以防止轻率将被告人交付审判，保护被告人名誉及其他合法利益不受损害。此外，预审时还有称做"证据先悉"的程序，各方当事人用以了解对方所掌握的在诉讼中必要或有价值的材料，特别是辩护方从控诉方处摸底，控诉方必须在预审中提出足以确立合理根据的必要证据，并且有义务将准备传唤出庭作证的证人名单和其他准备在法庭上用作证据的目录提供给法庭和辩护一方，并应法庭和辩护人的要求作出解释和说明。

预审在地区法院进行，检察官和被告人均应到庭，辩护律师也可以出庭。证人需要出庭作证，被告人可以对控方证人进行交叉询问。被告人可以出示证据，但没有义务这样做。被告人也可以提出各种申请，但以非法手段采证为由对控方证据提出异议申请禁止采纳，在预审阶段不适用。预审一般由司法官主持，进行预审的法官不能以后再主持庭审，以防止对案件形成预断。

需要指出的是，预审对被控以重罪的被告人而言是一项权利，但并非刑事诉讼中的必经程序，被告人可以放弃预审而直接进入审判阶段。另外，凡经大陪审团审查决定起诉的，一般不再经过预审，因为大陪审团提交公诉书，说明大陪审团已经认定指控被告人是有可成立的理由的，因而经大陪审团作出公诉决定的案件可以直接移送法院。此外，对于轻罪案件，多数司法区是不进行预审的，在地区检察官提交起诉书或控诉书后直接移送法院审判；被告人对指控作认罪答辩的，一般起着放弃预审的作用。

预审后，如果司法官员认为怀疑被告人有罪是有可成立的理由的，被告人就需要在有管辖权的法院答复控诉并受审。司法官认为不具有可成立的理由的，则释放被告人，多数州还允许司法官经过预审将重罪控诉减为轻罪控诉。被告人如果是交保释放在外的，预审后仍然可以继续交纳保释金或者以其他方式保释。

（六）起诉

对被告人的正式指控始于政府向有管辖权的法院提交起诉状。起诉状有两种：经大陪审团审查签署的称大陪审团起诉书（Indictment），不经大陪审团审查由检察官直接以州或国家的名义提起的称检察官起诉书（Information）。

有的州不实行大陪审团制度，在这些州，所有的案件都由检察官以政府的名义向有管辖权的法院提起诉讼。但是，大多数州为了避免检察官滥用起诉权以及保障被告人的权益，规定在检察官起诉之前必须先经过预审程序，经过司法官预审，如认为该重罪控诉存在可成立的理由的，检察官才可提起重罪控诉。但是被告人主动放弃预审的，检察官可自行决定并提起重罪控诉。

在实行大陪审团制度的州，轻罪和微罪由检察官提起诉讼，检察官提交起诉书后必须告知被告人被指控的罪行，且告知应当达到合理的便于被告人准备辩护的程度。

美国联邦和一些州规定对重罪必须经大陪审团决定。大陪审团由法院负责召集。检察官向大陪审团提交一份公诉书草案或罪行控诉状，然后由大陪审团调查证据。在调查过程中，检察官应当提供证明重罪控诉的证据，以支持其控诉。大陪审团有权传唤并询问证人，有权询问拟对其进行指控的犯罪嫌疑人，还有权调查有关的书证和物证。大陪审团的调查是秘密进行的，所以一般禁止披露，在询问证人时，未经许可者，不得进入调查庭。

未来可能成为被告的嫌疑人在大陪审团调查时，只是以证人的身份接受询问。这时，事实上嫌疑人尚未受到正式控诉，因而还未成为被告人，所以不享有被告人的辩护、律师出席等权利。

大陪审团调查证据后立即进行评议并投票表决。表决可能产生三种结果：①法定数额成员（通常为12名）认为指控该嫌疑人犯罪是有可成立理由的，就在公诉书草案背面签"受理此诉状"；②大陪审团认为证据不足以进一步控诉，作出不公诉决定时，就签署"此诉状不予受理"，撤销诉讼，释放在押的犯罪嫌疑人；③大陪审团认为证据不足以支持重罪控诉，但能够证明嫌疑人犯有轻罪或微罪者，可以指令检察官向主管法院提出相应的起诉。

（七）传讯

当大陪审团起诉书或检察官起诉书提交法院后，法院应根据迅速、及时的原则，对该案安排传讯。传讯的目的是告知被告人被指控的罪行及其应享有的诉讼权利，并且要求被告人答辩。传讯是刑事诉讼的必经程序。从提交公诉书或起诉书后隔多少时间进行传讯，《联邦刑事诉讼规则》未明文规定，但要求贯彻迅速、及时的原则。1968年国会通过的《控制联邦公共交通罪和街道治安法》要求联邦地区法院在逮捕后6小时内传讯，对各州未作具体要求，实践中，有的州在大陪审团提交公诉书后一周或更长时间内传讯。

传讯应当在公开法庭进行，被告人必须到庭。法官首先问明被告人个人情况，然后向被告人宣读起诉书，说明指控性质，告知被告人享有的诉讼权利，接着要求被告人对指控作出答辩。

（八）被告人答辩

在刑事诉讼中，被告人对刑事指控可以选择作出认罪答辩（plea of guilty）或无罪答辩（plea of not guilty）。如果被告人作认罪答辩，法官查明此答辩系出于被告人自愿，而且被告人明了作此答辩的后果和意义，一般情况下法院不再开庭，可以迳行对被告人作出判决，即被告人作出认罪答辩，就意味着放弃由陪审团或法庭审判的权利。如果被告人作无罪答辩，即不承认有罪，则法院需尽快安排开庭并做好开庭前的准备。

除此之外，在联邦和一些州，被告人还可以作一种对指控不持异议的答辩（*Nolo contendere*）。首先需要明确，所谓对指控不持异议并不是说被告人沉默不语。在美国，刑事诉讼中实行无罪推定，被告人有沉默权，不能因被告人沉默而推论其认罪。此种不持异议的答辩，性质后果与认罪答辩相同。区别仅在于，不持异议的答辩不能作为日后提起要求损害赔偿的民事诉讼中的承认。对于不持异议的答辩，法律有一些限制。如《联邦刑事诉讼规则》第 11 条规定，被告人只有在法庭允许下才能作出对指控不持异议的答辩。法庭只有在充分考虑双方当事人的意见和有效司法方面的公共利益后，才能接受此种答辩。

前已指出，在当代美国的刑事诉讼中审判前的程序占十分重要的地位，特别是随着辩诉交易的合法化和广泛采用，所谓"审判前的解决"实际所起的作用越来越大。辩诉交易（Plea Bargaining），又称辩诉谈判（Plea Negotiation）、辩诉协议（Plea Agreement），指在刑事诉讼过程中（一般在法官开庭审理之前），控辩双方（主要为代表控诉方的检察官和代表被告人利益的辩护律师）经过反复协商之后，以控诉方撤销指控、降格指控或者要求法官从轻判处刑罚为条件，换取被告人有罪答辩的一项司法制度。答辩交易可以节省审判所需的时间和开支，特别是避免审判的不确定性，并充分体现了美国的检察官在起诉过程中所拥有的巨大自由裁量权。

在此磋商的过程中，双方律师要经过认真的准备，可能还要进行激烈的讨价还价，如同市场上做交易那样，故称辩诉交易。自从 20 世纪 60 年代中期辩诉交易经联邦最高法院确认为合法程序后，在美国刑事诉讼中被大量采用。以纽约市为例，据统计，1990 年犯重罪而被逮捕的有118 000人次，其中64 000人在侦查阶段就按答辩交易处理了，占 54.24%；有54 000按重罪起诉到法院，占 45.76%，不足一半。在起诉到法院的54 000人中，45 000是按答辩交易解决的，占 83.33%；5 000人因证据不足而撤销案件，占 9.26%；仅4 000人按正式程序开庭审判，占 7.41%。在其他一些地区，有的用被告人作认罪答辩处理的案件比例甚至高达90%以上。

如果控辩双方已达成辩诉协议，应当在法庭传讯时告知法官。对此协议法庭可以接受，也可以拒绝。如果接受，法官应当通知被告人准备按照协议内容处理案件，具体体现在判决和课刑中。如果拒绝，法官应当通知双方当事人并记录在卷，同时予以被告人撤回答辩的机会，并且告诫被告人如果坚持作认罪答辩，案件的实际处理可能比辩诉协议中所期望的更不利于被告人。

由于达成辩诉交易后，通常被告人便不再经过法庭审判而被定罪量刑，因此为保护被告人的合法权益，对辩诉交易有一些限制或要求。首先，法庭不允许参加这样的讨论（《联邦刑事诉讼规则》第 11 条）；其次，被告人接受辩诉协议必须自愿；再次，被告人必须充分了解作认罪答辩的后果；最后，要求辩护律师必须从被告人利益出发，认真分析指控的性质、控方掌握的证据，比较接受协议与接受审判的利弊，从而帮助被告人作出明智的选择。而且，联邦刑事诉讼规则和联邦证据规则均规定，有关被告人在与检察官进行辩诉交易中的陈述，关于被告人曾打算作认罪答辩，或者被告人曾作出认罪答辩后又撤回的证据，不得作为不利于该被告人的证据采纳。

有些州的法律规定，对严重的犯罪，如对谋杀罪的指控，法院不得接受被告人的认罪答辩。对于辩诉交易这一做法，美国国内也存在着不同的意见。反对者认为，这种做法实际上已经把审判变成了一种交易，用这种方法处理刑事案件不是取决于事实和法律，而是取决于双方的谈判技巧和手段的高下，是对对抗制庭审制度的一种歪曲，是对触犯法律的人的让步，出卖了司法的尊严。另外，这种做法还容易造成程序上的不公正，对于穷困的犯罪嫌疑人，有的律师可能会为了避免收益较小的诉讼的进行而极力劝说其接受辩诉交易。

赞成者认为，辩诉交易至少有以下几个好处：可以得到"可靠"的定罪，因为将近90%的被告人作有罪答辩，表明是认罪的；结案快，可以节省费用和时间，如果所有的刑事案件都要开庭进行审判，法院将会被案件所淹没，一个大的刑事案件，从调查到审判结束，往往要花费几十万、上百万甚至几百万美元的费用，对于常常出现财政危机的美国各州地方政府来说，这无疑是一种沉重的负担；有些案件在法庭外解决为好，如果一个人有了犯罪记录，就要受人歧视，丢掉工作，给家庭和社会带来一连串的问题。

另外，有的法学家认为，讨价还价并没有出卖司法的尊严和社会的利益，相反，这样做正是维护了社会公正。他们的出发点是：让罪犯服刑，并不只是为了惩罚他，也是或者更重要的是为了改造他。如果他能自己认罪，心服口服地服刑，这对罪犯本身、对整个社会都是有利的。这种观点对于较轻的犯罪来说很显然是有道理的，但对重大杀人犯，在一般公众看来是讲不通的。

颇有影响力的美国律师协会主张保留这一做法，但是提出要附加三点限制：一是检察官与被告律师之间的协议必须公开；二是禁止法官参与这种讨价还价的谈判；三是刑期不许谈，因为判刑完全属于法官的权限。

（九）证据开示

所谓证据开示（discovery），是美国刑事诉讼中一种了解案情的方法。其做法是，在审前由检察官和被告双方互相向对方提出各种问题，要求提供各种文件和其他证据。通过审查对方提供的回答和文件证据，双方可以了解对方掌握的证据及对方在审判中将传讯的证人等，并因此做好应对的准备。

证据开示的目的是防止出现"埋伏辩护"。埋伏辩护是指一方掌握着某一关键证据，而另一方却无所知，在法庭审判中掌握证据的一方出人意料地拿出这个证据，而使对方不知所措。这样的做法被认为是不公平的，不利于澄清事实真相和公正审判，所以从本世纪中叶开始，美国司法界逐渐形成了一套案情互查的制度。

证据开示通常是通过"证据开示要求"进行的。所谓"证据开示要求"是指由案件的一方递送给另一方的一个法律文件，上面列有多项问题，要求对方给予答复。双方所能要求对方答复的问题范围，一般由各州的刑事诉讼程序法规明确规定。以华盛顿州为例，在任何一件刑事案件中，被告一方可以要求检察官一方提供以下文件和其他证据：

（1）所有检察官准备在审判中传唤的证人的姓名、地址、电话号码以及这些证人所作的与本案有关的一切书面声明和口头声明的记录，其中包括警察或检察官在调查时询问这些证人的问话和回答的全部记录。一般情况下，检察官可以把这些书面记录的复印件寄送给被告律师。如被告律师要看这些文件的原件，检察官必须准备好以备查看。

（2）所有被告人本人所作的与本案有关的书面声明和口头声明的记录。

（3）所有与本案有关的解剖、血样、指纹等的实验室报告和记录，以及一切有关专家的报告和声明。

（4）所有检察机关准备在法庭审判中出示的属于被告的文件、相片以及其他物品，并说明该物品与本案的关系。

（5）所有被告以前的犯罪记录。

（6）所有检察官准备在审判中传讯的证人的犯罪记录。

（7）所有可能为被告开罪的证据。

（8）所有警察所用的窃听和圈套的报告和录音。

（9）所有与本案有关的报警电话的录音。

（10）所有检察官将在审判中用作证据的文件、书籍、录音、录像、记录、实物等。

（11）所有将在审判中为检察官一方作证的专家的资格、作证范围、意见、内容。

总之，一切检察官方面所掌握的证据都在被告的审查之列。特别应提到的是，根据1963年联邦最高法院在"布拉迪诉马里兰州"一案中的判决，即使被告没有提出要求，检察官也有责任向被告提供任何为被告开罪的证据。

在另一方面，检察官的取证权力则受到了不少限制。限制的法律依据是美国宪法第五修正案不得强迫被告对自己作证的规定。根据这条法律，检察官无权要求被告回答有关案件发生的经过和被告本人所在的地方、所说的话和所做的事情等问题，但检察官有权查看被告将在审判中用作证据的文件和实物；有权知道被告是否准备使用"不在场辩护"（即被告声称案发时他不在现场）。如果被告准备使用这种证据，他需要告诉检察机关案发时他所在的地方，以及为此作证的证人的姓名和地址。检察官还有权被告知被告是否准备使用"精神错乱症辩护"，即被告声称他犯罪的原因是精神失常。如果被告准备使用这一辩护，检察官有权要求被告接受心理医生检查。

在审前准备阶段，如果一方认为另一方没有按照法律规定去做，这一方就可以向法庭提出动议，要求法庭作出裁决。例如，被告要求检察官方面提供某一份文件，而检察官却以该文件同本案无关为理由拒绝提供。在这种情况下，被告可以向法庭递交一份强迫检察官提供文件的动议。法庭收到文件后，将确定一个日期就这一动议进行听证。听证是开庭进行的，双方将各自陈述自己的理由，并引用法典和以往判例作为依据。法官在听完双方的辩论后作出裁决。

审前动议除包括强迫对方提供证据的动议外，亦包括撤销案件动议和限制动议。所谓撤销案件动议，即如果被告认为检察官方面违反了某一重要法律规定，特别是因此侵犯了被告的宪法权利，就可以要求法庭撤销这个案子。所谓限制动议，即如果被告或检察官认为对方在审判时将要出示的某些证据与本案无关或因其他原因不应作为证据，他可以要求法官在开庭前就禁止对方在审判时出示这一证据。限制动议是一项十分重要的动议，因为一件证据一旦在审判中出示给陪审团，其影响将无法收回；因此有必要在开庭前让法官裁定不允许该证据在审判中出现。

二、审理程序

在美国，对刑事案件的正式审理程序基本有以下步骤：

(一) 选定陪审团

美国宪法第六修正案规定,在一切刑事案件中,被告人有权由公正陪审团予以迅速和公开审理。在司法实践中,联邦最高法院通过判例确定,不论是发生在联邦或州的刑事案件,如可能判处 6 个月以上的监禁,被告人都享有由陪审团审理的权利。为了与负责对刑事案件进行调查和审查起诉的大陪审团(Grand Jury)相区分,称此陪审团为小陪审团(Petty Jury),或审判陪审团,其职能是参加案件审理,对被告人是否有罪作出裁断。在联邦诉讼中,小陪审团一般由 12 人组成,作出被告人有罪裁决要求一致通过。

陪审团的构成,要求来自社会的不同阶层,具有广泛的代表性,不因性别、种族、肤色、职业、信仰不同而歧视。选定陪审团是一个繁琐费时的程序,从候审的陪审员名单中挑选出 12 名预备陪审员,然后要经过所谓"讲明真相(voir dire)"的程序,接受法官或双方律师的询问。为了保证陪审团的公正性,诉讼双方有权申请陪审员回避。对陪审员提出回避,美国分无因回避和有因回避两种。

(二) 开场陈述

这是指诉讼双方在审理开始阶段向法庭所作的第一次陈述。首先由起诉方即检察官作开场陈述,向陪审团说明指控犯罪的性质,并简单描述支持指控的证据,目的是使陪审团在听审中更好地了解案情。因此,在开场陈述中,不发表意见、结论,不涉及被告人的性格、特征,不进行辩论,也不得涉及不准备提供证据加以证明的事项,否则辩护方可以提出异议。按照对等原则,继起诉方作开场陈述后,辩护律师有权作开场陈述,但他也可以出于辩护策略的需要而放弃作开场陈述。

(三) 起诉方举证

作开场陈述后,起诉方向法庭提供证据以支持控诉,包括出示物证和传唤证人出庭作证,一般以传唤己方证人出庭作证为主。证人在法庭作证要经过宣誓或以其他方式声明如实陈述,要接受控辩双方的询问。由提名或传唤证人作证的一方询问称作直接询问,目的是使证人说出所了解的案件事实,展示证据。直接询问中不允许提出诱导性问题。由对方律师发问称作交叉询问,目的在于暴露证人作证中的缺陷和不足,向陪审团揭示证人的不可信。交叉询问时可以提出诱导性问题。询问的顺序依次为直接询问,交叉询问,再直接询问,再交叉询问,可以反复进行数轮,直至无可再问或无必要再问。

在美国诉讼理论上,高度评价法庭询问、特别是交叉询问规则的积极作用,称其为查明事实真相而创立的最大法律装置,认为只有在这种一而再、再而三的询问过程中,才能让对立的观点互相抗衡,才能澄清争议事实,体现司法正义。

(四) 辩护方举证

当起诉方结束举证后,被告人或辩护律师进行辩护,并提供支持辩护主张的证据。对辩护方传唤作证的证人,同样由辩护方和起诉方依次进行直接询问和交叉询问。需要注意的是,在美国刑事诉讼中,被告人既不得被迫自证有罪,也不要求被告人证明自己无罪。因此,除非被告人希望作证或者辩护律师选择让被告人作证,否则不要求被告人在法庭上提供证言。

(五) 终结辩论

《美国联邦刑事诉讼规则》第29.1条规定:"举证结束后,应由起诉方开始辩论,然后允许辩护方回答,最后起诉方再作反驳。"起诉方首先作辩论发言,按照对己方最有利的观点,对证据进行总结和评论。然后由辩护方作辩论发言,对起诉方的辩论发言作出回答,陈述对被告方有利的事实和理由,揭示对方举证中存在的矛盾和疑点,强调法律赋予起诉方承担的沉重的证明责任,即证明被告人有罪必须达到排除合理怀疑的程度,否则便应依法裁断将被告人无罪释放。最后,由起诉方进行终结辩论,对辩护方的发言再进行反驳。

无论是起诉方还是辩护方进行辩论发言,都不允许对被告人是否有罪发表个人的评断。所谓"必须让举出的事实自己讲话",根据双方的举证和辩论确定被告人是否犯有被控罪行,是陪审团的神圣职责和权力。

(六) 指示陪审团

由于陪审员是法律的外行,在陪审团退庭评议之前,主持庭审的法官要对陪审团作总结提示,内容包括:陪审团的职责和义务;与案件有关的法律;由证据引起的争议;解释有关法律术语的确切含义。除此之外,许多州授权法官对证据作出评论,但一些州却禁止这样做。在刑事诉讼中,当事人,特别是辩护律师,还可以请求法官作出特定的指示,对此法官必须决定是采纳还是拒绝,或者作必要修改,甚至为此法官要召集检察官和辩护律师进行非正式的磋商。

(七) 陪审团评议

在陪审团退庭评议之前,由法官指定陪审团长或告知陪审团选出一名陪审团长和一名副团长,然后全体陪审员进入评议室进行评议,由陪审团长主持。陪审团评议活动秘密进行,内容保密,不准任何人进出评议室,而且不管评议结果如何,此后不能对评议活动进行法律调查。关于陪审员在审判期间或者评议期间是否需要集中住宿、与外界隔离的问题,法律没有明确,各地做法也不一。有的允许陪审员回家过夜或者度周末,许多州将此问题留给法官裁量决定。

(八) 陪审裁决

在联邦法院系统,要求陪审团作出裁决必须全体一致通过[1]。当陪审团经过长时间评议后,仍不能得出一致结论,该陪审团就称为悬案陪审团,由法官宣布解散,同时宣告这是一次无效的审判,需要另行组成陪审团重新审理。在少数州,不要求陪审团裁决必须一致同意。

陪审团就被告人有罪还是无罪作出裁决后,回到公开法庭,由陪审团长向法庭宣告裁决结果。如果是无罪裁决,法官必须接受,宣布将被告人当庭释放。如果裁决有罪,法官可以命令将被告人押回监狱或取保释放以等待课刑。

---

[1]《美国联邦刑事诉讼规则》第5条。

三、审后程序

在美国刑事诉讼中,庭审以后的程序相对简单,主要有:

(一) 课刑

课刑是法官在陪审团作出有罪裁决的范围内,关于如何适用刑罚的最终命令。根据美国的法律规定,法官应当在有罪裁决作出后的10日至3周内予以课刑。课刑前,法官应给被告人及其辩护律师提出请求减轻刑罚的事实和意见的机会,起诉律师也可以就课刑向法院提出意见,缓刑监督官向法院提交一份报告,包括被告人的背景、家庭、经济状况、有无前科等内容,以及关于课刑和缓刑的建议。

课刑所处的刑种有死刑、监禁刑、罚金刑、没收和缓刑。监禁刑中包括终身监禁、确定期监禁和非确定期监禁。对于一种罪行,可以同时判处几种刑罚,如判处监禁刑的同时,并处罚金和没收财产。关于课刑的宪法性限制主要是,不得课处残酷和非常的刑罚;不得课处双重刑罚,如审判法院在被告人服刑期间可以减轻但不得加重其刑罚;以及同等保护条款,即除非有充分理由否则不得对被告人区别对待,不得歧视。

法官宣告课刑时,被告人应当到庭,并有权获得律师帮助。此外,在许多法院允许被告人代表自己对于为何不应被课刑作陈述,以及享有其他一些程序上的权利。法官宣告课刑后,应当告知被告人有权提出上诉以及上诉的期限。

(二) 上诉

一般来说,上诉是上级法院对下级法院裁决的复审程序。但是美国行政机构的裁决也可以上诉到主管法院,如不服有关的联邦行政机构的裁决,可以上诉至联邦法院。因此,美国上诉的体系既包括上级法院对下级法院,也包括上诉审法院对有关行政机构裁决的复审。

联邦和各州都规定被告人享有上诉的权利。在多数州,重罪案件的被告人享有要求法院将案件自动提交上诉法院审查的权利。传统上,只有被告人才有权上诉。现在,有少数州规定检察官也可以对判定被告人有罪的判决提出上诉。约27个州重罪案件可直接向州最高法院提出上诉,约23个州设立了中级上诉法院,大部分刑事案件要先向中级上诉法院提出上诉。如果案件涉及联邦宪法规定的权利问题,被告人还可以向联邦法院提出上诉。

1. 美国的禁止双重危险原则。总体而言,检察官没有上诉权,只有个别州赋予检察官以上诉权。不赋予检察官以上诉权的理论依据是禁止双重危险原则。为使同一案件的被告人不受两次追诉,立法者在联邦宪法中将此列为一项权利加以保护。允许检察官上诉,特别是对无罪判决上诉,无疑是违反宪法规定的。70年代以来,立法者允许检察官在不违反禁止双重危险原则的情形下享有一定的上诉权。

禁止双重危险原则集中体现于美国的宪法修正案之中:"任何人不得因同一犯罪行为遭受两次生命或肢体的危险。"这种危险可以表现为针对同一公民的同一行为提起两次控诉,或者进行两次审判,或者实施两次判刑活动。一旦出现上述危险中的一种状况,即可形成"双重危险"的有效抗辩,被告方可请求上述行为无效。

在实践中，一个案件只要起诉到法院，审判一旦启动，第一次危险就已经构成。根据联邦判例，陪审团一旦宣誓成立，第一次危险就已经发生，而各州的规定则相对宽松些：第一个证据出示或第一个证人出庭之时，第一次危险构成。禁止双重危险的原则的例外为：被告人本人提起上诉；由于被告人本人的原因而造成的一审的法律错误，从而引起的二审，可以由检察官提起。

美国的禁止双重危险原则还有一个内涵，即对生效判决不允许提起任何申诉或上诉，所以在上诉程序之后没有再设立再审程序。

2. 上诉程序。美国法院实行双轨制，上诉渠道也按双轨进行。联邦案件在联邦法院体系内上诉，州的绝大多数案件在本州的法院体系内上诉。联邦的一般案件，从地区法院向上诉法院上诉后即告终结。法律规定的案件，可以在上诉法院裁决后再向联邦最高法院上诉。设上诉法院的州，一般案件可以向本州的上诉法院上诉，也可以再向本州最高法院上诉，后者的裁决为终审裁决。不设上诉法院的州，初级法院的裁决可以直接上诉至州最高法院，后者的裁决为终审裁决。州的案件，符合法律规定的，还可以从州最高法院上诉至联邦最高法院，联邦最高法院受理后作出的裁决是终审裁决。

上诉人不得对陪审团就事实问题作出的裁决提出异议，只能就法官适用法律上的错误，包括适用实体法和程序法方面的错误提出上诉。因此上诉审一般不进行事实审，而是进行法律审。但是，一审法院关于采纳还是排除证据的裁定，属于上诉法院审查的范围，可以影响陪审团认定是否有罪的裁决，导致上诉法院撤销一审法院的判决，即被告人可以以在审判中错误地采纳了不应采纳的证据，或者排除了不该排除的证据为由，请求上诉法院撤销原判决。

上诉应当在规定的上诉期限内提出。按照《联邦上诉程序规则》第 4 条规定，上诉人应在判决作出后的 10 日内向上诉法院提出上诉。上诉状中要述明请求撤销或纠正原审判决的理由和适用的法律。然后，被上诉人有权在此后的 30 日内提交答辩状。原审法院应将审理记录移送上诉法院供其审查。

上诉法院审理上诉案件由于主要是进行法律审，所以审判组织中没有陪审团，由职业法官进行，一般进行书面审，不再传唤证人，不再审查证据，也不进行辩论。但任何一方都可以申请口头辩论，法院可以命令口头辩论，但在下列情况下亦可不进行口头辩论：①上诉已经是无意义；②争议的问题最近已经由当局解决；③上诉状和记录中已经具有有关事实和法律的辩论并且口头辩论对裁决无重大帮助。决定是否进行口头辩论后，由书记官通知各方。决定辩论后，应通知辩论的时间和地点。进行口头辩论时，上诉人有权开始、结束辩论。口头辩论时，如果被上诉人没有到庭，法庭只听取上诉人一方的辩论。如果被上诉人没有到庭，其律师到庭的，法庭可以听取被上诉人一方的辩论。如果双方都不到庭，就依据诉状作出决定，法庭另有决定者除外。

案件由一名上诉法官主办，全体法官评议。评议后，如果确认下级法院的判决，则维持原判。如果否定下级法院的判决，则或者直接纠正原判决，或者指令下级法院再审，或者命令下级法院按照上诉法院的意见修改原判决。联邦宪法和联邦最高法院都没有确立上诉不加刑原则，但是对减刑是持肯定态度的。许多州的法院都主张上诉审不得加重罪名，也不得对已经服刑的判决加刑。

第四节 美国刑事证据规则

美国的证据规则承袭了英国普通法中有关证据的理论和判例，在此基础上又有一些新的发展。当今，在美国具有普遍性且影响较大的证据法规主要有：1953年由统一州法委员会全国大会和美国律师协会批准的《美国统一证据规则》，此规则以后又被统一州法委员会全国大会于1974年通过的《美国统一证据规则》所取代；1942年由美国法律学会出版的《美国模范证据法典》；美国国会于1975年通过的《美国联邦证据规则》，并历经数次修正，其中影响最大的就是2001年的修正，2004年公布的文本基本上就是2001年修正的结果。就内容而言，《美国统一证据规则》与《美国联邦证据规则》基本相同，前者大约为35个州全部或部分采纳，通过立法加以确认或保留；后者则主要适用于联邦司法系统。下面拟结合《美国联邦证据规则》的有关规定，对美国证据法的主要内容作一概要的介绍。

一、证据的相关性与可采性

美国法学界对证据定义的界定是有争议的，主要有两种学说，即"事实说"和"手段说"。前者认为"证据是任何一件或一组可知的事实，而不是法律的或伦理的原理，它被看做是在法庭上提出的、旨在法庭的重要阶段对于主张的真实性产生肯定或否定的信念；……依据这个信念法庭才能作出判断"。后者认为"证据可以下定义为一种手段，凭借它可以证实或反证一件有争议的事实"。

总的来说，证据包括证言、书证、物证和其他任何展示在陪审团或法庭面前用以证明争议中的事实存在或不存在的事物。证据要能够被允许在诉讼中出示，用以证明争议事实并为法院所采纳，必须既具有相关性，又具有可采性。

（一）证据的相关性规则

所谓相关性（relevancy），是指证据必须与诉讼中的待证事实有关，从而具有能够证明待证事实的属性。美国法学家格雷厄姆·利利解释相关性为：相关性是确立证据规则的基本的统一的原则。首先，它是指当事人一方提出的言词证据或实物证据与这些证据所要说明的事实结论之间的可以提供证明的关系。其次，相关性包括对证据所说明的事实问题与实体法律之间存在的通常称为"实质性的"或"因果的"关系的分析。也有学者认为，证据要在法庭上被采纳，必须具备两个基本的要素，即相关性和实质性（materiality）。相关性是指被提供的证据是否有助于证明待证的事实。实质性是指被提供的证据是否与争议中的某些事实有直接联系。《美国联邦证据规则》第401条将"相关证据"定义为：指证据具有某种倾向，使决定某项在诉讼中待确认的争议事实的存在比没有该项证据时更有可能或更无可能。相关性并不涉及证据的真假和证明价值，对证据真假及其证明力大小的判断是证据被采纳之后陪审团的职责。相关性侧重的是证据与证明对象之间的形式性关系,即证据相对于证明对象是否具有实质性,以及证据对于证明对象是否具有证明性。所谓实质性是指证据将要证明的问题属于依法需要运用证据加以证明的待证事实。如果某一项证据并非指向本案的争点问题,那么该证据在本案中就不具有实质性,属于不具有相关性的证据。例如,在普通攻击罪案件中,被告人是否醉酒的证据就不具有实质性。应当指出的是,证据是否具有实质性的关键在于证据是否指向本案的争点问题。为了识别一项证据是否具有实质性,可以通过考察"对方提出该项证据利用其证明什么",并进一步决定该证明目的是否有助于证明本案的争点问题来决定。

相关性规则是英美法系的一项基础性证据规则,其基础性地位体现于以下两个方面:其一,相关性规则涉及的是证据的内容或实体,而不是该证据的形式或方式,因而相关性规则适用于所有证据形式,在适用范围上具有广泛性;其二,尽管具有相关性的证据并不必然具有可采性,但没有相关性的证据必然没有可采性,所以相关性规则是关于证据能力的一般规则或基础规则,即除非证据有相关性,否则不产生证据能力问题。作为一般原则,所有具备相关性的证据都具有证据能力,除非成文法有特殊规定。

证据依据其证明方式被划分为直接证据和间接证据。直接证据是以直接的方式而非推论的方式证明关于事实的主张的证据,它直接地达到案件的实质性争议问题。间接证据是指不能直接证明而必须通过推理来确立其所要证明的事实主张的证据。由于关于实质性事实问题的直接证据总是相关的,在判断一项证据是否具有相关性时,应考察以下三个问题:①所提出的证据是用来证明什么的?②这是本案的实质性问题吗?③提出的证据对该问题有证明性吗?如果答案全部是肯定的,该证据就具有相关性。

基于当事人主义的理念,排除没有相关性的证据并非法官的职责,但依据普通法传统,法官在某些情况下也有权排除某些不具有相关性的证据。同时,具有相关性的证据也可能因导致偏见、混淆或浪费时间等原因而被排除在法庭之外,不得出示于法庭。

(二)证据的可采性规则

所谓可采性(admissibility),是指证据必须为法律所容许,可用于证明案件的待证事实。可采性以相关性为前提,即证据是否可以采纳,首先取决于它同诉讼中的待证事实有无关联。凡是可以采纳的证据,都必须具有相关性。但具有相关性的证据,则不一定都可以采纳,仍有可能被某些特殊规则所排除。如《美国联邦证据规则》在第四章"相关性及其限制"中规定:"证据虽然具有相关性,但可能导致不公正的偏见、混淆争议或误导陪审团的危险大于该证据可能具有的价值时,或者考虑到过分拖延、浪费时间或无需出示重复证据时,也可以不采纳。"

对于某些特定种类的证据,判断其是否具有相关性从而是否可以采纳,常常会有困难。因此,对这些证据的可采性,证据法上有一般的原则和特殊的规定。

1. 品格证据(character evidence)。作为一般规则,有关某人品格或品格特征的证据,不能用以证明该人在特定场合的行为与其品格或品格特征相一致,即不具有相关性。但也有一些例外的情况。

(1)被告人的品格。即由被告人提供的证明其有关品格特征的证据,或者由起诉方提供的反驳被告人品格的证据。

在下列情形中，关于被告人品格的证据可以采纳：①被告人提出自己品格优良，起诉方也可以提出反驳其主张的品格证据；②被告人曾被定罪的事实为控告的组成部分；③被告人提出无罪证据而被交叉询问时，询问人在发问时可以涉及过去罪行及品格；④被告人被定罪后，法院在判刑之前，可以查询和采纳有关其前科和品格的证据。

（2）被害人的品格。即由被告人提供的关于被害人品格的证据，或者由起诉方提供的用来反驳被告人所举的关于被害人品格的证据，或者在杀人案件中起诉方为反驳证明被害人先动手的证据而提供的证明被害人一贯性格平和的证据。

根据国会于1978年给《美国联邦证据规则》增加的第412条规定，在被控强奸的案件中，关于被害人过去性行为方面的名声或评价的证据，一律不予采纳；关于被害人过去具体性行为的证据，一般也不能采纳，除非宪法、国会立法或本证据规则另有规定允许采纳。

（3）证人的品格。证人的品格，主要是证人的诚信，可以通过提供名声证据和评价证据来进行抨击或支持。无论是被告人还是其他证人作证，当仅就诚信问题进行审查时，不作为被告或证人放弃反对自我归罪的特权来操作。

2. 类似事件的证据。作为一般原则，被告人在其他场合的行为与当前场合的类似行为不具有相关性，因而一般是不可采纳的。但在下列情况下，类似事件的证据具有可采性：是本案所控罪行的本身或组成部分；本案所犯之罪已经证实，则证明被告人在其他场合有关类似行为的证据可以用来证明其犯罪意图、明知故犯或其他心理状态；所控罪行只是一系列类似行为之一，而被告人以意外事故或事实错误等作为辩护理由时，类似行为的证据可以用来推翻其辩护。

3. 特定的诉讼行为。下列诉讼行为一般不得作为不利于被告的证据采纳：①随后撤回的有罪答辩；②不愿辩解又不承认有罪的答辩；③根据《美国联邦刑事诉讼规则》第11条所进行的任何程序或各州的相当规定所要求的程序所作出的与前述任一答辩有关的任何陈述；④在与代表控方的检察官所进行的最终并未导致形成有罪答辩或者虽形成有罪答辩但随后被撤回的答辩讨论中所作出的任何陈述。但是，作为例外，上述行为用于证明被告作伪证时，或者与其同时产生的其他陈述已经被提交法庭时，可以采纳为证据。

二、证据的排除规则

在英美证据法中，重要的一项内容就是排除规则。所谓证据的排除规则，在普通法上含义广泛，包括传闻规则、意见证据规则、最佳证据规则、关于事实的排除规则等，此处论述所及，明确为非法证据的排除规则，即政府违反宪法第四修正案反对不合理搜查和扣押的保障，以非法手段收集的证据不得在刑事指控中作为证明有罪的证据采纳。

确立排除规则的目的是为了纠正警察的错误行为，即其理论上的基础或预期的目标是，如果非法获得的证据不能在法庭上采纳，警察便没有理由在此方面违法行事。这样，排除规则是作为实现宪法第四条修正案提供的保障的一种手段。

排除规则在美国诉讼史上有一个逐步发展的过程。自1914年始，由联邦执法人员非法收集的证据在联邦刑事诉讼中便不能采纳了。但是,从1914年至1960年,由州执法人员非法收集的关于联邦犯罪的证据,只要其非法收集证据的行为不是在联邦官员的默许或纵容下实施,便可以在联邦法院采纳。在理论上称此为"银盆主义"。1960年,在"埃尔金斯诉美国"一案中,最高法院推翻了所谓的"银盆主义",确认宪法第四修正案禁止在联邦刑事诉讼中使用非法收集的证据。关于在州法院系统中是否适用排除规则,最高法院的观点则不断变化,不断更新。1949年,最高法院认为宪法并不要求州的法院排除非法获得的证据。1952年,最高法院修改了这一立场,认为某些搜查行为是如此令人震惊以至于要排除据此获取的证据。最后,发展至在1961年"马普诉俄亥俄州"一案中,最高法院抛弃了自己过去的主张,确认宪法第四条修正案要求州法院排除非法搜查或扣押所获取的证据。这样,自1961年始,联邦和州的法院系统均适用排除规则。

根据美国联邦最高法院的判例及学说,排除非法证据的理论依据,概括起来主要有:①维护公民宪法权利。即排除非法搜查和扣押所取得的物证,只不过是保障宪法赋予公民不受非法搜查、扣押权利的必然结论。②抑制违法侦查。即通过排除违法搜查、扣押所得的物证消除了警察违法搜查、扣押的"诱因",从而达到阻止警察违法的效果。③维护司法的纯洁性。排除规则维护了法律的尊严,增进了公民对司法运作的信心,并避免司法程序受到非法证据的污染。④惟一有效说。该观点认为,排除规则所带来的利益是处罚手段无法代替的。

在20世纪60年代,美国最高法院通过一系列判例推行所谓司法改革,将警察的侦查行为强行纳入诉讼法制的轨道,排除规则的权威不断加强,执行中也越来越严格。其排除的对象不仅限于非法搜查或扣押得来的证据,而且扩大到任何直接或间接产生于非法搜查的其他证据,包括言词的或实物的证据。所谓"毒树之果(fruits of the poisonous tree)"必须排除。惟一的例外,就是当被告人在法庭作证时,非法收集的证据可以用于对被告人的证词进行质询。违反排除规则的后果,就是撤销任何据此证据作出的定罪裁决,除非采纳此类证据被认定为"无害错误"。

需要指出的是,虽然有排除规则,但任何证据的排除都必须通过对方当事人或其律师及时提出反对出示非法证据的异议,或者提出禁止非法证据的请求,由法官对此异议或者请求进行裁断,从而决定将非法证据排除或者禁止出示。从此意义上讲,任何证据,不管其是合法收集还是非法收集的,具有可采性还是不具可采性,如果没有人提出异议或反对意见的话,都可以在法庭上出示,都可以作为证据使用,法官和陪审团不会主动加以排除。当然,为保护被告人利益,当被告人可以在审判前提出禁止非法证据的请求而没有这样做,或者他提出了这样的请求但未获法官认可时,他可以在审判当中再次提出这样的请求。如果在审判中仍然失去机会,还可以在上诉时再次提起这样的争议。

关于排除规则的得失,美国法学界或司法实践部门均有不同意见。有人认为,排除规则存在许多不尽如人意之处,主要表现在它对纠正警察的错误行为而言收效甚微,与此同时却由于收集到的证据不能采纳致使许多合理的诉讼被撤销。80年代初之后,由于犯罪浪潮的冲击,美国最高法院修正了在排除规则上的强硬立场,增加了几项例外,

1984 年增加了"善意的例外（Good Faith Exeption）"和"必然发现"的限制（the "Inevitable Discovery" limitation），前者指警察进行搜查、扣押时，如果是以"客观合理的、可信的"搜查证为依据，即使最终发现搜查证不合法，取得的证据仍然可以采用，因为此时警察的搜查行为是善意的；后者指毒树之果原则在下述情况下并不禁止采纳通过违宪手段获取的证据，即如果这些证据通过合法的侦查行为最终或必然取得，该项证据即可采用。90 年代初短短几年的时间内又增加了"独立来源"、"因果关系削弱"、"质疑例外"三项例外原则。"独立来源"的限制（the "Independent Source" limitation）指通过违宪获得的证据对法院使用而言，并不是必然无法得到的。如果对该事实的了解还可以通过独立的来源得到，则该事实仍然能够被证明。"因果关系削弱"是指官员的非法行为与取得的证据之间的因果关系，由于另外因素的影响而被削弱或打断以至消除了被污染证据的污点，这样，这些证据作为排除规则的例外仍然可以采用。"质疑例外"则是指控诉方可以在法庭上提供非法手段取得的证据以向被告人的证言进行质疑，这种例外可以在以下几种情况下成立：一是控诉方提供非法取得的物证向被告人所作的伪证质疑；二是准许使用律师不在场时被告人的认罪供述以质疑被告人前后陈述的不一致，但是最高法院指出，不得用非法取得的被告人的陈述质疑被告方的证人，因为这种做法会严重破坏排除规则的一般预防效果。总而言之，这些例外的确立不同程度地使排除规则产生了某些松动，在一定程度上限制了排除规则的适用范围。

三、证明责任和证明标准

（一）证明责任

根据传统美国诉讼法的学理解释，证明责任（burden of proof）具有三重含义：①当事人向法庭提出诉讼主张的责任；②当事人向法官提供足够的证据，以使案件交付陪审团进行事实认定的行为责任；③当事人对交付陪审团进行事实认定的案件，在审判程序的最后阶段，因事实真伪不明而承担的诉讼不利益。美国学者赛耶（Thayer）于 19 世纪末率先提出区分"证明责任"双重含义的必要性，并将"证明责任"的前两种含义合称为"提供证据的责任"（burden of producing evidence），而将第三种含义称为"说服责任"（burden of persuasion）。赛耶的主张得到了威格莫尔、摩根、克莱利、杰姆兹等证据法学者的极大肯定和推崇，成为现代美国证据法上的代表性学说。美国法学会在 1942 年起草的《模范证据法》中对证明责任的定义是："称事实之举证责任者，谓当提供充分之证据，以支持发现该事实之存在时，即告解除之负担。称事实之说服责任者，谓当决定存否之审判机关，已由充分证据之说服者发现事实存在时，即告解除之负担。"《美国联邦证据规则》第 301 条分别以"提供证据的责任"（the burden of going forward with evidence）和"不说服的风险"（the risk of nonpersuasion）对"证明责任"（burden of proof）的双重含义作了概念上的区别。

在刑事诉讼中，实行无罪推定原则，即被告人在法院判定有罪之前，均被推定为无罪。因此起诉方应负提出证据证明被告人有罪的责任，而被告人不负证明自己无罪的义务。不仅如此，起诉方还负有说服责任，要想让陪审员们认定被告人犯有指控的罪名，就必须说服他们相信该犯罪的全部要素的证明都已经达到了排除合理怀疑的程度，如果其中任何要素未得到令陪审团满意的证明，或者如果任何辩护意见未得到起诉方有效的反证，那么该被告人就必须被判无罪。

但是，证明责任的分担在诉讼中也可能发生转移，遇有下列情形之一时，被告人也负有提出证据证明特定事项的义务：

（1）如果被告方在辩护时提出被告人患有精神病或不适于接受审判，被告方应对此提出证据加以证明。

（2）如果某制定法规定，在没有合法授权、正当理由、特殊情况或例外的情况下，实施某种行为就是非法，那么被告方就有责任举证说明存在合法授权、正当理由、特殊情况或例外情况。

（3）如果被告人主张其行为曾取得许可、出于意外事件、受到胁迫、为了自卫等，此时便负有举证证明存在上述情况的责任。

（4）如果被告方意图推翻制定法对某些事实的推定，或者意图援引法律条文中的但书、例外或豁免，这时被告方也负有举证责任。

在一般情况下，当事人要对其想要用作诉讼根据的事实加以证明，但是有一些事实是无须用证据来加以证明的，在这些情况下，就免去了当事人运用证据证明该事实的责任：

（1）正式承认。正式承认（formal admission），也称为司法承认（judicial admission），与非正式承认（informal admission）以及供认（confession）有所不同。作为正式自认的一方，其自认可以作为诉讼的结论性事实，免除对方当事人的举证责任，减少了举证、质证之累，亦有利于明确争点、缩小待证事实的范围。

（2）司法认知。法院对某些事实，可以无须证明就认定存在。可以进行司法认知的，是对陪审团所有成员来说属于常识的事实，或该事实虽然不为所有人知晓，但是可以通过借助原始资料来确认和迅速认定，而原始资料的准确性又是不容置疑的。司法认知的事实非常广泛，如日常所见事物的外形、情状、性质与所在地，人或禽兽的习惯、动作与反应，自然界的常见事实与运行程序等。法官在决定对事实认知前，有时会参考他认为合适的有关资料，但这些资料只是作参考而不是证据。如法官可以从司法上认知某些普通英文词汇，但法官仍希望查一下字典。

（3）推定。在有些情况下，法院可以推定某项有利于一方当事人的事实，从而免除其证明责任。

推定有法律推定和事实推定之分。法律推定，是指法律明确规定当确认某一事实存在时，就应当据以假定另一事实的存在，而这种被推定的事实不用加以证明。事实推定，是指在诉讼过程中，根据已经确认的事实，按照一定的经验法则和逻辑规则，推断另一事实的存在。法律推定建立在事实推定的基础之上，是对司法实践中经常运用的、相对成熟的事实推定在法律上的确认。事实推定与法律推定的差别在于：对于前者，法院不承担必须适用推定的义务；对于后者，法院则必须适用推定。

法律推定在学理上可分为不可反驳的法律推定和可以反驳的法律推定。不可反驳的推定，又称为确定性推定；这种推定针对的是法律不允许提出证据予以反驳的事实。例如，法律规定未满一定年龄的人，推定其无犯罪能力，就是不可反驳的推定。可以反驳的推定，其成立条件是没有别的证据与被推定的事实相矛盾或冲突。它只能为案件事实提供表面看来确凿无疑的证明，这种证明可以被否定它的证据或与它相冲突的更有力的相反的推定所推翻。证据法中的推定一般指的是可以反驳的推定。

(二) 证明标准

负有证明责任者履行其责任必须达到法律要求的程度，否则就要遭到于己不利的裁决，这就是证明标准。在美国证据法则和证据理论中，将证明的程度一共分为九等：第一等是绝对确定，由于认识论的限制，认为这一标准无法达到，因此无论出于何种法律目的均无这样的要求；第二等即排除合理怀疑，为刑事案件作出定罪裁决所要求，也是诉讼证明方面的最高标准；第三等是清楚和有说服力的证据，某些司法区在死刑案件中当拒绝保释时，以及作出某些民事判决时有这样的要求；第四等是优势证据，是作出民事判决以及肯定刑事辩护时的要求；第五等是合理根据，适用于签发令状，无证逮捕、搜查和扣押，提起大陪审团起诉书和检察官起诉书，撤销缓刑和假释，以及公民扭送等情况；第六等是有理由的相信，适用于"拦截和搜身"；第七等是有理由的怀疑，足以将被告人宣布无罪；第八等是怀疑，可以开始侦查；第九等是无线索，不足以采取任何法律行为。

在刑事诉讼中，起诉方证明被告人犯有被控罪行，必须达到排除合理怀疑 (beyond reasonable doubt) 的程度，这是宪法第五和第十四修正案关于正当程序规定的要求。这一证明标准的适用范围包括被告人是否有罪的问题以及构成犯罪的每一要素。所谓"合理怀疑"，是一个非常难以界定的概念，关于此点被引用最为广泛的定义是《加利福尼亚刑法典》中的表述："它不仅仅是一个可能的怀疑，而是指该案的状态，在经过对所有证据的总的比较和考虑之后，陪审员的心理处于这种状况，他们不能说他们感到对指控罪行的真实性得出永久的裁决已达到内心确信的程度。"

负证明责任的一方所提出证据的证明力，由法庭或陪审团依自由心证的原则进行评判，因此，英美证据法的一般原则并不一定要求佐证 (corroborative evidence) 或确认性证据。但是，在刑事案件中，依制定法或惯例的要求，以下情形需要佐证。

(1) 对伪证罪的证明。在对伪证罪或假证罪的起诉中，如果只有一个证人证明某人作了伪证，不能依据此证言判处某人犯伪证罪，因为不能用誓言去反对誓言。在对每个证据的虚假性加以证明时，进行这种证明的证人证言必须经过佐证。

(2) 对某些性犯罪的证明。在对妇女和儿童的某些性犯罪中，如果只有一个证人的证言，不能认定被告犯这种罪行，除非该证言在某些实质的细节上有其他控诉证据来佐证。

(3) 儿童所提供的不经宣誓的证言。一个年幼的儿童可以不经宣誓而作证，在此情形下该证言需要佐证。

(4) 某些宣誓证言。即使在那些法律未要求必须有佐证的性犯罪案件中，依据惯例，法官也应当提醒陪审团在接受那些未经佐证的证据时要慎重。如果法官未作此提醒，有罪裁决就会在上诉的时候被撤销。即使作了这种提醒，其有罪判决也可能因陪审团的裁决不合理而被撤销。

（5）共犯的证言。根据某一共犯的证言给另一共犯定罪时，如果没有佐证，依惯例法官应当向陪审团说明这样做的危险。如果法官没有按照这一规则提醒陪审团，对另一共犯的定罪将是无效的。

佐证不是要证实证人陈述中的任何实质性细节，而是要证明与被告人有直接联系的某些特定细节。

四、特权

特权是英美普通法上一条传统的证据规则，享有特权者可以拒绝提供证言或者阻止其他人对同一事项提供证明。建立特权规则的目的，旨在保护特定的关系或利益，这些关系或利益从社会的角度考虑比有关证人可能提供的证言更为重要。

关于特权，《美国联邦证据规则》只作了原则性的规定。第 501 条规定，除联邦宪法、国会制定的法律和联邦最高法院根据授权确定的规则另有规定外，证人、个人、政府、州或有关政治组织的特权适用普通法的原则，由联邦法院根据理性和经验加以解释。

在普通法上，享有特权的交往（privileged communication），又译为法律上特许不予泄露的内情，一般具有以下几种类型：律师与委托人之间的特权；夫妻之间的特权；医生与病人之间的特权；神职人员与信徒之间的特权；情报人员的身份保密特权；记者关于消息来源的特权；保守军事和政府秘密的特权等。下面选择几个进行详细说明：

（一）律师与委托人之间的特权

该特权的基本规则是：委托人可以拒绝泄露，也可以阻止他人（通常是律师）泄露，维护这种相互信任的交往关系是为了有助于他的律师能够对他提供适当的法律服务。法律上设定律师与委托人之间的特权，是为了鼓励委托人向其律师充分透露有关事项的全部情况，同时也是为了促进司法行政和提供法律服务。此项特权的享有者是委托人，或者当委托人不胜任或死亡时委托人的授权代理人。律师不享有此种特权，不能以自己的名义来主张这项特权，但是可以为其当事人而声明特权。此项特权也有一些例外情况，在这些情况下不能主张律师与委托人之间的特权：如果律师的帮助是企图犯罪或进行欺诈，或者当委托人因律师渎职而对其提起诉讼时，或者律师因报酬对委托人提起诉讼时，对于与委托人所主张的律师违反因律师与委托人之间的关系所产生的职责相关的交往。

（二）夫妻之间的特权

夫妻之间的特权包括"不利证言特权"和"秘密交流特权"两个方面。不利证言特权是指在婚姻存续期间的配偶一方有权拒绝提供不利于对方的证言，这种特权仅仅适用于刑事诉讼。不利证言特权只能由具有证人身份的一方配偶主张，而不能由具有被告人身份的一方配偶主张，因此，如果配偶自愿作证，该特权即不再适用。此外，不利证言特权以作证时婚姻关系存续为前提，如果作证时双方已经离婚即不再适用。

秘密交流特权是指配偶一方有权拒绝透露或阻止另一方透露双方婚姻关系存续期间的秘密交流，这种特权既适用于刑事诉讼，也适用于民事诉讼。秘密交流特权适用于夫妻双方，即使一方愿意作证，另一方亦可援用此特权阻止对方透露双方婚姻关系存续期间的秘密交流。也就是说，秘密交流特权不仅能由具有证人身份的一方配偶主张，亦能由具有被告人身份的一方配偶主张。秘密交流特权以秘密交流时婚姻关系存续为前提，即使在诉讼进行时婚姻关系已经终结亦可援用。

对于上述特权，如果涉及到夫妻双方企图进行犯罪或欺诈时，即不再适用。此外，如果夫妻一方因对另一方或者其他家庭成员实施犯罪、虐待或威胁进行虐待而被起诉时，亦不再适用。

（三）医生与病人之间的特权

病人，不论其是否是诉讼当事人，都有权拒绝揭示并制止为其诊治的医生揭示在其治疗期间得知的情况，但以合法目的为限。法院或对方当事人指定的医生作出的检查或诊断，用作法庭证明的依据时，特权不适用。享有这项特权的人是病人，一般由其本人主张特权。监护人或其他被授权人也可代表患者主张特权。如病人弃权，就可迫使医生作证。病人受伤并已经提出索赔的，病人本人已经揭示病情或伤情等情形，则不得主张特权。

（四）神职人员与信徒之间的特权

这一特权是指信徒有权拒绝透露并制止他人透露自己与神职人员之间所进行的秘密谈话的内容。神职人员既可以是牧师、神父或者其他宗教组织的类似成员，也可以是本来并非神职人员但被合理认为是神职人员的人。美国多数州主张神职人员也享有此权利。

五、证据种类和证据分类

证据种类是根据证据的表现形式而作的分类。在美国证据法上，证据主要有四种，即实物证据（real evidence），书面证据（documentary evidence），证人证言（testimonial evidence）和司法认知（judicial notice）。

实物证据，又称示范证据（demonstrative evidence），或物证（physical evidence），是由有形物体构成并在法庭出示供事实裁判者审查的，如子弹、枪支、刀具、海洛因等。通常是最可信任的一种证据，其可采性也是优先考虑的。

书面证据类似实物证据，但其构成是文字而不是有形物体，如信件、遗嘱、合同、电报等。在作为实物证据出示时，通常需要有人对它作出鉴定、鉴别以确定其真实性、可靠性。

证人证言是由证人在法庭上经过宣誓提供的口头证据。关于证人资格，在古老的英国普通法上存在许多限制，如证人不得与诉讼标的有财产利益，必须有宗教信仰，不能是诉讼当事人一方的配偶等。现代证据法废除了这些限制。如《联邦证据规则》规定，在联邦诉讼中，除法律另有规定外，每个人都有资格作为证人（第601条）。尽管如此，作为证人仍然需要具备一些基本的条件。首先要具有表述能力，使自己的证词为陪审员理解；其次是理解如实作证的责任，证人通常在法庭作证前需要经过宣誓；第三是对待证事实具有亲身体验，即证人对于待证事实的了解是通过亲自感知的。

对于一些特殊的人员，如未成年人、精神不健全者、罪犯等，是否可以作证法律也无严格限制。就儿童来说，在决定有无证人资格时，年龄不是决定性的因素。只要审判法官认为该儿童具有感知、记忆和表述的能力，任何年龄段的儿童都允许作证。同样，精神不健全者也可以作证，只要审判法官认为其有表达的能力，能够理解如实作证的责任。被定罪的重罪犯也可以有资格作证，但是他曾被定罪的事实可以用来对其证词的可靠性进行质询。

司法认知是指对于某些事实，无需举出任何证据，审判法官有权作为普通常识加以确认。《联邦证据规则》对司法认知通过专章的形式加以规定。适用司法认知的事实必须不属于合理争议的范畴，其范围一类是在审判管辖范围内众所周知的事实，另一类是能够准确迅速地根据准确性不被合理怀疑的资料加以判定的事实。适用司法认知分任意采用与强制采用两种，前一种指无论当事人有无申请，法官都可以斟酌采用；后一种指如果当事人提出请求并辅之以必要的资料，法官就应当采用。

证据分类是根据证据的特性进行的分类，在美国证据法上，有人将证据分为四种基本的类型，即：直接证据（direct evidence），情况证据（circumstantial evidence），复证证据（cumulative evidence）和佐证证据（corroborative evidence）。

直接证据是指以直接而非推理、推论的方式证明争议的事实的证据。直接证据能够直接地、一步到位地证明案件中的实质争议问题，经常被称为"目击人"证据。

情况证据是指不能直接证明争议的事实，而是通过证明另一事实，再从中推理或推论出待证事实的证据。例如，甲被控以手枪杀死其妻，无人实际上看见甲开枪，但是乙作证说，在他听见枪响后随即看见甲持枪从房屋里走出来。乙的证词对于甲是否杀死其妻这一争议事实来说，便是情况证据。因为无人看见甲开枪，因此不能直接证明争议事实。但是甲有罪可以从乙看见他在枪响后即持枪从房屋里走出来这一事实中推论出来。情况证据的可采性，主要取决于它与争议事实是否充分关联，以至于可以合法地从中推论出争议事实来。

复证证据是指，对于待证事实而言已经有直接证据或者情况证据被采纳，这些仅是附加的证据。由于复证证据只是重复或者核实已经采纳的证据，因此审判法院可能为避免延误或浪费时间而排除它。

佐证证据是指，不能直接对争议事实提供证明，但是可以通过证明其他证据收集来源的可靠性而补强该证据。例如，甲是一起抢劫案中政府方的主要证人，他关于抢劫的目击证言是直接证据。但是，任何由政府方提供来建立甲的可信性的证据，例如其他证人确认甲的优良品格和可信性的证词，就是佐证。

六、意见证据和专家证词

在美国证据理论上，意见是指从观察的事实中得出的推断，而推断则是从被证明的事实中得出的合理联系。关于意见证据的一般原则是，意见证据不能采纳，证人只能对其亲身体验的事实作证。从证人作证的诸事实中归纳出结论是陪审团的职能。判断证人的陈述是不是"意见",并不看证人是否使用了诸如"我认为"或"我相信"这类表述,而是根据该证词的内容来确定,看其属于证人个人的观察还是从中作出的推断或结论。

意见规则的理论基础是证人职能与裁判职能的区别。英美证据法理论将证人视为一种证据方法,其职能在于将亲身体验的事实如实地提出于法庭,而依据一定的证据材料作出推断或结论,则属于裁判职能,应当由陪审团或法官负责。在诉讼中,如果允许普通证人提出推论或意见,那么,或者侵犯陪审团的裁判职能,或者因为该普通证人没有作出推断或意见的特殊技能或经验而误导陪审团。

意见证词,总的来说根据作证主体的不同分为两类,即外行证人(对案件事实有个人体验)的意见证词和专家证人(有特殊知识或技艺)的意见证词。外行证人的意见证词,一般不能采纳。但许多州亦承认存在一些例外,主要指以下几种情况。

(1)身体状况。证人可以对他人的外表或表现出来的身体状况提供描述性的意见。据此,像"喝醉了"、"气愤"、"沮丧"这些描述,都可以采纳。

(2)外型描述。如果该意见是关于普通证人一贯能够对之形成合理可靠的意见的事物的描述,则此意见一般说来可以采纳。例如,关于汽车速度的意见,关于人的外形和重量的意见,关于颜色、声音、气味、距离的意见等。

(3)个人身份。个人身份一般总是通过意见证言来确认。证人可以作证他辨认出某人的面貌或声音,或者他可以根据某人的外形特征或记号、脚步声来辨认出某人。

(4)精神正常。在许多司法区,允许外行证人对他十分熟悉的人的精神正常状况陈述意见。

(5)笔迹。如果证人对所谓作者的笔迹有个人了解,可以允许外行证人陈述关于笔迹的意见。

在《美国联邦证据规则》第 701 条中,关于一般证人的意见证词是这样规定的:"如果证人不属于专家,则他以意见或推论形式作出证词仅限于以下情况:(a)合理建立在证人的感觉之上;和(b)对清楚理解该证人的证词或确定争议中的事实有益。"

专家证人的意见可以采纳,这是意见证据法则的重要例外。《美国联邦证据规则》第 702 条规定,如果科学、技术或其他专业知识将有助于事实审判者理解证据或确定争议事实,凭其知识、技能、经验、训练或教育够格为专家的证人可以用意见或其他方法作证。在美国,专家证人甚至可以对有待事实裁判者决定的最终争论提出自己的推断。但是,在刑事案件中,就被告人精神状态或境况问题作证的专家证人,不能对该被告人是否具有属于被指控的犯罪构成要素或相关辩护要素的精神状态或境况提出意见或结论。也就是说,此时,专家证人可以证明被告人犯有精神病和精神障碍,并可以描述这种精神状态的特征,但不能对被告人有无行为能力或行为是否违法作出推论。

在允许作为专家证人提供意见前,该证人是否具备专家资格首先需要确立。何为专家,《布莱克法律辞典》的定义是:"经过该学科科学教育的男人和女人,或者掌握从实践经验中获得的特别或专有知识的人。"这一点由法官来决定,对陪审团有约束力,而意图使用该专家的当事人则负有确立该证人专家资格的责任。法官决定时考虑的因素包括：特殊的技能和知识；训练和教育；经验；熟悉参照标准或者是该领域的权威；专业组织或协会的会员；等等。但是，并不一定强调技术经历和高等教育，关键的因素是，该证人在特定的领域是否具有充分的技能和经验，以至于他的证言能够帮助陪审团发现真相。

关于专家证人意见的作用，一般规则是：陪审团并不必须接受专家证人的意见，即使在没有反驳的情况下，只要有理由亦可以不予接受。其理论基础是，专家证人的意见并不好过他所基于的理由或实验数据，事实的裁判者可以选择不赞成或不相信这类支持的理由或数据。但是，对于普通证人不够格提供有效意见的事项，陪审团不能任意无视未遭到反驳的专家意见，否则其定罪裁决可能因缺乏证据支持而被宣布无效。

七、传闻证据规则和例外

（一）传闻证据规则的概念及内容

所谓传闻，是指不是证人在审判或听证时所作的陈述，将它作为证据用来证明主张事项的真相[1]。通常所说排除传闻的理由是，在口头陈述的情况下，证人复述他所听到的话时存在着不准确报告的危险。但是，排除传闻的真正原因是对方当事人被剥夺了向原始陈述者交叉询问的机会，因为该原始陈述者没有在证人席上作证。

与一般所理解的不同，传闻并不仅仅限于言词。事实上，传闻有三大类，即口头陈述；文字；确定的行为。口头传闻不难理解。文字传闻指被提供作为证据的书面文字也可能是传闻。例如，证人在法庭上出示一封来自甲的信或电报，甲在上面写道："乙威胁要杀死我。"关于确定的行为构成传闻，指由行为人意图代替言词的行为可能也属于传闻。例如，当证人问甲是否乙威胁要杀他时，甲点头表示是，后来证人重做甲点头的动作便是传闻。

作为传闻证据的陈述具有以下特点：①至少涉及两个主体，一个是亲身感知了案件事实的人甲，一个是在庭审期日以证人身份出庭作证的陈述主体乙；②至少涉及两个陈述环节，一个是陈述主体甲在审判或讯问程序以外对乙所作的陈述，一个是以证人身份出庭作证的乙在审判或讯问程序中向法庭所作的陈述。但是，应当指出的是，前后两个陈述的表现形式并不完全相同。在审判或讯问程序中作为证人证言的陈述的一般表现形式是口头陈述或书面证词，而陈述主体甲向乙所作的陈述，则包括一切能够表达意思的方式，如口头陈述、书面形式、有意识的非语言行为（如手势等）、无意识的非语言行为（如因恐惧而发出的惊叫，因本能而颤抖等）。但在美国，依照《加利福尼亚州证据法典》的规定，无意识的非语言习惯行为已经不构成陈述，不再适用传闻法则。

根据传闻规则的要求，除非具有法定的例外，不仅在庭审或庭审准备期日所作的传闻陈述不得作为证据，而且记载检察官或司法警察勘验结果的笔录一般也不具有当然的证明能力，勘验人员在公开审判的法庭上同样应当接受交叉询问；鉴定结论也不能代替

---

[1] 美国《联邦证据规则》第801条。

鉴定人出庭，只有鉴定人当庭说明其鉴定过程、所依据的理论、推理过程，其鉴定结论才能作为评议的依据。

(二) 传闻证据规则的例外

英国在普通法上漫长的证据规则的演变过程中，逐步确立了许多传闻规则的例外情况，凡出现这些情况便不作为传闻排除。其中许多为美国证据制度所吸收，并通过立法加以明确。根据《美国联邦证据规则》的规定，传闻规则的例外主要分为两大类：一类例外是陈述者能否作证无关紧要，另一类例外是陈述者不能出庭作证。

第一类例外，指凡出现这类情况之一，不受传闻规则排除，即使陈述者可以作证。其实质是立法上承认了此类传闻证据的证据能力。《美国联邦证据规则》第803条具体列举了24种情况，即：①表达感觉印象；②刺激的发泄；③当时存在的精神、感情或身体状态；④出于医疗诊断或治疗目的的陈述；⑤被记录的回忆；⑥关于日常行为、活动的记录；⑦在关于日常行为、活动的记录中没有记载；⑧公共记录或报告；⑨重要统计资料；⑩缺乏公共记录或没有记载；⑪宗教组织的记录；⑫婚姻、洗礼和类似证明；⑬家庭记录；⑭反映财产利益的文件记录；⑮文件中反映财产利益的陈述；⑯在陈年文件中的陈述；⑰市场报告，商业出版物；⑱学术论文；⑲关于个人或家庭历史的名声；⑳关于边界和一般历史的名声；㉑个人品格的名声；㉒先前定罪的判决；㉓关于个人、家庭、或一般历史、或边界的判决；㉔其他例外。

第二类例外又可分为两种情况：

1. 在陈述者不能作为证人出庭的情况下，不属于适用传闻规则排除的情况。《美国联邦证据规则》第804条列举了五种情况，即：①先前证词；②临终陈述；③对己不利的陈述；④关于个人或家史的陈述；⑤其他例外。

先前证词是已经经过法庭交叉询问的证人的先前陈述，如果用以证明作伪证，或者用以反驳指控，或者属于察觉某人后所做的一种辨认，那么，该证人的先前陈述不是传闻。

对己不利的陈述是指由一方当事人作出的反对自己的承认或陈述。该项承认或陈述可以是该当事人自己有意作出的，也可以是无意作出的，可以是其自己作出的，也可以是其授权的人在其授权范围内或者该当事人的代理人或雇员在代理或受雇佣期间在代理或受雇的职责范围内作出的。由当事人明示或默示承认的其他人的陈述，如果对该当事人不利，则属于此类陈述。另外，在由数人共同谋划、实施的一项活动中（如谋划共同犯罪），其中一人在此期间所作的陈述也属于此类陈述。如在某一共同犯罪案件中，污点证人（即免于追诉的共同犯罪人之一）在交叉询问时作证说："主犯甲说，你为什么不和我们一起去贩卖毒品呢？乙都参与了。"那么该证言虽然转述了主犯甲的话，但由于是共同犯罪谋划期间所说，而且亦不利于污点证人自己，就不是传闻，具有可采性。

此外，在前一诉讼程序中被提出并被记录下来的证人证言，在以后的诉讼程序中提出该证言记录不是传闻。例如，一个刑事案件经上诉被撤销而发回重审的，在重新审理程序进行之前证人死亡，那么，第一次审理的记录员可被传为证人，由他来宣读第一次审理程序中的、现已死去证人的证言记录。

2. 在直接感知案件事实的人不能出庭作证时，方可采用的传闻证据。此类传闻证据的证据能力是有条件的，决定于直接感知案件事实的人是否能出庭作证。如果直接感知案件事实的人能够出庭作证，传闻证据就不具有可采性；如果直接感知案件事实的人不能出庭作证，该项传闻证据则具有可采性。所谓不能出庭作证，包括以下几种情况：陈述人享有免于作证的特权并拒绝作证的；陈述人虽然没有免于作证特权，但宁愿受处罚也不作证的；陈述人由于死亡，或患身体上或精神上的疾病，或健康状况不佳不能出庭或不能作证的；陈述人声称对自己所作陈述的内容已经记不清的；通过传票或其他合理手段无法通知陈述者出庭作证的。

上述例外多年来不断通过立法和司法决定得到发展，它们并不是一成不变的，今后仍可能增加或减少，完全取决于将来立法或司法的需要。

第四章 加拿大刑事诉讼法

第一节 加拿大刑事司法制度的历史沿革

一、加拿大的法律传统

加拿大位于北美洲北部，占地面积约997万平方公里，居世界第二位，而人口只有3000多万，其首都为渥太华，官方语言为英语和法语。

加拿大原为印第安人和因纽特人的居住地，16世纪沦为法国和英国殖民地，1763年法国所属殖民地转属英国，加拿大全部成为英国殖民地。1867年，英国通过《英属北美法案》（British North America Act），同年7月1日，魁北克省、安大略省、新斯科舍省、新不伦瑞克省根据《英属北美法案》实行联合，组成统一的联邦国家，定名为加拿大自治领，此后其他省也陆续加入。1926年英国承认加拿大的"平等地位"，加拿大开始获得外交独立权。1931年，英国通过《威斯敏斯特法》，加拿大成为一个独立国家，亦为英联邦成员国，其议会也获得了同英国议会平等的立法权。加拿大是个多民族的国家，主要居民是英裔和法裔加拿大人，后者主要聚集在加拿大最大的省——魁北克省。该省面积为154万平方公里，人口700多万，其中讲法语的居民占82%。

加拿大全国分为10省3地区。各省设省督、省议长、省长和省内阁。各省和地区名称如下：不列颠哥伦比亚省、阿尔伯塔省、萨斯喀彻温省、曼尼托巴省、安大略省、魁北克省、诺瓦斯科舍省、爱德华王子岛省、纽芬兰省、新不伦瑞克省、西北地区、育空地区和努纳武特地区。

在加拿大的法律传统上，从1759年开始，随着英国在军事上对法国所取得的全面胜利，英国的法律制度也开始统治了加拿大除魁北克以外的全部地区，基于与英国的这种历史联系，加拿大的法律制度大量继承了英国的法律传统，诚如前加拿大大法官博拉·拉斯金论及英国的法律传统对加拿大法律制度的影响时所作的评价："两国的法律几乎是相同的，法律的实施和管辖也完全一样……"正因为如此，当人们把加拿大的法律制度作为一个有活力的和有效运转的整体来进行考察时，就绝对不能避开其英国法律渊源。同时，有必要指出的是，加拿大的法律制度作为一个整体主要是由两部分构成的：加拿大除魁北克以外的九个省的法律属于普通法系，而魁北克省沿用以拿破仑法典为依据的大陆法，属于大陆法系。

与曾经在历史上所起到的关键作用相比，现在，英国的法律对加拿大法律本质的影响力渐微。加拿大的宪法虽然移植了英国宪法，但随着作为加拿大全国最高法院和终审上诉法院的加拿大最高法院的持续进步和发展，随着有关联邦议会和省议会对现在及将来的问题提出的新颖和富有创造性的解决方案，加拿大的法律制度对英国法制传统的依赖会变得越来越少。

二、加拿大的宪政制度

迄今为止，加拿大有过两部宪法，第一部是1867年据以成立加拿大联邦的《英属北美法案》，第二部是1982年《宪法》。

《英属北美法案》确定了加拿大自治领的建立及其立法、行政和司法机构的设置，规定了中央与地方的立法权和行政权的划分。该法案序言中称组成加拿大自治领的各省希望该宪法"在原则上与联合王国的宪法相似"，确实，在很大程度上，该宪法所建立的加拿大联邦议会制度是以英国的模式为基础的。这部宪法规定最高行政权属于英国女王，由总督代理其行使权力；最高立法权属于英国议会，加拿大议会无权修改宪法；最高司法权属于英国枢密院司法委员会，由女王的总督任命各级法官；英国女王是加拿大武装力量最高统帅。加上加拿大自治领联邦政府没有外交权力等等，这些都意味着，尽管它拥有大部分的内部事务自治权力，但是加拿大自治领仍是一个半独立的国家。正如两位当代的加拿大政治学家对这部宪法的评价："《英属北美法案》是一个旨在使各省加入一个政治联盟的文件，它并未打算去建立一个真正独立的国家。"

到20世纪中叶，这部宪法已经不适应发生巨大改变了的加拿大国情，也无法满足日趋增长的民族主义的独立要求。1982年4月17日，英国女王伊丽莎白二世亲临渥太华，签署了1982年《宪法》，这标志着加拿大终于获得了全面和完整的主权。

新宪法对加拿大的国家制度，行政、司法、立法机构以及中央政府和各省的权力划分等重大问题未做实质性的修改，仍旧保留了旧宪法的有关规定。重要修改之处在于增加了《加拿大权利与自由宪章》(Canadian Charter of Rights and Freedoms)和修宪程序的规定。

新宪法共有七部分60条。第一部分为《加拿大权利与自由宪章》（第1～34条），规定"一切人均享有以下基本自由：①良知与宗教信仰的自由；②思想、信仰和言论的自由，包括出版和其他交流媒介的自由；③和平集会的自由；④结社的自由"；规定"民主权利"包括众议院选举和被选举的权利；规定"迁徙权利"包括一切公民均有进入、居留和离开加拿大的权利、国内自由迁居和谋生的权利；规定"法律上的权利"包括生命、自由、安全的权利，不受无理搜查和拘押的权利，在被捕或拘留时立刻获知其理由的权利，不受任何残酷的和非常的对待或惩罚的权利；在法律面前人人平等和享受法律保护不受歧视，尤其是不受种族的、肤色的、宗教的、性别的、年龄的或精神、肉体残疾的歧视的权利。第二部分为土著居民权利，肯定了印第安人、因纽特人和梅蒂人的现存权利和条约权利。第三部分为"均等与地区差别"，规定中央和各省政府负有义务促进经济发展，使所有加拿大公民享有均等机会和必需的公共服务等。第四部分为"宪法会议"，规定宪法会议由联邦总理和各省总理组成及其职责和召开时间。第五部分为"加拿大宪法修正程序"，规定一般宪法条款的修改须经联邦议会和七个省议会及全国半数以上人口的同意；涉及各省众议院议员人数和各省使用英、法语等重要条款的修改时，须有联邦议会和各省议会的一致同意等。第六部分为"1867年宪法法案修正案"，即对《英属北美法案》第92条和第六细目表的修正，确认各省对其管辖境内资源的权力。第七部分为"总则"，规定了加拿大宪法为最高法律及其组成部分，任何违宪法律均无效等。

根据1867年《英属北美法案》，加拿大建立了联邦制国家，该法案详细划分了中央与地方的权限。联邦议会的权力范围包括公共债务和财产、商业贸易条例、失业保险、征税、邮政、借贷、军队与国防、政府职员的薪金、航运、医疗卫生、渔业、银行金融、度量衡、铸币、版权专利、婚姻、刑法等。省议会的权力如省内的直接税与借款、内政体系、本省公有土地的出卖与管理、地方工商业、教育、刑事等。中央与地方共管的权力如联邦参与各省的司法行政、移民和农业等。

除了上述列举的权力外，《英属北美法案》还授权自治领议会"为加拿大的和平、秩序和健全的政府，就一切不属于本法指定专由各省议会管辖的各类事项进行立法"。也就是说，法案将那些没有明确授予各省的剩余权力留给联邦。这与美国联邦制的分权原则形成了鲜明的对比。根据美国宪法第10条修正案的规定，"举凡宪法未授予合众国政府行使，而又不禁止各州行使的各种权力，均保留给各州政府或人民行使之。"这表明美国宪法的目的在于限制联邦的权力，而《英属北美法案》则旨在加强联邦的权力。

不仅如此，《英属北美法案》还规定，联邦政府有权任命各省省督；有权复审各省法律；有权保留或驳回各省法律，并宣布其无效。可见，联邦政府通过复审、保留和驳回等权力拥有控制各省的手段，使各省在某些权力方面从属于联邦政府。

三、加拿大刑事法典

1878年，英国法官史蒂芬在印度为英帝国起草了一部刑事法典，该法典被英国先后用于它的一些殖民地中，而没有被英国本土所采用。这些殖民地将这部法典草案稍加修改后，按宗主国的意思变为法典。1892年，加拿大也接受了这部法典。这部法典并不是真正意义上的法典，它只是一个轮廓，主要依靠法官来解释。它主要规定了管辖、罪名、刑罚和程序，但没有规定辩护问题。

《加拿大刑事法典》现有28章，条文的最后编号为第841条，但经过100多年以来不断的修改删订，法条的编号已很不连贯，具体有多少条文，已经没有人去追究了。但大致来说，该法典的内容可以粗略分为三部分：通则（第1章）、犯罪（第2~13章）和程序（第14~28章）。

在"通则"部分，多数为现代刑事法上所确立的基本原则和一般规定，如无罪推定原则、上诉权、辩护事由、犯罪年龄、精神病、未遂犯、正当防卫、紧急避险等，是实体法和程序法原则的混合体。

在"犯罪"部分，是关于各种犯罪的具体规定，但是这部法典关于犯罪的划分和排列显得非常混乱，没有一个贯穿其中的规律可循。

在"程序"部分，编章的顺序显得比较合理，由管辖开始，到搜查、扣押、逮捕、传唤等强制措施，再到初步听审听证，经审判和上诉至判决生效后的执行刑罚，基本上是循着刑事诉讼的进程进行规定的。相较于实体法部分，这部分规定显示出加拿大刑事程序法相对发达的特点。

《加拿大刑事法典》总的来说存在四个特点：①这部法典是加拿大全国统一适用的惟一刑事法典，这是因为1867年的《英属北美法案》规定刑事立法权由联邦政府行使，各省的议会不得制定刑事法律，只能制定省法律建立刑事司法机构管理本省的刑事司法，省议会还可以在省法律中规定罚金和短期监禁等制裁措施以保证法律的施行；②这部法典同时包括刑事实体法和刑事程序法，这又区别于一般的大陆法系国家将刑事实体法和刑事程序法分开立法的做法；③这部法典虽然是加拿大刑事立法的主干，但在适用时又直接受制于宪法，特别是宪法中的《加拿大权利与自由宪章》，因此它又有别于那些在刑事诉讼中不直接适用宪法规定的国家的做法；④这部法典历史悠久，新旧规定混合交替，加上与判例法相联系，愈加显得复杂。

从广义上讲，加拿大的刑事法律渊源除了最主要的《加拿大权利与自由宪章》和《加拿大刑事法典》之外，还有如《加拿大证据法》、《加拿大食品与药品法》、《加拿大毒品控制法》、《加拿大青少年犯罪法》等。此外，在一些相关法律中有关的刑事法规也是加拿大刑事法律渊源的组成部分。最后，因为加拿大的普通法传统，判例法也是其重要的法律渊源。

第二节 加拿大刑事司法组织

一、法院

加拿大作为联邦制国家，由联邦和各省分工行使宪法赋予的司法权力，各省享有在其辖区内的司法管辖权，包括设立、组织和管理省刑事和民事法院，以及规定法院的民事程序。

相应地，加拿大的法院体系也分为两个相互平行、互不隶属的法院系统：联邦法院系统和省法院系统。省法院系统主要负责管辖违反本省法律、条例的案件，而联邦法院系统则负责管辖违反联邦法律的案件。加拿大最高法院是这两个法院系统的共同的最终上诉法院。

加拿大的法院既审理刑事案件，也审理民事案件，对于刑事案件，法院统一适用联邦制定的刑事法和刑事程序法；对于民事案件，除魁北克省适用魁北克民事法外，皆适用普通法。

（一）联邦法院系统

加拿大联邦全权制定加拿大的刑法及刑事程序，以确保全国各地的犯罪行为得到公正一致的处理，并全权负责任命各省高等法院和区县法院的法官及支付其薪俸。联邦议会依据宪法还有权设立全国上诉法院（庭）及各地的上诉法院（庭），以便更好地执行加拿大的法律。据此权力，联邦设立了加拿大最高法院、加拿大联邦法院及税务法院，组成了加拿大的联邦法院系统。

1. 加拿大最高法院。《英属北美法案》授权联邦议会设立加拿大全国上诉法院，以及其他各省和地区的上诉法院，以更好地施行加拿大的法律。加拿大最高法院就是据此于1875年设立的。在当时，最高法院虽有权审理一切上诉案件，但提交到最高法院的案件却可以进一步提交英国枢密院司法委员会审理，即英国枢密院司法委员会对加拿大的上诉案件享有终审权。这种情况在1933年得到改变，刑事案件停止交给英国枢密院司法委员会。1949年，联邦议会最终通过最高法院法令，规定所有案件均不再提交给英国，使加拿大最高法院真正成为加拿大的最终上诉法院，对不服加拿大联邦法院上诉庭和各省及地区的上诉庭裁决而提交的上诉案件享有终审权，标志着加拿大收回了最高司法权。

加拿大最高法院现在作为全国最高上诉法院，没有初审管辖权，只有上诉管辖权，负责审理对各省各地区上诉法庭裁决提出的上诉，也审理对联邦上诉法院裁决提出的上诉，其判决为终审判决。

加拿大最高法院除了对上诉案件进行终审外，还有权解释宪法、监督议会，如认为议会的法案违宪，可宣布其为无效，以及对私法和公法方面存在争论的复杂问题作出结论。有时政府也会请加拿大最高法院就重要的法律问题发表意见。

加拿大最高法院由1名大法官和8名法官组成，其中须有3名法官来自魁北克省，以示对大陆法的承认和尊重。加拿大最高法院法官由联邦政府任命并支付薪俸，任职至75岁退休。最高法院设在渥太华，审判工作一般在每年10月至次年6月进行，实行开庭审判，向公众开放。

2. 加拿大联邦法院。加拿大联邦法院的前身是同样依据1867年《英属北美法案》于1875年设立的财政法院，1971年6月依据"联邦法院令"成立了加拿大联邦法院以取代财政法院。加拿大联邦法院是联邦法院系统内的初审法院。

联邦法院审判刑事案件和民事案件，具体如涉及联邦政府及其官员的案件，省际纠纷、工业和工业资产问题，所得税和财务税、航空等方面的案件。联邦法院还有权审查联邦政府设立的行政法庭如移民上诉委员会和国家假释委员会作出的裁定。

2003年以前，加拿大联邦法院下设审判庭和上诉庭，总部设在渥太华，分庭可设在加拿大的任何地方，以达到"尽可能满足各方面的需要"的目的。审判庭由助理首席法官和其他9名法官组成，上诉庭由首席法官和其他3名法官组成。上诉庭负责审理对审判庭所作判决不服提起的上诉，而对上诉庭所作判决不服提起的上诉则由加拿大最高法院负责终审。

而随着2003年7月2日对《加拿大联邦法院法》（Federal Courts Act）的修订，联邦法院被分为两个独立的法院，即联邦上诉法院（The Federal Court of Appeal）和联邦法院（The Federal Court）。[1]

加拿大联邦法院法官由联邦政府任命并支付薪俸，任职至75岁退休。

3. 税务法院。税务法院是联邦法院系统内的专门法院，其管辖范围是关于税务和税收的事项。这一法院的审级相当于加拿大联邦法院的审判庭，对税务法院所作判决不服的，可向加拿大联邦法院上诉庭上诉。

税务法院的法官同样由联邦政府任命并支付薪俸，任职至75岁退休。

（二）省法院系统

加拿大宪法规定，各省可自行制定宪法、设立法院，由加拿大总督任命省的高等法院法官、区和县的法官。据此，加拿大省以下的法院由省立法机构批准设立，虽然各省的法院名称各不相同，但结构大致相同，可分为三级：高等法院、中级的区县法院和基层的省法院。

1. 高等法院。高等法院的职能明确分为两个层次：审判和上诉。这两种功能可以合并在一个法院，一般称为"最高法院"，内设一个审判庭和一个上诉庭。高等法院也可以分成两个单独的法庭，其审判庭称为"最高法庭"，或称为"王座法庭"；而处理上诉的法庭则称为上诉庭。无论采取哪种做法，大多数省都把高等法院的上诉庭作为本省法院的最高审级，有权审查下级法庭的法律运作。

高等法院的审判庭负责审判性质较为严重的刑事案件，如构成谋杀罪、叛国罪、海盗罪的案件，以及诉讼标的额较大的民事案件，并享有联邦授予它的对离婚案件的专有裁定权。高等法院上诉庭聆讯来自高等法院审判庭、区县法院和省法院的民事、刑事案件。

高等法院的法官由联邦政府委任，由联邦议会规定高等法院法官的薪俸，法官任职至75岁退休。

2. 区或县法院。20世纪70年代以前，除了魁北克省以外，其他各省都设有区或县法院，作为省法院系统中的中级法院。70年代以后，有5个省将其县法院或区法院与省高等法院合并，撤销区或县法院，相应扩大高等法院的管辖权。如今，加拿大只有4个省仍在其省法院系统中保留了县法院和区法院，实行三级法院体制，其他省的法院系统中只有两级：高等法院和省法院。

区或县法院的民事、刑事管辖权都不得超过省高等法院。就刑事管辖权来说，区县法院负责审理大部分较为严重的犯罪，但最为严重的犯罪则只能由高等法院专属管辖。同时区县法院可以审理对省法院所作的简易罪判决而提起的上诉。

区县法院的法官和高等法院的法官一样，由联邦政府任命并支付薪俸，任职至75岁退休，但对区县法院的组织和管理则由各省负责。

3. 省法院。省法院是加拿大省法院系统中的最低审级，它是根据各省法律而设立，

---

[1] 资料来源于中国政法大学刑事法律研究中心赴加拿大考察组："加拿大一审程序改革及落实反腐败公约相关情况考察报告"，载陈光中主编：《刑事一审程序与人权保障》，中国政法大学出版社2006年版，第336~337页，有删节。

并由各省政府任命的法官或治安法官组成，在大多数省，都被视为治安法院。

省法院负责处理大量的刑事案件，实际上所有的刑事案件都首先由省法院受理，其中绝大部分由其审理并作出裁决。但由于省法院不设陪审团而由两名以上的法官主持审判，所以对于较为严重的犯罪，及被告人选择由高等法院审判庭或由陪审团审理的案件，则只能提交更高一级的法院审理。对这些不能由省法院审理的刑事案件，省法院的法官也必须对被告人进行初步听审以判明是否有足够的证据将被告人送上法庭接受审判。

在加拿大，治安法官主要在初步听审中发挥作用，负责受理所有的刑事案件，审查受到羁押的被告人的状况，有权通过保释释放被告人。同时治安法官负责向警察签发逮捕证或搜查证，并通过确认由警官签发的《到庭通知书》或通过传唤来确保被告人出席审判。在一些省，治安法官除了负责初步听审外，还担任法官的角色，在特定情况下可以审理非经陪审团审理的简易罪案件。

省法院法官与治安法官的区别在于：省法院法官除了履行该法院对其规定的特有职责外，还享有治安法官的一切权力，因而比治安法官拥有更为广泛的职权。在过去的十多年里，加拿大许多治安法院都更名为省法院，主要由受过专门法律教育的法官组成。

省法院通常设有某些专门性的法庭，主要有刑事法庭、家庭法庭和青少年法庭。刑事法庭负责审理年满18岁以上的人所犯的不太严重的罪行。家庭法庭负责处理家庭纠纷，如对子女的抚养、监护、夫妻分居，以及刑法规定的特定犯罪，而离婚案件的管辖权则专属于省高等法院、区或县法院。青少年法庭是根据议会通过的《青少年犯罪法》而专门为12~17岁的青少年犯罪设立的法庭。

（三）陪审团审判制度[1]

根据调查结果显示，加拿大陪审团审判的运用呈下降趋势。《加拿大权利和自由宪章》第11条f规定，如果被告人被指控犯有可能判处5年以上监禁刑罚的犯罪，则其有陪审团审判的权利。在加拿大刑法典中明确规定了何种案件可以由陪审团审判。《加拿大刑事法典》第471条规定，除非法律明确规定，所有可诉罪都必须由法官和陪审团进行审判。绝大多数的罪名都允许被告人选择审判的方式，是由省级法院的法官独自审判，抑或是由高等法院的法官独自审判，还是由高等法院的法官和陪审团一同审判。一般来说，书记官办公室传唤陪审员候选人在某一特定日期与法官和律师会面，并且在律师参与下进行陪审员的选任和就位程序。律师在此程序中会试图排除那些可能影响公正审判的陪审员。

在加拿大，真正运用陪审团审判的案件只占相当小的比例。原因在于，虽然被告人在超过5年监禁刑的案件中有选择陪审团审判的权利，但其往往并不选择陪审团审判，而倾向于选择法官审判。因为陪审团审判的程序过于复杂，需要经历陪审员回避，陪审

---

[1] 资料来源于中国政法大学刑事法律研究中心赴加拿大考察组："加拿大一审程序改革及落实反腐败公约相关情况考察报告"，载陈光中主编：《刑事一审程序与人权保障》，中国政法大学出版社2006年版，第343~344页，有删节。

团的组织，陪审员的挑选、预审等诸多复杂程序，需要更多的司法资源。

在加拿大也存在着在一些复杂的经济案件中启用由专家和法官共同组成审判庭的建议，但这一建议尚未被加拿大刑事诉讼实践所采纳。人们逐渐开始关注陪审员理解复杂案件的能力问题。

二、检察机关

和加拿大的法院体系一样，加拿大的检察机关也分为联邦和省两个系统：联邦检察机关和省检察机关，但二者在组织上和业务上并无隶属和指导关系。此外，加拿大的检察系统在体制上从属于加拿大联邦和省的司法行政部门。

（一）联邦司法部和联邦检控署

加拿大联邦司法部是联邦政府的一个部门，其职能主要有：①制定立法政策，起草法律，解释法律，改革法律；②向政府提供法律意见，做政府各部门的法律顾问；③依据联邦法律，起诉刑事案件；④代理联邦政府参与民事诉讼，办理以联邦政府为一方当事人的民事案件。联邦司法部的首长是司法部部长，同时也是加拿大总检察长。

加拿大司法部内部设有很多部门分工行使上述各种职能，其中负责刑事公诉的部门是联邦检控署。联邦检控署的首长是分管刑事业务的司法部助理副部长，也是实际上的联邦检察长，他向加拿大总检察长即司法部长和司法部副部长负责。

联邦检控署的主要工作是：

1. 由专职检察官和从私人律师事务所招聘来的临时检察官代理加拿大总检察长（即司法部长）对除加拿大刑事法典之外的联邦立法所规定的犯罪提起公诉，主要是毒品犯罪，洗钱犯罪，走私犯罪，偷逃联邦税的犯罪，违反联邦环境法的犯罪，破坏国有财产如国有森林、国有公园的犯罪，违反航空法、进出口动植物检疫法的犯罪等。

2. 参与由警察等有关部门组成的追缴犯罪赃款联合单位的工作，对警方调查提供意见，负责起诉参与赃款犯罪的嫌疑犯，并且参与处置赃款。

3. 对某些犯罪嫌疑人进行分流处置，不予起诉，而安排他们参加社区劳动。

4. 执行加拿大与外国签订的赃款分割协议，开展与外国的司法协助工作。由此可见，联邦检察机关其实是加拿大司法行政系统内部的一个部门。联邦总检察长由司法部长兼任，联邦检察官分别派往各省，并在十大城市设有办事处。联邦检察系统共有检察官150人，不包括助手和行政事务等辅助人员。联邦检察官负责起诉违反除《加拿大刑事法典》外的联邦法律的犯罪。并可以到各级法院出庭。

（二）省司法部和检控部门

加拿大各省都有自己的司法部，但其名称各不相同，有的称为"司法部"，有的称为"总检察长部"，各省的司法部与联邦司法部之间没有从属关系。各省司法部长兼任省总检察长，其下设有一名副部长和一名副总检察长，有时由一人兼任。

各省司法部的组织架构虽然不尽相同，但大多与联邦司法部有许多相似之处，其下一般设有专门的检控部门，负责起诉加拿大刑事法典规定的各种犯罪。以纽芬兰省为例，纽芬兰司法部之内设有检控署，由一名署长负责，向省司法部部长和副部长汇报工作，检控署在省内9个地区设有办事处，驻有检察官。

检控署的主要工作有：①出庭公诉，参加开庭审判前的初步听审和保释聆讯，以及定罪之后的量刑聆讯等法庭活动；②代理政府向省最高法院上诉庭及加拿大最高法院提起刑事案件上诉；③向省总检察长、副总检察长、省政府其他部门、机构和警方提供有关刑事法律的意见；④为贯彻联邦和省的法律制定相关刑事政策，并且与联邦司法部保持联系。

总之，加拿大的省检察机关隶属于省的司法行政部门，负责除联邦检察官管辖以外的所有案件的起诉。省检察机关根据工作需要分设不同的部门，例如，不列颠哥伦比亚省检察机关下设环境犯罪检控、商业犯罪检控、少年犯罪检控、土著人犯罪检控、妇女犯罪检控、交通犯罪检控、上诉、追缴赃款等12个部门。

加拿大的联邦检察官和省检察官都必须具有律师资格，必要时检察机关可以聘请私人律师事务所的律师代表控方出庭公诉，称为起诉律师。对于在其法定管辖范围内的刑事案件，省检察官负责审查起诉、批准起诉，并有权在任何法庭出庭支持公诉。

无论是联邦还是省检察机关的检察官，都没有侦查权或侦查指挥权，对刑事案件的侦查由联邦警察和地方警察进行。但警察在侦查比较复杂的商业罪案时，对如何采证往往要向检察官咨询，接受检察官的指导。

三、侦查机关

（一）概述

加拿大刑事诉讼中的侦查权由警察行使。加拿大警察有多种：联邦政府的加拿大皇家骑警队；归省管辖的警察；城市警察，以及加拿大国营铁路公司、加拿大太平洋铁路公司和加拿大港口公司自己掌管的警察。

皇家骑警队是全国性的最大的警察力量。它的前身是1873年成立的西北骑警队，1920年，与自治领警察部队合并并改名为皇家骑警队，其总部设在渥太华。除了安大略省和魁北克省外，皇家骑警队在其余8个省根据其与各省的契约执行警务，并且完全负责育空地区和西北地区的警务。它在国际刑警组织中代表加拿大，还在一些国家和地区派驻了联络官。

加拿大的省警察是根据《英属北美法案》中授权各省有权管理司法，包括在各省辖区内实施法律的规定而建立起来的。在当时，尽管各省都有很多下属城市的行政部门，但在城市与城市之间的广袤地区却没有城市警察力量，这样就只能组织省警察来负责这些地区的警务。但到今天，只有魁北克省和安大略省有自己的省警察，其他8个省都通过与联邦的皇家骑警队签订契约，由皇家骑警队负责其省内的警务。

城市警察构成加拿大警力的主体，拥有约占加拿大55%的警员，并且负责加拿大的大部分刑事案件的侦查工作。城市警察的规模在不同城市间区别很大，有的只有一个警员，最大的城市警察组织拥有6000余名警员。城市警察是基于各省立法中对城市和市镇关于必须在辖区内建立足够警力的要求而设立的。城市警察负责在其辖区内实施《加拿大刑事法典》、各省立法、本城市法规和一部分联邦法律，如《毒品控制法》和《食品和药品法》。相比较于建立自己的城市警察，现在很多城市都宁愿通过签订契约的方式由省警察执行本城市警务。

(二) 投诉警察机制[1]

独特的法律渊源与联邦国家二元结构的法律制度安排，使得加拿大形成了国家与地方不同类型的公众投诉监督模式：

1. 统一投诉监督型。此模式独立适用于皇家骑警执法活动。对于骑警执法活动，公民可以通过电话、信函等形式向皇家骑警的派出机构或公众投诉委员会进行投诉。对公众投诉的处理，一般采用调解或和解等非正式方式与正式投诉程序方式进行。

2. 区域投诉监督型。它仅适用于省直属范围的地方警察的执法活动，其独立于公众投诉皇家骑警委员会，更无需向其报告工作，接受其监督。

3. 区域性公众投诉特别调查监督型。此制度及其运行机制主要体现在安大略省的公众投诉警察特别调查组。其职权具有相对独立性，既不向警察组织负责，也不向政府负责。其对安大略省总检察长负责，听从其指挥。该调查组主要从资深的司法官员中选任与退休的司法官员中聘任，其身份既非警察，又非司法官员，而为治安官员，调查组有权决定对被调查的警察实施逮捕。

公民投诉监督的范围大致包括：公众对警察执法信任问题的投诉与监督；对警察部门服务社会执行政策的投诉与监督；对警察执法行为规范的投诉与监督；对警察腐败行为的投诉与监督。

第三节 加拿大刑事诉讼程序

一、概述

(一) 刑事诉讼中的宪法性权利

作为1982年宪法一部分的《加拿大权利与自由宪章》对加拿大的刑事诉讼程序产生了深远的影响。根据1982年宪法的规定：本宪法是加拿大的最高法律，任何与其规定不一致的其他法律，在其不一致的范围内，都为无效。这一规定同样适用于《加拿大权利与自由宪章》。

《加拿大权利与自由宪章》为加拿大人设置了诸多法律权利，这些权利毫无疑问地适用于刑事诉讼程序，它们有：①生命、自由与安全的权利；②不受无理搜查与扣押的权利；③不受武断拘禁和监禁的权利；④在逮捕或拘禁中的权利，如被立即告知被逮捕或被拘禁的原因、被告知其有权毫不迟延地聘请律师、以人身保护令的方式决定被拘禁的有效性，并在拘禁为不合法时得到释放；⑤有权被告知具体罪名、在合理时间内受

---

[1] 此部分参考徐汉明："加拿大投诉警察机制"，载陈光中主编：《联合国打击跨国有组织犯罪公约和反腐败公约程序问题研究》，中国政法大学出版社2007年版，第352~355页。

审、保持沉默、受无罪推定权、保释权、受陪审团审理权、不受双重危险权、轻判刑罚权；⑥不受残忍或非正常的刑罚或对待的权利；⑦不自证其罪的权利；⑧得到翻译帮助的权利。

(二) 简易罪和可诉罪

简易罪和可诉罪是加拿大刑事犯罪的两种分类。加拿大刑事法典在继承英国法有关"可诉罪"和"简易罪"的划分基础上，又在"可诉罪"和"简易罪"之间增加了"选择罪"，也称为"双重罪"。它指某些犯罪既可按可诉罪程序起诉，也可按简易罪程序起诉。这种选择权在检察官。对于"可诉罪"和"简易罪"的区别主要有：简易罪的最高刑罚低，而且在其他有关方面导致的后果较为轻微。适用于简易罪和可诉罪的程序法之间也存在很多重要的不同。但是，一个罪行究竟属于简易罪还是可诉罪并不是确定不变的，相反，很多时候是由检察官选择将其作为简易罪还是可诉罪起诉，即属于上述"选择罪"。

性质上仅能作为简易罪的罪行只能由治安官或省法院法官审理，检察官或被告人均无权选择由区县法院或高等法院审理。加拿大刑事法典列出的简易罪有：残忍对待动物、参加公共会议时或去参加公共会议途中持有武器、冒充治安人员、在公共场合进行猥亵行为等。有些最普通的犯罪如造成伤害的驾驶、袭击治安人员、偷窃或占有价值低于1000元的被盗财产等，可由检察官选择是以简易罪还是以可诉罪起诉被告人。

一般来说，简易罪和可诉罪在以下方面存在区别：

(1) 刑罚。简易罪可判处的最高刑罚为2000加元罚金，或6个月监禁，或二者并处。而最轻微的可诉罪的最高刑罚是2年监禁，严重一些的可诉罪的最高刑罚可以是5年、7年、10年、14年甚至终身监禁。并且对大多数可诉罪来说，可判处的罚金的数额是没有限制的。

(2) 逮捕、登记、保释程序。除非有逮捕证或发现某人正在犯罪，否则，警察对将被以简易罪起诉的人不能实施逮捕。相反，警察在具有合理根据相信某人已实施或正要实施可诉罪时，有权逮捕该人。

简易罪和可诉罪的登记程序基本相同。但是，在可诉罪或选择罪案件中，逮捕后的后续步骤通常是录指纹和拍照，而在简易罪案件中，警方没有法定的权力对被捕人录指纹或拍照。

在保释程序中，因为对被诉简易罪的人不轻易实施逮捕是警察的责任，所以，如果依据法律不能证明逮捕为正当，警方必须发出《到庭通知书》并释放被告人。这一规定同样适用于选择罪或最高刑罚不超过5年监禁的可诉罪。此外，被诉简易罪的被告人，如在审前依拘禁令被拘禁，其有权在30天内接受自动的保释可能性审查，但在可诉罪中，被告人被拘禁90天才有自动的保释可能性审查。

(3) 律师代为出席。在简易罪案件中，被告人不必亲自进行诉讼，他可以由律师代为进行下列行为：确定审判日期、答辩、甚至出席庭审，但法官要求被告人亲自诉讼的情形除外。在可诉罪案件中，被告人必须亲自进行诉讼，否则，法院将签发逮捕证。

(4) 审前程序。在简易罪案件中，不存在初步听审或任何其他形式的审前展示程序，辩护方获取信息的通常途径是拜访控方证人，或从检察官处获得非正式的详细资料。

在可诉罪案件中，除刑事法典规定必须由治安法官进行审理的案件外，所有可诉罪案件中都有初步听审程序。对这些可诉罪案件，被告人还有权选择由治安法官、法官（Judge without Jury）或法官和陪审团（Judge and Jury）审理。如果被告人选择由法官或法官和陪审团审理，那么治安官或省法院法官只有权进行初步听审以判明是否存在足够的证据将被告人送上法庭。如果没有足够的证据，被告人将被释放，也就不存在审判了；如果有足够的证据，被告人将依其选择被送到区县法院或高等法院受审。

除非常严重的如谋杀罪、叛国罪等外，对于可诉罪，被告人还有权进行第二次选择，即由法官或法官和陪审团审理变为治安法官审理，但须有省总检察长或本人的律师同意。

但有一些可诉罪只能由法官和陪审团审理，并因此当然地存在一个初步听审程序，如一级和二级谋杀罪、叛国罪、煽动罪等。

也有一部分可诉罪只能由治安法官或省法院法官审理，从而不存在初步听审程序，被告人也无权选择法庭组成人员，如盗窃价值低于1000加元的财产、用欺诈手段获得1000加元以下的金钱、占有价值低于1000加元的被盗财产等。

在许多情况下，被告人的选择权，进而是否存在初步听审都取决于检察官的选择：检察官选择以可诉罪起诉，则被告人获得了选择权，并一般存在初步听审程序；检察官选择以简易罪起诉，则被告人无选择权，并不存在初步听审程序，但在这种情形下，即使定罪，最高刑罚也比可诉罪低得多。

被告人拥有的由陪审团审理的权利会因其未出庭受审而丧失，除非他可以说服法官相信他未出庭是有合法的理由的，否则他必须由法官审理。

被告人选择由治安法官或省法院法官审理后，治安法官或省法院法官将此选择背书在告发书（Information）上，并确定一个开庭日期，治安法官可以凭告发书进行诉讼，而无须正式的起诉书（Indictment）。

（三）管辖

在加拿大刑事法律中，管辖是一个多面的概念。首先，管辖与很多事项都相关，举例来说，如果在一个可诉罪案件中，被告人有权选择由谁审理，但法官却没有给他机会选择，则该法院就丧失了对此案的管辖权，已进行的审判为无效。其次，控方在每一案件中都必须证明指控的罪行应由该法院管辖，即每份告发书或起诉书中都必须申明管辖权的存在，否则将导致被告人的无罪释放。最后，控方必须在告发书或起诉书中指明罪行发生地点，否则将导致起诉无效。在可诉罪案件中，控方须达到超出合理怀疑的程度证明罪行确实发生在指称的地点；在简易罪案件中要求没有这么高，只须证明该简易罪发生在听审法院的辖区内即可，无需证明到确切地点。

在加拿大，管辖权的存在作为法院听审的必要前提条件，主要包括以下内容：

1. 年龄限制。《加拿大刑事法典》规定：12岁以下儿童不得因其作为或不作为被判决有罪。据此，法院无权审理以12岁以下儿童为被告人的案件。

2. 时间限制。对简易罪案件，起诉必须在被诉行为发生后的 6 个月内提出，否则法院的管辖权消灭。相反，对于大多数可诉罪的起诉并无时间限制。当然，例外情形也存在，如对某些形式的叛国罪，必须在犯罪行为发生后 3 年内提出起诉。

3. 加拿大法院的属地管辖。①任何人不得因其在加拿大境外的犯罪而被定罪；②任何人在加拿大境外实施的与已在加拿大注册的飞机有关的犯罪，或在以加拿大为目的地的飞机上实施的犯罪，如该罪行在加拿大为可诉罪，应视此罪行发生在加拿大，由加拿大法院管辖。

4. 各省法院的管辖权：地域限制。一般来说，有权审理一个罪行的法院就是对该罪行发生地有管辖权的法院，据此，一个省法院无权审理在另一省法院辖区内发生的犯罪；一个县的县法院无权审理在另一县发生的犯罪；一省的高等法院无权管辖发生在另一省的案件。但是，加拿大刑事法典同时规定，有权审理可诉罪的法院在下列情形下也有管辖权：①被告人在其辖区内被发现、被逮捕或被拘禁；②被告人已被指定接受该法院的审判。

5. 省际案件移送。原则上，一省的法院不得审判完全在另一省实施的犯罪。但是，如果被告人愿意在犯罪地所在省以外的省作有罪答辩，他可以由有刑事审判管辖权的法院审理，并作有罪答辩，前提是经有关当局同意。在由加拿大政府提起并进行的诉讼中，加拿大总检察长必须同意这种管辖权的移送；在其他案件中，犯罪地的省总检察长必须同意这种移送。

6. 省内案件移送。被控在一省内犯罪的被告人，但罪名并非《加拿大刑事法典》第 469 条所列罪行的，在加拿大总检察长或犯罪地的省总检察长同意的情况下，为有罪答辩的目的，可以由省内另一地域区划的同级法院审理。

7. 发生在地域区划之间的犯罪。例如，在两个或两个以上地域区划之间的水域、水面上、桥梁上的犯罪视为在其中任何一个地域区划内的犯罪。

8. 改变审判地点。地域区划管辖规则的例外是被告人或检察官有权申请改变审判地点，这样可以避免被告人受到有偏见的陪审团审判，也是审判公正的重要保障。在具有充分理由的前提下，法官有权自由裁量是否将案件移送到省内的另一法院。

二、审判前程序

（一）提出控诉程序

刑事诉讼程序一般开始于宣誓告发书。告发书指的是告发人宣誓说被告人已犯所指罪行，并指明犯罪的时间和地点的文件。一般情况下告发人为警察，但任何有合理根据相信发生了违反法律规定的行为的人都有权就此提出告发书。告发书必须用书面形式并须在治安法官面前宣誓。

在可诉罪案件中，有合理根据怀疑他人犯可诉罪的，可在法官面前经宣誓提交书面告发书，法官在下列情形下必须接受告发书：①告发人所犯之罪可在该法官任职的省受审，并且被告发人在或被认为在该法官辖区内，或者居住在或被认为居住在该法官辖区内；②不管被告发人在何处，只要他在该法官的辖区内犯有可诉罪；③被告发人已非法接受在该法官辖区内非法获得的财产；④被告发人持有在该法官辖区内的被盗财产。

接受可诉罪告发书的法官应当听取和考虑告发人的陈述及在认为适当和必要时听取并考虑证人证言，以确定是否有证据支持告发书的指控，是否有充分证据要求被告人到庭答辩。法官在认为上述条件具备时，应当签发传票或逮捕证、决定继续审理此案。

在简易罪案件中，告发书中可以指控一个以上的罪或一个以上罪状，但每一罪或罪状应当分别列出，并且告发书不应为获得对被告人判处更重的刑罚而包含任何前科情况。法官有一定的自由裁量权决定是否接受告发书、是否继续审理此案，如接受，他有权决定是否签发传票和逮捕证。即使法官拒绝接受告发书，告发人仍可以收集更多的证据并向同一或另一法官再次提出指控。

接受简易罪告发书的法官不是必须听取告发人的陈述和证人证言，一般来说，其仅在对告发人的可信程度存在疑问或存在其他原因时才会进一步听取陈述和证言。

提出控诉的时间。依据被逮捕人应毫不迟延地并在任何情况下都应于24小时内被带至法官前的规定，对被无证或有证逮捕人的告发书一般应在逮捕后的24小时内提出。如在24小时内无法带至法官前，也应尽快将其带至法官前，除非警方签发《到庭通知书》、《承诺到庭书》或具结书后将其释放。在此情况下，告发书必须在《到庭通知书》规定的到庭日期前提出。可诉罪案件除了可用告发书的形式提出控诉，还可用检察官提出的起诉书（Indictment）的形式提出控诉。即使是用告发书对可诉罪提起诉讼，如果法官在初步听审后决定继续审理此案，仍须由检察官递交起诉书才能继续诉讼。

无论是简易罪还是可诉罪，法官经初步听审后决定继续审理该案的，将确定开庭日期，由双方出庭诉讼，审判程序和之后的上诉程序会因指控的是简易罪还是可诉罪而存在很多重要的区别。

（二）逮捕规则

1. 逮捕权。对可诉罪案件，警察可以无证逮捕已实施犯罪的人，或逮捕其有合理根据相信已实施或将实施可诉罪的人。

对简易罪案件，警察无权仅依据其相信对方犯了简易罪而逮捕该人。对选择罪案件视同可诉罪案件适用逮捕规则。

对现行犯，无论其实施的是可诉罪还是简易罪，警察都有权将其逮捕。此外，警察在有合理根据相信对方是现存有效的逮捕证要逮捕的人时，有权将其逮捕。

任何公民可逮捕可诉罪的现行犯，或其有合理根据认为犯有刑事罪行并在逃避逮捕的人。任何财产的合法所有人或合法持有人或其授权的人均可将对其财产实施犯罪的人予以逮捕。公民实施逮捕后，应立即将被逮捕人扭送至治安法官。

2. 合法的逮捕。《加拿大权利与自由宪章》规定：任何人有不受武断拘禁与监禁的权利；通过违法逮捕取得的证据在法庭上是不可采的。

法律规定，不能仅仅因为怀疑某人犯了罪，或为了进一步调查犯罪而实施逮捕。如果怀疑的程度并未达到法律规定的"有合理根据相信某人已犯罪"，或具有其他合法的逮捕理由，由此实施的逮捕为"错误的逮捕"，警察很可能要因此而承担民事责任。

在一个合法的逮捕中，警察应表明身份、告知嫌疑人其已被逮捕、告知其被捕原因，如有逮捕证，应出示逮捕证。依《加拿大权利与自由宪章》的规定，任何被逮捕或被拘禁的人有权立即被告知被捕原因、被告知毫不迟延地聘请律师的权利、有权通过人身保护令的方式决定逮捕和拘禁的合法性，如拘禁不合法，有权得到立即释放。侵犯被逮捕人宪法性权利的逮捕将导致由此取得的证据不被法庭采纳。

值得一提的是，美国发生"9·11"恐怖袭击事件后，加拿大立即进行反恐立法，只4个月内即制定相关法律。立法中有两个争论最为激烈的问题，即预防性羁押与侦查性聆讯问题。预防性羁押指警方在有合理怀疑的情况下，为防止恐怖袭击而有必要时得逮捕嫌疑人。但是为了防止权力被滥用，除紧急必要则须经内务部部长批准；被逮捕人必须在24小时内被带见法官，法官在3日内决定，可以放人。至于法案中两年期限内的预防性逮捕羁押的规定，并没有使用过。[1]

3. 沉默权。警察无权强迫嫌疑人或其他人回答其提问。任何被警察拦阻并提问的人有权保持沉默，如警察未说明合法的逮捕理由，他有权离开；如警察说明了合法的逮捕理由并将其逮捕，该人应配合，但无须说任何话。任何认为逮捕违法的人有权抗议，并毫不迟延地获得律师的帮助。

在加拿大反恐立法中新增的"侦查中的聆讯"规定，有关方面要向法官提供证据，法官认为有合理的证据、合理怀疑存在恐怖活动，被告人的沉默权就将改变，要作必要性的回答。但是有关供述不得作为提起刑事追诉的根据，辩护权等规定也都适用。既要维护国家的安全、满足国际上的需要，又要人权保障，其间也有个平衡问题。[2]

4. 逮捕后程序。保持沉默权和不自证其罪权在逮捕后也继续存在，但被告人和警察的权利义务在逮捕后发生了一些变化：

（1）警察有权搜查被逮捕人的人身以获取武器或其他可用作证据的物品。

（2）被告人有权毫不迟延地聘请和指示律师，被告人与律师的交流在秘密的状态下进行。

（3）警察可以对被控可诉罪的被逮捕人录指纹和拍照，必要时还可使用武力。但在简易罪案件中，法律没有规定警察有这种权力。对选择罪而言，因其在此阶段视同可诉罪处理，因此警察可对被逮捕人录指纹和拍照。

（4）警察可讯问被逮捕人，但后者没有义务回答警察的提问。

（5）法律并未要求被告人必须参加列队辨认，让证人从中认出嫌疑人，警察也无权强迫被告人参加列队辨认。

（6）警察从被告人处获取证据的方法还有如测谎仪、笔迹取样、呼吸取样、血液、尿样或毛发等。除呼吸取样外，其他方式都不是强制性的。

5. 警方释放。实施逮捕的警察有权释放被控纯属治安法官审理的罪、简易罪、选择罪或最高刑罚为5年以下监禁之罪的人。警察必须确定——为了保全证据、保护公众、

---

[1] 资料来源于中国政法大学刑事法律研究中心赴加拿大考察组："赴加拿大考察访问报告——审判公正问题"，载陈光中主编：《审判公正问题研究》，中国政法大学出版社2004年版，第461页，有删节。

[2] 资料来源于中国政法大学刑事法律研究中心赴加拿大考察组："赴加拿大考察访问报告——审判公正问题"，载陈光中主编：《审判公正问题研究》，中国政法大学出版社2004年版，第461~462页，有删节。

确定被告人身份或保证被告人到庭的目的——继续羁押是否为必要。

如实施逮捕的警察决定继续羁押，则主管警官须考虑继续羁押的必要性，有权通过签发传票、承诺到庭书或具结书而释放被告人。

6. 出庭权。如被逮捕人未以上述任何方式得到释放，他必须毫不迟延地并在任何情况下都在 24 小时内被带至法官前，一旦被带至法官前，被告人即有权获得关于临时司法释放的听审。

（三）搜查和扣押

《加拿大权利与自由宪章》规定，加拿大居民有不受不合理搜查和扣押的宪法性权利，并且对于由此获得的证据也适用证据排除规则。

法官有合理根据认为在某所建筑物、容器或场所内有或怀疑有犯罪发生，或藏有能提供证据的物品，或藏有任何企图用于侵犯人身的物品时，可以随时签署搜查证。搜查证上须申明该搜查是有授权的，并写明指控事项、须搜查的地点及其屋主或居住者的名字、须搜寻的证据、签发日期和法官的名字。

搜查应在白天进行，除非签发搜查证的法官明确授权在夜间执行。搜查时，警察须出示搜查证，搜查所获得的任何东西可被扣押，但扣押不得超过 3 个月。

（四）临时司法释放（保释）

《加拿大权利与自由宪章》规定：被控犯罪的人有权"在无正当理由时不被拒绝保释"。加拿大刑事法典用"临时司法释放"来取代"保释"这个术语。

被告人获得临时司法释放听审的权利。被羁押的被告人被带至法官处后，将召开一个临时司法释放的听审，除一些重要的情形外，应由控方说明为什么不能通过不附条件的保证书而释放被告人的原因。

如控方不作此说明，则被告人将作出不附条件的保证并被释放。如控方确实说明了这样的原因，则可在要求被告人提供附条件的保证后将其释放。所附条件可以是：被告人定期向警方报告；被告人不离开该法院的辖区；被告人不与证人联系；被告人告知警方其地址或工作的变动；被告人交出护照；被告人遵守其他合理的条件。

如控方可说明为什么即使是通过附条件的保证书也不能将被告人释放，则法官仍可能通过另外三种方式而命令释放被告人：首先，可要求被告人提供无须保证人、无须保证金，但有法官所定条件的具结书；其次，可要求被告人提供无须保证金，但有保证人和附条件的具结书；最后，如果被告人不居住在本省或不居住在他被羁押地 161 公里内的地区，具结书可要求现金或财产保证。除此以外，不允许现金保释。

保证人必须是法官认为合适的人选，这一般要考虑其经济状况、居住地和稳定性等。

控方为了继续羁押被告人，须向法院证明存在以下两种情况之一：羁押被告人是保证其按要求出庭的必要；羁押是出于公共利益的需要。

法官还可在控方的同意下直接作出临时司法释放的决定，这通常发生在控方和辩方对保释不存在争议的情形下。

在有些案件中，除非被告人说明其不应被羁押的原因，否则法官应当命令继续羁押被告人，如：被告人在因可诉罪被保释期间又被控可诉罪的；非加拿大居民被控可诉罪的。

如被告人在临时司法释放听审中作有罪答辩并被接受，法官将命令对被告人实行判前释放。被告人或检察官可向区县法院或高等法院申请复查前述有关临时司法释放的决定，并说明理由，否则申请将被驳回。

法官在认为被告人违反了保证书或具结书或又犯了新罪时，可以签发逮捕证逮捕被告人。同样，警方也有权基于以上原因无证逮捕被告人。

在可诉罪案件中，除谋杀罪、叛国罪外，被告人被审前羁押 90 天后审判仍未开始的，负责羁押被告人的人必须向法官申请听审，以决定是否释放被告人。在简易罪案件中，被告人被审前羁押后 30 天内仍未开始审判的，负责羁押被告人的人也应提出这一申请。

三、简易罪的审判与上诉

（一）审判

广义上的审判阶段包括要求被告人到庭、罪状认否程序和审理、判决。

1. 要求被告人到庭。简易定罪程序由提出告发书而开始，收到告发书的法官将签发传票或逮捕证以使被告人到庭。如被告人未按规定的时间、地点到庭，法院将签发逮捕证，这时可休庭以等待被告人，或继续进行诉讼，即所谓的单方诉讼。

简易罪案件中，被告人可以由律师或代理人代为出庭，但法院要求其亲自出庭的除外。

2. 告发书。法律规定的起诉书的充分性要件也适用于告发书，即每条罪状一般应仅适用于一件事，其内容应当包含指控被告人实施某一项特定罪行的陈述；应使用普通语言、描述罪行的法律语言和足以使被告人了解被控罪名的语言。罪状应当包含被控罪行的足够的详细情况，但是，缺乏详细情况的描述并不会导致罪状无效。

辩方有权提出撤销罪状或告发书的动议，这种动议必须在答辩前提出。

和可诉罪案件一样，在简易罪案件中被告人有权申请得到详细资料，如法院认为被告人要求获知的详细资料为公开审判所必需，可命令检察官提供该资料。

3. 罪状认否程序和审理。罪状认否程序指的是被告人出庭后，向其宣读告发书并询问其对控告是作有罪答辩还是无罪答辩的程序。在简易罪案件中，被告人可作的答辩只有有罪答辩和无罪答辩。

被告人答辩有罪的，法庭就采用"只判不审"的方式，不再传唤证人到庭，也不当庭展示证据，更不辩论，而是直接定罪，宣告休庭，择日判刑。被告人答辩无罪或不作答辩的，法庭将传唤所有证人到庭，当庭展示并审查所有证据，让控辩双方展开辩论，然后决定有罪还是无罪，并且对被定罪的人判处刑罚。

适用简易定罪程序审理的案件，被告人到庭，而检察官已有适当通知却未到庭的，简易定罪法院可以驳回起诉，或者宣布休庭。

加拿大刑事法典规定，检察官有权亲自指控，被告人有权进行全面的回答及辩护。

在审判前或审判中，简易定罪法院可自行裁量休庭，但不论被告人是否被羁押，休庭都不得超过 8 日，双方当事人或其律师或代理人同意的除外。

4. 判决。除法律另有规定外，可按简易定罪程序判处的刑罚是 2000 加元以下罚金或 6 个月以下监禁或者二者并处。法律规定判处罚金或作出缴付金钱令，但未规定不缴纳罚金或不遵守命令可判处监禁的，法院可以视案件具体情况裁定，对不缴纳罚金或不遵守命令的被告人处以 6 个月以下的监禁。

（二）上诉

简易定罪程序中的上诉权是法定的，必须严格遵循法律的要求。

1. 上诉的种类。对简易罪案件的上诉分为以下几种：①对定罪判决，或驳回起诉、停止进行诉讼程序的裁定提出的上诉；②对所判刑罚提出的上诉；③对因精神病不适宜受审或不负刑事责任的裁决提出的上诉；④对记录或一致同意的事实陈述的上诉。

2. 提出上诉。上诉人应当按照上诉法院的法院规则规定的方式在规定的时间内提出上诉状，上诉法院或法官可以延长提出上诉状的时间。

简易定罪程序中检察官提出上诉的，应当作出保证书或具结书，保证其会亲自或由其代理人到上诉法院出庭。但省总检察长或其代理人提出上诉的，无须提出保证书或具结书。

除非上诉法院命令释放，在押的上诉人应继续关押。法院发现已释放的上诉人违反保证，或犯可诉罪的，可签发逮捕证逮捕上诉人。

上诉人如果是被简易定罪法院定罪并被关押等待上诉审理的被告人，从他提交上诉状之日起 30 日内未开始审理上诉的，监管人应当在 30 日届满时，向上诉法院申请确定审理上诉的日期。上诉法院应当在收到该申请后，给检察官合理的听审机会，并确定审理上诉的日期。

上诉人按法院规则规定的方式和期限提出上诉状后，上诉法院的书记员必须通知作出原判决的简易定罪法院，简易定罪法院须将所有与该案有关的资料移送到上诉法院。

3. 上诉法院的权力。与可诉罪上诉法院一样，简易罪上诉法院也有命令提供证据、质问证人、接受新证据等的权力，并可为被告人指定律师，或对无意义上诉作出简易决定。上诉法院可以随时根据需要休庭，可以在审理案件后，裁定撤销或维持原判决。简易罪上诉法院有权命令执行其定罪或裁定，有权裁定诉讼费用。

4. 向各省的最高上诉法院和加拿大最高法院上诉。上诉可以单独以法律问题为由，从简易定罪上诉法院转移到省最高上诉法院，前提是获得省最高上诉法院的同意，这种上诉权适用于对定罪、裁定或对记录或一致同意的事实陈述的上诉，也适用于对量刑中存在的法律问题的上诉。

加拿大刑事法典未明确规定有关对简易定罪案件上诉到加拿大最高法院的问题，实践中，在获得加拿大最高法院同意的情况下，对简易罪案件也可以以存在法律或管辖问题为由上诉到加拿大最高法院。

四、可诉罪的审判与上诉

（一）审判

1. 提出起诉书。针对可诉罪被告人的起诉书可以以下列两种方式提出：由大陪审团提出起诉书；在那些已废除或实践中已不适用大陪审团制度的省，由检察官提出起诉书。

通常的程序是，对被告人进行初步听审确定应提交法庭后，由检察官向大陪审团提出起诉书草案，或不经大陪审团而提出起诉书。

（1）大陪审团程序。依据《英属北美法案》的规定，法院的组成是各省的专属权力，因此《加拿大刑事法典》规定，根据省法律有资格充任陪审员并且被传唤作为陪审员的人，在该省的刑事诉讼中有资格充任陪审员。不管省法律有何规定，任何人不得因其性别而被取消、剥夺或免除在刑事诉讼中充任陪审员的资格。

有权向大陪审团提出起诉书草案的人有：省总检察长或其指示的人，或有省总检察长或法院法官的书面同意的人。省总检察长可以直接向大陪审团提出起诉书草案，即使被告人尚未经过初步听审，或被告人在初步听审后被释放。

大陪审团程序是秘密进行的，并且除非存在司法不当的情况，其作出的决定是不可质疑的。反对大陪审团的组成的动议须向法院提出，但法院仅在认为该动议是建立在有充分理由的基础上，且被告人因此受到了不公正对待时才会撤销起诉。

（2）检察官起诉。在已废除或实践中已不适用大陪审团制度的省，起诉书由省总检察长或其代理人，或任何由该法院法官或省总检察长同意的人提出。

2. 审判陪审团。依据《加拿大权利与自由宪章》第11条的规定，任何被告人，在所犯罪行的最高刑罚为5年或以上监禁时，有获得陪审团审判的权利。

选任审判陪审团的程序是：司法行政官员将已被选入陪审团名单的每名陪审员的姓名、号码和住址分别写入卡片，并移送法院的书记官，书记官应当将这些卡片一起放置在一个盒子里并彻底摇匀。在法庭上由书记官依次抽出卡片，每抽一张，应当大声念出卡片上的姓名和号码，直至陪审员人数达到法官认为在对陪审员提出异议后仍足够组成完整的陪审团为止。书记官应当根据陪审员被抽签的顺序让每名陪审员宣誓。

被告人或检察官只能以负责召集陪审团的司法行政总监或其他官员存在偏袒、欺诈或故意渎职为由，对陪审员名单提出异议。法官如认为异议理由成立，必须命令挑选新的陪审员名单。

关于有因异议。被告人或检察官有权以下列理由对陪审员提出异议，次数不限：陪审员的姓名没有出现在陪审团名单上；陪审员在政府与被告人之间不能保持中立；陪审员曾被定罪，为此被科以1年以上监禁；陪审员是外国人；陪审员的身体不能适当履行陪审员职责或陪审员不能讲加拿大的官方语言。除上述理由外，不能以其他理由对陪审员提出有因异议。可提出有因异议的次数不限。

关于无因异议。法律对被告人或控方的无因异议陪审员的次数作了限制，如：被诉严重叛国罪或一级谋杀罪的被告人有20次无因异议陪审员的权利；被诉其他可被判处最高刑罚为5年或以上监禁的刑罚的被告人有12次无因异议陪审员的权利；被诉其他可诉罪的被告人有4次无因异议陪审员的权利；西北地区和育空地区的被告人的无因异议权在上述三种情况下都仅为一半，即10次、6次和2次；控方的无因异议权利在任何案件中都为4次；两个或两个以上共同被告人享有同样数量的异议机会等。

加拿大刑事法典规定，在陪审团作出裁决后，该裁决不能因为下列原因撤销：在传唤或选任陪审员过程中的任何不规则做法；在陪审团履行职务的人并没有被司法行政官员作为陪审员而选任。在刑事诉讼中下列也不可构成对陪审团裁决提出异议或者要求撤销的理由：任何未遵守在各种法律中规定的有关陪审员的资格、选择、抽签或分配，陪审员名单的选择或者抽选陪审团成员的行为等。

当表明出于司法利益需要时，法官可以在陪审团宣誓后作出裁决前宣布休庭，并指示陪审团对任何场所、物品或人员进行检查，且对检查的方式作出指示。在进行陪审团检查时，被告人和法官应当参加。

在控方举证后，辩方在举证前可向法官提出指示陪审团作出无罪裁定的动议，这种动议的根据是陪审团据已有证据无法合理地给被告人定罪。法官必须考虑的是：是否存在证据使得陪审团可对被告人定罪？如不存在这样的证据，法官将指示陪审团以此为由作出无罪释放的裁定。

接下来由辩方律师宣称是否准备提出证据，如否，则由控方向陪审团作总结陈词。辩方律师也有权开始辩方的陈述和举证，并且在出示完所有证据后向陪审团作总结陈词。

当法官确认陪审团不能就裁决得出一致意见，并且继续滞留陪审团也无济于事时，可以裁量决定解散陪审团，指示在法院的开庭期内选任新的陪审团。

依据加拿大刑事法典的规定，陪审团可以作出以下裁决：当证据不能证明被指控的完整实施的犯罪，但能够确立有实施该犯罪的意图时，可以对该被告人作出关于犯罪意图的裁决；当被指控意图实施某项犯罪，但证据却揭示出了一个已完整实施的犯罪时，被告人不能被无罪释放，但可以犯罪意图被定罪，除非主审法官决定免除陪审团作出裁决的责任，而指令对该被告人指控完整的犯罪；被告人不能因其曾被指控有犯罪意图的同一犯罪而再次受到审判；起诉书上的罪状被分解并且当被指控的罪行包括另一项罪行时，该被告人可以被认定包含在被控罪行之内的罪行（尽管被控的整个罪行未得到证明），或意图实施包含在被控罪行之内的罪行；当罪状指控犯一级谋杀，而证据却不能证明一级谋杀，但可以证明犯二级谋杀或者意图犯二级谋杀时，陪审团可以裁定被告人一级谋杀罪不成立，同时根据案情裁决被告人犯二级谋杀罪或者意图犯二级谋杀罪；当罪状指控谋杀，但证据只能证明误杀而不能证明谋杀时，陪审团可以裁定被告人谋杀罪不成立，但犯有误杀罪。

3. 审前动议。审前动议一般在答辩前提出。只能在答辩前提出的动议有休庭动议、改变审判地点动议等；有些动议可以在答辩后提出，但需有法官的同意，如撤销起诉书动议；此外有些动议可以在审判的任何阶段提出，如分解罪状动议。

4. 审判程序。

(1) 罪状认否程序。罪状认否程序指的是将被告人传至法庭，先向其宣读一遍指控，然后再一条一条地宣读罪状，让被告人针对罪状逐一答辩是否有罪或无罪的程序。被告人为自然人的，必须亲自出席罪状认否程序。

被告人在答辩前，可以以"撤销起诉书动议"的方式对起诉书或告发书或罪状提出异议。这种动议如果是基于起诉书表面的明显缺陷而提出的，则必须在答辩前提出，在以后的阶段则须经法院同意方可提出。

被告人可以作出有罪或无罪答辩，或在其被诉诽谤罪时作特殊答辩，被告人未作答辩的，视为作无罪答辩。被告人答辩有罪的，法庭将直接定罪，宣布休庭，择日判刑。被告人答辩无罪或不作答辩的，法庭将继续下面的庭审程序。

(2) 传唤证人。对可能提供证据的人法院可以签发传票（Subpoena）要求其到庭并作证，向证人送达传票的方式和向被告人送达传票（Summons）的规则相同。

如果有迹象表明被传唤的证人将不会按传票的要求到庭，或逃避传票的送达，法院可以签发逮捕证将其带至法庭作证。这一规定同样适用于传票已正常送达，而被传唤的人未到庭或中途退庭的情形。

对被逮捕带至法庭作证的人，法院可以命令羁押该人，或以具结书的方式在其保证会按需要出庭作证后将其释放。证人不得被羁押超过 30 天，且证人有权在日期届满前申请释放，法官在认为不应当继续羁押时，应裁定释放证人，或以具结书的方式将其释放。

(3) 公开审理规则。《加拿大权利与自由宪章》第 11 条规定：任何人都有权在被捕或被拘禁时被假定无罪，直至在一公正及公开的听诉中通过一独立、无私的法庭而证实有罪。据此，指控被告人的任何诉讼程序都应当公开进行。但主审法官、省法院法官认为全部或部分庭审对所有人或部分人不公开对公共道德、维持秩序、适当司法有利时除外。

公开审理规则的例外情形存在于：被告人被诉强奸罪，或意图强奸罪；与未满 14 岁的女性发生性行为，或对妇女进行猥亵行为等。在这些案件中，如被告人或检察官申请排除公众出法庭，主审法官或治安法官应批准，否则须说明不批准的理由。

未满 16 岁的被告人，不论其被诉单独犯罪还是共同犯罪，必须进行不公开审理。

(4) 被告人必须出庭规则。除另有规定外，非法人的被告人应当在整个审判期间出庭。但在法庭认为适当的条件下，允许被告人在整个审判期间或者其中部分时间不在法庭。如被告人在法庭行为不端，或扰乱审判秩序，使得审判无法进行，法官可以决定将被告人带离法庭。在审理例如被告人是否不适宜接受审判的争议时，法庭也可决定将被告人带离法庭。

审判期间自行离开法庭的被告人被认为放弃了审判时在场的权利，法院可以继续审理案件直至作出裁决，如法庭认为被告人有罪，可在其缺席的情况下判其有罪。此外，法庭也可以签发逮捕证逮捕被告人并休庭等待被告人。休庭的法庭亦可在任何时间恢复审理。如审理在被告人缺席的情况下进行，法庭可以从被告人的离庭行为得出不利于被告人的推论。

重新出现的被告人无权使诉讼程序重新进行,除非法庭认为因特殊情形的存在,这样做是符合司法利益的。

(5)证据可采性审查。证据可采性审查是用来决定被告人向当局作出的供认和自白是否可采的问题。检察官通常要求进行证据可采性审查以在法庭上引入被告人所作的陈述。控方必须超越合理怀疑地证明被告人的陈述是自愿作出的,而非出于对偏见的恐惧和对当局优待的期望。

在陪审团审判中,证据可采性审查须在陪审团不在场的情况下进行,如法官裁定证据为可采,则该证据将在陪审团面前重新提出;如法官裁定该证据为不可采,则该证据不会在陪审团面前提出。

在只有法官审理的案件中,证据可采性审查是审判的一部分,而不是一个必须单独分开的阶段,在审查中提出的证据经控辩双方达成共识或法官裁定而成为审判证据。

(6)控方指控和辩方辩护。控方有权作开场陈述,以使陪审团熟悉案情和控方的观点及其将要提出的证据。开场陈述后,检察官将举证以支持指控。控方的每一位证人都先由检察官直接询问,再由辩方进行反询问,在法庭的同意下还可由检察官就反询问中出现的问题再进行正询问。

控方如果要提出其在初步听审中未提出的证据,应事先通知辩方。如果控方未作此通知而在庭审中直接提出其未在初步听审中提出的证据,辩方可以要求休庭。

如果证人已死亡、或神志不清、或病情严重以致不能前来出庭作证、或不在加拿大境内、或拒绝宣誓作证,其在初步听审中提供的证言录音可以向法庭宣读。这种证据具有可采性的前提是该证据是在被告人在场时作出的,并已经过初步听审法官签名,且辩方律师已经有充分的机会对该证人进行质询。

控方提出指控并举证后,辩方有权以"一个甚至更多个对指控至关重要的问题未得到证明"为由提出撤销指控的动议。此时,控方有责任提出证据证明指控的每一要素,并必须达到"存在一些证据能让陪审团或法官从中可能得出定罪结论"的程度。

如果没有这样的证据,被告人将被释放。如法官认为确实存在一些证据证明指控的每一要素,则可驳回动议,并询问被告人是否现在提出辩方证据。如辩方决定暂不提出证据,辩方律师可进一步以控方未能超越合理怀疑地证明每一要素为由提出撤销该案的动议。

辩方有权自由决定被告人是否作证以及如果作证,他应在其他证人作证前还是作证后作证。辩方举证的规则与控方举证规则相同。

(7)定罪与判决。在由陪审团审理的案件中,陪审团可以就有罪或无罪作出裁决,而对被定罪的被告人,将由法官决定应判处的刑罚。在由法官审理的案件中,法官在裁决被告人是有罪还是无罪后对有罪的被告人决定刑罚。

(二)上诉

普通法上对刑事案件是不存在上诉的。1907年英国议会通过法律设立了刑事上诉法院,相似的规定于1923年在加拿大生效。今天,加拿大每个省和地区都设立了上诉法院,这些上诉法院及加拿大最高法院对上诉案件的管辖权都由刑事法典具体规定。所有对可诉罪案件的定罪或量刑不服提起的上诉都必须直接上诉到各省的最高级法院。

1. 定罪上诉。在可诉罪案件中，被定罪的被告人有权以任何仅涉及法律的问题为由，对其定罪提出上诉。如上诉是基于事实问题或法律与事实的混合问题，则被告人的上诉权受到以下条件之一的限制：①上诉法院或其法官同意；②原审法官提出"该案适于上诉"的证明。此外，上诉也可基于任何在上诉法院看来是充分的理由并获其同意而提出。

上诉法院可基于以下理由裁定上诉理由成立，核准上诉：①原裁决不合理或没有充分证据支持，应予撤销；②因法律问题上的一个错误决定，应撤销原判决；③其他导致司法不当的原因存在。

上诉法院也可基于以下原因驳回上诉：基于上诉理由并不能得出对上诉人有利的结论，或尽管在某一罪状或某一部分的指控中对上诉人的定罪不当，或尽管基于一个上诉理由可认为有利于上诉人，但上诉法院认为没有实质性的错误或司法不当发生。

上诉法院认为上诉理由成立的，可以撤销定罪，并指示作出无罪裁决或命令进行一个新的审判。

2. 对不适宜受审裁定的上诉。被认为因精神异常而不适于受审的人可就此裁定向上诉法院上诉，理由可以是单独的法律问题、事实问题或事实与法律的混合问题。如有原审法官出具的"该案适于上诉"的证明，或经上诉法院同意，也可以以任何理由提出上诉。同样，被认为因精神异常而判无罪的人也可以就此特别裁定上诉。

3. 对无罪裁决的上诉。省总检察长或其指示的人可以以任何法律问题为由对无罪裁决提出上诉，也可以以存在法律问题为由对"被告人因精神异常不适于受审"的裁定上诉。

上诉法院可驳回上诉，也可核准上诉、撤销原裁决，并作出有罪裁定，或命令重新审理。然而，如果无罪裁决是由一个法官和陪审团共同组成的法庭作出的，则上诉法院不能裁定有罪，必须命令重审，并指示是由法官和陪审团审理还是由法官或治安法官审理。如被告人未要求由法官和陪审团审理，审判将由非一审的法官或治安法官审理。

4. 对量刑的上诉。被定罪并判刑的被告人可以在上诉法院或其法官的同意下对量刑提出上诉，除非该量刑是法律明确规定的。同样，省总检察长或其指示的人可以对法院判处的刑罚提出上诉，除非该量刑是法律明确规定的。

上诉法院可以考虑被上诉的量刑，为此它可以听取其认为适当的证据。上诉法院可以在法律规定的该罪行的量刑范围内改变量刑，或驳回上诉。

5. 上诉程序。加拿大刑事法典规定：有刑事管辖权的高级法院和上诉法院，经参加为此目的召开的会议的大多数法官的同意，可以各自制定与本法或其他任何议会法不相抵触的法院规则，此类规则适用于在该法院管辖区内提起的具有刑事性质的任何指控、诉讼、起诉或上诉，或者因此类指控、诉讼、起诉或上诉所引起的或附带的事项。据此，上诉法院拥有决定程序的权力。各省的上诉方式和程序都不相同，大多取决于特定的上诉法院的规则。

上诉人应当按上诉法院依照上述授权制定的规则所规定的方式和时限提出上诉状，

或向上诉法院提出同意上诉申请书。

对定罪提出的上诉案件中，上诉法院法官可以在收到上诉状或同意上诉申请书后、作出决定前，将被羁押的被告人释放；在对量刑提出的上诉案件中，被告人在得到上诉法院对上诉的同意后，即有权被准许保释。

上诉法院可能要求原审法官提交一份报告，陈述其对该案的意见及其他相关问题。该报告须遵循上诉法院的规则。应向上诉法院提交的资料还有：原审证据的副本、裁决理由、检察官和被告人及其律师的总结陈述等。被告人有权获得提交给上诉法院的上述任何材料的复印件，但须承担由此产生的费用。

在大多数省，对可诉罪案件的定罪或量刑提出上诉的被告人都有权获得法律援助。当上诉法院及其法官认为，从司法利益需要考虑，被告人应当获得法律帮助，而按照省的法律援助项目，该被告人不能享受法律援助时，可以随时为被告人指定一位律师，该律师的费用和支出应当由该上诉案件的总检察长支付。

被监禁的上诉人由律师代理的，无权在仅涉及法律问题的上诉中出庭，但法院规则允许上诉人出庭的除外。无律师代理的被监禁的上诉人有权出庭并作出口头辩论，被告人希望出庭的，上诉法院无权在其缺席时开始审判。

6. 司法部长的权力。被定罪或被判处预防性羁押的人可以向司法部长申请得到宽大处理。司法部长经过调查后确信根据案情应当指示重新审判的，可以通过书面命令指示重新审判，或者对于被科处预防性羁押的人重新审理。司法部长也可以随时将案件提交上诉法院，如同被定罪人或被科处预防性羁押的人上诉一样，由上诉法院进行审理。司法部长可以随时将他希望取得法院帮助的问题提交上诉法院，上诉法院应当相应地提供自己的意见。

7. 向加拿大最高法院的上诉。

（1）因可诉罪被定罪，且其定罪被上诉法院维持的人，可以就下列问题向加拿大最高法院上诉：上诉法院法官持不同意见的法律问题；如果经加拿大最高法院批准上诉，可以就任何法律问题上诉。

（2）下列人员可以就法律问题向加拿大最高法院上诉：受可诉罪指控，但被无罪释放，然而其无罪释放被上诉法院撤销的人；与上述人员一同接受审判并被定罪，而其定罪被上诉法院维持的人。

（3）被裁定因精神失常不负刑事责任的人具备下列情况，可以向加拿大最高法院上诉：该裁决被上诉法院以同样理由予以维持；上诉法院对其作出有罪裁决。

被裁定不适宜受审并且该裁定被上诉法院维持的人，可以向加拿大最高法院上诉。

上述两种上诉可以就下列问题提出：有关上诉法院法官持不同意见的法律问题，或如果经加拿大最高法院批准上诉，可以就任何法律问题上诉。

（4）当上诉法院判决撤销定罪裁决或驳回控方上诉的，省总检察长可以就下列问题向加拿大最高法院上诉：有关上诉法院法官持不同意见的法律问题；如果经加拿大最高法院批准上诉，可以就任何法律问题上诉。

除非上诉人按照加拿大最高法院规则的规定以书面通知答辩人，否则加拿大最高法院不受理上诉。

加拿大最高法院对于上诉可以作出任何上诉法院可以作出的命令,可以制定任何对执行其判决有必要的规则或命令。

最后,在法定刑方面,法典规定有罚金、监禁、终身监禁、不定期监禁(适用于危险犯)、缓期执行的刑罚和缓刑、无条件释放和附条件释放。此外,还规定了对被害人的赔偿,以及禁制令和没收等刑罚。对于因精神病不负刑事责任的犯罪人中有危险者,则有在精神病医院的不定期看管和医疗等处理方式。

五、量刑程序

(一) 量刑目的[1]

《加拿大刑事法典》第 718 条规定,量刑的根本目的在于,通过适用具有下列一项或多项目的的制裁,积极预防犯罪,促进对于法律的尊重,维护正当、和平和安全的社会秩序:(a) 谴责非法行为;(b) 威慑罪犯和其他人使其不实施犯罪;(c) 必要时将罪犯与社会隔离;(d) 协助改造罪犯;(e) 为犯罪给被害人或者团体造成的损害进行补偿;(f) 增强罪犯的责任感和对于给被害人和团体造成的损害承担责任。

(二) 两种独特的制度[2]

1. 强制性最低监禁刑。加拿大国会在 1977 年将强制性最低监禁刑适用于火器犯罪。此后,加拿大每届国会都会审议关于增加强制性最低量刑罪名的议案。2006 年 5 月第 C-10 号法案进一步提高了有关涉火器类犯罪、有组织犯罪的最低刑期。截止到 2006 年加拿大刑事法典中共有 40 多种犯罪必须适用强制性最低监禁刑,除了针对谋杀罪、叛国罪适用终身监禁,非法赌博罪第二次定罪适用 14 天、3 次以上定罪适用 3 个月的强制量刑之外,其他的强制性最低监禁刑所涉罪名大致可以分为三个类型:涉及火器和其他武器的犯罪;涉及儿童的性犯罪;交通肇事致损罪。

加拿大遵循的是一种"罪分轻重,区别对待"的刑事政策,即对危险性较高的恶性犯罪,采取严厉打击的姿态,强调监禁刑的实际适用;而对于危险性较低的犯罪人则更多地考虑悔过自新、平复伤害、促其反省的目标,适用非监禁性的刑罚措施。

2. 附条件不监禁。附条件不监禁既包含了非监禁性刑罚措施的因素,又体现了监禁刑的一些特点。它体现了《加拿大刑事法典》第 718 条第 (a)、(b) 项中所设定的谴责及震慑目标。同时,由于这种刑罚措施是在社区执行的,因而它又体现了《加拿大刑事法典》第 718 条 (d)、(e) 和 (f) 项中所确立的罪犯改造的恢复性功能,对被害人和社会的弥补功能,培养和增强罪犯责任感的功能。

附条件不监禁与缓刑的适用条件颇为近似。条件之一为强制性条件,包括遵守法律规定,举止良好等;条件之二为选择性适用条件,由法官根据案件的具体情况来加以

---

[1] 罗文波、冯凡英译:《加拿大刑事法典》,北京大学出版社 2008 年版,第 491~492 页。
[2] "量刑程序"部分以下内容参考:中国政法大学刑事法律研究中心赴加拿大考察组《加拿大量刑程序考察报告》(2006 年 10 月),有删节。

确定。

附条件不监禁可以附加一些限制服刑人自由的条件，缓刑所附条件则相对轻微。就其适用范围而言，法庭认为，除了应当适用强制性最低监禁刑的那些犯罪，其他的犯罪均可以适用附条件量刑。

（三）量刑听证程序

在加拿大，定罪程序与量刑程序分别为独立的程序。如果被告被确认为有罪，还必须专门就量刑问题举行听证，即量刑听证程序。这种听证程序一般先由控辩双方在举行量刑听证程序之前分别向法庭提交一份量刑前报告，被害人则提交一份被害人影响陈述。控辩双方在听证时可以向法庭提出量刑意见，并阐明自己的理由，对量刑问题有争议可以进行辩论。法官对被告人量刑时会充分考虑各方意见，并且在判决时详细阐明对被告人量刑的理由。

1. 量刑前报告的提交。在被告人被确认有罪之后、量刑听证程序正式开始之前，法院可以要求律师和检察官提供一份量刑前报告，量刑前报告区别于量刑建议书，它是一份对被告人进行背景介绍的文件。

2. 被害人影响陈述的提交。被害人向法庭提交一份陈述，描述自己因被害而受到的影响，包括身体状况、经济状况、心理状况等。在加拿大的发展体现了一种缓慢但普遍的趋势，即被害人在刑事司法体系中表现得更加积极。

3. 量刑听证程序的进行。

（1）量刑意见的提出。量刑听证程序开始时，先由控辩双方提出量刑意见，双方都必须针对自己的意见阐明理由。多数情况下，量刑意见由检察官、被告人以及他（她）的辩护律师提出。有时量刑意见还会以控辩双方联合意见的形式提出，称为联合量刑意见，这就意味着控辩双方在量刑之前已经达成了某种协议。这种协议也就是辩诉交易制度在量刑阶段的体现。

（2）举证和证明。如果量刑听证程序中的控辩双方对被告人的量刑没有争议，法官就会直接量刑。如果双方对量刑存在分歧，就要进行举证和辩论。检察官必须遵循"排除合理怀疑"的证明标准，对被告人的加重情节或者从前曾受过刑事处罚的"前科"记录进行证明。

（3）法庭在量刑听证程序中的职责。包括法庭对所科处的刑罚必须给出详细的理由；法庭必须给检察官和被告人提出量刑意见的机会；法庭有义务询问被害人是否被告知提供被害人影响陈述的权利。法庭在量刑听证过程中必须询问被告人是否有意见要表达。

（四）加拿大恢复性司法制度与量刑程序

量刑阶段是体现恢复性司法理念的重要阶段。加拿大为应对犯罪浪潮，采取了"轻轻重重"的理性刑事政策，在尊重土著居民纠纷解决传统的基础上实施了多元化的恢复性司法实施方案。在土著人的传统中，协商、谈判和圆桌会议等方式普遍用于纠纷解决，甚至一些较为严重的刑事案件也不例外。它现在被推广用于所有的乡村和城市的土著居民社区。

1995 年 6 月加拿大通过的 C-41 号法案因为引入恢复性司法理念而成为了加拿大刑法制度的分水岭，也为恢复性司法在加拿大的适用提供了合法基础。除了贯穿在量刑阶段的刑罚轻缓化、非监禁化的恢复性司法理念和制度外，加拿大的恢复性司法还具有以下运作模式：

（1）加害人—被害人和解/调解模式，主要适用于在审前转处阶段。

（2）家庭小组会议模式，主要适用于青少年犯罪，也被逐渐推广到成年人犯罪中，它一般发生在审前转处阶段或者量刑前阶段。

（3）量刑圈模式，指就如何量刑征求被害人、被告人、双方家庭成员、朋友、社区成员、法官、检察官、律师、警察等人的意见并达成一致的特殊量刑程序。量刑圈作为常规量刑程序之外的一种特殊量刑程序被适用。在效力上，量刑圈的决定也不是绝对的，如果量刑圈科处了不恰当的刑罚，法官有责任予以纠正。它不仅存在于量刑阶段，还扩展到了对犯人作出假释决定的执行阶段。

六、矫正制度[1]

加拿大矫正制度涉及监狱、假释、监视居住等问题。其中重要的是有条件释放问题，即假释。加拿大的三种假释包括：

1. 日假释也称白昼假释。这种假释是使犯人参加以社区为基础的活动，包括疾病医疗、教育和就业的一种假释。对象是 6 个月以下刑期，含 6 个月刑期的。具体做法是白天走出监狱，晚上回监狱或社会的矫正中心（又称"中途站"）。

2. 完全假释。是指犯人在社区服完余刑的一种假释制度。犯人在监狱服刑 1/3 以后可以申请此种完全假释。由加拿大联邦或各省假释委员会分别审批。适用这种假释的人，都要接受专职人员（主要是矫正局的人）的监管，以改造成守法公民。

3. 法定释放。这是针对罪犯在监狱中已经服刑 2/3，未曾批准假释或曾被批准过假释和被撤消假释的联邦监狱的大多数囚犯，予以释放，在社区服满剩余刑期的一种制度，也是囚犯的一项法律权利。

第四节 加拿大证据制度

加拿大的证据制度传统上吸取自英国，自 1982 年《加拿大权利与自由宪章》颁布后，其证据制度发生了变化，开始向美国证据制度靠拢。但是，这只是具体的证据适用或证据规则上的发展，从根本上说，加拿大的证据制度以普通法系为渊源，其主要内容都与英美没有大的区别。1985 年颁布的《加拿大证据法》对加拿大包括刑事诉讼在内的各种诉讼中的有关证据事项作了非常原则并且尚不全面的规定。

---

[1] 资料来源于中国政法大学刑事法律研究中心赴加拿大考察组："赴加拿大考察访问报告——审判公正问题"，载陈光中主编：《审判公正问题研究》，中国政法大学出版社 2004 年版，第 454～455 页，有删节。

一、加拿大证据法

《加拿大证据法》于 1985 年颁布以后，经过了多次修正，现行《加拿大证据法》包括三个部分：第一部分适用于加拿大"所有的刑事程序和所有民事程序以及议会管辖之内的其他事项"；第二部分适用于"涉及加拿大之外的其他法院程序的取证活动"；第三部分规定的效力及于"在外国从事公务的皇家外交机构和领事机构的官员；在外国或除加拿大外的其他英联邦国家或附属区域中的任何地方履行其职务的加拿大外交、领事或代表机构的官员、加拿大政府首席商务代表或商务副代表以及加拿大荣誉领事官员"。

通观《加拿大证据法》，其中对刑事证据制度有重要意义的主要是第一部分第 2 章和第 3 章中有关证人的规定，这些规定有：

1. 犯罪和有利害关系之人不丧失作证资格。一个被与被告人分案指控的共同犯罪人，在刑事诉讼中是有作证资格的，法官不能因为该人与被控犯罪存在的利害关系否定其作证资格。当然，法官在考虑了所有有关情况之后，可以在认为排除其证据是符合司法利益时自由裁量决定不采纳该证据。

2. 关于夫妻之间的作证资格，有以下规定：

（1）除另有规定外，所有被控犯罪的人的妻子和丈夫都有资格作为被告方的辩护证人，不论此人是否被控独自犯罪或共同犯罪。

（2）被控有触犯如下犯罪或犯罪未遂之人的妻子或丈夫有资格作为控方证人，并可被强迫作证，无须获得被控人的同意。包括：《少年犯罪法》第 136（1）条或者《加拿大刑事法典》第 151、152、153、155、159、160（2）或（3）、170～173、179、212、215、218、271～273、280～283、291～294 或 329 等条之一。

（3）丈夫不得被强迫公开在婚姻关系存续期间其妻子与其交流的内容，妻子不得被强迫公开在婚姻关系存续期间其丈夫与其交流的内容。

（4）如果原告或受害人不满 14 岁，被控犯《加拿大刑事法典》第 220、221、235、236、237、239、240、266、267、268 或 269 条等规定的犯罪之人的妻子或丈夫，可以为控方证人，并可被强迫作证，无须被控人同意。

（5）法官或控方对被控之人及其妻子或丈夫未能作证的事实不得加以评论。

3. 关于证人归罪问题。首先，证人不得以其回答可能致罪为由，或以可能致使他在王室或其他人起诉之民事程序中承担责任为由，拒绝回答提问；其次，如果依据本法或省级立法该证人被强迫回答提问，其回答不得在此后的任何刑事程序中被使用或采纳为于其不利的证据，除非他被控在此作证中犯有伪证罪。

4. 关于哑人作证。不能说话的证人可以以他能表明意思的其他方式作证。

5. 关于专家证人。在任何刑事或民事的审判或其他程序中，原告、被告或其他当事人无需法庭、法官或程序主持人同意即可依法或根据惯例邀请专业人员或其他专家提供意见证据。各方最多可邀请五位专家证人。

采纳专家意见作为证据的唯一条件是该专家证人具备事实审理者所不具备的知识和经验。专长不足将影响专家证言的证明力，但不影响其可采性。提出专家证人的一方应当证明该证人在作证领域内具备专业知识和经验。

6. 关于"敌对证人"。

（1）提出证人的一方当事人不得以一般的品格证据对该证人的可靠性提出质疑，但是如果法院认为证人的作证对该方不利，该方当事人可以提出其他证据反驳证人，或者在法院的同意下证明证人此时的证言与先前陈述不一致。但是在证明前必须先说明作出先前陈述时的具体场合以提示证人，并询问是否有过这一陈述。

（2）提出证人的当事人主张证人在其他时间所作书面陈述或有记录的陈述与现在的陈述不一致的，法院可以准许该当事人就此陈述对证人进行交叉询问，以决定该证人是否为"敌对证人"。

7. 对先前书面陈述（犯罪侦查中的书面证言）的交叉询问。在任何审理中都可以就证人先前的书面陈述或有记录的证言在不向其出示的情况下对证人进行与案件有关的交叉询问。法官在审理中的任何时候，都可以将该书面文件交给证人查看，并以法官认为适当的方式加以采用。

8. 对先前口头证言的交叉询问。与案件标的相关的先前陈述被认为和当前陈述不一致从而被交叉询问的证人，若不明确承认他曾做过此陈述，可以被证明他确曾作过该陈述，但在提出证据前，必须先说明作出先前陈述时的具体场合以提示证人，并询问是否有过这一陈述。

9. 对证人犯罪前科的审查。证人可以被询问是否曾经犯罪，如果证人否认或拒绝回答，对方当事人可以证明其曾经犯罪。可以用来证明曾经犯罪的证据有身份证明、简易定罪判决书等。

10. 宣誓与郑重陈述。证人作证前都应宣誓，证人宣誓由法官主持。被传唤作证之人以良心芥蒂为由反对宣誓，或以无资格宣誓为由被反对宣誓的，可以作如下庄严的陈述："我郑重陈述我的证言是真实的，是全部真相，除了真相别无其他"。这样作出的陈述与宣誓有同等的效力。

11. 关于作证资格有争议的证人。证人不足 14 岁，或因其精神状况有争议的，法庭应当在准许此人作证之前先行聆讯并决定：此人是否理解宣誓或郑重陈述的性质；此人是否可以表达证据内容。如该人理解宣誓或郑重陈述的性质，则应当在宣誓或郑重陈述后作证；如该人不理解宣誓或郑重陈述的性质但能够表达证据内容，可以在许诺说出真相的情况下作证；如该人既不理解宣誓或郑重陈述的性质也不能够表达证据内容，则不得作证。

《加拿大证据法》第一部分第四章规定：英帝国议会的所有法律、委员会总督或领地、现在是或将是加拿大组成部分之地区的委员会副总督所制定的法令，以及这些省或领地委员会通过的所有法律，不论是在 1867 年宪法法案制定之前或之后制定的，都应以司法认知予以采信；此外，议会制定的所有法律，不论是公法还是私法，也应作为司法认知予以采信。

应该说，加拿大证据法的规定是不全面的，在加拿大刑事诉讼中对于该证据法没有规范的其他诸多方面仍然依照普通法上的证据制度。

二、证据规则和证据展示制度

加拿大刑事诉讼中与证据有关的重要规则和制度有：传闻证据规则、证据排除规则和证据展示制度。

（一）传闻证据规则

所谓传闻证据，就是指由控方提交给法院的、其原始的证人不能出庭作证、不能被控辩双方询问的证据。普通法中对传闻证据的采纳有严格的限制，一般来说不能采信为证据。但是近年来加拿大在采纳传闻证据方面有所发展，如《加拿大证据法》中有关商业记录这种文件证据的规定表明，不需要原始的记录人出庭作证，也可采纳符合一定条件的商业记录为证据。

但是加拿大对传闻证据规则的例外可采的范围并不囿于制定法上的规定。其代表性判例确立了对此的一般性的分析方法和原则。自从 1990 年 R. v. Khan 案开始，法庭开始发展新途径，即符合必要性和可信性的双重标准即可采。1992 年的 R. v. Smith 案中最高法院再一次明确并完善了这种分析标准。包括首先考虑此证据是否在传统的传闻规则下被排除，而后再考虑是否存在必要性和可信性。最高法院同时承认它的自由决断和依事实而定的属性表明，在判例法下，仍将会存在诸多的不确定性伴随此种分析方法的应用。

（二）证据排除规则

由于《加拿大权利与自由宪章》的颁布，加拿大的证据排除规则自 1982 年以来发生了一些变化。加拿大传统上采用英国的排除规则，对非法取得的证据不是绝对予以排除。如果证据是由非法手段获得的，尽管其违反了程序法，但如果它是真实的，就可以被采纳，即证据能否被采纳关键取决于它是否能证明当时的案件事实。物证在许多情况下只需能证明案件事实，不论是如何取得的，一般都可以采用。

如某人被指控犯有谋杀罪，在讯问时，警察违反规则套取了口供，由口供得知杀人凶器的藏匿地点，由此发现了手枪。在这种情况下，非法取得的口供被法庭拒绝采纳，但手枪还是客观存在的，可以接受为证据。

1982 年以后加拿大仿照美国的做法，对非法取得的证据除了法律另有规定的以外，一般都予以排除，证据是否可采首先考虑的不是它能否证明案件事实，而是获取该证据的程序是否合法。如 1982 年颁布的《加拿大权利与自由宪章》第二十四章第二节规定：如果警察、检察官侵犯了宪章中所赋予的权利与自由，那么他们所获得的证据就被排除在外。在这点上，加拿大显示出向美国的做法靠近的趋势，但又与美国的做法不完全相同，美国的证据排除法则拒绝采纳"毒树之果"，即在采证过程中违反规则所得的证据几乎不被法庭采纳。而加拿大在有些情况下还是考虑采纳非法获得的证据，是否采纳，一般是根据犯罪的严重程度和对程序的违反程度来决定。如果是轻微的犯罪案件中严重地违犯了程序，则严重违反程序获得的证据将不被采纳；如果在严重的犯罪案件中，违反程序法的行为不是很严重，则一般可以采纳该违反程序法而获得的证据。加拿大的这种做法吸收了英美两国在证据排除规则上的做法，所以，它是一种折衷、妥协的产物。

(三) 证据展示制度

在加拿大刑事诉讼的起诉阶段，检察官决定起诉后，一般根据对方的要求，向被告人及其辩护律师披露控方准备在审判中展示的全部证据。不论对方是否提出要求，控方还有责任向其披露倾向于说明被告人无罪的一切证据。如果控方拒不履行这一义务，就有可能被法庭判为侵犯了被告人的宪法性权利。所以，凡是未在开庭前向辩方展示过的证据，原则上在审判中不得使用。

但加拿大检察官对证据的展示义务不是绝对的，而要由控方自由裁量而定。而这种自由裁量又要受制于司法审查。证据展示的义务是一个持续的义务，当获得新信息时，要进行新的展示。如果检察官不展示某些信息，被告人就可以向法庭申请，要求其进一步出示文件。在法庭命令出示这些文件之前，必须说服法官。在这些文件向法庭出示之后，法官将对出示的记录进行审查，以确定这些文件是否应当向被告人展示；如果要展示，应展示到什么程度。全面展示的权利只是充分答辩权的一个要素。法庭将考察未展示的证据可能对审判产生的影响，其中辩方要求检察官进行证据展示的执著程度将被考虑在内。[1]

证据披露的范围原则上是全面的，但存在三项例外，即不得披露的情况有：①披露该信息可能暴露警方秘密掌握的告密者，妨碍警方正在进行的侦查，或者暴露警方的秘密侦查技术；②该信息属于加拿大女王枢密院认为是保密的情况；③该信息是依法不得披露的信息，或者是在披露后有可能危害国际关系或危害国际或国家安全的信息。

面对现在案件中大量的证据资料（信息）如何高效、快捷、经济地予以披露问题，加拿大联邦政府正在考虑修改有关法律，即考虑规定以电子邮件的方式，或光盘的形式向辩方律师予以披露。[2]

在加拿大不存在宽泛的辩方展示的义务。辩方只承担一些很有限的展示义务，比如不在犯罪现场的抗辩。在辩方没有展示的情况下，将由法官自由裁量指示陪审团从这种展示缺乏中可以得出不利的推论。加拿大最近的立法已经表现出了简化和加速审判程序的倾向。2001年《加拿大刑事法典（修正案）》中大量的条文规定了辩方向控方进行证据展示的额外义务。辩方被要求提前通知控方其将传唤的在法医学或心理学领域的专家证人。不过，在行使充分答辩权利的过程中，即使是在他们依赖这些证据的意图没有被展示的情况下，被告人也不能被阻止出示证据或进行抗辩。被告人有沉默权，并有权依赖控方对犯罪指控要素的证明不能。[3]

---

[1] 节选自［加］艾琳·斯金尼德："对刑事审判中证据展示实践的最新修改"，韩阳译，载陈光中主编：《21世纪域外刑事诉讼立法最新发展》，中国政法大学出版社2004年版，第355~356页。

[2] 资料来源于中国政法大学刑事法律研究中心赴加拿大考察组："加拿大一审程序改革及落实反腐败公约相关情况考察报告"，载陈光中主编：《刑事一审程序与人权保障》，中国政法大学出版社2006年版，第341页。

[3] 节选自［加］艾琳·斯金尼德："对刑事审判中证据展示实践的最新修改"，韩阳译，载陈光中主编：《21世纪域外刑事诉讼立法最新发展》，中国政法大学出版社2004年版，第356~357页。

第五章　法国刑事诉讼法

第一节　法国刑事诉讼法的历史沿革

诚如法国著名的法史学教授安德烈·朗吉（André Laingui）教授及阿莱特·勒比格尔（Arlette Lebigre）教授在《法国刑法史》一书中所言，"法国刑事诉讼发展史大抵可视为弹劾式诉讼与纠问式诉讼之间的嬗变史。"前者主要存在于法国司法文明的初始阶段，而后者则存在于相对发达的司法文明背景中。因此，仅就法国刑事诉讼发展史而言，"弹劾式诉讼随着法律与文明的进步而逐渐转变为纠问式诉讼。"这一进程大抵可作一粗线条式的历史梳理：罗马共和国时期的法律、日尔曼法及封建时期的法均确立了弹劾式的诉讼程序。而罗马帝国时期的法律、教会法及15世纪之后欧洲大部分国家的法律则规定了纠问式的诉讼程序。

当然，刑事程序的发展史远比刑事实体法的发展史复杂，原因在于刑事诉讼与国家宪政体制紧密相关。国家权力结构的更迭、政治生态的变化乃至政治文明的转型都将深刻影响刑事诉讼的制度设计。因此，从弹劾式诉讼至纠问式诉讼的发展脉络仅是基于法国刑事诉讼背景下的一般考量，蕴涵着两个预设（présupposé）：①法国刑事诉讼嬗变史具有典型性但却远非欧洲甚至欧陆刑事诉讼发展史的唯一模型。因此，基于法国刑事诉讼发展进程所得出的一般判断不能取代对欧陆乃至欧洲刑事诉讼发展史的判断。②弹劾式诉讼与纠问式诉讼也并非截然对立。相反，两者在历史发展进程中呈相互融合的趋势。尤其是在大革命后，法国立法者对前述两种刑事诉讼形式进行了深刻地反思，逐步设立了"混合型"的诉讼体制，并一直延续至今。

已故著名法史学家哈罗德·J.伯尔曼曾言，"这就是整个历史的统一性，任何力图了解它的某个片断的人都必须意识到，他的第一个句子就撕裂了一张没有接缝的网。"因此，法国刑事诉讼亦可理解为"历史发展中"的刑事诉讼。唯有深刻了解这一动态的进程，方可深刻理解法国刑事诉讼的现状与特色。

一、弹劾式诉讼在法国的运作与发展

安德烈·朗吉教授和阿莱特·勒比格尔教授对弹劾式诉讼的基本特征进行了简要的界定，基本上代表了法国学界的通说：诉讼仅能由受害人启动（如果受害人已遇难则由

其家庭提起）；法官消极中立，不得主动受理案件，也未必是职业法官；未设职业检察官；庭审基本奉行公开原则、言词原则及对席原则。弹劾式的刑事诉讼程序主要规定于罗马共和国时期的法律、日尔曼法以及封建时期的法律之中。

罗马共和国时期的刑事审判大抵采用了弹劾式的诉讼程序，并开设了"平民进行刑事审判"的历史传统。不管是民会裁判程序，还是常设刑事法庭裁判程序，均体现了弹劾式诉讼的基本特征。民会裁判程序适用于罗马共和国初期。该程序分成两个审级：初审通常由执政官担任裁判者，而上诉审则由百人团民会（Comices Centuriates）或税收民会（Comices Tributes）裁判。由于史料缺乏，法国的法史学家仅提供了政治犯罪审判（procès politiques）的一些基本资料。例如，在政治罪裁判中，被告自由进行辩护；庭审奉行公开、言辞及对审原则；每个案件至多开庭 3 次，每次开庭间隔数天，在第三次开庭后被告即视为向民会提起上诉；平民投票决定维持或撤销原判决。常设刑事法庭（Quaestiones Perpetuae）裁判程序则出现于公元前 2 世纪。常设刑事法庭事实上是一个常设的陪审团，由 50～70 名"贵族法官"（主要从元老院议员和骑士中选出）所组成。庭审完全合乎弹劾式诉讼的基本特征：言辞、公开且对席裁判。陪审团消极中立，仅限于听取双方当事人的辩论，并自由作出表决。每位陪审员都拥有三块木板，带字母 A（Absoluo）的本板代表无罪；带字母 C（Condemno）的木板代表有罪；无任何标识（Ampliatio）的木板代表"补充侦查"（supplément d'information）。票数对等时判决有利被告。常设刑事法庭的判决为终审判决，不可撤销。如果原告捏造虚假指控（calumnia）、隐瞒事实或者在判决作出前撤回控诉（tergiversatio），则其将遭受刑事处罚。

封建时期的法律亦大抵规定了弹劾式的诉讼程序。在起诉权方面，法院基本奉行不告不理原则。当且仅当受害人或其家属提起诉讼时，诉讼程序方可启动。法官不得依职权主动受理刑事案件。但法律亦规定了两类例外：①对于现行犯，享有审判权的封建领主可主动启动刑事追诉程序；②因受害人、告发者等死亡而不能作为起诉者启动刑事诉讼程序的，封建领主可依维护公共秩序之需要依职权启动刑事诉讼程序。与罗马共和国时期的庭审程序相同，领主法院亦奉行公开、言辞及对席的庭审原则。起诉书、答辩状以及证据均需以言辞形式提交。法律对于公开审判原则未作任何保留。换言之，所有刑事庭审都必须公开进行。此外，当事人不能在刑事诉讼中聘请代理人，必须亲自出庭参与辩论（民事诉讼则可以聘请诉讼代理人）。

二、纠问式诉讼在法国的运作与发展

14 世纪中期，国王代理人制度（Procureur du Roi）和国王律师制度（Avocat du Roi）逐渐转变为刑事检察制度及民事检察制度。前者主要从中世纪裁判所的法官（Bailli）及处理各种行政及司法事务的官员中选出，专门负责刑事案件的公诉，即在刑事案件中以国王的名义对犯罪嫌疑人提起控诉。后者则从律师中选出，在涉及国王的民事案件中出庭应诉。国王代理人制度的确立结束了刑事诉讼由被害人自行提起的历史，实现了从"自行起诉"向"国家（国王）公诉"的飞跃，从此之后，国家权力便积极频繁地介入刑事诉讼，"随着社会的进步，直至国家权力的介入，才在我们所熟知的犯罪人、社会（由国家代表）及被害人之间形成三边关系。仅在这种关系存在之后，我们才真正地谈论被害人、刑事制度与犯罪政策"。但私人控诉依然在很长的一段时间内存在，直到国家追诉主义在法国全面确立。

检察制度的逐渐成型为纠问式诉讼程序提供了必要的前提条件。从时间上看，法国的纠问式诉讼程序大约确立于中世纪末期，与检察制度的成型具有连续性。教会裁判是最典型的代表。原因在于纠问式裁判可秘密处决异端，从而避免宗教丑闻外泄。同时期的世俗法院也深受影响，并逐渐转向了纠问式诉讼程序。在教会裁判中，私人控告逐渐得到控制。在大部分情况下，由检察官发动公诉并且担负举证责任。同时，法官也可依职权主动受理刑事案件。庭审秘密进行，大量采用书面证据。在绝大部分情况下，被告不会见到证人，也不享有对质的权利。为获取被告口供，酷刑普遍适用，并造成大量的冤假错案。这也是旧制度刑事诉讼程序备受苛责的一大要因。

由于法官的权力过大，立法者曾试图设立效力分明的证据链条以对法官进行必要的限制，即所谓的法定证据制度。但相对僵化的证明规则难以应对现实中千变万化的刑事案件。因此，法定证据制度在中世纪末期出现异变，成为酷刑的一大诱因。这主要是因为立法者将被告口供确认为"证据之王"，从而加大被告受刑的风险。但也应看到纠问式诉讼程序以及法定证据制度的进步性。例如颇具效率和权威的公诉制度便广为英美法国所借鉴；合乎一般逻辑推理的证据规则如优势证据原则、补强证据规则等被保留了下来，成为法官确认心证的辅助要素。

三、走向混和型的诉讼模式

大革命后，法国立法者试图引入英国的陪审制以在根本上实现诉讼结构的转型。但因时局所限，陪审制并未在法国顺利运作，而是经历了从"贵族陪审团"→"民主陪审团"→"理想化陪审团"→"附庸陪审团"→"保守陪审团"→"参审制"的改革进程。弹劾式与纠问式诉讼程序之间的此消彼长也构成了法国颇具特色的混合型诉讼程序。这一类诉讼程序尤其体现在法国最具影响力的两部刑事诉讼法典之中：一部是1808年公布的《重罪预审法典》[又称《重罪法典》（Code d'Instruction Criminellej）]，即旧刑事诉讼法典；另一部则是1959年开始实施的《刑事诉讼法典》（Code de Procédure Pénale），即现行刑事诉讼法典。

（一）《重罪预审法典》

大革命胜利后，法国于1789年8月26日发表了《人权与公民权利宣言》（Déclaration des Droits de l'Homme et du Citoyen），简称《人权宣言》，并于1791年制定了宪法。1799年雾月18日，拿破仑发动政变，建立了资产阶级专政的政权。1804~1810年，拿破仑亲自主持了法典的编纂和起草工作，先后审定并颁布了民法典、民事诉讼法典、商法典、刑事诉讼法典和刑法典等五部法典。

1808年12月16日公布、1811年1月1日生效的《重罪预审法典》共计643条。这部法典的制定者在控诉式诉讼与纠问式诉讼之间进行权衡，最后采取了一种折衷的做法，一方面规定在法庭审判之前的整个诉讼阶段实行纠问式诉讼程序，另一方面，在法庭审理阶段则采用控诉式诉讼程序。

依《重罪预审法典》之规定，对犯罪进行查证、确认以及对疑难案件的预审，采取书面形式，秘密进行，不实行对席审理，也不准许律师在预审过程中协助当事人。预审法官负责预审司法警察已经追查过的犯罪案件。但预审的最终结果则由评议庭（Chambre du Conseil）作出。该庭根据已收集到的证据，决定是否有必要继续追诉以及起诉后应移交哪个法庭（违警法庭、轻罪法庭或重罪法庭）审理。由于预审法官是评议庭的成员，所以预审法官对评议庭的决定有重要影响。

与此相反，在法庭审理时实行的程序则完全受控诉式诉讼各项规则的约束：法庭辩论公开进行，实行言辞辩论、对席辩论；重罪案件中由陪审团自主审理事实问题，但对轻罪案件，则只由法官审理；当事人拥有普遍的上诉权；等等。

《重罪预审法典》确立了一系列重要的基本原则，至今仍主导着法国的刑事诉讼程序，其中最重要的原则是职权分开原则，即追诉职权、预审职权与审判职权分别交由不同的机关与司法官行使。追诉职权原则上属于检察机关；预审职权，即收集证据、认定犯罪事实和犯罪性质的权力，由预审法官行使；而审判法庭独立行使审判权。此外，为维护公共秩序的目的，省长也可以行使预审的权力。

法国将刑事犯罪分为违警罪、轻罪和重罪三种，刑事案件按此分类分别由违警罪法庭、轻罪法庭和重罪法庭受理。换言之，法国法院的管辖权由犯罪的本身性质（违警罪、轻罪或重罪）而确定。除重罪法庭的审判为一审终审外，其他均为两审终审。法庭审理原则上实行合议制，但违警罪除外，违警罪有时由治安法官进行审理，有时由市长进行审理。重罪法庭由专职法官和业余陪审员共同组成合议庭，其他法庭则由专职法官组成。

（二）法国现行刑事诉讼法典

法国现行刑事诉讼法典于1959年3月2日实施。该法典共分卷首和六卷，计934条。卷首"公诉和民事诉讼"；第一卷"提起公诉和进行预审"，其下分为"负责公诉和预审的机关"、"调查和身份检查"、"预审法院"及"一般规定"四编。该编主要涉及司法警察、检察机关、预审法庭的机构设置及职权的相关规定等；第二卷"审判法庭"，分为"重罪法庭"、"轻罪的审判"、"违警罪的审判"和"法庭传票与执达员送达"四编；第三卷"非常上诉"，分为"复核审"、"再审"及"因欧洲人权法院作出的裁决而引发对刑事判决的重审"三编；第四卷"特别诉讼程序"，规定了有关"与国际刑事法院合作"、"伪造文书"、"诉讼文件遗失时的处理办法"、"接受政府成员和外国政府代表证言的方法"、"指定管辖"、"案件移送管辖"、"回避"、"对庭审过程中犯罪行为的审判"、"在共和国领土范围以外的犯罪"、"国际司法协助"、"军事方面的重罪、轻罪及侵害国家根本利益的重罪、轻罪"、"申请撤销禁止权利、丧失权利、无能力处分或撤销公告措施"、"经济金融方面犯罪的诉讼程序"、"公共卫生方面犯罪的诉讼程序"、"因犯罪行为而遭受经济损失的被害人请求赔偿"、"对恐怖犯罪的起诉、预审和审判"、"贩毒案件的起诉、预审和审判"、"淫媒牟利罪或利用未成年人卖淫罪的追诉、预审与审判"、"法人犯罪的起诉、预审和审判"、"性犯罪所适用的程序及受害人系未成年人的诉讼程序"、"全国 DNA 自动化数据库"、"证人保护"、"对因其表现而得以避免犯罪既遂、制止或减轻犯罪造成的损害或者得以鉴别正犯或共犯从而获得免除刑罚或减轻刑罚之受益人所适用的程序"、"请求最高法院作出意见批复"、"诉讼中电讯手段的使用"、"有组织犯罪的诉讼程序"、"因船只废弃而导致海域污染案件所适用的程序"、"受保护之成年人犯罪案件的起诉、预审及审判"以及"因精神问题而免责的诉讼程序及判决";第五卷"执行程序",规定了"刑事判决的执行"、"拘押"、"假释"、"公益劳动"、"缓刑与延期执行"、"被判刑人身份的认定"、"司法强制"、"禁止居留"、"社会·司法跟踪措施"、"电子监控"、"犯罪记录"、"被判刑人身份的恢复"以及"诉讼费用"。

　　法国新刑事诉讼法典的基本精神是进一步消除纠问式诉讼的残余,吸收控诉式诉讼的优长;强调对个人自由的保障,强化司法官的权威;使刑事诉讼在便于查明事实之外,也便于查明被追诉人的性格、环境等情况;提高审判效率,尽量避免错判等。新刑事诉讼法典还十分关注和确保职权分开及预审法官的完全独立地位,但仍基本上保留了省长的预审权力。

　　新刑事诉讼法典在实施以来的 40 多年里在总体上还算平稳。但自 2000 年以来,法国刑事诉讼便进入一段前所未有的动荡期。从 2000 年 6 月 15 日 "关于加强无罪推定及被害人权利保护的法律",到 2004 年 3 月 9 日 "使司法适应犯罪发展的法律(又称为贝尔本第二号法律)",再到 2007 年 3 月 5 日的《强化刑事程序平衡法》(以下简称"新法"),法国立法者几乎从未停止过对现行刑事诉讼法典各个条款的思考和权衡。改革频率之高、变动幅度之大,甚至连司法实务部门的工作者也经常感到无所适从。改革涉及诸多领域,例如 2000 年设立了自由与羁押的法官、增设重罪上诉程序、将无罪推定写入《刑事诉讼法典》、强化受害人的保护等;2004 年则专门针对有组织犯罪创设了一套独特的诉讼程序,延长了羁押的期限,扩大了强制措施的适用范围,旨在强化对该类犯罪尤其是恐怖犯罪的打击力度。与此同时,法国还在 2004 年引入了辩诉交易程序,即所谓的"庭前认罪答辩程序",旨在缓解长期以来因效率低下所导致的法庭堵塞。2007 年则重点改革了审判程序,对先行羁押程序以及预审程序进行了重大的修改。

　　遵循法国刑事诉讼立法改革的大体发展脉络,不难发现法国立法者试图在刑事诉讼中谋求某种"平衡"。这种"平衡"主要体现在如下四个方面:

　　1. "职权"与"对抗"的平衡。法国刑事诉讼向来带有浓厚的职权主义色彩。其中,预审法官更是法国职权主义的象征。但从 2000 年起,法国便开始酝酿预审程序改革:从设立自由与羁押法官到预审合议庭,从限制预审法官的权力到设立系统审查制度,甚至一度有学者主张废除预审法官制度。诸多改革举措都预示着职权主义在法国已日趋衰微。相比而言,强化程序对抗性则成为近十余年来新的立法改革主旨。"新法"开始允许律师广泛参与审前程序,也日益注重控辩双方在鉴定、听审等重要程序中的地位平等性和角色的对抗性。立法者力图为各方当事人构建相对平等的角力舞台,以最大限度地保证案件的真实发现。从这个意义上讲,"职权"与"对抗"的平衡当为"强化程序平衡"的应有之意。

2. "权力"与"权利"的平衡。审前程序同样也反映了公权力与个人权利的对抗和平衡。在乌特罗案件中,预审法官的权力几乎不受任何限制,甚至可决定长期羁押犯罪嫌疑人(有些被告在一审判决前已被羁押 3 年半)。这无疑是犯罪嫌疑人权利保护的"梦魇"。因此,"新法"以"限制权力"和"保障权利"为改革论调,试图在两者间寻求一种"和谐的平衡"。权利救济形式的多样化及"自治型"的权力制约机制便是一种有益的尝试。

3. "案件真实"与"诉讼效率"的平衡。在以"追求案件真实"作为主导目标的大陆法系国家中,"诉讼效率"的讨论虽不曾中断,但却一直未能深入。以提高诉讼效率为主轴的制度变革也往往收效甚微。2000 年,法国立法者在《关于加强无罪推定及被害人权利保护的法律》中首次将保障诉讼效率作为根本原则写入《德国刑事诉讼法》的序言篇,这预示着法国立法者在提高诉讼效率方面的决心和期许。2004 年 3 月 9 日,法国更是在贝尔本第二号法律(PERBEN II)中引入了"法式辩诉交易制度",即所谓的庭前认罪答辩程序(Comparution sur Reconnaissance Préalable de Culpabilité,简称 CRPC),将诉讼效率的讨论推到了"风口浪尖"。在 2007 年"新法"颁布前,Magendie 报告也明确将"诉讼效率"和"司法质量"直接联系,一系列以提高诉讼效率为根本目标的变革举措呼之欲出。但应注意到,法国立法者对诉讼效率的追求依然以保障"案件真实"为根本前提。"刑事裁判应快捷作出,这似乎是全世界均公认的刑事准则。……但法官也不能过于仓促、急躁。或如英国法学家 Fortescue 所言,'判决过于仓促,则司法将万劫不复'。"这一颇具代表性的论述也可解释为何"新法"在"提高诉讼效率"的改革举措上略显保守。可以预计,"案件真实"与"诉讼效率"之间的博弈和平衡将成为法国学术界相当长一段时间内的热门话题。

4. "法兰西传统"与"域外经验"的平衡。诚如法国著名的公法学家米歇尔·弗罗蒙教授(Michel Fromont)所言,"不管在司法领域还是在政治领域,法国人都对其制度的原创性津津乐道。"这种相对保守的制度优越感也造就了所谓的"法兰西例外"(l'exception française)。仅就刑事诉讼而言,颇具特色的预审制、参审制、民事当事人制度、受协助证人制度等无一不带有浓厚的本土色彩,这也在相当程度上给从事法国法研究的外国学者带来了一些困扰。但自 20 世纪 60 年代以来,法国的刑事程序法开始越来越多地借鉴域外的经验,且这一发展趋势还在持续之中。因此,寻求"法兰西传统"和"域外经验"的平衡便成为法国学界不得不面对的一大难题。与中国类似,法国学界大抵也呈三种流派:保守派、务实改革派和激进改革派。从"新法"的措辞看,务实改革派大抵占据主流观点。该流派主张在"法兰西传统"与"域外经验"寻求一种平衡,既不排斥域外经验的吸收,也寻求法兰西传统的延续。"新法"的诸多改革举措便反映了这一思想。例如,预审法官制度的改革。如前所述,在乌特罗案件曝光后,曾有激进派议员主张废除传统的预审法官制度,并以侦查法官制度取而代之。但更多的学者持反对意见。反对的原因主要有二:①预审法官在长期的演进过程中已成为法兰西法律传统的一部分,激进的变革可能导致整个刑事诉讼制度的颠覆和崩溃,并可能导致制度排异及实践的强力反弹;②德国和意大利的经验也不具有太大的借鉴意义。事实上,德、意两国近些年的司法实践表明，侦查法官制度根本无法有效遏制审前程序的权力滥用行为。可见，法国立法者在修法问题上较为理性，也较具制度优越感。当然，"新法"也借鉴了不少域外的经验，如设立预审庭主导的系统审查制度、确立审前视听录音制度等，这在许多国家早已适用，并取得了良好的效果。

（三）《欧洲保障人权和基本自由公约》对法国刑事诉讼的影响

《欧洲保障人权和基本自由公约》（简称《欧洲人权公约》）1950 年签订于罗马。法国于 1973 年 12 月 31 日通过法律批准了该公约，并于 1974 年 5 月 3 日予以公布。按照法国 1958 年 10 月 4 日宪法第 55 条的规定，这一国际公约具有高于法国国内法的效力。因此，《欧洲人权公约》包含的所有条款，尤其是涉及刑事诉讼程序的所有条款，比如关于逮捕与拘押的规定，关于"公正程序"与辩护权的规定，关于尊重私生活与家庭生活的规定，尊重住所不受侵犯以及尊重通讯自由的规定都对法国刑事法院具有强制遵守的效力。2000 年 6 月 15 日，法国专门增设了一种形式的再审，即"因欧洲人权法院所作出的裁决宣告而导致的刑事判决重审"（又称为重审程序：le réexamen des procédures）。依《法国刑事诉讼法》第 626 - 1 条之规定，经认定有罪的任何人，如欧洲人权法院作出的裁决认为对该人所作出的有罪宣告违反《欧洲人权公约》或其附加议定书的规定，只要从性质和严重程度看，经认定违反公约或议定书的情形对被判刑人引起了损害后果，并且按照公约第 41 条给予"公正的满足要求"仍然不能终止此种损害后果时，得请求对最终确定的刑事判决重新进行审查。该程序的目的便在于保障《欧洲人权公约》在法国刑事诉讼领域的适用。

第二节 法国刑事司法组织

一、司法警察

（一）司法警察的人员组成

按照法国现行刑事诉讼法典的规定，司法警察是一种身份，而不是固定的职务。司法警察是有权进行初步侦查的人员，包括司法警官、司法警员与助理司法警员，以及其他依法享有某些司法警察职权的人员，他们各自所拥有的职责与权力不相同。

1. 具有司法警官身份的人员包括：①市（镇）长及其助理；②经司法部和国防部提名，并征得某个委员会同意的宪兵军官、授衔军士和在宪兵队服役 5 年以上的宪兵；③警察局局长、副局长、警察分局局长以及国民警察中侦缉队现役 2 年以上具有警衔的警员，经一个委员会审核同意后由司法部长和内政部长正式任命。此外，隶属于内政部的担任司法警察局长、副局长职务的官员，以及隶属于国防部的担任宪兵局长或副局长职务的官员也被法律赋予司法警官身份。

司法警官是初步侦查的组织者和领导者，他们有权接受报案、采取法定侦查措施和决定拘留嫌疑人，其具体职权有：①接受控告、检举并且进行初步侦查，负责查明违反刑事法律的罪行，收集犯罪证据，在案件未破获前确认犯罪人，在案件破获后，执行预审法官的命令并听从其要求；②根据共和国检察官的指示并在检察长的监督下，负责对案件的初步侦查；③对现行的重罪和轻罪行使法定的权力；④为执行任务，有权直接动员公众力量；⑤在知悉发生重罪、轻罪和违警罪后，有义务立即报告共和国检察官。在行动结束后，应将取证笔录的正本、副本以及有关的文件送交共和国检察官，笔录中应说明作成笔录的司法警官的身份，扣押的物品则仍由本人保管；⑥对检察长所作的指示，负有侦查责任的司法警官在作出任何决定前都应予以考虑。

2. 具有司法警员身份的人员包括：①不具有司法警官身份的宪兵；②不具备前述第三种司法警官条件的国家警察局中的便衣警察；③国家警察中的调查官、第一级别的调查官、经过技术考核的第二级别的调查官和符合法定条件的调查官，或从1979年3月1日起见习2年以上的警察；④其他第二级别的国家警察调查官和其他国家警察中的治安警察，他们应为2年以上正式的国家警察，并且按最高行政法院规定的条件通过考试；⑤国家警察的一等、二等、三等警士长和警士，以及具备技术资格证书的实习警员。此外，国家警察的其他侦查员以及警士，至少有2年服役时间并经过技术考试者也是司法警员，他们只有当被派遣在相应的岗位时，才能行使司法警员的职责。

司法警员的职责是：在履行其职责的过程中协助司法警官；查明重罪、轻罪和违警罪，并制作笔录；用笔录的方式记录一切可能向他们提供的有关主犯、从犯犯罪行为的形迹、证据和情况。但司法警员无权决定采取拘留措施。

3. 以下人员可以成为助理司法警员：①不具备司法警员身份的正在执勤的国家警察；②城市警察。

助理司法警员的职责是：①在履行其职责的过程中协助司法警官和司法警员；②向上级报告自己知晓的任何重罪、轻罪和违警罪的情况；③根据上级的指示，查证核实任何违反刑法的犯罪行为，收集任何旨在发现犯罪嫌疑人的信息。所有这些行动都应符合组织法和对他们本身作特殊要求的法律。但与司法警官及司法警员不同的是，助理司法警员没有制作具有特别证明效力之笔录的权力，所以其起草的所谓"笔录"实际上只不过是一份报告，仅具有向上级长官提供一般情报的价值。与此相反，司法警员可以查证与勘验犯罪，并制作勘验犯罪的笔录，以笔录方式接收向他们提供的情况。另外，司法警员与助理司法警员都无权决定采取拘留措施，也没有直接动员公众力量的权力，只有司法警官具有这些特别权力。

4. 其他依法具有某些司法警察职权的人员包括：①区长、森林河流管理员、乡村治安员等。他们有权追查核实有关危害森林和乡村财产的轻罪和违警罪并制作笔录。法律规定区长、森林河流管理员、乡村治安员有权追踪移往他处的财物，并予以查封；有权在司法警官在场时进入房舍、车间、办公场所和庭院；发现任何正在作案的犯罪行为人时应将其扭送至司法警官处，听从共和国检察官、预审法官和司法警官的要求而予以协助；在履行职责时，区长、森林河流管理员可以直接动用公众力量，乡村治安员可以向镇长、镇长助理和宪兵队长求助，这种要求不得被拒绝；区长、森林河流管理员应向上级递交关于森林财产遭受侵害的笔录报告，乡村治安员应通过警长或当地负责公共安全的长官,或当地的宪兵指挥官向共和国检察官提交其制作的笔录,而向当事人送交的关于对犯罪事实确认的笔录应最迟在确认之时起 5 日内寄出。②政府机关行政公务员和公共服务官员,如税务管理部门、国家铁路公司、计量审查部门、国家保护自然森林总局的工作人员,可以在特别法规定的条件下,行使司法警察的职责。③经宣誓的特殊的保卫人员,这主要指在狩猎与捕鱼等方面安排的专门看管人员。他们应制作笔录记录所有有损于其所看管的财产的轻罪和违警罪。这种包括主要犯罪事实和理由的笔录应直接提交或通过挂号信的方式直接邮寄给共和国检察官,并应最迟在笔录中所针对的犯罪行为确认之时起 3 日内寄出,否则无效。

此外,依据法国现行刑事诉讼法典的规定,省长拥有司法警察权。省长在和平时期行使司法警察权,应立即通知设在国家安全法院的检察官,并在开始行动后 48 小时内,将有关证据材料和捕获的人犯移送检察官,否则,逾期的诉讼程序全部无效。同时,所有按省长要求从事上述工作的司法警官以及行政公务员,应毫无迟延地向设在国家安全法院的检察官提供有关报告。省长在战争时期行使司法警察权,应立即通知有司法管辖权的军事长官,如不能立即通知有司法管辖权的军事长官,而又情况紧急的,可通知共和国检察官。

(二) 司法警察的组织制度

从组织系统来说,法国具有司法警察身份的人员主要属于"民警"和"军警"两大部门,"军警"是指法国的宪兵部队;"民警"又称国家警察,是相对于"军警"而言的,指的是法国的国家警察总局及各地的市镇警察局辖下的警察。

1. 国家警察。国家警察统一归内政部领导,受国家警察总局局长的直接指挥,现有警察约 12.5 万人。国家警察系统由两部分组成,一是国家警察总局,一是地方市镇警察局。巴黎警察局的地位比较特殊,本来也属于地方市镇警察局,但 1966 年 7 月与原内政部保安局合并之后,便成为国家警察总局的组成部分,但它在组织方面仍具有很大的独立性。

(1) 国家警察总局。国家警察总局下设 5 个基本中心局:一般情报中心局、公共安全中心局、司法警察中心局、移民监控与反对地下雇工中心局和领土监视中心局。

其中,司法警察中心局负责指导和协调全国警察机构的犯罪侦查工作,负责集中查找最可怕的罪犯和发现最严重的犯罪,并向地方警察部门提供最有效的侦查手段。司法警察中心局下设三个处:第一处为总务联络处,负责法律研究、犯罪统计、计算机信息管理和刑事案件通报等;第二处为犯罪事务处,负责侵犯人身和财产的犯罪、盗窃国家机密的犯罪、毒品犯罪、团伙犯罪等重大案件的侦查;第三处为财经事务处,负责财政、金融、经济等领域内各种"白领犯罪"案件的侦查。此外,司法警察中心局还对其在全国设立的 19 个地区级司法警察大队及巴黎警察局司法警察处行使领导权。这些地区级司法警察大队主要负责该地区内的集团犯罪、流氓犯罪和职业犯罪的侦查。

(2) 巴黎警察局。如前所述,巴黎警察局是法国国家警察总局的一部分,因此,它处在总局局长的直接领导下,但是它又有自己独立且相当完善的组织系统。

巴黎警察局的管辖范围包括巴黎市和它周围的 3 个省,共分为 20 个市区和 80 个郊区市（镇）。每个市区和郊区市镇都有一个警察分局。巴黎警察局的管辖范围只占全部国土的很少一部分，但人口却大约占全国的20%。巴黎警察局现有警察约35 000人。

巴黎警察局总部分为两大部门，下设11个处。行政管理部门下设：人事、预算、支持和司法处；一般警务处；公共保安处；公共卫生与健康处；交通、运输和商业处。行动部门下设：着装警察处；司法警察处；情报处；金融犯罪处；技术服务处；总统保卫处。

司法警察处是巴黎警察局的犯罪侦查部门，下设：刑事警察大队、毒品风化大队、反抢劫大队、反盗匪大队和12个地区司法警察大队。其中刑事警察大队名气最大，有侦探100多人，负责巴黎地区最复杂的犯罪案件的侦查。

（3）地方市镇警察局。法国没有省级和地区级警察机构，但省和地区的行政长官都对本省或本地区的警察机构负有监督的职责。法律规定，人口在1万以上的市镇都应建立自己的警察局，局长虽由市长任命，但要服从省行政长官的领导。

在较小的市镇里，警察人数少，因此其组织结构比较简单，往往只分为着装警察部门和便衣警察部门。前者负责维持治安等一般性警务，后者负责犯罪侦查。在较大的城市里，警察人数较多，因此其组织结构也较复杂，一般分为着装警察、犯罪侦查部门、一般情报部门和反间谍部门，并且经常把城市划分为若干警区，每个警区设一个警察分局。

市镇警察局的侦查人员负责本市一般刑事案件的侦查。重大刑事案件和跨城市刑事案件由国家警察总局司法警察中心局的地区大队负责侦破。特别重大的刑事案件则由司法警察中心局的专门侦查人员负责侦破，但市镇警察局的侦探也可以参加侦查工作和协助破案。

2. 国家宪兵。法国的军事警察——宪兵部队隶属于国防部，现有警员约94 000人。国家宪兵负责乡村和人口在1万以下的市镇的警务，其管辖地域约占法国领土的95%。法国宪兵是一个高度集中的体系，而且基本上是按照军队体制建立的。

法国宪兵的中央机构是国防部下的国家宪兵总局，与之并列的还有宪兵总督察局。国家宪兵总局的总部设有行政处、总务处、技术处、诉讼处、军法处等部门，负责全国各地宪兵队伍的指挥、管辖和协调。

法国国家宪兵包括两大基础编制：省属宪兵队和机动宪兵队。

（1）省属宪兵队负责司法警察和行政警察的工作，其地方机构有军团、联队、大队、中队和小队。法国全国有7个军区，每个军区设1个宪兵军团；7个军区又分为22个大区，每个大区设1个宪兵联队；每个省设1个宪兵大队；省内则根据情况设若干中队；中队下面再设若干小队。各级宪兵组织在自己的辖区内负责维护社会治安和保证法律的实施，宪兵中的司法警察则负责犯罪侦查工作。

（2）机动宪兵队是一支以确保和维护公共秩序为目的的机动力量。作为机动性防暴部队和紧急反应部队，它部署在各省，其分队没有固定的辖区，只有一个驻防地点。机动宪兵在巡逻时，一般都是以团队、中队、分队或巡逻小组的形式活动，且只有在其长官接受民事当局向其发出的请求后发出命令时，才能开展行动。

法国宪兵除了具有军事警察的职权外，还履行行政警察与司法警察的职权。在开展司法警察工作方面因为各宪兵中队相互之间的巡逻地域划分形成了一个严密的管辖网，所以他们为司法机关提供了极大的帮助。

（三）司法警察的职权

司法警察的活动可概括地分为两种情况：案件尚未开始正式侦查时，负责查证、勘验犯罪、收集犯罪证据以及查找犯罪行为人；案件开始正式侦查后，仅限于执行预审法官的委派事务并服从其要求。

按照司法警察是在没有任何现行犯罪的情况下自动开展工作，还是在发生现行重罪或现行轻罪的情况下或是按照预审法官的命令开展工作，司法警察的上述一般职权的范围有所不同。司法警察职权的行使还受到各种因素的限制，这些限制一部分是由职权本身的性质决定的，如司法警察的某些行为只能在现行犯罪案件中才能实施；另一些限制则是由执行人在司法警察队伍中的级别决定的，法律对司法警官、司法警员和助理司法警员的各自职权都有明确的规定；最后，司法警察还应在其辖区内履行职责。

1. 司法警察的一般职权。法国现行刑事诉讼法规定，司法警察有权接受告诉与控告、以笔录查证犯罪、进行身份检查与核查。

（1）接受并转送告诉与控告。"控告"，广义上是指任何一个人向有关当局报告发生了犯罪案件，狭义上是指不是被害人的第三人向警察机关或司法机关报告发生了犯罪行为。"告诉"，法律上是指由被害人本人提出的控告。法律规定，司法警察应将其接收的告诉与控告转送共和国检察官。

（2）以笔录查证犯罪。法律要求司法警察查证、勘验犯罪及其情节和犯罪所留下的各种痕迹，同时规定司法警官、司法警员及工程师、区长、森林河流管理人员、经宣誓的特别看守人员，某些行政部门的官员均有权以笔录查证、勘验犯罪。笔录，实际上是有资格制作笔录的人用以查证犯罪的书面报告。根据犯罪的不同性质，制作笔录要符合法律所要求的某些特殊形式，否则，笔录无效。即使是按法定要求制作的笔录也只具有记录一般情况的价值，法官的内心确信并不受其限制。但某些笔录则具有特别的证明力，有的只能以相反证据推翻，有的则必须根据"笔录属伪造"的证明方能推翻。

（3）身份检查。在以下几种情形中司法警察可进行身份检查：①当有迹象可以推定某人犯有罪行或企图犯罪、准备犯一项重罪或轻罪、有可能提供有助于侦查一项重罪或轻罪案件的情况或是司法机关命令侦查的对象时，可对该人进行身份检查；②根据共和国检察官所签发的追查和起诉某项明确指定的罪行的书面要求，司法警察可按检察官指定的方式、地点和期限对任何人进行身份检查；③为了防止危害社会公共秩序，特别是为了防止发生危害人身与财产的案件，司法警察可以按与上一情况相同的条件与方式进行身份检查。

受到身份检查的人可以通过任何方式证明其身份。如其身份仍不能确定，他便要接受身份核查，即将其扣留在原地或当地警察驻所，同时立即将情况通知司法警官，由司法警官采取一切足以确定其身份的措施，必要时，经共和国检察官或预审法官授权，采集当事人的指纹或对他进行拍照，以核查其身份。

2. 司法警察的调查权。法律赋予了司法警察进行某些调查的权力，这些权力可分为对现行犯罪案件进行调查的权力和对非现行犯罪案件进行初步调查的权力。

（1）对现行犯罪案件进行调查。司法警察在对现行犯罪案件的侦查中享有广泛的权力，不仅可进行查证、勘验，还可立即查找任何有利于案件侦破的情况，并可采取具有强制力的措施。可以说在发生现行犯罪案件的情况下，司法警察可进行的活动，如强制证人提供证言、进行搜查与扣押、指定鉴定人或讯问犯罪嫌疑人等，基本上就是预审过程中的活动，并具有与预审法官进行的各项活动相同的强制力。具体说，司法警察在现行犯罪案件中有以下职权：调查可能与犯罪有关的证书文件等物品，并就犯罪情节进行一定程度上的查证；强制搜查住所或办公场所等；扣押有益于查明真相的一切物件；指定鉴定；听取证人证言与犯罪嫌疑人的陈述；拘留和逮捕犯罪嫌疑人。

（2）对非现行犯罪案件进行初步调查。初步调查是为了判断是否有必要提请预审法官受理案件而进行的。法律规定，司法警官和司法警员可依共和国检察官的指令或依职权进行初步调查，助理司法警员只能在司法警官监督下进行初步调查，而不能主动进行初步调查。初步调查可采用以下方法进行：听取有关人员的陈述；事实查证、勘验及其他调查行为，如委托进行技术性或科学性检查；拘留。初步调查中不得实施逮捕，初步调查结束后，司法警察应将调查结果报送共和国检察官，以便共和国检察官作出是否提起追诉的决定。

二、检察机关

法国刑事诉讼理论中与"公诉"有关的有两个概念：发动公诉与进行公诉。发动公诉的主体有检察机关与受害人；进行公诉的主体却一般只有检察机关。这就是说即使追诉是受害人通过成为"刑事诉讼的民事当事人"而主动发动的，进行公诉的权力仍然属于检察机关。发动公诉是要求预审法庭受理案件的行为，即检察官的提起公诉意见书，或受害人在刑事法院成为民事当事人，这是进行公诉的第一步。广义上的进行公诉包括全部诉讼行为，从发动公诉一直到法院作出最终确定的裁判。

法国现行刑事诉讼法典规定，进行公诉的权力属于检察机关及某些特定行政部门的官员。据此，公诉的主体一般是检察机关，在特殊情况下，也可以是某些行政部门的官员。

（一）检察机关的体系

法国实行审检合署制，检察机关附设于各级法院内，按级别分为：驻最高法院检察院、驻上诉法院检察院和驻大审法院检察院。

1. 驻最高法院检察院即最高检察院，由总检察长、首席总检察官与总检察官组成。驻最高法院检察院与驻上诉法院及基层法院的检察院不同，它并不进行本义上的公诉。通常，驻最高法院检察院只是在下级检察机关或当事人向最高法院提出的上诉中作为"从当事人"，但驻最高法院检察院为维护法律而直接向最高法院提出的非常上诉的情形不在此限。

2. 驻上诉法院检察院，由检察长一人及若干人数不等的上诉法院检察官与代理检察长组成，其职责是代表国家参与上诉法院受理的各种诉讼，并监督辖区内各检察机构的工作。

3. 驻大审法院检察院，由共和国检察官一人，及若干人数不等的代理检察官组成。大审法院是设于各省的一审的主要审判机构，其中设重罪法庭和轻罪法庭，重罪法庭是非常设机构，一般每季度开庭一次；轻罪法庭是常设机构。如果大审法院与该地区的上诉法院在同一个城市，则重罪法庭的起诉工作便由驻上诉法院检察院负责，而驻大审法院检察院仅负责轻罪法庭的起诉工作。反之，如大审法院与该地区的上诉法院不在同一个城市，则重罪法庭和轻罪法庭的起诉工作都由驻大审法院检察院负责。

4. 在违警罪法院中并没有真正意义上的检察机关。法国现行刑事诉讼法典规定，对违警罪法院受理的刑事案件，分以下几种情况，由不同的主体行使检察机关的职权：①对第五等级违警罪的起诉工作由驻大审法院检察院负责；②对违警罪法院审理的森林犯罪案件，检察官职权可由水利工程师和森林工程师代替、或由区长代替、或由河流森林管理处主管官指派的技术员代替行使；③对于其他违警罪案件，行使检察官职权的主体带有任意性质。有时，由法院所在地的警察局局长行使，有数个警察局局长时，检察长将指定其中一名警察局长行使检察职权，在警察局局长因故不能履行职责时，检察长将在大审法院辖区内的国家警察分局局长和正副督察员中指定一名或数名他认为合适的人负责全年度的检察工作。特别情形下，违警罪法院也可以要求法院所在地的市（镇）长或市（镇）长助理行使检察官的职权。最后，如果违警罪法院所在地没有警察局局长，检察长将在该法院所在地的大审法院辖区内的国家警察分局局长或正副督察员中指派一名行使检察官的职权。如果仍不行，则在位于距违警罪法院所在地最近的其他大审法院辖区内指定。

在法国，以上各级检察院中的检察官也是司法官的一种，与"坐着的司法官"即法官相对应，检察官被称为"站席的司法官"，因为他们在法庭审理时要站起来提出他们的诉讼要求与意见。检察官与法官不同，法官是终身职务，而检察官可经法定程序予以罢免或解除职务。所有检察官都由司法部长提名并由共和国总统发布政令予以任命。

（二）法国检察机关的特点

法国检察机关的组织和运转有自己不同于法院系统的一套规则，这些规则的主要根据在于检察机关的双重身份，一方面，在司法体制中，检察机关是行政权力机关的代表，以国家的名义活动；另一方面，在刑事诉讼中，检察院又是必要的主当事人。由于前一身份，法国的检察机关具有严格的级别关系，具有不可分割性，同时相对于法官及对方当事人又保持完全独立的地位。由于后一身份，检察官不同于法官，无须受回避制度的约束。

1. 检察机关的级别服从原则。法国的检察系统具有集中制的特点，在级别上有严格的上下级隶属关系。整个检察系统隶属于司法部，司法部长可以向驻最高法院总检察长及各上诉法院检察长下达命令。《法国刑事诉讼法》第36条规定："司法部长有权就其知悉的违法情况向检察长揭露。为此，可以通过书面的形式指示检察长接受某一案件，并要求检察长履行或由检察长令其下属履行调查程序，或者向有管辖权的法院提起公诉。"

驻上诉法院检察长可以对在本法院辖区内履行检察官职权的驻上诉法院检察官、驻上诉法院代理检察官及驻大审法院检察官下达命令。《法国刑事诉讼法》第37条规定："检察长对上诉法院辖区内的所有检察官都有支配权。对这些官员，检察长享有如前述赋予司法部长的特别权利。"

最后，驻大审法院的共和国检察官对其下属代理检察官享有领导权威，并且依据刑事诉讼法典，对驻设于其辖区内的违警罪法院的检察官员享有指挥权。他可以把知悉的犯罪情况通知这些检察官并命令他们进行逮捕。

检察机关在级别上的这种隶属关系使下级检察官有义务服从上级，检察官可以由上级调动岗位、降职，甚至由司法部长经听取检察纪律委员会的意见后予以罢免。

但是，检察机关的级别服从原则并不是绝对的，考虑到这种原则的弊端，法律对它作了两项基本限制：

（1）检察长和共和国检察官对具体案件拥有自己作出决定的权力。即检察长和共和国检察官在没有上级命令的情况下，或不顾上级的命令，仍然可以进行追诉，并且其在没有上级指令时或不顾上级指令而进行的追诉仍是合法有效的。另一方面，如果检察长或共和国检察官接到上级下达的命令，但拒绝依该命令进行追诉，上级检察官无权取代他们进行追诉。例如，当检察长禁止共和国检察官进行公诉时，共和国检察官仍然可以采取追诉行动，并且可以有效地提请刑事法院受理案件；反过来，如果检察长命令共和国检察官进行追诉而共和国检察官予以拒绝，检察长无权取代共和国检察官而自行进行追诉。不服从上级命令的检察官在其不服从命令的行为被证明为不正当时，须承担纪律惩戒后果。此外，鉴于"下级服从上级"原则在同一检察院内部应得到更彻底、严格的贯彻，代理检察官应当服从其隶属的检察官的命令，而后者也可在必要时取代代理检察官进行追诉。

（2）"下级服从上级"的级别服从原则并不否认庭审时检察官有言论自由权，相反，它得到了刑事诉讼法典的确认：检察官应依照法定条件按向其发出的指令提出公诉意见书，但检察官可以自由发表其认为有益于刑事司法的口头意见。这就是说，下级检察官虽然在其提出的书面意见书中应按照上级的指令行事，但是，他们在法庭上仍然可以说明自己的感受与看法，并可提出与书面意见不同的口头意见。

2. 检察院的不可分割性。由法国检察系统的集中统一特点和级别服从原则，还可归结出检察院在其检察业务中的不可分割性。检察机关的司法官——至少是属于同一检察院的司法官——在法律上都被看做是同一个人。检察官采取行动、发表意见，并不是代表他本人，而是以整个检察院的名义，所以，检察院的各检察官在工作中可以相互替代履行职责，即便是在对某一案件进行审判的过程中，本检察院的各检察官也可相互替代，这与法官在刑事诉讼过程中绝对不可替换，否则已进行的程序无效的规则是不同的。

3. 检察院的独立地位。在检察机关内部，检察官要服从上级，但对外，即相对于预审法庭、审判庭及当事人，检察官却具有完全独立的地位，法国刑事诉讼理论认为，这是因为检察院是代表执行权力机关，为执行权力机关服务的。

检察官相对于预审法庭和审判法庭来说享有绝对的独立地位，表现在法官不得对检察官进行训斥、发出指令，也不得命令对检察院提出的"提起公诉意见书"的某些语句进行删减，法官尤其无权自行受理刑事案件，而必须等待检察院提起公诉。

检察官相对于受害人所具有的独立地位表现在，虽然受害人有权通过在刑事法院成为民事当事人而发动公诉，但他对案件所持的态度与看法对进行公诉的检察机关并无任何约束力，检察院并不被强制一定要支持该控诉。同时，检察机关要求对被告人作出有罪判决，或决定行使抗诉权，也无须考虑受害人对此的态度。但有一例外情形，即在受害人的告诉是提起追诉的必要条件时，受害人撤回告诉，公诉就消灭，检察官不得继续进行公诉。

4. 检察官不受申请回避限制。与法官可因法定原因被申请回避不同，法国现行刑事诉讼法典明确规定：检察院的检察官不受申请回避限制。这一规定的理论根据在于检察官是刑事诉讼的必要的主当事人，是刑事诉讼中的原告，而诉讼中一方当事人不可申请对方回避。另一方面，检察官只是诉讼中的一方当事人，他虽然以受到犯罪危害的社会的名义进行诉讼，但他不是法官，无权进行预审，更无权进行审判，即他无权决定被告人有罪或无罪，因此，也不必像法官一样受回避制度的约束以维护司法公正及其可信性。

法国刑事诉讼中进行公诉的权力一般属于检察机关，但在特别情况下，某些特定的行政部门在其负责的事项内，也可按法定条件对相应的犯罪提起追诉。这些享有进行公诉的权力的行政部门有直接税征管部门、海关管理部门、路桥管理部门及林木水道管理部门。行政部门进行的公诉与普通的公诉之间有以下区别：①行政部门就特定的犯罪案件进行的公诉有制裁和赔偿的双重目的；②检察机关对公诉无权处分，不能就公诉进行交易，而行政部门则有权与犯罪人进行交易，从而终止公诉；③检察机关在任何情况下都不承担刑事诉讼的费用，而提起刑事追诉的行政部门，在被告人被宣告无罪的情形下，有义务支付确定的诉讼费用。

三、法院

法国实行司法双轨制，设有两个法院系统：普通法院系统和行政法院系统。二者相互独立，互不隶属，各自行使自己的司法管辖权。普通法院受理一般民事、刑事案件，行政法院专门受理行政诉讼案件。

（一）普通法院系统

法国普通法院的组织系统可用下图表明：

最高法院是普通法院组织系统中的最高一级，对全国都有管辖权。上诉法院是法国民事、刑事案件的二审法院，但无权对重罪案件进行二审，因为重罪法院的判决是终审判决。法国的基层法院是民事、刑事案件的初审法院，按受理的案件不同分为两类：轻罪法院（大审法院）和违警罪法院（小审法院）。轻罪法院和违警罪法院是这两类初审法院审理刑事案件时的称谓，当这两类初审法院审理民事案件时，就称为大审法院和小

```
        最高法院
       ┌────┴────┐
    上诉法院    重罪法院
    ┌──┴──┐
轻罪法院(大审法院)  违警罪法院(小审法院)
```

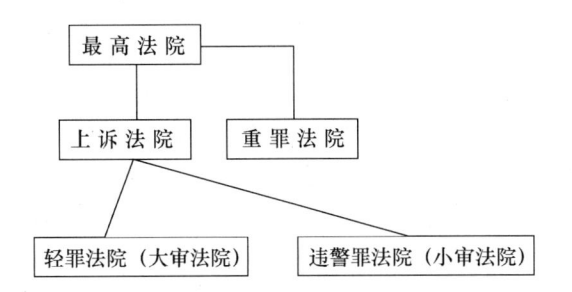

审法院,即法国的初审法院具有一套机构、两个名称的特点。例外情况是,几个大城市,如巴黎、里昂的初审法院,实行名符其实的刑、民分开,即设有两套机构分别审理刑事、民事案件。在以上常设法院之外,法国还有一个非常设法院——重罪法院,也叫巡回法院,负责重罪案件的审理,其判决不得上诉。

1. 违警罪法院。法国行政区划的基层行政单位叫"行政区",指的是省属区、县、市。违警罪法院就设在行政区的首府地,一般每一行政区内至少有一个违警罪法院。

违警罪法院有权管辖本行政区内发生的违警罪,即对法律规定当处两万法郎以下罚金的罪行有管辖权。违警罪法院审理案件实行独任制,由一名法官负责审理,一名书记官协助。不服违警罪法院的初审判决,可以在法定期限内向上诉法院提出上诉。

如前所述,违警罪法院是法国审检合署制的例外,其法院内部不设有真正意义上的检察官。对违警罪案件,检察官的职能由驻大审法院(轻罪法院)的共和国检察官行使。对于第五级违警罪,由共和国检察官在违警罪法院行使检察官职权是强制性的、必须的,但对其他违警罪来说,则是任意的,可由违警罪法院所在地的警察局局长或国家警察分局局长、正副督察员、市长或市长助理等法律规定的人员行使检察官权力。

2. 轻罪法院。轻罪法院实际上是大审法院的一个法庭特别形式。大审法院既对民事案件有管辖权,又对刑事案件有管辖权,在大审法院处理刑事案件时,相应的法庭则称为"轻罪法院"。

原则上,每个省都有一个轻罪法院,一般设于各省首府所在地。某些省因人口较多,设有两个或数个轻罪法院。轻罪法院是轻罪案件的第一审法院,即负责审理当处监禁刑或25 000法郎以上罚金的犯罪。不服轻罪法院的初审判决,可向上诉法院上诉。

轻罪法院审理案件一般由一名审判长和两名法官进行,但对下列轻罪案件,可经大审法院院长决定,由一名法官担任审判长独任审理:①支票方面的轻罪;②交通法典规定的轻罪及在驾驶车辆时实行的轻罪;③在运输协调方面的轻罪;④农村法中有关狩猎和捕鱼方面的轻罪。但是,即使被告人被控的是以上轻罪,如其在出庭时已经被先行拘押,或是按立即出庭程序受到追诉,或其实行的以上轻罪与其他轻罪有关联,则不得独任审理,而须由合议制法庭进行审理。

轻罪法院原则上对在本省辖区内实行的轻罪有管辖权。如果犯罪行为人在本省辖区内有居所,或是在本省内被逮捕,或犯罪人关押在本省内,轻罪法院对其犯罪案件也有管辖权。此外,在其他轻罪或违警罪与轻罪法院有管辖权的轻罪之间存在不可分割的联系,或在共同犯罪的情况下,轻罪法院的管辖权可扩及这些犯罪。

出于刑事政策的考虑，在轻罪法院对某些特殊性质的轻罪案件的管辖方面存在一些特别规定。首先，法律规定将某些经济与金融性质的轻罪案件交由每一上诉法院辖区内的一个或数个轻罪法院管辖，但这是非强制性的。仅当满足以下两个条件时，才能移送案件：①所涉及的是刑事诉讼法典列举的比较复杂的经济与金融方面的犯罪案件；②由共和国检察官提出请求，要求有正常管辖权的轻罪法院停止对案件的管辖，并且对此类案件有专门管辖权的法院受理该检察官的申请。其次，对军事犯罪案件的管辖权也按以上方式进行移送。最后，共和国检察官有权要求有正常管辖权的法院放弃对恐怖犯罪案件或危害国家安全犯罪案件的管辖，而由巴黎法院管辖这类性质的犯罪案件。

3. 上诉法院（轻罪上诉庭）。上诉法院设在大区，大区并非法国行政区划中的一级行政单位，只是根据历史、自然和经济发展情况对全法国及其海外领地作的一种划分。法国现有31所上诉法院，法国本土28所，海外领地3所。上诉法院中与刑事诉讼有关的有两个庭：起诉审查庭（提起控诉庭）和轻罪上诉庭。前者主要负责重罪案件的二级预审工作；后者的职能是对辖区内的轻罪法院和违警罪法院一审判决的案件实行上诉审，其本身没有初审权。轻罪上诉庭的判决是终审判决，不得上诉。

轻罪上诉庭审理案件由1名审判长和2名法官组成合议庭进行，书记员职务由上诉法院书记员担任，检察官职权由驻上诉法院检察长、驻上诉法院检察官或驻上诉法院代理检察长一人行使。

4. 重罪法庭。重罪法庭是负责重罪案件审判的刑事法庭，同时又是一种比较有特点的刑事法庭，其特点主要表现在：首先，重罪法庭虽然是重罪案件的初审法院，但在级别上属于省级法庭，它原则上是在各省的首府所在地开庭审案，但由于各种原因，尤其是因为开庭场所方面的原因，重罪法庭也可以设在本省内的任何一个法院所在地，如本省内有一上诉法院，也可设在该上诉法院所在地。总之，重罪法庭是每个省都有的，不论其所在地在哪里，都以各省名称命名。其次，重罪法庭不是常设法庭，一般每季度开庭一次，必要时可以增加开庭次数。再次，重罪法庭在组成上也有区别于违警罪法院、轻罪法院及上诉法院轻罪上诉庭的特点，即不仅有职业法官，还有普通公民参与法庭审理，后者称为陪审员，全体陪审员组成陪审团与职业法官一同审理重罪案件。最后，需要特别指出的是，2000年6月15日，法国在欧共体法院的压力下对本国的重罪裁判制度进行了大刀阔斧的改革，引入了"轮转上诉制度"。所谓的"轮转上诉"，指当事人可对重罪法院所作出的判决提起上诉，但该上诉由最高法院所指定的另外一个重罪法院负责审理而不专设重罪上诉法院。这标志着法国从重罪案件的"一审终审"模式进入了"更尊重上诉权"的"上诉审平民裁判"模式。

重罪法庭在审理一审案件时一般有3名职业法官：1名审判长及2名法官。审判长或是上诉法院院长，或是上诉法院的某法庭庭长，或是上诉法院的普通审判官，由上诉法院院长决定或指定，任期为重罪法庭的一个庭期。另2名法官也由上诉法院院长从本院的法官中选任，或从轻罪法院的法官中选任。在任何情况下，重罪法庭的法官都不得从参加过本案追诉与预审的法官中选任。协助审判长和2名法官的书记员可依据重罪法庭所在地点不同，借自上诉法院或轻罪法院书记室。另外，如前所述，在重罪法庭行使检察官职权的检察官，当重罪法庭设在上诉法院所在地时，是驻上诉法院的检察长或其他成员。当重罪法庭设在有大审法院的城市时，则是驻大审法院的共和国检察官或代理检察官。一审的陪审团由9名代表公众舆论的公民组成。所有的法国公民，不论男女，凡年满23岁，能用法语读写，享有政治、民事权利与亲权，未受刑事诉讼法典所指的无能力处罚，且担任的职务不与陪审团职务相抵触，都可担任陪审员。参加审判某一特定案件的9名陪审员是按照经专门规则确定的名单，通过抽签方式决定的。抽签的同时，检察官、被告人及其律师可行使申请回避权，并不必说明理由。重罪被告人最多只能申请5人回避，检察官最多只能申请4人回避。9名陪审员宣誓后，重罪法庭审判长即宣告陪审团最终组成。为了保证陪审团在所有不利于被告人的裁判决定中占有绝对的主导地位，刑事诉讼法典规定，仅在有8票以上赞成的情况下，重罪被告人才受有罪判决。在陪审团的权限方面，历史上曾有过多次反复，按现行刑事诉讼法典的规定，陪审团与职业法官共同对案件涉及的犯罪事实与法律问题进行评议。

在上诉程序中，重罪法院的合议庭由12名陪审员（比原重罪法院增设了3名陪审员）及3名职业法官所组成。上诉案件的判决采用10票通过的制度。在只有被告人一方上诉的情况下，判决不得加重被告人的刑事责任。

在重罪法庭的事务管辖权方面，顾名思义，重罪法庭负责重罪案件的审理，但存在两个例外：①18岁以下的未成年人实施的重罪由"少年法庭"或"未成年法庭"管辖；②共和国总统在履行职责时实施的叛国罪由"最高特别法庭"管辖。

但是，法国刑事诉讼法典确认重罪法庭具有完全裁判管辖权，这意味着，首先，重罪法庭有权审判与主要罪行（重罪）相关联的所有犯罪，而不论这些犯罪的严重程度如何；其次，重罪法庭可以审判因上诉法院起诉审查庭认定罪名错误而错误地受理的轻罪或违警罪；再次，重罪法庭除了有权审理所有刑事法院有权审理的民事诉讼之外，还有权在宣告被告人无罪的同时，决定对民事当事人给予损害赔偿；最后，重罪法庭还有权处理其他刑事法院不能自行处理的有关国籍的问题。

5. 最高法院。最高法院是法国普通法院系统中最高一级的审判机关，是唯一对全法国有管辖权的法院，设在首都巴黎。最高法院由6个庭组成，其中5个民事庭，1个刑事庭。刑事庭以庭长为首，由拥有表决权的法官、调查法官组成，只有至少5名拥有表决权的法官出席时，刑事庭才能作出裁决。最高法院刑事庭可以受理向最高法院提出的下述两类上诉：

（1）复核审之诉。对刑事终审判决，即上诉法院作出的判决及不准向上诉法院上诉的判决，可以直接向最高法院刑事庭提出复核审之诉，以审查判决的合法性。在复核审之诉中，刑事庭仅审查下级刑事法院是否正确地适用了刑事实体法与程序法，并不审查案件的事实问题，即只作法律审。审查的结果，如果下级法院正确地适用了刑事法律，刑事庭将驳回上诉，维持原判；如果下级法院的判决违反法律，或适用法律错误，刑事庭将撤销原判，并将案件发交与原审法院同性质的另一同级法院审理。受移送的另一同级法院并不必须按照刑事庭的意见作出判决，因此，如不服受移送法院的判决，可再次向最高法院刑事庭上诉。如再次上诉的理由与前次上诉依据的理由相同，则应向最高法院大法庭提出。大法庭如认为受移送法院对案件的判决错误，则作出撤销原判的判决，如果大法庭裁定将案件发交另一法院审理，该受理移送法院应当按照大法庭的决定对案件作出判决。此外，最高法院刑事庭还有可能作出"撤销原判，但不发回重审"的判决，这一般发生在案件已无必要进行审判的情形下，如犯罪已过追诉时效或已获大赦，原追诉事实已不构成犯罪等。

（2）再审之诉。对已经取得既判力但有事实错误的裁判可向最高法院提起"再审之诉"，以补救判决的事实错误。

向最高法院提出的"撤销之诉"与"再审之诉"，不仅可针对普通刑事法院的裁判，也可针对特别刑事法院如海商法庭、未成年人法庭的裁判。但"最高特别法庭"的判决不在此列，行政法院的裁判亦不受最高法院的监督。

除上述普通刑事法院外，法国还设有若干特别法院，审理法律明文规定的或依据犯罪行为人的身份，或依据犯罪的特别性质而归其管辖的犯罪案件。例如，未成年人法庭、海商法院、最高特别法庭等。

（3）因欧洲人权法院所作出的裁决宣告而导致的刑事判决重审（又称为重审程序）。依《法国刑事诉讼法》第626-1条之规定，经认定有罪的任何人，如欧洲人权法院作出的裁决认为对该人所作出的有罪宣告违反《欧洲保护人权与基本自由公约》或其附加议定书的规定，只要从性质和严重程度看，经认定违反公约或议定书的情形对被判刑人引起了损害后果，并且按照公约第41条给予"公正的满足要求"仍然不能终止此种损害后果时，得请求对最终确定的刑事判决重新进行审查。

（二）刑事法院的管辖权规则

法国刑事诉讼理论认为管辖权是指特定法院处理特定案件的资格。在特定法院具备审判某特定案件的资格时，称其对本案有管辖权；反之，则对本案无管辖权。确定刑事法院的管辖权有一套规则，概括地说，这套规则有以下几个特点：①禁止刑事诉讼的各方当事人以协议方式确定法院管辖权；②各方当事人可以在诉讼的任何阶段提出法院无管辖权的异议；③违反刑事管辖权规则将导致已进行的诉讼程序及所作裁判无效。具体说来，管辖权规则包括国际管辖权规则和国内管辖权规则。它们分别解决以下两个问题：法国法院对该案是否有管辖权？如有，则法国的哪级哪个法院对该案有管辖权？

1. 法国刑事法院的国际管辖权。依据法国法律，只要犯罪是在法国领域内实行，或者构成犯罪的事实有一项是发生在法国领域之内，不论犯罪人是法国人或外国人，不论该犯罪是针对法国人还是针对外国人，法国的法院都对该犯罪有管辖权，并应适用法国刑法。

在悬挂法国国旗的船只上实行的犯罪，或者针对此种船只实行的犯罪，或者在法国注册的航空器上实行的犯罪以及针对此种航空器实行的犯罪，也受法国法律约束，受法国法院管辖。对于在法国领域外实行的犯罪，如果犯罪行为人是法国人，原则上承认法国法院在某种条件下有管辖权，并适用法国刑法；如果犯罪行为人是外国人，原则上应排除法国法院的管辖权。

2. 法国刑事法院的国内管辖权。为了确定法国国内各法院之间各自管辖的诉讼案件的范围，法律从三个角度——犯罪人的个人情况、违法行为的性质与严重程度、犯罪活动实施地（行为实施地或犯罪行为人所在地）——确立了三类管辖权规则：对人管辖权、对物管辖权和地域管辖权规则。

（1）对人管辖权。法国法律基于犯罪人的个人身份（资格）在普通法院与特别法院之间划分管辖权。属于各特别法院管辖的案件主要有以下几类：未成年人法庭（包括少年法官、少年法庭、未成年人重罪法庭及上诉法院特别法庭）审理实行犯罪之时尚未成年的人实行的重罪、轻罪或第五级违警罪；军人与准军事人员实行的犯罪，分为两种情况，如实行的是轻罪，由在上诉法院辖区内设立的对军事案件有专门管辖权的轻罪法庭管辖，如实行的是重罪，则由不包括陪审员的重罪法庭管辖；最高特别法庭专门审判共和国总统在履行职责中实行的叛国罪，而共和国特别法庭仅负责审判由政府部长在履行职责中实行的重罪与轻罪。

（2）对物管辖权。在普通法院体系中，尚须进一步确定将由哪一级普通法院来审判该特定的犯罪案件，是违警罪法院，还是轻罪法院或重罪法院？这是对物（事物）管辖权规则要解决的问题，而划分对物管辖权的依据则是犯罪的性质。在法国，审判法院的管辖权按照划分重罪、轻罪与违警罪的规则来确定。

违警罪法院对公开开庭审理的所有违警罪都有管辖权，但未成年人实行的第五级违警罪及与轻罪或重罪有关联的违警罪除外。对于错误地提交轻罪法院审判的违警罪，如果当事人没有提出异议，则仍由该轻罪法院审判。

轻罪法院对轻罪有一审管辖权，只有属于特别法院管辖的轻罪及与重罪有关联的轻罪，才不受轻罪法院管辖。

上诉法院对针对其辖区内的轻罪法院与违警罪法院的一审判决提出的上诉享有裁判管辖权，并对在其法庭上实行的所有轻罪有审判管辖权。

重罪法庭对除属特别法院管辖的重罪之外的所有重罪都有管辖权，并对上诉法院起诉审查庭因认定罪名错误而移送其审判的轻罪或违警罪亦有管辖权。重罪法庭还对与属其管辖的重罪有关联的犯罪享有当然的管辖权。

最高法院对针对终审刑事裁判提出的上诉有裁判管辖权，不论终审裁判是由预审法庭作出还是由审判法庭作出，也不论该法庭是普通法庭还是特别法庭，但最高特别法庭的判决除外。重罪法庭作出的宣告无罪判决，也只能"为法律的利益"向最高法院提出上诉。

（3）地域管辖权。刑事法院的地域管辖权具体确定了某一刑事法院有权审判案件的地域范围。在国外实行的但属于法国法院管辖的犯罪，有地域管辖权的是被告人居所地法院，或被告人最后居住地法院，或抓获被告人的当地法院，或受害人居所地法院。在法国国内实行的犯罪，按以下规则确定有地域管辖权的法院：对违警罪案件，由犯罪实行地或确认地，或被告人居所地的违警罪法院管辖；对轻罪案件，由犯罪实行地、被告人居所地及被捕地的轻罪法院管辖；对重罪案件，由犯罪实行地的重罪法庭管辖。

四、预审法庭

法国的法院在刑事诉讼中除了履行审判职责外，还承担了对犯罪案件的预审工作。

法国的刑事诉讼理论认为，国家借以行使刑事司法权的刑事法院分为两个类型：预审法庭和审判法庭。审判法庭的职权前文已有详述，此处重点探讨预审法庭的构成与职责。

预审法庭的任务是负责收集证据，决定是否将犯罪人移送审判法庭，但并非所有的犯罪案件都必须经过预审。一般地，只有最严重或最复杂的刑事案件，在对其进行实体审判之前，首先要经过预审法庭进行预审。某些较简单的违警罪案件或轻罪案件，可由审判法院通过"直接传讯"或当事人"立即出庭"程序直接裁判。具言之，重罪案件必须经过预审；对轻罪案件的预审一般为任意性而非强制性的，但存在例外，如未成年人实行的轻罪必须经过预审；对违警罪案件，一般仅在检察官提出要求时才可进行预审，但未成年人实施的第五级违警罪，必须进行预审。

需要特别指出的是，2000年6月15日，法国立法者创设了一种新的预审法官，即自由与羁押的法官，旨在强化对预审程序的司法控制。2007年3月5日，由于乌特罗丑闻的影响，法国又对预审程序进行了改革。依据该法律，自2010年1月1日起，法国将确立预审合议庭制度，以取代原先的预审法官独任制。依"新法"第1条之规定，"法院院长或院长因故不能履行职责时替代院长的法官应为每一案件的侦查指定3名预审法官以组成预审合议庭。合议庭中的一级法官行使协调法官之职。院长可基于这一目的制订职责轮换表"，"预审合议庭履行本法典（《法国刑事诉讼法典》）委付于预审法官的职责。审查犯罪嫌疑人、赋予受审查者受协助证人身份、采取司法管制措施、要求自由与羁押法官受案、依职权宣布释放被告、侦查终结意见、侦查终结裁定以及不予起诉裁定等均要求以合议庭的形式作出。预审法官职权范围内的其它预审行为则可由合议庭内的一名预审法官依授权实施"。"任命裁定系司法管理措施，不得提起上诉。"

第三节 法国刑事诉讼程序

法国刑事诉讼理论认为，严格意义上的刑事诉讼始于有权发动追诉的人员发起追诉之时，并依次经过预审、法庭审理、上诉审几个阶段。但在诉讼正式开始之前往往还有一个预备性阶段，即司法警察对非现行犯罪进行的初步侦查，及司法警察、共和国检察官和预审法官对现行重罪和轻罪进行的调查阶段。鉴于此，本章将分以下几节详述法国刑事诉讼进程：第一节，预备性阶段；第二节，追诉；第三节，预审；第四节，法庭审理；第五节，上诉途径。

一、预备性阶段

在预备性阶段的调查活动，可分为两种类型：一是对现行犯罪案件的调查，一是对非现行犯罪案件的调查。

（一）对现行犯罪案件进行调查

法国现行刑事诉讼法典规定，现行犯罪指的是：①正在进行或刚刚结束的重罪或轻罪；②犯罪行为实施后紧接的一段时间内，被公众呼叫追捕的嫌疑人、或被发现持有犯罪物品、或有痕迹或迹象足以使人认定其曾参与某重罪或轻罪的实施的，也是现行重罪或现行轻罪；③任何在屋内实施的重罪或轻罪，即使不具备前述情形，只要屋主要求共和国检察官或司法警官查证认定，应视为现行重罪或轻罪。

1. 司法警察在现行犯罪案件中的职权。司法警官在得知发生某一现行犯罪时，应立即报告共和国检察官，并不迟延地赶往犯罪现场，进行一切必要的查证工作，扣押易于灭失的证据和一切有助于查明真相的物品、收取供犯罪使用或预备供犯罪使用的武器和工具，及任何足以认为是由犯罪所形成的物品。在现场勘查行动结束之前，司法警官可以禁止任何人离开犯罪现场，并可核查在场人的身份。

在现行犯罪案件中，司法警察不仅可以实施以上临时性的现场勘查活动，还有权进行其他一些广泛的调查活动，即"司法警察行为"。事实上，这些司法警察行为的范围是如此之广，除了不包括签发执行文书凭证外，可以说与预审法官进行的活动没有区别，而且具有与之相同的强制力。具言之，司法警察行为主要有：

（1）搜查。司法警察可在必要时采取搜查行动，即使受搜查人反对搜查，也可强制进行。法国刑事诉讼法规定，如果犯罪的性质属于可以通过扣押被认为可能参与犯罪的人所持有的证件、文件或其他物品，或扣押与所控之罪有关的文书或物品而获得证据，司法警官应不迟延地前往其住所进行搜查，并制作搜查笔录。

为避免司法警察在搜查时滥用权力，法律为搜查的实施制定了一些规则，如原则上在早6时之前、晚21时之后不得到住所内进行搜查与查看；搜查应当在有犯罪嫌疑的人在场时，或涉嫌持有某种物证的人在场时进行，如嫌疑人不在场，则应当有两名见证人在场；只有司法警官及应邀参加搜查的专家有权了解经搜查获得的文件与材料，仅为协助司法警官而参与搜查的司法警员不准阅读以上材料；对律师事务所、医生诊所、公证人事务所等场所的搜查只能由司法官进行，并须有行业公会或职业组织的代表列席。

（2）扣押。司法警官有权扣押有利于查明事实真相的一切物品和文件，不论它们是在搜查现场发现的，还是通过搜查而查获的。在现场勘查中扣押的物品应提交在现场的犯罪嫌疑人辨认。扣押应制作笔录，详细登记所扣押的一切物品并封存扣押物。只有司法警官有扣押物品的权力，司法警员和助理司法警员只能协助扣押，而无权主动采取扣押措施。

（3）鉴定。法国刑事诉讼法规定，如需要不迟延地进行科学性或技术性的认定或检查，司法警官应邀请合格的人员进行。被邀请的鉴定人应宣誓，以其良心和荣誉为司法提供协助，如鉴定人是在司法鉴定人名册上登记的人员，则不须宣誓。与上述进行扣押的权力一样，任命鉴定人的权力只赋予司法警官，司法警员与助理司法警员不得行使。

（4）听取证人证言与犯罪嫌疑人的陈述。司法警官和司法警员有权传唤他认为可能就事实或扣押的物品和文件提供情况的任何人，包括犯罪嫌疑人，并听取其陈述。助理司法警员无此权力。受传唤的人有义务到案，否则，司法警官有权报告共和国检察官，从而派公共力量强制有关人员到案。在此过程中，犯罪嫌疑人只要未被拘留，就不能得到律师的帮助。

（5）拘留。法律规定，司法警官在必要时，可将其准备听取陈述的人拘留24小时，并应当在最短时间内报告共和国检察官，以便后者监督拘留的实施。拘留的决定只能由司法警官作出，司法警员和助理司法警员无权决定拘留。对没有任何迹象表明其实行了或企图实行犯罪的人，对其拘留的时间仅以听取陈述所需时间为限。在有迹象可供认定被拘留人曾经犯罪或意图犯罪时，经共和国检察官书面批准，可延长 24 小时。对 13～16 岁的未成年人不得延长拘留时间。在毒品犯罪案件和恐怖活动犯罪案件中，可延长拘留时间 48 小时。

被拘留人享有一系列权利，例如：①有权要求通过电话，将其被拘留的事实通知一名与其共同生活的人、某一直系亲属、一名兄弟姐妹，或其雇主。②有权要求由一名共和国检察官或司法警官指定的医生为其进行身体检查。③在被拘留 20 小时之后，有权要求会见律师。被拘留人有权指定其选任的律师，也可要求律师公会会长依职权为其指定一名律师。被指定的律师可在保证谈话秘密的条件下与被拘留人会面 30 分钟。会面结束后，律师应被告知受追查的犯罪的性质。以上权利均应通知被拘留人，并在笔录上记载。

(6) 逮捕。对现行犯罪的行为人，司法警察可直接予以逮捕，这是他的权力，也是他的责任。法律还规定，在发生现行重罪或当处监禁刑的现行轻罪时，任何人都有权抓捕犯罪行为人至最近的司法警官处。

2. 共和国检察官在现行犯罪案件中的职权。前已述及，知悉发生现行犯罪的司法警官，应立即报告共和国检察官，并立即赶往现场。共和国检察官在其认为必要时，可亲自前往犯罪现场。法国刑事诉讼法典规定，共和国检察官到达现场时，司法警官即卸去职责。这意味着由共和国检察官直接负责指挥现场勘查，他可以命令在场的司法警官继续办案，也可命令另一司法警官办理本案。

共和国检察官介入现行犯罪案件的调查后，拥有一些特有的权力：①在必要时可到邻近的辖区进行调查；②对重罪案件的犯罪嫌疑人发出拘传通知书；③对不服从司法警官在调查现行犯罪时发出的传唤的人，以公共力量强制其到案；④监督拘留措施的实施，批准延长拘留时间，命令对被拘留人进行身体检查；等等。

如果正在调查的是重罪犯罪行为，或是复杂的犯罪行为，在拘留时间结束以后，共和国检察官可以要求向其解送该被拘留人，并提出立案侦查意见书，从而要求预审法官开始正式侦查（预审）。

如果犯罪是轻罪且事实已经查明，检察官在确认当事人的身份之后，告知其受追诉的犯罪事实，并听取其陈述，如认为没有进行正式侦查的必要，可作出以下处理：①约请处于自由状态的被告人在 10 日以上 2 个月以内的期限内前往轻罪法院到案，除非被告人在其律师在场时宣布放弃这一期限。共和国检察官应将关于被控事实和开庭的时间、地点的通知事宜载明于笔录，笔录的副本应立即交给被告人及其律师，该通知的效力等同于向该被告人发出的传票。②如法律对该犯罪规定的刑罚是至少 1 年但不超过 7 年的监禁刑，共和国检察官可以让被告人立即出庭。被告人的律师可立即查阅案卷，并与被告人自由交谈。在法庭上被告人还应被告知，只有当其律师在场时被告人表示同意立即审理，方可进行立即审理。如被告人不同意立即审理，法庭应延期开庭，该期限不得少于2周，也不得超过6周。如推迟审判，法庭可根据情况，作出说明理由的特别决定，对被告人实行司法监督或先行拘押。③在共和国检察官要求被告人立即出庭的情形下，如轻罪法庭当天不能开庭，而案件情况又需要采取先行拘押措施，共和国检察官可将被告人移送法院院长或院长指定的一名法官，由书记员协助，在评议室进行审理，决定是否有必要采取司法监督甚至先行拘押措施。如作出先行拘押决定，则被告人应在第二个工作日提交法庭审判，否则应释放被告人。

在被告人被先行拘押的情况下，实体上的判决应在其第一次到庭起2个月内作出，否则应撤销先行拘押措施，释放被告人。在被告人被判不附缓刑的监禁刑时，不论刑罚的期限多长，法院均可作出说明理由的决定，对被告人实行或继续实行拘押。被告人对实体判决提出上诉的，上诉法院应在4个月内作出裁判，否则应释放被告人。

3. 预审法官在现行犯罪案件中的职权。法国现行刑事诉讼法典保留了预审法官在正式受理案件之前即可前往现场的规定，在此情形下，由预审法官指挥现场办案，并停止司法警官和共和国检察官对本案的现场管辖权。预审法官负责完成所有"司法警察行为"，也可指派任何司法警官进行这些行为，如有必要延长拘留时间，由预审法官批准。现场勘查行动结束后，预审法官应将调查结果转交共和国检察官。此外，在共和国检察官与预审法官同时亲临犯罪现场时，共和国检察官可根据案件的进展情况，在必要时立即要求预审法官对本案开始正式侦查。正式侦查的开始将终止司法警察在对现行犯罪案件调查中的特有权力，而仅限于执行预审法官的命令并服从其要求。

（二）对非现行犯罪案件进行初步调查

对非现行犯罪案件，在预审法官受理案件之前有必要收集某些情况，以判断是否有必要提请预审法官受理。法国现行刑事诉讼法典规定，司法警官和司法警员可依据共和国检察官的指令或依职权，进行初步调查。助理司法警员无权主动进行初步调查，只能协助司法警官和司法警员进行调查。根据刑事诉讼法典的规定，初步调查可采取以下方法进行：

1. 听取有关人员的陈述。在初步调查过程中，司法警察可听取任何人提供的情况介绍与说明，而不考虑其年龄、外表等。陈述人不必宣誓，也不会因提供伪证而受到任何追诉。司法警察无权强制有关人员提供情况，但法律同时又规定，司法警官为了初步调查的必要，可以对有关人员实行24小时的拘留。被司法警官传唤的人有到场说明情况的义务，否则，司法警官可报告共和国检察官以派公共力量强制其到场说明。

2. 事实查证、勘验。依法国刑事诉讼法的规定，除区长、林木水道人员及乡村警察的调查活动外，在初步调查中进行的各项调查活动都必须经被调查人同意，否则无效。但警察可不经同意进入公共场所、零售小酒店等地进行调查。《法国刑事诉讼法》第76条规定："非经住所内的人明示同意，不得在其住所内进行搜查、查看与扣押物证。此种同意必须有当事人亲笔书写的声明，或者如当事人不会写字，应当在笔录上载明，并写明当事人同意。"但在对恐怖活动罪进行调查时，法院院长可应共和国检察官的要求作出决定，在不经住所内的人同意的情况下，即在该人住所内进行搜查、查看与扣押。

3. 拘留。在初步调查过程中，惟有司法警官能对有迹象推定已经实行或意图实行某一犯罪的人实行拘留，并接受共和国检察官的监督。如司法警官拟拘留某人超过 24 小时，须将该人送交共和国检察官处，由共和国检察官在听取其陈述后，以书面形式批准同意延长拘留 24 小时。特殊情形下，也可以不解送被拘留人，但延长拘留的决定须以书面方式作出并说明理由。在恐怖活动犯罪案件与毒品犯罪案件中，法院院长依据共和国检察官的要求，可以对被拘留人延长拘留 48 小时。

除上述职权外，其他任何未经同意侵犯个人自由的行为皆为非法，在对非现行犯罪案件的调查中，尤其不存在任何逮捕权，也不得强制进行搜查与扣押。

调查结束以后，司法警察应将调查结果报送共和国检察官，以便共和国检察官对是否提起追诉作出决定。

二、追诉

刑事诉讼经过预备阶段之后，将有两种可能，一是按照"追诉决定"而真正开始，一是因"不追诉决定"而终止。

（一）关于追诉的决定

1. 有权作出追诉决定的人。原则上由检察院作出是否发动公诉的决定，但如果受害人向刑事法院提起民事诉讼，也可以不经检察院的干预而发动公诉。

（1）由检察院作出的决定。原则上，由共和国检察官对是否提起追诉的问题作出决定。他也可接受上级就此问题发出的指令，但上级机关不得替代共和国检察官发动公诉，也不得停止共和国检察官已发动的公诉。为便于共和国检察官履行其职责，法律规定，司法警察的活动所产生的各种文件、资料，均应在最短的时间内送达共和国检察官，对不属共和国检察官权限范围内的事项，相关的材料应转送于有管辖权的机关，但共和国检察官仍可采取为保护社会、查明真相所必须的任何紧急措施。

（2）由受害人作出的决定。《法国刑事诉讼法》第 2 条规定："任何遭受重罪、轻罪或违警罪直接损害者，有权提起损害赔偿的民事诉讼。"据此，受到犯罪损害的当事人通过向刑事法院提起民事诉讼，成为民事当事人，也可自动发动公诉，并由检察官进行公诉。如受害人恶意发动公诉，将有可能受到刑事制裁。

2. 作出追诉决定的前提条件。共和国检察官在决定是否进行追诉时，要考虑两个问题：①可能要进行的追诉是否具备法定条件；②追诉是否适当。

（1）追诉的合法性。判断某一可能的追诉是否具备法定条件，须确认：首先，已查明的事实是否构成犯罪，即是否存在法律规定应负刑事责任的犯罪行为？其次，何人应受到追诉？如果此时尚不知谁是犯罪行为人，也不影响提起公诉，共和国检察官可在"立案侦查意见书"中要求预审法官继续查找犯罪行为人。再次，该案中是否存在实体上的免责事由，从而排除行为人的刑事责任？如是否是正当防卫、紧急避险，或行为人是否精神错乱，或存在豁免权等。最后，该案在程序上是否具有可受理性？即是否拥有管辖权、是否公诉时效已完成、是否犯罪人已死亡、是否存在相关的大赦法律等。

经过以上各方面的考查，如认为追诉在实体上有充分的事实依据，在程序上也不存在受理的障碍，即可说该追诉具备法定条件。但法律并不要求共和国检察官无一例外地提起具合法性的追诉，相反，法律赋予共和国检察官相当大的余地自由考量"追诉的适当性"。这主要是从刑事政策角度权衡追诉的利弊考虑的。

（2）追诉的适当性。《法国刑事诉讼法》第40条规定："共和国检察官接受告诉与控诉并审查、确定应当作出的适当处理。"共和国检察官拥有判断追诉的适当性的权力主要表现在：①在普通刑事案件中，共和国检察官应参考犯罪行为对社会的危害性，犯罪行为人的动机、目的，犯罪行为人的性格等方面因素，以判断追诉的利弊；②在非法使用毒品案件中，共和国检察官可命令非法使用毒品的人接受戒毒治疗或医疗监视，对于那些遵守规定、接受治疗并能坚持到底的人，将不提起公诉。

为了防止共和国检察官滥用其评判追诉适当性的权力，法律设置了一些制约措施，主要有：①依级别服从原则，共和国检察官须服从上级的监督，必要时检察长或司法部长可向共和国检察官提出应予追诉的意见，甚至命令共和国检察官发动公诉；②在受害人向刑事法院提起的民事诉讼可得到受理的案件中，如共和国检察官作出不予起诉决定，受害人可以此方式发动公诉；③在特定案件中，如共和国检察官将某些人或某些事排除在追诉范围之外，上诉法院起诉审查庭可依职权对全案进行审查，从而可能追诉新的人或事。

法国的"追诉适当"规则仅在发动公诉时适用，这就是说，一旦发动公诉，共和国检察官便不得再以"追诉适当"规则为由，提出旨在不追究被追诉人的刑事责任的意见书。

3. 共和国检察官关于追诉与否的决定。依法国刑事诉讼法典的规定，共和国检察官可自由作出提起追诉决定或不提起追诉决定，也可适用公诉替代程序。

（1）不提起追诉决定。又名不予立案决定或归档不究决定。当共和国检察官认为追诉不具备法定条件或不适当时，可作出不提起追诉决定。这种决定不能向司法机关上诉，而只能向共和国检察官的上级机关申诉。不提起追诉决定与提起追诉决定不同，它不具有最终确定的性质，即只要公诉时效未过，共和国检察官可随时改变此决定，并无须说明理由。

（2）提起追诉决定。如检察官认为提起追诉既合法又适当，可决定发动公诉。发动公诉的途径有多种，下文将述及。追诉决定一经发动公诉的文书表现出来，既不可撤销（检察官不得撤回公诉）也不可上诉。如公诉是因受害人向刑事法院提起民事诉讼而发动，则受害人撤回起诉只能导致民事诉讼的消灭，已发动的公诉并不停止。但在告诉才处理的案件中，受害人的告诉是检察官提起追诉的必要条件，在受害人撤诉时，已发动的公诉也消灭。

（3）公诉替代程序。早在20世纪70年代，法国的刑事诉讼程序便因冗长拖沓而长期为实务界所诟病。反映在公诉程序中，由于缺乏公诉替代程序，法国的检察官在面对案件时只有两种选择：立即起诉或不予起诉。因此，对于一些情节轻微的轻罪案件，检察官往往处于两难境地：提起公诉，则占用大量的诉讼资源，降低诉讼效率；免予起诉，却又不能实现责任追究及刑罚震慑的刑事目的。这迫使法国立法者在起诉与不起诉之间寻求第三种路径——既能最大限度地提高效率，又能确保责任追究及刑罚威慑力。30 余年来，法国立法者经过持续不断的改革，已初步形成了由附条件不起诉、刑事和解、刑事调解、庭前认罪答辩程序以及简易程序所组成的较完善的高效刑事案件解决机制，并在很大程度上缓解了法院尤其是轻罪法院的庭审压力。

（二）发动公诉的方式

有权作出追诉决定的人决定提起追诉后，一般通过三种法定方式发动公诉，从而使预审法庭或直接使审判法庭系属该案。这三种方式分别是正式侦查（预审）程序、直接传讯程序和直接出庭程序。检察机关有权采用这三种方式，但受害人只能采用前两种方式。

1. 正式侦查程序。该程序指的是在决定是否将犯罪嫌疑人提交审判法庭审判之前，先由预审法官受理案件并对案件进行深入调查。正式侦查程序具有纠问式诉讼的特点，保密性高，强制力大，对复杂案件来说是非常必要的。为此，法律规定了必须进行正式侦查的案件，它们是：①重罪案件和部分轻罪案件；②未成年人实施的重罪、轻罪及第五级违警罪案件；③尚不知犯罪行为人为何人的案件。其他案件不要求必须进行正式侦查。

共和国检察官在采取正式侦查方式发动公诉时，应制作书面的"立案侦查意见书"，并直接送交有管辖权的预审法官。该意见书应注明日期，以及已查明的犯罪事实和被追诉的人，并由共和国检察官或代理共和国检察官签发。

《法国刑事诉讼法》第 85 条规定："任何人认为自己受到某项重罪或轻罪的损害，要求赔偿，得向有管辖权的预审法官提出告诉，取得民事当事人的地位。"依此，受害人对违警罪没有向预审法官提出民事诉讼的权利，而共和国检察官则可在法定条件下对违警罪要求进行正式侦查。

受害人在向预审法官提出民事诉讼的同时，须附上能证明其控告的全部材料，并签字、注明日期、写明地址。预审法官收到受害人的告诉后，应报送共和国检察官，以便后者提出意见书，但该意见书对预审法官没有约束力。预审法官可对是否受理受害人的告诉作出自己的决定，包括认定自己无管辖权，从而将案件的民事部分移送有管辖权的法院，或认定不能受理受害人的告诉。但原则上，如受害人对其控告的事实提出某一罪名，并且证明确实存在与其控告的犯罪有联系的损害，那么，预审法官应受理受害人的诉讼请求，但在此之前，民事当事人还应交纳预审法官确定的预付款项。当受害人提出的告诉经过正式侦查，以不予起诉结案时，该款项用于支付法律规定的罚金；在虽然公诉时效已过，或对其已有最终确定的裁判，但受害人并非滥诉或迟延诉讼时，应返还该款项。

与检察官发动公诉的行为本身并不导致如失败则应承担一定责任相反，受害人提出的诉讼如受到"不予起诉裁定"，则有可能被提起两种诉讼，这两种诉讼都应在"不予起诉裁定"作出后 3 个月内提出。一是检察官可传讯民事当事人至原来对案件进行预审的轻罪法院，如轻罪法院认为民事当事人的起诉构成滥诉或迟延诉讼，可对其处以不超过 1 万法郎的罚金。二是受审查人可在轻罪法院向民事当事人提起损害赔偿之诉，当然，他也可向民事法院单独提起民事诉讼。不服以上两种诉讼的判决，可向上诉法院起诉审查庭上诉。如民事当事人提出的控告不仅无根据，而且具诽谤性质，则应追究其刑事责任。

2. 直接传讯程序。除正式侦查程序外，检察机关与受害人还可采用"直接传讯"方式，将犯罪人传讯至审判法院，由审判法院直接受理案件。违警罪案件和普通的轻罪案件一般适用"直接传讯"程序，但重罪案件和某些必须经过正式侦查的轻罪案件，不得适用此程序。

直接传讯的传票，或应检察官的要求签发，或应受害人的申请签发，而由执达员送达。直接传讯因其性质的关系，只能针对已知的犯罪嫌疑人提出。如民事当事人采用直接传讯的方式发动公诉，他必须交纳一定的预付款项，以担保在被告人被宣告无罪时支付其可能受到的民事罚款。

3. 直接出庭程序。直接出庭程序适用于以下两种情形：①法律规定的最高监禁刑为1年以上7年以下的现行轻罪案件；②对法律规定的最高监禁刑为2年以上7年以下的案件，当共和国检察官认为已收集到的证据很充分，且可以对案件进行审判时。但应注意，直接出庭程序不适用于新闻轻罪案件、政治性犯罪案件、由特别法规定追诉程序的犯罪案件及未成年人犯罪案件。

采用直接出庭程序发动公诉包括两种方式："以笔录进行传唤"和"立即出庭"。"以笔录进行传唤"指的是共和国检察官要求被告人在不少于10日不超过2个月的期限内，以自由人的身份前往法院出庭，开庭的期日和地点及被控犯罪事实载明于笔录，笔录的副本交于被告人，其效力相当于传票。在此种发动公诉方式中，被告人仍处于自由状态，但如共和国检察官认为有必要，可经法官审理、作出实行司法监督的决定。

"立即出庭"有两种形式：如法庭可在当天开庭，共和国检察官可将被告人立即提交法庭审判；如法庭不能在当天开庭，而又有必要对被告人实行先行拘押，共和国检察官可将被告人提交法官，并作出是否实行先行拘押的裁定。如实行先行拘押，则被告人应最迟在随后的第二个工作日出庭，否则应释放被告人。如不实行先行拘押，检察官将"以笔录传唤"被告人。

三、预审

广义上的预审是指在法庭开庭之前预审法官查找与收集将向审判法官提出的证据，以便审判法官作出裁判，这种预审在任何案件中都存在。狭义上的预审仅指预审法官依据法律赋予的特别权力对案件进行的正式侦查。预审采取书面形式，原则上不具有对席性质。预审秘密进行，不对公众公开，无论是证人、受审查人，还是民事当事人，都不得参与预审，但因为预审法官须将案卷随时通知受审查人和民事当事人可通过其律师了解案件的进展情况。法国预审法官的权力极大，预审行为林林总总。各种预审行为、相应的程序义务以及上诉途径可参见下表：

预审行为	程序上的义务	上诉	
·检察官建议第一次出庭接受讯问 ·预审法官决定	·告知被指控事实及该事实的司法性质； ·告知选择一名律师的权利； ·告知其他一系列权利（令状申请、程序无效等）； ·听取被告陈述其意见的义务； ·告知程序在可预期的期限结束； ·宣告审查地址； ·可能在10天至2个月的期限内通过挂号信传唤被告人。	◆上诉： ·双方当事人：因缺乏有力、协调的证据而申请撤销程序 ◆对该申请作出裁决的法院：预审庭 ◆申请期限：6个月（《法国刑事诉讼法》第173-1条）	
	受协助证人 ·同上； ·通过挂号信告知被指控事实及该事实的司法性质，告知权利以及程序在可预期的期限内结束。	◆上诉： ·受协助证人可以要求由预审法官进行审查，预审法官不得拒绝该要求	
·检察官建议司法管制 ·检察官决定 ·自由与羁押法官决定		◆上诉： ·受审查人 ·检察官 ◆对上诉请求作出裁决的法院：预审庭 ◆期限：10天	◆上诉： ·检察官 ◆对上诉请求作出裁决的法院： ·自由与羁押法官（《法国刑事诉讼法》第137-4条） ◆期限：无
·检察官建议临时羁押 ·自由与羁押法官决定	·对席辩论	◆上诉： ·受审查人 ◆对上诉请求作出裁决的法院： ·"紧急审理-自由"（Référé-liberté）预审庭庭长 ◆期限：24小时	◆对上诉请求作出裁决的法院： ·预审庭 ◆期限：10天

续表

预审行为	程序上的义务	上诉
◆检察官建议令状 ·搜查令、出庭令（传票）、拘传令及逮捕令——预审法官决定 ·羁押令（预审中）——自由与羁押法官决定 ·撤销释放裁定或者撤销自由与羁押法官在羁押令中所作出的羁押裁定——预审庭决定 ·搜查令——检察官决定	·令状须采用书面形式并写明日期以及载明发布该令状法官的姓名与资格。发布令状的法官必须在令状上签名并盖上印章。除羁押令外，所有其他令状均必须载明违法事实及其司法性质和所适用的法律。	◆上诉： ·当事人：可对载有临时羁押裁定的羁押令提出上诉请求 ◆对上诉请求作出裁决的法院：预审庭 ◆期限：10天
·检察官建议受协助证人的资格 ·预审法官决定	·宣读被指控之事实； ·告知权利（律师帮助权、查阅案卷材料权、可申请陈述、对质、指定辩方鉴定人以及程序无效等）； ·不得将证人进行司法管制或临时羁押； ·宣告受协助证人的地址。	◆上诉： ·证人可要求由预审法官进行审查，除此之外，别无其他（参见上一栏"审查"一项）
·检察官建议讯问/对质/提出新的请求 ·当事人建议讯问/对质/提出新的请求 ·预审法官决定	·在讯问前至少5天由刑事审查庭传唤 ·可查阅预审材料	◆上诉： ·检察官 ·当事人：拒绝或在预审法官前保持沉默的情况下 ◆对上诉作出裁决的法院：预审庭 ◆上诉期限： ·对于共和国检察官所提出的上诉请求——5天 ·对于当事人或总检察长所提出的上诉请求——10天
·检察官建议现场勘查 ·当事人建议现场勘查 ·预审法官决定	·检察官的意见 ·书记官必须在场 ·对各种勘查行为必须制作笔录	◆上诉： ·检察官 ·当事人：拒绝或在预审法官前保持沉默的情况下 ◆对上诉作出裁决的法院：预审庭 ◆上诉的期限 ·共和国检察官——5天 ·当事人或总检察长——10天

续表

预审行为	程序上的义务	上诉
	◆对委任调查执行的监督 ・并没有专门的程序性义务，也不要求书记官必须在场（《法国刑事诉讼法》第152条）	◆上诉：无
・检察官建议鉴定 ・当事人建议鉴定 ・预审法官决定		◆上诉： ・检察官 ・当事人：拒绝或在预审法官前保持沉默的情况下 ◆对上诉作出裁决的法院：预审庭 ◆期限： ・共和国检察官——5天 ・当事人——10天
・检察官建议对人格的调查 ・当事人建议对人格的调查 ・预审法官决定	・在重罪方面，此项是必须的	◆上诉： ・检察官 ・当事人：拒绝或在预审法官前保持沉默的情况下 ◆对上诉作出裁决的法院：预审庭 ◆期限： ・共和国检察官——5天 ・当事人——10天
・当事人（《法国刑事诉讼法》第175-1条）建议申请结束预审 ・检察官建议申请结束预审 ・预审法官决定	・告知受审查人、受协助证人以及民事当事人《法国刑事诉讼法》第175条所规定的期限	◆上诉： ・检察官 ・当事人 ◆对上诉作出裁决的法院：预审庭 ◆上诉的期限： ・共和国检察官——5天 ・当事人或总检察长——10天
・预审法官决定移交法院审理	・通过挂号信告知当事人	◆上诉： ・共和国检察官 ・移交轻罪法院的犯罪事实已构成重罪并应作出控诉裁定的，受审查人与民事当事人可提出上诉请求（《法国刑事诉讼法》第186-3条） ◆对上诉请求作出裁定的法院：预审庭 ◆期限： ・当事人——10天 ・检察官在一方当事人提出针对控诉裁定的上诉之后所提起的附带上诉——5天

续表

预审行为	程序上的义务	上诉
·预审法官决定不予起诉	·通过挂号信告知双方当事人	◆上诉： ·检察官 ·当事人 ◆对上诉请求作出裁定的法院：预审庭 ◆期限： ·共和国检察官——5天 ·当事人与总检察长——10天

（一）预审法官对案件的受理与停止管辖

1. 受理。预审法官受理案件的途径有两种：①经共和国检察官提出立案侦查意见书而受理案件；②经受害人告诉并在预审法官处成为民事当事人而受理案件。预审法官在收到共和国检察官提出的立案侦查意见书或受害人提出的民事诉讼后，首先应审查其对本案是否有管辖权。如没有，则应移送有管辖权的法院。在某些特定情况下，预审法官可以对向其提交的各项材料、文件进行一般审查后，不经侦查而不作出"拒绝侦查裁定"，这一般发生在从提交的材料中便可十分清楚地看出指控事实不构成犯罪，或公诉时效已过等情形下。不服"拒绝侦查裁定"，检察官和民事当事人都可向上诉法院上诉。

预审法官受理案件后，有权对有形迹可以推定其参与了犯罪的任何人进行审查，但无权对检察官或受害人未提出的事实进行侦查。如在侦查过程中发现有新的犯罪事实，预审法官应向检察官报送案卷，以便后者提出补充侦查意见书。

2. 停止管辖。预审法官停止对案件的管辖有以下几种情况：①预审法官认为其对该案无管辖权时，应作出"无管辖权裁定"，并将案件移送有管辖权的法院；②预审法官虽对该案有管辖权，但如其认为另一辖区的预审法官也有管辖权并已受理案件，而移送该案有利于查明真相和进行审判时，可作出"停止管辖裁定"；③正式侦查正常终结后，预审法官应作出两种决定之一：不予起诉决定和向审判法院或驻上诉法院检察长移送案件的决定，这也导致预审法官停止对该案的管辖。此外，已受理案件的预审法官也可因各种原因停止管辖，如最高法院指定管辖，或法院院长指定另外的预审法官管辖，或经共和国检察官申请，由法院院长裁定由另一预审法官管辖，或因上诉法院起诉审查庭提审案件而停止管辖等。与审判法官的职责不可替代行使不同，预审法官职责的替代行使在法律上是允许的。在法定情形下，可由法院院长指定其他法官替代因各种原因不能履行职责的预审法官。

（二）预审法官的权力

法国刑事诉讼理论认为，预审法官拥有两种性质的权力：预审权力及与预审有关的司法裁判权力。前者指的是预审法官实施正式侦查的权力；后者指的是预审法官在预审过程中有权作出各种司法裁判性质的裁定或决定。同时，为防止预审法官滥用赋予他的广泛权力，刑事诉讼法典设置了一系列旨在监督其权力行使的措施。

(三) 预审法官（含自由与羁押的法官）的预审权力

《法国刑事诉讼法》第81条规定："预审法官应当按照法律规定，进行一切他认为有助于查明事实真相的侦查行动。"这表明预审法官的任务是查明事实真相，所以凡是有助于更好地了解事实真相的材料，无论是可以证明受审查人有罪，还是可排除其犯罪证据的材料，预审法官都应仔细查找并审查。此外，必要时预审法官还可对受审查人的身体、性格及生活环境进行医疗检查和社会调查，目的在于使司法更公正、更有效。

预审法官拥有的预审权力，从具体实施的主体角度，可分为由预审法官直接行使的预审权力和由预审法官的辅助人员行使的预审权力。

1. 由预审法官直接行使的预审权力。

（1）听取特定人的陈述。

首先，是听取证人证言。法国刑事诉讼法规定，预审法官有权传唤任何他认为其证言有助于查明事实真相的人到庭作证。这种传唤，由执达员或公共力量人员执行，并将传票副本留给当事人。传票也可经平信或挂号信，或经行政途径送达。此外，凡认为自己可向预审法官提供情况的人，可自行前往预审法官处说明情况。但是，那些有重要迹象或疑点足以使人怀疑其参与了预审法官受理的犯罪的人，以及共和国检察官在立案侦查意见书中指名提到的人，不得作为证人被询问，而须作为受审查人被讯问。这样规定的目的在于尽早保证犯罪嫌疑人完全行使辩护权利。法律还规定，尽管签发传票或逮捕令即意味着开始对当事人的审查，但作为受审查人，其所拥有的各项权利仅自其第一次到案时始方可享有。

法国现行刑事诉讼法典为预审法官听取证人证言设置了一系列规则。如应分别询问证人；询问证人时受审查人不得在场，但随后可让证人与受审查人、证人与证人相互对质；证人应报明其身份，否则其证言无效；必要时证人应先宣誓再作证；证人应口头表述其了解的全部事实，并制成笔录；等等。对证人，法律也设置了一些义务，主要有：①受传唤的证人必须到庭，如不到庭，预审法官可经共和国检察官同意，派公共力量强制证人到庭。不到庭的证人还可受到预审法官宣告的相当于第五级违警罪应处的罚金。②除未满16岁的未成年证人外，证人应宣誓"说出全部事实真相，并只说事实真相"。未经宣誓作出的证言无效，拒绝宣誓的证人也将受到与拒绝出庭同样的处罚。③证人应当说出其所知道的全部事实，如隐瞒事实、提供伪证，即使这样做是为了避免本人受到刑事追诉，也将受到处罚。拒绝作证，将受到与拒绝出庭相同的处罚。

其次，是讯问受审查人。除非犯罪嫌疑人在逃，或将作出"不予起诉裁定"，否则预审法官未经讯问受审查人，不得终结侦查。但这并不意味着受审查人被强制作出声明。法国刑事诉讼程序在肯认"任何人都不得负有指控自己的义务"的同时，认为受审查人要求对其讯问是他的一项权利，用以表明本人的看法，受审查人即使不做诚实的陈述也不会受刑事制裁。

法律对预审过程中讯问受审查人设置了详细的规则。受审查人第一次到案时，预审法官应查明其身份，并明确告知其被控并因而受审查的每一事实及这些事实的法律评价。如受审查人已要求律师协助，并已按规定传唤了其律师，预审法官将按下面将论及的第一次讯问以后的讯问程序进行讯问。如受审查人尚未要求律师协助，预审法官应通知其有权选任律师或有权要求为其指定一名律师。该律师可当场查阅案卷，并可与受审查人自由交换意见。预审法官还应告知受审查人：只有当受审查人在其律师在场时表示同意，才能立即对其进行讯问。否则，预审法官无权在此时讯问受审查人。但在紧急情况下，如证人有死亡的危险、有迹象表明证人行将隐匿等，即使受审查人不同意，预审法官也可立即进行讯问。

在第一次讯问之后的每次讯问，预审法官皆应事先传唤受审查人的律师，因为法律规定，除非受审查人明确放弃此权利，否则只有当其律师在场，或至少只有在对其律师进行传唤之后，方能讯问受审查人。律师享有随时查阅、使用诉讼案卷的权利，但受审查人本人没有此项权利。此外，在受审查人参加的对质中，适用有关讯问受审查人的规则。

共和国检察官可列席对受审查人的讯问和对质，但只有在预审法官同意后方可向受审查人或任何其他参加对质的人发问，这一点同样适用于律师。

最后，是听取民事当事人的陈述。预审阶段的民事当事人可能是向预审法官提起民事诉讼从而发动公诉的人，也可能是在公诉发动后才提出民事诉讼，从而参加到诉讼中来的当事人。不论何种情况，预审法官都应听取其陈述。作为一方诉讼当事人，民事当事人陈述前无须宣誓，在享有律师协助权方面与受审查人有相似的权利。

（2）搜查、扣押与司法监听电话。

首先，预审法官有权采取搜查措施。法律规定，凡是可能发现有利于查明事实真相的物品的地方，均可进行搜查。如搜查在受审查人的住所进行，须遵循与在现行犯罪案件中进行的搜查相同的规则。如搜查在其他人的住所进行，则应有屋主或其两名直系血亲或姻亲，或两名证人在场，并同样禁止在夜间进行搜查。

其次，预审法官对于其认为有利于查明事实真相的物品、文件或材料，有权决定予以扣押。被扣押的物品与文件，应立即逐项记录在扣押笔录中，并加封保存。被扣押物品的所有者，有权请求归还被扣押物，由预审法官决定是否归还。预审终结后，如审判法庭受理案件，这种请求应向审判法庭提出，由审判法庭作出决定；如作出的是不予起诉裁定，则由预审法官或上诉法院起诉审查庭决定。

最后，在重罪案件或轻罪案件中，如当处 2 年或 2 年以上监禁刑，预审法官可在必要时，命令截留、录制和抄录经电话途径发出的通讯件，即命令进行司法监听电话。该截听决定应以书面形式作出，并具体规定截听的时间，该时间不得超过 4 个月。截听电话应制作笔录，并归入案卷。

（3）签发执行文书凭证。法国现行刑事诉讼法典赋予预审法官签发四种执行文书凭证的权力，它们是：传唤通知书、拘传通知书、押票和逮捕令，这些凭证在共和国领域内都有执行力。

传唤通知书的强制性较小，其目的是催促受传唤的人在指定的日期和时刻前来接受预审法官的讯问。如受传唤人按时到案，预审法官应立即进行讯问。如受传唤人未按通知到案，预审法官可签发拘传通知书。

拘传通知书的强制性较传唤通知书强，它是预审法官向公共力量（或警察）发出的将拘传对象立即解送到案的命令。执行拘传通知书的警察有权查找当事人，并将其强制到案，但不得在早6时前和晚21时后进入公民的住所进行拘传。被拘传人一旦被带至预审法官前，预审法官应立即对其进行讯问。但如不可能立即讯问，可将其带至看守所等候讯问，拘禁时间不得超过24小时。如查找当事人未果，执行拘传通知书的人员应将相关的搜查与查找笔录寄送签发拘传通知书的预审法官。

押票，是预审法官向看守所主管人员发出的接收并拘禁已处于预审法官控制下的受押票人的命令。押票的效果仅是拘禁受押票人，不允许持押票查找并逮捕受押票人，除非他是在受押票通知后逃脱的。受押票人可能基于传唤通知书，或拘传通知书，或因已在押而处在预审法官的控制下，但法律规定，只有同时满足以下条件时，预审法官方可签发押票：①犯罪当处轻罪监禁刑或其他更重的刑罚；②已讯问当事人；③已作出先行拘押裁定；④已告知当事人其有权取得律师帮助，并已给其一个准备防御的期限。

逮捕令，是向公共力量发出的查找逮捕令所指之人并将其带至指定的看守所接收并关押的命令。逮捕令兼具拘传通知书和押票二者的长处，既可据此查找并逮捕受审查人，又可凭此长时间地拘禁该人。正因为逮捕令具有如此大的强制力，所以法律规定，只有当该人在逃或居住在共和国境外，而其罪行可能被判处轻罪监禁刑或更重的刑罚时，才能签发逮捕令。在签发逮捕令之前，预审法官还应听取共和国检察官的意见。逮捕令由司法警官或司法警员执行，其规则近似于执行拘传通知书和押票。被逮捕的人应被立即带至看守所，并在24小时内接受预审法官的讯问，在此期间他有权得到律师帮助。讯问后，预审法官应作出决定是否继续拘押当事人。

（4）实行司法监督。在预审过程中，受审查人原则上仍应处于完全自由的状态，但出于预审的必要或安全所需，在受审查人可能被判处监禁刑以上刑罚时，预审法官可决定对他实行司法监督，并规定其应履行的义务。因法人也可以负刑事责任，因此对法人也可实行司法监督，法人受司法监督时应履行的义务是：提供担保；设立旨在保障受害人权利的人保或物权保证；在特别情形下，可禁止法人签发支票或从事职业活动。

依法国刑事诉讼法典的规定，预审法官有权按每个人的具体情况，个别确定其应履行的义务，但不得设置法律上未规定的义务。刑事诉讼法典规定对受司法监督的人可设置以下义务：①涉及行动自由的有：不得离开预审法官所规定的地域；除非存在特定原因或理由，不得离开其住所或指定的居所；不得前往某些场所，或只能前往规定的某些场所；离开规定的地域时必须报告预审法官。②定期到预审法官所指定的负责对被审查人的行为进行严格管束的部门或机关报到，并服从其传唤，接受其对被审查人的职业活动和受教育情况的监督。③停止接待或会见预审法官指定的某些人，或停止与他们进行任何形式的联系。④服从某些检验、治疗和康复措施，甚至入院治疗，尤其是戒毒治疗。⑤不得保存或携带武器，必要时应将他所保存的武器交存书记员处；如其罪行是在从事某项职业活动中或是利用此项活动实行的，并有理由怀疑其可能再犯此种罪时，可禁止其从事该项职业活动或社会活动，但经选举产生的任职或工会活动除外；不得签发除专供依赖其生活的人或其他有权人支领款项的支票之外的支票，必要时应将禁止其使用的支票本交存书记员处。⑥为保障被害人的权利而设立预审法官指定期限和数额的金钱或实物担保；如其被判决应承担赡养家庭或提供家庭费用的义务，受审查人应证明其已提供此项家庭费用，或准备定期提供。⑦按预审法官根据被审查人的经济情况所规定的数目和期限，一次或分次提交保证金。该保证金分两部分款项，用于两个目的，一是保证受司法监督人履行义务；一是保证在其支付罚金后再支付法院判给民事当事人的损害赔偿金。

在受审查人恶意或故意逃避其应履行的义务时，预审法官可签发押票或逮捕令，对其实行先行拘押。

（5）先行拘押。先行拘押是将受审查人在整个侦查期间或其中部分时间关押起来的一项极为严重的措施，法律对实行先行拘押的条件设置了各项规定。

首先，实行先行拘押的实质条件是：①指控的是重罪，或是当处 1 年或 1 年以上监禁刑的现行轻罪，或是当处 2 年或 2 年以上监禁刑的其他轻罪；②实行先行拘押是保存证据或犯罪事实的痕迹的惟一手段，或是防止对证人或受害人施加压力、防止受审查人与其共犯之间进行恶意串通的惟一手段；或是保障社会秩序免受犯罪扰乱所必要的，或是保护当事人、制止犯罪、预防重新犯罪、保证有关的人能随时听从法院安排所必要。

其次，实行先行拘押的形式要件是须由预审法官经对席审理作出决定，受审查人有权得到律师的协助，并享有一定的准备辩护的期限。实行先行拘押的裁定中须包含作此决定所依据的法律上和事实上的理由，但无须指出实行先行拘押的期间。不服此裁定，可在 10 日内向上诉法院提出上诉。对预审法官拒绝实行先行拘押的裁定，共和国检察官如不服，也可上诉。上诉法院起诉审查庭至迟须在 15 日内作出决定，对此决定不服，还可向最高法院上诉。

关于先行拘押的期间，法律规定，在轻罪案件中不得超过 4 个月，但对于特别复杂的案件，此期间可予以延长，延长不得超过 4 个月。该延长期间的裁定应说明理由，并允许向上诉法院上诉。如果受审查人未曾因重罪或轻罪而被判处重罪刑或 1 年以上无缓期的监禁刑，或其所犯罪行不当处超过 5 年的监禁刑，则先行拘押的期间只能延展一次，且延长期间不得超过 2 个月。除此之外的情况下，对被审查人的羁押不得超过 1 年。

先行拘押虽有最长期间的限制，但预审法官在作出决定时无须明确将予以拘押的期间，先行拘押可在最长期间尚未完成的任何时刻，因各种原因而提前终止，如预审法官可在听取共和国检察官的意见后决定释放受审查人；共和国检察官也可随时要求释放受审查人，并由预审法官作出决定；上诉法院起诉审查庭也有权依职权宣告释放受审查人；最常见的是，受审查人或其律师提出释放申请，由预审法官作出决定。

原则上，侦查终结，先行拘押亦应停止，但如受指控人已移送至轻罪法院，预审法官可在作出终结侦查裁定的同时，作出特别说明理由的裁定，命令对受指控人继续拘押，甚至对在此时尚处于自由状态的人，也可出于安全上的考虑，实行先行拘押，对此裁定可向上诉法院上诉。

先行拘押因其具有剥夺受审查人的自由的性质，所以在法院宣告对受审查人的自由刑后，可折抵其刑期。如正式侦查程序以不予起诉、免予起诉或无罪释放决定而终结，在先行拘押给受审查人造成了不正常的或极严重的损害时,受审查人可要求赔偿。

2. 由预审法官的辅助人员行使的预审权力。现实情况是,预审法官一人不可能完成所有侦查活动,这有实际上的原因,也有技术上的原因。前者指的是预审法官在不可能亲自进行所有侦查活动的情形下,可委托某些有资格的人员代为完成;后者指的是对某些专业性强的验证活动,需由专门人员完成,因此,预审法官须寻求专家的协助。由此,由预审法官的辅助人员行使的预审权力包括:委托查案中行使的预审权力和鉴定中行使的预审权力。

(1) 委托查案。依据法国刑事诉讼法的规定,可以接受预审法官的查案委托的人有:本法院的任何法官或任何辖区的任何预审法官及任何司法警官。但只有预审法官本人才能签发执行文书凭证,命令进行电话监听、命令在某些职业场所进行搜查,这些预审权力不得委托他人行使。此外,讯问受审查人的权力不可委托给司法警官行使,必要时也只能委托给法官行使。听取民事当事人的陈述之权力虽不能委托给司法警官,但如民事当事人提出此要求,司法警官可听取其陈述。

刑事诉讼法典同时还要求,预审法官只有依据对已发生或正在实行的特定犯罪的推定,方能签发查案委托书,并且委托进行的预审活动限于与该罪相关的预审行动,反对笼统的、一般的、针对某种或所有犯罪的查案委托。

收到查案委托书的人应首先审查自己是否对此案有级别管辖权和地域管辖权执行该查案委托,如认为没有管辖权,应将查案委托书寄回预审法官,否则应立即行使受委托的预审权力。受委托人与预审法官享有相同的权力,但预审法官对受委托人的预审活动始终享有指挥权和监督权。

(2) 鉴定。对于某些技术问题,预审法官依职权命令进行鉴定,共和国检察官、辩护方或民事当事人也可提出要求,预审法官如驳回此要求或申请,须在 1 个月内作出说明理由的裁定,对此裁定不服,可向上诉法院起诉审查庭上诉。原则上预审法官应从上诉法院或最高法院制订的鉴定人名册中挑选鉴定人,但存在特殊原因时,预审法官也可决定选任未在名册中登记的人为鉴定人,但须说明理由。通常预审法官仅任命一名鉴定人,但在必要时,也可指定多名鉴定人。任命鉴定人时,预审法官应具体规定鉴定人的任务,这种任务只以审查技术性问题为目的。

所有鉴定人都须宣誓:"本着良心与荣誉为司法提供协助。"否则,在损害辩护方的权益的情况时,鉴定无效。鉴定工作始终在预审法官的监督下进行,鉴定人应随时向预审法官报告鉴定的进展情况。完成鉴定的时间由预审法官确定,但必要时可予以延长。鉴定完成后,鉴定人应提交鉴定报告,鉴定报告应包括鉴定结论,回答已向鉴定人提出的问题,并由每一鉴定人签字。鉴定报告提交后,预审法官应向各方当事人及其律师通报鉴定结论,并告知提出意见或请求,尤其是提出补充鉴定或反鉴定的意见或请求的期限,如在此期限内未提出意见或请求,在审判过程中将很难再行提出。

3. 对预审权力行使的监督。对预审活动的合法性和有效性的监督,从广义上说,可来自共和国检察官、受审查人与民事当事人、上诉法院起诉审查庭庭长及上诉法院起诉审查庭,刑事诉讼法典通过规定前三者在预审过程中的各项权利或权力,保证他们对预审权力行使的监督，但最重要、最有效的监督仍来自上诉法院起诉审查庭。上诉法院起诉审查庭主要从两个方面审查预审权力的行使，一是预审行动是否适当，一是预审行动是否符合规定手续。

（1）预审行动的适当性。在预审过程中，上诉法院起诉审查庭有多种途径受理预审案卷，不论其以何方式掌握了这些案卷，它都可以并且应当对预审进行的方式及已完成的各项预审行为进行审查。这种审查在重罪案件中是必须的、当然的。

上诉法院起诉审查庭基于这种对已完成的预审行动的审查监督权，可以行使一系列广泛而具体的权力，如命令预审法官进行一切其认为有益的侦查行为；自行签发执行文书凭证；命令释放受审查人；命令对在案卷中已有涉及、但预审法官未有效受理的犯罪事实进行追诉；等等。

（2）预审行为是否符合规定手续。任何预审行为，如其未遵守法律的规定而不符合规定手续时，都可能无效。预审行为无效的原因可分为两种：①法律明文规定的违反某一手续时导致该预审行为无效；②法律虽未明文规定违反此手续会导致预审行为无效，但如果此手续是刑事诉讼法典或其他有关刑事诉讼的条款所规定的实质性手续，且对该手续的违反已经危害了诉讼当事人的利益，则该预审行为无效。可以看出，所谓"实质性手续"是一个不确定的概念，法律对此也未予以明确，某一手续是否属于实质性手续须根据具体情况而定。但一般说来，预审行为违反公诉时效规则、侵犯议会豁免权、侵害既决事由的权威效力等都将导致无效。

预审行为无效可由共和国检察官、各当事人或预审法官提出，也可由上诉法院起诉审查庭依职权提出。在侦查过程中，由上诉法院起诉审查庭决定预审行为是否无效；但在审判法院依"直接传讯"或"立即出庭"程序受理案件的情况下，也可由审判法院作出此决定。

由于上诉法院起诉审查庭作出的将被告人移送法院审判的裁定一经最终确定，即具有排除预审程序中的诸种瑕疵的效力，所以不能根据在侦查终结后才发现的无效事由而宣告预审行为无效。

（四）预审法官的司法裁判权力

预审法官除拥有预审权力以查明事实真相外，还拥有司法裁判权，这指的是预审法官负有对可能发生的有争议的附带事件作出裁判决定，及判断是否有充分证据将受审查人提交审判法庭审判的职责。对预审法官基于其司法裁判权而作出的裁判决定不服，可向上诉法院起诉审查庭上诉。

1. 预审法官的司法裁判权范围。在侦查开始阶段，预审法官可作出各种裁定，最主要的是拒绝侦查裁定、无管辖权裁定及受理案件开始侦查的裁定。

在侦查过程中，预审法官也将作出各种裁定，如裁定拒绝检察官或受审查人或民事当事人提出的进行某一预审行为的要求，裁定是否受理侦查过程中民事当事人提出的民事诉讼，裁定拒绝进行鉴定的请求，裁定实行先行拘押或司法监督裁定释放当事人等等。对这些裁定不服，检察官、受审查人及民事当事人有权上诉，但他们的权利并不相同。依刑事诉讼法典的规定，共和国检察官可就预审法官的任何裁定向上诉法院起诉审查庭上诉，受审查人及民事当事人的上诉权却受到一定限制。

最后，在预审法官认为就查明事实真相和犯罪人的性格而言，不可能再进行更多侦查时，应宣告终结侦查，并作出两种决定，或不予起诉，或继续追诉（即对轻罪案件，决定向轻罪法院移送案件；对重罪案件，决定向驻上诉法院检察长移送案件）。

2. 对预审法官的裁判上诉。

（1）可上诉的裁定。法律确认检察机关对预审法官作出的任何裁定均可向上诉法院提出上诉（抗诉），并且，对于报送案卷裁定、向审判法庭或驻上诉法院检察长转送案卷的裁定、拒绝完成其要求进行的预审行为的裁定，只有检察机关可提出抗诉。一般来说，检察机关的抗诉权由共和国检察官或代理共和国检察官行使，但驻上诉法院检察长也享有相同的抗诉权，以监督下级检察官抗诉权的行使。

对受审查人的上诉权，法律规定了其范围。受审查人可对以下裁定上诉：就成为民事当事人的诉讼请求可否受理作出的裁定、实行司法监督的裁定、实行先行拘押的裁定、延展拘押期间的裁定、变更或取消司法监督的裁定、拒绝释放受审查人的裁定、强制继续实行司法监督或先行拘押至受审查人到轻罪法院出庭时的裁定、关于管辖权问题的裁定、驳回其要求进行某项预审行动的申请的裁定等。受审查人不得对终结侦查裁定（不予起诉裁定或移送案件裁定）提出上诉。

民事当事人的上诉权同样受到限制，他有权提出上诉的裁定有：拒绝侦查裁定、不予起诉裁定、关于管辖权的裁定、驳回其要求成为民事当事人的裁定、确定预交款数额的裁定、拒绝其要求进行某预审行为的裁定、涉及先行拘押与司法监督的释放受审查人的裁定。但民事当事人无权对移送案件裁定提出上诉。

检察机关应在收到裁定之日起 5 日内提出抗诉，受审查人、民事当事人的上诉应在 10 日内提出。

（2）上诉法院起诉审查庭对上诉的审理。上诉法院起诉审查庭在提出上诉的范围内并仅就上诉针对的事由受理案件。每一方当事人都可向上诉法院提交书面的补具理由状，必要时上诉法院起诉审查庭可让各当事人出庭，可让其提交书证。裁定应在尽可能短的期间内作出，如涉及先行拘押事由，则应在 4 天内作出裁定，否则，应释放受审查人。上诉法院可认可或撤销预审法官的裁定或决定，对上诉法院的某些裁定，在满足法定条件时，可向最高法院上诉。

（五）即将适用的新预审程序

2000 年 12 月 5 日，法国发生了自二战以来最大的司法冤案"乌特罗案件"，引发了严重的司法信任危机。在这起案件中，由于预审法官的权力过大，案件预审期限竟长达 3 年，14 名无辜的被告除 1 人自杀、1 人因怀孕得保外候审外，其余均长期被羁押，引起了社会舆论的极度关注。乌特罗案件的持续发酵迫使法国当局迅速作出回应，并直接导致了 2007 年 3 月 5 日《强化刑事程序平衡法》的颁布。尽管新法尚未生效（2010 年 1 月 1 日生效），但由于它对现行预审程序进行了极其重大甚至是颠覆性的修改，因此仍有必要对改革内容作一介绍。新法主要进行了七个方面的修改：

1. 确立预审合议庭制度。一如前述，新法确立了预审合议庭制度，以取代原先的预审法官独任制。依"新法"第1条之规定,"法院院长或院长因故不能履行职责时替代院长的法官应为每一案件的侦查指定3名预审法官以组成预审合议庭。合议庭中的一级法官行使协调法官之职。院长可基于这一目的制订职责轮换表","预审合议庭履行本法典(《法国刑事诉讼法典》)委付于预审法官的职责。审查犯罪嫌疑人、赋予受审查者受协助证人身份、采取司法管制措施、要求自由与羁押法官受案、依职权宣布释放被告、侦查终结意见、侦查终结裁定以及不予起诉裁定等均要求以合议庭的形式作出。预审法官职权范围内的其它预审行为则可由合议庭内的一名预审法官依授权实施"。"任命裁定系司法管理措施,不得提起上诉。"

2. 设立预审中心(Pôles de l'instruction)。预审合议庭制度所面临的一个直接难题便是预审法官数量严重不足。从法官的人员配置上看,法国目前有不少法院(66个)只设一名预审法官,根本无法落实这一制度。为解决这一问题,法国立法者决定依议会调查委员会之建议进行法官人员整合,在一些大审法院设立预审中心,负责所有重罪案件的预审以及协助受理案件的侦查(《法国刑事诉讼法》第52-1条第3款)。设立预审中心的大审法院及中心内预审法官的地域管辖范围等均由行政法令予以确定。中心内预审法官的管辖权可能涵盖若干大审法院的管辖区域。

3. 改良协助受理制度(cosaisine)。"新法"还对协助受理制度进行了一些改良。如人员指派制度及指派细则的更改。依"新法"第7条之规定,"如果案情复杂或严重,则可适用协助受理制度。设预审中心的大审法院院长或院长因故不能履行职责时代替院长的法官可自侦查启动之日起依职权或依共和国检察官公诉意见书的要求指定一名或几名预审法官作为负责侦查之预审法官的助手";"在诉讼程序的任何阶段,大审法院院长都可依负责侦查法官之请求指定一名或几名预审法官担任助手。院长也可依职权或依检察官或者一方当事人之请求在负责侦查之法官同意的前提下进行这一指定。……如果侦查在未设预审中心的法院中进行,则具有地域管辖权且设有预审中心的大审法院院长应指定一名预审法官负责侦查,并可指定若干预审法官协助受理。最初负责案件侦查的预审法官不再担任这一职责";"如果大审法院院长因负责侦查的预审法官不同意而未作出协助受理的人员指定,或者大审法院院长在收到请求后的一个月内未作出这一指定,则预审庭庭长可依职权或依法院院长、检察官或当事人之请求指定若干预审法官协助受理。预审庭庭长应在收到请求后的一个月内作出裁决。如果侦查在未设预审中心的法院里进行,则预审庭庭长应要求预审庭就协助受理问题受理案件。预审庭在一个月的期限内决定是否适用协助受理制度。如果认为不需要适用协助受理制度,则将案件材料移送原预审法官。如果预审庭认为协助受理对于揭示案件真相或良好的司法管理必不可缺,则应指定一名预审法官负责侦查,并可指定若干预审法官协助受理。最初负责案件侦查的预审法官不再担任这一职责";"大审法院院长的相关裁定系司法行政管理措施,不得提起上诉"。

需要特别指出的是,"新法"还确立了共同签名原则(le principe de la cosignature),规定:"如果案件侦查适用协助受理制度,则预审法官应在起诉裁定书上共同签名,否则当事人可就该起诉裁定提起上诉"[1]。该原则的主要目的便是为了促使各预审法官在诉讼程序运行过程中进行实质性的讨论、交流和协作,以力求准确揭示案件真相。

4. 确立审前视听录音制度。早在1998年6月17日的法律中,法国立法者便确立了审前视听录音制度,但该制度仅适用于未成年人系性犯罪受害者的特殊刑事案件(《法国刑事诉讼法》第706－52条),具有很大的局限性。为强化对犯罪嫌疑人的保护,也为防止犯罪嫌疑人在庭审中突然翻供,2007年的"新法"将审前视听录音制度一般化,推广适用至所有犯罪嫌疑人系成年人的重罪案件。依《法国刑事诉讼法》新的第64－1条及新的第116－1条之规定,对重罪案件中被拘留者或受审查者的讯问应进行视听录音。在预审或庭审中,如果当事人对讯问笔录的内容存有异议,则可要求查询相关的视听录音资料。预审法官或庭审法官可依检察官或一方当事人的这一请求作出裁定。查询程序秘密进行,任何人传播该视听录音资料的录制件或附本,将被判处1年的监禁刑及15 000欧元的罚金。自公诉消灭之日起5年期限届满,录制件予以销毁。但"新法"对视听录音制度的适用进行了三重限制:①如果应同时讯问若干犯罪嫌疑人,则共和国检察官(在侦查过程中依侦查者之请求)或预审法官可裁定对某些讯问不进行视听录音。是否作出这一裁定以侦查必要性为标准。②如果视听录音在技术上无法实现,则应将这一情况载入笔录,并说明造成技术无法实现的具体缘由。③《法国刑事诉讼法》第706－73条所规定的所有有组织犯罪均不适用视听录音制度的相关规定。需要特别指出的是,在未成年人系性犯罪受害者的刑事案件中,审前视听录音制度依然保留,且无须经过受害人或其法定代理人的同意。从既有的研究材料看,大部分法国学者对确立审前视听录音制度表示欢迎。但有部分学者担心审前视听录音将可能给原本便不宽裕的司法资源带来极大的压力。也有一些学者认为,当前的视听录音制度还可进一步推广,既应适用于侦查讯问程序,也应适用于预审程序。

5. 建立更具对抗性的司法鉴定制度。①"新法"设立了更具"合意色彩"的鉴定程序。依《法国刑事诉讼法》新的第161－1条之规定,预审法官在裁定进行司法鉴定前,应将裁定的复印本送达共和国检察官及当事人处。共和国检察官或一方当事人可在10天的期限内要求预审法官修改或补充鉴定人的职责内容或要求增加一名新的鉴定人。当然,法官可拒绝共和国检察官或当事人的这一请求。但法官应在10天的期限内以载明理由的裁定对拒绝请求的原因作出解释。各方当事人可在裁定作出后的10天内向预审庭庭长提出上诉。预审庭庭长所作出的裁定为终局性裁定,不得再提起上诉,但应载明理由。但"新法"同时规定了两个例外:如果司法鉴定的裁定应紧急作出或该裁定送达双方当事人将有阻碍调查之风险的,则预审法官可不将裁定复印件送达共和国检察官或当事人处;如果司法鉴定未涉及罪责问题,则鉴定人员名单应以法令形式确立,共和国检察官或当事人无权对这一名单提出异议。②"新法"确立了阶段性鉴定制度。对于一些相对复杂的刑事案件(预审法官所确立的鉴定期限超过一年的),预审法官可要求鉴定人在期限届满前提交阶段性报告,并将这些报告送达各方当事人。当事人可向鉴定

―――――――――
[1]《法国刑事诉讼法典》新的第186－3条。

人及预审法官提交已方的意见看法以影响最终的鉴定报告。③"新法"还规定,"经预审法官同意,已交由执行委托调查之调查者的报告同样可送达检察官及当事人的律师",从而扩大了当事人对鉴定的知情权。尽管这些规定可能在一定程度上造成诉讼拖延、降低诉讼效率,但更具"对抗色彩"和"参与意义"的鉴定程序无疑为揭示案件真实提供了更有力的保障。

6. 确立更具保障性的证人作证制度。"新法"在证人作证制度方面主要进行了三项革新:①"新法"设立了分开对质原则(confrontation séparée),要求预审法官在讯问受审查者或受协助证人时"应单独进行"(《法国刑事诉讼法》新的第120-1条),以避免犯罪嫌疑人或证人在"集体对质"时相互影响,降低证人证言的可信度。②"新法"确立了未成年性犯罪受害人在提供供述时的律师协助权。依《法国刑事诉讼法》新的第706-51-1条之规定,"预审法官在听取未成年性犯罪受害人供述时,受害人应获得律师协助。如果未成年受害人的法定代理人或特定管理人未委派律师,则法官应立即告知律师公会会长,由其指派一名律师协助之"。③"新法"扩大了"降级制度"(système de rétrogradation)的适用范围。所谓降级制度,指预审庭因缺乏重大、一致的证据可证明受审查者参与了刑事案件而将其降格为"受协助证人",允许其以证人身份出庭提供证言,且享有受审查者权利的制度。在"新法"颁布前,《法国刑事诉讼法》便设有"降级制度",即预审庭在受理受审查者的上诉时可以以缺乏重大、一致的证据为由将受审查者降级为受协助证人。但受审查者须在第一次出庭后的6个月内向预审庭提出这一请求。2007年"新法"则进一步扩大了"降级制度"的适用范围。依"新法"第17条之规定,"降级制度"可在如下两种情况下适用:一是在6个月的审查期限届满后,受审查者可在之后的6个月内要求适用降级制度(《法国刑事诉讼法》新的第80-1-1条第2款);二是在鉴定书送达、询问委托调查的相关结果或在民事当事人、证人、受协助证人或其他受审查人提供供述的10天内,受审查者可要求适用降级制度(《法国刑事诉讼法》第80-1-1条第3款)。法官在征求检察官的意见后决定是否同意受审查者的请求。扩大降级制度的适用范围主要是为了调动受审查者的积极性,以促使其提供更准确的证人证言。此外,降级制度也促使预审法官更深刻地思考各种证据的证明力。"如果预审法官认为应对某犯罪嫌疑人进行审查,则应以载明理由之裁定作出"(《法国刑事诉讼法》新的第80-1-1条第6款)。因此,预审法官的裁定应说明所有具有重大证明力且指向一致的证据。

7. 建立更符合"平等武装原则"的侦查终结程序。在改革前,如果预审法官认为侦查已经结束,则可口头或通过挂号信通知各方当事人及律师。自通知发出起20天的期限届满后,双方当事人不得再次提出补充预审的请求或主张程序无效。预审法官遂将案件材料移送共和国检察官。后者在1个月(受审者受先行羁押)或3个月(受审查者未受先行羁押)的期限内提交诉状。2007年,"新法"接受了议会调查委员会的建议,决定建立更符合"平等武装原则"的侦查终结程序,寻求检察官和当事人之间的真正平衡。具体而言,侦查终结程序将分为四个阶段:第一个阶段,如果预审法官认为应终结侦查程序,则应将案卷材料移送共和国检察官,同时以挂号信的形式告知当事人及律师，并寄送附签名的案卷材料；第二个阶段，共和国检察官在 1 个月（受审者受先行羁押）或 3 个月（受审查者未受先行羁押）的期限内向法官提交载明理由的诉状，同时将这一诉状以挂号信的形式发送当事人。"双方当事人因此可在有效的时间内相互了解各自诉讼请求的依据、所提交的证据以及所援引的法律事由等，以便各方有效组织辩护"；第三个阶段，在 1 个月或 3 个月的期限届满后，共和国检察官和当事人还可在 10 天（受审者受先行羁押）或 1 个月（受审查者未受先行羁押）的期限内向法官提交补充请求和意见；第四个阶段，在 10 天或 1 个月的期限届满后，不管其是否收到检察官或当事人所提交的请求和意见，预审法官都应作出是否终结侦查程序的裁定，裁定应载明理由，即说明对各受审查者有利或不利的证据，并对检察官和当事人的请求作出回应。从改革的举措看，立法者的意图相当明显，即强化侦查终结程序的对抗性。不过有学者指出，这些举措将导致诉讼效率大幅降低，值得进一步观察。

四、法庭审理

（一）受理案件

审判法庭可通过多种途径系属案件，主要有：

1. 直接传讯。直接传讯是共和国检察官和受害人都可采取的一种发动公诉的方式，其仅可针对违警罪及某些轻罪提出，对重罪案件及未成年人犯罪案件，不能以直接传讯方式发动公诉。在这种方式中，审判法庭应共和国检察官、民事当事人的申请，或应某些对特定犯罪有公诉权的行政部门的申请，发出直接传票，并由执达员送达。直接传票应写明受指控罪行及其法律评价，写明开庭的地点、日期与时间，并在开庭期日前的法定期间内通知被告人，以便其准备辩护。

2. 因预审法庭的移送案件裁定而受理案件。经过正式侦查程序的案件，审判法院可依据预审法庭——预审法官或上诉法院起诉审查庭——的移送案件裁定而系属案件。除重罪案件外，预审法庭作出的移送案件一经最终确定，应由检察机关负责送达有关当事人。在重罪案件中，存在一些特别的规则。①重罪案件必须经上诉法院起诉审查庭进行第二级预审，对其作出的"提出起诉裁定书"不服，被告人可向最高法院上诉。②提出起诉裁定书一经最终确定，即应将案卷和在押被告人转送至审判法院所在地；未被拘押的被告人须在开庭审判的前一天前往监狱候审；如被告人在逃，可适用抗传程序。③重罪法庭开庭前，将主持庭审的审判长应对被告人进行讯问，讯问应在庭审前 5 日进行，除非被告人及其律师放弃该期限利益。讯问的目的主要是查明被告人的身份；查明其是否已收到向其送达的移送裁定书副本；查明其是否已延请律师，如否，审判长应为其指定一名。此时的讯问仅解决程序问题，审判长不得要求被告人对本案的实体问题作出解释。④审判长在认为预审尚不充分，或在预审结束后又发现新情况而有必要进行补充侦查时，可自行或指派一名预审法官进行补充侦查。⑤应在法定期限内将陪审团名单和证人、鉴定人名单通知被告人，以便其行使相关权利。

3. 经直接出庭程序而受理案件。直接出庭程序包括两种方式："以笔录传唤"和"立即出庭"，轻罪法庭因这两种方式而系属案件。在法院认为必要时，可推迟审判，并命令进行补充侦查。法院甚至可以在认为案件不宜用"直接出庭"程序解决，而应经过正式侦查时，将案卷移送共和国检察官，从而使共和国检察官以向预审法官提出立案侦查意见书的方式发动公诉。如轻罪法院决定依"直接出庭"程序受理案件，它可以就先行拘押或司法监督问题作出决定。

4. 当事人自愿出庭。在轻罪案件和违警罪案件中，法院可因当事人自愿出庭而有效地受理案件。但在重罪案件中法院不得以当事人自愿出庭为由而受理案件。

在轻罪案件和违警罪案件中，由检察机关经行政程序向被告人发出一简单通知，通知中应载明被控事实及其法律评价，与前面所述"直接出庭"程序中检察机关发出的"笔录传唤通知书"不同，该简单通知不具有传票的效力，意即如被告人接此通知后自愿出庭，法院可不再发出传票而有效受理案件；如被告人不出庭，法院便不能受理本案，更不能作出缺席裁判，而应由执达员送达正式传票。

对违警罪案件，刑事诉讼法典还设置了一种简易程序。是否选用该程序由检察院决定，并将追诉案卷和起诉书提交有管辖权的违警罪法庭，法庭不经对席辩论，不经审理，即可以刑事裁定书方式宣布释放被告人，或判处罚金。但在法官认为需要进行对席辩论，或认为最终可能需要处以罚金以外的刑罚时，应将案卷移送检察院，以便按普通诉讼程序进行追诉。此外，在受害人直接向法院传唤被告人时，只要刑事裁定书尚未作出，都不得继续进行该简易程序。

轻罪法院因当事人自愿出庭而有效受理案件还可发生在以下情形中，即如在轻罪法院的审判庭上发现被告人新的轻罪事实，法庭可应检察院的要求，问明被告人是否同意就这些新的事实接受判决，被告人如表示同意，轻罪法院则可据此有效地受理对新事实的追诉。但这种做法在重罪法庭是禁止的，重罪法庭无权依据被告人的同意而有效地受理庭审中发现的新的犯罪事实，而应由检察院提出新的追诉。

5. 依职权受理案件。法院依职权受理案件主要发生在犯罪是在庭审时实行的轻罪或违警罪的情形中。如庭审中实行的犯罪是轻罪，而审判法院本身即轻罪法院或上诉法院的法庭时，应立即审判该轻罪；如庭审中实行的是违警罪，任何法庭均有权对此犯罪作出判决；如庭审中实行的是重罪，任何审判法院，都应责令逮捕犯罪行为人并对其进行讯问，制作笔录，之后将其解送共和国检察官以开始侦查。此外，如庭审中实行的是对庭审法官进行污辱罪或施行暴力罪，则审判长只应制作一份笔录记录犯罪事实，并将笔录转送共和国检察官，从而对该罪提起追诉，这种做法的目的是保证犯罪人行使申请回避权。

不论审判法院以上述哪一种方式受理案件，一旦案件被有效受理，便只有在对案件作出实体判决之后，审判法院方可停止对此案的管辖。

(二) 开庭审理

1. 庭审的原则。与预审程序呈现较强的纠问式诉讼色彩不同，法国刑事诉讼中的开庭审理程序则是按控诉式诉讼构建的，它的特征集中表现在以下三个方面：

(1) 庭审公开进行。无论是轻罪、重罪，还是违警罪案件，依刑事诉讼法典的规定，都应公开开庭审理。只有存在以下理由时，庭审方可不公开进行：对公共秩序具有危险或有损善良风俗；在强奸罪案件等类似案件中，受害人要求不公开审理；未成年人犯罪案件。

（2）庭审贯彻言词原则。刑事诉讼法典规定，证人应口头作证，但在轻罪法院和违警罪法院，审判长可以例外地允许证人通过书面文件作证。审判长讯问，各方当事人及其律师陈述，审判长、检察官与律师向证人提问，及各方相互提问，都应当以言词方式进行。

（3）庭审遵循对席原则。检察院、被告人、民事当事人在庭审中享有相同的权利，尤其是享有向证人提出问题的权利。这表现在：检察院传唤出庭的证人，首先由审判长进行询问，然后由民事当事人的律师询问，最后由被告人的律师提问；任何一方当事人都有权请求进行其认为适当的任何预审行为，甚至请求采取一般的补充侦查措施；任何一方当事人都有权提出附带问题、提出抗辩；等等。

2. 庭审程序。从程序进行角度来说，法庭审理由两个步骤组成：法庭调查及公诉与辩护。

（1）法庭调查。

第一，讯问被告人。审判长首先要查证被告人的身份，之后，应检查涉案当事人及证人、鉴定人、翻译人是否到庭。随后，审判长应简要地说明提请法庭受理案件的文书，并开始就案件的实体问题讯问被告人并听取其陈述。检察官、民事当事人、被告人的辩护人，可通过审判长向被告人提问。

第二，听取证人证言。法庭应听取证人的口头证言，但在轻罪上诉庭，并不要求重新听取在一审法院已作过证的证人的证言，仅在轻罪上诉庭认为有必要而命令听取该证人证言时，可重新听取其证言。所有证人，不论其是应检察院的要求，或是应民事当事人的请求到庭作证，都由法院执达员送达传票传唤。

证人作证前应宣誓："说出全部真相，并只说事实真相。"在重罪法庭，证人还应宣誓："不记仇恨、无所畏惧、说出全部真相，绝无虚假不实之词。"如前文所述，证人享有规定的权利，并须履行相应义务，如以职业秘密为由不说出某些情况的权利，及不得作伪证的义务。法庭开庭审理时，所有的证人都应退到庭外等候，依法庭的传唤而相继出庭作证。证人应分开作证，提起追诉的一方传唤到庭的证人原则上应先作证。证人提供的证词仅能涉及被告人的被控事实及该人的性格或道德状况。证人口头作证之后，各方当事人有权向其提问。证人作证后，在证人之间、证人与被告人或民事当事人之间可以进行对质。

第三，其他材料的调查。首先，审判长有权依职权，或应检察官、被告方、民事当事人的请求，向法庭出示物证，对此物证，各方当事人可以进行对席辩论。其次，法院可进行现场勘查，各当事人及其律师必须到场观看。最后，审判法庭可以听取鉴定人的说明，鉴定人应宣誓："本着荣誉与良心为司法提供协助。"否则，鉴定人的说明无效。审判长应检察官、各当事人及其律师的请求，可向鉴定人提出属于委托其完成的鉴定任务范围内的问题。

（2）公诉与辩护。法庭调查将近结束时，应由民事当事人的律师发言，进一步就民事当事人的赔偿请求及数额加以陈述，民事被告人也可请求审判法庭对其受到的损害判决赔偿。之后，进入公诉与辩护阶段。先由检察院提出公诉词，然后由应负民事责任的人陈述意见，最后由辩护人与被告人发言。在这一阶段，任何一方都可随时提出请求，就某问题或决定进行陈述或请求认可某事实。检察官、民事当事人、辩护方可以就对方提出的证据相互辩论，但辩护方拥有最后发言的权利。庭审辩论随后终结，但审判法庭在认为必要时，可决定再次开庭审理。

3. 重罪法庭庭审的特点。

（1）在审判长的主持下，抽签决定陪审团的组成，抽签应公开进行，陪审员确定后，在法官两旁就座并进行宣誓，重罪法庭宣告组成。随后，看守人将被告人押解到庭，并由审判长查明身份。审判长还须查明所有证人是否已到庭，之后各证人退出法庭，在专门的房间等候传唤。审判长指示书记员宣读移送案件裁定书，并亲自向重罪被告人重述被控的各项犯罪事实。

（2）在法庭调查阶段，可以进行前文中述及的一切调查活动。法律强调，在讯问被告人时，审判长不得对被告人是否有罪表示自己的意见，其他法官及陪审员也应注意不使自己的感情流露出来。证人依审判长的传唤先后出庭作证，证人应报明其身份，说明其与被告人的关系并宣誓。法律规定，证人在作证过程中不受中断，但审判长可在证人作证时指示向各陪审员出示佐证该证词的文件或照片。根据陪审员，其他法官，及检察官、被告人、民事当事人、律师的建议或要求，审判长可向证人提问。

（3）审判长享有自由裁量权，他可凭自己的荣誉与良心，采取其认为有助于查明真相的一切措施，而不需听取法庭与陪审团的意见。审判长可以责令向法庭提交某些未被扣押的文件、材料；可命令宣读缺席证人提供的证词；可听取不具证人身份的人的说明；等等。审判长的这种自由裁量权由其自由行使，不受任何人强制，也不能替代行使。法庭对其决定无权更改，但审判长的自由裁量权只能在庭审过程中运用，随庭审开始而开始，随庭审终结而停止。

（4）庭审辩论结束后，审判长应宣读法庭和陪审团应作出回答的每一个问题。这些问题如在移送案件裁定书中已经提出，或被告人或其辩护人自愿放弃，可不予宣读。这些问题原则上都是移送案件裁定书中提出的问题。每一犯罪事实，都产生一个"被告人是否有罪"的主问题，这一问题应重提犯罪的构成要件。对每一加重情节应分别提出问题，禁止在一个问题中既包括主要事实，又包括加重情节。审判长宣读问题后法庭评议前，审判长应宣读"内心确信"规则，然后法庭退庭评议。

（5）如果被告人在起诉裁定通知送达其住所后10日内未被捕获或如期到庭，或在传唤到庭或被捕后又逃匿，对该被告人可按抗传程序审判。由重罪法庭审判长向抗传人发出命令，责令其在10日内自行到案，否则将宣告抗传人违抗法律并中止其公民权利，其财产也将被扣押。该命令应在8日内登载于一份省级报纸，并张贴于抗传人住所门前、市镇政府门前及重罪法庭门口。10日期限届满后，法庭即可进行判决。判决时既不需要陪审团协助，也不需要辩护人，亦不听取证人证言，只须检查各项程序是否履行、查阅书面案卷，就可宣告判决。对此判决，仅检察院和民事当事人可向最高法院上诉，抗传人不得上诉。对抗传人作出的有罪判决以前述方式公示。如抗传人（被告人）自动投案，或在宣告的刑罚完成时效之前被逮捕，已作出的抗传判决自动撤销，并将按正常程序将被告人提交重罪法庭审判。如宣告的刑罚时效已完成而尚未捕获抗传人，或其在此期间死亡，则经抗传程序宣告的判决成为不可撤销的判决。

（三）作出判决

庭审结束以后，即进入法庭评议和判决阶段，在此阶段，法庭的活动亦要遵循一定的规则。

1. 进行评议和作出判决。

（1）评议。审判法庭必须在评议之后方能作出各种判决，评议的表现形式依合议制法庭或独任制法庭而有不同。合议庭的评议表现为其成员相互交换意见并进行讨论，并以投票方式作出评判；独任法官的评议表现为法官对案件进行仔细思考、斟酌、独立作出判断。无论何种法庭，评议都秘密进行，不得有任何非法庭成员在场，任何法庭成员均不得泄露评议过程中的任何情况。依据刑事诉讼法典的规定，评议分两步进行：首先是对被告人是否有罪进行评议；然后是对确定有罪的被告人决定应科处的刑罚。

对被告人是否有罪进行评议，就是要判断被告人是否真正参与了其被控的行为，以及他参加此行为的准确限度。评议时法庭成员应严格遵循法律关于举证责任的规则。原则上，应由检察机关承担举证责任，对被告人确定有罪前应推定其无罪。但在某些特定情形中，会发生举证责任倒置，即由被告人承担举证责任。在认定被告人有罪后，法庭随后应解决的问题便是对被告人宣告怎样的刑罚。法庭应在法律规定的刑罚限度内，并同时考虑犯罪人的性格、犯罪对社会危害的严重程度等情节，遵循"罪刑相适应原则"而作出决定，以全面、均衡地实现刑罚的多重目的：报应、威慑、教育、社会再适应可能性。

原则上，对被告人有罪及应处刑罚的评议应相继作出，形成一个评议结果，但刑事诉讼法典中例外地设置了一种有条件的"停顿"制度，它的机制是：法庭为了在一定期限后待法律规定的条件得到满足时免除对被告人的刑罚，仅宣告被告人有罪但不宣告应科处的刑罚，在此期间，如法律规定的条件达到——即犯罪造成的损害已得到了弥补、犯罪所造成的混乱已停止，尤其是被告人已经回归社会——则法庭可宣告免除被告人的刑罚；如未达到，法庭可宣告应处的刑罚，或再一次推迟宣告刑罚，但有关刑罚的裁判决定最迟应在第一次推迟刑罚宣告后1年内作出。即使法定条件已满足，法庭也只可作出免除刑罚的判决，任何情况下，不得作出免诉判决（无罪判决），因为被告人已被认定有罪是"停顿"制度的前提。

在轻罪案件中，法庭对被告人是否有罪及应处的刑罚的决定都应以多数票赞成方可确定。但在重罪案件中，法律对评议结果采取了最少赞成票制度，凡是作出对被告人不利的决定，最少需要8票赞成。此外，表决中的空白票或无效票应按利于被告人的票数计算。

考虑到重罪案件的特点，法律对重罪法庭的评议和判决作出了一些特别规定。重罪法庭评议的方式是，3名法官和9名陪审员对审判长在庭审辩论结束后在法庭上宣读的每个问题进行秘密投票表决以作出回答，检票后，表决票立即销毁。认定被告人有罪的回答确定后，审判长应向陪审员宣读刑法典有关重罪最低刑的规定，及有关刑罚个别化的规定："法院在法律规定的限度内，依据犯罪情节及罪犯之人格、宣告刑罚并规定刑罚制度；法院宣告罚金刑时，考虑罪犯的收入与负担，决定罚金之数额。"之后，重罪法庭就适用的刑罚进行评议，此决定应依绝对多数赞成票作出，但科处最高刑期的自由刑只能以至少 8 票之多数作出宣告，否则，在法定最高刑为无期徒刑时，不得宣告超过 30 年的刑罚；在法定最高刑为 30 年徒刑时，不得宣告超过 20 年的徒刑。

（2）判决。法庭评议之后即应作出裁判决定。《法国刑事诉讼法》第 462 条规定："判决在进行庭审辩论的当庭作出，或在以后的期日作出，在后一种情况下，法庭庭长应将宣告判决的日期告知在场的当事人。"法官应说明判决的理由，即在判决中对其内心确信作出表述，并用诉讼案卷与庭审辩论中向其提供的各项证据材料来证明其内心确信是正确的。判决中应记载法律规定的各事项，并在公开开庭时由审判长口头宣告。

2. 判决的种类。审判法庭在系属案件后，可能作出多种判决，这些判决中最重要的有：无管辖权判决、不予受理判决、中间判决及各种刑事诉讼实体判决。

（1）无管辖权判决。除重罪法庭外，所有的审判法院都可应检察机关或一方当事人的请求，或依职权对本院是否具有对该案的管辖权进行审查，如认为本院不具有对该案的管辖权，审判法院可作出无管辖权判决，从而停止对案件的管辖。对该判决不服，可向上诉法院提出上诉。上诉法院如撤销下级法院的无管辖权判决，可将案件发回重审，也可提审。

（2）不予受理判决。如审判法院认为其因某些程序上的瑕疵而不能有效地受理案件，应作出不予受理判决，这一般发生在以下情形中：经直接传唤途径提起诉讼的民事当事人并未交存预付款项；在告诉才处理的案件中及须经国民议会批准才能提起追诉的案件中，检察院直接依职权提起了追诉等。审判法院在作出不予受理判决后即停止对该案的管辖，但如该程序要件在法定期限内得到满足，从而具备了法定条件，审判法院即可受理。

（3）中间判决。中间判决是不就刑事诉讼的实体本身作出裁判，并不使作出此判决的法院停止管辖本案的判决，这就使中间判决与无管辖权判决及实体判决区别开来。顾名思义，中间判决是审判法院在对其受理的主要诉讼请求的法律问题提出裁判意见之前作出的裁判决定。

中间判决用于解决诉讼中某些有争议的附带事件，或命令采取某些能使法庭查明事实真相的措施，如就民事当事人的诉讼请求可否受理的问题作出裁判、驳回公诉已完成时效的抗辩的裁判、命令采取某项预审措施的裁判等。但作出中间判决并不停止审判法院对本案的管辖权，在法院命令采取的措施得到执行时，或附带事件得到处理时，法院将继续审理该案。

（4）刑事诉讼实体判决。审判法院对案件作出的实体判决有三种：免诉判决或宣告无罪判决；免除刑罚判决；判刑判决。

第一，免诉判决或宣告无罪判决。从判决的依据和导致的效果角度看，免诉判决和宣告无罪判决没有任何差别，仅仅是适用的法庭不同。换句话说，法律上，重罪法庭作出的"宣告无罪判决"相当于其他法庭作的"免诉判决"，它们都意味着否定被告人有罪，并因而对其不适用刑罚，也不责令其负担诉讼费用。

作出免诉判决或宣告无罪判决的依据有法律上的原因，如法律未将被控行为规定为犯罪，或公诉时效已完成等；也有事实上的原因，如法庭认为控方未能提出被告人有罪的充分证据，犯罪证据存在疑问等。原则上，不得以提起追诉的适当性为理由作出免诉判决或宣告无罪判决。

重罪法庭宣告的无罪判决具有最终确定的效力，不得以相同事实重新提出指控。与此相反，对其他法庭作出的免诉判决不服，可向上诉法院上诉。无罪判决或免诉判决一经宣告，原则上应立即释放在押的被告人。

宣告无罪判决或免诉判决对相关的民事诉讼产生的效果是，原则上不得对被告人宣告判处利于受害人的损害赔偿，只有在法庭认定被告人有罪的情况下，才能对民事诉讼作出裁判。但这一规则存在两个例外，①在重罪案件中，即使已宣告无罪判决，民事当事人也可以要求赔偿因被告人的过错造成的损失及因被告人的被控行为造成的损失。②因非故意杀人罪或伤害罪而受控诉的被告人，即使被宣告无罪释放，也有可能被判对其被诉行为导致的任何损害给予赔偿，但须满足两个条件：民事当事人或其保险人在庭审辩论结束之前已经提出此请求；不会使有责任的第三人牵连进诉讼。

相反，在由民事当事人发动公诉的案件中，被告人被宣告无罪或免诉后，也可对民事当事人提出损害赔偿请求，但以民事当事人承担民事责任的各项条件确实具备为前提。

第二，免除刑罚判决。免除刑罚判决与上面所说的免诉判决不可混淆，受免诉判决的被告人被认定无罪，因而不负刑事责任；而受免除刑罚判决的被告人则被法庭认定为有罪，只是出于某些刑事政策上的原因，可免除被告人的刑罚，但被告人仍应负民事责任。作出免除刑罚判决可发生在刑法典明文规定的情形下，也可由法院在某些法定条件具备时决定采用。这些条件有：犯罪对社会造成的扰乱已经停止；犯罪造成的损害已经得到赔偿，被告人已回归社会。如法院裁判之日以上条件已具备，法院可作出免除刑罚判决；如这些条件尚未完全具备，但在短期内有望实现，则法院可推迟宣告，此即前文已述及的"停顿"制度。但重罪法庭不能采用这种方式作出免除刑罚判决。

第三，判刑判决。原则上，对所有被认定有罪的被告人都应科处刑罚，判刑判决即对被告人认定有罪并科处刑罚的一种实体判决。判刑判决一经最终确定，即阻止就相同事实、以相同罪名，对同一人提起新的追诉，并可被受害人援用以支持其向民事法院提起的赔偿之诉。法律规定，被判刑人须交纳诉讼固定数额税，税额依作出判刑判决的法院不同而不同。

在作出判刑判决及免除刑罚判决的情况下，如民事当事人援述的损害确实是其本人受到的直接损害，并是被控行为造成的直接后果，那么民事当事人可以就此损害得到补偿。

五、上诉程序

当事人对已经作出的裁判决定提出异议，请求变更或重新作出裁判的程序就是上诉程序。在法国刑事诉讼中，上诉途径可分为两类：普通上诉程序与非常上诉程序。

普通上诉程序可以适用的情形广泛，且理由各异，目的是对已经作出判决的案件从各个方面再一次进行审判，它包括"对缺席裁判提出异议与撤销抗传裁判"、向上诉法院提出上诉以及轮转上诉制度。非常上诉途径，仅对法律限制列举的情形，并且仅在普通上诉途径不再可能的情况下才能加以运用，目的是请求最高法院刑事庭从法律的角度以及有时从事实的角度，评判原审法院作出的裁判决定是否正确。它包括因法律上的错误向最高法院刑事庭提出上诉、因事实上的错误向最高法院提出再审之诉以及因欧洲人权法院的否定性判决而引发的重审。

各种上诉途径还可以从其他角度予以划分。如可分为"由原审法院撤销原判"的上诉与"由上级法院变更原判"的上诉，属于前者的有"对缺席裁判提出异议与撤销抗传裁判"，而向上诉法院提出上诉、轮转上诉及各种非常上诉则属于后者。上诉按其是否可针对已生效的判决提出上诉，可分为针对尚未生效的判决的上诉和针对已生效的判决的上诉。前者包括所有的普通上诉，甚至包括"因法律上的错误"为当事人的利益向最高法院刑事庭提出的上诉；后者包括"因法律上的错误"为法律的利益向最高法院提出的上诉，及"因事实上的错误"向最高法院提出的再审之诉。

（一）对缺席裁判提出异议与撤销抗传裁判

在重罪、轻罪及违警罪案件中，都可能出现被告人未到庭而法庭仍作出判决的情形。对以此方式作出的判决，在符合法律规定的条件时，可提出异议或直接导致撤销判决。在法国刑事诉讼中，轻罪或违警罪案件中的相关制度称为"对缺席裁判提出异议"，重罪案件中的类似制度则称为"撤销抗传裁判"，二者存在诸多共性，又有不同的适用规则。

1. 对缺席裁判提出异议。在法国刑事诉讼法典中，"缺席裁判"是一个被严格界定的概念。即并非在被告人未到庭的情况下作出的所有判决都是缺席裁判，相反，只有以下两种判决才是"缺席裁判"：①被告人本人收到传票或者自己受传唤但未到庭，在法庭作出判决后，被告人能提出其未到庭的有效理由，则法庭已作出的判决视为"缺席裁判"，可以对它提出异议；②在传票不是送达被告人本人的情况下，如不能确认被告人本人知道此传唤，则法庭在被告人未到庭的情况下作出的裁判亦视为"缺席裁判"，可对其提出异议。

只有对以上两种情形中作出的缺席裁判，才能提出异议。该缺席裁判可能是违警罪法庭、轻罪法庭，或轻罪上诉庭作出的，可能是中间判决或实体判决，不论何种判决，只要符合以上两个条件之一，都可以对之提出异议。

有权提出缺席裁判异议的人，一般是违警罪被告人或轻罪被告人，但法国刑事诉讼法规定，民事当事人及负有民事责任的人，也有此权利。这通常发生在受到传票传唤的民事当事人未出庭或未由他人代理出庭时，法庭作出推定其撤诉的判决的情况下。检察官原则上无权对缺席裁判提出异议，因为检察官是法庭不可缺少的部分，检察官不出庭，审判法庭便不能按规定组成，更不能有效地进行审判。例外的是，对违警罪法官作出的刑事裁定书，检察官可在裁定书作出后 10 日内，提出缺席裁判异议。

对提出缺席裁判异议的形式，法律未具体规定，原则上只须将此异议告知检察院即可，但对违警罪法庭作出的刑事裁定书提出缺席裁判异议，须向法庭书记员声明。提出异议的期限一般是 10 日，如被告人居住在法国本土之外，则此期限为 1 个月。

对缺席裁判提出异议即消灭原缺席裁判，并由原作出判决的法院再次受理本案并进行审判，所作判决不受上诉不加刑原则约束。如再次审理中，被告人虽接到传票或得到通知，却仍未出庭，则法院作出"驳回缺席裁判异议"之判决，从而使第一次作出的缺席裁判发生效力，被告人无权再次提出异议。如再次审理的传票未送达被告人，被告人也不知道此传唤而未到庭，则法庭应再次作出缺席裁判，对此判决准许提出缺席裁判异议。

2. 撤销依抗传程序作出的判决。在重罪案件中，与轻罪案件或违警案件中的"对缺席裁判提出异议"制度具有类似作用的上诉途径称为"撤销抗传判决"。

重罪案件中，如重罪被告人尚未抓获，或在向被告人的住所进行通知后 10 日内，重罪被告人未自行到案，或被告人被抓捕后又逃跑，因而开庭审理时被告人未到案，即构成"抗传"，重罪法庭得依抗传程序作出判决，即抗传判决。该抗传判决可因被判刑人在刑罚时效完成之前自动投案或被逮捕而当然撤销。案件将依普通程序在重罪法庭进行对席审判，并作出判决。

（二）向上诉法院提出上诉

向上诉法院提出上诉是法国两级法院审判规则的基本特征，这一上诉途径适用的情形很广泛，不仅对预审法官作出的具司法裁判权性质的裁定可以向上诉法院上诉，对审判法院的某些裁判也可向上诉法院提出上诉。具言之，首先，对重罪法庭作出的判决，始终不得向上诉法院提出上诉；其次，对轻罪法庭作出的所有判决都准许向上诉法院提出上诉；最后，对违警罪法庭作出的判决一般仅在具备某些法律规定的条件时才准许向上诉法院上诉。

对轻罪法庭作出的判决，任何当事人均有权向上诉法院提出上诉，包括被告人、应负民事责任的人、民事当事人、共和国检察官等。但有权对违警罪法庭作出的判决向上诉法院提出上诉的人，却依案件不同而有所不同。如违警罪判决宣告的罚金超过 1000 法郎，或判决暂时吊销驾驶执照，则被告人、应负民事责任的人、共和国检察官、民事当事人均可向上诉法院提出上诉。

向上诉法院提出上诉应向上诉法院的书记室提交上诉声明，对对席判决上诉，应在宣告判决起 10 日内提出；对缺席裁判上诉，则应在此判决送达之日起 10 日内提出。该上诉由上诉法院轻罪上诉庭受理，其受理范围限于已经向一审法院提交审理的事实，并受上诉范围的限制，但上诉法院行使提审权时不受这些限制的约束。

由检察院单独提出的抗诉仅对公诉部分发生效果，并且上诉法院在审理该公诉部分时，有相当的评判自由，尤其是可以自行决定刑罚的更轻或更重，而无须考虑检察官的意见。被告人既可针对公诉部分，也可针对民事诉讼部分提出上诉，上诉法院仅能在被告人的上诉范围内审理案件。在被告人单独提出上诉的情况下，上诉法院不得加重其刑罚，也不得朝更严厉的方向变更已认定的罪名，此即"上诉仅利于提出上诉的人"原则。在法国，这一原则同样适用于民事诉讼，即在被告人单独就民事诉讼提出上诉时，上诉法院不得提高一审法院已判处的损害赔偿数额。另外，民事当事人、应负民事责任的第三人或保险人原则上仅能就民事诉讼提出上诉，并且同样适用"上诉仅利于提出上诉的人"原则。但是，法国刑事诉讼中存在的"附带上诉"制度使此原则的实际适用和效果大打折扣。

所谓附带上诉制度，指的是当事人一人提出上诉（主上诉）后，其他当事人随后提出的上诉（附带上诉）可以排除"上诉仅利于提出上诉的人"原则的适用，从而使上诉法院可以不受一审判决的限制而自由决定刑罚和损害赔偿额。附带上诉的期限在10日的正常期限基础上延长5日。

上诉法院的审理程序与轻罪法庭的审理程序相同，但在讯问被告人之前，上诉法院应听取一名法官的口头报告，否则程序无效。发言的顺序是先由上诉人发言，然后由被上诉人发言，如有数名上诉人或被上诉人，则由审判长决定发言顺序，但被告人或其律师始终享有最后发言的权利。

上诉法院经审理，可以作出以下判决：如认为上诉已迟延或不符合程序，应宣布不予受理；如上诉虽可受理，但理由不足，应维持原判；对检察院提出的上诉，可维持原判，也可朝有利或不利于被告人的方向全部或部分地撤销原判，予以改判，对其他当事人单独提出的上诉，不得作出不利于上诉人的处理决定；如法庭认定本案不构成重罪、轻罪或违警罪，或事实无法确定，或被告人不应负刑事责任，应作出无罪判决；如上诉法院认为本案事实构成重罪，应宣告自己无管辖权，并将案件移送检察院，如上诉法院认为提交轻罪法庭受理的案件仅构成违警罪，或违警罪法庭错误地受理了轻罪案件，应对该犯罪重新定性，并判决当处之刑罚；最后，在原裁判未遵守法律规定的形式，并且法律对此种情形规定"以无效论处"的情况下，上诉法院应行使提审权，自行对本案的实体作出裁判，对上诉法院提审案件而作出的判决，不适用"上诉仅利于上诉人"的原则，并且当事人不得就实体问题再上诉。

（三）轮转上诉程序

如前所述，法国并没有设立重罪上诉法院，而是规定了"轮转上诉"制度，即由最高法院指定另外的重罪法院审理上诉案件。在上诉程序中，重罪法院的合议庭由12名参审员和3名职业法官组成。被告人、检察官、涉及其民事利益的民事责任人、涉及其民事利益的民事当事人及公共行政机关（Administrations Publiques）等均有权提起上诉。检察官可以对无罪判决提出上诉。提起上诉的期限为判决宣布之日起10天（对于未参加庭审或者未委托代理人参加庭审的当事人，期限均从判决书送达之日起计算，除非当事人或其代理人并未被告知判决宣判之日）。如果一方当事人提起上诉，则另外一方当事人有5天的附加期限可以提起上诉。在审判长讯问被告人之前，被告人可以请求撤回上诉。"撤回上诉"的请求一经重罪法庭庭长确认，则检察官和其他当事人的附带上诉

（les appels incidents）归于无效。如果被告人潜逃或者在庭审前及庭审中不见踪影的，重罪法庭庭长亦可确认其上诉无效。

如果当事人要求进行上诉，则作出原判决的重罪法庭的书记官应当作上诉声明（la déclaration d'appel）。上诉声明须由书记官和上诉人（或者律师、诉讼代理人及特权诉讼代理人）进行签名。其中，特权诉讼代理人的权利附于上诉声明之后。如果被告人已被拘禁，则上诉声明可由监狱机构的行政长官作出。在这种情况下，上诉声明应得到监狱机构及上诉人的确认，并签名及署明日期。上诉声明的原件或者复印件应当立即寄往作出原判决上诉法院的书记室。上诉声明应当记录在公共登记簿上（registre public），所有人均有权进行复印（《法国刑事诉讼法》第380-12条第3款）。上诉登记之后，检察官应当立即将原判决及其相关案件材料寄往最高法院刑事庭书记室。刑事庭在收到检察官、当事人及其律师的书面意见后，必须在一个月内指定负责审理该上诉案件的重罪法庭。如果刑事庭认为"上诉请求在法定的期限之外提出"，则没有必要指定重罪法庭来审理该上诉案件。审理上诉案件的重罪法庭被指定之后，原判决即如同被最高法院撤销并发回重审一样。案件由指定的重罪法庭进行全面的重新审理。在海外各省，最高法院可以指定作出原判决的重罪法庭对该案件进行重新审理，但合议庭组成人员必须全部更新。在上诉期限内及在上诉期间，判决应当暂缓执行。但根据《法国刑事诉讼法》第367条第2款的规定，"对于将受自由刑的被告人，人身逮捕令状（l'ordonnance de prise de corps）依然有效"。考虑到上诉阶段的参审员数量增至12名，立法者坚持认为上诉的判决必须至少经一半的参审员（7名）同意。因此，上诉案件的判决采用10票通过的制度。在只有被告人一方上诉的情况下，判决不得加重被告人的刑事责任。

（四）向最高法院提出上诉

向最高法院提出上诉是一种非常上诉途径，仅在法律规定的情形下方可运用。最高法院刑事庭并不对案件进行实体上的审判，只审查原判决是否正确地适用了法律，如认为法律得到了正确适用，则驳回向其提出的上诉；如认为法律未得到正确适用，则撤销原裁判，并将案件发交另一法院重新审理。视该上诉是当事人为本人利益而提出，还是由检察长为法律的利益而提出，这种上诉途径又可分为"为当事人利益提出上诉"及"为法律的利益提出上诉"。

1. 为当事人利益提出上诉。当事人只有以下级法院的裁判是违反法律而作出的为理由，方能向最高法院刑事庭提出上诉。准许提出这种上诉的情形有：

（1）作出裁判决定的法庭的组成不符合规定，或审判缺乏公开性。如裁判决定不是由符合法律规定的人数的法庭作出，或裁判决定是由并未参加所有庭审的法官作出，或未公开开庭，未公开进行法庭辩论而作出裁判（法定的例外情形除外）。

（2）作出裁判决定的法院无管辖权或越权。因为重罪法庭拥有完全的裁判管辖权，所以不得向最高法院提出重罪法庭无管辖权的上诉。此外，如未向上诉法院提出一审法院无管辖权的上诉理由，也不得以此为由向最高法院上诉。

（3）在法律明文规定某项形式"如不遵守，以无效论处"时，或者即使无法律明文规定，但判例视某些形式为"根本性形式"并且认定"如不遵守，以无效论处"时，可对不遵守这些形式而作出的裁判向最高法院上诉。但是，这种无效事由如发生在一审程序中，则只有当其已在上诉法院提出时，方能作为向最高法院上诉的理由。

（4）裁判决定虽然是符合法律规定的形式而作出，但却违反了实体的刑事法律，如因适用刑法条文错误，或对法律解释不正确而导致的认定罪名错误、适用缓刑或累犯情节错误等违反有关犯罪与刑罚方面的刑事实体法。

由此可见，最高法院通过受理上诉案件监督刑事实体法与程序法的适用，但只有在符合法律规定的条件下，最高法院方可受理当事人提出的上诉，这些条件包括以下几个方面内容：

首先，准许向最高法院提出上诉的裁判决定只能是终审作出的具有司法裁判权性质的决定。所有具有司法裁判权性质的决定，不论是由预审法庭作出还是由审判法庭作出，也不论是判刑判决，还是免诉判决，是对席判决，还是缺席裁判，是中间裁判决定，还是最终确定的裁判决定，原则上，都准许向最高法院提出上诉。行政性质的司法行为不准许当事人向最高法院提出上诉。准许向最高法院提出上诉的具有司法裁判权性质的决定还必须是终审作出的，即是永远不得再向上诉法院提出上诉或不得提出缺席裁判异议的决定，或者是原可向上诉法院提出上诉，但已由上诉法院作出宣告的裁判。例外的是重罪法庭的宣告无罪判决，不仅始终不准许向上诉法院提出上诉，也不得"为当事人之利益"向最高法院提出上诉，而只能由检察官"为法律之利益"向最高法院提出抗诉。

其次，准许向最高法院提出上诉的人，只能是原诉讼中的当事人，且其权益受到了被上诉裁判造成的损害。具言之，除重罪法庭作出的宣告无罪判决外，代表社会利益的检察院均有权对法院就公诉作出的所有裁判决定向最高法院提出上诉。被告人、民事当事人、应负民事责任的第三人、保险人等在具有上诉利益时，均可向最高法院提出上诉。

最后，涉及上诉期限问题。原则上，向最高法院提出上诉的期限为5整天，上诉期限应自上诉人知悉判决或裁定时起计算。

最高法院刑事庭仅在提出的上诉所限定的范围内对案件的法律问题进行审查，并作出如下裁判：如刑事庭认为提出上诉的法定条件并不具备，应作出不予受理的裁定，或上诉因逾期而丧失权利的裁定；如刑事庭认为因公诉已经消灭，或因提出上诉的人已撤诉，而使得上诉没有了标的，应作出无诉裁定；如向最高法院提出的上诉可予受理并且存在标的，刑事庭应作出实体裁判，或驳回上诉，或撤销原判。

依法国刑事诉讼法典的规定，在向最高法院提出的上诉可以受理时，如刑事庭认为上诉理由不充分，应作出驳回上诉的裁定，被上诉判决因而生效。相反，如刑事庭认为提出的上诉在法律上有依据，则应作出部分或全部撤销原判的裁定。一般情况下，最高法院刑事庭在撤销原判之后，将案件发交与原判法院同类、同级别的另一法院重审。受移送法院仅在撤销原判裁定所限定的范围内系属案件，但如被撤销的原判决是并未对案件进行实体审理而作出的，则受移送法院可就全案进行裁判。受移送法院无须依从最高法院刑事庭的意见作出评判，它可以按与原判决相同的理由，对案件作出相同的裁判，对此裁判可再次向最高法院提出上诉。如此次上诉的理由与前一次上诉理由不同，由刑事庭进行审查；如理由相同，且涉及的是相同的当事人，则应由最高法院大法庭审理，并作出驳回第二次上诉的裁定，或撤销受移送法院的裁判并将案件交由另一法庭按大法庭的决定进行裁判。

在某些情形下，最高法院对其受理的上诉也可只撤销原判，但不发回重审。如在公诉已完成时效或因大赦而消灭，或被控事实已不再属于犯罪等情形下即可作出此种裁定。

2. 为法律之利益向最高法院提出上诉。为法律之利益提出上诉是针对已经生效的裁判决定提出上诉，包括在法定期限内没有受到为当事人之利益提出上诉的裁判决定，以及不准许提出上诉的裁判决定（如重罪法庭作出的宣告无罪判决）。为法律之利益提出上诉，仅能由驻最高法院总检察长提出，或在针对重罪法庭作出的宣告无罪判决提出的上诉中，也可由上诉法院检察长提出。依据刑事诉讼法典的规定，为法律之利益提出的上诉可分为由检察长主动提出的上诉，和由检察长依据司法部长的命令提出的取消原判的申请，前者只能针对具有司法裁判权性质的裁判提出，而后者甚至可以针对单纯的司法行政行为提出。

（1）检察长主动提出的上诉。依刑事诉讼法典的规定，凡是当事人在法律规定的期限内未提出上诉的具有司法裁判权性质的终审裁判决定，如包含有违反法律之事由，驻最高法院总检察长认为必要时，都可以为法律之利益主动提出上诉。最高法院刑事庭可作出以下判决：或不予受理判决，或驳回上诉的判决，或撤销原判的判决。撤销原判的判决是一种纯理论上的撤销原判，被宣告撤销的原判决并不因此失去效力，而是继续予以执行，各当事人的命运也并不发生任何改变。换言之，撤销原判的目的仅仅是为了符合法律的原则，并向各刑事法院再次提醒最高法院作出的判例。

对重罪法庭作出的宣告无罪判决由该重罪法庭的检察长向最高法院提出上诉，但在任何情况下不得损害已宣告无罪的当事人的利益。在重罪法庭检察长未提出上诉的情况下，驻最高法院的总检察长可依职权为法律之利益向最高法院提出上诉。

（2）检察长依据司法部长的命令提出取消原判的申请。这种取消原判的申请由驻最高法院总检察长依据司法部长的书面命令提出，它不仅可以针对具有司法裁判权性质的决定提出，也可以针对其他司法行政决定提出，其目的是对司法机关所发生的法律上的错误立即进行审查监督，具有纪律制裁性质。

（五）向最高法院提出再审之诉

不可否认，即使存在以上诸多上诉途径，已生效的司法裁判决定仍有可能存在事实上的错误。如这种事实上的错误导致的是有罪的人被宣告无罪释放，则此裁判一经生效，即不得再作任何变更；相反，如这种事实上的错误导致的是无辜的人被不公正地判处刑罚，则可通过向最高法院申请再审予以纠正。

向最高法院申请再审的条件比较严格，从形式上说，申请人必须将其再审申请寄送"有罪判决复议委员会"审查，以决定是否提交最高法院刑事庭进行再审，申请再审无期限限制。从申请再审的实质条件看，则涉及以下几个方面：

1. 准许向最高法院申请再审的只能是重罪案件与轻罪案件中作出的已生效的认定被告人有罪的裁判决定（包括免除刑罚判决），这就是说，重罪法庭或轻罪法庭作出的宣告无罪判决或免诉判决，或尚未生效的有罪判决，以及违警罪法庭作出的所有有罪判决，以及最高法院刑事庭作出的判决均不在可提出再审申请的范围之内。

2. 只有在法律规定的以下情形中，才能对上述裁判提出再审申请：

（1）在对杀人案件定罪科刑后，发现有关的证据表明该案中所谓的被杀害人仍然活着。

（2）两个人因同一犯罪分别受到两次不同裁判作出的有罪判决，而该犯罪是一个人实施的，判决本身即可说明其中一人是无罪的。

（3）在法庭上作证的证人因作伪证而被判刑。

（4）在对案件定罪科刑之后发生或发现在审理案件时，法庭不曾了解的新的事实或材料，足以使人对被判刑人是否有罪产生疑问。

3. 可提出再审申请的人是：司法部长；被判刑人或其无行为能力时，其法定代理人；被判刑人死亡或被宣告死亡的，其配偶、儿女、父母及其全部继承人或其明示委托人。

再审申请应寄送由最高法院5名法官组成的"有罪判决复议委员会"，由其在进行必要的调查、取证后，或驳回再审申请，或认可再审申请，从而将案件提交最高法院刑事庭进行再审。刑事庭经再审审理，如认为再审申请依据不足，可作出驳回申请判决；如认为再审申请有依据，则撤销原判决。

在有可能进行新的对席辩论的情况下，撤销原判后，应将案件发回与原判法院同一性质的另一同级法院审理，并可作出宣告无罪判决或确认原判而宣告有罪判决，但须遵循上诉不加刑原则；如已不可能进行新的对席辩论，则撤销原判后，不发回重审。撤销原判的效果体现在两方面：在可能的限度内，溯及既往地取消原判决的效力，如归还已支付的罚金；受到错误判决损害的人有权请求赔偿，赔偿可能是精神性的，如在报纸与官方公报上登载、公告再审判决，也可是金钱性质的国家赔偿。

（六）因欧洲人权法院作出有罪判决而提起的重审程序

"经认定有罪的任何人，如欧洲人权法院作出的裁决认为对该人所作出的有罪宣告违反《欧洲保护人权与基本自由公约》或其附加议定书的规定，只要从性质和严重程度看，经认定违反公约或议定书的情形对被判刑人引起了损害后果，并且按照公约第41条给予'公正的满足要求'仍然不能终止此种损害后果时，得请求对最终确定的刑事判决重新进行审查。"重新审查的申请可由司法部部长、最高法院总检察长、被判有罪之人（或者其法定代理人）以及被判有罪之人死亡之后的权利继受人提出。适格的申请人必须在1年的期限内向重审委员会提出重审案件的请求。重审委员会由7名最高法院的法官组成。最高法院的每个庭均有一名法官代表，刑事庭则有2个法官代表。该委员会进行公开庭审。申请人（或者其律师）与公诉人将出庭陈述意见。判决不得再上诉。如果重审委员会认为重审请求毫无依据，则应作出维持原判的裁决，进而结束重审程序。而如果重审委员会认为重审请求有依据，同时认为应由最高法院进行重新审理，则案件交由最高法院全体庭审理。在其他情况下，重审委员会将案件移送至与作出原判决法院同级及同一系统的法院进行重审。被重审程序改判无罪的当事人可获得国家赔偿。

第四节 法国刑事证据制度

从形式上看，法国的刑事证据制度具有以下两个特点：①法国刑事诉讼法典中没有对证据设立专章规定，只在各相关章节中，对证据的调查收集、证明力、举证责任等方面有分散的规定；②与英美法系国家的"半自由心证"、存在众多证据规则不同，法国几乎不存在完整意义上的证据规则。这种特点的根源在于法国实行的是彻底的自由心证证据制度。

一、自由心证证据制度

自由心证证据制度，是指证据的取舍和证据的证明力，法律不预先加以规定，而是由法官、陪审官根据自己的良心、理性自由判断和取舍。"自由"是指法官凭"良心"和"理智"判断证据，不受任何约束和限制。法官通过对证据的审查所形成的内心信念，称为"心证"。"心证"达到深信不疑的程度，叫做"确信"。

自由心证证据制度是作为法定证据制度的直接否定物而产生的。最早提出在立法中废除法定证据制度并建立自由心证证据制度的是法国资产阶级代表人物杜波耳，杜波耳在1790年12月26日向宪法会议提出了一项改革草案。杜波耳在其中指出，判明案件的事实真相有两种方法，一种是由法律预先规定何种证据可用来确定事实真相，这种方法不管法官的内心是否确信，强迫其根据法律预先规定的规则作出判决，这对被告人以及对社会都是危险的，是一种荒诞的方法；另一种方法是周密地收集认识真实情况的一切材料，在法官面前加以阐明，由法官进行分析判断，作出决定。1791年法国宪法会议通过了杜波耳的提案，宣布法官必须以自己的自由心证作为裁判的惟一根据。1808年的《重罪审理法典》对自由心证证据制度作了首次经典的表述，现行《法国刑事诉讼法》第353条基本上沿袭了这一规定："重罪法庭退席之前，庭长宣读以下训词，这一训词以粗体大字张贴于评议室最明显的位置：法律不过问法官形成自我确信的理由，法律也不为法官规定某种规则并让他们必须依赖这种规则去认定某项证据是否完备、是否充分。法律只要求法官平心静气、集中精神、自行思考、自行决定、本着诚实、本着良心、依其理智，寻找针对被告人及其辩护理由所提出之证据产生的印象。法律只向法官提出一个概括了法官全部责任范围的问题：您已有内心确信之决定吗？"

自由心证证据制度适用于所有的刑事法院，既适用于预审法院，也适用于审判法庭。而在刑事审判法庭中，不仅适用于重罪法庭，也同样适用于轻罪法庭与违警罪法庭。虽然法官对其认定的证据赋予的证明力大小无须作任何说明，但在轻罪法庭和违警罪法庭的判决中，还是应说明作出此判决的各项理由。在重罪法庭中，因为有陪审团的参审，并且作出判决的方式是投票回答每一个向法庭提出的问题，以票数作为判决的根据，所以判决无需说明理由。自法国确立自由心证证据制度以来，这种制度一直得到严格的遵循，与英美法系国家在实行证据的证明力由法官"自由心证"决定的同时，在证据能力及可采性方面又规定了众多证据规则不同，法国没有系统繁多的证据规则。有学者认为，法国的证据规则大致可概括为以下几个方面：实行直接言词原则，证据非经法官合法调查并赋予当事人辩论的机会，不得作为自由心证的资料；法院依职权调查证据；证据能力法律不加限制，所有符合法定条件收集的证据皆可作为自由心证的资料；被告人的自白不得作为形成自由心证的唯一基础；法律上推定的事实，除有证据证明相反情况外，不论法官的心证如何，仍应依此推定。

二、法国刑事证据制度中的几个具体问题

在前三节中，尤其是第三节"法国刑事诉讼程序"中，已陆续涉及了法国刑事诉讼中有关证据的规定，主要是关于证据的查找和收集。在这方面，法国的一个特点是不仅存在专门的犯罪侦查机关——司法警察——进行证据的查找、收集工作，以及公诉机关——检察官——指挥司法警察或自行进行犯罪侦查活动，而且法院体系中的预审法庭——预审法官和上诉法院起诉审查庭——也享有广泛的侦查权力。此外，审判法庭在认为必要时，也可以命令进行补充侦查。相反，被告人和民事当事人在证据的收集方面发挥的作用较小。尽管如此，行为主体不同，其在调查证据过程中的权限也不同；诉讼阶段不同，可以采取的收集证据方法也有不同，必须严格遵循刑事诉讼法典的规定。

除此以外，法国刑事诉讼证据理论中研究的重点是举证责任、证据方法、证据的证明力以及证据的合法性原则。

（一）举证责任

在法国，刑事案件中同样适用谁主张谁举证的原则，因此原则上由检察机关承担举证责任，如受害人提出民事诉讼成为民事当事人，亦应承担举证责任。相反，被告人应被推定无罪，依据法国已批准并加入的《欧洲保护人权与基本自由的公约》的规定："任何受指控犯罪的人，在未依法确定其有罪之前，推定其无罪。"这意味着犯罪嫌疑人或被告人无需举证证明其无罪，举证证明其有罪的责任落在提出追诉的一方当事人身上。由此出发，在诉讼过程中犯罪嫌疑人、被告人均有不受强迫供认自己有罪的权利。

"无罪推定"原则不仅表现在未认定其有罪之前，任何人应被推定无罪，而且表现在"疑罪从无"原则中，即如果由民事当事人或检察机关收集的证据不足以使法官产生内心确信，即对被告人有罪尚存在疑问时，应作利于被告人的解释，被告人应被宣告无罪。既然法国刑法理论认为犯罪的构成要件有三："法有规定"要件、事实要件与心理要件，那么承担举证责任的检察机关就应提出证据证明某一犯罪中存在该三个要件。

就"法有规定"要件举证，指的是检察院提出控告时应指出其所依据的、规定该事实为犯罪的法律条文或条例条文，并确认该犯罪并未受大赦或公诉时效完成。但是，当被告人主张其行为"排除犯罪性"（如主张行为属正当防卫、法律允许、合法当局指挥）或主张其行为"不可归罪"（如受强制、精神错乱）时，应由被告人一方负举证责任。

检察机关还应提出证据证明存在构成犯罪的"事实要件"，即犯罪行为的实施，包括作为与不作为，以及该行为的加重或减轻情节，并指出该行为确实是由被追诉人所为。法律对事实要件的证明也规定了一些利于控诉方的推定，如违警罪的笔录可以推定违警罪存在，在海关管辖范围内扣押的无有效验关证件的商品属走私商品，等等。在这些情况下，由被追诉人提出相反证据以推翻该推定。

"心理要件"也是犯罪构成的一个要件，由检察机关负责证明存在该要件。如涉及的犯罪是故意犯罪，控诉方应证明犯罪行为人存在犯罪故意；如涉及的犯罪是不论故意或过失都可成立的违警罪，则检察机关无需证明"心理要件"的存在，只需证明存在构成该违警罪的行为；在案件涉及的是过失犯罪时，检察机关亦应举证证明存在"疏忽大意"或"不谨慎的过错"。但是，如被告人主张行为是受强制而为，或在精神错乱时所为，则免除检察院证明不存在上述情形的责任，而由被告人自行证明其主张。

（二）证据方法

法国刑事诉讼法典中对证据方法并没有严格限定，而是规定所有的证据方法——书证、人证、被告人的供述以及由直接进行的勘验得到的形迹，或通过鉴定物证得到的形迹等——只要是按一定的程序、遵守特定的规则而提出的，法律都予以认可，并可提交审判法官自由评判。此即法国证据方法的自由理论。但当刑事诉讼过程中出现某些民事诉讼上的证据问题时，应按民事诉讼的规则进行。

证据方法自由并非无限制的自由，相反，证据的取得应遵循诸多出于文明或人权保障的考虑而设置的规则。这些具体规则主要由法院判例确认，如禁止酷刑拷打、禁止司法警察或法官使用不正当手段收集证据、禁止警察实施挑衅性的行为收集证据等。控诉方以非法方法取得的证据材料，已被最高法院认定为应排除在法庭辩论之外，但同时，最高法院刑事庭却宣布：没有任何法律条文允许刑事法官以当事人提出的证据系采用非法的或不正当的手段所获得为理由而排除这些证据。这意味着当事人以非法方法获取的证据可提交法庭辩论，并进入法官的心证范围，其手段的非法性仅影响其证明力。

（三）证据的证明力

法国刑事诉讼中，不仅证据方法自由，证据的证明力也非常自由。实行自由心证证据制度，意味着法律不对证据的证明力预先作出规定，法官有完全的自由来评判提交其前的所有证据的证明力，他凭借自己的良心与理性，依据其内心确信来判断被告有罪或无罪，决定是对其判刑还是无罪释放。

作为自由心证原则的例外，法律也对某些情形下的某些证据赋予了一定的证明力。如法律规定，除非书证或人证提出相反的证据，有关违警罪的笔录具有证明效力；经济与税收犯罪案件中的笔录，除非提出证据证明笔录系伪造，也具有证明力；违警罪案件中，某些技术装置如测速摄像仪、停车计时器等所做的记录被赋予一定的证明力，除非有证据证明存在相反情况。由于无论如何，被赋予一定证明力的笔录都不构成确认犯罪的惟一证据，所以应该说，这种例外并未危及自由心证原则在判断证据的证明力方面的主导地位。

（四）证据的合法性原则

刑事证据的取得，不应违背法定程序。法国刑事证据理论上将证据的合法性问题分为两部分来研究，一是证据合法性原则的原理问题，即从宏观角度考察合法证据的要件；一是证据合法性原则的细则问题，即从微观角度考察具体证据方法如被告人自白、证人证言的合法性要件。

证据合法性原则的原理问题实际上包括"因攻击人的身体或精神上的自由而取得的证据的合法性"和"因使用诡计而取得的证据的合法性"两部分内容。前者如通过刑讯取得的证据、通过测谎与麻醉分析取得的证据；后者如通过电话截取、使用麦克风或录音机取得的证据等。

1. 因攻击人的身体或精神上的自由而取得的证据的合法性。

（1）以刑讯方法取得的证据的合法性。虽然法国在法律上禁止刑讯，但不可否认，在实践中刑讯并未根绝。刑讯的方式多样，粗暴式刑讯即以殴打、施加暴力等方式使被告人承受身体上的痛苦，以取得被告人的口供。缓和式刑讯即以连续不断的讯问使被告人感到饥饿难耐或睡眠不足或过度疲劳之苦，从而作出供述。法国刑事诉讼理论与实务界已达成共识：刑讯——不问其采何种方式——均应禁止。从逻辑上说，不论以何种形式的刑讯而取得的证据，在刑事诉讼中皆不应采纳。

事实上，现行法国刑事诉讼法典规定的一些措施已使得刑讯难以实现。如拘留的决定只能由司法警官作出，且须接受共和国检察官对拘留实施的监督。拘留期间不能超过24小时，如有延长必要，须经共和国检察官书面授权，延长后的拘留期间不能超过48小时。被拘留人可要求由共和国检察官或司法警官指定的一名医生为其进行身体检查。在延长拘留期间的情况下，被拘留人可要求再次检查身体。共和国检察官或司法警官可依职权在任何时候指定一名医生为被拘留人检查身体。被拘留人的一名家庭成员也可提出检查被拘留人身体的请求，该请求不得被拒绝。在以上情形下，医生应不迟延地对被拘留人进行检查并提出一份检查证明。该检查证明用以表明被拘留人的身体状况是否适于继续拘留，并附于诉讼案卷。

（2）以测谎与麻醉分析取得的证据的合法性。测谎与麻醉分析是以打击被告人精神上自由的方法取得证据。测谎，是通过记录被测人的血压、呼吸及排泄情况等外部数据，判断被测人的内部情绪，从而确定其是否说了真话。法国学者认为，从技术角度看，因为被告人可能存在某些难以预料的内部情绪，测谎器无法保证结论的绝对正确；从法律角度看，被告人享有沉默权在一定意义上即肯认了他有说谎的权利，法律既然已经允许其说谎，则不应再使用测谎器剥夺其说谎的权利。所以用测谎的方法取得证据应不具有合法性。在实务中，法国的测谎器使用仍处于试验阶段。

麻醉分析，是用药物使被告人处于麻醉状态，并向其提问，使其说出其内心秘密。法国判例对用麻醉分析方法取得的证据采承认其合法性的态度，但法国学者则极力反对。前者的立足点在于实务上技术方面的需要，后者则认为这侵犯了被告人的自由与权利。

2. 因使用诡计而取得的证据的合法性。法国法律未明文规定使用诡计而取得的证据的效力如何，但在判例上却一再肯定"光明正大"原则，认为因使用诡计而取得的证据不具有合法性，不可采纳。随着科学的发展，"光明正大"原则要解决的一个新问题是：

是否通过截取电话、使用麦克风或录音机收集证据也有违"光明正大"原则，从而丧失其合法性。

法国法院现在对电话截取采取的态度存在这样一种趋势，认为其并非绝对地与正大光明原则相悖，在满足以下条件时，应肯认电话截取所获证据的合法性：①应由检察官或司法警官指挥电话截取；②应在侦查程序开始后审判程序开始前实施电话截取；③电话截取所获得的证据不得视为被告人的自白，而只应作为"单纯指示"（indice）。

关于麦克风的使用，在满足以上和电话截取一样的条件外，如麦克风设于公共场所，由此所获得的证据也具有合法性，理由在于公共场所并非秘密场所，不存在侵犯他人秘密之说。

至于录音机的使用，与上述电话截取和麦克风的使用有相似之处，在录音机依附于电话或麦克风使用的情况下，亦应承认录音证据的合法性。但是，鉴于录音证据的特性，其合法性的取得还应满足以下两个条件：①有证据证明录下的确实是被告人的言词；②该录音须完整，至少上下词意不可缺漏。

第六章 德国刑事诉讼法

第一节 德国刑事诉讼法的历史沿革

德国位于欧洲的心脏地区，原为法兰克王国的一部分，公元919年萨克森王朝的建立标志着德意志国家的初步建立。在此后一千多年的岁月中，德国的社会状况一直处于动荡不息的变换之中，而这种动荡也造成了德国刑事诉讼制度发展历史的曲折性。德国刑事诉讼制度堪称源远流长，早在15世纪之前就开始萌芽，但真正意义上的刑事诉讼法是在19世纪产生的，它是由德意志帝国在1871年成立之后，为维护自己在法律方面的统一而制定的一系列法规中的一部。这部法典颁布于1877年，生效于1879年，并且经过多次修改，在1987年颁布了新版。从一开始起，德国刑事诉讼法的特点并不仅在于它的统一性，而更在于它不得不在那些并入德意志帝国的前地方邦国所拥有的、在某些方面悬殊极大的法律技术问题上所作出的妥协。

《德国刑事诉讼法典》可谓是一部古老的法典，从制定之日到如今，它已经经受了许多次的修改与修订。今天的德国刑事诉讼法典，在很多方面反映了德国历史上的风云变换，不少地方与诞生之初相比已经是面目全非。因此，有德国法学者称德国刑事诉讼法典是一部可以用地震仪来形容的、详细记载了德国政治、社会和经济上的震荡和变化的法律。

一、德国刑事诉讼法的起源及发展过程

德意志联邦共和国刑事诉讼法，是大陆法系刑事诉讼法的典型之一。它的形成，乃至具有今天的风格，是不断自我发展的结果，也是在自己历史传统基础上大量引进和融合外来法因素的产物。总的来说，德国刑事诉讼法的形成和发展大致经历了以下几个阶段：

（一）古代时期

德国学者将16世纪《加洛林纳法典》制定之前德国刑事诉讼制度发展的阶段称为刑事诉讼的古代时期。封建时期的德国，司法权由国王和封建诸侯分享。国王名义上拥有最高裁判权，但实际上教会贵族和世俗贵族在各自的领地内享有彼此独立的审判权，脱离领地而独立的城市也拥有自己的审判机构。全国既没有完整的司法体系，也不存在统一的司法审级。1495年，德国设立了帝国法院（Reichskammergericht），成为国王与各

邦君主共同执掌国家审判权的组织形式。帝国法院主要管辖有关公共秩序、非法监禁、违反国王敕令等涉诉事项，并受理各地的民事上诉案件。但是，它还无权对享有特权的领地审理的案件行使管辖权。帝国法院的法官必须精通罗马法，断案以罗马法为依据。因此，帝国法院对德国承继和传播罗马法法律精神和制度起了重要的作用。

德国封建早期沿袭日耳曼人的习惯，实行的是日耳曼法，采取控诉式诉讼，不论刑事还是民事案件都实行自诉方式，由原告或其亲属直接传唤被告，诉讼当事人地位平等，各自为自己的主张提供证据，进行争辩，法官以公断人的身份作出裁决。诉讼过程中，当事人必须遵循严格的程序规则，司法决斗也作为一种判明争讼是非的重要方法而被广泛采用。此外，私刑盛行，大小封建领主、村庄集体以至居民个人之间，往往以武力作为解决争端的主要手段。

（二）统一时期

15世纪后期，德国大规模引进源于罗马法的中世纪意大利法，封建的德国逐步转而采用纠问主义的诉讼方式。1532年，具有刑法典性质的《加洛林纳法典》的颁布更是加速了这一进程。《加洛林纳法典》在德国刑事诉讼历史上具有划时代的意义，它标志着德意志刑事诉讼法的统一。这一时期直至19世纪中叶，被德国学者称为刑事诉讼的统一时期。在此时期，德国刑事诉讼分为侦查和审判两个阶段，实行"有罪推定"，为了获取被告人口供，侦查中允许严刑拷问，案件审理不公开进行。司法判决分为有罪判决、无罪判决和存疑判决。

在1871年成立德意志帝国以前，德国的前地方邦国数百年来适用的都是普通法宗教法庭的程序，由法官个人任意决定诉讼进程，既由他负责侦查，也由他按自己的侦查结果确定判决。普通法宗教法庭上的法官，拥有几乎是无限制的权力。在法官面前，被告人根本无自己的权利可言，也不能对法官的侦查活动产生影响，仅仅是一个"程序对象"而已。

（三）变革时期

大约到了19世纪中叶，在《加洛林纳法典》的基础上，德国法再次受到英国法和法国法的深刻影响，在大多数的德国前地方邦国内出现了一种"改革的刑事程序"。它体现出了立宪主义和资产阶级自由主义思潮，取代了建立在警察国家专制主义政治基础之上的普通法宗教法庭程序。检察院设立之后，法官的权力由此受到了限制，由检察院担负起了原本由法官来承担的侦查职能。另一方面，被告人获得了以辩护权为核心的很多诉讼权利，而且其权利可以在程序中通过所谓的"保护形式"得到保障。刑事程序被严格地程式化，这既昭示出实用性思考，又体现了合法性思想。这些在德国前地方邦国中出现的法制改革动向，在后来的德国刑事诉讼法典中都受到了继承和发扬。

通过这场19世纪的变革运动，德意志帝国在1877年1月27日颁布了《法院组织法》，依据司法独立原则设置法院，由法院独立行使国家司法权。该法规定，审判权由法院独立行使，法院只服从法律，法官实行终身制。德国的普通法院系统由区法院、地方法院、高等地方法院和帝国法院四级构成。区法院为基层法院；地方法院为第二级法院；高等法院为上诉法院，其受理的刑事案件多为再审案件；帝国法院为德国的最高法院，拥有终审权。

1877 年 2 月 1 日，德国颁布了《帝国刑事诉讼法典》，并于 1879 年 10 月 1 日起实施。该法对刑事诉讼制度作了详细规定，确定刑事诉讼由检察官提起，个别情况下，被害人及其代理人也可以告诉。检察官负责侦查犯罪事实，收集证据，并代表国家对犯罪提起公诉。凡重罪案件应该先进行预审，以确定是否起诉。庭审阶段，检察官与被告进行辩论。最后，法官对案件作出判决。不服第一审判决的被告或检察官，可以向上一级法院上诉或抗告。这部法典的基本原则保留至今，并对其他大陆法系国家产生了深远影响。

（四）现代刑事诉讼制度的发展

《联邦德国刑事诉讼法典》，自 1877 年 2 月 1 日颁布以来，经过百年变迁，以及 60 多次的修改，基本上已经面目全非。现行《德国刑事诉讼法典》是 1975 年 1 月 7 日公布实施的，从那时起至 1987 年 4 月 7 日，又经过了 13 次修改。1987 年，鉴于刑事案件发案率显著增加而造成的司法部门工作量负担过重以及诉讼拖延，联邦德国于 1 月 27 日制定并公布了刑事程序修改法，以谋求简化刑事程序，迅速处理案件。该修改法汇集了刑事诉讼法、法院组织法、刑法、行政法等 11 种法律的修改条款，于同年 4 月 1 日起施行。修改说明强调，所作修改并不与发现真实和保障嫌疑人、被告人的防御权相抵触。就嫌疑人、被告人的权利而言，既强化了某些保护性措施，但也作了某些必要的限制性规定。此次修改范围较大，对原法的各编均有所涉及，修改条文多达 38 条。

1991 年联邦德国与民主德国合并，原民主德国完全适用了联邦德国的法律。1992 年德国刑事诉讼法典进行了两德合并后的第一次修改，其中对技术侦查中的电话监听等现代化的秘密侦查手段进行了规定。

二、现行德国刑事诉讼法的体例和范围

现行德国刑事诉讼法的范围，从广义上讲，包括所有与刑事诉讼有关的法律，大致由下面几个方面组成：

（一）"基本法"和欧洲人权公约

对德国刑事诉讼程序具有特别意义的，是被称为"基本法"的德国宪法。宪法对于法官独立性、公民自由、个人权利等都作了重要规定。可以说，刑事诉讼法就是在基本法的指引下建立的。除了"基本法"之外，欧洲联盟国家于 1950 年颁布的《保护人权与基本自由公约》，对德国刑事诉讼程序也产生了影响。该公约在德国具有法律效力，就刑事诉讼程序而言，公约规定了比"基本法"更为详细的重要的基本权利。

（二）《刑事诉讼法》和《法院组织法》

《刑事诉讼法》和《法院组织法》在整个刑事诉讼法律体系中处于核心地位，在德国被称为刑事诉讼的核心法律。应当指出，德国的立法有一个传统，就是在根据现实情况修改法律时，不轻易改变它的原有名称，而是继续保留其最初的立法时间。例如联邦德国现行实施的《刑事诉讼法》和《法院组织法》，仍然叫做《1877 年 2 月 1 日刑事诉讼法》和《1877年1月27日法院组织法》，尽管这两部法律自制定之后，已经经过了一百多年的巨大社会变迁和60多次修改，内容上早已与当初相去甚远，但当年的法典称谓仍然被保留下来。这样的立法技术处理，确实令人产生对法律的稳定感和庄严感。为使法律工作者和公民在使用时方便，法典再以副标题标明最新的官方版本和最近一次的修改时间，告示公众应以此为准。

《刑事诉讼法》共7编，34节，474条。这7编分别是：总则、一审程序、上诉审程序、生效判决案件的再审、被害人参与诉讼、特别程序、执行和诉讼费用。

德国没有一部专门的检察机构组织法，有关检察机构的组织法是由《法院组织法》规定的。《法院组织法》共17章，202条。这17章的标题是：司法审判、法院院长和业务机构的一般规定、地方法院、陪审法庭、州法院、刑罚执行庭、商务法庭、州高级法庭、联邦法院、刑事案件再审的管辖、检察机构、秘书机构、送达和执行官员、司法协助、公开审判和管辖、法庭语言、评议和表决等。

（三）其他补充性法律

上述两部刑事诉讼法的核心法律，是由下述一系列法律予以补充的：即《民事诉讼法》、《德国法官法》、《联邦律师条例》、《法庭费用法》、《非职业法官费用法》、《证人和鉴定人费用法》、《刑事案件国际司法协助法》、《欧洲引渡条例》、《欧洲反恐怖活动条约》、《联邦刑事侦查局法》、《德国刑事司法和公务协助法》、《关于刑事案件中司法协助的欧洲条约》、《中央统计和教育统计法》、《司法执行条例》等。

（四）其他联邦法律的有关条文

这一部分的内容主要包括：刑法中关于刑罚请求的条文，税务条例有关条文，少年犯法庭法有关条文，治安法有关条文。

（五）联邦司法行政性法规

刑事诉讼法在某些问题上只作出原则性规定，为使刑事诉讼法的规定具体化，联邦和各州协商，又制定了一些司法行政法律，如《刑事诉讼程序和罚金程序实施细则》、《刑罚执行条例》、《刑事送达条例》、《刑事诉讼中涉外问题实施细则》等。

（六）州法律

德国是一个联邦制国家，各州拥有自己的宪法并有权自行制定有关法律。各州宪法和制定的其他相关法律在指导本州刑事诉讼实践中也起着一定的作用。

（七）判例法

某些法学理论工作者认为德国只有系统的、严密的成文法典，不存在判例法。事实上，德国既有成文法典也有判例法。自20世纪开始，德国就形成了长期的判例法传统，并且在法学教育、法学研究和审判实践等各个方面都起着非常重要的作用。

为了引用、研究判例，联邦德国十分重视判例的编辑和出版工作。联邦一级法院的重要判决均由官方正式出版。作为刑事诉讼最高审级的联邦法院，从其前身帝国法院自1880年出版了第一卷判决集之后，连续出版至今，从无间断。其他地方法院的重要判决由本法院、法学杂志社或有关的研究部门编辑出版。这就为研究和适用判例法创造了基本的条件。在法学教育和研究中,除了研习法典精义外,判例是重要的教学和研究对象。在法学教学和学术著述中大量引用判例是非常普遍的现象,以便理论联系实际,使培养出来的法律工作者具有解决实际问题的能力。

在审判实践中,判例法的作用是随着审级的提高而越来越突出的。地方法院和州法院的判决基本上不直接引用先前判例;州高级法院尤其是联邦法院的判决直接引用先前的,甚至是20世纪的判例,则是司空见惯的现象。德国学者以为,通过引用判例,有助于保持法律适用的整体性和连续性。

改变先前的判例的权力属于联邦法院。联邦法院作出的新判决被编入官方出版的判决集之后,即对下级法院产生影响。对司法实践中出现的新问题,一般先由下级法院作出各式各样的判决,经过一段时间的实践后,最终由联邦法院作出"最高法官的判决",下级法院从此就按照这些判例行事。通过判例而不是发布指示、文件进行有关工作,是联邦法院指导下级法院工作的基本特点。

三、德国刑事诉讼法的风格和特点

(一)风格

对于刑事诉讼的各个程序,对于警察、检察院和法院的权力权限,对于被指控人和其他刑事诉讼参加人的权利义务,德国刑事诉讼法都以详尽条款明确地作了规定或限制。这种立法风格,是该法在1879年产生效力时就展示出的特点,表现了一种对普通法系的宗教法庭模式的有意摒弃。但由于德国法成型于德意志帝国时代,是君主专制的产物,所以还具有浓厚的保守性。

(二)特点

1. 未对有关刑事诉讼程序的所有事宜作出规定。主要表现在:关于德国法院的组成和管辖权就是由同样是在1879年生效的《法院组织法》所规定的。而且,德国没有制定专门的检察院组织法,对德国检察院的权力、权限,一并由《法院组织法》作出规定。1961年颁布的德国《法官法》,确定了法官的权力与义务,尤其是对法官的独立性作了具体规定。1959年制定的德国《联邦律师法》为律师自由、独立的地位奠定了法律基础。在德国,自1923年起就有了特别的青少年法院程序,1953年颁布的德国《青少年法院法》为青少年(14~18岁)和刚及成年的人(18~21岁)制定了体现教育感化为主导的特别程序。

2. 司法体制的单一化。德国的联邦法院和州法院属于同一个系统。在刑事司法领域,全国设联邦法院,为刑事审判的最高审级。联邦法院下面,并不设下级的联邦系统法院,各州法院和地方法院均为联邦法院的低级法院;任何不服州法院裁决的案件,都可以依照法定程序上诉于联邦法院,以体现其司法体制单一化的特性。

3. 通则的特点。一个国家刑事诉讼法的通则部分往往能体现该国整个刑事诉讼程序的特点,德国在这一点上也不例外。

《德国刑事诉讼法》是以内容丰富、几乎涉及整个刑事程序的通则部分开始的,但通则没有列明对刑事程序起主导作用的意识形态性原则。《德国刑事诉讼法》的通则部分，包括询问证人规定（该法第 48~71 条），鉴定人和勘验规定（该法第 72~93 条）以及讯问被告人规定（该法第 133~136 条），因为它们既涉及侦查程序，又涉及开庭审判程序和法律救济诉讼程序。

此外，引人注目的是，德国刑事诉讼法注意到了实施侦查措施时可能出现的强制性，它将没收、搜查措施（见法典第 94~100 条，第 102~110 条）与待审羁押和暂时逮捕措施规定在一起。其立法指导思想为，因诉讼必要而采取可能侵犯公民个人权利的侦查手段或强制措施时，关键在于一方面必须对国家行使的强制权予以明确划分与限制，另一方面必须由法院对强制性措施进行审查，使公民获得有效的法律保障。在 1879 年《德国刑事诉讼法》生效之初，这种法律保障相对来说还比较薄弱，但其后不断获得巩固和加强。尤其是在 1949 年德意志联邦共和国成立以后，《联邦德国基本法》第 19 条第 4 款明确规定：其权利受到公共权力侵犯的任何人，都可以要求法院对此侵犯进行审查。

按照当今的德国法学思想，对于国家权力，必须进行划分和限制，同时应当给予公民要求法院对国家侵犯个人法益的行为进行审查的权利。这样双管齐下，使公民不仅可以在国家权力的强制性措施面前得到保护，而且还可在任何其他的包括国家权力对其权利的非强制性侵犯面前得到保护。正因为如此，德国刑事诉讼法典将譬如电信通讯监控和使用计算机支持这样的侦查措施（《德国刑事诉讼法》第 98 条），都与没收、搜查措施等作为直接关联的诉讼行为而规定在一起。

第二节 德国刑事司法组织

德国的刑事司法组织主要包括法院、检察机关和警察机关。

一、法院

（一）法院设置

《联邦德国基本法》第 92 条规定："司法权委托给审判官；由联邦宪法法院、本基本法所规定的各联邦法院和各州法院行使。"德国法院的组织体系，主要由规定法院的结构、组织和权限的法院组织法予以确立，其最大的特点是高度专业化。其法院由五部分组成，分别为：普通法院、劳工法院、行政法院、福利法院和财政法院。

1. 普通法院。分为初级法院、州法院、州高级法院、联邦法院四级，负责审理刑事案件、民事案件（例如关于私法合同以及购置、婚姻、家庭等方面的纠纷）和民事调解（包括地产登记、遗产以及监护人等事务）。刑事案件按其性质可以由初级法院、州法院和州高级法院中的任何一个法院受理，进行初审。

2. 劳工法院。包括初级劳工法院、州劳工法院和联邦劳工法院三个审级，负责审理劳资关系中私法性质的纠纷，劳资谈判双方之间的纠纷，以及根据企业法的企业章程中出现的纠纷。

3. 行政法院。分初级行政法院、高级行政法院、联邦行政法院，负责审理不归福利法院和财政法院受理的，或不属于宪法问题的所有行政法方面的公法纠纷。

4. 福利法院。包括初级福利法院、州福利法院、联邦福利法院，受理犯有社会福利保险方面的纠纷。

5. 财政法院。分初级财政法院和联邦财政法院两级，负责处理税收与捐税方面的事务。

联邦宪法法院在上述五种法院之外，它不仅是德国联邦的最高法院，同时也是宪法机构，裁决有关宪法问题的诉讼。

德国法院的另一独到之处，是各联邦法院均不设在原来的首都波恩，而是分散设在原西德各地。具体来说，联邦宪法法院、联邦法院设在卡尔斯鲁厄，联邦劳动法院、联邦社会法院设在卡塞尔，联邦行政法院设在西柏林，联邦财政法院设在慕尼黑。

(二) 刑事法院体系

联邦德国的普通法院系统，包括四级法院，分别是初级法院、州法院、州高级法院和联邦法院，负责审理除专门法院管辖以外的一切刑事、民事案件。德国有一个"法定法官"原则，此原则要求：必须依据法律规定，事前并具普遍性地按照各个法院程序确定各类各级法院的管辖权。有目的地任命法官去审决特定案件，是法律所不允许的。所以，刑事诉讼法和法院组织法明确规定了各类各级法院的事务管辖权和地域管辖权。

1. 初级法院（Amtsgericht）。初级法院又称地方法院，是刑事案件的初审法院，管辖轻微的刑事案件（中小型）。如果指控犯罪的法定刑在2年监禁以下，由1名刑事法官独任审判。如果指控犯罪的法定刑在2年与4年监禁之间或者指控的是更为严重的犯罪，则通常由1名法官和2名非职业助手组成陪审法庭，即所谓的舍芬庭（Schöffengericht）[1] 进行审判。

2. 州法院（Landgericht）。州法院又称地区法院，它既是一审法院，又是初级法院即地方法院的首次上诉审法院，负责对严重案件的初审。州法院中的刑庭审理所有法定刑为4年以上监禁的案件，或者交付精神病院强制医疗或者预期在服刑后需处以预防性羁押的案件。

州法院中的一审法庭又分为大刑事审判庭和刑事陪审庭。其中，大刑事审判庭的主管范围是：不属于刑事陪审庭或州高等法院主管的严重犯罪行为；而刑事陪审庭的主管范围则是：最严重的刑事犯罪，包括致人死亡的案件，由3名职业法官和2名非职业法官（陪审员）组成刑事陪审庭进行审理。

上诉庭则有小审判庭和大审判庭两种组织形式。前者由1名职业法官和2名非职业法官组成，受理不服地方法院独任法官的判决而提出的上诉案件；后者由3名职业法官和2名非职业法官组成，受理不服地方法院陪审法庭的判决而提出的上诉案件。

3. 州高级法院（Oberlandesgericht）。州高级法院又称地区高级法院。对那些严重的

---

[1] 应注意的是，以前国内有资料将德国的陪审法庭统称为"舍芬庭"，实际上，舍芬庭仅指初级法院中由1名职业法官和2名非职业参审员组成的合议庭。

犯罪，包括针对国家的犯罪和恐怖活动，进行初审。州高级法院初审的审判组织由 5 名高级法院的职业法官组成，其审判活动没有非职业法官的参加。除此之外，州高级法院还负责审理不服州法院一审判决或者州法院上诉审判决而提出的上诉案件或二次上诉案件，其审理由 3 名职业法官组成合议庭进行。

4. 联邦法院（Bundesgerichtshof）。联邦法院是刑事案件的最高审级，主要受理不服州法院和州高级法院的上诉案件，其审判由 5 名法官组成合议庭进行。同时根据联邦总检察长的指控，对危害国家安全的犯罪，特别是暴力犯罪中的恐怖主义案件、叛国罪、间谍罪，进行一审。联邦法院各有 5 个民事和刑事审判庭，分设在全国的 5 个地区，本部设在卡尔斯鲁厄市。本部内分别设有各由 9 名联邦法官组成的刑事大合议庭和民事大合议庭，这两个大合议庭又组成大合议庭联席会议，作为德国普通刑事、民事案件的最高审判组织。

此外，对于未成年人即青少年人（年满 14 岁但不满 18 岁）刑事犯罪行为和刚及成年的人（年满 18 岁但不满 21 岁，可称年轻成年犯）刑事犯罪行为的案件，还设有专门的未成年人法庭（Jugendschoffengengericht）（又称青少年法庭，指初级法院中的青少年法庭和青少年陪审法庭，州法院中刑事法院的青少年法庭）进行审理。根据《青少年法院法》的规定，审理青少年犯罪的案件分别由未成年人法院的法官（或由 1 名职业法官和 2 名非职业助手组成的未成年人法庭和未成年人法院的法庭负责）。如果案件很可能仅处以教育或纪律性的处罚，或者指控系向 1 名刑事法官提出的，则由未成年人法院的法官审理。未成年人法院主要负责审理那些如果是成年人犯罪将由大刑事审判庭审理的案件。但是，未成年人法院也审理那些涉及保护青少年的案件，例如成年人伤害儿童或未成年人的案件。除此之外，凡是未成年人或年轻成年犯的案件，一审通常由 1 名职业法官和 2 名非职业助手组成的未成年人法庭进行。

（三）法官

在联邦德国，法官根据基本法行使司法权，法官是独立的，只服从于法律。根据德国有关法律规定，法官独立的含义为：在法官的审判活动中不允许向法官下达任何指令；法官如果是终身法官，在没有得到本人同意的情况下，原则上不得免职，只有在法律规定的条件下通过裁决，才能解除其职务；法官除其法官职务外不能从事任何执行权和立法权的活动。

1. 法官资格的取得及法官的产生。在联邦德国，担任法官的职务必须以取得司法资格为前提，即大学法律系学习结束后，通过第一次国家司法考试（大学法律系无毕业考试），经过 2 年左右的司法实习，再通过第二次国家司法考试。两次考试均通过者，即取得司法资格，可以从事法官、检察官和律师等职业。实际上，取得司法资格在德国传统意义上的前景并不局限于从事法官、检察官或律师职业，而是可以以较高的起点从事几乎任何职业。因此，在德国不无道理地流行着"法学家垄断"的说法。

如前所述，取得司法资格的人不局限于从事法官职业，但只有取得这一资格的人方有权利被任命为法官。前德意志民主共和国的法官，在法官选举委员会对其工作作出肯定的裁决之后，可在新州里继续工作。而在现在的联邦共和国，经过试用期的法官或工作过 3 年的法官，可被任命为终身法官，并可在全联邦各地区工作。

联邦主管部长与由州主管部长和联邦议院选举产生的 16 名议员组成的法官选举委员会共同任命（提名）联邦最高法院法官（基本法第 95 条第 2 款）。只有法官选举委员会选举产生的人，联邦总统才能任命其为联邦法官。

职业法官除了联邦法官经选举和任命的混合程序产生外，其他法官均是任命产生的，各州根据自己的法律任命法官。法官一经任命，便为终身制，直到 65 岁退休。同时，宪法和法院组织法都明确规定，任何人都不得剥夺其法定法官职务。即使认为法官枉法，也只能依法对其提起刑事起诉，在作出有罪判决的情况下，才能解除其法官职务。

2. 法官的任职方式。在德国，各级法院的所有审判组织都是固定的，法院中设有一定数目的固定审判庭，不因受理案件的不同而重新组合。法官的称谓也是固定的，如地方法官、州法官、州高级法官以及联邦法官。审判庭由 1 名、3 名或 5 名职业法官组成，审判庭的领导者称为首席法官，不存在庭长和审判长的概念。在具体案件的审理中，首席法官指定审判庭的 1 名职业法官担任案件的报告法官。该法官负责事先详细阅卷，在评议时对案情作出报告，在开庭时协助首席法官领导审判的进行，以及主持起草判决。但报告法官并不是固定的人选。目前，德国现有 20 000 左右职业法官，其中 3/4 以上在普通法院内工作。

（四）德国的陪审制度以及非职业法官（陪审员）

1. 陪审制度的沿革。德国在 19 世纪中叶前一直只有职业法官审理刑事案件，此后德国人民为了反抗君主制，并受到法国大革命的影响，创立了陪审团法庭。1877 年统一后的德国颁布的第一部刑事诉讼法典，规定不严重的案件由 1 个职业法官和 2 个非职业法官审理，严重的案件，如谋杀或导致有人死亡的案件，由 3 个职业法官和 12 个非职业法官审理。

1924 年之前，德国实际存在着两种不同的陪审制度，即陪审员制度和陪审团制度。陪审员和职业法官共同组成一个审判组织，具有和职业法官一样的功能和权限，但当时仅仅在地方法院实行过这种制度。陪审团则是独立于审判庭之外，由 12 个人民陪审员组成，设在州法院。这种陪审团法庭与英美国家不同，在这种法庭中，职业法官与非职业法官并排坐着，共同决定事实上与法律上的问题。

1924 年陪审团法庭被废除，而代之以 6 个职业法官，6 个非职业法官即陪审员组成的混合法庭，既决定是否有罪又决定如何适用刑罚。1975 年庭审制度再次被改革，非职业法官由 6 个减为 2 个。1991 年德国统一后，原东德的法官、检察官由西德人取代，职业法官由 3 个减为 2 个，这一措施主要是为了节省开支。

2. 陪审员资格的取得及其权利。能够担任陪审员的必须是德国人，而且享有公民权。陪审员的挑选程序，首先是由社区编候选人名单，交给地方法院，地方法院组成挑选委员会来选择决定。其中 2/3 是由 40～60 岁的白人男子组成的，其中有商店店主、文职人员等。而蓝领工人则得不到充分的代表。非职业法官任期 4 年，可以连选连任，但不得超过 2 届，一年要在法庭工作 12 天。陪审员一经确定，就以与职业法官同样的权力参加法庭的全部活动，而且还具有法官的义务。有关费用全部由国家补偿。

二、检察机关

在德国的司法制度中，检察机关发挥着十分重要的作用。德国实行不告不理原则，当公民个人向刑事法庭提出起诉或者检察机关对被告提起公诉时，刑事法庭才能开始工作。检察机关应当根据法律规定追究全部违法行为，称为对犯罪行为的强制追诉原则。德国的检察院虽然在编制上属于行政机构，但在刑法和违反规章制度方面，它要与法官共同完成对"公民的诉讼任务"，从此意义上讲，检察院是被列入享有所谓"第三种权力"的司法机关。

（一）检察机关的体系

德国的法律制度是大陆法系的代表之一，但在检察机关的设置方面却明显不同于其他大陆法系国家。大陆法系的多数国家如法国，检察机关（可确切地称之为检察官办公室）设在法院内，而德国则如同英美法系一样将检察机关隶属于司法部。检察机关是同级司法部下属的一个高于其他下属机构的部门。由于德国是联邦制国家，因此，联邦和各州均设有各自的检察机关，分别隶属于联邦和州司法部，在人事、经费方面分别受联邦和州司法部的领导，在管理上受其监督，但在检察业务上处于相对独立的地位。

德国的检察机关隶属于司法部，司法部虽然不直接享有司法权，但是它可以通过自己的职能活动对立法和司法活动发挥重要的影响作用。在司法领域，其职能活动主要有：根据议会提名任命检察院检察长和法院院长；根据检察官资格审查委员会的意见任命检察官，根据法官资格审查委员会的意见任命法官；负责检察官、法官等司法人员为晋升而进行的培训；编制检察院、法院的经费预算；各州司法部直接制定公诉案件起诉标准等指导性原则以及监督法律的执行。

按照德国联邦和州的建制，德国的检察机关分为三级双轨制，即：

1. 地方检察院。地方检察院设置与州一审法院和初审法院相对应，受各州检察院的领导和监督。

2. 州检察院。州检察院共有16个，与州高等法院相对应设置，受各州司法部的管理和监督。

3. 联邦检察院。联邦检察院与联邦法院相对应，受联邦司法部管理和监督，负责办理涉及联邦利益的、应当由联邦法院审理的重大刑事案件；负责侦查涉及国家安全的政治性案件，如：有关国家机密、恐怖活动的犯罪等，同时负责由联邦法院进行上诉审的案件。目前，德国联邦检察院设在卡尔斯鲁厄市，内设三个部门，分别负责一审刑事案件的立案侦查，提起公诉和上诉，复审案件的提请。联邦检察院对各州检察院既没有领导权，也没有监督权。但是各州的检察院对所属的地方检察院享有领导权和监督权，它可以指令所属地区的地方检察院就某个刑事案件进行侦查、提起公诉或者中止诉讼。

（二）检察机关的职能

检察机关的职能包括：①受理对犯罪的检举；②领导和指挥警察进行侦查；③可以暂时采取拘留、逮捕、搜查、扣押等强制措施；④决定是否提起公诉；⑤在法庭审理阶段,担任国家公诉人,同时监督审判程序是否合法;⑥在认为必要时提起上诉、抗诉和要求复审;⑦对已经生效的判决,检察官有权提出缓期执行或者监外执行的要求;⑧除此之外,检察机关同时还是刑罚执行机关。根据州的法律,也可以是赦免机关,因此检察官享有这方面的相应的职责及权力。

(三) 检察官

1. 性质。目前,德国共有检察官约 4000 余名。检察官以参与刑事诉讼为主,其任务是针对犯罪嫌疑查明案件事实、决定是否停止侦查程序或提起控诉。检察官虽然隶属于行政官员编制,接受联邦或州司法部的领导和管理,但是检察官要有担任法官职务的资格要求,检察业务相对独立,因此在性质上,联邦德国的检察官们自己认为,他们具有双重身份,既是政府官员,又是司法官员,或者说是行使司法职能的行政官员。在德国,常常出现检察官转任法官或法官转任检察官的现象。无论联邦还是州,鼓励检察官与法官之间的互换,以避免司法人员的业务素质过于单一。

2. 活动机制。检察官不同于法官,他们受上司和上级机关的领导。根据法院组织法的有关规定,检察机关的公务人员需依其上级长官之职务上指示行事。因而在德国,同一检察院内,检察官之间,按照检察长以及普通检察官的级别确定上下隶属关系,下级检察官要服从上级检察官的领导,检察官要服从检察长的领导,检察长要接受司法部长的领导。检察官对自己办理的案件,除结案报告之外,还有重大案件报告义务。通常,对于重大案件,都要逐级上报至检察长。检察机关内部门负责人直接领导本部门检察官的工作,有权决定、更换、指派办案人员,有权中止案件。地方检察院的内设机构并不固定,规模也大小不等。小的只有十几个人,多的则有上百人。检察机关之间可以进行案件的移送。例如,有的案件虽然发生在某个地区,但如果该地区的检察院没有管辖该类案件的能力,它可以将案件移送至有力量管辖此类案件的检察院办理。

除了警察机关之外,还有一些司法辅助机关,在检察官根据法律对被告的人身情况、社会关系、前科情况等进行调查时,专门负责提供这些情况。这种机关一般隶属于司法部,在某些州也隶属于社会局。

3. 检察官的产生。在德国担任检察官要具备与担任法官一样的司法资格。检察官的产生,通常需在大学法律系学习 4 年通过国家考试后,到司法部门实习(通常为 3 个月),然后再经过第二次国家考试;通过 2 次考试的人员可以向检察机关提出申请;经过试用(通常为 3 个月)认为合格的,聘用 3 年。3 年后,认为合格的,由司法部正式任命。

德国联邦检察院检察长和州检察院检察长的职位是公开的,由具有检察官资格的资深检察官提出申请;经实力最强的执政党提名,议会确认;由联邦或者州的司法部长任命。

三、警察机关

(一) 警察机关体系

在德国,警察局是州政府的一个机关,受州内务部长领导。因各州的情况不同,在机构设置上略有差异。

德国的警察分两种，一种是刑事警察（Kriminalpolizei），另一种是保安警察（Schutzpolizei）。前者负责侦查比较严重的犯罪和需要特别专家参加的案件，例如诈骗案、环境犯罪案件。警察机构的设立和组织是由每一个州自行管辖的，其事务由每个州的内务部长负责。因此，德国没有一个中央集权、上下统一的警察组织。在联邦一级有两个警察机构：一个是联邦刑事侦查局（Bundeskriminalamt，简称 BKA），负责对国际犯罪或跨越国境的犯罪进行侦查；另一个是联邦宪法保卫局（Bundesamt fuer Verfassungsschutz），负责对有可能危害宪法的案件进行调查，并收集资料，但它并不能行使普通警察所享有的部分侦查权，如讯问或进行逮捕。

联邦刑事侦查局成立于1973年，隶属于联邦内务部，总部设在威斯巴登市，有员工4800名。根据《联邦刑事侦查局组织法》的规定，该机构的性质是联邦和州合作打击国际犯罪、跨越国境或州境的犯罪以及有组织犯罪的中心。联邦刑事侦查局的主要任务是收集与犯罪有关的资料，观察犯罪发展形势并对其进行分析统计；在联邦和州之间建立电子联网的中心；是德国犯罪学和刑事侦查技术研究的中央机关，接受州警察、检察官或法官的请求进行刑事技术鉴定，提供专家意见；负责举办有关警察特殊工作的培训。此外，该机构还肩负国际刑警组织德国国家中心局的责任，如有国际贩卖军火、贩毒及恐怖主义等重大刑事案件发生，由联邦刑事侦查局的专家亲自进行侦查。

（二）警察机关在刑事诉讼中的作用

根据德国刑事诉讼法的规定，检察官领导和指挥警察进行侦查。但在实践中，由于检察机关自身力量有限，可谓有头无手，它需要得到警察的支持，因而警察在侦查中逐渐扮演起主要的角色。同时《刑事诉讼法》第163条也赋予警察若干的权力。在任何时候，如果他们怀疑有犯罪发生，通常都可以独立地启动侦查程序，而且任何一名警察，不论其级别、类属，在刑事诉讼中所规定的紧急情况下都享有立即采取措施的权力。

警察进入诉讼有两种方式：一种是当其获悉发生犯罪行为时主动进行侦查，采取紧急措施。在这种情况下，其权限仅限于首次行动，随后应立即向检察官报告。这种规定是为了确保检察机关在调查程序中的领导地位。规定虽然如此，但在实践中还是通常理解为对案情作出相应的判断后才报告检察官，仅在凶杀等重大案件发生时，才应立即报告检察官，并由检察官亲临现场直接指挥侦查工作的开展。另一种方式是根据检察官的指示而采取的侦查行动。

第三节 德国刑事诉讼程序

一、德国刑事诉讼法的基本原则

（一）职权追究原则

职权追究原则，又称为国家追诉原则、职权侦查原则。在德国的现行法中，主要是遵行职权主义，亦即由国家主动展开犯罪侦查。对每个犯罪行为嫌疑，检察院、警察原则性地负有展开侦查的义务。有足够的行为嫌疑时，检察院必须提起公诉。通过职权原则所应当达到的，是对犯罪行为的规律性地追究。但是，职权追究原则也并非完全不受限制，如对有些不太重要的犯罪行为，均只由被害人或通常由被害人提起告诉时方加以追诉。《德国刑事诉讼法》第152条第2款、第160条第1款、第163条第1款，是职权追究原则的法律基础。

(二) 审检分立原则

审检分立原则，又称告发原则、起诉原则、公诉原则或者审检分立之弹劾原则，其含义是指只有当检察院提起公诉之后，进行审理的法院才允许展开调查、判决活动，即无公诉人即无法官。这一原则建立在应当由两个相互独立的司法机构审查是否判决有罪的思想基础之上，并在《德国刑事诉讼法》第151条得到直接体现。

(三) 强制起诉原则

强制起诉原则，又称为法定原则，指只要有足够的事实根据，检察机关原则上就有义务对所有犯罪行为进行调查；只要该调查显示有足够的事实依据，检察机关即需提起公诉。《德国刑事诉讼法》第152条第2款、第170条第1款体现了这一原则。

(四) 相应性原则

相应性原则主要指刑事追究措施特别是侵犯基本权利的措施，在其种类、程度等方面必须要与所追究行为的危害大小相适应。《德国基本法》第1、20条对此原则作出了规定。《德国刑事诉讼法》亦在第113条第1款指出，对于轻微的刑事犯罪行为，不允许根据调查真相困难之虞而命令逮捕，这是体现相应性原则的一个典型。

二、侦查程序

侦查阶段，德文称其为"前程序"，以区别于作为中间程序的庭审预备阶段和作为主要程序的庭审阶段。

(一) 概述

1. 刑事案件的来源。刑事案件通常来源于三种情况：①官方自行发现犯罪；②公民的检举；③有关方面或个人提出的刑事追究请求。根据统计表明，德国90%以上案件的侦查是从警察接受公民的报案开始的，也有部分案件，比如谋杀、误杀、白领犯罪、环境犯罪以及与毒品有关的犯罪是由国家官员或机构直接向检察机关报告的。

2. 侦查机关。德国的侦查程序有一个十分显著的特点：侦查权由检察机关行使，司法警察或刑事警察只是检察官的助手，在检察官领导和指挥下实施具体的侦查活动。检察机关在侦查中的主导地位是在1974年的刑事司法改革中确立的。这一年，德国废除了原来实行多年的预审制度，将侦查的领导权和起诉决定权从预审法官转移给了检察机关。

依照德国刑事诉讼法规定的法制原则，检察官对每一个具有最初犯罪嫌疑的报案都要进行侦查。法律还规定，检察官执行审前程序并指挥警察的侦查。但这只是法律的书面规定，在司法实践中，由于检察官并不具有刑事侦查所需要的专门知识，也不拥有足够的侦查力量，因此，实际的对犯罪侦查任务基本上是由警察承担的。中等严重程度以下的刑事案件，均由警察独立侦查，案情基本确定之后，才移交给检察官。不过检察机关有权随时指派检察官参与警察正在进行的任何侦查活动，并充当领导者，而且检察机关不论是否参与侦查活动，都对侦查的成果和证据的可靠性承担最终的责任。

在司法实践中，检察官直接进行或参与侦查的情况一般有以下几种：①需要特殊知识和经验的案件，如商业欺诈案件，需要特殊的会计以及查账经验，而警察被认为缺乏这方面的知识和经验，应由检察官指导税务官员进行；②恐怖活动案件，这类案件通常要由联邦检察长指挥侦查；③检察官和警察共同侦查的案件，包括谋杀、持枪抢劫银行、纵火等。在这些案件中，由于警察需要逮捕被告人，而逮捕证是由法官签发的，为了得到逮捕证，警察就会要求检察官参与侦查，这样能够更顺利地取得逮捕证。

德国的警察与检察官虽然分属于不同性质的机构，也并不进行日常工作的合作，但在进行刑事诉讼的侦查程序时，他们是相互合作的关系。这种合作除了上述活动外，有时还体现在警察侦查活动终结之时，当他们将案件移交给检察官之后，检察官认为某些证据不够确实的，检察官可以要求警察补充调查某一证据。

（二）侦查措施

侦查措施主要是针对公民人身、财产、住所、通讯和职业活动等方面进行的。具体的侦查措施有：带至有关当局、通缉、观察所观察、身体检查、鉴定、讯问、电话监视、搜查和扣押检查站控制等。现以讯问和秘密侦查为例：

1. 讯问。在德国，法律规定的讯问犯罪嫌疑人的规则贯穿整个刑事诉讼程序，但由于法律规定得不明确，因此，讯问中犯罪嫌疑人和被告人的界限并不清晰。

讯问中必然要涉及的一个问题就是沉默权问题。法律规定，犯罪嫌疑人不能被要求积极地为给自己定罪出力，这一原则使犯罪嫌疑人不必在刑事诉讼程序中承担任何合作的义务。这个原则在德国的法律文献中经常被用拉丁文的形式引用（*nemo tenetur se ipsum prodere*，即任何人都没有义务把自己交出去），但并没有在德国的制定法中被清楚和直接地表述。唯一相关的成文法的渊源是《公民权利与政治权利国际公约》第14条第3款，德国已经在1973年批准该公约，将其转换为国内法。联邦宪法法院宣称：禁止在刑事诉讼程序中积极地配合来反对自己的个人权利来自基本法第1条和第2条所保障的人的尊严和自由，并且属于国家法制原则的概念组成部分。由此可以看出，这一权利属于宪法原则，不能被制定法违背。刑事诉讼法典在这一原则的指导下规定：法官、检察官在讯问犯罪嫌疑人和被告人之前有义务告知他们有保持沉默的权利。这一原则在审判开始的时候也同样被适用。《德国刑事诉讼法》要求讯问者用中性词汇告知犯罪嫌疑人依照法律，可以自由地对不利于他的起诉给予评论，或者不说任何话。但是也没有禁止讯问者向犯罪嫌疑人解释保持沉默可能产生的后果。法典没有规定如果在讯问之前未能给出犯罪嫌疑人法律所要求的信息会产生什么样的后果。法院长期以来都在争议这种不告知是否会导致犯罪嫌疑人自我归罪的陈述在审判时不被采纳。1992年，联邦上诉法院得出了一个规则性的结论：在没有受到告知的情况下所作的陈述是不可采的。惟一的例外是：如果能够非常肯定地证明被告人在做陈述时知道他的权利而没有保持沉默，或者被告人不反对在审判中介绍他的陈述。

为了保护犯罪嫌疑人的沉默权，法院禁止对"不予合作"的被告人以加重刑罚的手段予以惩罚。这个规则也适用于与被告人不作证相关的其他方面。

除了沉默权的规定之外，《德国刑事诉讼法》还明确禁止采取一些不人道的方法进行讯问。一般而言，禁止的范围包括虐待、疲劳战术、伤害身体、服用药物、折磨、欺诈、催眠、威胁、利诱以及有损记忆力、理解力的措施；而且这种禁止不必顾及被讯问者的意愿，违反这些禁令所获得的陈述，即使被讯问者没有表示异议，也不允许在审判中采纳为证据。但这些列举并非全部，其他违反嫌疑人意志的方法也同样被禁止。

此外，在侦查讯问中，讯问者还必须告知被讯问者有权申请收集一些有利于自己的证据，并且给予其消除嫌疑、提出有利事实的机会。讯问的全部过程必须如实记录下来，并交由嫌疑人或被告人进行审阅。

2. 秘密侦查。德国是较早地、较详细地将我们称之为秘密侦查手段的侦查措施法典化的国家。这种尝试是在惩罚犯罪和保护人权的平衡过程中迈出的艰难的一步。

通讯秘密以及个人谈话不能在违背其意志的情况下被录音的权利，这是由德国的基本法所保障的。1968年，电话监视被引入法典，但实际上，这个立法是在保护公民权利和使法律贯彻实施的冲突中寻求妥协。

根据《刑事诉讼法》第100条的规定，电话监视只能用来对法典所列举的严重犯罪使用。例如：叛国罪、恐怖集团犯罪、谋杀罪、绑架罪、严重的毒品犯罪等。而且只能在使用其他侦查方法很难侦破犯罪时才能使用，而且法典要求在实施这种通讯监视前要取得法官的监视令，这个监视令应包括进行何种方式的监视，其范围以及持续时间。监视的最长期限是3个月。

电话监听的问题还在于：所监听的一些谈话内容与所侦查的犯罪无关，其中的有些信息涉及其他人的犯罪行为。法院曾就此类信息能否作为证据使用进行了很长时间的讨论。1992年，在《德国刑事诉讼法》的修改中确认，如果所得到的信息涉及《刑事诉讼法》第100条a所列举的犯罪的话，就可以作为证据使用。

在实践中，对电话监听的命令进行上诉是很困难的，因为直到这一措施实施完毕，才通知犯罪嫌疑人。法院在对待以非法手段进行电话窃听所取得证据的可采性问题上与对待其他非法所得的证据的态度不同，联邦上诉法院缩小了司法审查的范围，甚至对明显不合法的手段，也认为没有必要绝对排除，而且对公民个人的权利保护和法律实施的利益进行权衡。联邦上诉法院通常还容许采纳通过非法窃听所取得的"毒树之果"。德国的一些学者认为，法院对刑事诉讼法的司法解释不利于保护公民的通讯秘密免受侵犯。

在20世纪80年代，为了打击有组织犯罪，摸清其内部结构，刑事诉讼法中扩大了秘密侦查的方法。在这些秘密侦查方法中，可以同时动用新的监视（听）技术提供的可能性监视监听电讯和其他的私人间通讯。比如借助摄像机和卫星进行监视和观察，借助于秘密安装的麦克风（窃听器）等。而关键性的争议在于这些手段是否也允许安装于商务场所和私人住宅内。因为，根据德国联邦宪法法院对《联邦德国基本法》第13条的解释，是绝对保护私人和商务场所免受以刑事追诉为目的的国家秘密干预的侵害的。经过多年的政治论争后，最终在 1998 年通过对《联邦德国基本法》第 13 条的限制和以之为基础《刑事诉讼法》第 100 条 c 第 1 款的扩大，使得对私人住宅的所谓"大窃听"（Groβe Lauschangriff）成为可能。但是，这些措施受到很严格的前提的约束，而且它特别要求一个由 3 名职业法官组成的法庭（Kammer）的事先批准。德国联邦宪法法院在 2004 年的一个判决中进一步明确了这些前提，强调与配偶、近亲属和信任的人进行的私人谈话不受监听的自由，属于人的尊严的核心领域，因此，即使为查明最严重的犯罪行为，也不允许国家的监（窃）听（视）措施予以侵犯。

（三）强制措施

《德国刑事诉讼法》规定了种类繁多的强制措施，以适应刑事诉讼过程中的各种需要。根据不同强制措施的诉讼功能的不同，大致可以分为六大类：侦查犯罪、证据保全、确认诉讼要件、保障诉讼行为和保障判决的执行以及预防犯罪。《刑事诉讼法》上的强制措施都在不同程度上存在侵犯公民基本人权的危险，根据其可能侵犯的人权性质的不同，还可以分为以下七种，即①对人格自由权之侵犯，包括拘提命令、逮捕、羁押、为勘验其心神状态所令人入精神病院之处分、人身搜索、照像及暂时性扣押驾照；②对生理不得侵犯之权利之违犯（例如抽验血液、脑波测验）；③对财产权之侵犯：公家对物之保全行为，亦即所谓的扣押；④对住宅权之侵犯：对住宅、处所之搜索；⑤对邮电通讯秘密权之侵犯；⑥对职业自由权之侵犯（例如暂时的职业禁止）；⑦对资讯自主权之侵犯（如设置缉捕网络追缉、栏网追缉、资料比对、科学仪器之使用、布建秘密侦探）。

在所有强制措施当中，以涉及人身权利的强制措施的危险最大，所以也是德国刑事诉讼法规制的重点对象，这些强制措施有：逮捕、暂时逮捕、审前羁押、责令某人停止并确认身份、通缉、观察所观察、身体检查、鉴定、扣押、通讯监听、搜查以及其他临时措施，如暂时羁押在精神病院或未成年人教养机构，暂时没收驾驶执照、暂时禁止职业活动等。现着重对德国刑事诉讼法规定的三种限制个人自由活动的措施，即责令某人停止并确认身份（Feststellung der Identitaet）、暂时逮捕（Vorlaeufige Festnahme）、审前羁押（Untersuchungshaft）进行介绍。

1. 责令某人停止并确认其身份。按照《德国刑事诉讼法》第 163 条第 1 款的规定，当某人具有犯罪行为嫌疑的时候，检察院、警察机构的官员可以采取必要措施，查明他的身份。这包括可以责令其停止，搜查能确认其身份的文件，并有权为了确定其身份的目的而拘留他。但这种拘留不能超过为此目的所需要的时间，而且在任何情况下都不能超过 12 小时。如果用较少侵犯其权利的方法不可能或非常困难来确定犯罪嫌疑人的身份，那么进行必要的搜查、拘留、取指纹以及拍照也是容许的。为了刑事侦查的需要，警察也可以责令非刑事犯罪嫌疑人停止，或者拘留他以便确认其身份，但对于这些非犯罪嫌疑人，不能违反其本人的意愿而搜查他和令其留下指纹。一旦这些非犯罪嫌疑人的身份被确定，与采用这一措施有关的文件就必须被销毁。如果这一措施的采用导致对某个犯罪嫌疑人的指控，有关的文件就能够被当做证据使用。

2. 暂时逮捕。暂时逮捕，也称为暂时拘留。采取这一措施的目的通常被认为是为了使检察官或警察能够开始对犯罪嫌疑人进行侦查，否则犯罪嫌疑人可能逃跑或毁灭证据。依照德国刑法的规定，不能对其追究刑事责任的人，也不能对其实施逮捕，例如，对未满14岁的青少年不得逮捕。《德国刑事诉讼法》第127条还规定普通公民也可以实施这种逮捕，但是其前提条件与警察实施这种逮捕是不同的。公民进行逮捕，必须是犯罪正在进行时，或正在对罪犯进行追捕时为了预防罪犯逃跑或为了确认其身份才可实施。而警察在认为犯罪嫌疑人有逃跑或毁灭证据的危险时就可以逮捕犯罪嫌疑人。警察在进行逮捕时也必须有紧急的嫌疑，这种嫌疑意味着犯罪嫌疑人极大可能地实施了犯罪。某些学者认为这种可能性的标准要高于需要开始刑事侦查的案件或使被告人保证出席审判的标准。

关于普通公民所实施的逮捕，一些学者提出，公民进行这种逮捕必须在犯罪嫌疑人在事实上已经犯罪，即使是出于善意在实施这种逮捕时所犯的错误也要导致非法的逮捕，该公民要对剥夺其他公民的自由负法律责任。这种意见无疑导致了绝大多数目睹犯罪发生并有可能将犯罪人绳之以法的公民产生袖手旁观的态度。与此观点相反的意见（也是比较有倾向性的观点）是对于公民所进行的逮捕只要求有紧急的嫌疑。有些权威学者认为，这种建议不仅是关于刑事政策的聪明建议，同时也是关于如何在侦查程序中使侦查措施合法地建立在有充分嫌疑程度的基础之上，而不是建立在犯罪嫌疑人在事实上是否有罪的基础之上。因为犯罪嫌疑人在事实上是否有罪的问题，只能在刑事诉讼程序即将终结的时候才能被决定。

总的来说，德国的暂时逮捕分两种情况：一种情况是：对任何正在实施犯罪而被抓获的人，以及犯罪后立即被追踪的人，如果有理由认为嫌疑人可能逃跑，或认为嫌疑人的身份不能立即查明时，任何人都有权将嫌疑人逮捕。另一种情况是：对那些被强烈地怀疑实施了犯罪行为的人，如果具备了下面将叙述的审前羁押的六个条件中的一个，或来不及申请法官发布拘留令时，检察官和警察都可以对犯罪嫌疑人实施暂时逮捕，并将被逮捕的人立即带到法官面前，最迟不超过次日结束之时。

3. 审前羁押。在德国，审前羁押必须由检察官向法官提出申请，由法官签发书面许可令状。法官签发的书面命令中必须确认被指控者的身份，被控犯罪的情节和法律根据，以及逮捕的原因。归纳起来，审前羁押的条件有三：①强烈怀疑有犯罪行为发生；②存在羁押的特殊原因，包括：嫌疑人已经逃避审判；嫌疑人有逃避审判的机会；嫌疑人有毁灭证据的危险；嫌疑人犯有极为严重的罪行，如谋杀、误杀；被告人有重复犯罪的危险等；③羁押与犯罪的严重程度相称。进行审前羁押的目的，首先是为保证审判时嫌疑人到庭；保全审判中必要的证据；隔离犯有极为严重罪行的罪犯；保护公众免受进一步犯罪的侵犯。

羁押的法律程序是：①检察官向法官提出发布羁押令的申请。②羁押令由一名警察或（有时）由检察官执行。③告知被告人有关羁押他或她的详细情况。④被告人尽快被带到法官面前，最迟不超过第2天结束时。当被告人被带到法官面前时，法官的职责是：讯问被告人，决定是否维持羁押令的执行，决定是否中止羁押令的执行，或根据保释条件释放被告人,如果被告人未被释放则告知被告人的亲属或被告人所信任的人。⑤被告人在任何时候都可以向发布羁押令的法官提出取消命令的申请。如果被告没有律师也未提出复查申请,则羁押 3 个月后,由发布命令的法官自行提出对命令进行复查。⑥羁押 6 个月后,羁押令必须交上诉法院复查。如有特殊困难或者需进行特别侦查或有其他重要原因,羁押可超过 6 个月。

据统计,在 2000 年共有超过 36 000 人被实行审前羁押,大约占在刑事法院被判决的人的 4%,这些人中只有 50% 最终没有得到缓刑判决。[1] 从这些数字中可以得出一个结论,即审前羁押有时可能被用来给犯罪嫌疑人一个教训,即使其犯罪行为没有达到被判处监禁刑的程度。有些学者认为这与审前羁押的法律原理是相悖的。羁押犯罪嫌疑人的目的仅仅是为了保证其出席审判和使证据保持原样不变。学者们认为,德国目前的情形是,即使不存在这样的需要来剥夺犯罪嫌疑人的自由,审前羁押也有可能被实施。因此,他们认为审前羁押已经成为一种带有惩罚性和犯罪预防目的综合功能的工具。

为了避免非法羁押,刑事诉讼法规定了犯罪嫌疑人可以对羁押提出异议的两种方式:一种是对羁押命令提出上诉,通常在不进行口头听审的情况下由地方法院作出决定。但实际情况是,这种上诉很少获得成功。另一种是向颁发羁押令的法官申请复议。这种复议通常以口头听审的方式进行,在实践中,这种复议经常导致犯罪嫌疑人被有条件地释放。即使犯罪嫌疑人没有提出申请,当法院接受这个案件准备进行审判时,如果没有辩护律师代理,第 3 个月,或者在被逮捕后 6 个月,都要自动地对羁押进行审查。如果羁押期超过 6 个月,法官则需将案卷提交上诉法院进行审查,由其决定羁押是否可以超出 6 个月。如果上诉法院的决定是否定的,被告人应当被释放。只有在州的上诉法院签发特殊羁押令的情况下,审前羁押才能被延长。延长的原因通常是案件具有特殊困难或案件的工作量太大,使审判不能开始。这就是德国强制措施中的自动人身保护令制度。有些学者认为,在实践中,羁押的延长并非是例外情况,根据统计,1993 年所有被审前羁押的人,有 19% 被羁押 6 个月或 6 个月以上。

除了上述强制措施中的人身保护措施外,还有特别的人身保护措施,如:被告人可以就申请撤销逮捕证上诉于宪法法院,宪法法院经过审查后,可以作出释放被告人或驳回被告人请求的决定命令。如果被告人的请求被宪法法院驳回,被告人还可以就同样的理由上诉至欧洲人权法院。

根据《德国刑事诉讼法》第 116 条第 9 款的规定,对被逮捕人可以担保释放。担保的方式包括:被告人个人具结保证不离开特定的区域;交纳保释金或有价证券;找保证人担保。在实践中交纳保释金担保的方式使用得不太普遍。

(四)司法审查

自从 1974 年废除预审制度以来,法官在侦查阶段不再直接领导、指挥或者实施具体

---

[1] [德] 托马斯·魏根特:《德国刑事诉讼程序》,岳礼玲、温小洁译,中国政法大学出版社 2004 年版,第 95 页。

的侦查行为，其职能主要体现在司法审查方面。德国刑事诉讼中负责司法审查的法官叫侦查法官。根据《联邦德国基本法》第 19 条第 4 款的规定，所有涉及限制公民自由、财产、隐私权的强制性措施一般都必须接受法院的司法审查，由法官来作出决定，但法定的紧急情况例外。只有这样，通过这些措施所取得的证据，在今后的法庭审理程序中才具有证据效力。

侦查法官隶属于地方法院，其办公室一般都设在警察局或拘留所，以便能够在侦查程序中及时作出他权限范围内的决定。检察官虽然是侦查程序的领导者，享有进行侦查的广泛权力，然而在某些方面检察官只有请求权，决定权属于侦查法官。在需要突破时效规定、保全证据、询问证人和鉴定人的情况下，检察官应当提请侦查法官作出决定。《德国刑事诉讼法》规定，在证人和鉴定人因故不能出席法庭审判时，只有法官先前对其进行讯问的笔录，才可作为有效证据被法庭采用。侦查法官在侦查时对证人和鉴定人的询问笔录便具有此种意义。另外，在进行临时性没收驾驶执照，命令执行逮捕，命令进行扣押和查封，命令进行人身检查，命令设立监控点等行动时，检察官也要得到侦查法官的批准。在紧急情况下，侦查法官可以主动提起侦查程序，采取强制措施，但应将案件立即移交检察官。不过，实践中侦查法官自行决定侦查的情况是很少见的。

按照德国学者的一般解释，这种司法审查的理论基础是：刑事诉讼中的职权调查原则固然要求法官追求实体真实这一诉讼目标，但并不要求为了达到此目标而可以不择手段或不考虑任何其他代价。

（五）侦查中的律师介入

除了法定的例外情况，嫌疑人和被告人有权在刑事诉讼的任何一个阶段委托律师。在法律明确规定的情况下，如被告人被指控犯有重罪，案件证据和事实情节极为复杂，被告人无法自行辩护等，法院将为那些无力委托律师的被告人指定辩护律师。在德国的侦查程序中，辩护律师有权参与一系列由法官主持的诉讼活动。

根据《德国刑事诉讼法》第 136、163 条的规定，当被控告人第一次被警察、检察官或法官讯问时，他有权聘请律师，并在讯问前与他所选任的律师协商。但是，辩护律师并不是在任何情况下都能出席对被指控人的讯问。根据《德国刑事诉讼法》第 168 条的规定，当被指控人被法官讯问时，其辩护律师以及检察官都有权出席，并被通知讯问的日期。但是，律师在场权是有限制的：如果这种对日期的通知会使侦查的目的受到危害，也可以不通知有权到场的人（包括辩护律师）。按照同一条法律规定，当法官询问证人或专家证人时，应当容许辩护律师、检察官和被告人出席。例外情况是，当法官认为被告人的出席可能有碍侦查时，也可以不容许被告人出席，特别是如果被告人的出席可能影响证人如实作证时。检察官的侦查是秘密进行的，因此，无论是被控告人或他的律师都无权出席检察官对证人或专家证人的询问。但是，这种询问所得结果比法官公开询问所得证据的效力要弱。在警察进行询问时，辩护律师完全被排除，甚至在被控告人被讯问时也同样。只有在被控告人的辩护律师不出席他就拒绝供述时，警察才可能容许辩护律师出席，警察对此享有完全的斟酌权。

按照《德国刑事诉讼法》第 147 条的规定，辩护律师在审前阶段有查阅起诉卷宗的权利，但是，如果这种查阅可能影响达到侦查的目的时，辩护律师的这种权利也可能被拒绝。在实践中，虽然检察官很少拒绝辩护律师查阅案卷的请求，但是由于对检察官的斟酌权不能上诉，这种拒绝会损害辩护权的行使。

需要指出的是，在 2004 年 2 月由德国两个执政党的议会党团提交的一个"刑事诉讼程序改革讨论草案"中建议，警察讯问犯罪嫌疑人时，应给予辩护人"参与的机会"，检察机关询问证人、鉴定人和讯问共同被告的情况，也同样适用。但是，根据该讨论草案，警察询问证人时，辩护人不能参加，即使该证人最先是由辩护方所提出的。此外，如果由于辩护人的在场，担心危害到调查目的，亦即可能妨碍查清案件事实的话，则在任何情况下都可以拒绝辩护人参与询问证人。[1]

（六）侦查终结

根据《德国刑事诉讼法》第 170 条的规定：根据侦查的结果，检察官可作出提起公诉或终止诉讼的决定。侦查终结时还有一种特别的情况，即检察官可直接向法官申请刑罚命令，有关这一程序的具体内容，将在特别程序中论述。

终止诉讼的原因可以包括如下方面：在程序方面，如诉讼已过追诉时效；根据刑法规定其行为不构成犯罪或情节显著轻微；在事实方面，已查明被告人无罪，或出于其他政策的考虑。终止诉讼的决定可以变更，检察官可以随时再次开始诉讼程序。但终止诉讼程序的决定应通知被告人和追究犯罪的检举人，并且必须说明理由。

三、起诉程序

（一）起诉的性质

在德国，侦查与审查起诉在刑事诉讼法典中被视为是审判前程序的有机组成部分，审查起诉不是独立的程序，而是侦查活动的延续。在检察机关直接参与领导的侦查活动中，审查起诉与侦查大体上保持同步进行的格局。也就是由负责某一案件的检察官在领导侦查的同时，对案件是否具备提起公诉的条件实施审查，发现证据不足时，可以随时要求警察补充收集，直至案件符合法定的终结侦查的条件。在这里，侦查活动一旦终结，检察机关一般也就随即完成审查起诉活动，就案件是否提起公诉作出相应的决定。由此可见，德国在一定程度上确立了侦诉一体化的程序模式，检察机关的审查起诉活动不独立于侦查程序。

（二）公诉的提起

起诉是通过向有管辖权的法院递交起诉书的形式将诉讼的主导权移交给法院的。根据有关法律规定和诉讼理论，起诉将产生下列法律后果：①明确管辖法院；②奠定法院审判活动的法律基础；③将诉讼的领导权移交给法院；④确定诉讼的客体，这意味着法庭的调查和判决应局限于起诉书的范围；⑤使被告人由"被指责者"正式变为"被控

---

[1] 参见陈光中主编：《21 世纪域外刑事诉讼立法最新发展》，中国政法大学出版社 2004 年版，第 243 页。

告者"。

起诉书的具体格式和内容，《德国刑事诉讼法》第 200 条作了明确规定。

(三) 不起诉制度

1. 检察官不起诉斟酌权的确立。德国检察官在刑事追诉问题上实行的基本原则有两项，即法治原则（起诉法定主义）与机会原则（起诉便宜主义）。《德国刑事诉讼法》第 152 条明确规定了起诉法定原则，又称职权原则、合法性原则。该原则要求对所有的犯罪行为都应予以追究。对刑事犯罪给予惩罚必须通过检察官来实现，只要犯罪嫌疑人存在足够的犯罪嫌疑，只要对犯罪嫌疑人的指控具备充分理由，符合法律规定的起诉条件，检察机关就必须提起公诉。由于起诉法定原则强调了合法性、公平性，因此又称起诉合法主义，这实际上排除了公诉机关对起诉的自由裁量权。

近年来，起诉法定原则在司法实践中越来越受到冲击，德国司法实践中逐渐接受了起诉便宜原则。即在完全符合条件的情况下，检察机关享有自由裁量权，可根据情况决定是否提起公诉，追究犯罪。在刑事追究利益不大，需要优先考虑程序的经济性或者有其他的法律政治利益与刑事追究相冲突的时候，尽管存在着行为嫌疑，检察院仍可以对此不立案侦查和提起公诉。实行起诉便宜主义，意味着并非一切犯罪都必须提起公诉，而是要根据具体案情权衡一下有无追诉的必要。从起诉法定主义发展到起诉便宜主义，目的是使对犯罪的追诉更符合刑事诉讼的目的，适应刑事政策的要求，强调诉讼的目的性、合理性，因此诉讼理论上又称起诉便宜主义为起诉合理主义。

德国由 20 世纪 60 年代的严格的起诉法定原则发展至现在已突破这一原则，实施起诉便宜原则是基于司法实践的需要：德国的犯罪形势在过去的 30 年中发生了很大的变化，主要体现在：一方面犯罪现象明显呈上升趋势，另一方面犯罪也日趋复杂化，环境犯罪、经济犯罪、跨国犯罪等新的犯罪形式的出现，使调查取证出现很大的困难。而与此相对的是，司法人员的数量在过去 30 年中基本处于稳定的状态，加之东、西德统一后，德国出现的财政困难，都使如何既能缩短诉讼程序、减轻司法压力，又能解决犯罪成为德国司法界探讨的一个重要问题。理论界认为有三条途径可解决这一问题：①引入机会原则，即起诉便宜主义；②适用简易程序，③引入辩诉交易制度。其中，机会原则由于其优越性受到了德国理论界和司法界的重视。

2. 不起诉的分类。德国刑事诉讼法中分别规定了几种不起诉的情况：

(1) 证据不足不起诉。其又被称为撤销案件或停止起诉。《德国刑事诉讼法》第 170 条规定："侦查结果提供了足够的提起公诉的理由时，检察院应当向对案件有管辖权的法院递交起诉书提起公诉；否则，检察院应当停止程序。停止程序时，检察院应向曾作为被指控人受过讯问或者对他签发过逮捕令的被指控人作出通知；如果被指控人请求予以通知或者显然对于通知有特别利益的，同样适用此规定。"

(2) 轻罪不起诉。《德国刑事诉讼法》第 153 条规定了轻微案件不必追究："①程序处理轻罪的时候，如果行为人责任轻微，不存在追究责任的公众利益的，经负责开始审判程序的法院同意，检察院可以不予追究。对于尚未受到最低刑罚威胁，行为所造成后果显著轻微的罪决定不予追究时无须法院同意。②已经提起公诉的，在前款先决条件下，经检察院、被起诉人同意，法院可以在程序的任何一个阶段停止程序。在被起诉人缺席时进行的审判，停止程序无须被起诉人同意。对停止程序的决定以裁定的形式作出，对裁定不得要求撤销、变更。"

(3) 附条件不起诉。其又称为暂缓起诉，被规定于《德国刑事诉讼法》第153条a。此条规定，经负责审理的法院和被指控人的同意，检察院可以对轻罪暂时不予提起公诉；已经起诉的，法院可以在审判终结前的任何时刻暂时停止程序，同时要求被告人选择下述行为：①作出一定给付，弥补行为造成的损害；②向某公共设施或者国库交付一笔款项；③作出其他公益给付；④承担一定数额的赡养义务。对这些要求、责令应适合消除受到损害的公共利益，并且责任程度与此相适应。检察院对被指控人规定的期限，前三项最多为6个月，第四项最多为1年。如果被告人不履行这些要求、责令，不退还已经履行的部分，并且要作为轻罪追究。

《德国刑事诉讼法》第153条a规定的暂缓起诉不同于一般的不起诉，是附有一定条件的暂时停止起诉程序，当被告人在规定时间内履行了法定要求，则检察机关可作出不起诉处理，否则仍要追究其刑事责任。实践中绝大多数暂缓起诉的案件，被告人均履行了法定要求。

此种不起诉目前在德国存在争议，因为在司法实践中，关于"犯罪轻微"和"公共利益"均无统一标准，导致该条款的适用面过宽，而且当被告人给付一定款项后往往可获得不起诉，客观上成为一项对有钱人有利的做法，因而受到公众的批评。

(4) 诉辩协商。即在一些比较重大的案件中，控方与辩方事先就被告人是否愿意承担作为中止诉讼对价、支付一定数额的款项等问题进行协商。虽然一开始通过这种方式开创的"协商文化"在当时德国的刑事诉讼中还比较陌生，但不久就遍及作出裁判的领域——辩护方和法院之间可以进行协商，如果被告人在庭审中对指控作出坦白，就能获得一个确定的、宽大的刑罚。起初，这种协商是相当秘密的，因为人们至少意识到它的合法性很成问题。但是，作为有效率的、节时省力的诉讼解决形式，判决的协商现在已经在德国获得了普遍接受并被公开，虽然出于慎重通常在公开庭审之外进行。不过，1997年德国联邦法院在一个开创性的判决中原则上肯定了协商的实践，同时还提出应当建立顾及公平的、公众可接受的协商程序以及内容上适当的、双方合意确定的判决的明确规则，如不允许置被告人于压力之下，既然被告人情愿坦白就允许对他作有利的考虑，刑罚也必须保持与罪责相当等。人们相信，一个在所有的诉讼参与人的合意中寻找到的判决不会遭到反对，并且将不会受到高等法院的审查。在不进行证据调查或只进行部分证据调查之后，诉讼各方就一个可接受的判决一致达成妥协的实践，对于所有诉讼参与人而言都预示着节省大量的劳动和开支，并且对于诉讼的结果产生了确定的答案，避免了诉讼的过多耗费和不可预见。支持德国联邦政府的议会党团，在德国刑事诉讼程序的改革讨论草案中，正在着手研究一般形式的协商实践，试图通过一个新的规定，使得法院和诉讼参与人之间的"诉讼情势的讨论"成为可能。在该讨论中，法院应该能够给出一个"刑罚的上限"。通过这种方式，诉讼协商形式将可能一蹴而就地被合法化。[1]

（5）其他不予起诉或停止起诉的规定。《德国刑事诉讼法》第153条的b、c、d、e分别规定了其他四类不起诉的情况：

第一，第153条b规定了不予起诉或停止起诉的情况。其中包括：当发现依法免予处罚的前提条件成立，经负责审判的法院同意，检察院可以不起诉。已经起诉的，经检察院、被起诉人同意，法院可以在审判开始之前的任何一个时刻停止诉讼。

第二，国外行为不追诉。第153条c规定了对于下列三种犯罪行为，检察院可以不起诉：①在该法有效范围外实施的犯罪行为或有在该法有效范围外实施的行为的共犯人在此范围内所实施的行为；②在国内由外国人在外国船舶、飞行器上实施的犯罪行为；③被指控人已经在国外被执行了刑罚，在国内可能判处的刑罚折抵外国刑罚后已经失去意义，或者对被指控人已经在国外被发生法律效力的判决认定无罪。对于在该法有效地区外实施的犯罪，如果启动程序会给德国造成严重的不利情况或者其他重大公共利益与起诉抵触时，检察院也可以不起诉。

第三，出于政治原因不起诉。《德国刑事诉讼法》第153条d规定，如果启动起诉程序会给联邦德国造成严重的不利情况或与其他的重大公众利益相抵触时，联邦最高检察官可以对这类犯罪行为不追诉。已经起诉的，联邦最高检察官可以在程序的任何一个阶段撤回起诉或者停止程序。

第四，实行中止之不起诉。《德国刑事诉讼法》第153条e规定，犯罪人在行为之后被发觉之前，为消除有关联邦德国的存在或者安全或者法秩序的危险有所贡献的，经有管辖权的州最高法院同意，联邦总检察长可以对这种行为不起诉。如果行为人在行为之后，向有关部门告发了与行为有关联的事关叛逆、危害民主宪政、叛国或者危害外部安全的企图方面的情况时，同样适用该规定。

3. 限制追究。德国刑事诉讼法规定了几种限制追究的情况，具体包括：

（1）不重要的附加刑可以不起诉。《德国刑事诉讼法》第154条规定，有下列情形之一的，检察院可以对行为决定不起诉：追诉后可能判处的刑罚、矫正措施及保安处分，比起因为其他行为已经对被指控人判处或可能判处的刑罚、矫正及保安处分之附加刑，并非十分重要。除此之外，如果在适当的期间内不可能对该行为作出判决，以及如果对被指控人已经发生法律效力的判决或因为其他行为可能判处的刑罚、矫正以及保安处分足以对行为人产生影响，足以维护社会秩序的。上述情形，已经提起公诉的，依检察机关申请，法院可以在任何一个阶段暂时停止程序。

（2）限制刑事追究。根据诉的可分性原理，并非一定要处罚被告人的所有犯罪行为，而只处罚那些比较严重的犯罪行为，即当对可分割的行为的个别部分，或者数个违法情况中的个别情况的处罚是不重要的附加刑时，追诉可以限制在行为的其余部分或其余的违法情况上。收到起诉书后，经检察院同意，法院可以在程序的任何阶段对追诉范

---

[1] 参见陈光中主编：《21世纪域外刑事诉讼立法最新发展》，中国政法大学出版社2004年版，第245页。

围加以限制。

（3）被引渡、驱逐出境的案件不起诉。《德国刑事诉讼法》第154条b规定案件被指控人被外国政府引渡的时候，可以不起诉。因为被指控人被外国政府引渡，并且在国内追诉时可能判处的刑罚、矫正以及保安处分比起他在国外已被发生法律效力的判处或可能判处的刑罚、处分之附加刑并非重要的时候，同样不起诉。被指控人被驱逐出联邦法律效力之外者，也可以不起诉。上述情形如果已经提起公诉的，检察院申请法院暂时停止程序。

（4）胁迫、勒索罪的被害人不起诉。《德国刑事诉讼法》第154条c项规定，以揭发犯罪行为相威胁而实施了胁迫、勒索罪，被以揭发相威胁的行为如果不严重，不是必须抵偿的，检察院可以对该行为不起诉。

（5）对民法、行政法的先行问题不起诉。《德国刑事诉讼法》第154条d项规定，如果对轻罪是否提起公诉，取决于可以依照民法、行政法予以评断时，检察院可以规定出期限，在民事纠纷、行政纠纷中解决这一问题。对此要通知告发人。期限届满后，检察院可以停止程序，不再起诉。

（6）对诬告、侮辱行为的惩戒程序尚未结束时，不应提起公诉。《德国刑事诉讼法》除了规定检察官具有上述不起诉权外，还在第407条规定了一项特别程序，即检察机关有权以申请处罚令的方式提请特别程序。检察院在根据侦查结果认为无审判必要时提出这个申请，法官可根据此申请，不经审判，以书面命令的形式告知被告人所犯的罪行和处以的刑罚，在这种情况下的处罚多数是处以罚金。如果被告人同意，此书面命令即具有法律效力；如果被告人不同意，在法定期限内提出异议后，法院应进行审判。在实践中，多数被告都愿意接受此程序。该程序节约了大量的人力、物力和时间，在德国司法界被广泛运用，据统计，每年约有15.6%的案件通过这一程序处理。

4. 对不起诉制度的规制与救济。德国在赋予检察机关具有不起诉决定权的同时，也相应设置了对这一权力的制约和救济，以使检察机关按立法目的，正确行使好检察自由裁量权，避免滥用权力的情况发生。主要包括以下几种相应的规制与救济途径：

（1）被害人的自我救济途径，即德国规定的被害人强制起诉原则。

（2）来自法院的规制。根据德国刑事诉讼法的规定，德国检察官不起诉权的行使绝大多数必须征得开始审判程序的法院的同意，只有对行为后果显著轻微尚未受到最低刑罚威胁[1]的案件，检察机关才可以不经法院同意直接作出不起诉决定。当然法律虽然明确作出了这一规定，但在司法实践中有相当数量的案件，检察机关采取直接撤销案件的方式将案件处理在未开始审判程序之前，对于此类案件中检察机关的裁量权，法院是无法进行监督的。

（3）州司法部对检察机关刑事不起诉权的监督和制约。德国检察机关属于司法部的下设机构，各州司法部负责监督法律的实施。为控制检察机关刑事不起诉斟酌权的使用，各州司法部普遍采用发布起诉标准的方式来进行规范。

---

[1] 指法律没有规定例如"判处2个月以上5年以下"中的"2个月以上"这个最低限度刑罚。

(4) 检察系统内部的监督制约。各州检察机关与其下属检察机关是一体的，下级检察机关必须服从上级的领导。被害人不服检察机关作出的不起诉决定时，可以向上一级检察院提出抗告，并以此启动强制起诉程序。上级检察机关对不起诉的监督主要通过两种方式：①通过对具体案件的监督；②通过数据统计监督了解不起诉的适用情况。

(四) 强制起诉程序

强制起诉程序属于对检察机关不起诉权制约的一种方式，也是对被害人权利保障的一种有效途径，是德国起诉程序中颇具特色的一种制度。

强制起诉程序是由《德国刑事诉讼法》第172~177条针对非自诉案件规定的一种制度。强制起诉程序的要旨是，在检察官决定终止诉讼的情形下，赋予被害人将检察官的决定提交中立法庭审查的权利，以限制检察官在起诉裁量方面的自由决定权。在公诉案件中，强制起诉程序是对被害人权利的承认和保护。

有权提起强制起诉程序的人，是同时为受害人的刑事追究请求人。一般认为，"受害人"应作广义理解。凡是利益受到犯罪侵害、其追究犯罪的愿望被认为是合理的人员，就是受害人。因此，受害人不限于直接受害的个人，否则在凶杀案件中，就没有人能提起强制起诉程序了。

关于强制起诉程序的规定是，在刑事追究请求人收到检察官决定终止诉讼的通知后，认为应继续诉讼的，可以在两周之内向该检察官的上级检察官提出申诉。上级检察官可能决定继续诉讼，也可能维持终止诉讼的决定。如果不服维持终止诉讼的决定，刑事追究请求人可以在1个月内，向州高级法院申请法庭决定。申请应当说明理由，附上有关证据，并由1名律师签名。州高级法院接到申请后，有权调阅案卷，自行或委托州检察官进行调查。州高级法院可以（在一定情况下则是必须）将该程序的提起和进行情况通知被告人。

州高级法院以决定的形式就申请作出结论。决定驳回申请的，案件终结；决定提起公诉的，检察官仍然可以坚持自己的看法，甚至要求法庭作无罪判决。在此时提起的诉讼中，根据《德国刑事诉讼法》第395条的规定，刑事追究请求人应作为附诉人参与诉讼，支持所提出的公诉，其权利地位与附诉程序相同。

四、审判程序

(一) 庭审预备程序

庭审预备程序，德文为中间程序，意思是该程序处于侦查起诉程序后（前程序），法庭审判程序（主程序）之前。设立这一程序的目的在于，一方面，通过审查，决定是否有必要对案件进行补充侦查，避免被告人受到不必要的审判；另一方面，也给予被告人机会，申请重新调查的机会。

庭审预备程序的主要过程为：对于检察官决定提起公诉的案件送交有管辖权的法院业务部门登记审查后，分别情况送交相应的审判庭。首席法官指定一名职业法官担任阅卷人，同时安排将起诉书副本送达被告人，告知其可以提出反驳意见和相应的证据，必要时，应当依照法律为被告人指定辩护人。

阅卷法官在阅卷过程中，可以自行调查或委托检察官进行补充侦查，进一步收集证据。然后召开一个只有职业法官参加的评议会，在评议会上，阅卷法官应向法庭报告审查结果，法庭就是否应进入法庭审判程序作出决定。如果决定进入法庭审理程序，就应开始进行法庭审理程序的准备工作。

被告人在说明理由的情况下可以要求延期审理，也可以自行邀请有关证人和鉴定人出席法庭审理，而不受法庭在先前阶段拒绝决定的限制，如果随后的法庭审理认定该证人或鉴定人的作证有助于证明案情时，与证人作证有关的费用可以由国家支付。如果因为事实或法律原因作出否定的结论，就应该决定终止诉讼。检察官和被告人如果对这种决定不服，可以提出申诉。对于检察官提出的异议，上级法院应当进行审查，审查结果有两种，一是驳回，一是接受。如果接受这种异议，上级法院就应将案件交回原法庭或另一法庭，进入法庭审理程序。除此之外，在被告可能在法庭审理时缺席或暂时处于无法接受审理等情况下，法庭可以决定暂时中止诉讼。

（二）适用于法庭审判的诉讼原则

1. 公开原则。对于开庭审理的案件，原则上要求必须公开进行，以使刑事司法受到公众的监督，保障公众对它的信任。

审理公开原则来自于《德国法院组织法》第169条和《欧洲人权公约》第6条第1款的规定。但是，为了保护被告人的隐私或者出于公共利益的考虑，审理时常常突破公开性原则。根据德国有关法律规定以及审判实践，下述情况是审判公开的例外：①当审判的目的是决定是否应对被告人实行精神病院或教养机构的羁押时；②当审判公开可能有损国家安全、社会秩序和风化时；③法庭的空间条件不允许时；④当审判可能涉及有关人员的个人秘密或职业秘密时；⑤审理的对象是16岁以下的少年犯时；⑥审判对象是法律有专门规定的具体个人；⑦审判过程不得录音、录像。

2. 直接和言词原则。对于言词原则，在法庭审理过程中的要求是：作为提供证据的人员，必须亲自接受法庭的询问，只有在法律规定的特殊情况下才可以宣读以前制作的询问笔录。

对于直接原则，则有两个方面的要求：一方面，它要求直接审查证据。作判决的法院必须是自己判断证据，不允许依据侦查案卷而作出决定。另一方面，直接原则要求法院必须使用"最接近行为的"证据。对"远离行为"的证据，即所谓证据的替代品，只是在法律规定的情况下才能够使用。任何来自法庭审判程序之外的材料和意见都应当被排除，不能使其成为判决的根据；法官必须自始至终注意审判的全过程以保证对证据作出独立的评价。直接言词原则的意义在于，防止仅仅以案卷的书面材料作为判决的根据。

由直接原则可以推导出庭审时的在场义务，而这一在场义务又可以分为法官、陪审员的在场义务和被告人及其辩护人的在场义务。

（1）法官、陪审员的在场义务。参与审判组织的人员（职业法官和陪审员）根据直接原则，必须在全部审理过程中不间断地在场。法官因病或其他原因不能自始至终参加审判全过程的，庭审程序应当重新开始。为此，在必要时首席法官可以安排超出法定人数的补充法官以及陪审员参加审判。补充法官自始至终参与审理，但只有提问权，没有参与评议和表决的权力。只有在法定人数之内的法官因故不能继续审理时，补充法官才能正式参加审判组织，取得全部职权。

（2）被告人和辩护人的在场义务。被告人的必要辩护人也有自始至终在场的义务，否则同样构成上诉的理由。除了法律允许缺席审判的外，在法庭审判时被告人原则上应当在场。被告人不能出庭的，法庭一般安排延期审判，对于无理拒绝出庭的被告人，除处以罚款外，法庭还可作出两种决定：①强迫被告人在下次开庭时到庭；②在整个审判过程中对其实行暂时性逮捕。另外，首席法官依法命令被告人暂时离开法庭的，不违反在场义务。

3. 不间断原则。这一原则要求审理一经开始便应当连续不间断地进行，这是在普遍的快速原则下对开庭审理所规定的一个特别原则。法律规定当确有必要时，首席法官可以安排最长不超过10天的中断时间。10天的中断时间不能满足需要时，法庭则应以决定的形式延期审判。延期审判决定的法律后果是随后的法庭审判程序必须完全重新开始。中断审判或延期审判的决定，可以由法庭自行作出，也可以应当事人的要求作出。

4. 法官独立原则。针对封建专制和法西斯专制时期法官对其他方面的依附性，为保障法官真正独立地进行审判，德国刑事诉讼实行法官独立原则。这一原则在联邦基本法和法院组织法中也有明确反映。其表述是：法官独立进行审判，只服从法律。非依法定程序和宪法法院2/3多数应国会要求决定，联邦法官不得被解除其法定法官职务。各州也有类似的规定。由于保障法官独立进行审判的关键是其地位的无依附性，所以法官的职位应具有稳定性。

5. 职权调查原则。原则上，法庭必须依职权调查有助于查明案情的证据，就是说，法庭有主动查明案情的义务，而不是被动地根据申请调查证据。法律还允许诉讼参与人在调查证据方面可以发挥积极作用，例如可以提出证明请求，要求法庭为证明一定的事实而对一定的证明材料作出评价。或者可以要求法庭调取他们提出的其他证据。法庭原则上应当接受这些请求，否则只能以附理由的法庭决定形式予以拒绝。对拒绝决定可以申诉，无理拒绝的，构成上诉理由。

（三）法庭审判程序

1. 庭审前的准备工作。庭审前的准备工作，主要是：确定并公布开庭日期和地点，送达传票和开庭通知书，调取证据，法官询问预计不能出庭的证人、鉴定人，检查不能提交法庭的物证。如果是州法院、州高级法院的一审案件，还应将法庭组成通知检察官、被告人及其辩护人。

传票和开庭通知书应在开庭一周前送达。送达由首席法官决定，由法院的有关业务部门执行。为加速诉讼进程，简化手续，现在一般都实行邮局送达的方式。

在说明理由的情况下，被告人可以要求延期审理，也可以自行邀请有关证人和鉴定人出席法庭审理，而不是必须受法庭原先拒绝决定的约束。随后的法庭审理如认定该证人或鉴定人的出庭作证有助于阐明案情时，可以决定其有关费用由国家支付。

2. 正式审判程序。法庭审判由首席法官主持。在审理过程中，发现程序性错误时，首席法官可以决定部分或全部重新审判。法庭审判包括下列阶段：

（1）开庭。首席法官宣布案由，确定被告人及其辩护人是否到庭，调取的证据是否到齐，证人和鉴定人是否到场。在对证人解释有关注意事项后，证人和鉴定人暂时离开法庭。

（2）宣读起诉书。庭审正式开始后，宣读起诉书，这项工作由检察官进行。

（3）询问被告人。在询问被告人身份之后，法庭应当告知被告人，他可以自由决定是否向法庭陈述。在被告人表示愿意陈述后，法庭遂就案情进行询问。当被告人就案情作出系统陈述后，首席法官应就不明确的问题向被告人进行提问。如果被告人开始时表示愿意陈述，随后又对具体问题保持沉默或拒绝回答时，法庭可能就此形成对被告人不利的信念。首席法官询问结束后，其他法官和检察官、辩护人都可以向被告人提出问题，被告人也可以拒绝回答。

（4）法庭调查。法庭调查由首席法官进行指挥。在审判中，如果诉讼关系人不服首席法官的诉讼指挥命令而提出异议时，由法院对异议作出决定。

法庭调查包括询问证人和鉴定人、出示物证、宣读书证等。对证据的调查不受事先确定范围的限制，法庭可以决定调取新的证据。检察官、被告人及其辩护人也可以提出相应申请。在无法律特别禁止的情况下，法庭应当接受这些申请。由于提出证明请求是他们最有效的诉讼手段，所以任何不适当的拒绝都是对他们权利的损害，将构成上诉的理由，对于那些无诉讼意义或已获得公认的事实，法庭可以采取直接接受该项事实的做法，而使证明请求失去意义。

与证明请求相区别的是证据调查请求。前者是要求对已确定事实的证据进行评价，后者是要求对尚未确定的事实进行调查，收集相应的证据。对证据调查的请求，法庭一般都应该接受。

（5）法庭辩论。首先是检察官陈述，然后被告人及其辩护人反驳。检察官可以再次陈述，但仅限于1次。检察官再次陈述后，被告人及其辩护人还可以再次反驳，被告人有最后陈述权。

（6）评议和表决。被告人作最后陈述后，审判庭退庭，在评议室进行秘密评议和表决。负责事先阅卷的法官（法律用语称为报告法官）首先发言，然后是陪审员、另一名法官发言，最后是首席法官发言。在多名法官的情况下，首先由年龄较小或资历较浅的法官发言，然后是年龄较大或资历较深的法官发言，首席法官总是最后发言。《法院组织法》第197条规定的表决顺序也是如此。表决时，对不同的内容有不同的通过办法。交付表决问题的顺序和通过的办法是：诉讼前提问题，要求简单多数；罪过问题，要求2/3多数；刑罚问题，要求2/3多数；费用问题，要求简单多数。作出的判决或裁定应即时在评议室内写成文字，以便在随后开庭时"宣读"。

（7）宣判。评议和表决后，重新开庭，全体在场人员起立，首席法官宣读判决。判决宣读完毕后，全体坐下，首席法官口头解释判决理由。宣读也可事后进行，在此情况下，宣判应至迟于11天内进行，否则应当重新进行审判。最后，由首席法官说明上诉和申诉的权利和程序，法庭审判以此为标志正式结束。

生效判决首先构成执行的前提，因为在刑事诉讼中，判决生效前是不发生执行问题的。其次，案件将正式登记于国家统计中心。最后，已生效的判决还是对今后程序的障碍，即不得就本案对被告人再次进行刑事追究。这既是对被告人的保护，也是对司法机关的提示，在进行诉讼时应当尽可能全面地、无遗漏地对案情事实进行调查。

五、上诉与抗告程序（普通法律手段）

《德国刑事诉讼法》的第三编专门用四章规定了上诉与抗告程序。判决和裁定一经作出，原法庭就不得修改。被告方和起诉方不服时，可以利用"法律手段"进行反对，"法律手段"这个概念在联邦德国法律中是对各制度和程序的专门术语的概括。

法律手段的意义在于使不当判决不发生法律效力，或在已生效的情况下使其效力中断。法律手段可以分为普通手段和特别手段两类。普通手段指抗告、上诉和对逮捕命令的抗议，其中上诉包括第二审上诉和第三审上诉。特别手段即法律规定可以中断已生效判决和裁定的效力的五种情况。

（一）抗告与上诉的共同特点

1. 目的相似。抗告和上诉的目的都是向上级法院移交案件以使判决或裁定暂时不能生效，但是提起抗告时，在一般情况下，不停止对原裁判或决定的执行，只有在作出原裁判、决定的法庭、审判长或者法官以及抗告法院认为必要时，才可以命令对原裁判、决定延期执行。上诉必然导致原判决效力的暂时中断。

2. 抗告和上诉的提起权人相同。被告人、被告人的辩护人和其他代理人都可以提起抗告和上诉，但除被告人的法定代理人之外，都不得违背被告人的意愿。检察官可以提起上诉。自诉人和附诉人也可以提起，但不得有利于被告人。除此之外，凡是判决的内容直接涉及的其他人员，包括证人，也都有权提起这些程序。

3. 提起的期间相同。抗告和上诉的提起都应当在判决、裁定或者决定宣布后一周之内进行。并且案件都由原判决法院受理后再行移送。有权提起抗告和上诉的人，可以宣布放弃这些提起抗告或上诉的权利，或在提出后收回。

（二）抗告程序

1. 准许抗告的范围。与上诉程序不同的是，抗告的对象是法庭的决定和命令，上诉的对象是法庭的判决。抗诉理由被接受后，法庭要对原审决定和命令进行事实方面的审查，也进行法律方面的审查。

具体抗告范围有：对于所有第一审法院或上诉法院的裁定以及审判长、准备程序的法官、区法院法官、受托或调查法官的命令，除法律另有规定外，都可以提起抗告；对证人、鉴定人以及他人所为的裁定和处分；关于诉讼费用和必要负担费用裁判的抗告；对于缓刑裁定的抗告；对联邦法院与州高等法院侦查法官所作出的命令决定的有限制的抗告。

2. 抗告的禁止。抗告的禁止情况有以下几种：①对联邦法院的裁定和处分以及州高等法院的法律规定除外情况之外的裁定和处分；②对于裁判法院所作的"先行于作出判决的决定"（指与判决有内在联系的决定），不适用抗告，目的是为了防止拖延程序。

3. 抗告的程序。抗告向裁定法院或作出裁定的审判长所在地的法院以书记官的笔录或书面提起。作出原裁定、决定的法院或审判长认为抗告正当时，应当更正；否则，应在至迟3日之内将抗告提交抗告法院。

对于抗告不必经言辞审理，如有必要，可以听取检察官的意见。在未将抗告通知抗告人对方当事人作答辩之前，抗告法院不得对原裁判、决定进行不利于抗告对方当事人的变更。对州法院或有管辖权的州高级法院作出的抗告裁定不服的，可以进一步提起抗告，但抗告内容仅限于事关逮捕、临时移送的裁定。

（三）第二审上诉程序

第二审上诉程序的对象是地方法院法官以及陪审法庭作出的判决。同抗告一样，第二审上诉程序既要对原审决定和判决进行事实方面的审查，也进行法律方面的审查。

对于第二审上诉可以限制在一定的事项上。没有予以限制或者根本没有说明上诉理由的时候，视为对原判决的全部内容要求撤销、变更。逾期提起第二审上诉的，第一审法院应当将上诉驳回。驳回上诉的裁定送达后的一周之内，上诉人可以申请第二审上诉法院裁定，同时向第二审上诉法院移交案卷。但原判决的执行并不因此停止。

第二审上诉是不服地方法院的判决而提起的，不需强制说明上诉理由。不服独任法官的判决提起的上诉，由州法院小审判庭受理。不服陪审法庭的判决提起的上诉，由州法院大陪审法庭受理。由于上诉审全面审理事实和法律问题，因此，其审判程序与初审程序基本相同。但是，除被告人为了证明上诉理由而提出的证人外，对于第一审曾传唤之证人，如仅为重复询问，于查明案件事实明显无必要时，可以不再传唤。上诉审理中允许采纳新的证据。上诉审由阅卷法官向法庭报告后，上诉人首先发言。被告人仍然有最后陈述权。上诉审可以以上诉未能证明为由而驳回上诉，也可撤销原判，重新判决。在认定一审程序存在错误时，也可以将案件发还原审法庭重新审理。在检察官和被告人同时提起上诉的情况下，上诉审法庭必须分别对其作出判决。

（四）第三审上诉程序

第三审上诉的对象虽然也是法庭的判决，但它只对原审判决进行法律方面的审查。上诉人不服判决的，可以再向州高级法院提起上诉，即第二次提起上诉，但仅限于对适用法律的问题提出异议。第一次上诉审，也就是第二审上诉程序由于是对案件全面重新审理，实际上是复审，也就是进行"第二次一审"。相比之下，第三审上诉程序才是地道的"二审"，因为它是以原审判决认定的事实为基础，只审查原审判决在程序法和实体法的适用上有无错误。可以看出，联邦德国的审级制度很有特点，很难简单概括为两审终审制或三审终审制。对于一般的刑事案件，也就是由地方法院一审的案件，可以视其为三审终审制，即第二审为事实审，第三审为法律审。对于地方法院的一审判决，可以从事实和法律两个方面向州法院提起第二审上诉，随后再逐级向州高级法院提起第三审上诉，但仅限于判决在适用法律上有错误。也可以越过州法院而直接向州高级法院提起上诉，称为越级上诉。对于州法院和州高级法院一审的案件，通常只能以法律问题向联邦法院提起上诉，实际上是两审终审。在法律规定的例外情况下，不服州法院的一审判决，也可以法律问题为基础向州高级法院提起上诉。在此情况下，法律先验地推定原判决认定的事实是正确的。设置法律上诉审程序的意义，主要在于保证法律适用的正确性、整体性和连续性。无论是第二审上诉审和第三审上诉审，都实行上诉不加刑原则。

六、再审程序（特别法律手段）

现行法律规定了可以中断已生效判决的效力的五种情形：提起再次审判；因故无法遵守上诉期而重新计算上诉期；其效力涉及同案被告人的上诉审判决；联邦宪法法院对宪法申诉的肯定判决；根据欧洲《保护人权公约》第25条提起的有效申诉。

在这五种中断已生效判决的法律效力的特别手段中，再次审判（即再审）是最重要的，也是应用最普遍的一种。法律规定再审程序的目的，是为了保证解除判决不当的法律效力。在德国，再次审判主要包含再审理由和再审程序两部分内容。再审理由原则上只能涉及原判决所依据的事实问题，法律问题则应依宪法申诉和人权申诉途径解决。

（一）再审理由和原则

相对于英美法系的国家而言，大陆法系国家存在着较为完整的再审制度，这种再审制度又以德国和法国为代表。德国的再审制度是典型的"实体真实模式"，其表现是：明确将刑事再审区分为不利于被告人的再审和有利于被告人的再审。如果将这两种再审进行比较，就会发现它们的再审理由基本相同，都允许以审判时作为真实证书出示的不利于受有罪判决人的证书，是伪造或变造的；证人、鉴定人犯有故意或者过失违反宣誓义务，或者故意作出违背誓言的虚假陈述之罪，对受有罪判决的人作了不利的证词、鉴定；参与了判决的法官、陪审员，在与案件有关的问题上犯有不是由受有罪判决人所引起的、可处罚的违反其职务义务的罪行；就区别而言，有利于被告人的再审理由允许接受新事实，而不利于被告人的再审理由则不允许接受这种证据。此外，不利于被告人的再审可以根据被宣告无罪人在法庭上、法庭外作了值得相信的犯罪行为的自白而提起。由此可见，德国虽承认不利于被告人的再审，但这种再审是以裁判者或诉讼参与人在诉讼过程中的枉法裁判或舞弊行为为其再审理由的，根据任何人都不得从自己不法行为中获利的原则，可以得知，这种不利于被告人的再审所惩罚的是诉讼中的不诚实行为，并非在继续行使追诉权，因为并未允许以发现新事实为由的不利于被告的再审。

德国立法还明确规定了不得作为再审申请理由的情况，即：申请再审的目的是以变更同一法条的量刑为理由的；申请再审的目的是以限制责任能力减轻刑罚为理由的。

显然，上述再审提出理由均属于在原审程序运行中发生的证据错误或者裁判者违法的情况。但是，如果再审申请人获得新的事实和证据，从而"有理由宣告被告人无罪"，或者有理由使其受到较轻的处罚的话，那种对被告人有利的再审是可以启动的。不过发现新的事实和证据不能成为启动不利于被告人的再审的理由。也就是说，即使事后发现了一些为原审法院所未发现的新证据和新事实，表明被告人原来被判决无罪或者较轻的罪行是错误的，法院也只能维持原来的判决，而不得开启这种不利于被告人的再审程序。

事实上，在德国，启动不利于被告人的再审比启动有利于被告人的再审要困难得多。另外，提起有利于被告人的再审不受任何时效的限制，而不利于被告人的再审则受此限制。不论是被告人还是检察机构，只要是为被告人的利益而提出再审的申请，法院经过重新审判，即使仍然维持其有罪的判决结论，也不能作对被告人不利的变更。这就是德国刑事诉讼中的"再审不加刑原则"。

（二）再审程序

再审程序分为接受申诉、审查申请理由及再次审判三个阶段。

再审的申请应具备法律规定的形式，向与原判决法院同级的另一法院提出。由该法院的法庭来审查申诉的法律形式是否完备，是否附有申请理由，证据是否齐全，然后作出驳回申请或者接受申请的决定。

对申诉理由的审查，主要是审查申诉所提出的证据，审查由首席法官指定的一名法官进行。审查的结果应当分别通知检察官和被判决者，并且要求他们对此表态。在得到双方答复后，法庭进行合议，就申请是否得到证明进行表决。表决时适用"存在怀疑时倾向原判决"的原则。肯定的决定具有重大的意义，可以中断原已生效的判决的法律效力，停止判决的执行，引起再次审判程序。对肯定的决定，检察官无权提出异议，而对否定的决定则可以提出申诉。再审的法庭程序与初审法庭程序完全相同。对再审作出的判决也同样适用上诉审程序。对无罪判决或从轻判决，被判决者可以根据刑事追究赔偿法要求国家予以赔偿。

七、执行程序

刑事判决在其生效之前，不得执行。判决的执行是适用刑法三个阶段中的最后一个阶段。在联邦德国，有罪判决的刑罚有罚金刑、自由刑、矫正及保安措施三种。自由刑包括有期徒刑和无期徒刑。矫正及保安措施是判决被告人在有关监管机构中监管及其他措施，如没收驾驶执照、职业禁止等。

少年犯和未成年犯案件的判决由少年犯执行官执行。成年犯案件的判决由检察官执行，刑罚的执行，基于作为执行机关的检察院依据书记处书记发放的、附有可执行性证书和经过核实的判决主文副本付诸实施。但是，实际上，执行是由检察官领导下的执行人员负责，在特别情况下才由检察官直接执行。刑法改革之后，1981年重新公布的《法院组织法》增加了第5a节"刑事执行庭"。该节规定，在州法院设立一个刑事执行庭，负责处理刑罚执行过程中出现的法律性问题，作出法庭决定。

对于行使联邦审判权第一审裁判的案件，联邦政府有赦免权。对于其他案件，州政府有赦免权。

八、特别程序

《德国刑事诉讼法》在第六章专门规定了特别程序，但这一章中只涉及处罚命令程序、保安处分程序、简易程序、没收、扣押财产程序和对法人、社会团体处以罚款程序，对于其他法律和有关条文中涉及的特别程序的规定则没有涵盖。德国法学界对特别程序的划分存在不同看法，划分比较详细的意见认为德国共有九种特别程序，即加快程序、刑罚命令程序、保安程序、治安案件程序、缺席审判程序（客体程序）、自诉程序、附诉程序、刑事附带民事诉讼程序和少年犯程序。

1. 加快程序。这是一种无起诉书、无开庭决定，直接进入法庭审理的诉讼程序。实行这种程序的前提是案情简单，可以立即判决，预计量刑较轻的案件。案件是否以加快程序进行，由检察官决定。检察官可以书面或口头要求进行这种程序。加快程序只适用于地方法院的审理。2000年，在所有初级法院处理的案件中，大约4%的案件使用了快速审判程序。

2. 刑罚命令程序。刑罚命令程序针对的是某些轻微犯罪，是一种无起诉书、无开庭决定、无法庭审理的书面性程序，它性质上是一种简易程序。检察官在根据侦查结果认为无审判必要时，可以直接向地方法院要求发布执行刑罚的命令。在被告人同意适用该程序的前提下，如果独任法官和陪审法庭认为案情事实清楚、适用法律正确，就可以考虑启动该程序。

进入该程序后，法庭就可以不经庭审以口头评议方式直接决定是否发布刑罚命令。刑罚命令是以法庭决定的形式作出的，只限罚金、没收驾驶执照等几种轻微刑罚。对刑罚命令的决定，被告人可以在一周内提出申诉。申诉成功的法律后果是进行正式法庭审判，而不是对刑罚命令本身进行审查。在必要的时候，法官可以自行将该程序转换为法庭审理。少年犯案件不适用这种程序。

刑罚命令程序在德国运用广泛，大大减轻了司法机关的工作负担，也使犯罪轻微的被告人免去了诉讼程序的负担。

3. 保安程序。保安程序适用的前提条件是：因行为人无责任能力或者无行为能力，导致检察官无法进行刑事程序。是一种适应刑法规定的为预防犯罪而实行的矫正的诉讼程序。除非有特别规定的情形，保安处分程序准用为刑事程序而规定的条文。这种程序不同于普通程序之处，除了它的判决内容只能是决定是否采取保安措施、可以不公开进行、可以在被告人的缺席情况下进行之外，主要是审理对象的不同：普通程序的审理对象是既有责任能力又有行为能力的被告人。

在保安程序的进行过程中，如果被告人在开始审理后恢复责任能力，那么该程序应立即转为正常的刑事审理程序。如被告主张无充分准备的时间，应依其申请改期审理。

4. 治安案件程序。治安案件程序是审理不服治安当局依行政程序对违反治安行为处以罚款的决定，而向地方法院提出申诉的程序。这一程序在我国属于行政诉讼，而在联邦德国则属于刑事诉讼。这种程序的审理由独任法官进行，检察官不需出庭，申诉人也可以不出庭。审理的结果以决定形式作出维持罚款处分或撤销处分。对这一决定，申诉人可以再向州法院提出申诉。

5. 缺席审判程序。当被告人的所在地不明或者被告人滞留国外，以及管辖法院不能使被告人到庭或具有其他被告人不能到庭的情形时，适用缺席审判程序。缺席审判程序一般采用书面评议形式作出法庭决定。对于缺席者进行程序的目的是为将来到庭的被告保全证据，由于这一程序是针对物而不是针对人而设计的，因此又称作客体程序（das Objektverfahren）。

通过该程序，法官可以决定是否对一定的客观物体采取证据保全、没收、销毁、使其丧失利用价值等措施。在不可能（至少目前不可能）对一定的人员进行刑事追究，但是有必要对某些相关客体采取一定措施的情况下，可由检察官或公民个人提出请求，由具有相应管辖权的法院依本程序受理。如开庭审理，则作出正式判决，对该有关客体采取上述措施。对法庭的裁定和判决，可以提出申诉和上诉。在驳回缺席审判请求，以后又查明罪犯时，可以重新依普通程序进行诉讼。

在此程序中，缺席的被指控人无权要求获悉程序的进展情况，但是法官有权对知悉其居所的缺席人发出通知，法官还可以向缺席的被指控人发放保障其自由与安全的通行证，并可附条件地发放。

6. 自诉程序。自诉程序是由个人提出起诉而引起的诉讼程序，是一种无公诉的公法性诉讼，只适用于法律明文规定的轻微刑事案件（《德国刑事诉讼法》第374条）。但自诉并不完全排斥公诉，因为：一方面，检察官可以随时参与或完全接管诉讼；另一方面，在第374条所列各罪与公共利益有关时，检察官可以提起公诉。

根据《德国法院组织法》的规定，自诉人必须由律师为其代理人。自诉程序无侦查阶段，仅由庭审预备和法庭审理两个阶段组成。自诉人向地方法院提出起诉书后，自诉程序便开启。起诉书应具有同公诉起诉书同样的法律形式，应同样提出所有的证据，以便法庭审查决定是否进行庭审。自诉程序适用调解，如果自诉人与被告人调解成功而自愿撤回起诉，自诉程序便告结束。此外，自诉程序还可因法庭作出判决或自诉人死亡而告终结。少年犯案件不适用自诉程序。

法院的主审法官依职权决定，审判之时应传唤证人或鉴定人出庭作证。自诉人与被告也有直接传唤的权利。开庭时，被告可以协同律师到庭或由书面全权代理的律师为其进行诉讼。自诉程序适用反诉程序。

7. 附诉程序。附诉程序是指检察官担任国家公诉人，同时被害人或其他有关人员以附诉人身份参与诉讼的程序。附诉人具有同自诉人同样的诉讼权利，他所代表的也只是个人利益。附诉人可以通过递交书面声明而在诉讼的任何阶段参与诉讼。自诉程序中，当检察官接管进行诉讼时，原自诉人就自动成为附诉人。少年犯案件不适用附诉程序。

8. 附带民事诉讼程序。早期的德国刑事诉讼并不存在附带民事诉讼。在1943年和1950年对刑事诉讼法所作的两次修改中，根据法国和奥地利的经验，增设了此项程序。在司法实践和法学理论研究中，对该程序的必要性还有争议，因此实际上很少适用。根据现行法律的规定，这一程序的主要内容是：被害人或有关的继承人有权在刑事诉讼中提出民事赔偿要求，法庭可以在案件审理过程中同时考虑这项要求，在一定情况下也可以拒绝合并审理。被告人有权在上诉中提出民事赔偿判决不当。民事赔偿要求人因有权另行提起民事诉讼，故不得在刑事诉讼程序中就此提出申诉或上诉。被告人的判决被上诉审法院撤销时，民事赔偿判决部分也一并撤销。

9. 少年犯程序。该程序的主要特点是由《少年犯法庭》规定的。少年犯程序的主要目的是对少年犯进行教育，因此，少年犯法庭被称做是"一个充满人情味的法庭"。

少年犯法庭包括地方法院的少年犯刑事法庭、少年犯陪审法庭、州法院的少年犯大陪审法庭。少年犯陪审法庭和大陪审法庭中的2名陪审员必须是男性公民和女性公民各

1名。少年犯检察官是专门负责少年犯案件的检察官。少年犯辩护人也是专门受理少年犯案件的律师。在少年犯程序中，还有一个专门的"少年犯协助机构"，即有关的少年机构和少年协助组织，这些机构和组织既向少年犯本人提供帮助，也向少年犯法庭提供咨询。

在少年犯程序中适用便宜原则。检察官对少年犯的处置有很大的决定权，可以不进行刑事追究，也可以在刑事法庭外解决。必须进行刑事诉讼的，法庭可以决定无程序性解决。必须依刑事诉讼程序解决的，则一般适用简化程序做法。审理一律不公开。

在少年犯程序中，除辩护人外，其教养人和法定代理人也有权参与诉讼，并有权不经少年犯本人同意而单独提起申诉和上诉。对少年犯判决刑罚的执行，也不强调判决的严肃性和不可变更性，而是可以根据少年犯本人的情况和案情，在执行中灵活掌握。

第四节　德国刑事证据制度

德国通常被认为是具有典型特征的大陆法系国家。但从其证据制度的立法角度来看，它没有独立的证据法典，其刑事证据规则多散见于刑事诉讼法典中。同时也应注意到，在目前的司法实践中，联邦最高法院和联邦宪法法院有关诉讼程序问题的判例对证据规则的确立和发展起着举足轻重的作用。

一、适用于证据制度方面的原则

诉讼证据方面，除前述调查原则外，主要有实质真实原则、直接原则、自由评价原则和罪疑唯轻原则。

（一）实质真实原则

实质真实原则，又称为调查原则、侦查原则或者纠问原则。此原则指法院应自行对犯罪事实予以调查，不受诉讼参与人之声请或陈述之约束。《德国刑事诉讼法》第155条第2款中明文规定："法院在此范围内（即起诉书中所载之事项）有权利及义务独立行使调查职权。"第244条第2项规定："法院为了调查真相，应依职权对所有对判决有重要性之事实或证据加以调查。"

（二）直接原则

具体而言，直接原则有两个方面的要求：

一方面，该原则要求直接审查证据。作出判决的法院必须是自己判断证据，不允许依据侦查案卷而作出决定。《德国刑事诉讼法》第226条体现了这一要求。

另一方面，该原则要求法院必须使用"最接近行为"的证据。《德国刑事诉讼法》第250条对此作出了规定。而对于"远离行为"的证据，即所谓的证据替代品，只是在法律规定的情况下才准许，如《德国刑事诉讼法》第251、253、254条中所规定的。

（三）自由评价原则

《德国刑事诉讼法》第261条将此原则规定为："对证据调查结果，即对事实之调查，法院乃就全部审判过程所获得之确信决定之。"该原则要求法官根据其个人的自由确信而确定证据。法官的个人确信指的是他的个人确认，这种确认必须依据明智推理并且建立在对证据结果之完全、充分、无相互矛盾的使用之上。

（四）罪疑唯无原则

罪疑唯无原则是指在证据调查后，但存在疑问时，法院应作有利于被告人之决定。此原则并无法条的明文规定，是间接由《德国刑事诉讼法》第261条推演出来的，因为法院必须要在确信被告的罪责后，才能形成判决，此时任何一项对罪责要件的怀疑均必须阻碍该刑事判决。

二、证据的种类

德国刑事诉讼法典对证据的种类没有明确的划分，但是在通则部分规定了讯问被指控人、询问证人、鉴定人、勘验、扣押、监视电信通讯、扫描侦查等收集证据的手段。在德国证据理论中，归入证据种类的主要有四种证据，即证人证言、鉴定结论以及物证和书证。

（一）证人证言

1. 证人的地位。《德国刑事诉讼法》专门在总则部分的第六章用了整整一章的篇幅来规定证人的问题，可见对其的重视程度。这种重视的原因之一是由于联邦德国对于犯罪嫌疑人或被告人的供述是否属于证据的一种这一问题持否定态度。尽管犯罪嫌疑人或被告人的供述和举止在实践中被视为重要的证据来源，并具有重要的证据价值，其陈述和举止对于法庭作出判决也具有重要的意义，甚至可能出现主要依据被告人的陈述而作出判决的情况，但联邦德国的证据理论认为这种供述不应同时被作为诉讼证据，刑事诉讼法也没有将其规定为证据种类。其理由是：被告人作为诉讼主体不能被迫在本案中对自己作证，尤其是不能被迫自证其罪。而在确定精神和身体状况、查验指纹、供证人辨认等情况下，被告人可以成为证据的一种，因为此时要确定的情况是不依被告人的意志为转移的，是纯客观情况。

刑事诉讼法最初规定被告人只有出席法庭受审的义务，1974年通过的修改法令进一步规定被告人还有接受检察官询问的义务，但是被告人可以声称，只向法官陈述而不向检察官陈述。因为只有法官对被告人或证人询问的笔录才能被法庭采用，所以实际上是有区别的。

在上述情况下，高度重视证人证言也就不足为奇了。

2. 证人的资格。联邦大学法律教科书对证人下的定义是："凡是应在法官面前陈述其对案情的感知，而又不具有其他诉讼身份的人员，为证人。"从理论上讲，任何人都具有作证能力，精神病人和儿童也可成为证人，由于其所具有的专门知识而得以感知案情的证人为鉴定证人，他们往往能从技术的角度对案情作出更多的描述，性质介于普通证人和鉴定人之间。

德国法在证人的资格上并没有特别的限制，只有当可能作证的人不能清晰地表达或理解时，其作证才被免除，如过于年幼的儿童。但是法律并未规定证人的最低年龄，对于作证能力的判断取决于可能作证儿童个人的发展情况以及需要作证的事实的性质。被告人在对他本人的审判中不能成为证人，也不能强迫他如实供述，即使日后证明其作了虚假的供述，也不能对其进行惩罚。这个规定同样也适用于共同被告。在德国学术界，共同被告的定义是有争议的，有些学者认为，凡是被警察怀疑涉入同一犯罪活动的人应被视为共同被告。按照这个定义，共同被告人就可被视为被告人而无须像证人那样作证。然而多数人认为，只有在对他们的追诉程序合一，并共同接受审判时才能把他们视为共同被告人（参见联邦最高法院刑事判决第 10、34 号）。如果基于这一定义，在侦查阶段，就有可能迫使一名犯罪嫌疑人像证人一样作证来揭发另外一名犯罪嫌疑人。依照德国的刑事诉讼法，如果共同犯罪嫌疑人被转变为证人，就享有不必自我归罪的权利，但事实上，这并不包括所有的有关共同犯罪的证言。因为《刑事诉讼法》第 55 条只容许证人拒绝回答有可能使他自我归罪的问题，而并没有给他全部的免于作证的权利。联邦上诉法院曾经警告说不能利用这个程序迫使共同犯罪嫌疑人作证以达到相互揭发的目的。案件中的辩护人可以作为证人，但当他作为私人起诉者，也就是我国的自诉人时，被害人仍然可以作为证人作证。

3. 证人的义务和权利。证人有出庭、陈述和宣誓这三项主要义务。

凡是证人，不论其有无拒绝作证权，均有出庭义务。证人经正式传唤，就必须出庭作证。法律也容许检察官传唤证人，但是警察并没有这样的权力。证人如不出庭作证，就要承担由于他不出庭所造成的损失。这包括法院开庭的费用，还包括给辩护律师因取消开庭所造成经济损失的补偿。除此之外，不出庭的证人还可能受到罚款。根据德国刑事诉讼法的规定，也可以强迫证人出庭。对于那些虽然出庭，但是拒绝作证或宣誓的证人，他也有可能被罚款或被关押。关押的期限通常不能超过审判结束的时限。对于那些非常顽固的证人，最长的羁押期限是 6 个月。

法律在规定惩罚不出庭证人的同时，也规定了对证人的若干保护条款。例如，如果证人受到威胁，或因其他原因处于危险境地，证人在作证时可以不公开他的地址。在 1992 年修改法律时，为了给予证人更好的保护，增加了一个条款，规定如果因证人作证使被告人了解到证人的身份，从而使证人的生命、健康或自由受到威胁或处于危险境地，证人在作证的时候甚至可以不讲真实姓名。德国刑事诉讼法没有涉及在某些特殊的情况下证人是否可以完全不作证。但是，联邦上诉法院通过判例规定，如果证人作证会构成对其生命的威胁，他就可以不作证。但是迄今为止，仍然不允许对在法庭作证的证人进行视觉防护（视觉屏蔽）或者对他的声音作陌生化处理。不过，近来人们可以通过如下方式保护受到危险的证人。如果在他本人出庭可以受到一个严重的不利威胁的情况下，在法院之外的任何地点经由画面会谈，对他进行询问（《德国刑事诉讼法》第 274a 条）。除此之外，人们可以运用画面重放技术，把在侦查程序中的证人询问录制到录像带上，放映这些录像带可以替代庭审中对证人的重新询问（《德国刑事诉讼法》第 58a 条）。不过，如果并不是所有的诉讼参与人同意，那么这种可能性就只能处于严格的前提之下，即只能适用于处于诉讼程序中的杀人或者性犯罪案件未满 16 岁的证人，以及不能出庭或者只能在更加困难的条件下出庭的证人（《德国刑事诉讼法》第 255a 条第 1

款,并结合第 251 条)。[1]

证人权利的加强对许多犯罪被害人也存在益处。很多被害人特别是暴力犯罪或者性犯罪的被害人认为,出席法庭以及被辩方或者审判长尖锐地、富于攻击性地发问,将再次受到伤害,而通过前面所述的影视询问则有助于他们摆脱再次受到伤害的困境。2004 年 6 月 24 日《德国被害人权利改革法》更是在被害人保护上走出了很大的一步。

按照刑事诉讼法的规定,证人作证要进行宣誓。与其他国家不同的是,《德国刑事诉讼法》规定的这种宣誓是在作证后进行的。不过,在司法实践中,证人宣誓的情况并不多见,原因是法院在征求当事人的意见后常常同意接受未经宣誓的证词。宣誓后作虚假陈述的法律后果是:他可能被判处最低 3 个月,最高 5 年的监禁。有关宣誓作证的法律规定是比较复杂的。有些证人在作证时可以不宣誓,如 16 岁以下的儿童或精神病患者。还有一些证人本身就享有免证权,如果愿意作证,但不愿意宣誓,这也是法律所容许的。

证人有就询问内容作完整、连续陈述的权利,有受公正待遇的权利,对因出庭或其他情况而受到的经济损失有要求补偿的权利。

4. 证人的拒证权。德国法律允许部分人享有免于作证的特权。构成拒证权的情况主要有三种:①被告人的亲属;②出于职业原因;③出于反对自我归罪的特权。

享有拒证权的主要是被告人的亲属,这些人包括被告人的配偶、直系亲属、姻亲以及订有婚约者。法律要求在询问这些证人前要首先告知其享有免予作证的特权。如果没有履行告知义务,那么日后他们所作的陈述就不能当做证据使用。确定这项规则的目的在于,避免被告的亲属介于真实陈述和尊重亲情人伦之间的两难选择,这反映了国家充分尊重人与人之间的某些特殊关系,并不以国家强制力来破坏这种亲情关系。这些享有免证特权的人可以放弃这一特权而作证。一旦他决定作证,就不能作虚伪的陈述。不过他可以在任何时候改变主意而主张这一权利。如果在证人主张这一特权之前,他已经作出陈述,这一陈述就可以被当做证据使用。

出于职业原因而享有拒证权的人有:神职人员、医生、律师、税务咨询人员、议会成员等。这一特权包括所有可能从履行这些职业中取得的信息,而这些信息并不一定必须与被告人有关。设立这一规则的目的一方面是为了保护这些职业的委托人、客户等的个人隐私,但更重要的是,对这些职业所存在的公众信任被认为具有很重要的社会意义。同时,在德国,泄露某些职业秘密被认为是犯罪行为。所以德国刑事诉讼法有关作证豁免权的规定就避免了作证的义务和保护职业秘密义务之间的冲突。

按照德国刑事诉讼法的规定,证人还享有反对自我归罪的特权,即如果他们因回答某些特殊的问题使他们自己或他们的亲属受到有罪的嫌疑,并且有被起诉的危险,他们就可以拒绝回答这些问题。但是,在严格意义上,这与狭义的拒证权还有所不同,它只限于拒绝回答那些有可能导致自我归罪的特殊问题。在司法实践中,申请和批准这一特权涉及较为复杂的事实和法律问题,因此,证人被容许与其律师共同出庭。法院在开庭

---

[1] 参见陈光中主编:《21 世纪域外刑事诉讼立法最新发展》,中国政法大学出版社 2004 年版,第 239 页。

审理时应当告知被告人享有反对自我归罪的特权，如未告知，则其所作的不利于自己的陈述不能被用于起诉这一证人。如果证人在出庭作证时主张这一权利，他先前所作的陈述是可采纳的。在这样的情形下，先前询问证人的人也可能被传唤到法庭作证。

（二）鉴定结论

鉴定人是凭借其专门知识在判断某个证据问题上帮助法庭的人员。

鉴定人的活动有：①向法庭解释他所从事的学科的专门知识；②对于只有借助专门知识才能理解和判断的事实加以确定；③从那些只有借助专门知识才能理解的事实中，根据科学法则得出逻辑结论。

在德国，法官有权决定就某一专门事项进行鉴定，如发现鉴定人的鉴定存在不足，还可以要求原鉴定人或者委托其他鉴定人进行新的鉴定。需要注意的是，德国法律除了授权法官委任鉴定人以外，还允许被告人在法定情况下委任自己的鉴定人。法官勘验时需要委任鉴定人的，被告人可申请传唤他提名的鉴定人到场，请求被拒绝时，可自行传唤他自己的鉴定人。这样，德国鉴定人的委任实际就由法官和被告人共同行使。

在涉及法律规定的情况时，法庭必须邀请鉴定人提供鉴定意见。德国刑事诉讼法典对此作了详细的规定。

除了证人所具有的一般权利外，鉴定人有权为提出鉴定意见而查阅案卷，参与询问证人和被告人，出席全部庭审程序。在德国，对鉴定人的询问一般适用与询问证人相同的法律规则。

对鉴定意见的评价：鉴定人据以作出鉴定的事实称为基础事实。基础事实分为两类，一类是结论事实，一类是附加事实。前者为现有的结论，鉴定只是为了断定其性质和意义。后者是案件本身的有关情节，鉴定人参考这些情节而作出鉴定。法庭在评价鉴定意见时，可以不经调查而直接采用根据结论事实作出的鉴定。对依据附加事实作出的鉴定，则必须结合证据调查工作审查其正确性。

（三）物证

物证，德文原意为"感知证据"，指因其存在、位置、状态或性质而能对法庭判断案情产生影响的一切物体。物证还包括一定的无形的客观存在，如路口的交通和噪音情况等。

物证的形式多种多样，在刑事诉讼中经常使用的物证，大致可概括为以下几类：①犯罪行为所产生的痕迹。如现场的指纹、尸体、足迹、血迹、撬轧痕迹等。②实施犯罪的工具。如作案用的凶器、爆炸用的炸药等。③犯罪现场遗留的物品。④犯罪行为侵犯的客体物。如经济犯罪中的赃款、赃物等。⑤犯罪行为产生的物品。如非法制造的枪支、弹药等。⑥其他可供查明案件真实情况的物品或痕迹。

物证是以其存在的状况、外部特征或构成属性来发挥证明案件事实的作用的。这是物证的最大特点，也是物证与证人证言最重要的区别。由于物证是实际存在的物品和痕迹，因此只要及时收集，用科学的方法提取、固定并妥善保存，一般就会具有较强的稳定性和可靠性。在刑事诉讼证明活动中不仅应用广泛，而且具有其他证据不可替代的作用。

（四）书证

书证是指以文字、符号、图形等所表达的思想和记载的内容对案件起证明作用的文件或其他书面材料。刑事诉讼中常见的书证，如投寄间谍组织的情报信件，泄露国家机密案件中的文件，贪污案件中的账册、单据等。

书证以一定的物质为载体，即表现为一定的物质形式，它区别于物证的地方就在于书证是以其所记载的思想内容而非其实物存在成为证据。它具有以下特征：①必须是以文字、符号、图形等记载一定的内容或表达一定的思想，而且它所记载的内容或思想能够为人们所认识和理解；②书证所记载的内容或表达的思想必须与案件有客观联系，能用以证明案件事实。如果作为证据的物品，上面虽然有文字记载，但是对案件事实的证明作用不是来自记载中所表达的内容，而是基于它存在的场所或外部特征的话，那么它就不是书证，而是物证。

书证就其与诉讼的关系可以分为下列几类：①证据意图性书证，即事先有意设定证据性质的文件，如借据；②证据偶然性文件，即在诉讼进程中才具有证据意义的文件，如一般的信件；③证据本质性文件，即以其包含的思想内容直接进行犯罪的文件，如诽谤信件；④证据报道性文件，即报道犯罪情况的文件，如含有描述犯罪过程的文件。这些分类仅具有理论上的意义。

书证应当在法庭审理时予以宣读，一般是由法官简要介绍其内容。

联邦德国的证据理论将物证和书证统称为实物证据。但是录音资料作为证据时，应适用勘验证据之规则还是文书证件证据之规定，是学界的一大难题。有学者认为录音带因为是非书面的且无法被朗读，所以无法直接被视为文书证件；不过也有一些学者认为可以类推适用《德国刑事诉讼法》第 249 条以下之规定，即适用关于文书证据的规则。也有学者主张将其视为勘验之客体，即适用物证的相关规则。

三、刑事诉讼证明

联邦德国没有独立的证据法典，但根据其刑事诉讼法典可以归纳出其证明理论的基本内容。在德国刑事诉讼法中，证明和说明是两个不同的概念。在刑事证据理论中，凡是使法官确信某一案情事实的，用"证明"这个概念。仅仅涉及诸如要求法官回避，要求重新确定开庭日期，或行使拒绝陈述、拒绝作证权等诉讼事实时，提出的理由，使用"说明"这个概念。"说明"意味着对这些诉讼事实只要求一定程度的可信性。

（一）证明对象

德国刑事诉讼法规定，对法庭判决具有重要意义的一切事实都需要证明。证明对象可以分为三类：直接重要事实、间接重要事实和证据辅助事实。直接重要事实是指能够直接证明犯罪情况的事实，如证人观察到某人正在实施犯罪；间接重要事实是指有助于推断直接重要事实的情况，如嫌疑人在凶杀案件发生前曾经对被害人进行威胁，或在案发后在其衣服上提取到相应的血迹等；证据辅助事实是指有助于推断证据事实本身是否正确的情况，如证人是否诚实、记忆力情况是否良好等。

不需证明的事实都具有显而易见的性质。这一类事实包括：众所周知的情况，如自然现象、历史事件、公认的知识；法律文献的内容，即那些"法官从其职业活动中可靠地形成为经验的事实"。正是这些事实，使得所有的法官包括非职业法官在审判活动中能够形成统一的认识。

对于不需要证明的事实，在法庭上提出后，是不需要提供证据进行肯定证明的，但是可以提出相反的证据，进行否定证明。

（二）严格证明和自由证明

凡是涉及案件的发生过程、行为人的罪过、刑罚的幅度，也就是涉及对定罪和量刑有意义的情节，法律对其证明作出严格的形式规定的，称做严格证明。对此，有两层意思：首先，它们被限制为法律规定的证据种类；其次，这些证据种类也只能依刑事诉讼法规定的严格程序予以运用。例如对某些无法提交法庭的物证，必须将法官记录作为证据提交法庭，仅有警方记录不具有证据的效力。

对不涉及定罪量刑的情节，如调阅案卷、电话询问等，法庭可以任意使用一种方式予以证明的，称做自由证明。根据联邦法院的判例，了解在询问被告人过程中是否使用法律禁止的手段的，因为只涉及认定程序法的错误问题，所以可以自由证明。

（三）举证责任

德国在刑事诉讼中奉行无罪推定原则和任何人不必自我归罪原则，即被告人在被法院判决有罪之前，应被推定为无罪，而且任何人都没有协助证明自己实施了犯罪行为的义务。因此，当被告人对所控的罪行作无罪答辩时，起诉方应负担证明被告人有罪的责任，而被告人不负有任何证明自己无罪的责任。但是，如果被告提出自己不在现场的事实、主张刑法特别规定的排除、减轻可罚性等例外情形，就要承担证明责任。

关于证明要达到何种标准的问题，《德国刑事诉讼法》仅仅在第261条作出了一个有关自由心证的规定："对证据调查的结果，由法庭根据它在审理的全过程中建立起来的内心确信而决定"。但对"内心确信"的具体内容法典则没有作出说明。

除了上述问题之外，还有一个证据理论的基本问题，那就是证明的禁止，由于这个问题涉及一个重要的证据的排除规则的问题，所以将放于下文进行专门介绍。

四、非法证据排除规则

联邦德国的证据理论上有一个"证明禁止"的概念，指的是对刑事诉讼中证明活动的限制。它包括两个范畴，即禁止作为证据提出和禁止作为证据采用。

禁止作为证据提出的，包括证明对象的禁止、证明材料的禁止、证明方法的禁止以及相对禁止。证明对象的禁止是指一定的事实不能成为证明对象；证明材料的禁止是指一定的材料不能作为证据利用；证明方法的禁止，就是证明时不能采用一定的方法；相对禁止，是指某些证据只允许一定人员取证。

禁止作为证据提出的事实，即使已经获得，是否禁止采用，某些情况已经有了定论。对于能作用于被告人记忆力和理解力的刑事诉讼法是禁止采用的。法律和判例都没有明确的，还在讨论之中。

(一) 证明材料的禁止

根据德国法律的规定，某些种类的证据被排除在可收集的范围之外。例如，法官评议的内容不能被当做证据介绍，公务员也不能公开国家的秘密。

有时根据宪法的原则也可以排除某类证据。例如，宪法的核心内容是保护个人的人格和隐私不受国家的侵犯，如果属于这一范围，在刑事诉讼中就不得贸然进行侦查或违背个人的意愿。

但在实践中的问题是，法院未能详细地描述这一核心内容的范围究竟有多大，这就带来了很多问题。人们通常认为这与普通的个人隐私是有区别的，后者几乎包括了绝大多数公民个人之间非公开交往的所有方面。同时，德国法院认为这也并不绝对排除国家在某种情况下对这些隐私的侵犯。特别是在对某些严重的刑事案件进行侦查时，如果执法人员认为有必要收集某些证据，他们也可能涉及有关公民隐私的某些领域。就此问题，德国的法学界是有争论的。联邦宪法法院曾经就能否扣押谋杀案件嫌疑人的私人日记作为证据进行表决，其结果是 4∶4，并且对于私人日记是否属于应被绝对保护的核心范围也存在着争议。法院曾达成一致意见认为，即使是私人秘密的日记也不必然属于个人隐私的核心部分，但是它的内容是具有决定作用的。

(二) 证明方法的禁止

关于证明方法的禁止，刑事诉讼法对此直接作出了规定。例如，《德国刑事诉讼法》第 136 条 a 款规定，在询问过程中禁止使用暴力、欺骗或威胁的手段。除此之外，更多的情况是立法用非直接的方式描述何谓收集证据的违法方法，例如，刑事诉讼法规定，收集某些证据要得到法律规定机关的授权，或具有相应的执照，这就意味着刑事诉讼法用非直接的方式禁止用法律规定以外的方式收集证据。

(三) 禁止使用的证据

禁止使用的证据在德国被分为以合法手段取得的证据和以非法手段取得的证据（学理上的划分）。

德国法的一个原理是：如果在公开的审判或刑事判决里公开某种信息，而这种公开可能会违背公民所关心的合法利益，即使国家得到这些信息完全是通过合法的手段，也要被禁止使用。这在德国被称为"独立的禁止使用证据"。例如载有被告人前科的档案。《德国联邦统计法》规定，超过一定的年限，犯罪记录就要从犯罪登记档案中被删除，被删除的记录不能被用来作为证明被告人目前有罪和加重刑罚的证据。这是考虑到被判刑人悔过自新和重返社会的需要。

另外，在合法窃听的过程中得到的被窃听人之外的第三人的犯罪信息，不能在审判该第三人时用作证明其有罪的证据。

反对强迫自我归罪也会导致证据的排除。联邦法院曾经有一个判决，即：当一个人申请破产，向接受者提供全部财产状况材料时，这些材料不能被用来作为对这个人进行刑事起诉的材料，因为这违反公民所享有的反对自我归罪的特权。

(四) 非法取得证据的排除问题

1. 理论基础。证据的排除规则从理论到实践在德国比较有争议的是非法取得证据的排除问题。德国刑事诉讼法只有一条是明确规定这一问题的。即：用法律禁止的方法（使用暴力、欺骗等）取得的陈述，即使被告人同意也不得作为证据使用。法律没有提到用其他非法方法取得证据的排除问题。但从联邦最高法院的一些刑事判决和刑事诉讼法主要教科书的观点可以推断，法院和大多数法律学者都不同意对非法取得证据的全部自动排除。他们通过对个案的研究认为，收集证据中所犯的错误并不一定必然导致证据的排除，并且即使排除了这种证据，也不能减少因为违背法律规定所造成的损失。在这一点上德国法学界是争议不大的，争议的焦点是：决定排除证据的标准是什么？以及为了什么目的而排除证据。一种观点认为非法取得的证据应当被排除，是因为它本身是不值得信任的。反对此观点的人认为，这只涉及极少部分诉讼程序中的错误所造成的结果。概括说来，德国法中，证据是否具有可靠性，并不是证据排除的理由。另一种观点认为，这是为了对执法人员非法收集证据起到威慑作用。持这种观点的人认为，当这些执法人员意识到非法取得的证据将不被采纳时，就不会用非法的手段取得证据。反对观点认为，有其他更直接的方法可以使执法人员对其违法的行为负责，如纪律性的处罚或让他承担其他刑事或民事责任等。总之，德国的学者认为，如果说证据的排除仅仅是为了规范警察的行为，是不符合审问式诉讼的基本原则的。他们认为，在德国，证据在刑事诉讼程序中的作用不是检察官在刑事诉讼中争输赢的工具，而是为了帮助法院完成他寻找事实真相的任务。对证据的排除并不会刺痛警察或检察官多少，而是损害了对刑事案件事实准确、公正审判的公共利益。

在德国关于排除非法所得的证据的最有说服力的理论是建立在"法治国家"的理念上的。该理论认为，法院要给被告人定罪，只有依照刑事诉讼法所确立的规则来处理案件，因此，那些被"污染了"的证据不能被作为证据使用。德国法院总的来说接受这样的原则，但是并不认为要把这一原则绝对化。即他们并不认为只要是非法取得的证据就要一律被排除。法院为此确立了一些附加的条件（包括积极和消极的条件）来判断证据是否最终应被排除。

2. 判定是否排除非法所得的证据的条件。这些条件具体包括：

（1）"不可替代的发现"规则。这一规则的含义是：除了违法手段之外，不能用其他合法的手段取得证据。近年来这个规则正在德国进行讨论。法院在司法实践中扩大范围地使用这一规则，他们采纳一些非法所得的证据，即使日后的事实证明用其他合法的手段也能取得这个证据。法院辩解说，对某些证据的排除是形式主义的，警察日后用合法手段可以取得同样的证据（即最终取得规则）。但这种态度在法学界是有争议的。并且这种态度也导致了对法律规则的违反，例如，它使那些在妨害个人权利前需要取得法院令状的规则失去了意义，因为违法的执法人员会辩解说，他会找到一位法官愿意颁发令状。

（2）证据的排除必须与已经违反的刑事诉讼规则所确立的目的相符合。这是一个排除规则中的积极条件。我们可以看出，德国刑事诉讼法的规则与我国的相类似，通常是只从正面叙述的，例如，犯罪嫌疑人应当自主地决定是否要供述，并应当给予他机会在作供述前与他的律师交谈。但是，法律没有指出当这一规则被违反时由此所取得的证据是否可以作为证据使用。法院认为，如果证据的排除不能对被违反了的诉讼规则所要达到的目的有任何帮助时，法院就应当采纳这一证据。他们认为在这种情况下如果将证据排除，就会搅乱发现事实真相的进程，从而不能取得积极的效果。

（3）违法取证已经损害了受法律保护人的利益。属于这种情况的例子有：证人在没有被告知他有反对自我归罪的特权的情况下作证，证明被告人有罪，在这一作证过程中，其证词有不利于该证人本身的因素。这种情况就侵犯了证人的合法权利，从而不能用这一证据起诉证人。但是，如果这一证据是使被告人陷于有罪的境地，按照联邦上诉法院的判决，被告人不能就采纳这一证据作为认定他有罪的证据而进行申辩，因为没有告知证人所享有的权利不属于德国法律规定的影响被告人定罪的法律范畴，而是对其他的诉讼参与人有影响。对于联邦上诉法院的判决，以及它所确立的"法律范畴"在德国受到长时间的批评。

（4）依照案件实际上的事实，证据的排除不能与为了解决案件那种压倒一切的利益相冲突。这一条件在德国被认为是一个消极的条件。它是指如果某个案件，当发现事实真相的目的超过被告人的利益时，即使符合其他证据排除的条件，证据也将被采纳。法院被认为是有权平衡这种利益并使刑事司法制度正常地运作的机构。在德国，将真正有罪的人绳之于法是"国家法制"这一宪法原则的一部分。法院在平衡冲突的利益时，特别考虑以下的因素：被告人被起诉罪行的严重程度；违反诉讼程序的严重程度；使用这个在能否真实处理案件上存有疑问证据的必要性。由于这些因素的灵活性很大，德国的学者认为，很难预测这种平衡所产生的结果。但是，通过联邦最高法院的一些判决可以看出，某些个人的利益是被优先考虑的。

3. 证据排除的诉讼程序问题。证据是否可采的问题，在德国贯穿于整个刑事诉讼过程之中。法院有权纠正先前发生的错误，并对有问题的证据实施补救措施。

德国在证据的排除程序上与美国不同，它不需要当事人一方向法院提出提案。联邦上诉法院曾经作出决定，在某些案件中，如果被告人作出有效的许可，被怀疑有问题的证据就可以被使用。在这些案件中，被怀疑的证据通常涉及被告人受法律保护的个人信息。没有被告人的同意，这些证据是不可以被采纳的。

德国刑事诉讼法没有具体规定什么是判断证据是否可采的证明标准。大多数人同意使用定罪的证明标准，因此，一旦存在是否排除证据的合理怀疑，证据就应当被排除。法院通常通过对比来判断刑事诉讼程序的规律，排除那些具有最大可能性通过违法活动所取得的证据。

从上文可以看出，在发现事实真相的价值取向和程序公正的价值选择之中，德国的法院明显偏向于前者，从而使某些非法所得证据被采用。英美的"毒树之果"原则在德国几乎没什么影响：他们认为某些证据本身并没有受到非法行为的污染。在司法实践中，某些非法取得的证据也会被合法的手段所代替。在一些情况下，即使证据的排除符合上述的条件，法官也会用"利益平衡"的原理采纳非法所得证据，他们认为如果不采纳，会对发现事实真相造成损失。

第七章 日本刑事诉讼法

第一节 日本刑事诉讼法的历史沿革和特点

日本国，位于太平洋西侧，由北海道、本州、四国、九州4个大岛和约3900多个小岛组成。面积37.78万平方公里，人口1.2678亿，主要民族为大和族。

日本的法制史就是一个不断学习外国先进经验、并结合自己的国情逐步形成具有日本特色的法律的历史，这一特点在刑事诉讼法的发展历史中也得到充分体现。

一、日本刑事诉讼法的历史沿革

日本公元8世纪以前的司法状况现在已无确切的史料可考，一般认为其实行的是一种朴素的民众裁判，实行神示证据制度。日本古代的成文法始于公元8世纪对我国唐律的继受，自那时起至现在，日本刑事诉讼法的发展，可分为三个时期：明治维新以前主要学习唐律，实行律令法制和武家法制；明治维新后至第二次世界大战以前，主要仿效法、德为代表的大陆法系国家来制定自己的刑事诉讼法；第二次世界大战以后，受英美法尤其是美国法的影响，制定了反映资产阶级民主思想的新宪法和现行刑事诉讼法。

（一）明治维新以前的刑事诉讼法

公元701年和718年，日本以我国唐律为蓝本先后制定了《大宝律令》和《养老律令》，其中关于刑事诉讼程序的规定主要有：刑事程序从被害人或公众的告诉或官吏的举报开始，其后的程序则依职权进行，鞫狱官以"五听"方法对被告人进行审讯；判决的制作应根据被告人的自白和证人证言，允许在一定的法律限制下实行刑讯，对判决可以申明不服；审理结果为疑罪时可以赎买。可以看出当时的诉讼程序带有浓厚的纠问式色彩。《大宝律令》和《养老律令》一般被称为日本的"律令法制"，因为律令法制只是对中国唐律的承继，在日本并没有存在和发展的基础，所以到公元9世纪初平安朝中期以后，检非违吏厅的厅例逐渐取而代之，成为审判的依据，此时的刑事程序在结构上不如律令法制严密，刑讯也很盛行。实行彻底的纠问主义，律令法制时期对判决可以申明不服这一先进的制度也被废除。这种状况一直到1868年明治维新前，基本上没有显著变化，属于纯粹的纠问式诉讼。

(二) 明治维新以后的刑事诉讼法

明治初期，曾一度恢复律令法制，以唐律为基础，结合本国以往的经验，于明治三年（1870年）制定了《新律纲要》和《狱庭规则》，后又对《新律纲要》进行修改，制定《改定律例》，对纠问式刑事诉讼程序进行法律调整。同时，日本也开始了仿效西欧国家的法律制定本国法律的时期。1882年日本开始实施由法国法学家邦索那德起草的日本第一部资产阶级刑事诉讼法典——《治罪法》，该法是仿照法国的《治罪法》制定的，它确立了国家追诉主义、起诉垄断主义、不告不理、禁止刑讯等原则和附带民事诉讼制度，并参照法国的法院模式设立违警法院、轻罪法院和重罪法院作为第一审法院，控诉法院和大审院作为上诉法院；规定审判实行公开原则、言词辩论原则和自由心证原则。

1889年，日本颁布明治宪法，同时颁布《法院组织法》，确立了天皇之下的三权分立制。1890年，参照德国1877年刑事诉讼法的精神，对《治罪法》进行了修改而制定《刑事诉讼法》，但从总体上说，《刑事诉讼法》并没有对《治罪法》作根本性的修改。1922年公布的第三部刑事诉讼法——《大正刑事诉讼法》，主要参考了德国1877年刑事诉讼法典，虽然对明治时期的刑事诉讼法作了一些修改，但仍属于大陆法系。这部法典一直施行到第二次世界大战后，但是实际上自20世纪二三十年代始，因为日本军国主义推行法西斯专政，先后制定了《治安维持法》、《国防保安法》和《战时特别刑事法》等刑事特别法，使《大正刑事诉讼法》事实上未能支配刑事诉讼活动。

(三) 第二次世界大战后的刑事诉讼法

1945年第二次世界大战结束以后，日本在同盟国占领军总部的直接"指导"下，进行了民主改革，法律制度发生了显著的变化，1947年5月参照《美国宪法》制定的日本新宪法施行，因为刑事诉讼法修改工作尚未完成，当局不得不匆忙制定出《刑事诉讼应急措施法》，连同《法院法》、《检察厅法》与新《宪法》同时实施。新《宪法》以和平主义、国民主权和尊重人权三大原则为基础，确立了新的政治体制。在刑事诉讼方面，将有关国民人权的一系列诉讼原则上升为宪法原则，如刑事程序法定原则、令状主义、禁止拷问、保障得到公平的法院进行迅速的公开审判的权利、保障被告人的辩护权、禁止强迫自我归罪和将口供作为定罪的惟一根据、禁止重复追诉、实行冤狱补偿、法官独立等。1948年7月公布并于1949年1月1日起施行的新《刑事诉讼法》即现行《刑事诉讼法》具有较浓的英美法律色彩，也保留了日本法的某些特色。

二、日本刑事诉讼法的特点

总体上讲，日本刑事诉讼法的显著特色，可以从以下两个方面加以概括：

(一) 坚持实体真实与正当程序相统一的诉讼目的

《日本刑事诉讼法》第1条规定："本法以在刑事案件上，于维护公共福利与保障个人基本人权的同时，明确案件的事实真相，准确而迅速地适用刑罚法令为目的。"日本学者认为，查明事实真相是刑事诉讼的基本理念之一，这称为"实体真实主义"。刑事诉讼只有准确与公平地认定事实、适用法律并量定刑罚，才能通过刑事司法实现实体正义。但是，如果单方面强调查明真相，就容易发生侵害基本人权的危险。因此，在维护公共福利的同时，要保障基本人权，也就是坚持正当程序。《日本刑事诉讼法》以明文规定坚持实体真实与正当程序相统一的诉讼目的，是其特色之一。

(二) 实行职权主义与当事人主义相结合的诉讼结构

日本现行刑事诉讼法在大量移入英美法的诉讼结构的同时，又保留了职权主义的因素，采取了以当事人主义为主、以职权主义为补充的诉讼结构。具体来讲，主要有以下几个方面的表现：

1. 侦查机关没有决定强制处分权。侦查机关如要采取强制处分必须先取得法官签发的令状。采用强制处分的决定权不在侦查机关而在法院的法官，是当事人主义诉讼结构的一个重要内容，因为在当事人主义下，检察官和被告人是居于平等地位的两方当事人，从理论上讲，自不应允许由检察官来决定对被告一方采取强制处分，日本刑事诉讼法改变过去旧刑事诉讼法关于检察官有强制处分权的规定，采取了令状主义的制度，可以说是受美国法的影响向当事人主义转变、并区别于旧刑事诉讼法的一个特点。

2. 在侦查阶段嫌疑人有选任辩护人的权利。在侦查阶段嫌疑人有权选任辩护人，以加强他在与侦查机关对抗中的力量，这是当事人主义侦查程序的一项主要内容。日本现行刑事诉讼法改变旧刑事诉讼法关于只有在提起公诉后，被告人才有权选任辩护人的规定，设立了"被告人或嫌疑人可以随时选任辩护人"的规定，体现了由职权主义向当事人主义的转变。

3. 在起诉程序上采取起诉状一本主义。即检察官在提起公诉时，只把记载一定事项的起诉书提交法院，不得附加可能使法官就案件产生预先判断的文书及其他物件，或引用该项文书等的内容，从根本上改变了过去的起诉方式，强调了检察官的当事人地位。这是根据占领军当局的强烈要求而采用的。这对日本刑事诉讼法来说，是一个极大的变化。起诉状一本主义，不单是提起公诉的方式问题，它对其后的刑事诉讼程序的结构都有深刻的影响，在使诉讼程序的结构当事人主义化上起着重要的作用。

4. 审判程序上的当事人主义化及交叉询问方式的采用。日本现行刑事诉讼法改变了过去由审判长依职权调查证据的审理方式，实行抗辩的方式，即由双方当事人举证。双方当事人也可以平等地请求调查证据，并采用交叉询问的方式。证据调查完毕后，再由双方当事人就事实及法律的适用进行辩论。所以在审判期日的审判程序主要是由当事人双方在攻击和防御中进行的。但日本刑事诉讼法又规定法院在认为必要时，可以依职权调查证据，从而在审判程序上体现出以当事人主义为基调，又保留了原有的关于职权主义的一些传统做法的特点。

5. 采用严格的证据法规则。现行日本刑事诉讼法的另一个突出的特点，是在英美法系的影响下所采用的关于证据法的规定。英美法系的证据法规则，是在长期历史过程中形成起来的，是其庞大的判例法体系的一个组成部分，而日本在立法上，则用数条成文法的形式把它的主要内容引进到刑事诉讼法典之中。然而，与此同时，现行《日本刑事诉讼法》也保留了一些大陆法系的证据制度。

6. 作为刑事程序法的日本刑事诉讼法与作为刑事实体法的日本刑法不属于同一法系。现行日本刑法基本上是效仿德国刑法制定的，属于大陆法系，而刑事诉讼法如前所述则在很大程度上引进了英美法系的原则和制度，是大陆法系和英美法系嫁接而成的独特法律制度。有人曾认为实体法如果属于大陆法系而程序法若不同样属于大陆法系，在实践中就要在各方面发生磨擦，很难期待它能顺利地运作，但日本刑事诉讼法典自施行以来已有50多年，却是在没有发生多大矛盾和磨擦的情况下，顺利地运行着。

第二节 日本刑事司法组织

一、侦查机关

日本刑事诉讼中具有犯罪侦查权的机关有检察官、检察事务官及司法警察职员。

法律规定检察官在认为必要时侦查犯罪，检察事务官接受检察官的指挥进行犯罪侦查。

检察官隶属于检察厅，而检察事务官是设置在检察厅的辅助检察官。

在日本，司法警察职员不是官名也不是职衔，而是一种刑事诉讼法上的资格。实际上司法警察职员的职务是根据法律及国家公安委员会或都道府县公安委员会的规定，由警察机关的警官担任的。也就是说，当警官依法取得司法警察职员的资格时，就可以执行刑事诉讼法所规定的职务。

司法警察职员由一般司法警察职员与特别司法警察职员组成。一般司法警察职员分为司法警察员与司法巡察员，二者的区别在于诉讼上的权限大小不同，有的权限只给予司法警察员而未给予司法巡察员，有的权限只给予警部以上的司法警察员。特别司法警察员分为海上保安官、劳动基准监督官、毒品取缔官、监狱职员、船长等职务。

检察官与司法警察职员均为侦查机关，法律规定，此两者必须相互协作实施侦查，同时，考虑到司法警察职员易受主管行政机关的影响，以及为公诉的外国刑事诉讼法需要，法律又赋予检察机关对司法警察职员的侦查一定的指示和指挥权，它分为：①一般指示权，指检察官在其辖区内，可以就侦查对司法警察职员作出必要的一般指示。此种指示权，应当通过规定为正确实施侦查或其他确保完成公诉的有关必要事项的一般准则而进行。②一般指挥权，是指检察官在其辖区内，可以为要求协助侦查而对司法警察职员进行必要的一般指挥，一般指挥是就具体案件对应协助侦查的全体司法警察职员作出的。③具体指挥权，是指检察官在自行侦查的场合，在有必要时，可以指挥个别司法警察职员辅助侦查。司法警察职员在接到检察官的指示、指挥时，应当服从。对于不服从的，检察官可以向具有惩戒罢免权的机关提出惩戒或罢免的追诉。惩戒罢免权机关认为追诉有理由时，应对被追诉人作出惩戒或罢免的处理。

二、检察机关

日本的检察机关叫检察厅，根据《日本检察厅法》的规定，检察厅分为四级，即最高检察厅、高等检察厅、地方检察厅、区检察厅，分别与最高法院、高等法院、地方法院和家庭法院、简易法院对应设立。

日本最高检察厅设在东京，与最高法院相对应，内设事务局、总务部、刑事部、公安部以及公审部等机构。凡遇重大案件，特别是涉及政、官、财界的要案，下级检察厅都要报告到最高检察厅，在处理这些重要的案件时，最高检察厅常常举行检察首脑会议。

高等检察厅共有8个，分别设在东京、大阪、名古屋、广岛、福冈、仙台、札幌和高松，即高等法院的所在地，内设事务局、刑事部、公安部等机构。另外，高等检察厅还设有6个分厅，与高等法院分院相对应。高等检察厅的工作主要是为处理控诉案件而出席公审，另外，指挥执行死刑也是高等检察厅的工作。

日本共有50个地方检察厅，分别设在日本都、道、府、县的官厅所在地以及北海道内的4个区域，也就是日本地方法院的所在地。此外，地方检察厅还有201个分厅，分设在地方法院分院的所在地。在日本，由于绝大多数犯罪案件都是以地方法院为第一审的，所以各地方检察厅的力量最为充实，尤其是侦查力量主要都集中在地方检察厅内。

日本的区检察厅共有452个，与简易法院的设置相对应，分别设在日本全国主要的市、区、町。区检察厅内一般不设部，而只设课和室，主要处理一些轻微的犯罪以及交通事故等方面的案件。

检察厅的职员有检察官、总检察长秘书官、检察事务官和检察技官。检察官是行使检察权的主体，分为总检察长、副总检察长、检察长、检事和副检事五类。总检察长、副总检察长、检察长为一级检察官，检事分为一、二两级，副检事为二级检察官。总检察长是最高检察厅长官，掌理本厅事务，并指挥监督检察厅的所有职员；副总检察长协助总检察长工作，当总检察长发生事故或缺任时，执行总检察长的职务；检察长是高等检察厅长官，掌理本厅事务，并指挥监督本厅及管辖范围内下级检察厅的所有职员。地方检察厅长官称为"检事正"，但这不是官名，而是职名，由一级检事担任，负责掌理本厅事务，并指挥监督本厅及所辖区检察厅的职员。区检察厅有2名以上检事时或者由检事和副检事组成时，以1名检事为上席检察官，负责掌理本厅事务，并指挥监督本厅其他职员。

检察官以外的职员中，检察事务官特别重要，其职责是受上官之命处理检察厅的事务，辅助检察官或应检察官指挥进行侦查。区检察厅的检察事务官在检察官缺额时，可以根据法务大臣的指定处理本厅检察官的事务。

根据《日本检察厅法》和《日本刑事诉讼法》，日本的检察机关享有以下职权：

（1）**刑事侦查权**。日本检察官拥有广泛的刑事侦查权，根据《日本刑事诉讼法》第191条的规定，检察官在认为必要时可以自行侦查犯罪。由此可见，检察机关无论是对警察机关移送的案件还是自己直接受理的案件，都可以自行决定侦查。为保证检察机关侦查活动的顺利进行，首先，日本在东京和大阪两个高等检察厅设立专门调查司，配备了一些精通银行和计算机业务的官员，专门办理经济犯罪和公务员犯罪的案件。其次，在物质条件上，法律规定凡警察机关能够使用的器械设备，检察机关均可使用。最后，有权要求司法警察协助侦查。

（2）就刑事案件实行公诉。《日本刑事诉讼法》第247条明确规定："公诉，由检察官提起。"同时采用国家起诉主义和检察官起诉独占主义是日本刑事诉讼制度的一个重要特点。在日本，只有国家才有进行公诉的权力，只有检察官可以代表国家提起诉讼。检察机关的公诉权包括决定起诉、决定不起诉和支持公诉三方面内容。

（3）请求法院正确适用法律。如在法院裁定保释时陈述意见；参加法庭调查和辩论；通过控诉、上告、抗告等上诉途径要求上级法院对违法的或不当的裁判加以纠正；请求再审和非常上告；等等。

（4）指挥、监督刑事裁判的执行。《日本刑事诉讼法》第472条规定："裁判的执行，由与作出该项裁判的法院相对应的检察厅的检察官指挥……"如果是执行死刑判决，应当在有检察官、检察事务官在场的前提下进行。检察官指挥裁判的执行，应当以指挥书的方式进行，并应附加裁判书和记载裁判笔录的副本或节本。检察官可以自行巡视监狱，在监狱监督、检查工作时，犯人可以要求检察官对监狱侵犯其人权的行为起诉，也可以要求提起民事赔偿诉讼。

（5）对属于法院权限的其他事项，认为职务上有必要时，要求法院予以通知或者陈述意见。这包括：①关于刑事补偿的请求有向法院陈述意见的权利；②对移送家庭法院审判的未成年人案件有接受裁判结果的通知权；③刑事被告人或被监督的人逃跑的，有接受通报的权利；④受理保护观察所所长撤销缓刑申请的权限；⑤外国提出请求协助侦查时，有协助侦查的权限；等等。

（6）以公益代表人的身份参与民事诉讼。根据日本法律的规定，与公益有密切关系的民事诉讼如婚姻关系、法人内部关系等引起的诉讼，检察官都可以以公益代表人的身份参加诉讼活动，必要时检察官还可以代表当事人进行诉讼。

日本的检察官在行使职权时，遵循以下三个原则：

（1）检察官一体原则。即独立行使检察权的每个检察官通过总检察长、检察长、检事正、上席检察官的指挥监督权，形成全国统一、等级有序的组织系统，作为一个整体处理检察事务。其含义有四：①检察官在职务上是处于下级服从上级的关系。②总检察长、检察长、检事正可以指定所属检察官办理自己权限内一部分检察事务。③总检察长、检察长、检事正对所属检察官有职务承继权和转移权，前者指亲自处理所属检察官权限内的事务，后者指将所属检察官权限内的事务移交所属的其他检察官办理，即变更承办的检察官。④检察官可依法代替本厅长官的职务。如总检察长、副总检察长、检察长、检事正因故不能履行职责或缺任时，各所在检察厅的检察官可以根据法务大臣预先规定的顺序临时代行他们的职务；掌理区检察厅事务的检察官因故不能履行职责或缺任时，可以由检事正指定的其他检察官临时代行其职务。⑤在处理检察事务过程中，遇更换检察官时，离任检察官进行的活动视为接任检察官的活动，不需要像法官更换时那样加以更新。由于实行检察官一体化原则，加上检察官只处于当事人的地位，所以检察官不适用回避的规定。

(2) 检察官"独任官厅"原则。在强调检察官一体化原则的同时，日本还坚持检察官"独任官厅"原则，即每个检察官在行政机关内部，被视为各自独立的国家机关，有关检察事务的处理均以各个检察官的名义进行，由该检察官负责，检察官即使违反检察厅首长的指挥从事侦查、公诉等活动也不违法。在一定程度上，检察厅被看作是各个检察官的独任官厅组成的复合机关。检察机关具有相对独立性，法务大臣不能干涉检察机关的具体办案工作。

(3) 法务大臣对检察厅享有指挥监督权。根据《日本检察厅法》第14条的规定，针对有关检察官的事务，法务大臣可以对检察官进行一般性的指挥监督。但是，对于每一案件的调查或处分，只能由总检察长进行指挥。据此，法务大臣对检察官的指挥监督权具体表现在以下三方面：①法务大臣对于和检察事务没有直接关系的领域，具有完全的指挥监督权。这是因为，检察厅作为设于法务省内的特别机关，其事务范围包括检察事务和检察行政事务，检察行政事务，如人事、会计、指导培养、事务监督等属于行政长官的权限。②法务大臣对于检察事务只具有一般的指挥监督权。检察事务是指检察厅在刑事诉讼方面承担的事务，法务大臣对检察事务的一般指挥监督权的范围，包括指示检察事务处理方法的一般基准、训示防止犯罪的一般方针、对法令进行行政解释、要求就案件提出报告等。此外，依照《日本检察厅法》第32条的规定，检察厅的事务章程由法务大臣制定。③对于每一具体案件的调查和处理，法务大臣不能直接指挥各个检察官，只能通过对总检察长的指挥监督权并以总检察长对下级检察官的指挥监督权为媒介，实现对每个检察官的间接干预。法务大臣在具体案件中行使对总检察长的指挥监督权时，总检察长有以下几种方式可供选择：尽管不同意但仍服从法务大臣的指挥；不服从指挥但准备接受惩戒处分；辞职。由于总检察长是全体检察官的代表，又享有检察官的身份保障，因此不允许盲目服从法务大臣的指挥。日本的这种制度被认为同时具有抑制检察权的独断专行和行政权不当干涉的机能。

三、法院

(一) 法院系统

根据《日本法院法》的规定，日本的司法权属于最高法院及依法律规定设置的下级法院，最高法院是根据宪法直接设立的惟一终审法院。有关设置下级法院的法律有法院法及关于下级法院的设立和管辖区域的法律。据此，在全国设立高等法院、地方法院、家庭法院和简易法院。地方法院与家庭法院属于同一审级，所以虽有五种法院，但实际上只有四级。在审级制度上，日本实行四级三审制，但各级法院都是独立开展工作，相互间没有指挥监督关系。当然，上级法院的判决对下级法院有拘束力。除普通法院系统之外，日本还在国会中专门设立了审判受到罢免控诉的法官的弹劾法院。

1. 最高法院。最高法院是日本的最高国家司法机关，与国会、内阁处于平等的法律地位，分掌国家司法权。最高法院由1名具有法官资格的院长和14名法官共计15人组成。最高法院院长担任大法庭的审判长及法官会议主席，对外代表最高法院，但实际上，院长并没有优于其他法官的地位，只不过是法官中的首席而已，这一点同内阁总理大臣与其他大臣的关系不同。根据《日本法院法》规定，最高法院法官由内阁从"见识广博、具有法律素养"、年龄在40岁以上的人士中任命。除最高法院院长依内阁的提名由天皇任命外，其余14名法官均由内阁任命、天皇认证。最高法院的院长和法官一经任命，即需按法律规定提交国民进行审查，即通过国民投票的方式对最高法院的法官是否信任以及决定是否给予罢免。在机构上，最高法院设事务总局管理司法行政工作，另设司法研修所、书记官研修所、家庭法院调查官研修所及图书馆等附属机构。

最高法院行使审判权是通过大、小法庭来进行的。大法庭是全体法官组成的合议庭。但是，由于事实上或法律上的原因，如生病、出差、回避等，有的法官是不能出席合议庭的。根据《日本最高法院裁判事务处理规则》第7条，大法官的法定人数不得少于9人。审判的合议一般以过半数决定，但在判断法令违宪时，须8人以上的法官意见一致。对于重要案件及事项，如制定规则、提名下级法院法官等，须经全体法官同意。大法庭通常在每周三开庭，在院长参加审判的场合，由院长担任审判长。

最高法院有3个小法庭，每个小法庭有5名法官，原则上由这5名法官组成合议庭进行审判，但有人因故不能参加审判时除外，不过至少应有3名法官才能开庭。

关于大法庭与小法庭的关系，依照《日本最高法院裁判事务处理规则》的规定，最高法院受理的案件，首先由小法庭审查，如果应由大法庭审判，则送交大法庭。经小法庭审查，具有下列情况之一时，应由小法庭审判长将其内容通知大法庭审判长，案件由大法庭审判：①根据当事人的主张，判断法律、命令、规则或行政行为是否符合宪法时；②当事人未主张，但法院认为法律、命令、规则或行政行为不符合宪法时；③对于宪法及其他法令、法律的解释、适用，小法庭的意见不同于最高法院在以前所作的裁判时；④小法庭法官意见有分歧，其主张人数又相同时。

在日本现行司法体制中，司法行政权的大部属于法院，而最高法院又享有最高司法行政权。为此，在最高法院内设有全体法官组成的法官会议，每月定期召集一次秘密会议，决定司法行政事务方面的重要事项，如法官及其他法院职员的任免、监督、会计等有关事项。

2. 高等法院。日本全国共设有8所高等法院，另有6所高等法院分院，与高等法院享有同等的司法审判权。

高等法院由院长和法官若干人组成，审理案件时一般由3名法官组成合议庭，但关于内乱罪案件应由5名法官组成合议庭审理。

根据《日本法院法》的规定，高等法院的审判权限主要是：①受理内乱罪的第一审案件；②受理对地方法院第一审判决、家庭法院判决以及简易法院有关刑事案件判决的控诉；③除受理诉讼法中特别规定的抗告以外，还受理对地方法院和家庭法院的决定和命令以及简易法院关于刑事案件的决定和命令的抗告；④除刑事案件外，还受理对地方法院第二审判决以及简易法院判决的上告；⑤在特别法律中所规定的由高等法院进行的第一审案件；⑥根据《日本禁止垄断法》第85条规定的有关公正交易委员会裁决的诉讼以及根据《日本专利法》第178条规定的对专利厅裁决的诉讼，由东京高等法院特别管辖。

高等法院除审判权外，也有司法行政权和规则制定权等。行使司法行政权的主体是由全体法官组成的法官会议。

3. 地方法院。日本地方法院在都、府、县各设1所，北海道设4所，全国共计50所，另有分院242所。地方法院审理案件，对一般案件原则上由1名法官实行独任审判制。但是，对一些较为重要的案件需由3名法官组成合议庭进行审判，包括：①由合议庭决定应由合议庭审判的案件；②关于适用死刑、无期或者1年以上惩役或监禁之罪的案件（但有例外）；③其他依法律规定应由合议庭审判的案件。

根据《日本法院法》的规定，地方法院的审理权限主要是：①诉讼标的超过90万日元的民事诉讼第一审案件；②除内乱罪和科处罚金以下刑罚的案件外的刑事诉讼一审案件；③对简易法院裁判上诉的案件；④《日本公职选举法》第25条规定的关于选举人名单的诉讼案件以及由特别法律规定的案件。

地方法院除审判权外，还拥有司法行政及规则制定等权限，其行使也与高等法院相同。

4. 家庭法院。日本的家庭法院是与地方法院并列的专门处理少年违法犯罪案件和家庭纠纷案件的法院，与地方法院同属一级，其设立也与地方法院相同，全国共有50所及242个分院。家庭法院负责审查和调解《日本家事裁判法》规定的案件、审理《日本少年法》所规定的少年保护案件。家庭法院审理案件以调解为主，判决为辅，通常由1名法官单独进行，法律有特别规定时则采合议制形式，即由3名法官组成合议庭审理案件。

5. 简易法院。简易法院是日本法院体系中最基层的法院，现在日本全国共设575所。

简易法院的审判权限较为有限，主要受案范围是：①处罚金以下刑罚的刑事诉讼案件以及作为选择刑罚而被定为罚金罪的案件；②诉讼标的在90万日元以下的民事诉讼案件；③盗窃罪的特别审判权。简易法院一般无权处以监禁以上的刑罚，但法律有特别规定时，可处以3年以下徒刑。简易法院审判案件一律实行独任制。

简易法院不设法官会议，其司法行政事务由法官掌管，法官为2人以上时，由最高法院指定一人管理。

（二）法院的职员

法院的职员主要是法官。日本的法官有六种，即最高法院院长、最高法院法官、高等法院院长、高等法院法官、高等法院助理法官和简易法院法官。地方法院院长和家庭法院院长不是官名，而是职名，其实际官名仍是法官。

日本的法院法和宪法对法官的任命资格作了严格的规定。助理法官必须从司法考试合格并经司法培训学习的人员中任命；高等法院院长和法官从有10年以上工作经历的助理法官、检察官、律师以及其他法律工作人员中任命；简易法院法官从有3年以上工作经历的助理法官、检察官、律师中任命，或从曾任高等法院院长、高等法院法官之职的人员中任命，经简易法院法官选考委员会的考核也可以从多年从事司法事务工作的人员中任命简易法院法官。上述四种法官，由内阁从最高法院确定的名簿中任命，任期10年，并可以连任。其中，高等法院院长的任命需经过天皇批准。最高法院院长和最高法院法官的任命与上述四种法官有所不同。最高法院的法官必须是识见高远、有法律素养、年满40岁以上的人，15名法官中至少有10名必须是任高等法院院长或高等法院法官累计10年以上的人，或者是任高等法院院长、高等法院法官、简易法院法官、检察官、律师以及其他法律规定的大学法律学教授、副教授等职累计满20年以上的人。其中最高法院院长由内阁提名，天皇任命。最高法院法官由内阁任命，天皇批准。

法官除下列情况外，不得违反本人的意愿予以罢免、转官、转任、停职和减薪：

（1）被依法弹劾。依日本宪法和国会法规定，法官严重违反职务上的义务或者严重玩忽职守或者有其他严重损害法官威信的职务上或职务外的违法行为时，可以根据弹劾法院的裁判加以罢免。罢免法官的追诉，由参众两院的议员组成追诉委员会进行，并由两院议员组成弹劾法院加以审判。

（2）依国民审查结果加以罢免。最高法院的法官在任命后遇众议员总选举时，应交付国民审查，以后每隔10年举行众议院议员总选举时再次交付国民审查。如果半数以上的投票人认为可以罢免时，即将该法官加以罢免。

（3）依《日本法官身份法》规定，法官被裁判为由于身心故障而不能执行职务时，可以由行使任命权的机关罢免。

法官在诉讼法上的地位，可分为以下几种情况：①在采用合议制的情况下，法官中的一人为审判长，其他法官为审判员。在采用独任制的情况下，由1名法官担任独任法官。合议庭的审判长拥有两种权限：一是代表合议庭行使的权限，其中有关诉讼指挥和法庭警察部分，所在的合议庭可以提出异议；二是专属权限，如紧急情况下决定传唤、拘传等，对此可以提出准抗告。②受任命法官，是指独立于审判组织行使诉讼法规定的有关权限的一个个具体的法官。如依侦查机关的请求签发各种令状的法官、提起公诉后第一次公审期日前决定有关羁押的处分的法官、进行证据保全程序的法官等。对于受任命法官的裁判，在一定限度内可以向其所在的法院（受任命法官是简易法院法官时，可以向有管辖权的地方法院）提出准抗告。③受委托法官。委托其他法院的法官为一定的诉讼行为时，接受委托的法官，称为受委托法官。可以委托进行的诉讼行为由法律规定。受委托法官可转托其他法官或移送其他法官，后者也称为受委托法官。对于受委托法官的裁定，在一定限度内，可按对受任命法官裁判的同样程序提出准抗告。

各级法院除法官外，还有书记官、执行官、法院调查官、庭吏、技官等法院职员。书记官担负制作调查记录、书写及保管诉讼记录及其他法律规定的事务；执行官负责判决的执行、审判方面法律文书的送达及法律规定的其他事项，设于地方法院；法院调查官设置在最高法院、高等法院和地方法院，职责是授命于法官就有关案件的审理和裁判进行必要的调查，并报告调查的结果；庭吏设在各级法院，职责是协助法官维持法庭秩序、与有关人员联系、公布规定的审理日期，管理开庭簿等。

（三）法院的管辖

法院管辖的实质是统一的国家审判权在不同法院之间的具体分配。在日本，法院管辖分为法定管辖和裁定管辖，前者是根据法律规定的标准将审判权上的分工加以固定，包括事物管辖、地域管辖、审级管辖；后者是根据法院的裁量来决定管辖问题，包括指定管辖和移送管辖。

1. 事物管辖，是以犯罪的性质和法定刑的轻重为标准来确定第一审法院的审判权限。在日本，最高法院主要负责违宪审查和司法解释，不承担第一审刑事案件的审判。各下级法院的事物管辖在前文中已有述及，现总结如下：

简易法院管辖的第一审案件，是法定刑为罚金以下之罪的案件，或规定罚金作为选择刑之罪的案件，以及特定之罪如赌博罪、窃盗罪、侵占罪、赃物罪等的案件，在判刑方面原则上不得判处监禁以上之刑，但对特定之罪可以判处3年以下惩役。如果简易法院认为应判处超出上述限度之刑时，应当用裁定将案件移送于地方法院。

地方法院管辖的第一审案件是除法定刑为罚金以下之罪的案件和高等法院管辖的第一审案件以外的所有案件。

家庭法院管辖的第一审案件是《日本少年法》第37条第1款规定的犯罪案件及该法规定的少年保护案件。

高等法院管辖的第一审案件是《日本刑法》第77条至第79条规定的内乱罪案件。

2. 地域管辖，是同一级别但不同地区的法院在审判第一审刑事案件上的权限分工。在日本，刑事案件原则上由犯罪地或者被告人的住所、居所或现在地法院管辖；在国外的日本船舶内的犯罪，也可由该船舶的船籍所在地或者犯罪后该船舶的停泊地法院管辖；在国外的日本航空器内的犯罪，也可以由犯罪后该航空器着陆或着水地法院管辖。

按照上述级别管辖的规定，法院发现自己没有管辖权时，必须立即作出管辖错误的判决。但是对于地区管辖，未经被告人申请，法院不得宣告管辖错误；被告人申请管辖错误时，必须在被告案件开始调查证据以前提出，否则即使提出，也不再影响法院的地区管辖权。法院判明没有管辖权时，如果遇有紧急情况，为了发现事实仍可以自行采取或命令受任命法官采取必要的措施，如询问证人、勘验、搜查、扣押等。此外，没有管辖权的法院在判明自己没有管辖权以前所进行的诉讼活动，仍然具有法律上的效力。

3. 审级管辖，是第一审法院以外的法院所具有的涉及级别关系的审理权限。首先，对地方法院、家庭法院及简易法院的第一审判决可以提起控诉，由高等法院管辖。其次，对高等法院的第一审或第二审判决，原则上准许上告，由最高法院管辖。最后，对地方法院、家庭法院、简易法院的裁定提起的抗告，由高等法院管辖；特别抗告由最高法院管辖。

4. 关联案件的管辖。关联案件指下列各情形：①一人犯数罪的；②数人犯同一罪或同时单独犯罪，包括法定的共犯、必要的共犯和同时犯；③数人通谋分别犯罪的。在这些情形下，可以作为关联案件由一个法院合并管辖。事物管辖不同的关联案件，由上级法院合并管辖；事物管辖相同而级别管辖不同的关联案件，由对其中一案有管辖权的法院合并管辖。

5. 指定管辖，有两种情况：①由于法院管辖区域不明而不能确定管辖法院或者对于已经裁判宣告管辖错误的案件没有有管辖权的法院时，检察官应请求有关第一审法院的共同直属上级法院指定管辖；②依法没有有管辖权的法院或者不能知悉有管辖权的法院时，总检察长应请求最高法院指定管辖。

6. 移送管辖。管辖法院由于法律上的理由或特殊情况而不能行使审判权时,或由于地方上的民心、诉讼的状况或其他情况,有可能不能维护审判的公平时,应当由检察官向直属上级法院请求移送管辖,被告人也可以请求移送管辖。此外,在由于犯罪的性质、地方上的民心或其他情况认为由管辖法院审判有可能妨害公共秩序时,总检察长应当向最高法院请求移转管辖。

(四) 法官的回避

为保障审判的公平性,日本刑事诉讼法规定了法官的三种回避形式,即当然回避(除斥)、申请回避(忌避)和自行回避(回避)。

1. 当然回避。当然回避指法官因与案件有法定的利害关系,或者有可能对案件存有预断,而显然有可能作出不公平的裁判时,由法律规定禁止其对该案件执行法官职务。当然回避的原因为下列情形之一:①法官是被害人的;②法官是或者曾经是被告人或被害人的亲属的;③法官是被告人或被害人的法定代理人、监护人或保佐人的;④法官曾为本案的证人、鉴定人的;⑤法官曾为本案被告人的代理人、辩护人或辅佐人的;⑥法官曾担任本案的检察官或司法警察员职务的;⑦法官曾参与过前审的调查和裁判等的。在有上述法定回避原因时,法院应依职权作出回避的裁定。有回避原因的法官没有回避而参与本案的判决时,可以成为上诉的理由。

2. 申请回避。法官有当然回避的原因不得执行其职务时,或有可能作出不公平的裁判时,检察官或被告人可以申请该法官回避。辩护人在不违反被告人明示的意思的前提下也可以为被告人申请该法官回避。对于回避的申请,应由法院依法作出裁定,即认为申请有理由的,应作出法官回避的裁定,认为申请无理由的,应作出驳回申请的裁定。受到应回避裁定的法官,对该案件不得执行任何职务。如不顾该裁定而参与判决,依法可以成为上诉的理由。

3. 自行回避。法官认为自己存在当然回避的原因时,应自行回避。自行回避,应由法官向所属法院提交书面申请,并由法院依法对该申请作出裁定。

根据《日本刑事诉讼法》第 26 条规定,法官回避的以上三种形式,除当然回避中的第 7 项原因外,均适用于法院书记官。书记官的回避,原则上由他所隶属的法庭裁定。应当回避而没有回避的法院书记官所制作的法庭笔录,没有效力。

(五) 裁判员制度

日本于 2004 年 5 月正式通过《裁判员参加刑事裁判的法律》;后又于 2007 年 7 月通过《裁判员参加刑事裁判的规则》。作为日本司法改革的内容之一,上述立法确立的裁判员制度,即陪审制度将于 2009 年 5 月正式生效并付诸实践。根据上述法律,日本裁判员制度的基本内容包括以下几个方面:[1]

1. 适用范围。裁判员制度只适用于地方法院的第一审刑事案件,但并不是所有的一

---

[1] 参见中国诉讼法律网,2007 年 9 月 17 日至 27 日,樊崇义教授率团对日本、韩国进行了为期 10 天的学术访问,重点考察了日本、韩国的陪审制立法以及日本检察审查会制度的相关改革。本部分内容选自其综述报告,有删节。

审案件都必须由裁判员审判。如存在对裁判员有加害可能使其畏惧而不能执行裁判员职务且选任替代的裁判员有困难时，地方法院可以根据检察官、被告人或辩护人的请求或者依照职权，裁定由法官组成的合议庭审判。裁判员审理的案件仅限于重大案件，具体有两类：一类是法定刑为死刑或无期徒刑的案件，另一类是故意犯罪引起被害人死亡的案件。据估计，适合裁判员审理的案件每年约有3000件。

2. 裁判员的资格及其选任。担当裁判员，须年满25岁且拥有众议院议员选举权的人。但法律还规定了裁判员候选人的消极条件，包括大学教师、律师在内的很多人不能做裁判员。裁判员的选任和确定程序包括制作裁判员候选人名册、传唤裁判员候选人、裁判员的确认、申请裁判员回避等。在具体操作上，一般由法院向当选的裁判员发出通知，以抽签的方式挑选；一个案件一般有10至60名候选人；对于当选的裁判员，控辩双方可以对4人提出无因回避；当选的裁判员因客观原因不能履行职务时，也可以要求辞职。

3. 裁判员的职责。按照规定，裁判员应如期出庭，公平诚实地履行职务，在评议时自由陈述意见，并对评议内容负有保密义务；同时，不得实施可能对公正审判之信赖有所损害的行为。裁判员应独立行使其职权，就案件的事实认定和法律适用包括定罪和量刑，与法官共同作出决定。

4. 合议庭组成及案件评议。合议庭一般由3名法官和6名裁判员组成；对有些轻微案件，经被告人同意，也可由1名法官和4名裁判员组成小型合议庭进行审理。按照要求，所有与案件有关的实体裁判，都应根据合议庭过半数的成员的意见作出，且必须至少有1名法官和1名裁判员发表赞成意见，判决才能成立。

从以上内容可以看出，日本裁判员制度是一种颇具特色的国民参与司法的制度。在裁判员选任方面，它吸收了英美等国陪审团制度的经验；在裁判员职权方面，它借鉴了德法等国参审制度的做法。

第三节　日本刑事诉讼程序

一、概述

刑事诉讼，从其本质上说，是国家行使刑罚权的司法活动。为了维护社会秩序，巩固阶级统治，国家必须对犯罪活动予以追究和惩罚。国家追究犯罪、惩罚犯罪的活动并不是由一个机关、一次活动就能完成的，必须经过几个机关一系列的、持续的、有序的活动才能完成，它体现出阶段性、程序性的特征。刑事诉讼程序，是指侦查、起诉、审判、上诉及裁判的执行等整个过程，它就是现代国家追究、惩罚犯罪所要经过的一般过程。

日本现行的刑事诉讼法是在第二次世界大战战败后制定的，它在很大的程度上引用了英美法系的原则和制度，并且也保留了一部分原有的大陆法系的传统和特点。与旧的刑事诉讼法相比，日本现行刑事诉讼法在诉讼结构、诉讼理念以及具体的诉讼制度等方面都作出了重要的变革，适应了日本现行宪法的正当程序原则的要求。

日本的刑事诉讼程序把原来所遵循的职权主义与美国刑事诉讼程序的当事人主义结合为其基本特点，形成了日本式的当事人主义。这表现在：

1. 在侦查阶段，十分注意保护犯罪嫌疑人的权利。如犯罪嫌疑人享有沉默权，不得强制任何人作对自己不利的供述。侦查阶段的犯罪嫌疑人有选任辩护人的权利，这一项权利，加强了犯罪嫌疑人与国家机关相对抗的力量，这一内容是当事人主义侦查程序的重要内容之一，体现了日本刑事诉讼程序由职权主义向当事人主义的转变。侦查机关采取强制措施必须首先取得法官所签发的令状，即使检察官也不具有对被告人采取强制措施的权力，只有法官具有采取强制措施的决定权，此即日本的令状主义制度。

2. 在起诉程序上，日本采取起诉状一本主义，检察官在提起公诉时，只能按照法律的规定，将记载一定事项的起诉书提交法院，而不得添加可能会使法官对案件产生预断的文书以及其他物品，或者引用该文书的内容。同时日本的起诉程序还遵循国家垄断主义的原则，公诉只能由检察官提起，并赋予检察官一定的自由裁量权，对那些依据犯罪嫌疑人的性格、年龄及境遇、犯罪的轻重及情节和犯罪后的情况等条件认为没有必要追诉时，检察官可以不予追诉。

3. 在审判程序上，以当事人主义为主兼具职权主义的特点。改变了过去由审判长依职权进行证据调查的审理方式，基本上采取抗辩的方式，由双方当事人举证，享有平等的请求调查证据权，调查证据采用交叉询问的方式。证据调查完毕后，双方当事人就事实及法律的适用进行辩论，总之，审判程序主要是在双方的攻击与防御中进行的。但法官并不是被动消极的，他仍然掌握审判的指挥权，在认为必要的情况下可以依职权进行证据调查。

二、侦查

（一）侦查的开始

侦查是侦查机关调查犯罪嫌疑人的程序，是保全犯罪证据和保全犯罪嫌疑人本身的活动，侦查的目的是为了查明是否有犯罪事实、是否有犯罪嫌疑、是否提起公诉，这一程序的特有目的是为提起公诉做准备。日本刑事诉讼法赋予犯罪侦查权的机关分为两类：司法警官和检察官，具体包括司法警察职员、检察官及检察事务官。

侦查可以开始于公民等提供的犯罪线索，包括告诉、告发、自首等形式，也可以开始于侦查机关发现的犯罪线索如通过职务检查、对非正常死亡的尸体进行检查等形式。依据日本刑事诉讼法的规定，侦查机关发现犯罪嫌疑的渠道有以下：①发现现行犯；②验尸；③控告；④检举；⑤请求；⑥自首。除法定渠道外，在实践中还有如被害人报案、匿名举报等渠道。

侦查自侦查机关知悉有犯罪时始。广义的侦查，包括侦查的开端、侦查的实行及侦查的终结等整个侦查活动。日本的侦查机关主要依以下法定程序开始侦查活动。

1. 告诉。告诉又称控告，是指控告权人向侦查机关陈述犯罪事实，并且要求处罚犯罪人的意思表示。告诉对一般犯罪而言，只是侦查开始的材料来源，但对亲告罪来说，却是提起公诉和进行实体审理的前提条件。

可以提起告诉的告诉权人，包括被害人、被害人的法定代理人。被害人已经死亡的，他的配偶、直系亲属或者兄弟姐妹也可以告诉，但是不得违背被害人明示的意思表示；被害人的法定代理人是犯罪嫌疑人、犯罪嫌疑人的配偶或者犯罪嫌疑人的四代以内的血亲或三代以内的姻亲时，被害人的亲属也可以独立告诉；对毁损死者名誉的犯罪，死者的亲属和子孙均可以告诉；被害人尚未提起告诉即死亡的，被害人的亲属和子孙可以控告但不得违背被害人的明示意思表示；亲告罪没有控告权人的，检察官依据利害关系人的申请可以指定告诉人。告诉应当以书面或言词的方式向检察官或司法警察员提出，检察官或司法警察员在接受口头告诉时应当制作笔录。

亲告罪存在告诉特别程序的规定，告诉应当自知悉犯人之日起 6 个月内提起；告诉人有数人时，告诉期间独立计算；告诉可以撤销，但必须在提起公诉之前。

告诉时应当遵循告诉的不可分原则，即对共犯的一人或者数人提起告诉或者撤销告诉时，其效力及于其他共犯。

2. 告发。任何人在知悉有犯罪发生时，都可以告发，官吏由于其执行职务而知悉有犯罪发生时，应当告发。告发的方式与告诉相同。

3. 自首。自首是指犯罪人在侦查机关发现犯罪事实或犯罪人之前，自行向侦查机关报告自己的犯罪事实，请求追诉并表示愿意接受处罚。一般情况下，应是犯罪人自行到侦查机关投案，但是犯罪人通过他的亲属代为向侦查机关报告犯罪事实、接受刑法处罚的也应视为自首。自首在刑法上是减轻或免除刑罚的事由，而在刑事诉讼法上则是侦查开始的依据，因此自首必须在侦查机关查明犯罪事实和犯罪人之前进行，否则不属于自首。自首的方式和接受程序适用告诉和告发的方式和程序，检察官或者司法警察员在接受自首时必须审查是否符合条件，有无借自首之名隐瞒重大犯罪事实或者其他犯罪人的情况。

4. 发现现行犯。现行犯是指正在实施犯罪或者刚实施完犯罪、被追呼为犯罪人的人，或持有赃物、持有可以明显地认为是曾经供犯罪使用的凶器或其他物品的人，或者身体或衣服有犯罪的明显痕迹的人，或受盘问而逃跑的人，可以明显地认为是实施犯罪终了后间隔不久的人也应被视为现行犯。对于现行犯，任何人都可以在没有逮捕证的情况下逮捕。检察官、检察事务官及司法警察员以外的人在逮捕现行犯之后，应当立即送交地方检察厅或区检察厅的检察官，或送交司法警察员。

发现现行犯是侦查机关开始侦查的渠道之一，对现行犯采取措施之后，侦查机关应当开展侦查活动，查明犯罪事实和所有实际犯罪人。

5. 检验尸体。检验尸体即验尸。验尸有行政验尸和司法验尸之别，行政验尸是警察署长根据公共卫生、确认死因和身份、尸体处理等行政目的辨别尸体。司法验尸一般是在行政验尸的基础上进行的。根据《日本刑事诉讼法》第 229 条，遇有非正常死亡或者可疑为非正常死亡的尸体时，该所在地的管辖地方检察厅或者区检察厅的检察官，应当进行检验。验尸由检察官主持，但检察官可以命令检察事务官或司法警察员进行，实践中多数情况下都由司法警察员代行检察官验尸。通过对非正常死亡的尸体进行验尸，进而确定犯罪嫌疑的有无。

（二）侦查方法

侦查分为任意侦查和强制侦查，可以分别采用或者一并采用。

1. **任意侦查**。任意侦查是相对于强制侦查而言的，它是指不采用强制手段、不对相对人的生活权益强制性地造成损害，而是以相对人同意或者承诺为前提，在相对人的配合之下进行的侦查活动。《日本刑事诉讼法》第 197 条第 1 款规定："为实现侦查的目的，可以进行必要的调查。但除本法有特别规定的以外，不得进行强制处分。"此即任意侦查原则。对于任意侦查，法律没有特别的限制，但应当以适当的方法进行。对于这一原则，应从以下角度加以理解：侦查活动应尽量采用任意侦查的方法，强制侦查只是在法定情况下并经事先签发相关证件时作为例外而进行；任意侦查应在必要的限度之内进行，任意侦查不是随意侦查，它是为实现侦查的目的而进行的必要调查，因此必须有一定的限制。任意侦查的方法主要有以下几种：

（1）要求犯罪嫌疑人到场并对他进行调查。检察官、检察事务官或者司法警察员，为实施犯罪侦查而有必要时，可以要求犯罪嫌疑人到场对他进行调查，并且在进行调查时，应当预先告知犯罪嫌疑人没有必要违反自己的意思进行供述。犯罪嫌疑人可以拒绝到场，或者在到场后随时退出，但犯罪嫌疑人被逮捕或被羁押的除外。这是对日本宪法所规定的沉默权的具体保障之一。依据日本刑事诉讼法的规定，犯罪嫌疑人的供述可以制成笔录，犯罪嫌疑人认为笔录无误时，要求其签名、盖章，对此犯罪嫌疑人可以拒绝。经签名盖章的笔录，在一定条件下可以作为证据。

（2）调查参考人。检察官、检察事务官或者司法警察员，为实施犯罪侦查而有必要时，可以要求犯罪嫌疑人以外的人（参考人）到场，对他进行调查、嘱托鉴定、口译或笔译。受托人为此而花去的交通费和日薪等均按《检察官调查的人员的交通费、日薪、住宿费等支付法》予以支付。

（3）留存。检察官、检察事务官或者司法警察员，对被疑人或其他人遗留的物品，或者由所有人、持有人或者保管人自行提出的物品，可以予以扣留。

（4）照会。侦查机关可以照会公务机关或者公私团体，要求提出必要的事项报告。

2. **强制侦查**。强制侦查是任意侦查的对称。所谓强制侦查是指为侦查犯罪而实施的强制处分，不受对方的意思约束，但以法律有特别规定者为限。日本刑事诉讼法规定了逮捕、羁押、搜查、扣留、勘验、人身检查、鉴定、扣留、鉴定处分、询问证人等十种强制处分。侦查机关实施的强制处分依据侦查对象的性质可分为对人的强制处分和对物的强制处分两种。

（1）对人的强制处分。即对人的身体所实施的强制处分，在侦查中有逮捕和羁押两种：

第一，逮捕。《日本宪法》规定，除作为现行犯罪逮捕的情况外，任何人，除非根据有权限的司法官署发出并载明构成逮捕理由的犯罪令状不受逮捕。日本的刑事诉讼法根据宪法的规定对有关逮捕犯罪嫌疑人的事项作了具体的规定，逮捕分为通常逮捕、紧急逮捕和现行犯逮捕。

通常逮捕——依据令状进行的逮捕。检察官、检察事务官或者司法警察员在有相当理由足以怀疑犯罪嫌疑人已经犯罪时，依据法官预先签发的逮捕证，可以逮捕犯罪嫌疑人。但相当于30万日元以下的罚金、拘留或者罚款的犯罪，以犯罪嫌疑人没有固定的住所，或者没有正当理由而不接受到场要求为限。逮捕请求应由检察官或者司法警察员提出，由法官签发逮捕证，法官认为请求有理时，应予以签发。如果考虑到犯罪嫌疑人的年龄、犯罪的轻重或是否有逃亡及毁灭证据的可能而认为显然没有逮捕必要时，可以驳回其请求。也就是说，通常逮捕要求有逮捕的理由和逮捕的必要。依据逮捕证逮捕犯罪嫌疑人时，应当向犯罪嫌疑人出示逮捕证。

检察事务官或司法巡查依据逮捕证逮捕犯罪嫌疑人之后，如是由检察事务官执行逮捕的，应将犯罪嫌疑人带交检察官，如是由司法巡查执行逮捕的，则应当将犯罪嫌疑人带交司法警察员。具有逮捕执行权的是一切侦查机关。

紧急逮捕——检察官、检察事务官或者司法警察员，在有充分理由足以怀疑犯罪嫌疑人已犯有相当于死刑、无期惩役或无期监禁以及最高刑为3年以上的惩役或监禁之罪的场合，由于情况紧急而来不及请求法官签发逮捕证时，可以告知理由后逮捕犯罪嫌疑人。逮捕后，应当立即请求法官签发逮捕证，如法官拒绝签发逮捕证，应当立即释放犯罪嫌疑人。将犯罪嫌疑人紧急逮捕后的程序适用通常逮捕的有关规定。

现行犯逮捕——现行犯是正在实施犯罪或者刚实施完犯罪的人。对于被追呼为犯罪人的、身体或衣服有犯罪的显著痕迹的、持有赃物或者可以确认是供犯罪使用的凶器或其他物品或者在受盘问时准备逃跑的，是准现行犯，视为现行犯。日本刑事诉讼法规定任何人都可以无逮捕证而逮捕现行犯。由私人实施的对现行犯的逮捕，应在逮捕后立即送交地方检察厅或区检察厅的检察官或司法警察员。

司法警察员依据逮捕证逮捕或者接收犯罪嫌疑人后，应立即告知其犯罪事实和可以选任辩护人的权利，给予其辩解的机会。没有留置必要的应立即释放；有留置必要的应在48小时之内办理将犯罪嫌疑人连同文书及证物一并移送检察官的手续。检察官依据逮捕证逮捕或者接收犯罪嫌疑人之后也应给予其辩解的机会，认为没有留置的必要时应立即予以释放；认为有留置必要时，应在48小时内请求法院羁押犯罪嫌疑人。如在上述时间期限内没有请求羁押或提起公诉，应立即释放犯罪嫌疑人。

第二，羁押。羁押是把依法逮捕的犯罪嫌疑人关押在指定场所，限制其人身自由的强制方法。羁押须以逮捕为前提，即羁押之前需先履行逮捕程序，这种为了羁押先行逮捕的原则被称作逮捕前置主义。它将逮捕和羁押视为两个前后相继的阶段，为羁押犯罪嫌疑人必须先行逮捕程序，逮捕后要审查是否存在羁押理由。逮捕前置主义可以防止错押错捕，体现司法制约的要求。逮捕后是否羁押要以是否存在羁押理由为前提：如法院有相当的理由怀疑被告人有犯罪行为，并且被告人没有一定的居所；或有相当的理由足以怀疑被告人会隐匿或毁灭罪证；或被告人有逃亡行为或者有相当的理由足以怀疑犯罪嫌疑人有逃亡的可能。羁押应当在由法官告知被告人被控告案件并听取其有关案件的陈述后进行。羁押的期限为10天，可延长至20天，特定的犯罪可延长至25天。日本刑事诉讼法规定，自提出羁押请求之日起 10 日以内没有提公诉时，检察官应立即释放犯罪嫌疑人；法官认为有不得已的事由时，应检察官的请求可延长前款期间但总计不得超过 10 日；法官对于特定的犯罪，如内乱罪、外患罪、骚扰罪等，依检察官的请求可以再行延长前款期间，但总计不得超过 5 天。

(2) 对物的强制处分。侦查过程中对物的强制处分有查封、搜查、勘验，它们都是以收集证据为目的而实施的。对物的强制处分可以分为必须持有命令文件的查封、搜查、勘验和不必持有命令文件的查封、搜查、勘验。

第一，必须持有令状的查封、搜查、勘验。检察官、检察事务官或者司法警察员为实施犯罪侦查而有必要时，依据法官签发的令状，可以进行查封、搜查或者勘验。签发令状的请求应由检察官、检察事务官或者司法警察员以书面形式向法官提出。法官签发的令状应当记载犯罪嫌疑人或被告人的姓名、罪名、应予搜查的场所、物品或身体，应予勘验的场所或物品或应予检查的身体及关于检查身体的条件、有效期间以及其他有关规定的事项，并由法官记名、盖章。执行查封或搜查时，检察官、被告人或者律师可以在场，并应当通知执行查封、搜查的公务机关的长官或他的代理人到场。查封或搜查的执行人应预先将执行的时间、地点通知可以到场的人，法院在执行查封、搜查的过程中，认为必要时也可以使被告人到场。

对身体的检查应当依据检查身体的令状进行，并不应损坏被检查人的名誉；检察官、检察事务官或司法警察员在请求检查身体的令状中应说明检查身体的理由、受检查人的性别及健康状况等事项，法官对检查身体可以附加认为适当的条件。除紧急情况外，对妇女身体的搜查应有成年妇女在场。

对被认为是常用于赌博、彩票或者妨害风化行为的场所、旅馆、饮食店或其他夜间公众也可出入的场所，可以在夜间进行查封、搜查、勘验。

第二，不必持有令状的查封、搜查、勘验。检察官、检察事务官或司法警察员在逮捕犯罪嫌疑人或现行犯的场合，认为有必要时可不需要另持进行查封、搜查、勘验的令状而进入有人居住或有人看守的宅邸、建筑物或船舶搜查犯罪嫌疑人；并可以在逮捕现场进行查封、搜查或勘验，但在没有取得逮捕证时，应立即返还查封物。必须持有或不必持有令状进行的查封、搜查、勘验除上述规定外都准用总则中的规定。

(三) 侦查终结

司法警察员在侦查终结后，除检察官指定的案件外，应迅速将案件连同文书及证物一并移送检察官，检察官接受移送的案件或者自行侦查的案件后，应依法作出相应的处理。

司法警察员在接受告诉、告发时，应迅速将有关文书及证物移送检察官。对于轻微犯罪案件，司法警察员应当依据检察官的一般指示每月向检察官集中报告 1 次，而不必移送检察官。对青少年犯罪的案件应当将其移送至家庭法院。司法警察员逮捕犯罪嫌疑人之后，认为有留置必要的，应在犯罪嫌疑人被捕的 48 小时之内将犯罪嫌疑人连同文书及证物移送至检察官。

对移送的和自行侦查的案件，根据侦查结果，可以以裁定的方式作出起诉或者不起诉的决定。对作出不起诉处分的案件，如果犯罪嫌疑人提出要求，应当告知其不起诉的决定；对经告诉、告发或者请求而进行侦查的案件作出起诉与不起诉的处分，应当迅速将该项决定通知给告诉人、告发人或者请求人。

三、起诉

日本刑事诉讼程序主要分为普通程序和略式程序，略式程序是主要应用于财产刑的案件中、在被告没有异议的情况下，可以由简易法院以书面审的形式作出审判的一种简易程序。本节涉及的是普通程序中的起诉阶段。检察官以经过侦查已经查明犯罪事实的理由，请求法院对被告行使刑事审判权，此称为提起公诉。

（一）起诉的基本原则

1. 起诉垄断主义。起诉垄断主义是相对于自诉而言的。在日本，刑事案件只能由国家机关提起，即刑事案件实行的是国家追诉，至于具体由哪个国家机关来行使这一权力，《日本刑事诉讼法》第247条规定："公诉，由检察官提起。"这一规定使公诉权由检察机关这一国家机关独自垄断，是为起诉垄断主义。由国家机关——检察官独占行使起诉权，可以期望在全国贯彻统一、公平的标准，尽量避免受个人感情、利害关系或地方情况等因素的影响；但完全由国家机关垄断起诉权，往往会导致追诉的官僚化。

2. 起诉便宜主义。起诉便宜主义是相对于起诉法定主义而言的。凡具有犯罪嫌疑并且具备诉讼条件的就必须提起诉讼，这被称做起诉法定主义。起诉法定主义可以避免检察官的恣意妄为，维护法律秩序的稳定，但是公诉机关缺乏裁量的权力，必须对所有的犯罪嫌疑人都提起诉讼这种做法显得过于机械，而且不利于利用刑事政策影响犯罪嫌疑人，也不利于犯罪人的改造，更不利于诉讼经济。因此在具备犯罪嫌疑与诉讼条件但却不必要起诉时，检察官可以裁量作出不起诉的决定，此即起诉便宜主义，又称为起诉犹豫。检察官据此而拥有的起诉或者不起诉的裁量权，并不因提起公诉而消灭，即在第一审判决前仍可以撤销起诉。《日本刑事诉讼法》第248条规定："根据犯人的性格、年龄及境遇、犯罪的轻重及情节和犯罪后的情况，没有必要追诉时，可以不提起公诉。"

由于日本遵循起诉垄断主义和起诉便宜主义两项基本原则，从而使检察官在决定是否提起诉讼时拥有极大的裁量权，这就存在着滥用起诉权的可能与危险。为了保证追诉活动的民主、公正和公平，防止滥用起诉权，日本的法律对检察官行使追诉裁量权规定了控制措施以对起诉权加以监督和制约。这些措施主要有检察审查会制度和准起诉制度。

（1）检察审查会制度[1]。①机构设置及人员组成。检察审查会设置在地方法院及其分院所在地，每个地方法院管辖区内至少设一个检察审查会。每个检察审查会均由11人组成，另有11名候补成员，组成人员由该审查会辖区内具有众议员选举权的人中抽

---

[1] 参见中国诉讼法律网，2007年9月17日至27日，樊崇义教授率团对日本、韩国进行了为期10天的学术访问，重点考察了日本、韩国的陪审制立法以及日本检察审查会制度的相关改革。本部分内容选自其综述报告，有删节。

签产生，任期为 6 个月。通过选举，一人担任会长。检察审查会于每年 3、6、9、12 月的 15 日召开会议，必要时可由会长临时召集。②主要职权。检察审查会的主要职权是审查检察官不起诉是否适当。除内乱、独占禁止法之案件外，检察审查会对其他所有案件均有审查权。此外，检察审查会还可以对检察业务的改进提出建议和劝告。③启动方式及其程序。检察官作出不起诉决定后，检察审查会可以基于刑事案件控告人或者被害人的要求或者依职权，对检察官的不起诉决定的妥当性进行审查。检察审查会审查案件采用不公开的方式进行，且通常进行书面审查；必要时，可以传唤并询问证人。④决议及其效力。经审查，有 8 名以上多数认为应该起诉时，可作出"应当起诉"的决定。检察审查会的决议必须以书面形式并附理由送交检事正，检事正参考该决议，认为应当提起公诉时，必须启动起诉程序。根据以前的法律，该决定只具有建议作用，对检察官没有约束力，也不必然具有使检察官改变原不起诉处分的效力。修改后的《日本检察审查会法》则规定，检察审查会作出起诉决定后检察官仍不起诉的，检察审查会可以再次决定起诉，并由裁判所指定的律师代替检察官提起公诉。

（2）准起诉制度。日本的准起诉制度是借鉴德国刑事诉讼法中的强制起诉程序而建立的。它的内容是，对《日本刑法》第 193 条至 196 条或者《日本破坏活动防止法》第 45 条规定的犯罪提起告诉或者告发的人，不服检察官不提起公诉的处分时，在接到不起诉处分通知之日起 7 日以内向作出不起诉处分的检察官提出申请书，检察官认为请求有理时，应当提起公诉；如认为请求没有理由，应立即将请求书送交法院。决定交付审判的，由法院指定律师支持公诉。准起诉制度是起诉垄断主义的例外。

（二）提起公诉的方式与时效

提起公诉，应当由检察官向法官提出起诉书。日本刑事诉讼法对起诉采用的是"起诉状一本主义"，又译为"唯起诉书主义"。《日本刑事诉讼法》第 256 条规定，起诉书，应当记载下列事项：①被告人的姓名或者其他足以特定为被告人的事项；②公诉事实；③罪名。公诉事实应记载诉因，尽可能地指明犯罪的时间、地点及方法；罪名应当记载其予以适用的处罚条文，并且在起诉书中，不得添加可能使法官对案件产生预断的文书及其他物品，或者引用该文书的内容。

由于实行起诉状一本主义，检察官在提起公诉的同时不必将侦查笔录、证据和其他文书移交法院，体现了日本宪法所确定的刑事案件的被告人有权获得法院公正审判的权利。起诉状一本主义，加强了检察官的当事人地位，是刑事诉讼由职权主义向当事人主义转化的一个重要环节，它切断了侦查程序与审判程序的直接联系，避免法官形成先入为主的偏见从而作出有罪的心证，为法院作出公正的判决创造了条件。

日本刑事诉讼法规定了公诉时效的期间。适用死刑的犯罪，公诉时效期间为 15 年；适用无期惩役或者无期监禁的犯罪，公诉时效期间为 10 年；适用最高刑期为 10 年以上的惩役或者监禁的犯罪，公诉时效期间为 7 年；适用最高刑期为未满 10 年的惩役或者监禁的犯罪，公诉时效期间为 5 年；适用最高刑期为未满 5 年惩役或者监禁或者相当于罚金的犯罪，公诉时效期间为 3 年；适用拘留或者罚款的犯罪，时效期间为 1 年。公诉时效期间自犯罪终了之日起计算，共同犯罪的自最后的行为终了之日起计算所有共犯的时效期间。公诉时效因案件提起公诉而停止进行,自管辖错误或者公诉不受理的裁判确定之时起开始进行。因犯人在国外或者逃匿而不能有效送达起诉书副本或告知简易命令时,在犯人在国外或逃匿的期间,时效停止进行。

(三) 起诉后的强制处分

强制处分可分为起诉前的强制处分和起诉后的强制处分。起诉后的强制处分由受诉法院实施,以确保被告人的出庭及进行证据的收集和保全。起诉后的强制处分有:传唤、拘传、羁押以及扣押、搜查和勘验等。

1. 传唤。传唤是法院命令被告人于指定日期自行到案接受询问的一种强制处分。传唤被告人应当使用传唤证,传唤证上应当记载被告人的住所、姓名、罪名、到场时间及场所等事项。传唤证应当送达被告人。

2. 拘传。在被告人没有一定居所或者没有正当理由而不接受传唤或有可能不接受传唤时,法院可以拘传被告人。拘传应当使用拘传证。拘传被告人之后,应立即告知其公诉事实的要旨和可以选任辩护人或因贫困等理由不能自行选任辩护人时可以请求选任辩护人的权利。被拘传的被告人应当自带到法院之时起的 24 小时内释放,但在此期间内已签发羁押证的,不在此限。

3. 羁押。法院有相当的理由怀疑被告人有犯罪行为,且被告人没有固定居所,或者有相当理由怀疑被告人会毁灭证据或者有逃亡行为或逃亡的可能时,可以羁押被告人。这是将被告人拘禁在监狱内的一种强制处分。羁押期间为自提起公诉之日起 2 个月。期限届满后,有必要继续羁押时,可以作出附具体理由的裁定,每隔一个月延长一次。羁押被告人应当在告知被告人被控案件并听取其有关案件陈述后进行。羁押应当使用羁押证,执行羁押时应当向被告人出示羁押证,并告知被告人可以选任辩护人及由于贫困或其他事由不能自行选任辩护人时可以请求选任辩护人的权利。被羁押的被告人的辩护人、法定代理人、保佐人、配偶、直系亲属、兄弟姐妹或其他利害关系人可以请求法院告知羁押的理由。

4. 扣押。必要时法院可以发出查封、留存和提出命令。受任命法官或受委托法官也可以实施扣押。除有特别规定以外,法院可以将证物或者应当予以没收的物品实施扣押,也可以指定应当予以查封的物品,命令物品所有人、持有人或者保管人提出该物品;对被告人发出或寄交给被告人的邮件或有关电讯文书,而由办理通讯事务的官署或他人保管或持有的,法院可以使上述官署或人员交出该邮件或文书;但对公务员或者曾经担任过公务员的人所保管或持有的物品,当本人或该管公务机关声明是职务上的秘密物品时,非经该管监督官厅的承诺,不得扣押;对由于受业务上的委托而保管或者持有的有关他人秘密的物品,除本人承诺或有其他规定外,不得扣押。执行扣押应当开付扣押清单。不便搬运或保管的扣押物可设看守人,不便保管的扣押物可以出卖,可能发生危险的扣押物可以毁弃,对没有必要扣留的扣押物应当返还,对所有人、持有人、保管人或提出人的请求,可以裁定暂时返还。

5. 搜查。法院在必要时可以对被告人的身体、物品、住所或其他场所进行搜查,当足以认为有应予扣押物品存在的情况时,法院也可以对被告人以外的人的身体、物品、住所或其他场所进行搜查。在公审庭以外进行的搜查应签发搜查证，由检察官指挥，检察事务官或者司法警察员执行，为保护被告人的需要，审判长可以命令法院书记官或司法警察员执行。执行时应当向受处分人出示令证，搜查妇女的身体时，除紧急情况外，应有成年妇女在场。执行搜查时，可以作开锁、启封等必要的处分，检察官、被告人或辩护人可以在场，其他人未经许可禁止出入。在经过搜查后没有发现证物或应予以没收的物品时，依受搜查人的要求应当交付说明这种情况的说明书。

6. 勘验。法院为发现事实而有必要时，可以进行勘验。勘验时，可以进行检查身体、解剖尸体、发掘坟墓、毁坏物品或者其他必要处分。为检查身体，法院可以传唤被告人以外的人到法院或者指定的场所，没有正当理由拒不到场的应处以罚款及命令赔偿由于不到场所产生的费用，还可根据情况处以罚金。检查身体应考虑到受检查人的性别、健康状况及其他情况，并要特别注意检查的方法，以免损害受检查人的名誉。检查妇女的身体应当有医师或者成年妇女在场。勘验原则上在白天进行，进行夜间勘验的，除特别情况外，应当经屋主或看守人或他们的代理人承诺。实施勘验必要时可由司法警察员协助。勘验应制作笔录，合法的勘验笔录可作为证据在公审时进行调查。

四、审判程序

审判程序是刑事诉讼程序的中心，只有在审判的过程中才能发现事实真相、充分保障人权、维护社会安定。由于日本现行法实行"起诉状一本主义"，并严格限制传闻证据的使用，并且上诉审采用事后审查制，因此公审程序在法律上成了整个刑事诉讼的中心。日本现行法强化了当事人之间的进攻和防卫，其庭审方式采取以当事人抗辩和当事人调查证据为主、以法院职权调查为补充的方式。

（一）审判程序的原则

1. 公开原则。公开原则是指审理和判决向一般国民公开，允许国民旁听。公开审理允许公民对审判提出批评。公开原则既是日本宪法规定的一项原则，同时又是被告人的一项重要的诉讼权利，《日本宪法》第82条第1款规定，法院的审理和判决应当在公开法庭上进行；第37条第1款规定，被告人有接受公正的法院迅速、公开审判的权利。

但公开原则是有界限的。从判决来看，公开是绝对的；但从审理的角度上来讲，就存在例外，当全体法官一致认为公开审理有可能伤害或者妨碍公共秩序和善良风俗时，可以不公开审理，但对政治犯、有关出版方面的犯罪以及涉及日本宪法第三章所保障的国民权利的案件必须公开审理。即使是公开审理，也可以限制公开的方法：①对旁听人数进行合理的限制，如必须保证证人的隐私时，可以灵活的运用有关旁听人退庭的规定；②给一定数量的记者优先留有旁听席，如果犯罪被害人等与案件有关的人愿意旁听，应该考虑留给他们以旁听的机会；③审理过程中的拍照、录音或放映须经法院许可。

公开原则还应包括公开诉讼记录。《日本刑事诉讼法》第53条第1款规定："任何人，在被告案件终结后，都可以阅览诉讼记录。但对诉讼记录的保存或者对法院或检察厅的事务有妨碍时，不在此限。"

2. 言词辩论原则。言词辩论原则是当事人主义的一项重要内容，它是指法院必须根据当事人用口头方式进行的攻击防御的辩论活动为基础作出判决。《日本刑事诉讼法》第43条规定："判决，除本法有特别规定的以外，应当根据言词辩论而作出。"这一原则可以分为言词原则和辩论原则两个部分，又可以称为口头主义和辩论主义。言词原则指法院根据口头提供的诉讼资料进行审理，根据当事人的主张、提出的证据、陈述意见等进行审判。

辩论原则有广义和狭义之分。狭义的辩论原则是指当事人有收集和提出证据的权利，审判必须以当事人双方的主张和举证活动为基础；广义的辩论原则还包括当事人处分权主义，即只有当事人主张的范围才是审判的对象，审判只能在这一范围内进行。日本现行法上的辩论原则，主要指第一层意义上的含义。虽然日本刑事诉讼法导入了诉因制度，但同时又承认法院有权依职权调查证据、有权发出诉因变更命令，从而否定了当事人对刑事案件的处分权，因此不是彻底的辩论主义，与英美法中的以当事人处分主义为核心的辩论原则有明显的区别。

3. 持续审理原则。持续审理原则是指法院在公审日期的审理活动必须持续集中地进行，直到案件审理终结，也被称为集中审理原则。这一原则可以保证案件的迅速审结，保证被告人接受迅速公正的法院审判，并且避免因审理的间断而导致法官对案件心证的前后联系的淡化。《日本刑事诉讼规则》第179条之二规定："法院对需要审理2日以上的案件，应当尽可能连日开庭、连日审理。诉讼关系人应当严守日期，避免对审理带来妨碍。"但是由于很难与辩护人协调审理时间等原因，这项原则没有得到充分的实现。

4. 直接原则。直接原则是指法庭只能以亲自调查的证据为基础作出裁判。直接原则否认传闻证据可以作为定案的依据，它保障了法官正确心证的形成，同时也保障了被告人询问证人的宪法权利的行使。

（二）争点整理、证据整理及开示程序

为贯彻审判程序中的持续审理原则，改善以往审判中拖沓的弊端，提高诉讼效率，日本于2003年通过第107号法律《关于裁判迅速化的法律》，2004年通过第62号法律《修改刑事诉讼法等部分条文的法律》。其中《关于裁判迅速化的法律》要求第一审诉讼程序在2年以内尽可能短的期间内终结。2004年第62号法律更是详细规定了提高审判效率的具体措施。

1. 设立争点及证据的整理程序。这是2004年法律修改增设的。争点及证据的整理程序在法院的主持下进行，适用于两类案件：一是适用陪审员制度的案件；二是法院认为对持续、有计划且迅速进行充分的公审有必要的案件。对于此类案件，法院可以听取检察官及被告人或者辩护人的意见，在第一次公审期日之前，裁定将案件交付审前整理程序；在第一次公审期日后，法院考虑到审理的情况认为必要时，在听取检察官及被告人或者辩护人的意见后,可以裁定将案件交付公审期日之间的整理程序。[1]

(1) 审前整理程序[2]。庭审前整理程序是在法庭人员主持下,由检察官和辩护人、被告人共同参加进行,审判法官不参与。其基本内容是:首先由检察官说明其在公审中预定证明的具体事实、为证明该事实拟请求法庭调查的证据并出示该证据;之后由辩护人、被告人针对检察官出示的证据发表意见及针对检察官的诉讼主张进行反驳;并提出本方请求法庭调查用于反证的证据并出示该证据;接着再由检察官针对辩护人方面请求调查的证据发表意见并公开与辩护人方面的主张有关联的证据。上述过程根据需要可多次进行,反复交换双方的主张。这一过程也是整理双方争点、证据的过程。最后由法院方面确认争点并决定在公审中调查证据的范围及其顺序。在庭审前整理程序中,除了要求检察官应当明确本案的诉因、罪名外,还允许检察官追加、撤回、变更诉因、罪名。在上述工作完成后,即按照法院确定的公审期日开庭审理案件。

(2) 公审期日之间的整理程序[3]。将案件交付公审期日之间的整理程序,以便整理案件争点及证据。关于公审期日之间整理程序中的证据调查及开示等相关程序,与审前整理程序相同。为了确保整理的实效性,凡是交付整理程序的案件,除非存在不得已的事由,在整理程序中未能请求调查证据,在整理程序终结后,检察官及被告方不得再提出调查证据的请求,但这一限制并不妨碍法院认为必要时依职权调查证据。

2. 整理程序中展示证据[4]。此程序不仅被纳入到庭审前整理程序中,而且对控辩双方特别是对控方提出了明确的开示义务,将其看做是被告人防御权的保证。此外,还赋予法官裁断权,解决证据开示中控辩双方发生的纷争。不仅如此,对法官裁定不服的,还可以提起上告。

证据开示的具体内容如下:检察官先提出待证事实陈述书及请求法庭调查的证据,之后向对方开示证据,在开示中应向对方提供阅览、抄写的机会。基于辩护人的请求,检察官认为证据内容重要,或为了被告人防御准备而有开示必要的以及可能产生对被告人不利的证据必须开示。证据开示类型为物证、书证、勘验笔录、鉴定书、被告人供述、证人陈述等。在了解、掌握控方开示的证据后,辩护方应发表意见,并提出与其不同的争点和请求法庭调查的证据,接着把相关证据开示给对方。针对辩方开示的证据,检察官也应发表意见。在此之后,辩护方还可针对双方争点提出关联性证据的开示要求,并且最好指出请求开示证据的识别要素和关联性以及其他必要性。对于辩护方证据开示的请求如果检察方不同意,可以请求法院作出裁定。法院将审查检察官的决定是否恰当、证据开示是否必要,然后作出裁定。对于法院的裁定可以提出即时抗告。

---

[1] 参见宋英辉:"日本刑事诉讼制度最新改革评析",载《河北法学》2007 年第 1 期,有删节。
[2] 参见顾永忠、薛峰、张朝霞:"日本近期刑事诉讼法的修改与刑事司法制度的改革——中国政法大学刑事法律中心赴日考察报告",载《比较法研究》2005 年第 2 期,有删节。
[3] 参见宋英辉:"日本刑事诉讼制度最新改革评析",载《河北法学》2007 年第 1 期,有删节。
[4] 参见顾永忠、薛峰、张朝霞:"日本近期刑事诉讼法的修改与刑事司法制度的改革——中国政法大学刑事法律中心赴日考察报告",载《比较法研究》2005 年第 2 期,有删节。

(三) 审理的一般程序

公审程序主要是指在公审日期由当事人双方在相互的攻击与防御中进行的诉讼程序。

日本法院刑事案件的普通审判程序从检察官起诉时起，原则上都由地方法院作为第一审法院审理。通常的公审程序是按开庭、证据调查、辩论和判决宣告的程序进行的。

公审日期的调查，在公审庭进行，并且应当在法官及书记官到庭并有检察官出庭的情形下开庭。原则上，在公审日期被告人不到场的不得开庭。但也有例外的情况，如被告人是法人的可使其代理人到场；对相当于50万以下罚金或者罚款的轻微案件，被告人不需到庭，可使其代理人到场；除宣告判决时外，在其他场合如法院认为被告人到庭对保护其权利无关紧要时可不到场；被告人不具备意思能力时，可使其代理人到场。

1. 开庭程序。开庭程序是审理的开始，又称开头程序。除法律的特别规定外，原则上被告人及其辩护人应当到场。首先，审判长应当核对被告人的身份，查明被告人的特定情况，确定正身无误；然后，由检察官宣读起诉书；宣读完毕后，审判长应当告知被告人可以始终保持沉默、可以对各项质问拒绝陈述，并告知法院规则所规定的其他旨在保护被告人权利的必要事项，然后给予被告人及其辩护人对被控告案件进行陈述的机会。

2. 证据调查。上述开庭程序结束后，进入证据调查阶段。开始调查证据时，检察官应当说明根据证据能够证明的事实，但不得陈述根据不能作为证据的材料或者无意作为证据请求调查的事实，不得陈述有可能使法院对案件产生偏见或者预断的事项。检察官开头陈述之后，法官在坚持排除预断原则的基础上，允许被告人及其辩护人陈述。法院可以在听取检察官和被告人或者辩护人的意见之后，决定调查证据的范围、顺序和方法；也可在认为适当的时候，听取检察官和被告人或辩护人的意见，变更前述所确定的调查证据的范围、顺序和方法。检察官、被告人或者辩护人在公审日期内可以请求调查证据，提出该项请求应当具体明示证据与需要证明的事实之间的关系。检察官应当首先请求调查认为对审判案件有必要的一切证据；其后，被告人或者辩护人也可以请求调查认为对审判案件有必要的证据。法院认为有必要时，可以依职权调查。

调查证据应当首先调查检察官认为对审判案件有必要而请求调查的证据，然后调查被告人或者辩护人认为对审判案件有必要而请求调查的证据。但在认为必要时，可随时调查认为必要的证据。调查证据的方式可依调查对象的不同而有所不同。

对人证的调查——审判长或者陪席法官，应当首先询问证人、鉴定人、口译人或者笔译人；询问完毕后，检察官、被告人或者辩护人经告知审判长后，也可以进行询问，并且在此场合，如该项调查是应检察官、被告人或者辩护人的请求进行的，应由提出请求的人首先询问；但法院认为适当的时候，可听取检察官和被告人或者辩护人的意见变更询问顺序。被告人对证人的询问权受宪法的保障。在请求询问证人、鉴定人、口译人或者笔译人时，应当提出记载其姓名及住所的书面材料，询问证人时还应当呈报预计询问证人所需要的时间。对证人的询问方式，日本战后的刑事诉讼法确立的是审判长指挥下的交叉询问方式，按照先进行主询问然后进行反询问的顺序进行：请求询问证人的人询问（主询问）；对方询问（反询问）；请求询问证人的人再次询问（再次主询问）；诉讼关系人经审判长的许可，可以再次询问证人。

对证据文书的调查——应检察官、被告人或者辩护人请求而调查证据文书时，审判长应当使请求调查的人宣读该项文书，审判长也可以自行宣读或者使陪席法官或者法院书记官宣读；在法院依职权调查时，审判长应当自行宣读或者使陪席法官或法院书记官宣读。因为证据文书是否可以作为证据取决于文书的内容，所以应当用宣读的方式进行。证据文书中有绘图或者照片时，应当采取出示的方法。

对证物的调查——依据检察官、被告人或者辩护人的请求调查证物时，审判长应当使提出请求的人出示该证物；审判长也可以自行出示，或者使陪席法官或者法院书记官出示。法院依职权调查证据时，审判长应当自行向诉讼关系人出示该物证，或者使陪席法官或者法院书记官出示。物证是否可以作为证据在于物证的存在及状态，因此对物证的调查需要以出示的方式进行。

法院应当提供适当的机会给检察官和被告人或者辩护人，通过请求调查反证或者其他方法争辩证据的证明力。检察官、被告人或者辩护人，可以以违反法令或不适当为理由对证据的调查声明异议，但对调查证据的裁定不得以不适当为理由提出异议；对审判长作出的处分声明异议的，仅限于以违反法令为理由时提出。法院对异议声明应不迟延地作出裁定：认为异议声明无理，应当裁定不受理；认为异议声明有理，应当作出与该异议声明相应内容的裁定。已经对异议声明作出裁定的，不得对该事项再次声明异议。

3. 辩论。证据调查完毕后，检察官首先应当对事实与法律的适用陈述意见。被告人及辩护人也可以对此陈述意见。检察官还可以对被告人或辩护人的陈述提出反对意见，由双方进行辩论。审判长对重复的陈述，以不损害诉讼关系人的实质性权利为限，可以加以限制，并可以限制检察官、被告人或者辩护人在证据调查完毕后陈述意见的时间。法院认为存在同被告人的防御相反的事由，而为保护被告人的权利有必要时，可依检察官、被告人或者辩护人的请求或依职权，以裁定的方式将辩论分开、合并或者再开始已经终结的辩论。

法院应当给被告人或者辩护人提供最后陈述的机会。最终辩论的结束，即是审理程序的结束。

4. 裁判。裁判是指审判机关运用公共权力解决诉讼案件实体或者程序问题作出意思表示的诉讼行为。作出裁判的主体是法院或者法官，是审判机关的诉讼行为，它与法院书记官、执行官或者检察官等侦查机关的行为不同。裁判是意思表示的行为，与证据调查、宣告判决等事实行为也不相同。裁判的形式有三种：判决、裁定和命令。

判决与裁定是法院意思表示的诉讼行为，而命令则是审判员行使职权的一种表现形式。判决应当附具理由；不得上诉的裁定或者命令，除法律有特别规定外，不需要附具理由。

以裁判的时间为依据，裁判可分为终局裁判、终局前裁判和终局后裁判。终局裁判是使案件产生脱离该审级的效果、使本诉终结的判决。它是指针对法院开庭的案件作出的宣告有罪、无罪、免诉、免除刑罚、退回公诉等判决。终局前裁判是以使诉讼进行为目的的裁判，如诉讼指挥的裁判、有关各种强制措施的裁判等。对于终局前的裁判原则上不准上诉。终局前裁判是根据诉讼目的的合理性作出的，所以可以经常变更，在这一点上它与终局裁判有着明显的不同。终局后裁判是指终局裁判之后就派生问题所作的裁判，如诉讼费用负担的决定、上告审法院的订正判决、对申请免除诉讼费用的裁定等。

以裁判的内容为依据，裁判又可分为实体判决和形式判决。实体裁判是就实体法上的事项所作的判断有无主张理由的裁判。实体裁判只限于终局裁判，而且必须用判决的形式。实体裁判的内容是经审判而作出的，且一经确定就具有一事不再理的效力。实体裁判主要包括有罪判决和无罪判决。对于被控告案件，已经有犯罪的证明时，应当以判决宣告刑罚；对于被控告案件免除刑罚的，亦应当以判决宣告。由于有罪判决对被告人具有重要意义，因此日本现行刑事诉讼法规定，宣告有罪必须指明构成犯罪的事实、证据的标题和适用的法令；如有阻却犯罪成立的理由或者加重、减免刑罚的理由事实时，必须指明其判断。对被控告案件不构成犯罪的，或者没有犯罪的证明时，应当以判决宣告无罪，即作出无罪判决。形式裁判是就诉讼法上的事项所作出的判断主张理由有效或者无效的裁判。形式裁判主要包括以下几种：管辖错误的判决、公诉不受理的判决或裁定、移送案件的裁定和免诉的判决。

（四）简易公审程序

日本现行法在公审程序上深受英美法的影响，证据法则严格化、当事人主义化和证据调查程序的形式化，使公审程序较之过去大为复杂，给当事人与法院带来很大的诉讼负担。在被告人作了有罪陈述、案件没有多大争议的情况下，如一律适用公审程序审判，会造成诉讼资源的浪费，因此，新刑事诉讼法设立了简易公审程序。

日本刑事诉讼法规定，在案件罪状承认与否的程序中，如被告人作有罪陈述，法院可在听取检察官、被告人及辩护人的意见后，以被告人陈述的有罪部分为限，决定把有罪陈述的诉因交付简易公审程序。但相当于死刑、无期惩役或无期监禁以及最低刑期为1年以上的惩役或监禁的案件除外。

简易公审程序是简化了的程序，其证据调查程序简化，可以不依照法定的方式，如可省略日本刑事诉讼法关于检察官开头陈述、调查证据的范围、顺序和方法、方式的规定，而仅以适当的方式调查证据即可；不受传闻证据能力的限制，可以使用传闻证据；在判决书中可以使用审判笔录中记载的证据目录。

经裁定适用简易公审程序审理的案件，如果在审理中认为适用简易程序不适当，可以撤销适用此程序的裁定，更新为公审程序。

（五）略式程序

略式程序又称简易程序，是简易法院根据检察官的请求，对其管辖的案件，在公审之前以简易命令判处少额财产刑的程序。对于略式程序，日本刑事诉讼法规定了种种限制条件：①须是属于简易法院管辖的案件；②处罚范围为 50 万日元以下的罚金或者罚款；③被告人对此程序的适用没有异议，并用书面形式明确该意思。检察官应当在提起公诉的同时书面提起简易命令的请求，并应向法院提出预料对作出简易命令有必要的文书及物证。简易法院认为该案件不能或不适宜作出简易命令，或者检察官提起该项请求时没有事先向被告人说明有关事项，或提出该项请求时没有附上被告人表示无异议的书面材料的，则应当按通常规定进行审判。简易命令至迟应当自请求提出之日起 14 日内作出，并应当明示构成犯罪的事实、适用的法令、科处的刑罚和附加的处分，自告知简易命令之日起 14 日内可以请求正式审判。正式审判时，作出此命令的法官应当回避。依据正式审判的请求作出判决时，简易命令丧失其效力。简易命令由于已过正式审判期间，或由于撤销该项请求，产生与确定判决同样的效力。

（六）增设即决裁判程序[1]

当今世界各国都遵循"案件与程序相适应"的原则，在普通程序之外设置灵活多样的简易程序，以优化司法资源的配置，提升刑事诉讼的效率。日本刑事诉讼法也在普通审判程序之外设置了简易公审程序及处刑命令程序。实践中，简易公审程序的运用并不多。为了使轻微且没有争议的案件得到迅速处理，2004 年修改法律，在《日本刑事诉讼法》第二编第三章之后增加第四章，即"即决裁判程序"。主要内容如下：

1. 即决裁判程序的适用要件。

（1）应为轻微且没有争议的案件，但相当于死刑、无期或最低刑期为 1 年以上的惩役或监禁的案件，不在此限。

（2）检察官提出适用该程序的申请必须经犯罪嫌疑人同意，如犯罪嫌疑人已有辩护人，仅限于辩护人对适用即决裁判程序表示同意或者保留其意见的场合方可提出该申请。检察官应以书面形式要求犯罪嫌疑人确认是否同意提出即决裁判程序的申请。在明确犯罪嫌疑人是否同意适用该程序的场合，犯罪嫌疑人由于贫困或其他事由不能选任辩护人时，法官依据犯罪嫌疑人的请求，应当为其指定辩护人。

（3）被告人有辩护人且辩护人同意适用该程序审理案件。在已经提出即决裁判程序申请的场合，被告人没有辩护人时，审判长应当尽可能迅速地依职权为其指定辩护人。已经提出即决裁判程序申请的案件，辩护人对适用即决裁判程序保留意见或者辩护人的选任是在即决裁判程序的申请提出之后进行时，法院应当尽可能迅速地要求辩护人确认是否同意适用即决裁判程序。

（4）对于已提出即决裁判程序申请的案件，被告人在开头程序中就起诉书记载的诉因作有罪意旨的陈述。

2. 即决裁判程序的适用。检察官对于提出适用即决裁判程序申请的案件，应当依照《日本刑事诉讼法典》第 299 条第 1 款规定，尽可能迅速地给予被告人或者辩护人阅览书证的机会及该款规定的机会。法院适用即决裁判程序审理案件时，可以适当的方式调查证据，且不受传闻证据规则的限制。但检察官、被告人或者辩护人对证据有异议时，不在此限。适用即决裁判程序审理案件，原则上应该当日宣判。在适用即决裁判程序审理的案件中，如果宣告惩役或者监禁，应同时宣告刑罚的缓期执行。依照即决裁判程序审理的案件，不得以事实错误为理由提出上诉。

与原简易公审程序相比，即决裁判程序更为具体、明确和具有可操作性，有利于提

---

[1] 宋英辉："日本刑事诉讼制度最新改革评析"，载《河北法学》2007 年第 1 期。

高效率，对犯罪嫌疑人、被告人辩护权的保障也更为充分。

五、救济程序

（一）上诉程序

上诉是指当事人对原审法院尚未确定的裁判，在法定的期间内依法定的程序向上级法院请求撤销或者变更原裁判的一种救济程序。上诉应当由上诉权人提出。拥有上诉权的人分为固有上诉权人和代理上诉权人。

固有上诉权人是指接受裁判的人，检察官和被告人是固有上诉权人。在依照准起诉程序交付法院审判的案件中，执行检察官职务的律师也有上诉权。如果此种案件与其他检察官起诉的案件合并审判，并作出一个裁判时，检察官与依法执行检察官职务的律师对该裁判均有独立的上诉权。接受裁判的检察官或者被告人以外的人也可以提出抗告。检察官应本着客观的立场，认为原裁判有错误时，无论对被告有利与否均应依法上诉。检察官上诉应具有合宪性，不得违反双重危险原则。被告人只能对不利于自己的案件上诉，寻求对自己有利的救济。代理上诉权人即被告人的法定代理人或者保佐人，他们为了被告人的利益可以提起上诉。但是代理行使上诉权的人，不得违反被告人的明示意思。

上诉可以对裁判的一部分提起，未予限定的，视为对裁判的全部提出上诉。上诉的期间应当自告知裁判之日起计算。固有的上诉权人可以放弃或者撤回上诉。被告人的法定代理人或者保佐人，经被告人的书面同意，也可以放弃或撤回上诉。但是对判处死刑、无期惩役或无期监禁的判决的上诉，不得放弃。放弃或者撤回上诉的人不得就该案再行上诉，同意放弃或撤回上诉的被告人亦同。有上诉权的人，因不可归责于自己或者代理人的事由，没能在上诉期内提起上诉的，可以请求原审法院恢复上诉权。日本刑事诉讼法规定上诉应遵循"禁止不利变更原则"，相当于"上诉不加刑原则"，即对于由被告人提起控诉或者为被告人的利益提起控诉的案件，不得宣告重于原判决的刑罚。但它仅限于禁止判处比原刑罚更重的刑罚，并不影响认定比原判决更不利于被告人的事实。该原则也适用于上告审。日本实行三审终审制，对判决允许上诉两次。上诉的种类有控诉、上告和抗告三种。

1. 控诉。日本刑事诉讼法中的控诉是指不服地方法院、家庭法院或者简易法院作出的第一审判决而向高等法院所提起的上诉。

日本现行法的控诉审基本上是事后审，原则上只对原判决是否适当加以审查，因此上诉权人在控诉时必须提出控诉的理由。控诉理由分为两类：绝对控诉理由和相对控诉理由。

绝对控诉理由，即不问对判决有无影响，均可以提起上诉的理由，有以下几种：①判决法院没有依照法律组成审判庭的；②依照法令不得参加判决的法官参加了判决的；③违反审判公开规定的；④管辖违法或者管辖错误的；⑤违法受理公诉或者不受理公诉的；⑥对请求审判的案件没有予以判决，或者对没有请求审判的案件作出了判决的；⑦判决没有附具理由或者附具理由矛盾的。以上述事由提起控诉申请时，控诉旨趣书（即"控诉意见书"）应当附具检察官或者辩护人的能够充分证明具有该事由的保证书。

相对控诉理由指只有在对判决产生影响时才可以提起上诉的理由。包括：①诉讼程序违反法令的。在控诉旨趣书中应当援引诉讼记录及已经原审法院调查的证据所表明的这一事实。②适用法令错误的。这是指对认定案件事实在适用实体法上的错误。③量刑不当的。但不同于量刑错误，量刑不当是在法定刑的幅度范围内刑罚畸轻畸重，如在法定刑的长短、罚金的数额、缓刑的宣告与否等刑罚适用上的不适当。④错误认定事实。判决认定的事实应与依据合法证据认定的事实一致，如有矛盾，且足以影响判决的，可以作为控诉的理由。是否误认应以判决时的情况为准。⑤再审事由。如判决后刑罚已经废止或变更或已经大赦的。

控诉应当在法定期间内以书面形式向第一审法院提出申请，并在法院规则规定的期间内，向控诉法院提交控诉旨趣书，控诉旨趣书中应当附具必要的资料或者检察官或辩护人的保证书。控诉法院对控诉旨趣书中所列事项进行调查，在必要时，还可以对其他有关事项依职权进行调查。在公审日，检察官和辩护人应当根据控诉旨趣书进行辩论，除有特别规定外，控诉审准用第一审公审程序。

控诉法院经过审理，可以作出驳回公诉的决定、驳回控诉的判决或裁定以及撤销原判决的判决。

2. 上告。上告是指不服高等法院所作出的第一审或者第二审的判决而向最高法院上诉的方法。最高法院对上告有裁判权，因为最高法院工作和任务的重要性以及多样性，为了不使最高法院负担过于繁重，日本现行法对上告的理由作了严格的规定。

对高等法院所作的第一审或第二审的判决，可以以下列事由为理由，提出上告申请：违反宪法或者对宪法的解释有错误的；作出与最高法院的判例相反的判断的；在没有最高法院的判例时，作出与大审院或作为上告法院的高等法院的判例或者本法实行后作为控诉法院的高等法院的判例相反的判断的。在上述理由之外，如果最高法院认为是涉及有关法令解释的重要事项的案件，在该判决确定前，根据法院规则，最高法院自己可以作为上告审受理该案件。上告审的程序，除法律特别规定外，准用控诉审程序的规定。上告必须在法定期限内向原审法院提出上告申请，上告申请人依法院规则提出写明上告理由的上告旨趣书。上告法院依据上告旨趣书及其他文书，认为上告申请没有明确的上告理由时，可不经辩论，直接作出上告不受理的判决。上告审，在公审日期不需要传唤被告人。检察官和辩护人根据上告旨趣书进行辩论。

上告法院经审理可以以判决的形式撤销原判决；对违法管辖的上告案件撤销原判决并将其移送到有管辖权的法院审理；对因其他理由判决撤销原判的案件发回原审法院或第一审法院、或者移送与原审法院或第一审法院同级的法院；上告法院还可以直接对被告案件作出判决。

3. 抗告。抗告是对判决以外的裁定和命令声明不服而提出上诉的方法，抗告分为一般抗告和特别抗告，此外还有声明异议及准抗告。

一般抗告是不服法院的裁定而提出申请的，但不适用于高等法院的裁定，也不适用于命令。一般抗告分为通常抗告和即时抗告。

通常抗告是指除法律规定可以提起即时抗告的情形以外，对法院作出的裁定不服提起的抗告。通常抗告原则上可以随时提起，但是判决前作出的关于法院管辖或诉讼程序的裁定，除法律有特别规定外，不得抗告；高等法院所作的裁定，不得抗告；对抗告审法院所作的裁定，不得抗告。

即时抗告是指法律特别许可的、在裁定作出后的短时间内提出的抗告。即时抗告的提起期间为3日，在该期间内提起即时抗告申请的，停止裁判的执行。

提起抗告应当向原审法院提出申请书，即时抗告应当在裁定作出的次日起3日内提出，通常抗告没有时间限制，可以随时提起。原审法院认为抗告有理时，应当更正裁定；认为抗告的全部或者一部分没有理由时，应当自收到申请书之日起3日内附具意见书，将其送交抗告法院。抗告实行书面审，一律用裁定结案。抗告程序违反规定或者抗告没有理由的，裁定驳回抗告；抗告有理由时，应当裁定撤销原裁定，必要时重新作出裁定。

特别抗告是指对日本刑事诉讼法规定不得声明不服的裁定或者命令，在限于以具有上告事由为理由的场合，可以向最高法院提起特别抗告。特别抗告的期间为5日。对特别抗告的审理，除有关违反宪法或判例的事由可依职权调查外，应就申请书中的记载事项进行调查。特别抗告没有停止执行判决的效力。

准抗告是对法官所作的某些裁判申明不服的上诉方法。对简易法院法官所作的裁判不服的，可以向管辖地方法院请求撤销或变更该项裁定；对其他法官所作的裁判可以向该法官所属的法院请求撤销或者变更该项裁定。

准抗告也是对检察官、检察事务官或者司法警察员所作的处分不服而上诉的方法。不服检察官或者检察事务官所作的处分可以向该检察官或检察事务官所属检察厅相对应的法院请求撤销或变更该处分；对司法警察员所作的一定处分不服的，可以向司法警察员执行职务地的管辖地方法院或者简易法院请求撤销或者变更该项处分。

对高等法院的裁定，不得提起抗告。但这并不意味着对高等法院的裁定不服没有救济方法，法律规定了代替抗告的"声明异议"。声明异议并不是严格意义上的上诉，虽然与上诉具有同样的任务。

(二) 非常救济程序

实体判决一经确定后，诉讼目的已经达到，程序即告结束，不能再次反复审理，这是诉讼法理论上所谓的"一事不再理原则"，它对保持法律的稳定、保障公民的权利有很重要的意义。但是，如果裁判确有重大错误而不加以纠正是违反正义和显失公平的，不符合法律的精神，也违背了立法的宗旨。因此日本刑事诉讼法设立了非常上告与再审两种非常救济程序。但只限于确定判决存在法典所规定的误认事实和违反法令的特殊情形时，适用上述两种程序予以纠正。

1. 非常上告。非常上告是指在判决确定后，发现案件的审判违法，由最高法院根据总检察长的请求对此情形予以纠正的一种非常救济程序。它的目的是为了统一解释法令，纠正原判决中对抽象性法规的适用错误。当法律解释有误而不利于被告人时，可以撤销不利于被告人的判决，因此非常上告能够救济被告人。

非常上告的申请权专属于总检察长，总检察长发现案件的审判违法时，可以提起非常上告的请求。诉讼法上的事实误认，可以作为非常上告的理由。

在公审日期，检察官应当根据申请书进行陈述；法院应当以申请书记载的事项为限，进行调查，也可以就法院的管辖、公诉的受理及诉讼程序进行事实的调查。经过调查，认为非常上告无理时，应判决不受理。认为有理时，对诉讼程序违法的，判决撤销该违法程序；对原判决违法的，判决撤销该违法部分，如原判决不利于被告人，应撤销原判，就被告案件重新作出判决。非常上告的判决，效力不及于被告人，但原判不利于被告人、撤销原判重新判决的情形除外。

2. 再审。《日本刑事诉讼法》中的再审，是指对宣告有罪的确定判决，发现有事实认定错误时而采用的一种非常救济程序。

请求再审的理由有七种情形，可将其归纳为三类：①原判决所依据的证据不真实：原判决证据证明系伪造或者变造的；原判决证据虚假；受有罪宣告的人，系诬告所致；原判决证据的裁判发生变更；侵犯知识产权或商标权的侵权案件中，所涉权利无效。②发现新证据。③参与原判决的法官、检察官、检察事务官或者司法警察员因在本案中的职务犯罪而受有罪宣告的。

发现存在再审理由，为了受宣告人的利益，检察官、受有罪宣判的人、受有罪宣判的人的法定代理人和保佐人以及受有罪宣判的人死亡或者处于心神丧失状态时，他的配偶、直系亲属和兄弟姐妹，可以提出再审请求，上述人员拥有再审的请求权。再审的请求，由作出原判决的法院管辖。再审的请求没有停止执行刑罚的效力，但是检察官可以停止刑罚的执行。

再审请求权人在刑罚执行完毕或已处于不受执行的状态时，也可以提出再审要求。再审的请求可以撤回；但撤回后，不得就同一理由申请再审。

受理再审的法院，在必要时可以就再审事由进行事实调查或者委托其他法院调查。经调查，发现再审请求无理、违反法令规定的方式，或者是在请求权消灭后提出的，应裁定不受理；再审请求有理的，应裁定开始再审，作出此裁定后，法院停止刑罚的执行。对开始再审的裁定已经确定的案件，除法律特别规定外，应按其审级重新审判。再审不得宣判重于原判的刑罚。经再审宣告无罪的，应当予以公告。

六、裁判的执行程序

裁判的执行是指依国家权力强制实现裁判所确定的内容。裁判的执行是国家权力强制性的一种具体表现。

裁判原则上应当在确定以后予以执行。例外的情况下可在裁判确定前执行，如命令被告人暂先缴纳罚金、罚款的裁判。

裁判由与作出该项裁判的法院相对应的检察厅的检察官负责指挥执行。上诉的裁判或者因撤回上诉而执行下级法院的裁判时，由与上诉法院相对应的检察厅的检察官指挥；但诉讼记录在下级法院或者在与该法院相对应的检察厅时，由与该法院相对应的检察厅的检察官指挥。情况紧急时，审判长、受任命法官或地方法院、家庭法院或简易法院的法官，可以指挥拘传证或者羁押证的执行；对查封证或者搜查证的执行，法院为保护被告人而认为有必要时，审判长可以命令法院书记官或司法警察员进行；其他在性质上应当由法院或者法官指挥的场合，也不在此限。

指挥裁判的执行，应当以书面的方式进行，并且应当附具裁判书或者记载裁判的笔录的副本或者节本。但除指挥刑罚的执行外，可以在裁判书的原本、副本或节本或者记载裁判的笔录副本或节本上盖章确认后，指挥执行。

执行两个以上主刑的，除了罚金及罚款外，应当先执行其中较重的刑罚。但是，检察官也可以停止执行重的刑罚，而命令执行其他刑罚。

（一）死刑的执行

死刑是剥夺犯罪分子生命的刑罚，又被称作极刑。执行死刑，应当依据法务大臣的命令。法务大臣应当自判决确定之日起6个月内作出该项命令。但请求恢复上诉权或再审及申请或提起非常上告或者恩赦时，该项程序完毕以前的期间，以及对共同被告人的判决确定以前的期间，不计入6个月的期间。法务大臣签发的死刑执行命令应当在5日内予以执行。

在日本，死刑的执行是在监狱内以绞刑的方法不公开进行的，未经检察官或者监狱长许可的人不得进入刑场。执行死刑时，必须有检察官、检察事务官以及监狱长或者其代理人在场，否则不能进行。执行死刑的情况，应当由到场的检察事务官制作成执行情况书。该执行情况书由检察事务官、检察官及监狱长或者其代理人共同签名、盖章。

被宣判处死刑的罪犯，在执行死刑前，应当被拘禁在监狱内；如果没有被拘禁，检察官应当为执行死刑裁判而予以传唤；对受到传唤而又不接受传唤的，检察官应当签发收监证予以收监；受死刑宣判的人有逃亡可能或者已经在逃的，检察官可直接签发收监证，或使司法警察员发出收监证，将罪犯缉拿归案；受死刑宣判的人下落不明的，检察官可以向高等检察厅的检察长提出对其予以收监的请求，受请求的高等检察厅长，应当使其管辖的检察官发出收监证。

执行死刑时，遇有受死刑宣判的人处于心神丧失的状态或者受死刑宣判的妇女正在怀孕的情况，应由法务大臣命令停止死刑的执行。因这两种情况停止执行死刑的，即使死刑犯的心神丧失的状态已经康复、受死刑宣判的妇女已经分娩，在没有法务大臣执行死刑命令的情况下，不得执行。法务大臣签发命令的6个月的期限应当从犯人心神丧失的状态消失之日或者分娩之日起计算。

（二）自由刑的执行

自由刑是指剥夺或者限制自由的刑罚。广义的自由刑是剥夺或者限制犯罪分子的人身自由；狭义的自由刑则是剥夺犯罪分子的人身自由。自由刑多指狭义上的自由刑。日本的自由刑有惩役、监禁和拘留三种。受惩役或者监禁宣判的人，应当被拘禁在监狱内；受惩役宣判的人还应当服劳役，而监禁只须拘禁，不必服劳役。被判处拘留的人，应当以拘禁在拘留所内的方式予以执行。

如果罪犯所受刑罚有两个以上是自由刑时，应先执行较重的刑罚，然后执行较轻的刑罚；但检察官可以命令停止执行较重的刑罚，而执行其他刑罚。对于被判处自由刑的罪犯，交付执行时如果发现罪犯不在押或有逃亡可能或者已经逃亡的，可依照执行死刑时所遇的类似情形，依同样的程序签发传票或者收监证予以收监执行。

在遇有符合法定情形的事由时，自由刑可以停止执行。自由刑的停止执行分为必要的停止执行和酌情停止执行两种。

自由刑执行的必要停止是指受惩役、监禁或者拘留宣判的人，如果处于心神丧失的状态，则应当依据与作出刑罚宣判的法院相对应的检察厅的检察官，或者受刑罚宣判人现在地的管辖地方检察厅的检察官的指挥，在其恢复状态以前，停止刑罚的执行。在这种停止自由刑执行的场合，检察官应当将该受到刑罚宣判的人移交负有监护义务的人或者移交地方公共团体的长官，使之进入医院或者其他适当的场所。但在作出这一处分之前，应当将被停止执行刑罚的人留置于监狱内，并且将这一期间计入刑期。

受惩役、监禁或者拘留宣判的人，在遇有下列情形之一时，可以依据与作出刑罚宣判的法院相对应的检察厅的检察官的指挥，或者依据受刑罚宣判人现在地的管辖地方检察厅的检察官的指挥酌情停止执行自由刑：①因执行刑罚而显著损害健康，或者有不能保全其生命的危险的；②年龄在70岁以上的；③怀孕150日以上的；④分娩后没有经过60日的；⑤因执行刑罚而有可能产生不能恢复的不利状况的；⑥祖父母或者父母年龄在70岁以上的，或者患重病或残废，而没有其他保护他们的亲属的；⑦子或孙年幼，而没有其他保护他们的亲属的；⑧有其他重大事由的。上述事由消失后，继续执行余刑。

自由刑的停止执行，可以出现在交付执行时，也可以出现在刑罚的执行过程中。除必要停止执行自由刑的期间外，原则上停止执行的期间不计入刑期。

未决羁押不是刑罚方式。但是它在剥夺人身自由方面与自由刑的执行有相同之处。因此《日本刑法》规定未决羁押的全部或者一部分可以折抵本刑。《日本刑事诉讼法》第495条还规定了法定折抵："在上诉期限内的未决羁押日数，除提出上诉申请后的未决羁押日数以外，全部计入本刑。"检察官提起上诉、或者检察官以外的人提起上诉而上诉审撤销原判决时，提起上诉申请后的未决羁押日数应全部计入本刑。折抵刑期的计算，以未决羁押1日折抵刑期1日，或者折抵金额4000日元为标准。

（三）财产刑的执行

财产刑是以剥夺犯罪人的财产法益为内容的刑罚。关于罚金、罚款、没收、追征、罚款、没收保释金、诉讼费用、赔偿费用或者暂先交纳的裁判，依据检察官的命令执行；检察官所签发的命令，与有执行力的关于债务的公文书有同等的效力。该裁判的执行适用民事诉讼法以及其他关于强制执行程序的法令的规定。但在执行前不需要送达裁判。

执行费用由被执行人负担，并在执行的同时予以征收。被命令负担诉讼费用的人，由于贫困而不能缴纳时，可依法院规则，就诉讼费用的一部或者全部，在命令负担诉讼费用的裁判确定后的20日内，提出免除执行该项裁判的申请，该项申请可以在裁定作出前撤回。

财产刑裁判的执行原则上只能针对被判处刑罚的人的财产进行，只有在法律有明确规定的情况下，才可以执行他人的财产。对于依照关于没收或者租税及其他捐税或者专卖的法令的规定宣判的罚金或追征，受刑罚宣判的人在判决确定后死亡的，可以执行继承财产；对法人宣判罚金、罚款、没收或者追征时，该法人在判决确定后由于合并的原因而消灭时，可以对合并后继续存在的法人或者由于合并而设立的法人执行该宣判刑罚。

法院在宣告罚金、罚款或者追征的场合，认为如等待判决的确定即会导致不能执行或者执行可能产生显著困难时，可依据检察官的请求或者依据职权，命令被告人暂先缴纳相当于罚金、罚款或者追征的金额，并可立即执行。暂先交纳的裁判，应在宣告刑罚的同时以判决形式予以宣告。

因不能缴纳罚金或者罚款而留置于劳役场所的执行，准用关于执行自由刑的规定。

没收物应当由检察官处分。在执行没收后的3个月以内，有权利的人请求返还该没收物时，除了应当销毁、废弃的物品外，检察官应当予以返还；但在没收物已经被处分以后提出返还请求的，检察官应当给付拍卖没收物所得的价金。对伪造物或者变造物的处分，应当对伪造或者变造的部分加以标示；当伪造物或变造物属于公务机关时，应当通知该机关，以便其作出适当的处分。

关于裁判的执行，受刑罚宣判的人对裁判的解释有疑问时，可以向作出宣判的法院提出申请，要求解释裁判。受裁判执行的人或者他的法定代理人或保佐人，在认为检察官关于执行的处分不当时，也可以向作出宣判的法院申请异议。上述申请可以撤回，但须在裁定作出之前撤回。

七、改革后的其他特别制度及程序[1]

(一) 国选辩护人制度

针对犯罪嫌疑人或者被告人"因贫困或其他事由"无法自己聘请辩护律师的情况，可以由裁判所或审判长为其选任辩护律师作为国选辩护人，为犯罪嫌疑人或者被告人进行辩护。在过去，被告人只能在提起公诉之后才享有请求国选辩护人的权利；2004年5月，日本修改刑事诉讼法，规定犯罪嫌疑人在提起公诉之前就可以享有国选辩护人的权利。根据修改后的刑事诉讼法，犯罪嫌疑人国选辩护人制度分两个阶段实施：第一阶段，即从2006年10月开始，凡涉嫌法定刑为死刑、无期徒刑或者1年以上自由刑的案件，如杀人、伤害致死、强奸、强盗、欺诈、恐吓等，犯罪嫌疑人均有获得国选辩护人的权利。第二阶段，即到了2009年10月，凡涉嫌法定刑为3年以上的短期自由刑的案件，如盗窃、伤害、业务上过失致死、欺诈、恐吓等，犯罪嫌疑人也均有获得国选辩护人的权利。

(二) 少年司法程序

2007年5月，日本修改少年法，完善了少年刑事案件的国选辅助人制度，对于某些

---

[1] 参见中国诉讼法律网，2007年9月17日至27日，樊崇义教授率团对日本、韩国进行了为期10天的学术访问，重点考察了日本、韩国的陪审制立法以及日本检察审查会制度的相关改革。本部分内容选自其综述报告，有删节。

特定的重大犯罪案件，包括故意犯罪致被害人死亡的、死刑、无期或者2年以上自由刑的案件，规定了对少年嫌疑犯的保护观察措施，包括对其审判、收容及身心健康检查等，完善了审理少年犯罪案件的家庭裁判所及其职权，规定了少年嫌疑犯的国选辩护人制度和国选辅助人制度。

(三) 强制医疗程序

2003年7月，日本通过了《心神丧失者医疗观察法》（该法于2005年7月实施），对于那些在心神丧失或者心神衰弱状态下实施的重大危害行为（如杀人、放火、强盗、强奸、伤害等）的人，包括无行为能力和限制行为能力的被告人，规定了强制医疗程序和医疗观察措施，由国家设立专门的医疗机构，对心神丧失的被告人进行强制医疗，或者在其服役期满后对其继续医疗观察，以确保其能够回归社会以及不再实施危害行为。在具体适用上，因心神丧失和心神衰弱被作出不起诉处分、因心神丧失被判定无罪或者因心神衰弱被裁定减刑的人，由法官和精神病医生共同审理并作出是否强制医疗或者医疗观察的决定。决定强制医疗或者医疗观察的，送往专门的医疗机构进行强制医疗或者医疗观察。

(四) 被害人参与诉讼程序

2007年6月，日本通过刑事诉讼法修正案（2008年9月生效），确立了被害人参加刑事诉讼的制度。规定对于杀人、强奸等事关生命、身体、自由等重大犯罪案件，被害人或其家属有权参与刑事诉讼。在法庭上，被害人或者家属坐在检察官旁边；庭审时，被害人可以质问被告人，也可以就量刑问题发表意见，被害人还可以聘请律师，为其提供法律帮助；针对一审裁判，被害人不能单独上诉，但可以向检察官提出抗诉申请。不过，对于被害人参与诉讼问题，日本律师协会持慎重态度。律师普遍认为，被害人往往出于自己利益考虑，让其参与诉讼会对审判造成很多负面影响。一方面，被害人通常不能充分表达和阐明自己的意见；另一方面，被害人很容易感情用事，让其参与诉讼可能造成量刑过重。因此，律师协会认为，由律师代理被害人参加诉讼，判决结果会相对客观些。

第四节 日本刑事证据制度

一、证据

(一) 证据的概念

日本诉讼理论所称证据，包括两方面的含义：一是证据方法；二是证据资料。

所谓证据方法，是指作为认定事实素材的场所、物品或人；所谓证据资料，是指通过证据方法获得的内容。前者是证据的外部形态，后者是证据的实质内容。例如证人证言，提供证言的人（证人）是证据方法，而证人陈述的内容是证据资料。证据方法和证据资料的关系是，如果调查证据方法，就能获得证据资料。可见，证据总是证据方法的形式与证据资料的内容的统一。

(二) 证据的分类

按不同的标准，可将证据分为不同的类别：

1. 根据证据方法性质的不同，证据可以分为人的证据与物的证据。以人为证据方法的证据叫做人的证据，其他则为物的证据。前者如证人、鉴定人、被告人等，后者如犯罪工具、赃物、被伪造的文书等。以人为证据方法时，不论是以其陈述内容作为证据资料，还是以其身体上的特征（相貌、体形等）作为证据资料，均属人的证据。但以死人的尸体作为证据方法时，或者人的陈述被制成文书或笔录时，仍是物的证据。

这种分类的客观依据是获取证据的强制方法不同。从法院角度来说，取得人的证据的强制方法是传唤、拘传等；而取得物的证据的方法则是扣押。

2. 根据证据资料的性质不同，证据可以分为陈述证据与非陈述证据。凡是以人所陈述的经验、知识作为证据资料的证据，叫做陈述证据，其余则为非陈述证据。如证人的证言、鉴定人的鉴定书、被告人的供述分别是关于各自的经验、知识的陈述，属于陈述证据；犯罪的工具等，则是以其性质、形态作为证据资料的，所以是非陈述证据。

陈述证据与非陈述证据同人的证据与物的证据之间不是对应关系，而是交叉关系。人的证据不一定都是陈述证据，物的证据也不一定都是非陈述证据。如证人作为一种证据方法属于人的证据，其证言内容作为证据资料属于陈述证据；而将证人进行人身检查的结果作为证据资料时，又是非陈述证据。书面证词或证言笔录作为证据方法时，属于物的证据；作为证据资料时，又是陈述证据。

划分陈述证据与非陈述证据的重要意义在于，前者适用传闻证据法则，后者则不适用。

3. 根据证据与待证事实之间的关系，可以把证据分为直接证据与间接证据。待证事实即作为证明对象的事实，此处特指其中的主要事实。凡用来直接证明待证事实是否存在的证据叫直接证据，例如犯罪目击者的证言。通过证明间接事实间接地证明待证事实的证据，叫间接证据，例如血衣。间接证据也叫情况证据。

在日本刑事证据法中，直接证据与间接证据在证明力上没有什么区别，实践中多数案件中都有被告人的口供，认定犯罪事实时一般既有直接证据也有间接证据。

4. 根据证据证明的对象不同，可以把证据分为实质证据和补助证据。证明主要事实及其间接事实的证据叫做实质证据；证明补助事实（有关实质证据的可信性的事实）的证据叫做补助证据。补助证据又可以分为补强证据、弹劾证据、回复证据三种。补强证据指能够增强实质证据证明力的证据；弹劾证据指能够使实质证据的证明力减弱或消失的证据；使减弱或消失的证明力重新恢复的证据，叫回复证据。

划分实质证据与补助证据的意义在于，实质证据原则上不能是传闻证据，而弹劾证据则可以是传闻证据；与此相适应，实质证据可以用作认定事实的根据，弹劾证据则只能用以争辩证明力，不能用作认定事实的根据。

（三）证据能力

证据能力是指能否在具体案件中充当严格证明的资料的法律资格。它在日本刑事诉讼中的意义主要有以下三点：①没有证据能力的证据不能充当严格证明的资料；②对于没有证据能力的材料，法庭不得依职权或应当事人请求作为证据加以调查；③经法庭调查后判明没有证据能力的证据，法庭必须依职权或应当事人的异议声明予以排除。

在下列情况下可以肯定证据的证据能力：①有自然的关联性；②有法律的关联性；③没有违反禁止证据的规定。自然的关联性是指，对于要证明的事实具有必要的最低限度的证明力。因为证明力是根据证据的"可信赖性"（证据本身是否值得信赖的性质）和"关联性"（由证据推论出来的事实在何种程度上能够帮助确定主要事实或要件事实）来确定的，所以最低限度的证明力即最低限度的可信赖的关联性。没有这种最低限度的证明力的证据，就没有自然的关联性。但是，即使存在自然的关联性，在可能使法官抱有不当的预断及偏见，从而有导致事实错误的高度危险的情况下，也可以认为没有法律的关联性而否定证据能力。传闻证据原则就是从这种观点出发对证据能力的限制。禁止证据的规定是指，采用有关联性的证据可能危害程序的正常进行，或者需要保护某些更重要的利益时，禁止采用该证据的原则。违法收集证据排除法则即典型例子。

二、证明

（一）证明的概念和种类

证明是指当事人通过举证活动使法官对于自己主张的事实是否存在形成心证的活动。从法官的角度看，证明是以认定事实为目的的活动；从当事人角度看，证明是促使法官形成心证、认定事实的活动。证明的结果是法官对案件事实所取得的心证的状态。

依法律要求法官达到的心证程度的不同，证明可以分为狭义的证明和释明两种。狭义的证明要求法官对某一事实必须达到"无合理怀疑"的确信程度。一般讲到"证明"时，多指狭义的证明。狭义的证明又可以分为严格证明与自由证明两种。严格证明指用具有证据能力、并经过合法调查的证据进行的证明；自由证明指用没有法定的证据能力或者没有经过合法调查的证据进行的证明。凡有关刑罚权的有无和范围大小的事实，必须进行严格证明，量刑时参考的情状和程序法事实，只需要自由证明。释明则不要求法官形成确信程度的心证，只要求法官形成"可以推认事实存在"的心证即可。释明一般只适用于法律有明文规定的程序法事实。理论上认为，关于诉讼行为的要件是否存在的事实，也只需要释明。其他事实，特别是实体法事实，必须加以"证明"。

（二）证明对象

证明对象原则上包括有关案件的一切事实，不属于事实的法规、经验法则等一般不需要证明。

下列事实，法庭可以不待证据证明而直接加以认定：①众所周知的事实；②法庭职务上认知的事实；③法律上推定的事实；④事实上推定的事实。

（三）证明力

证据所具有的能够据之推论出事实的性质或价值，为证据的证明力，包括证据的可信赖度和狭义的证明力两个方面，前者指撇开待证事实与证据的关系而言，证据本身是否值得相信；后者指同待证事实的关系上，证据是否能够证明待证事实以及能在多大程度上证明待证事实。如果说证据能力是从形式上解决证据有无资格的问题的话，那么证明力就是从实质上解决证据有无价值以及有多大价值的问题，所以证明力又称为证据价值。作为认定事实基础的证据，必须既有证据能力，又有证明力。

（四）证明度

所谓证明度，就是认定一定的事实或形成一定的诉讼关系所需要达到的证明的程度。从法官心证这一角度，一般可将证明按其程度分为：①超越合理怀疑而达到确信程度的证明；②达到证据优势程度的证明；③"大体上的心证程度"的证明。就犯罪事实的认定而言，原则上要求"超越合理怀疑的确信"。在举证责任转移到被告人一方的场合，只须达到证据优势程度即可。另外，在诉讼法上明文规定要求释明的场合，证明的程度只要达到"大体上的心证"即可。

（五）举证责任

日本的诉讼理论认为，广义的举证责任可分为主观的和客观的两种。主观的举证责任（形式的举证责任）是指当事人负责证实事实的责任，是当事人希望审理某种事实时提出一定的证据的责任，也叫当事人设定争点责任，这是与英美法所说的证据提出责任相对应的。这种主观的举证责任随着诉讼的进展，随时可以从一方当事人转移到另一方当事人身上。

客观的举证责任（实质的举证责任）即狭义上的举证责任，它是指：事实真相真假不明时，在法律判断上处于不利地位的当事人所承担的责任，也叫说服责任。

因为日本的刑事诉讼中必须贯彻"有疑义时向有利于被告人的方向解释"及"被告案件没有得到犯罪的证明时，应当以判决宣告无罪"原则，因此，原则上检察官负有举证责任，这种责任不能转嫁给被告人，但在法律特别规定的例外情况下，被告人也承担举证责任。

检察官的举证责任首先表现在他应当举证证明实体法事实，包括：①公诉犯罪事实；②作为处罚条件的事实；③作为加重、减免刑罚理由的事实。其次，检察官还有责任举证证明自己主张的作为诉讼条件的程序法事实。另外，对于决定某一证据具有证据能力的事实，如果是检察官请示调查的证据也应由检察官举证。

被告人方面除对于认定本方请求调查的证据具有证据能力的事实（程序法事实）负有举证责任外，在法律规定的下列特殊情况下，还承担证明有关实体法事实的责任：①证明不属于《日本刑法》第207条规定的同时伤害的事实；②证明《日本刑法》第230条中有关损害名誉的揭发事实的真实性；③证明不知道《日本儿童福利法》第60条第3款中关于儿童年龄方面的无过失；④证明不存在《日本爆炸物品取缔法罚则》中的犯罪目的。在被告人负举证责任的情况下，被告人不必证明到无合理怀疑的程度，达到证据优势的程度即可。

三、日本刑事证据法的基本原则

现行《日本刑事诉讼法》明确规定了证据法的两大基本原则：证据裁判主义和自由心证主义。

（一）证据裁判主义

《日本刑事诉讼法》第317条规定："认定事实，应当依据证据。"这就是日本证据裁判主义原则的法律表述，它包括以下三层意思：①不得用证据以外的方法如宣誓、神判、决斗等认定事实；②不得仅凭法官个人的推测、印象等认定事实；③法官认定事实以有证据存在为前提，无证据即无从自由判断。因此，证据裁判是法官自由心证的前提。证据裁判主义原则的主要作用在于明确在证明对象中，哪些事实需要严格证明，哪些事实只要求自由证明即可。一般认为，凡有关刑罚权是否存在及其范围的事实，均应严格证明。这些事实是：①公诉犯罪事实；②作为处罚条件或处罚阻却理由的事实；③作为加重、减轻、免除刑罚的法定理由的事实。

单纯作为量刑的酌定情节的事实（情状事实）和程序法事实，只需要自由证明。情状事实指被告人的经历、性格、犯罪动机、犯罪后的赔偿情况、被害人的态度等。这些事实可以作为酌情减轻刑罚处罚或宣告缓刑的依据。程序法事实包括：①是否具备诉讼条件的事实，如对于亲告罪有无合法的控告；受诉法院对案件有无管辖权等。②作为取得证据能力的条件的事实，如口供是否出于本人的自愿（自白的任意性）；传闻证据是否符合传闻法则的例外条件；证据同待证事实有无关联性等。对于只需要自由证明的事实，可以使用没有证据能力或未经合法调查的证据予以证明。但有关量刑的情状事实，如果依未经法庭合法调查的证据认定时，应在法庭上赋予当事人争辩的机会。

（二）自由心证主义

《日本刑事诉讼法》第318条明确规定："证据的证明力，由法官自由判断。"这就是日本刑事诉讼中的自由心证主义原则，它包括以下几层意思：①法官自由判断的，是证据的证明力，包括证据的可信赖性和狭义的证明力（关联性）。不仅一个个孤立的证据能够证明何种事实以及证明程度如何由法官自由判断，所有证据综合起来能否证明公诉犯罪事实或其他有关事实以及证明程度如何，也由法官自由判断。②法官在判断证明力时，不受外部的任何影响或者法律上的拘束。对于证据的取舍选择完全由法官决定。有证据能力的证据，可因其没有证明力而舍弃；互相矛盾的证据中何者更为可信也由法官自由决断，不受证据种类等方面的限制。

自由心证主义原则是取代纠问式诉讼中的法定证据原则而得以普遍确立的，其哲学基础是绝对信任人的理性，尊重法官本诸理性所作的自由判断。人们认为让证据自由地作用于法官的理性是取得正确判断的最佳途径，较之法定证据原则下从法律上对证据的证明力设定限制规定的做法，更有利于发现实体真实。从宏观上说，这是正确的，但对于具体案件中的具体法官来说，能否保持这种信任，尚不无疑问。为了准确地发现实体真实，自由心证主义原则必须禁止法官的主观擅断，禁止纯粹的自由裁量，而要求每个法官站在客观立场上遵循逻辑上和经验上的一般法则，对证据的证明力作出合理的判断，即实行合理的心证主义。因此，必须考察自由心证主义之所以具有合理心证主义机能的条件。

首先，从外部保障合理心证主义的各种制度。例如：①合理心证主义的前提是判断主体具有理性判断能力，因此，对于不能进行理性判断的情况，建立了责令回避、申请回避、自行回避等制度。②对重大案件的判断采用复数主体制度，即合议制，以保证判断的合理性。③证据能力制度把没有证据能力的证据排除在严格证明对象之外，间接地保证自由心证的合理性。④当事人主义的各种制度对合理的心证形成也是不可少的。如起诉状一本主义排除了法官的预断，诉因制度使法官的判断集中在特定的事实上，由此可以作出合理的判断。⑤在有罪判决中记载判决理由制度在某种程度上可以判断合理的心证是否形成。⑥认定事实的事后审查制度是强有力的保证。如误认事实是上诉的直接理由，判决理由与判决内容不一致等违反审判程序也是上诉的理由。上告审认为原审认定事实有错误，可以通过再审程序救济被误认的事实。

其次，为了实现合理的心证主义，必须考察心证形成的方法本身：①心证形成必须有科学性，即必须根据经验法则和逻辑法则，灵活运用科学知识；②法官的心证形成必须遵循当事人主义原则，以当事人进行主义中的调查证据程序为前提。因此，法官自由评价证据必须以当事人的意见为前提。例如，给当事人争辩证明力的机会，判断的事项不能脱离当事人要证实的事项。

自由心证主义原则主要是为了发现实体真实，但发现实体真实并不是刑事诉讼法的惟一目的。为了贯彻保障人权的精神，维护司法的公正性和权威性，日本宪法、刑事诉讼法和法院法对自由心证主义原则规定了三种例外：

1. 自白的证明力。日本法律规定，不论是否为被告人在公审庭上的自白，在其自白成为对自己不利的惟一证据时，不得宣告有罪。据此，即使法官仅仅依据自白即确信被告人有罪，也不能仅依自白作出有罪判决，换言之，自白在没有补强证据时，法律不允许法官自由判断。这是对自由心证主义原则的最重要的例外。

2. 公审笔录的证明力。对于公审期日的诉讼程序，凡是公审笔录有记录的，该记录具有绝对的证明力，不允许法官对此作出其他判断，所以这也是自由心证主义原则的一种例外。

3. 上级审法院的判断。对于控诉审（二审）或上告审（三审）法院在撤销原判、发回重审的判决中关于案件事实和法律问题所作的判断，原审法院在重新审判时必须服从，不得本诸自由心证另行判断。

四、证据法则

日本在确立证据裁判主义原则和自由心证主义原则两大证据法基本原则的同时，还借鉴英美证据法的有关规定，并结合本国实际情况，确认了三个基本的证据运用法则，即自白法则、传闻法则和违法收集证据的排除法则。

(一) 自白法则

自白法则包括两项：一项是关于限制自白的证据能力的任意性法则，一项是关于限制自白的证明力的补强法则。

1. 任意性法则。《日本宪法》规定，出于强制、拷问或胁迫的自白，或经过不适当的长期扣留或拘禁后的自白，不得作为证据。《日本刑事诉讼法》第319条第1款进一步规定，出于强制、拷问或胁迫的自白，经过不适当的长期扣留或拘禁后的自白，以及其他有不是出于自由意志之疑的自白，都不得作为证据。据此，自白取得证据能力的前提是出于本人的自由意志，即具有任意性，缺乏任意性的自白以及有非任意之疑的自白，不论其原因是什么，均不具有证据能力，这就是任意性法则，也称为自白排除法则。

任意性法则包含三层意思：

（1）不是出于自由意志的自白系通过不当的方法所取得。包括：①出于强制、拷问或胁迫的自白；②经过不适当的长期扣留或拘禁后的自白；③出于其他方法的有非任意之疑的自白，这种情况范围较广，难确定一个统一的标准，应根据案件的具体情况具体分析。

（2）违法或不当方法与自白之间存在因果关系。对有无因果关系的判断，应当全面地分析讯问的时间、地点、环境、气氛和被告人或被疑人的职业、年龄、文化程度、健康状况、疲劳程度及讯问人员的人数、言词、态度等。

（3）对缺乏任意性或任意性有疑问的自白予以绝对排除。不仅不允许用于严格证明和自由证明，也不允许用于争辩证据的证明力（即没有作为弹劾证据的资格），即使本人同意自白作为证据，也不具有证据能力。这同传闻证据可因当事人同意而取得证据能力，并可用于争辩证明力是有区别的。

对自白的任意性，被告人方面提出异议时，检察官有义务向法庭证明其确实出于自由意志，实务上一般多采用严格证明的方式，如将原讯问人员作为证人加以询问等。

2. 补强法则。《日本宪法》规定，任何人在对自己不利的惟一证据是本人的自白时，不得被定罪判刑。《日本刑事诉讼法》第319条第2款规定，被告人在其自白是对自己不利的惟一证据时，不论该自白是否是在公审庭上的自白，不得被认定为有罪。这两条规定对自白作为定案证据的证明力进行了限制，即自白不得作为有罪判决的惟一依据，即使法官仅依自白就已形成有罪之确信，仍须有补强证据，才能判决宣告被告人有罪。在诉讼理论上称此为"补强法则"。

一般认为，之所以要对自白的证明力进行直接限制，主要是基于两点理由：

（1）防止偏重自白。由于真实的自白具有极强的证明力，如果允许以自白作为有罪判决的惟一依据，必然会使侦查人员和审判人员过分地偏重自白，甚至不惜以强制手段获取自白，导致侵犯被疑人或被告人的自由和人权。因此在刑事政策上，有必要遵从正当程序的要求，对自白的证明力加以限制。

（2）避免因虚假的自白造成误判。自白如果是真实的，当然具有很大的证据价值，但历史经验教训警告人们，自白由于种种原因具有虚假的极大可能性，如果允许仅依自白宣告有罪，将不可避免地导致因虚假自白而认定不存在的犯罪。

为了保证补强法则的实际效果，《日本刑事诉讼法》第 301 条还对自白的法庭调查时间作了限制规定，即在法庭审理过程中，对于可以作为证据使用的自白，除非在有关犯罪事实的其他证据已经调查之后，不得提出调查的请求。日本学者认为，在法庭审理过程中，如果先调查自白，后调查其他证据，很容易使法官根据虚假的自白形成不利于被告人的预断或偏见，甚至造成误判。

与英美证据法上的补强法则不同，日本刑事证据法中的补强法则只适用于自白，不适用于其他人证；既适用于公审庭以外的自白，也适用于公审庭上的自白，而且不受犯罪种类的限制。在任何犯罪案件中，不得仅仅依据任何形式的自白，作出有罪判决。

根据补强法则的要求，日本证据理论认为，自白中有关犯罪构成的客观方面的事实（"罪体"），至少其主要部分需有补强证据。例如，自白犯数罪的，对各罪的罪体应有补强证据；自白数个同种行为构成一罪的，应对其主要行为与结果事实予以补强；自白想象竞合犯或牵连犯等裁判上一罪的，应对各该行为均有补强证据；对于身份犯（如无照驾驶罪），因其缺乏一定的资格是犯罪构成要件的一部分，所以也需要有补强证据。

何种证据可以作为自白的补强证据？对此，日本学者认为必须同时具备两个条件：①必须具有证据能力；②必须是被告人本人陈述以外的证据。

补强证据与自白的证明对象相同，共同构成认定犯罪事实的基础，但补强证据并不需要达到单独使法官形成确信的程度。判例认为，补强证据的证明程度只要达到同自白一致，并能担保自白的真实性即可；学说上则认为，补强证据至少应能够大体上单独证明犯罪事实存在。

（二）传闻法则

1. 传闻证据的含义。传闻证据是指以书面或口头的形式对直接感知案件事实的人所感知的事实向法庭所作的转述。它包括三种情况：①传闻陈述，即向法庭转述直接感知案件事实的人的陈述；②书面陈述，即直接感知案件事实的人在公审期日外把自己感知到的案件事实写成书面形式，提交于法庭；③陈述笔录，即没有感知案件事实的人听取直接感知案件事实的人的陈述后所制作的笔录，如侦查人员调查被疑人或参考人的笔录等。

传闻证据的特点有三：①是陈述证据。不是以人的陈述为内容的证据或在人的陈述中不含有待证事实的言词，不是传闻证据；②不是直接感知案件事实的人亲自到法庭上所作的陈述，而是对感知事实的书面的或者口头形式的转述；③是没有给予当事人对原始人证进行反询问的机会的证据。

2. 传闻法则。传闻法则是指原则上排斥传闻证据作为认定犯罪事实的基础的证据法则。《日本刑事诉讼法》第 320 条规定，除第 321 条至 328 条规定的例外情形以外，不得在公审期日以书面材料代替陈述或者将以他人在公审期日外的陈述为内容的陈述作为证据。据此，无论是书面形式的传闻证据（陈述书、陈述笔录），还是口头形式的传闻证据（口头转述他人的陈述），原则上均不得在公审程序中作为认定犯罪事实的依据。

根据《日本刑事诉讼法》和其他法律的有关规定，传闻法则不适用于简易公审程序、简易命令程序和交通案件即决审判程序，以期减轻诉讼关系人的负担，迅速处理当事人之间没有争议的、比较轻微的刑事案件。但在简易公审程序中，当事人或辩护人声明不得用作证据的传闻证据，仍需遵守传闻法则。

3. 传闻法则的例外。在日本，刑事诉讼法同样对传闻法则规定了很多例外。确认例外的理由在于，如果绝对地排除传闻证据，不仅会造成诉讼迟延，而且也势必妨碍查明事实真相，有违设立传闻法则的初衷。

至于在何种情形下才能算作传闻法则的例外，英美证据理论认为需要具备两个条件：①具有"可信性的情况保障"，即传闻证据从多种情况看具有高度的可信性，即使不经过当事人反询问，也不至于损害当事人的利益。②具有"必要性"，即存在无法对原始人证进行反询问的客观情形，因而不得不使用传闻证据，如原始证人死亡、重病在身或旅居海外、去向不明等。日本现行法除根据上述条件确定传闻法则的例外以外，还规定传闻证据可基于当事人双方同意或合意而取得证据能力。

（1）书面形式传闻证据的证据能力。书面形式的传闻证据分为被告人以外的人的陈述或陈述笔录、被告人的供述书或供述笔录以及特别可信的文书三种。这三种书面传闻证据，在一定条件下具有证据能力。

第一，被告人以外的人的陈述书或陈述笔录，在下列情况下，可以作为证据：①在法官面前所作陈述的笔录，由于陈述人死亡、精神上或身体上有故障、所在不明或现在外国，不能在公审准备或公审期日到场陈述时；或者陈述人在公审准备或公审期日作出了与以前的陈述不同的陈述时。②在检察官面前所作陈述的笔录，由于陈述人死亡、精神上或身体上有故障、所在不明或现在国外，而不能在公审准备或公审期日到场陈述时；或者陈述人在公审准备或公审期日所作的陈述与以前的陈述相反或有实质性区别，而且以前的陈述较之在公审准备或公审期日的陈述具有更值得信赖的特别情况时。③上述两种情形以外的笔录或陈述书，必须同时具备以下条件，才有证据能力：陈述人由于已经死亡、精神上或身体上有故障、所在不明或现在国外，而不能在公审准备或公审期日到场陈述；陈述人的陈述对于证明本案犯罪事实是否存在是必不可少的；陈述人的陈述必须是在特别可信的情况下作出的。

记载被告人以外的人在公审准备或公审期日所作的陈述笔录，以及记载法庭或法官勘验结果的笔录，具有当然的证据能力，不受上述例外条件的限制。

但是，记载检察官、检察事务官或司法警察员勘验结果的笔录，不具有当然的证据能力，只有当勘验人在公审期日作为证人接受询问，并证明陈述系其真正作成的时，才能作为证据使用。这个规则同样适用于鉴定人制作的鉴定书。

第二，被告人的供述书或供述笔录。被告人自行书写的供述书或者记载被告人在公审期日或公审准备以外的供述并经被告人签名或盖章的供述笔录，在其供述是以承认对于被告人不利的事实为内容时，或者是在特别可以信赖的情形下供述时，可以作为证据。但对于不利事实的承认，即使不是自白，仍应受任意性法则的约束，如果有不是出于自由意志之疑的，不得作为证据。

记载被告人在公审准备或公审期日所作供述的笔录，只要认为其供述系出于本人自由意志，即具有证据能力。

第三，特信文书。日本刑事诉讼法规定，以下文书也具有证据能力：①户籍副本、公证证书副本及其他公务员（包括外国的公务员）对其职务上可以证明的事实所制作的文书。这类文书均系基于公的证明目的而制作，因而被称为"公的证明文书"。②商业账簿、航海日志及其他在通常业务过程中所写成的文书，即"业务文书"。③其他在特别可信的情况下制作的文书。如官方记录、官方报告书、值得信赖的定期刊行的市场价格表、日历、家谱、体育记录、国会议事录等。

（2）口头形式传闻证据的证据能力。依日本刑事诉讼法的规定，例外地承认其证据能力的口头形式的传闻证据有以下两种：

第一，被告人以外的人在公审准备或公审期日以被告人的供述为内容所作的陈述。这种传闻陈述的证据能力，准用刑事诉讼法关于被告人的供述书或供述笔录的证据能力的规定，即：以被告人在公审准备或公审期日的供述为内容的陈述，只要认为被告人的原始供述出于自由意志，转述即具有证据能力；以被告人在公审准备和公审期日以外的供述为内容的陈述，必须具备以下两个条件，才能作为证据：①被告人的原始供述必须是以承认不利事实为内容的，并须出于本人的自由意志；或者是在特别可信的情况下供述的。②对于转述被告人供述的证人，必须赋予被告人充分的反询问机会，并且询问的结果使法官相信该转述已具备相当于经被告人签名或盖章的笔录的保障程度。

第二，被告人以外的人在公审准备或公审期日以被告人以外的人的陈述为内容所作的陈述。这种传闻陈述的证据能力，准用日本刑事诉讼法关于被告人以外的人在法官、检察官以外的人面前所作陈述的笔录或陈述书的证据能力的规定，即须同时具备三个条件才能作为证据：①原陈述人因已经死亡、精神上或身体上有故障、所在不明或现在国外，不能在公审准备或公审期日到场陈述；②原陈述对于证明犯罪事实是否存在是不可缺少的；③原陈述系在特别可信的情况下作出的。

从上述规定可以看出，日本刑事诉讼法关于传闻陈述的证据能力的规定，较之书面传闻的证据能力的规定，限制条件更为严格。

（3）对传闻证据任意性的调查。依日本刑事诉讼法的规定，对于依法可以作为证据的书面传闻证据或传闻陈述，法庭必须事先对陈述书或陈述笔录所记载的陈述以及对他人陈述的转述是否出于自由意志加以调查，经调查确认具有任意性之后，才能作为证据使用。

（4）当事人同意使用的传闻证据的证据能力。在日本刑事诉讼中，依法原则上不能作为证据使用的传闻证据，可因当事人双方同意而取得证据能力，当事人对是否适用传闻法则拥有一定的处分权。这是日本当事人主义诉讼和刑事证据法的特色之一。

所谓"同意"，是指当事人双方协商一致，并向法庭为意思表示的行为，即由双方共同提出对传闻证据加以调查的请求；辩护人是否同意，一般不影响同意的效果，但在被告人没有到庭的情况下，可以由辩护人或代理人表示同意。当事人一致同意使用的传闻证据，仍需经法庭审查确认后才能取得证据能力。法庭根据书面传闻证据作成时的情况或者陈述作出时的情况，如果认为作为证据不适当的，如陈述缺乏任意性或证明力太弱、陈述笔录未经陈述人签名或盖章等，即使当事人双方一致同意，仍可拒绝以其作为证据。因同意而取得证据能力的效果，只限于已表示同意的被告人，对没有表示同意的共同被告人不产生这种效果。同意的效果不因辩论的更新或审级的变化而消失。

（5）合意书面材料的证据能力。《日本刑事诉讼法》第327条规定，检察官与被告人或辩护人基于合意，把文书的内容或者如在公审期日到场时可以预想到的陈述内容写成书面材料提交于法庭时，法庭可以不对原文书或应作陈述的人进行调查，而将该书面材料作为证据。在此情形下，并不妨碍对该书面材料的证明力进行争辩。这是关于当事人双方合意的书面材料的证据能力的规定，合意书面材料是以当事人的名义制作的，因而不属于本来意义上的陈述证据；而且，不需要对原文书制作时或原陈述作出时的情况进行调查即可取得证据能力。

（6）用于争辩证明力的证据。依日本刑事诉讼法的规定，弹劾证据不适用传闻法则，即使是不能作为证据的书面或口头形式的传闻证据，仍然可用于争辩被告人、证人或其他人在公审准备或公审期日所作陈述的证明力，即可以用作弹劾证据，而不适用传闻法则。

（三）违法收集证据的排除法则

违法收集的证据，大体上可以分为两大类型：一类是以违法方法获取的口供，另一类是违反法定程序（主要是搜查、扣押程序）取得的实物证据。对于前者的证据能力，当代刑事证据法普遍持否定态度，对于后者的证据能力，则各国理论和实践差别较大。实物证据不同于口供的重要之处在于，它一般不会因收集程序违法而影响其证明力，因此如果肯定其证据能力，对于准确及时地查明罪犯事实、惩罚犯罪，具有重要的作用，但同时却又可能使宪法和法律保障的基本人权成为一纸空文；反之，如果否定其证据能力，必然会给查明犯罪事实的工作带来显著困难，甚至会使确定无疑的罪犯逃脱法律的制裁。可见，违法收集证据的证据能力问题，集中体现了现代刑事诉讼中追求实体真实以惩罚犯罪与严守正当程序以保障基本人权两大目的的尖锐对立，对这一问题的不同解决方法，反映了不同法治原则和文化背景下刑事诉讼价值取向的明显差异。战后日本宪法和刑事诉讼法深受美国法的影响，接受了"正当程序"思想，并把它作为刑事诉讼法的基本原理，上升为宪法原则。但是，违反法定程序搜查、扣押取得的证据，是否具有证据能力，日本宪法和刑事诉讼法没有照搬美国法的规定，而是采取了回避的态度，不作明文规定。

最高法院在1978年审判一起吸毒案时明确肯定了排除法则。根据这一判例，排除违法收集的证据必须同时具备两个条件：①收集证据的程序上存在抹杀令状主义精神的重大违法情况；②如果许可违法收集的证据物作为证据使用，不利于将来抑制违法侦查。在具体案件中判断是否具备这两个条件时，应当考虑是否有违反令状主义有关规定的主观意图、扣押证据物等程序上是否存在违法实施强制手段等因素。

五、证据调查

证据调查是指通过对证据方法的调查而获取证据资料的诉讼行为。凡有证据能力的证据，非经依法定程序进行的调查，不得在严格证明中作为认定案件事实的基础。

证据调查在《日本刑事诉讼法》中，分别在两个不同的地方设有规定：一处是在第一编总则第 128 条至第 178 条关于调查证据的形式和一般原则、程序的规定，其内容既有关于公审外调查证据的规定，又有公审中调查证据的规定；另一处是在第二编中关于公审程序的第 297 条至第 311 条专门就法庭审理过程中调查证据的顺序、范围、方式以及控、辩、审三方在法庭审理的调查证据阶段的权利和义务的规定。

(一) 关于证据调查的一般规定

1. 勘验。勘验是指法官凭借自己五官的作用就物品（包括人的身体）的性质、形状、效用获取证资料的调查证据方法，包括现场勘验、人身检查、尸体检验、物证检验等内容。

由法院进行的勘验，不论是在公审庭内还是在公审庭外进行，也不管是在公审庭外的何种场所进行，均不需要签发证件，只要法庭认为为了发现事实而必要时，就可以实施勘验。勘验既可以由法庭进行，也可以由合议庭的受任命法官或勘验的地方法院、家庭法院、简易法院的受委托法官进行。

2. 询问证人。日本刑事诉讼法中所称的"证人"，是指应法庭或法官的传唤而向法庭或法官陈述自己体验过的事实和据此推测的事项的第三人，其前身是侦查阶段向侦查人员陈述自己感知的事实的"参考人"。

《日本刑事诉讼法》第 143 条规定："法院，除本法有特别规定的以外，可以将任何人作为证人进行询问。"此处所谓"本法的特别规定"，指关于特定范围内的公务人员作为证人的资格限制，即：公务员或曾任公务员的人所得知的事实，当本人或该管公务机关声明是有关职务上秘密的事项时，非经该管监督官厅的承诺，不能作为证人进行询问，但该管监督官厅，除有妨害国家重大利益的情形以外，不得拒绝承诺。如果是国会议员或曾任国会议员的人提出上述声明，非经其所在的议院承诺，不得作为证人进行询问；如果是内阁总理大臣或其他国务大臣或曾任该职的人提出上述声明的，非经内阁承诺，不得作为证人进行询问；但是参议院、众议院或内阁，除有妨害国家重大利益的情形以外，不得拒绝承诺。

除以上基于保护公务上的秘密对证人资格的限制和规定外，日本刑事诉讼法广泛承认知情人的证人资格，被害人也是作为证人对待的，不存在"被害人陈述"之类的独立证据。但理论上认为，作为证人还必须具备以下条件：①必须是本案诉讼的第三人，即法官、检察官和被告人三方诉讼主体以外的人；②必须具有作证能力，即对于自己体验的事实具有判断和陈述能力。没有作证能力的人，不能作为证人。日本刑事诉讼法对于作证能力没有限制规定，在具体案件中，应当根据需要作证的事实的复杂程度和知情人两方面的情况，加以具体分析。

询问证人，原则上必须由证人于公审期日到公审庭并经过宣誓后进行。但法庭考虑到证人的重要性、年龄、职业、健康状况以及其他情况和案件的轻重，并听取检察官和被告人或辩护人的意见之后，认为有必要时，可以传唤证人到法庭以外或者在证人所在地进行询问。

证人对于被询问的事项，依法负有如实作证的义务。这项义务的具体内容一般是指证人应当如实提供自己所体验到的有关案件的客观事实，不能超出这个范围要求证人发表意见性的评论。但证人在法院认为必要时，还有陈述推测事项的义务。所谓"推测的事项"，并不是指发表意见，而是证人根据自己体验到的事实进一步推论出来的客观事实。

证人无正当理由拒绝提供证言时，按无正当理由拒绝宣誓的同样程序予以诉讼制裁和刑罚处罚；法律规定可以拒绝作证的情形有：

(1) 任何人对于有可能使自己受到刑事追诉或有罪判决的证言，有权拒绝提供。

(2) 任何人对于有可能使自己法定范围内的近亲属受到刑事追诉或有罪判决的证言，有权拒绝提供。这些近亲属包括：自己的配偶、三亲等以内的血亲或二亲等以内的姻亲或曾与自己有过此等关系的人；自己的监护人、监护监督人或保佐人；由自己作为其监护人、监护监督人或保佐的人。

(3) 医师、牙科医师、助产士、护士、律师、代办人、公证人、宗教在职人员以及曾提任过上述职务的人，对于因受业务上的委托而得知的有关他人秘密的事实，可以拒绝作证；但本人已经承诺时，或者拒绝作证只是为了被告人的利益而滥用权利时（除被告人就是本人的情形以外），上述人员不得拒绝作证。

证人拒绝作证时，必须说明理由，不说明理由时，法庭应告知其无正当理由拒绝作证应受的处罚，然后令其作证。

3. 鉴定。鉴定是指具有专门知识的第三人运用自己的专门知识就有关案件的事实作出判断，并向法庭报告判断结论的一种调查证据的方法。

日本刑事诉讼法规定，法庭可以命令有学识经验的人进行鉴定。鉴定人必须宣誓后才能进行鉴定。未经宣誓所作的鉴定无效。经宣誓后，鉴定人作虚伪鉴定时，按虚伪鉴定罪论处。

鉴定人为了进行鉴定，必要时经法庭或法官许可，可以在有人居住或有人看守的宅邸、建筑物或船舶内检查身体、解剖尸体、挖掘坟墓或毁坏物品。

鉴定可以在法庭上进行，合议庭认为有必要时，也可以在法庭外进行。在法庭外进行鉴定时，可以把与鉴定有关的物品交给鉴定人。

鉴定人在鉴定上有必要的情况下，经法庭许可，可以阅览或抄写文书和证据材料，可以在法庭询问被告人或证人时在场，可以请求法庭对被告人或证人加以询问或者经审判长许可直接询问。

检察官和辩护人有权于鉴定时在场，为此，对于鉴定的时日和场所，法庭应当预先通知检察官和辩护人，但检察官或辩护人已明确表示不到场的可以不通知。被告人对鉴定活动没有到场权。

关于鉴定的经过和结果，必须令鉴定人以鉴定书或口头的形式予以报告鉴定结果和经过，应当告知鉴定人在公审期日应就鉴定有关的事项接受询问。经公审期日对鉴定人的询问，查明鉴定书确属鉴定人制成的时，鉴定书即依法具有证据能力。鉴定人以口头形式报告鉴定经过和结果时，被告人享有在场权和发问权；在公审期日外报告时，必须制作询问鉴定人笔录，该项笔录作为书面传闻，可依日本刑事诉讼法的有关规定取得证据能力。

4. 口译和笔译。依《日本法院法》第 74 条规定，日本法院在审判案件时一律使用日本语。不通晓日本语的人在陈述时，原则上应当令口译人员进行口头翻译，但在耳不能听或口不能说的人进行陈述时，既可以实行口译，也可以运用书面形式进行询问或回答，书面提问或书面回答应当在法庭上予以宣读。

对于非日本语写成的文字或符号，可以将它翻译成日本语。但在外国语原文后附有日文翻译件时，如果译文值得信赖，法庭也可以不再令人翻译。

日本学者认为，口译和笔译实质上也是一种鉴定，即关于语言的鉴定。因此，日本刑事诉讼法规定，关于口译和笔译，准用有关鉴定的规定，但有关鉴定时的必要措施、鉴定扣留及强制实行身体检查等规定，从性质上看，不适用于口译和笔译。

（二）法庭调查证据程序

从证据法的角度看，调查证据程序可分为以下四个部分：

1. 设定证明的对象。调查证据，由检察官进行最初陈述，明确指出应当用证据证明的事实，包括主要事实、间接事实和补助事实，必要时还包括从犯罪的动机到实行犯罪的经过。检察官最初陈述之后，被告人、辩护人也可以开始最初陈述。

2. 调查证据的准备。在日本刑事诉讼活动中，调查证据原则上根据当事人的请求而进行，必要时，法院可以依照职权调查证据。请求调取证据的顺序是检察官先对犯罪事实提出证据，然后由被告人、辩护人提出证据，同时，必须明确具体地指出证据与应当证明的事实之间的关系。对调查证据的请求，法院应用决定的形式驳回或采用。驳回请求的情况包括：没有证据能力、与案件没有关联性、已经调查过的、事实上不可能调查证据等。

3. 调查证据的实施。接下来开始调取证据，根据证据的种类，调取证据可分为：询问证人；询问鉴定人和翻译人等；调取书证；调取物证；讯问被告人。

4. 证据的评价。证据的证明力由法官自由判断，如何评价证据是法官的特有权力。但是，法院必须给予检察官和被告人或辩护人争论证据证明力的机会，积极参与法官的心证形成，从而使法官更加客观地评价证据。

第八章　意大利刑事诉讼法

第一节　意大利刑事诉讼法的历史沿革

意大利是西方文明的一个重要发祥地，在一段相当长的时间里，其法学思想引领了世界法学发展的方向。这种领先地位在法国大革命之后逐渐被法国取代，从而走上了取法借鉴的道路。与其他部门法相比较，意大利的刑事诉讼法出现得相对晚一些。现行的意大利刑事诉讼法典是在大陆法系的传统基础上对英美法系对抗式诉讼制度移植的结果，其风格和诉讼的运行方式相对于意大利传统的审问式诉讼结构来说有了根本性的变化。这种激进性的改革，在现代开创了先例。这一改革并不是突发奇想的结果，它的制定和颁布经历了一个长期的过程。大致说，近现代意大利刑事诉讼法的发展可以分为以下几个阶段。

一、1865年意大利刑事诉讼法典

1865年，意大利颁布了第一部近现代意义上的刑事诉讼法典。这部法典是以法国1808年的刑事诉讼法典为蓝本而制定的，它吸收了法国大革命后所进行的刑事司法制度改革的许多成果，确立了无罪推定原则、自由心证原则和陪审制度（由职业法官和非职业法官组成合议庭），并且规定由设立于法院内部的检察机关专门负责追诉犯罪。这部法典还规定由预审法官主导审前程序，预审法官有权调查和收集证据，有权采取强制措施和提起刑事诉讼，而且上述活动采取不公开的、书面的和秘密的方式进行。总体来说，这部法典表现了典型的职权主义诉讼色彩。

二、1913年意大利刑事诉讼法典

20世纪初，意大利曾对刑事诉讼法典作过重大的修改。1913年意大利颁布了第二部刑事诉讼法典，受当时的自由主义哲学的影响，该法典扩大了被告人在审前程序中享有的权利，使得被告人的诉讼地位有所改善。可是好景不长，随着墨索里尼于1922年登上政治舞台，逆历史潮流而动，法西斯主义在意大利弥漫开来。终于在1930年用第三部刑事诉讼法典取代了1913年刑事诉讼法典，打断了刑事诉讼文明的进程。

三、1930 年意大利刑事诉讼法典

1930 年，随着意大利法西斯主义政权上台，意大利历史上第三部刑事诉讼法典也出台了，又被称为 ROCCO 法典。这部法典浸透了法西斯主义的精神，它明确地将控制犯罪、维护社会秩序和安定作为刑事诉讼的首要价值目标，而将保护公民的权利和自由置于次要的甚至无足轻重的地位。在这种诉讼价值观的影响下，意大利旧法典时期的刑事诉讼程序具有很强的纠问式色彩。

这部法典仍然将刑事诉讼分为侦查和审判两大阶段。其中侦查又可分为两种情况，一种是由检察官（Pubblico ministero）控制的侦查程序（Istnazione sommaria）；另一种是由预审法官控制的侦查程序（Istruzione formale）。在一般情况下，侦查应由预审法官主持进行，只有在证据充分或案情并不复杂的情况下才由检察官负责进行侦查。预审法官依靠检察官移送的卷宗开始侦查程序，卷宗上应记载警察侦查活动的全过程和收集的全部证据。在侦查中，预审法官有权直接采取各种侦查措施，如讯问被告人，询问证人、鉴定人，勘察现场，搜查，扣押等，还有权实施逮捕、监禁等强制措施。预审法官在理论上负有调查证据和审查起诉的双重职能，身兼法官和侦查官的双重角色，但实际上，调查证据显然是主要的。预审法官的侦查秘密进行，被告人（除接受讯问外）及其辩护律师均无权参加，也无权要求被告知侦查的情况。该法典要求预审法官全面调查证据，并须将其调查证据和审查起诉的情况完全地反映在书面卷宗笔录上。如果预审法官认为有犯罪事实发生，并确认被告人实施了该项犯罪，就可以作出正式起诉的命令。

在案卷（一种包括起诉书和预审法官调查的全部证据材料在内的书面记录）移送到法院之后，负责审判的法官可以对其进行阅览和研究，并做好审判前的充分准备工作。尽管旧法典确立了直接、言词和辩论的诉讼原则，但在意大利的司法实践中，预审法官主持的审前调查阶段要远比审判阶段重要，预审法官制作的卷宗材料实际构成了法院裁判的基础，审判程序沦为对预审卷宗的内容进行审查或确认的程序。实际上，这部法典成了独裁者镇压进步人士的精巧工具。

四、1988 年意大利刑事诉讼法典

（一）创设背景

第二次世界大战以后，意大利法西斯政权覆灭，人们要求民主、自由、保护人权的呼声日益高涨。1948 年，意大利颁布了新的宪法，确立了"主权属于全体人民"、"全体公民在法律上一律平等"原则，规定"不得以任何形式拘禁、检查或进行人身搜查，也不得对人身加以任何限制，但持有司法当局逮捕令和在法定场合根据法定程序进行者不在此限"。意大利宪法法院率先倡导对旧刑事诉讼法典进行改革的运动。宪法法院认为，随着民主、自由的价值观念在宪法中得以确立，刑事诉讼法典的目的是在保障人权和维护秩序的需要之间保持一种高水平的平衡；同时，旧法典所确立的司法权的高度集中模式也与作为自由主义哲学核心的分权制衡原则存在着巨大的冲突。因此，为了使刑事诉讼法典与 1948 年宪法所确立的基本原则相协调，就须对法典作出彻底修改。从

1965 年到 1972 年，宪法法院在其所作出的一系列判决中，逐步确立了被告人及其辩护律师参加预审法官主持的调查程序的制度。这对改善被告人的诉讼地位尽管起到了一定的积极作用，但却无法对弊病颇多的刑事诉讼程序作出进一步改革。1963 年，国会开始考虑对旧法典进行全面的修改。当时的一个专门委员会向国会提交了一份刑事诉讼法草案。该草案试图以英美法系国家的对抗式诉讼程序为模式重建意大利刑事诉讼制度。1965 年，国会开始正式研究新法典草案的可行性，但由于种种原因直到 1974 年才颁布第一部"授权立法法案"。然而，70 年代末期"红色旅"运动和其他恐怖主义活动的猖獗，致使法典修改工作曾一度全面停止。

1978 年，意大利政府将其起草的一部新法典草案提交国会审议。这部法典基于当时形势和政策的需要，赋予警察很大的自由处置权，对犯罪嫌疑人和被告人的权利作了一些限制。由于阻力太大，该法案没有被国会通过。进入 80 年代，由于司法机关滥用权力，对犯罪嫌疑人和被告人的权利和自由任意侵犯的现象日益严重，在意大利又重新出现了对刑事诉讼制度作出彻底改革的呼声。1987 年，国会颁布了一部新的"授权法案"，国会下属的一个专门委员会迅速制定了一部新法典的草案。该草案几经修改，终于被国会正式通过。1988 年 9 月 22 日，意大利总统发布命令，宣布《意大利共和国刑事诉讼法典》颁布。新法典于 1989 年 10 月 24 日正式生效。

（二）新刑事诉讼法典的特色和体例

1. 法典的特色。1988 年意大利刑事诉讼法典作出的最大的改革是按照对抗式诉讼制度的标准对意大利刑事诉讼程序作出了新的设计。其特色有二：一是贯彻了对抗式诉讼制度的精神，着重保护犯罪嫌疑人和被告人的权利，限制司法机关的权力，这一特色体现了立法对程序公正性的考虑；二是简化了普通程序，增设了五个特点鲜明的新的特殊程序，体现出了立法对诉讼效率和经济的考虑。

意大利修改刑事诉讼法的意图除了上述的背景要求之外，还出于程序公正性和诉讼效率的目的。就前一点来说，在刑事诉讼领域，当今世界各国立法的共同发展趋势在于加强对被告人基本人权的保护和对司法机关的权力进行有效的制约，从而促进诉讼程序的公正性。意大利旧刑事诉讼法典采取的是典型的审问式诉讼制度，这一制度在意大利司法实践中产生了一系列无法克服的弊端。例如，负责主持审前调查程序的预审法官集侦查权、起诉权、审查起诉权以及采取强制措施的权力等于一身，而侦查又是在被告人及其辩护律师不能参加的情况下进行的，因而预审法官的权力无法受到充分和有效的制约。同时，卷宗移送主义的起诉方式和法官主导法庭调查和辩论程序的做法，也在很大程度上影响了法庭审判程序的公正性。在一定意义上，作为预审法官秘密侦查结果的卷宗材料成为法庭判决的根据，而侦查阶段显然又是在没有对被告人的权利作出充分保障的情况下决定了被告人的命运。

新法典对整个刑事诉讼程序从总体上作出了根本性的改革，试图使之减少对封闭的预审法官侦查程序的依赖性，减轻法官的预断，削弱主审法官在庭审过程中的职权地位和主导作用，增强控辩双方在提出证据和审查证据方面的积极性和主动性。具体来说，预审法官不再享有对案件进行侦查的权力，这一权力现在由检察官和警察进行，辩护律师可以参加某些侦查活动，一名专职预审法官专门负责监督侦查程序的进行，该法官控制着逮捕、监禁、保释等措施的实施，掌握着搜查、扣押等侦查行为的决定权，同时还监督侦查程序是否合法。审判程序现已成为刑事诉讼的中心，在庭审阶段，证据的提出和采纳主要取决于各方当事人的主动性。新法典还确立了一系列独特的证据法规则。意大利立法者们希望通过这种改革来提高其刑事诉讼活动的公开程度，与其作为"民主法治的国家"的地位和性质相适应。

就效率方面的特色来说，意大利的改革还意在解决旧法典实施过程中长期存在的严重的诉讼拖延问题。在旧法典时期，意大利刑事诉讼的效率之低在各个国家都是罕见的，对一个普通刑事案件的审判可拖延 10 年或更长的时间，从而导致大量的案件积压、被告人的羁押期间无限延长，不仅使诉讼资源遭到极大的浪费，而且从根本上破坏了诉讼的公正性。欧洲人权法院曾多次对此提出过批评。为了促进诉讼效率的提高，意大利国会曾试图通过对大批羁押候审的被告人实行一次性大赦的方式以减轻司法机关的压力。在这种情况下，立法者们被迫求助于对抗式诉讼制度，以期对其诉讼拖延问题作出彻底解决。由此，新法典建立了一系列特殊的快速程序（Procedimenti speciali），从而使大量刑事案件可以通过避开预审程序或法庭审判程序而得到迅速解决。但从实施情况来看，意大利的诉讼效率并没有多大的改观，积案严重仍然是一个突出的问题，法律规定的辩诉交易与简易程序并没有得到充分的适用。这都是诉讼体制、传统观念等深层次的冲突的体现。

2. 法典的体例。其实，意大利 1988 年刑事诉讼法典的体例也可以算作是这一法典的一大特色，它在立法技术上使法典化技术迈向了一个更高的境界。刑事诉讼法的法典化技术，最早是法国模式，这部法典一开始就是关于诉讼程序的规定。由于它是第一部现代意义上的刑事诉讼法典，因而对早期的德国、意大利等国家都有影响。德国在 19 世纪后期出现的刑事诉讼法典有了进一步的发展，在第一章出现"通则"性的规定，它对日本战后新刑事诉讼法的制定有很大影响。1988 年意大利的刑事诉讼法典又进了一步，它既不同于法国，也不同于德国和日本，其体例和结构更趋于完善，反映了大陆法系刑事诉讼理论和立法技术的最新成果。

在大陆法系的刑事诉讼理论中，诉讼主体和诉讼行为的理论在本世纪初就已经形成了比较稳定的体系，但第一次走进立法文件中，意大利恐怕是第一家。意大利的这部法典已经对其他国家和地区的立法产生了影响，比如澳门 1996 年通过的刑事诉讼法典，体例结构几乎和意大利一模一样，内容也十分相近。

当然，意大利刑事诉讼法典在实施过程中确实出现了一些问题，并且也出现了超出当初立法者立法设想的发展趋势。这主要有两方面的原因：首先，这种现象的出现是法典化技术不可避免的问题，任何一部法典，都会出现不能预料的情况，这是法典化技术的先天不足；其次，这与法律移植有关，任何被移入的法律都不可能像在原来国家那样一模一样地发展，企图照搬别国的法律并取得相同的实施效果，不过是一个幻想。换句话说，对移入的法律，我们应当全面地看待它的发展。

（三）指导新刑事诉讼法的一般性原则

公民在适用法律上一律平等、无罪推定、保障个人自由、法定法官等宪法性的原则对意大利刑事诉讼制度的改革都发生过重大的影响，这一点是不言自明的。而一些宪法之外的、一般性的原则也在新法的创设过程中发挥了举足轻重的作用，这些原则大致有正当程序原则、最大程度简化程序原则和直接原则。

1. 正当程序原则。正当程序原则是指刑事诉讼必须严格地依照法定的诉讼程序进行。依照法定的诉讼程序既是公平和正义当然要求，又是合法性的保障，同时还是调查或判决结果正确的保障，因此意大利刑事诉讼法典特别强调正当程序原则。根据正当程序原则，在诉讼过程中，当事人可以因为违反正当程序原则而申请宣布某些诉讼行为无效，法官也可以依职权宣布违反程序的行为无效。

2. 最大程度简化程序原则。这一原则是指尽可能地减少繁琐的诉讼程序，缩短侦查和法院判决之间的时间。《欧洲人权公约》和《公民权利和政治权利国际公约》中都规定了这一原则，而意大利宪法却没有明确规定这一点，在意大利刑事诉讼改革过程中，这一原则的提出有其特定的历史背景，即二战以后，由于意大利犯罪形势的恶化，刑事案件堆积过多，意大利被迫实行大赦，但这并没有使情况变得更好。因此，在新法的制定中，立法者大力强调最大程度地简化程序也就是必然的。根据这一原则，意大利刑事诉讼法典采取了如下措施：

（1）检察官必须在严格的期限内（控告犯罪后6个月）完成初期调查。这一期间可以由负责初期调查的法官延长，但必须有充分的理由。对非常严重的犯罪，初期调查可以延长至2年。对待被告人被羁押的案件需要特别慎重，即使在法庭休庭期间也必须调查案件。

（2）如果担心审判时命令专家鉴定会拖延审判的话，可以在初期调查中命令进行专家鉴定，负责初期调查的法官可以通过为此设计的程序命令专家鉴定。

（3）设立了加快诉讼进程的特别程序。

3. 直接原则。1988年意大利刑事诉讼法典赋予了直接原则以新的含义，它废除了预审法官制度，并剥夺了检察官先前拥有的司法权力。所以，在初期侦查中，由检察官收集的情况不再具有适当的证据价值，而仅仅是作为证据的一个来源。在旧的制度下，初期调查的结果被收集到起诉卷宗中，在审判前递交给审判法官。审判的进行主要以卷宗为基础，而且卷宗中由检察官收集的情况构成了起诉的证据。

新刑事诉讼法典废除了这种制度，要求所有的证据应在法庭上、审判法官面前获得，法官必须根据当事人的主动性和他们进行的对质作出评价和采纳证据。这一变革的宗旨是希望避免初期调查中的结果支配审判和影响审判法官。

自此以后，起诉卷宗不再被诉讼中的法庭使用了，而只能在决定是否继续诉讼的初步庭审中被使用。所有证据必须在审判中获取，这成为了直接原则的最新含义。但是，这一原则的规定也有两个例外：一是附带证明，法官通过附带证明所收集的证据可以在法庭中使用；二是在通过建议审判、处罚令这样的特别程序处理案件时，经被告人同意，可以使用卷宗。而在这类程序中，被告人可能通过减少诉讼成本、减轻刑罚和实行其他优惠获得补偿。

（四）意大利刑事诉讼法的发展趋势

意大利的新刑事诉讼法典从生效的第一天起，就面临着许多对法典的不同条款进行违宪审查的请求，后来，意大利宪法法院裁定简易程序违反宪法，因为起草人超越了国会的授权，该授权只允许简易审判适用于固定刑期的犯罪，而该法典却没有规定它适用的刑期，这意味着简易审判可以适用于所有的刑期。目前，简易审判适用于法定刑需处终身监禁之外的所有罪行。

对新法典的命运影响最大的可能是警察和法官的态度。他们对新法典的抵制迅速导致了一系列明显地反对保障犯罪嫌疑人和被告人权利的"纠正措施"的出现。为了更有效地与有组织犯罪作斗争，1992年8月，立法机关通过了《反黑手党法》，该法实际上修改了刑事诉讼法的一些基本条款。有人认为，这部法律的意旨不仅在于同有组织犯罪现象作斗争，它还直接影响了刑事诉讼法典的许多规定，改变了法典的一些规定，它不是一部有特定目的的自治性法律，由于这部法律的制定，一整套的对于公民个人自由及辩护权利的保障被抹杀了。此外，这部法律也直接影响了一些证据规则，它使得在初步侦查中取得的证人的书面陈述有可能进入法庭辩论，这就破坏了口头和直接原则。实际上，这部法律对刚被束缚起来的警察的权力又松绑了。在涉及警察权力的问题上还有一个重大的修改：因为关于警察受48小时限制的规定在实践中产生了一些问题，所以在新法实施3年之后，已经改为警察必须依法"不迟延"地向检察院递送犯罪报告。更值得我们注意的是审判程序中发生的重要变化，它有两个明显的趋势：一是法官的作用加强，二是案卷材料或书面证据具有了效力。原来，法官只能在当事人对案件的陈述结束时传唤证人，而且在他根据已经有的证据尚不能作出判断的例外情况下才这样做。现在，情况发生了变化，法官不仅在检察官未能或尚未提出听取证言的请求时可以传唤证人和收集证据，而且甚至在检察官根本不提出任何请求时也可以这样做。第二个方面的变化趋势，则来自于法官对新法的抵制态度。对新法典最不满意的可能就是法官了。如果象过去那样审前阅卷，那么法官可能在赞同检察官的意见之后才开庭，而现在法官需要很高的水平才能判断。因此，法官对书面证据的渴望就显得比较强烈些。法官认为，口头证据并不是辩论中举证的惟一方法，因为刑事程序的主要的必然的目的是寻求真相。《反黑手党法》明确了侦查阶段获得的书面证据材料在庭审中的法律效力。在意大利，上述两种倾向十分明显，它们的结合非常紧密，使原先的刑事诉讼法典规定的对抗式程序变为了"后对抗式程序"。

此外，其他一些发展趋势也值得我们注意。比如在预审阶段，原来法律规定在预审结束后如果宣布不追诉裁决，犯罪嫌疑人应当是"明显"无辜的。现在立法机关扩大了宣布不追诉判决的机会，认为可以超越"明显"无辜这一标准。在简易程序中，宪法法院裁决，检察官不说明理由而否决简易程序的权力违反宪法。因此，检察官拒绝简易程序必须说明理由，而且在审判结束后，如果法官认为检察官提出的理由不充分，他可以将被告人刑期减少1/3，如同被告人在审判后的结果一样。同样，宪法法院关于辩诉交易的裁决认为，法典的规定中没有要求在犯罪和协商的刑罚之间保持一种适当的平衡，也是违宪的。

1999年11月23日，"公正程序"原则被纳入到《意大利宪法》第111条当中。该宪法修正案预示了意大利未来刑事司法改革的基本方向。"公正程序"原则适用于所有司法程序，其内容主要有：①司法裁判活动通过法律规定的正当程序实现。②任何程序由控辩双方在平等的条件下，在作为第三方的中立的不偏不倚的法官面前以抗辩的方式进行。法律保障案件在合理的时间内审结。③在刑事程序中，法律保证被指控犯罪的人在尽可能短的时间内以保密的方式得知关于其指控的性质与原因；有足够的时间和必要的条件来准备他的辩护；有权在法官面前亲自询问或通过他人询问对其不利的证人；被指控人有权在与控方同等的条件下传唤有利于己方的证人或者要求提出其他证据；如果被追诉人不懂或者不能讲审判中的语言，有权获得译员的帮助。④刑事审判应当根据下列原则进行：证据只有在控辩双方面前展示并且任何一方都有权对该证据提出反证与质证的情况下才能采纳。不能根据有意逃避辩方质证的证人所作出的证言认定被追诉者有罪。⑤在某些案件中，在被追诉人同意的情况下，证实或者由于客观原因存在不可能证实或者由于已经经过证实的非法行为，证据也可以不经过被追诉人的质证而得以认定，这些（例外）情况由普通法律作出规定。

《意大利宪法》第111条的中心内容就是确认刑事程序的证据形成过程必须受公开辩论原则的调整。被告有罪与否不能仅凭借文字材料认定，因为原告方总想避开被告律师方的交叉询问。2001年意大利国会又将这一宪法原则纳入到了《意大利刑事诉讼法》第97条中并取消了与新原则相抵触的条款，增加了一些新的证据规则。这些规则主要包括：禁止在庭审中使用司法警察在侦查过程中收集到的证人的告发材料；庭审程序外证人的证明材料仅仅用于评估证据的真伪；同案被告人可以行使证人职能，即有义务说出事实的真相，但条件是，此同案被告人必须是已经免罪或定罪，或在侦查初期被告知"如果愿意就所知晓的他人的责任进行告发，那么他将被视为证人"。刑事诉讼法典最后这一点尤为引人注目，因为在意大利的司法传统上，人们从不认为同案被告人也可以作为证人，然而，这则规定却为众多业内人士所赞同。他们普遍认为，就此案来说，由于被告人的地位已被法官判定，因而其辩护权利已经实施殆尽；或者，如果同案被告人就其他被告的罪行予以告发，也就意味着，他明白，在后面的程序中，他将承担证人角色，即有义务说出事实的真相。[1]

第二节 意大利刑事司法组织

意大利的司法组织主要包括警察组织、检察机关和法院。主要的诉讼参与人包括：法官、检察官、司法警察、被告人、附带民事当事人和辩护律师等。

一、司法警察

意大利的司法警察机关由三部分组成：一是法律规定的司法警察组织；二是设立在各共和国检察署中的，由上述司法警察组织的人员组成的司法警察机构；三是隶属于其

---

[1] 赵海峰、卢健平主编：《欧洲法通讯》（第2辑），法律出版社2001年版。

他在得到犯罪消息后负有法定调查义务的机构的警官和警员。

司法警察在级别上有警官和警员之分，警官是指：国家警察组织的领导人员、警长、监察官、负责人以及根据公共安全管理制度被承认具有此种身份的国家警察机关中的其他人员；宪兵部队、财经警察、特工警卫部队、国家森林部队的高级官员和下级官员，以及根据上述各个机构的管理制度被承认具有此种身份的其他官员；未设国家警察机构、宪兵部队指挥部或财经警察指挥部的市镇的市长。警员是指：根据公共安全管理制度被承认具有此种身份的国家警察机构的人员；宪兵、财经警察、特工警卫人员、森林卫队的成员，在有关机构的管界内，正在值勤的省警卫队和市镇警卫队的队员。

根据《意大利刑事诉讼法》第 55 条的规定，司法警察在刑事诉讼中的职能是：①侦查犯罪；②阻止犯罪造成更严重的后果；③搜寻作案者；④为保护证据而采取一切必要的措施；⑤收集其他可能有助于刑事法律适用的材料；⑥执行由司法机关决定或者委托的一切调查活动和其他活动。

但是，应当指出，在意大利，司法警察没有独立的侦查权，他们的侦查活动要在检察官的指挥下进行。为此，《意大利刑事诉讼法》第 58 条规定："共和国检察署掌管各自的司法机构，上诉法院的检察长使用设立在本辖区内的所有司法警察机构。"第 59 条又进一步规定："司法警察机构隶属于所在地检察署的领导人。司法警察的官员向执行任务地法院中的共和国检察官负责。"此外，在审判活动中，法官也有权指挥司法警察进行某些诉讼行为，即"法官使用设立在本辖区内的相应的共和国检察署中的司法警察机关开展活动"。

二、检察机构

意大利实行审检合署制，检察机构由设置在各级法院的检察署组成，但是各法院的检察官独立行使职权，不受法院的约束，他们统一受设在最高法院的总检察长的领导。需要注意的是，意大利对检察官的称谓很特别，他们将初期侦查和一审诉讼中或法官独任审判的案件中的检察官称为检察官，将上诉审中的检察官称为执法官，将执行过程中的检察官称为公诉人，而将检察官作为一个集合名词使用时，又统称为检察官。总之，在对检察官的名称使用上非常混乱，很难掌握。为了论述上的方便，以及与其他国家相协调，我们统一将其称为检察官。

检察官在意大利刑事诉讼中具有双重身份。在初期侦查中，检察官是指挥侦查的官员；在审判中，检察官被认为是控方当事人。意大利刑事诉讼理论认为：要实行控辩原则，采取对抗式审理方式，就必须使控辩双方在同等地位上参加诉讼，为此必须赋予控方的检察官以当事人的地位，而不能使其具有凌驾于辩方之上的优越地位。

但是，意大利刑事诉讼理论又认为，检察官在刑事审判中，除了具有当事人的地位以外，他还是公共方，因为他的作用不是必须反对被告人，而是行使他的客观职责。在意大利，被告人不能选择检察官，而检察官可以因为适当的原因拒绝参与起诉。这就显示了检察官具有维护法律的任务。

总的来看，检察官在刑事诉讼中的职能很广泛。可以说检察官要参与刑事诉讼的各个阶段，具体表现是：①负责侦查，即收集证据，查明犯罪事实，查获犯罪人。这包括两方面的内容，一是检察官独立进行侦查；二是检察官指挥和领导侦查，即检察官就侦查作出各种指示和命令，然后调动司法警察进行具体侦查。②审查决定是否起诉。③作为检察官参与一审。④作为上诉人提起上诉。⑤负责刑罚的执行，对一些主要刑罚，如监禁等，要由检察官发布执行令。

三、法院

（一）法院体系

意大利的刑事法院体系分为三级，分别是一审法院、上诉法院和最高法院。其中，一审法院又包括陪审法庭、独任法官法庭、普通法庭、未成年人法庭和军事法庭。上诉法院和最高法院均不负责审理一审案件。上诉法院负责审理不服一审法院判决的普通上诉案件，最高法院负责受理非常上诉案件。

《意大利刑事诉讼法》第606条第2款规定："除具体确定的情况和特定的效力外，可以针对在上诉审中宣告的判决或不可向上级法院上诉的判决向最高法院上诉。"由此可以看出，意大利实行三审终审制。

1. 陪审法庭。顾名思义，陪审法庭就是实行陪审制的法庭。陪审法庭负责审理严重的犯罪案件，由2名职业法官和6名陪审员组成。陪审员与职业法官共同审判案件，在审判中，他们与职业法官具有相同的职责，例外是：通常由职业法官而不是陪审员主持听证。根据《意大利刑事诉讼法》第5条的规定，巡回法庭负责审理下列案件：根据法律应判处无期徒刑或24年以上有期徒刑的犯罪。但严重的杀人未遂罪以及由刑法第630条第1款和1975年12月22日第685号法律规定的犯罪除外；《意大利刑法》第579、580、584条和第600~602条规定的犯罪；一切造成1人或者数人死亡的故意犯罪，但《意大利刑法》第586、588、593条规定的情况除外；1967年10月9日第962号法律和《意大利刑法》第二编第一章中规定的犯罪，只要这类犯罪应当判处10年以上有期徒刑。

2. 独任法官法庭。独任法官法庭是由1名职业法官负责审理案件的法庭，一般负责审理罪行较轻的案件，具体指应当判处4年以下监禁刑或者应当处上述监禁刑并处财产刑的犯罪。但是也有一些例外情况下，虽然罪行较重，也可以由独任法官审理。这些例外情况是：①《意大利刑法》第336条第1款规定的对公务员实施暴力或胁迫的犯罪；②《意大利刑法》第337条规定的对公务员实施抗拒行为的犯罪；③《意大利刑法》第343条第2款规定的严重的当庭侮辱法官的犯罪；④《意大利刑法》第349条第2款规定的严重的侵犯印玺罪；⑤《意大利刑法》第379条规定的包庇罪；⑥虐待家庭成员或子女罪，如果这类行为不具备《意大利刑法》第572条第2款规定的加重情节；⑦《意大利刑法》第588条第2款规定的严重的斗殴中造成人员死亡或受重伤的情况；⑧《意大利刑法》第589条规定的过失杀人罪；⑨《意大利刑法》第614条第4款规定的严重的侵犯他人住宅罪；⑩《意大利刑法》第625条规定的严重的盗窃罪；⑪《意大利刑法》第640条第2款规定的严重的诈骗罪；⑫《意大利刑法》第648条规定的窝赃罪。

3. 普通法庭。普通法庭由 3 名职业法官组成，有权审理所有不能提交由独任法官或巡回法庭审理的案件。

4. 未成年人法庭和军事法庭。未成年人法庭由 4 名职业法官和 2 名陪审员组成，有权审理任何行为时不满 18 周岁的人实施的犯罪。法律要求审理这类案件的陪审员必须具有医疗、精神病或者心理学方面的专长。

军事法庭由军事法官和在军队中服役的非法官组成，适用军事刑罚，仅管辖由军人实施的犯罪案件。

5. 上诉法院。上诉法院负责审理不服一审法院判决的普通上诉案件。上诉法院又划分为普通上诉法院（简称上诉法院）和上诉陪审法院。

如果上诉是针对普通法庭、独任法官和在独任法官所负责初期侦查的法官的判决提出的，由上诉法院裁决；如果上诉是针对陪审法院的判决提出的，由上诉陪审法院裁决；如果上诉是针对在法院负责初期侦查的法官的判决提出的，则根据犯罪归普通法院管辖还是归陪审法院管辖，分别由上诉法院或者上诉陪审法院裁决。

6. 最高法院。向最高法院提起的上诉一般是针对法院的判决、裁定或决定在适用法律上或者在诉讼程序上有错误而提起的，既可以针对一审判决进行，也可以针对二审判决进行。同时法律还规定了若干可以向最高法院提起的、既不属于法律上的错误，也不属于诉讼程序上错误的情况，总的来说，这些案件的上诉都被划分为非常上诉案件。

7. 特别法庭。除了上述的三级法院体系之外，意大利还存在着特别法庭。特别法庭由宪法法院的全体委员组成，包括 15 名职业法官和 16 名经抽签挑选的陪审员。特别法庭负责审理严重的叛国罪、通过攻击共和国总统攻击宪法的犯罪。特别法庭实行一审终审。

（二）法官

意大利刑事诉讼法的第一章就是有关法官的规定，法典的第 1 条就明确了法官的司法管辖权，规定刑事法官就作出裁决所必须查清的一切问题进行审理，除非存在其他的法律规定。此外，刑事法官在附带审理民事、行政或刑事问题时所作出的裁决，对于其他诉讼不具有拘束力。

新刑事诉讼法的颁行使整个刑事诉讼程序的运行对预审法官侦查程序的依赖性大大减少，从而减轻了法官的预断；与此同时，又大大加强了法官在审判程序中的作用。宪法法院对法官在审判结束阶段传唤证人的权力的最初含义作了非常广泛的解释。原来，法官只能在当事人对案件的陈述结束时传唤证人，而且在他根据已有的证据尚不能作出判断的例外情况下才这样做；现在，情况发生了变化，法官不仅在检察官未能或尚未提出听取证言的请求时可以传唤证人和收集证据，而且甚至在检察官根本不提出任何请求时也可以这样做。这样的解释是为了鼓励弄清事实真相，但事实上仅有利于弥补检察官陈述中的不足并控制举证责任。

第三节　意大利刑事强制措施

意大利新的刑事诉讼法专门用第四编对强制措施进行了规定，内容非常详尽，和其他国家相比也独具特色，因此有必要专门列出来加以介绍。这种特色主要体现在三个方面：第一个特色是，在名称上，意大利对相关的内容没有使用强制措施一词，而使用了防范措施的概念，并明确将其划分为人身防范措施和对物的防范措施。其中，人身防范措施又分为强制性措施和禁止性措施。因此，意大利的刑事诉讼强制措施的外延显然有别于其他国家，但为了介绍的方便和学习中比较的方便，在本节的介绍中，我们仍然使用强制措施一词。第二个特色是，意大利对强制措施明确规定了上诉等补救办法。第三个特色是意大利对强制措施规定了异常严格的审批程序。

一、人身防范措施

（一）一般规定

法典在人身防范的一般规定部分明确指出：只有当存在重大犯罪嫌疑时，才能对犯罪嫌疑人适用防范措施。如果查明有关行为是基于正当原因而实施的，或具有不可处罚性，或者如果查明存在使犯罪消灭的原因或使可能被科处的刑罚消灭的原因，则不得适用任何防范措施。

对人身防范措施的采取，适用于下列情形：一是必须进行有关的侦查活动，同时又存在可能妨碍调取证据或者有损于证据的真实性的具体危险；二是被告人曾试图逃跑或者存在着逃跑的危险，同时法官认为他可能被判处 2 年以上有期徒刑；三是根据犯罪的具体方式和情节以及被告人的人格，有理由认为被告人将使用武器、其他施加人身暴力的手段或者旨在侵犯宪法秩序的手段实施严重的犯罪，或者实施有组织犯罪或与被追究的犯罪相同的犯罪。

对具体人身防范措施的选择，要注意以下几点：①在决定适用防范措施时，法官应根据在具体情况中需要满足的预防需要、预防措施的性质和强度选择适宜的措施；②一切防范措施均应当同行为的严重性以及可能被科处的刑罚相对称；③只有当其他防范措施均不宜采用时，才能决定对被告进行预防性羁押；④当被告人是正在怀孕的妇女、正在哺乳子女的母亲、处于特别严重的健康状况的人或者超过 65 岁的老人时，不能决定使用预防性羁押的强制措施，除非存在非常严重的防范需要；⑤当被告人是正在接受戒瘾治疗的吸毒者或酗酒者并且中断治疗计划有可能影响被告人戒瘾时，不能决定适用预防性羁押的防范措施，除非存在非常严重的防范需要。在作出决定时或者在以后的决定中法官规定必要的检查措施，以便核查吸毒者或酗酒者是否在继续接受治疗计划。

（二）强制措施

意大利刑事诉讼法在人身防范措施中所指的强制措施即限制人身自由的强制措施。意大利的刑事诉讼理论认为，司法警察和司法警官在初期侦查过程中进行的当场逮捕和拘留，在性质上属于他们在诉讼过程中所采取的紧急处置措施，而不属于真正意义上的强制措施。所以在立法体例上，也不将其放在防范措施一章中加以规定，而是规定在有关的侦查程序中。根据意大利刑事诉讼法典的规定，限制人身自由的强制措施适用的条件是：只有当诉讼所针对的是依法应判处无期徒刑或者3年以上有期徒刑的犯罪时，才能采取有关这一类的措施。这些措施又可分为六种，现介绍如下：

1. 禁止出国。这一措施是指要求被告人未经主管法官批准不得离开国家领域，采取这项强制措施时，要由法官作出决定，同时可以作出必要的处置，以确保该决定的执行，其中包括为防止使用护照和其他为出国而使用的有效身份文件而采取处置。

2. 命令向司法机关报到。这一措施是指要求被告人向某一特定的司法警察办公室报到。其决定由法官作出，并由法官根据被告人的工作和居住地点确定报到的日期和时间。

3. 限制居住。这一措施是指命令被告不得在特定的地点居住，而且未经主管法官批准不得进入该地点，或者未经主管法官批准不得离开常住地市镇。

法官在作出限制居住的决定时，应指出被告人应当立即向哪个警察机关报到并向其告知自己住宅的地址。法官可以要求被告人告知警察机关平常能找到自己的时间和地点，以便接受必要的检查，同时，被告人有义务提前向警察机关报告上述地点和时间的变化。

在确定有关的地域界线时，法官应尽可能考虑被告人食宿、工作或扶助方面的需要。如果所涉及的人员是正在接受戒瘾治疗的吸毒者或酗酒者，法官可以决定进行必要的检查，以查明治疗计划是否正在进行。

限制居住的决定一旦作出，应当立即将法官的上述决定通知主管的警察机关，该机关负责监督上述决定的执行并向检察官报告违反规定的情况。

4. 住地逮捕。这一措施是指命令被告人不得离开自己的住宅、其他私人居住地、公共治疗场所或扶助场所，在必要时，还可以禁止被告人与其他非共同居住人或非扶助人员进行联系。处于居住地逮捕状态的被告人被视为处于预防性羁押的状态。

住地逮捕的决定，由法官作出，检察官或者司法警察可以随时检查被告人执行有关规定的情况。执行住地逮捕后，应当在15天内讯问被告人。

在执行住地逮捕期间，如果被告人不能以其他方式满足基本的生活需要或者陷于特别困难的境地，法官可以批准他在白天离开逮捕地，在严格的时间限度内设法满足上述需求或者进行有关工作。

5. 预防性羁押。这一措施是指法官命令司法警员或警官对被告人实行拘捕并立即解送到看守所，使其处于司法机关的控制之下。

预防性羁押的决定，要由法官根据检察官的请求，以裁定的形式作出，然后交司法警员或警官执行。受委托执行预防性羁押措施的司法警员或警官应向被告人交付有关决定的副本，告知他有权任命一名自选辩护人，并立即将所有已实施的活动通知上述自选辩护人。

执行预防性羁押措施后，法官应立即对处于预防性羁押状态的人进行讯问。经过讯问，如果发现预防性羁押不当，应当撤销该措施或者变更该措施。

预防性羁押的期限，即预防性羁押的最长持续期视犯罪的严重程度而有所不同。根据《意大利刑事诉讼法》第303条的规定，如果诉讼针对的是依法应判处6年以下有期徒刑的犯罪，预防性羁押的期限为3个月；如果诉讼针对的是依法应判处6年以上、20年以下有期徒刑的犯罪，预防性羁押期限为6个月；如果诉讼针对的是依法应判处无期徒刑或20年以上有期徒刑的犯罪，预防性羁押期限为1年。上述期限自执行羁押之日起计算，预防性羁押的期间折抵所判处的刑罚的刑期。此外，意大利刑事诉讼法典还规定了非常复杂的预防性羁押期间的延长和中断的条款。依照有关延长的规定，预防性羁押的持续期，最长可达到6年，在此期间内如果没有对被羁押人定罪，就应将其释放。

6. 在治疗场所的预防性羁押。如果需受到预防性羁押的人处于理解或意思能力丧失或明显降低的精神病状态，羁押地的法官可以决定将其临时收容在适当的精神病治疗机构之中，并采取必要的措施防止其逃跑。当查明被告人不再患精神病时，不能继续实行上述收容，而应当转为预防性羁押。

（三）禁止性措施

禁止性措施，是针对特殊主体进行的犯罪所采取的限制或剥夺其特殊主体身份的一项强制措施。主要有暂停行使父母权、暂停行使公共职务或服务、暂时禁止从事特定的职业活动或经营活动。暂停行使父母权是针对对近亲属实施犯罪的被告人而采取的；暂停行使公共职务或服务是针对公务员或者受委托从事公共服务的官员实施侵犯公共管理的犯罪时而采取的；暂时禁止从事特定的职业活动或经营活动是针对被告人进行的与其职务或经营活动有关的侵犯公共安全、公共经济、工业或贸易、公司和社团的刑事法所规定的犯罪而采取的。采取上述措施的命令，由法官以裁定的形式作出。

（四）法律救济

有关人员对上述强制措施的采取，如果不服，法律规定了三种救济方法：申请复查、上诉和向最高法院上诉。

1. 申请复查。自执行或送达有关决定之时起的10日内，被告人可以要求对决定适用某一强制措施的裁定进行复查，除非上述裁定是在检察官上诉后发布的。自送达有关裁定的通知之时起的10日内，被告人的辩护人也可以提出复查的要求。在复查的申请中可以说明有关的理由。提出复查要求的人有权向复查法官提出新的理由，在开始讨论前将它们列入笔录。

复查要求向作出有关裁定的法官所在地的省府驻地法院的文书室提交。由该法院依照合议程序，在合议室进行复查。自接到有关文书后的10日内，如果法院不宣布复查要求不可接受，则应撤销、修改或者确认受到复查的裁定，它在作出决定时也可以采纳当事人在讨论期间提交的材料。法院可以因其他未在要求中列举的原因撤销受到复查的决定，作出有利于被告人的修改，也可以根据在有关决定中未列举的理由确认受到复查的决定。如果在规定的期限内未就复查要求作出决定，决定适用有关强制措施的裁定立即丧失效力。

2. 上诉。上诉是与申请复查并行的另一种选择。公诉人、被告人及其辩护人可以针对关于人身强制措施问题的裁定提出上诉，上诉于上诉法院，并说明有关的理由。上诉法院自收到有关文书之日起的 20 日内作出裁定。

3. 向最高法院上诉。向最高法院上诉，是公诉人、被告人及其辩护人，针对复查法院或上诉法院作出的裁定，以其裁定违反法律为理由而提出的上诉。这种上诉应当在接到复查法院或上诉法院的裁定之日起 10 日内提出。最高法院应在收到有关文书后的 30 日内作出决定。

（五）对不正当关押的补偿

《意大利刑事诉讼法》规定，对于下列情况下的不正当关押，当事人有权请求补偿：①由于事实不成立而被最终判决开释的；②行为不构成犯罪或者未被法律规定为犯罪的；③不符合预防性羁押的条件，而进行预防性羁押的；④被宣告撤销案件或不予追诉的。同时，意大利刑事诉讼法典还规定了两种不予补偿的情形：①预防性羁押折抵在量刑期间之内的；②当法官以判决或撤案决定认定行为因归罪规范的废除而不再构成犯罪时，对于在废除有关规范之前受到预防性羁押的时间，不得行使要求补偿权。

补偿的要求可以在自开释判决或处罚判决最终生效之日起的 18 个月内提出，或者自不追诉判决成为不可上诉的或者已经宣告撤销案件后的 18 个月内提出。

补偿的数额在任何情况下不得超过 5 亿意大利里拉。

二、对物的防范措施

在《意大利刑事诉讼法》中，对物的防范措施的规定比较零散，既在防范措施一编中进行了规定，又在第三编证据和第五编初期侦查中进行了规定。为了对这些措施有一个全面、系统的认识，本书将有关内容放到一起，在本目中进行介绍。

（一）搜查

搜查，必须由法官发布附理由的搜查令才能进行，法官可以亲自进行搜查，也可以指定司法警官进行。只有在下述情况下可以不使用搜查令：①在当场发现犯罪或者罪犯脱逃的情况下，如果司法警察官员有理由认为可能藏有与犯罪有关的物品或痕迹，并且它们可能被消除或者消失的；②行为人实施了刑法典所规定的必须当场逮捕的罪行而受到指控或被判刑，应当执行预防性羁押的决定或监禁令时。司法警察在不用搜查令进行搜查以后，应当立即向执行地的检察官移送搜查执行情况的笔录，最迟不得超过 48 小时，检察官应当在随后的 48 小时以内，对搜查作出认可。

《意大利刑事诉讼法》根据搜查的对象，将搜查分为人身搜查、场所搜查和住宅搜查三种。当确有理由认为某人身上藏有犯罪物证或者与犯罪有关的物品时，进行人身搜查。当确有理由认为上述物品处于某一特定地点或者在某一特定地点可能逮捕被告人或逃犯时，进行场所搜查。当确有理由认为上述物品可能处于被搜查人的住宅时，进行住宅搜查。

在进行人身搜查之前，应向关系人交付搜查令的副本，告知他有权让其信任的人参加搜查。在进行搜查时应当尊重人格，并且尽可能地维护被搜查者的体面。进行场所搜查时，应向在场的被告人和对该地点拥有现实支配权的人交付搜查令，并告知他们有权让自己所信任的人代表自己或者亲自参加搜查，搜查时可以决定在搜查结束之前某人不得离开，并在笔录中说明该决定的理由。对住宅进行搜查除了上述一般要求外，特殊要求是对住宅或者靠近住宅的封闭地点进行的搜查不得在 7 时之前和 20 时之后进行，只有在紧急情况下，司法机关可以采用书面方式决定不按照上述时间限制进行搜查。

（二）扣押

意大利刑事诉讼中的扣押分为搜查中的扣押、保全性扣押和预防性扣押三种。

搜查中的扣押，是指对经搜查发现的犯罪物证、犯罪产物、收益或得利以及与犯罪有关的、为调查工作所需要的物品进行的扣押。保全性扣押，是指确有理由认为缺乏或者将丧失支付财产刑、诉讼费或者其他应向国库缴纳的款项的保障，而对被告人的动产或不动产或者归属于他的钱财实行的扣押，或者确有理由认为缺乏或者将丧失对产生犯罪的民事责任的担保，而对被告人或民事责任人的财产进行的扣押。预防性扣押，是指对与犯罪有关的物品的自由支配有可能加重或延续犯罪的结果或者有可能便利其他犯罪的实施时，负责审判的法官根据检察官的要求，以附理由命令的形式对上述物品实行的扣押。

不管是哪种形式的扣押，意大利刑事诉讼法都对被扣押物的封存、保管、开拆、期限、返还以及对扣押令的申请复查、上诉和向最高法院上诉等法律救济手段作出了明确的规定。

三、对隐私权的干涉

根据《意大利宪法》第 15 条规定，通信和其他形式的通讯自由和隐私不受侵犯。只能通过司法命令对此进行限制，并受法律保障的制约。为此，意大利刑事诉讼法典对侵犯隐私权的行为，规定了比一般的对物的防范措施更为严格的程序。

（一）扣押信件

当司法机关确有理由认为有关信件、邮件、包裹、钱款、电报或其他通信材料是由被告人寄发的或者向其寄发的或者可能与犯罪有关时，可以在邮局或电报局对上述信件、邮件、包裹、钱款、电报或其他通信材料实行扣押。但是有三条限制性规定：①司法警官进行扣押时，他应当将被扣押的信件交给司法机关，不得拆封，也不得以其他方式了解其中的内容；②不属于可扣押范围内的纸张和其他文件应当立即归还权利人，并且不得对其加以使用；③对于经有根据的声明自己为司铎、律师、法律代理人、技术顾问、公证人，医生、外科医师、药剂师、产科医师以及其他从事卫生职业的人员与被告人之间来往的信件，不得扣押。

（二）谈话或通讯窃听

1. 谈话或通讯窃听的范围。意大利刑事诉讼法规定，只能在对下列案件进行谈话或通讯窃听：①依法应判处无期徒刑或者 5 年以上有期徒刑的非过失犯罪；②依法应判处 5 年以上有期徒刑的妨害公共管理的犯罪；③涉及麻醉品和精神刺激药物的犯罪；④涉及武器和爆炸物的犯罪；⑤走私犯罪；⑥利用电话实施的侮辱、威胁、骚扰或干扰他人的犯罪。

2. 谈话或通讯窃听的程序。当存在重大犯罪嫌疑、并且为进行侦查工作必须实行窃听时，要由检察官要求负责初期侦查的法官决定进行窃听，该法官采用附理由命令的形式给予批准。在紧急情况下，当确有理由认为可能会因延误而严重影响侦查工作时，公诉人也可以附理由命令的形式决定进行窃听，但他应立即（最晚不得超过 24 小时）将此决定通知负责初期侦查的法官，该法官应当在 48 小时内作出是否认可的决定，如果检察官的决定未获法官认可，不得继续进行窃听，窃听获得的材料也不得加以使用。

窃听由检察官亲自进行，也可以通过一名司法警官进行。窃听的事项应当在检察官办公室的登记簿上进行登记，按照时间顺序注明关于决定、批准、认可或者延长窃听工作的各项命令，并注明每次窃听开始和结束的时间。

窃听的笔录和录音，应当完整地保存在作出窃听决定的检察官那里。当诉讼不需要有关材料时，关系人可以为维护其隐私权要求曾经批准或者认可窃听工作的法官将其销毁。

3. 窃听材料的证据价值。窃听材料只能在本案诉讼中使用，不得在其他诉讼中使用，除非对于查明某些必须实行当场逮捕的罪犯来说这些材料是不可缺少的。

超出法律规定的窃听范围以外的窃听所取得的材料，禁止作为证据使用，法官可以在诉讼的任何阶段决定将其销毁。

当窃听的对象是因其职务或职业原因而了解事实的人员时，窃听的材料不得加以使用，除非这些人员已对这些事实作过陈述或者以其他方式进行过传播。

（三）人身检查和精神检查

人身检查只能由负责初期侦查的法官根据检察官的请求，发布命令进行。但在特殊情况下可以由检察官命令，但他有责任立即向负责初期侦查的法官汇报，法官可以批准或拒绝他的命令。人身检查必须在尊重人格的情况下进行。被检查的人有权要求检查在他信任的人在场的情况下进行。他也可以要求检查由医师或相同性别的人进行。

对被告、被害人或证人的精神检查通过旨在确认刑事责任能力或供述可信性的专家鉴定的形式进行。

意大利允许进行精神检查，但却不允许进行心理和行为测试。其理论上的解释是，法官完全可以根据其良好的感觉去考察。

第四节 意大利刑事诉讼程序

意大利1988年刑事诉讼法典对其刑事诉讼程序所作的改革突出地表现在两个方面：一是将整个刑事诉讼程序明确划分为三个诉讼阶段，即侦查阶段、初步庭审阶段和审判阶段，二是设立了五种特别程序。

一、侦查程序

意大利刑事诉讼法将侦查程序称为初期侦查阶段，其中，又细分为由司法警察负责的初步侦查阶段和由检察官领导的正式侦查阶段。总的来说，在侦查阶段中，是由检察官和在他指导下的司法警察专门负责对犯罪的侦查的，法官不再兼有收集证据的权力。但法律在侦查阶段设立了一名专职预审法官，以负责对检察官和司法警察的侦查活动进行法律监督。

这一阶段的任务是了解犯罪消息，查明犯罪事实，查获犯罪嫌疑人，以便作出与提起刑事诉讼有关的判断。

这一阶段的侦查活动应当遵循秘密原则，即初期侦查是秘密进行的。这项原则对被调查人而言，意味着他不能查阅犯罪的登记册，也无权被告知对他展开的调查的开始和进程，他只能在调查结束时获悉这些调查的情况；对辩护律师而言，则是无权在调查活动中到场；对新闻报道而言，法律上规定了明确的限制，如不允许报道被调查人的姓名、不允许报道案件的详情等。初期调查的秘密性持续到调查的结束，或检察官认为必要的时候为止。

（一）刑事案件的来源

检察官和司法警察可以通过两条途径来获取有关犯罪的消息，一是主动获取，二是接受有关犯罪的信息。其中，第二条途径又有三个分支：

1. 公务员和受委托从事公务服务人员的报案。这些人如果在行使职务中或者因职务或服务原因而得知可提起公诉的犯罪消息，应当进行书面报告，即使未查清犯罪人是谁。如果在民事诉讼或行政诉讼中出现可提起公诉的犯罪，进行诉讼的机关应立即制作报案材料，并将其转递给检察官。

2. 个人报案。一切了解关于某一可提起公诉的犯罪消息的人均可以报案。报案以口头形式或书面形式亲自或者通过特别代理人向检察官或司法警察提出。如果是书面报案，报案材料由报案人或他的特别代理人签署。一般情况下，不得使用匿名的报案材料。

3. 报告。负有报告义务的人应当在48小时内或者在存在危险的情况下，立即向检察官或自己工作地的任何司法警官报告犯罪情况，如果不存在检察官或司法警官，则向最邻近的司法警官报告。报告应指出作为其工作对象的人员，在可能时说明其一般情况、经常存在的地点、其他有助于辨认该人的材料、手术的地点、时间和其他情况。

对于上述犯罪消息，检察官应立即在保存于其办公室中的专门登记簿上进行登记，对于他主动获取的犯罪信息，也应记录，同时或者自查明时起登记被指控者的姓名。如果在初期侦查期间事实的法律性质发生变化或者出现其他情况，检察官负责更新登记的内容。

（二）初步侦查

意大利刑事诉讼中的初步侦查是指司法警察在受到受害人或其他公民有关犯罪行为发生的报告之后的48小时之内所进行的侦查活动。针对旧法典时期警察的自由裁量权过大而又得不到充分制约的情况，新法典对警察在初步侦查活动中的权力作出了很大的限制，这主要表现在以下三个方面：

1. 新法典要求司法警察在发现犯罪行为发生后48小时以内，必须向检察官提出报告，并将其在初步侦查中所收集到的与案件事实有关的全部证据材料移送给检察官，从而及时开始正式侦查阶段，使警察的侦查活动严格受到检察官的控制和监督。

2. 新法典对警察在初步侦查中的活动从程序上作出了严格的调整和制约。在初步侦查中，司法警察有权勘察犯罪现场、询问证人、讯问犯罪嫌疑人，以及对犯罪嫌疑人采取暂时羁押等强制措施。如果警察在某人实施犯罪过程中当场将其抓获，则警察有权对其身体进行搜查，情况紧急时还可直接对某一处所进行搜查。这种搜查并不要求预审法官批准。但新法典要求警察只有在法律规定的场合下才能讯问犯罪嫌疑人。如果犯罪嫌疑人未被逮捕，那么他只能在律师在场的情况下才能接受讯问。如果犯罪嫌疑人已经被逮捕，那么他要在犯罪后最短的时间内接受讯问，而且其辩护律师应始终在场。警察有权要求邮政部门暂停犯罪嫌疑人的通信服务48小时，但他们所截获的犯罪嫌疑人的来往信件和邮寄物品必须直接移送给检察官，只有在紧急情况下才能对上述信件和物品进行开启检查。另外，当警察进行搜查、扣押、查封等行为时，辩护律师均有权出席或参加，但警察没有事先通知他到场的义务。这一确保被告人诉讼权利的规定的目的在于：确认这些诉讼行为构成了"不可重复进行的行为"，警察应将上述有关活动过程的报告载入卷宗之中，法官在庭审阶段可以将这种报告直接采纳为证据。

法典还规定，电话窃听只在某些特定的犯罪案件中才能使用。这主要是指那些犯罪嫌疑人可能被判处5年以上监禁刑罚的案件以及那些涉及毒品、武装和走私等犯罪的案件。司法警察对犯罪嫌疑人进行电话窃听或电子窃听，必须首先从预审法官处获得许可证。在情况紧急时，检察官可以授权司法警察采取这种措施，但在事后必须向预审法官说明有充分证据证明犯罪已经发生以及窃听是绝对必要的，以便由预审法官确认窃听行为的合法性和有效性。但是窃听在任何情况下都不得用于监视辩护律师与委托人以及辩护律师之间的通讯联系。

3. 新法典对司法警察在初步侦查中所获取的证据的可采性作出了很大的限制。在司法警察对犯罪嫌疑人讯问时，辩护律师应当始终在场。如果犯罪嫌疑人的辩护律师不在场，那么被告人在讯问中所作的任何陈述均不得被记录下来和载入卷宗，更不得在诉讼中使用。但警察可以这种陈述为线索继续进行侦查活动。尤为重要的是，新法典对犯罪嫌疑人在初步侦查中向司法警察所作供述的适用范围作出了严格的限制。检察官可以在初步庭审中利用这种供述来证明将案件移送法院审判的合理性,但不得在正式庭审中以此来支持其指控。不过,如果被告人在庭审中的陈述与其在侦查中向警察所作的供述在内容上存在明显的矛盾,那么控诉方和民事案件当事人可以将其以前的供述用作证明其陈述不可信的证据。

(三)正式侦查

1. 正式侦查的开始。在司法警察将其所获取的一切证据材料和记录初步侦查活动过程的材料移送给检察官之后,检察官须在专门的"犯罪登记表"中对该犯罪案件的主要情况(包括犯罪嫌疑人姓名和主要犯罪事实)作出记录。随后,由检察官主导和控制的正式侦查程序就开始了。意大利检察官对犯罪案件进行专门登记的程序,类似于我国的立案程序,但其目的在于对侦查期间进行正式的起算,以促使警察在法定期间内完成对犯罪的侦查活动。这样,检察官在诉讼程序的开始即对保障诉讼的效率负有责任。在一般情况下,正式侦查须在检察官对犯罪情况进行登记后6个月之内完成。但在复杂案件中,预审法官有权决定延长6个月,但这种正式侦查最长不得超过18个月。司法警察在法典规定的侦查期间之外所获得的证据不具有证据效力。

2. 检察官的职责及侦查行为的实施。在正式侦查过程中,检察官有权对司法警察的侦查行为进行指挥、指导和监督。警察只有对具体侦查行为的执行权,而没有决定权,检察官代表国家、社会对一切犯罪活动行使追诉权,警察通过侦查行为对检察官予以辅助。

在正式侦查过程中,警察可以在检察官的指挥下讯问被告人、询问证人,也可以就专门的问题进行鉴定,还可以采取搜查、扣押、拘禁等强制性措施。在对犯罪嫌疑人进行讯问时,辩护律师有权始终在场,主持讯问的警察应预先告知犯罪嫌疑人享有辩护律师协助的权利和在讯问中保持沉默的权利。在讯问中,如果犯罪嫌疑人开始作出对自己不利的陈述,那么警察应当打断这种陈述,并及时警告他这种陈述可能会导致对他不利的诉讼后果,同时还要为没有律师协助的嫌疑犯强行指定一名律师。在没有律师在场的情况下,犯罪嫌疑人所作的供述在任何诉讼阶段都不得被采用为证据。在正式侦查中所获得的犯罪嫌疑人供述的笔录一般也只能用于初步庭审之中。

检察官在正式侦查过程中不能代替警察从事具体的侦查活动,但这并不等于其不能亲自从事各项侦查活动。在侦查过程中,检察官在核查体貌特征、进行有关描述、拍照和其他需要专门资格才能实施的技术工作时,可以指定并利用技术顾问的身份进行活动,具体来说,这类活动包括以下几项:

(1)对人和物的辨认。当必须立即进行侦查时,检察官可进行对人、物和其他可能成为感知对象的标的物的辨别工作,辨别时应向辨别人出示有关人、物和其他标的物或者展现其图象。

(2)了解情况。检察官可以从能够为侦查工作介绍有用信息的人员那里了解情况。上述人员有义务接受检察官的询问。

(3)讯问被调查人。得知自己正在被进行侦查的人有权向检察官报到并作出陈述。当检察官所进行的活动需要被调查人到场时,检察官可以要求被调查人向自己报到。当需要进行讯问或对质时，检察官根据法官的批准可以对被调查人实行强制性拘传。

（4）讯问有牵连的被告人。在下述情况下检察官可以讯问案件中有牵连的被告人：如果所追诉的犯罪是由数人共同实施的或者在相互合作中实施的，或者数人采用相互独立的行为造成犯罪结果；如果某人被指控采用一个作为或不作为实施了数项犯罪或者在同一时间和地点采用数个作为或不作为实施了数个犯罪；如果某人被指控犯有数罪，其中一些罪行是为执行或掩盖另一些罪行而实施的。

（5）任命辩护人。检察官在对被调查人进行讯问、检查或者对质时，应当提前告知被调查人可以自选辩护人。如果被调查人没有自选辩护人，检察官应当为其任命一位辩护人。并且在进行上述活动的 24 小时前通知辩护人参加进行上述行为。

（6）对辩护人有权阅读的文书的储存。检察官和司法警察实施的、辩护人一起参与的活动的笔录，在有关活动完成后的第 3 日内，储存到检察官秘书室，检察官有权在随后 5 日中查阅并获取副本。当未通知有关活动的实施时，立即向辩护人送达储存通知，并且上述期限自接受送达之时起计算。检察官可以根据重大理由采用附理由命令的形式决定在不影响辩护人的任何权利的情况下推迟储存文书。

（7）传唤被害人。当检察官进行的行为需要被害人和能够为侦查工作叙述有用情况的人在场时，检察官可以发出传唤令。

（8）请求法官处理扣押请求。在初期侦查过程中，当检察官认为不应当接受关系人提出的扣押请求时，应将该请求连同自己的意见转递给负责初期侦查的法官。

（四）侦查中的当场逮捕和拘留

1. 必须当场逮捕的情况。当某人被发现实施依法应当判处无期徒刑、5 年以上有期徒刑的既遂或未遂的非过失犯罪时，司法警官和警员应当对该人实行逮捕。

当某人被当场发现实施以下各项既遂或未遂的非过失犯罪之时，司法警官和警员也应当对该人实施逮捕：依法应判处 5 年以上有期徒刑的危害国家罪、蹂躏罪和劫掠罪，依法应判处 3 年以上有期徒刑的侵犯公共安全罪、奴役罪；具备法律规定的加重情节的盗窃罪、抢劫罪和敲诈勒索罪，非法制造、输入、贩卖、转让、在公共场所或面对公众持有或者携带各种武器和爆炸物的犯罪，涉及麻醉品或精神药物的犯罪，依法应判处 5 年以上有期徒刑的、以恐怖主义或颠覆宪法制度为目的而实施的犯罪，发起、建立、领导、组织秘密团体、黑手党式团体和军事性团体的犯罪，发起、建立、领导、组织团体和团伙的犯罪。

如果属于告诉才追诉的犯罪，只有当提出告诉，包括向在现场的司法警官或警员提出口头告诉时，才执行当场逮捕，如果享有告诉权的人宣布撤回告诉，则将逮捕人立即释放。

2. 可以当场逮捕的情况。如果某人被当场发现实施依法应判处 3 年以上有期徒刑的既遂或未遂的非过失犯罪或者实施依法应判处 5 年以上有期徒刑的过失犯罪，司法警官和警员可以对其实行逮捕。

当存在制止犯罪活动的必要性时，司法警官和警员也可以逮捕任何当场发现实施下列犯罪的人：利用他人的错误进行贪污的犯罪，违反职责义务的犯罪，对公务员实施暴力或胁迫的犯罪，贩卖和提供劣质药品和有毒食品的犯罪，腐蚀未成年人的犯罪；人身伤害罪，盗窃罪，严重损害罪，诈骗罪，非法侵吞罪，变造武器罪和非法制造爆炸品罪。

3. 个人抓捕权。对于必须当场逮捕的犯罪，如果涉及的是可提起公诉的犯罪，任何人均可当场抓捕犯罪人。但实行抓捕的人应当立即将被抓捕人和构成犯罪物证的物品送交司法警察，后者制作移交笔录，并出具该笔录的副本。

4. 对犯罪嫌疑人的拘留。除当场逮捕的情况外，当根据具体材料确有理由认为存在逃跑的危险时，对于具有重大嫌疑实施依法应判处无期徒刑或 2 年以上有期徒刑的犯罪的人以及具有重大嫌疑实施涉及武器和爆炸物的犯罪的人，由检察官决定予以拘留。如果确有理由认为犯罪嫌疑人可能逃跑，但因情况紧急不可能等待检察官的决定，司法警察也可以主动实行拘留。

（五）侦查程序中律师的地位

意大利刑事诉讼法将律师参加刑事诉讼的时间提前至侦查阶段，要求辩护律师在警察讯问犯罪嫌疑人时必须在场。而且，警察在逮捕犯罪嫌疑人之后应当允许他与其辩护律师立即会见和通信。如果犯罪嫌疑人无力委托辩护律师，那么他有权无偿得到一名公设辩护人的协助，但这种公设辩护人不是由法院专门设立的，而是由法官在当地律师协会提供的律师名单中指定的。意大利的律师一般轮流被委派担任公设辩护人，他们无偿为犯罪嫌疑人服务，而且几乎不接受政府的物质补偿。为切实保障犯罪嫌疑人的辩护权，新法典还保证犯罪嫌疑人有权获得一名候补的公设辩护人，以便在第一个公设辩护人无法提供帮助时使犯罪嫌疑人的权利得以保障。在诉讼中，辩护律师具有独立的诉讼地位。在一般情况下，警察不得搜查律师的办公处所，除非律师本人被怀疑犯有某项罪行。但即便如此，也须由预审法官在当地律师协会主席参加下亲自进行搜查或检查。

（六）侦查程序中预审法官的地位

在侦查活动中，预审法官专门负责监督检察官和司法警察的各项诉讼行为。预审法官有权决定对被告人实施保释，有权签发逮捕令、搜查证和扣押令，还有权对检察官和司法警察的非法行为和决定宣布无效或进行纠正，以确保侦查的公正性。另外，在侦查活动中，检察官所作的撤销案件或终止诉讼的决定均需要获得预审法官的批准。这是因为，意大利宪法所确立的"法定起诉原则"要求检察官对于一切经过正式侦查的案件一般均须向法院提起诉讼，以便将检察官在起诉时所享有的自由裁量权减少到最低限度。法律规定，只有在检察官认为现有的证据不足以证明一项罪行发生或不足以证明该项犯罪行为为某一特定被告人实施时，他才有权终止侦查，但他必须向预审法官提出要求理由。对该案侦查活动实施监督的预审法官在对检察官撤销案件的要求进行审查后，有权作出撤销案件的命令。

（七）附带证明

《意大利刑事诉讼法》第五编第七章规定了附带证明，以作为对其在刑事诉讼中实行彻底的直接原则的一个补充，从而成为了意大利刑事诉讼中一个独具特色的程序。由于意大利实行彻底的直接原则，检察官和司法警察在初期侦查过程中进行的收集证据工作，被视为单方的行为，不具有司法的效力，所以他们收集的证据不能在法庭上被直接使用。但是在诉讼中又确实存在着一些特殊情况，在这些特殊情况下，如果等到审判时再提供证据将会导致取证不能的危险（如证人死亡等情况），或者将导致审判的中止，从而破坏不间断审判的原则。为解决这一问题，意大利设立了附带证明程序，以便某一证据在审判时可能无法再获得或可能变得不可靠时，预审法官能在侦查程序中通过法定的程序将这一证据固定下来，并可在法庭审判过程中直接使用。实际上，这是一种证据保全程序。

这一程序启动的前提是：犯罪嫌疑人和检察官有合理的理由确信某一证人在法庭审判程序开始之前可能会身患重病、死亡，或可能由于受贿、受到胁迫等原因而改变证言的内容；鉴定人的科学鉴定报告如果由于出现某种紧急情况而在审判程序开始之前可能会灭失时。在侦查终结之前，犯罪嫌疑人、检察官都可以要求预审法官举行这一程序，对方在接到通知后两天之内可以提出反对举行这一程序的请求和理由。预审法官必须确信存在着法典所规定的紧急情况，然后才能作出举行证据保全程序的命令。但如果该程序的举行将会使调查无法保持公正性，那么检察官有权要求该程序停止进行。附带证明程序应秘密进行，但同时应保持法庭审判的形式。预审法官主持该程序进行，检察官和辩护律师都有权对有关的证人或鉴定人进行询问和质证，犯罪嫌疑人有权与证人对质，受害人及其代理人可以向证人、鉴定人发问。预审法官在必要时也可直接向证人和鉴定人询问有关的问题。各方还可以就证人证言或鉴定结论的证明力进行总结陈述和辩论。

附带证明程序进行的全部过程都要形成书面笔录，以便检察官在正式起诉时将这种书面笔录连同起诉书一并移送法院。在法庭审判程序中，这种通过附带证明程序而获取的证人证言笔录或鉴定人意见等可以经过法庭调查而直接作为法庭认定案件事实的根据。这样，附带证明程序就可起到对可能灭失的证据的内容进行"冻结"的作用，以确保证据证明力的作用，从而有效地保证刑事诉讼活动的顺利进行。

（八）侦查终结

初期侦查可以以三种方式终结：

1. 撤销案件。在初期侦查期限内，经查犯罪消息是不属实的，或者缺乏追诉条件、犯罪已经消灭或者有关行为不被法律规定为犯罪时，检察官可以向负责初期侦查的法官提出撤销案件的要求。在提出要求时，转递有关的卷宗，其中包括犯罪信息、关于已进行的侦查工作的材料以及已经在负责初期侦查的法官面前实施的行为的笔录。如果被害人在报案时或者报案后宣布希望了解有关撤销案件的情况，检察官还应向被害人通知上述要求，并在通知中注明：被害人可以在 10 日的期限之内查阅有关文书，提出异议，并要求继续进行初期侦查。

如果法官接受撤销案件的要求，他应宣告附理由的命令并将有关文书退给检察官。如果法官不接受撤销案件的要求，便确定合议讨论的日期，并通知检察官、被调查人、犯罪被害人和驻上诉法院的检察长参加合议讨论。

在经过合议讨论后，可能出现三种情况：①如果法官认为需要进一步的侦查，便以裁定的形式告知检察官，并为实施新的侦查活动确定必要的期限。②当法官不接受撤销案件的要求时，裁定检察官应在 10 日之内提出指控，并在公诉人提出指控后的 2 日之内，法官以命令的形式确定初步庭审的时间。如果检察官在此期限内未提起刑事诉讼，驻上诉法院的检察长可以采用附理由的命令的形式决定由自己进行初期侦查工作。该检察长在发出上调令之后的 30 日内进行必要的初期侦查工作并提出他的要求。③如果被害人对撤销案件提出异议的，应提出补充侦查的事项和有关的证据材料，否则其要求不可被接受。在被害人异议是不可接受的，并且犯罪消息没有根据的情况下，法官以附理由命令的形式决定撤销案件，并将文书退还给检察官。在被害人异议是可以接受的情况下，法官可以按第一种情况处理。

撤销案件并不产生终止诉讼的效力，也就是说，撤回起诉不能阻止在以后对案件的重新起诉，撤销案件后，在有新的证据证明符合起诉条件时可以重新起诉。

2. 提出交付审判的要求。经初期侦查，公诉人如果认为根据收集的情况足以对被告人定罪时，即向负责初期侦查的法官提出交付审判的要求，然后由法官通过初步庭审程序决定是否将被告人交付审判。

3. 启动特别程序。对于符合特别程序的案件，公诉人可以向管辖法院提交起诉状，并向审判法官提交起诉卷宗，法官即按相应的特别程序处理案件。

二、起诉程序

意大利刑事诉讼法没有专门列明起诉程序，在初期侦查之后就是初步庭审。这是因为意大利刑事诉讼理论将起诉看作是侦查程序的一种结果，而不是一个独立的程序，并且检察官提起起诉的请求并不一定能产生其他国家刑事诉讼法意义上的起诉的效力，其起诉请求还必须经过初步庭审的审查，才能决定该起诉是否能引起审判程序。也就是说，在意大利，检察官的起诉权是受到严格限制的。但为了研究和比较的方便，本节中还是单独列出起诉程序进行简单的介绍。

意大利的起诉程序必须遵循两个原则，即职权原则和起诉法定原则，起诉活动都是围绕着这两个原则进行的。

（一）职权原则

该原则是指刑事案件的起诉由检察官依职权决定，而不受被害人意愿的约束，即检察官可以违背被害人的意愿作出起诉的决定，被害人的意愿对这种决定不起作用。意大利刑事诉讼理论认为，刑事起诉是公共职责，排除私人进行的刑事起诉。国家维护治安，制裁犯罪，对刑事起诉有垄断权，目的是阻止对私人诉求的依赖。基于这一点，意大利没有设立自诉制度，这与美国有相似之处。

但这一原则也有两点例外：①某些刑法规定的不告不理的犯罪，只有根据被害人的申请，检察官才能决定起诉；②严重的叛国罪和针对总统的犯罪，只有在议会授权后，检察官才能决定起诉。

（二）起诉法定原则

在有充分的理由怀疑一个人实施了犯罪时，检察官有责任起诉。起诉的决定应在初期侦查后他认为有必要时作出。这就导致了在意大利刑事诉讼法律中没有"起诉便宜主义"的存在空间。意大利刑事诉讼理论认为,"起诉便宜主义"允许检察官根据他的裁量放弃某一指控,尽管有助于减少法官和检察官的工作负担,但有可能产生滥用职权的危险,同起诉法定原则相抵触,因此没有采纳。

基于起诉法定原则,对于符合起诉条件的案件,意大利不存在撤销案件或不起诉的做法。法律上规定的撤销案件,都是针对不符合起诉条件的案件而作出的。例如《意大利刑事诉讼法》第408条规定:"如果犯罪消息是不属实的,检察官向法官提出撤销案件的要求。在提出要求时,转递有关的卷宗,其中包括犯罪消息、关于已进行的侦查工作的材料以及在负责初期侦查的法官面前实施的行为的笔录。"

但是这一原则在实践中确实存在一些弊端,这是因为检察官实际上没有足够的人力去起诉所有报告给他的犯罪。为了解决这一难题,意大利采取了另一种做法,即将起诉法定原则明确限定在检察官已经决定开始初期侦查的案件,对于检察官没有开始初期侦查的案件,则不受其限制。这样就给检察官的选择留下了余地,即检察官在决定是否进行初期侦查时,可以进行筛选,对于一些轻微的犯罪案件,可以通过不予初期侦查而表现其自由裁量的意愿。

三、初步庭审

(一) 概述

侦查程序结束后,检察官可以要求预审法官撤销案件,或者对符合条件的案件适用特殊的速决程序。但普通刑事诉讼程序一般均须经过预审阶段。在这一阶段中,预审法官要审查检察官的起诉是否能成立。换而言之,预审法官要审查有无充分的理由将被告人移送法院审判,以防止对被告人无根据的起诉,同时对即将移送法院审判的案件做好审判前的准备工作。只有在预审程序中,犯罪嫌疑人才可以被正式称为"被告人"。

预审程序的重要性,还在于被告人及其辩护律师可以利用这一程序来了解检察官所掌握的全部证据材料,从而为在法庭上的辩护活动做好充分的准备。意大利刑事诉讼法规定,在侦查活动结束之后,检察官可以要求预审法官举行初步庭审程序,并须将其在侦查中制作的卷宗连同所获取的证据来源的登记表一并移送给预审法官。在其后的两天之内,预审法官必须从此后30天的时间内确定进行预审程序的日期。在预审程序举行前的期间,被告人的辩护律师有权阅览检察官的全部案卷材料,以掌握和了解控诉方的证据和主张。这样,辩护律师不仅有充分的机会准备辩护,而且也有机会根据检察官所掌握的证据的充分程度,选择一个适当的特殊速决程序,从而避开正式的法庭审判程序。

与美国和英国实行的言词预审程序不同,意大利的刑事初步庭审程序采取了秘密的方式。现在的初步庭审程序是一种快速、简易的审查程序,以书面审查为主。

(二) 检察官提交审判的请求

初步庭审开始与检察官向法官提交审判请求,此时的检察官是以公诉人的面目出现的。这种请求一般应当包括的内容有:被告人以及案件有关人员的一般情况;犯罪事实的叙述以及与定罪量刑有关的情节、法律的列举；已经获取的证据材料的说明；请求、日期和签字。

在提交该请求的同时，还应移送有关的卷宗，其中包括犯罪消息、关于已经进行的侦查工作的材料、笔录，等等。无须另地保存的犯罪的物证和与犯罪有关的物品一并附卷。

（三）初步庭审前的准备

在接到审判请求后的 2 日之内，法官应以命令的形式确定合议讨论的日期、时间和地点。然后在 10 日内进行下列准备工作：

首先，向已知身份和住所的被告人和被害人进行庭审通知，并送达公诉人提出的提交审判的请求。被告人在接到通知后，有权放弃参加庭审，并且可以至少提前 3 日通过向法院的文书室提交声明要求立即审判，该弃权书由被告人负责向公诉人和被害人送达。如果法官同意被告人的请求，即不进行初步庭审程序，而直接进行立即审判程序。

其次，向被告的辩护人送达上述通知，并告知其有权查阅公诉人移送的有关卷宗，有权提交备忘录和文件。

最后，向公诉人发出上述通知，并要求他将在提出审判要求后进行的侦查工作的材料移送给法官。

（四）初步庭审的进行

初步庭审采取合议讨论的方式秘密进行。该程序进行的场所应为法院的合议室，当事人（包括公诉人和私人当事人）都应当在场。法官首先审查当事人的设立问题，然后宣布开始讨论。

在该程序开始之时，公诉人应介绍侦查的结果以及据以将案件移交法庭审判的根据。公诉人不必提出任何证人，他只是利用卷宗中所包含的全部证据来说明侦查的情况，并陈述对被告人提起公诉的理由。然后，被害人的律师以及辩护律师可利用他们在初步庭审程序开始前所提出的证据以及公诉人卷宗中的证据资料来阐述其诉讼主张。预审法官可就有关情况对被告人进行讯问，被告人有权拒绝回答，控辩双方以及民事当事人一般不得对被告人进行交叉询问。在该程序中，作为公诉人的检察官、民事当事人的律师以及辩护律师各有一个反驳其他各方主张的机会。

在一般情况下，经过合议讨论之后，即可作出决定。但如果预审法官在预审结束后仍然不能决定是否应对该案件提起公诉的话，那么他可以向各方当事人提出应作进一步调查的问题，或者要求他们提出证人或鉴定人，以就有关问题进行直接询问，然后在此后的 60 天之内必须举行另一次初步庭审程序。预审法官还有权要求公诉人变更控诉的内容。如果公诉人在合议讨论中发现事实不同于在指控中描述的事实，也可以主动对指控加以变更，并通知在场的被告人。如果查明被告人应对未列入审判要求的新的犯罪负责并且对于该犯罪应提起公诉，当公诉人提出要求并且被告人表示同意时，法官应批准该指控。

（五）初步庭审的结果

法官在宣布合议讨论结束后，应当立即进行裁决，根据讨论的情况，分别宣告不追诉判决或者提交审判令。

1. 不追诉判决。新法典对检察官的起诉采取了极为宽容的审查标准。预审法官只有在下列情况下才能作出撤销起诉或终止起诉的命令（nonluogo a procedere）：①起诉书所记载的据以支持指控的事实并不构成任何犯罪；②实际并没有发生任何犯罪行为；③被告人确实没有实施任何罪行。这种撤销起诉的命令一旦作出，即相当于在未经过正式法庭审判程序的情况下宣告被告人无罪的判决。

对于这种不追诉的判决，应当制作判决书，内容应详细列出被告人的情况、指控以及所依据的法律条文等。当属于经被害人告诉才追诉的犯罪时，如果因事实不存在或者被告人未实施行为而作出不追诉的判决时，法官在该判决中可以要求告诉人承担一系列因此告诉而产生的诉讼费用，并向被告人进行赔偿。

对于这一判决，《意大利刑事诉讼法》第428条规定了救济措施。即共和国检察官和检察长、被告人和犯罪被害人，在法律规定的条件下可以进行上诉，甚至向最高法院上诉。

2. 提交审判令。对于符合追诉条件的，经初步庭审后，应当发布审判令。审判令的内容包括：被告人以及有关人员的一般情况；指出已经查明身份的犯罪被害人；对犯罪事实和涉及定罪量刑情节的陈述；对有关法律条文的援引；对有关证据资料的列举；对参与判决人员及审判情况的列举等。

发布审判令和审判之间的间隔期间不得少于20天。发布审判令之后，文书室应为审理准备卷宗。

四、特别程序

意大利刑事诉讼法将特别程序置于普通审判程序之前、初期侦查和初步庭审程序之后加以规定。为了忠实于意大利的立法意图，本节也将特别程序置于普通审判程序之前加以介绍。在意大利旧刑事诉讼法典中，所有的刑事案件几乎都按照一种程序模式进行处理，而不管案件的性质和可能判处的刑罚的轻重程度，也不管检察官所掌握的对被告人不利的证据是否充分等。事实上，从各国刑事诉讼立法和司法实践的诸多情况可以看出，刑事案件的审判程序在复杂程度上要受到诸多因素的制约。为消除旧有刑事诉讼法的弊病，意大利1988年刑事诉讼法典在提高诉讼效率方面作出了举世瞩目的改革，它设立了五种特别程序来加快案件的处理。依照这些特别程序，诉讼既可以通过跳过启动程序，放弃审判，也可以通过放弃初期调查来缩减。在快速审判和立即审判时可以跳过启动程序；在简易审判和依当事人的要求适用刑罚时免除审判程序；在使用处罚令或达成调解时免除初期调查程序。这在世界上恐怕都是首屈一指的。在实践中，意大利全部刑事诉讼的80%都是依照特别程序审理的。因此，尽管在名称上对这些程序以特别程序命名，但在使用上却比普通程序更为普遍。

（一）简易审判程序

简易审判程序适用于除了终身监禁刑以外的任何案件，它是指一种经被告人请求，检察官同意，法官在初期侦查后在初步庭审中仅仅根据侦查案卷，而不进行法庭审理程序,直接对案件作出迅速判决的程序。

如果被告人被依据此程序被判定有罪,其刑期可以减少 1/3。这一程序不是美国式的辩诉交易,因为有罪的问题仍有待法官判定;它又不是审判,被告人只是作为证人出庭,同时他可要求法官予以讯问。被告人可以请求简易审判,并取得检察官的同意。在此程序中,案件不是由审判法官审理,而是由负责初期调查的法官审理。案件的审理不公开进行,如果对被告定罪,将不记入犯罪记录。对简易程序作出的判决的上诉受到限制。

总之,简易审判程序是新刑事诉讼法典中最重要的特殊程序,因为它是不经正式的对抗式庭审而用来解决大量案件的一种程序。新《意大利刑事诉讼法》第 442 条体现了立法者希望该程序能吸引大量被告人的意图。新法典原来允许对无期徒刑判决也可以适用这一程序,可以减为 30 年有期徒刑。可是,最近,意大利宪法法院以起草越权为理由,裁定上述规定违宪。所以,如今,该程序只适用于除终身监禁刑之外的案件了。

(二) 依当事人的要求适用刑罚

这一程序实际上是一种意大利式的有限的辩诉交易。即在审判开始之前检察官和辩护律师可以就判刑达成协议,并请求法官按此论处。这种辩诉交易一般是在检察官掌握了充分的有罪证据,控辩双方对被告人有罪问题不存在争议的前提下进行的。

这一程序适用于相对较轻的刑罚,减刑后的最终判刑不得超过 2 年,减刑幅度不得超过 1/3。适用这一程序的案件不必经过审判,但有可能会经过预审,是否要进行预审需要取决于何时达成这种辩诉交易。

意大利对这种辩诉交易作出了若干限制:①检察官和辩护律师不得就被告人的犯罪性质进行交易;②限定了最高减刑幅度;③即使检察官不同意,被告方也可以要求法官依法减刑 1/3。

新刑事诉讼法所确立的辩诉交易很明显是从美国辩诉交易的实践中借鉴和移植而来的,但其又与美国的辩诉交易有很大的不同。首先,是否有罪的问题是不可以交易的,而必须由法官确定;其次,意大利不将被告人作有罪答辩作为辩诉交易的前提条件;最后,"辩诉交易"不能违背起诉的合法性原则,即检察官不能自由决定撤销指控。当事人之间的协议不能涉及是否起诉的决定,只能影响量刑的衡量。尽管检察官必须作出让步以同被告达成协议,但是不存在导致不适当轻缓或象征性的危险,因为最终是由法官作出量刑,他必须评价事实,确认刑罚的减轻,并且衡量量刑协议和犯罪严重性之间的可能的不平衡。

意大利的辩诉交易对被告人的引诱是很大的,适用这一程序解决的案件,被告人不仅可以得到减刑,而且如果被告人在若干年内未因相似的罪行而被定罪,那么他就有权要求有关部门将其原犯罪的记录删除。另外,依据这一程序解决的案件,其上诉是否受到限制,要视辩诉交易对案件的处理而定。

(三) 快速审判案件程序

根据意大利刑事诉讼法典的规定,快速审判案件程序适用于以下几种案件类型:

1. 被告人犯罪时被当场发现或逮捕,检察官可在 48 小时内将被告人送交法官,要求批准逮捕和进行快速审判。

2. 即使被告人不是在犯罪时被发现的，但检察官有大量充分的证据证实被告人实施了犯罪，并要求进行快速审判的，被告人也可以表示同意。

3. 被告人正在犯罪时被发现，但尚需要作进一步的调查，在这种情况下检察官可在14日之后要求快速审判，以便进行更全面的调查。

4. 被告人向检察官作了彻底的坦白，检察官也可以要求实行快速审判。被告人自登记犯罪消息后的14日内被传唤出庭受审。

适用这一程序的案件将不经过初步庭审，有时甚至不经初期侦查程序，而由检察官直接将案件提交审判法官。但是适用这一程序必须有强有力的证据证明被告人应受到惩罚。快速审判程序不省略法庭审理程序，案件一旦起诉则须根据普通程序规则，采用对抗式庭审方式进行审理。依照这一程序，被告人自登记犯罪消息后的14日内被传唤出庭受审，审理结束后，可以正式裁定和书面判决的形式作出有罪裁决。该程序对上诉没有限制。

（四）立即审判程序

立即审判程序适用于有大量充分证据的案件。它是指在开始对犯罪进行侦查的90日内，调查已经表明有充分的证据证明被告人有罪，而且被告人已经接受过讯问并作出了供述，在这种情况下，检察官可以要求免除初步庭审，而由负责初期侦查的法官决定进行立即审判。法官于5日内发布命令，决定实行立即审判或者驳回。被告人也可以要求进行立即审判。这一点与美国刑事诉讼中被告人自动放弃预审是相似的。

这一程序和快速审判程序有类似之处，但两者的区别在于：首先，快速审判程序是以检察官直接将被告交付审判的要求形式而启动的，立即审判程序则是负责初期侦查的法官以命令的形式启动的；其次，快速审判的请求是检察官依职权作出的，立即审判的请求则既可以由检察官依职权提出，也可以由被告人提出；最后，快速审判仍依普通程序规则进行，立即审判则存在审判程序的转换问题，负责初期侦查的法官在发布的立即审判令中应通知被告人可以要求实行简易审判或依当事人的请求适用刑罚，只是在被告人放弃这项权利的情况下，才按普通程序规则审理。此程序对上诉不加以限制。

（五）处罚令程序

这一程序适用于检察官认为处以罚金刑就已足够了的轻微刑事案件。从实质上说，处罚令是法官根据检察官的建议而发布的独立适用财产刑的命令。检察官可以要求适用相当于法定刑减轻直至一半的刑罚。

法官可以拒绝检察官的要求，但如果法官同意检察官的要求，就要发出处罚令。在处罚令中，法官根据检察官的要求适用刑罚，并要求被判刑的人承担诉讼费用；可以裁定对被扣押物的没收或返还；允许有条件地暂缓执行刑罚。

对检察官的建议，被告人可以接受，也可以不接受。如果不接受，被告人可以在自送达处罚令15日内提出异议，并要求简易审判、立即审判或意大利式的辩诉交易。在共同犯罪中，对几名被告同时宣告处罚令，如果只有其中一名或几名提出异议，其效力也延及其他被告。

如果没有异议提出或异议被宣布不可接受，法官就裁定执行处罚令。如果提出异议者要求立即审判，法官就根据法律发布命令，如果提出异议者要求简易审判或辩诉交易，法官便以命令的形式确定一个期限以便征得检察官的同意。在因异议引起的审判中，法官撤销刑事处罚令。

这种程序既无侦查，也无审判。对于该程序运行的结果不得上诉。

除了上述五种特别程序之外，意大利刑事诉讼法典还规定了一种同样起到简化刑事诉讼程序的方式——调解。在告诉才追诉的情况下，检察官可以在进行初期调查之前传唤被告人到自己这里，以便查明告诉人是否准备撤销告诉，且被告诉人是否接受撤诉，同时通知他们可以要求律师到场。

从上述的介绍可以看出，意大利的这些特别程序有如下特点：①它们分别可以在刑事诉讼的任何阶段适用，即为诉讼各方随时达成结案的合意提供了条件；②他们分别可以适用任何性质的案件，从无罪判决、单处罚金一直到终身监禁，都可以用这些特别的简易程序来解决；③这些程序也赋予了当事人灵活地提出或同意适用的机会，有的甚至可以单方提出适用，比如立即审判，也大大提高了适用特别程序的机会。

五、审判程序

（一）审判中适用的原则

1. 直接原则。这里的直接原则同前面所讲的直接原则有联系，但侧重点不同，前面所讲的直接原则是从整个刑事诉讼的结构上来讲的，这里的直接原则侧重强调的是审判中证据的直接调查问题，它要求所有证据必须在法官面前取得或出示。所以，在初期调查中收集的情况必须在法庭上确证，不能重复行为的记录和通过附带证明被法官接受的初期调查取得的证据除外。为此，法律作出了如下规定：初期调查的供述不能在法庭上宣读；证人必须亲自作证；传来证言根据"传闻法则"受到禁止。

这一原则的后果是：审判法官不能更换；收集证据的法官必须与对案件实体问题作出判决的法官是同一人；审判必须在合理的时间内进行，以便保证对证据有清晰的记忆并保持到取证结束对证据评价之时。

2. 口头原则。这一原则源于直接原则，是指法庭的审判必须以口头的方式进行。为了保证口头原则的执行，意大利刑事诉讼法典对检察官移交审判法官的卷宗的内容作出了明确的限制。检察官移交给审判法官的卷宗只能包括下列内容：①检察官和警察进行的不可重复的调查（即因为证人的健康原因或被告不到庭，不参加或拒绝对质而不能重复的电话交谈和调查的摘要）的记录；②附带证明中被接受的证据；③被告人的犯罪报告；④犯罪消息登记册；⑤涉及民事请求的材料。

但是，口头原则在意大利刑事诉讼中也存在例外，根据1992年的法律规定，有下述例外：①初期调查中进行的不可重复的行动的记录；②根据当事人请求接受的文件或评价被告人所必需的文件；③证人和专家可以查阅卷宗以帮助记忆，但是不一致的文件不能作为证据。

3. 公开原则。这一原则是指法庭审判允许公众旁听，允许新闻记者报道（但意大利的法庭审判对电视转播限制得比较严格，只能在当事人同意时，或者在法官相信转播部分审判有特殊的教育作用时，才允许在法庭上进行电视转播。同时还规定，在这种情况下，未经本人同意，禁止拍摄个人图像）。意大利刑事诉讼法理论认为，公开原则是公众参与司法的民主控制的一种方式，也可以保障审判参与者的权利，还可以增加法官行为的透明度。

与其他许多国家一样，意大利的公开审判原则也有例外，这些例外有：①出于道德或卫生保健的利益或者为了保守公共秘密和个人隐私，可以将新闻和大众媒体排除在全部或部分审判之外；②法官可以命令对受犯罪侵害的未成年人进行不公开的询问；③对未成年的被告人的审判永远不能公开进行。

4. 在场原则。这一原则是指诉讼双方必须同时到庭参加法庭审判。意大利的刑事诉讼理论认为，这一原则的目的一是保障在审判中当事人的地位平等，使他们有权在相同的条件下提供证据，有同等的机会让法官相信他们的观点，更重要的是，有机会询问证人、专家、技术顾问和被要求回答问题的人或同意接受询问的人；二是保证法官在刑事审判中的中立地位。在场原则实际上意味着当事人推进审判，法官则是被动的、公正的旁听者（例外是对未成年人的询问，应在法庭的主持下进行，以及法官有权力依职权收集绝对必要的证据），他的任务是维持审判秩序，对不能接受的问题予以制止，并在听取双方陈述后作出决定。

（二）开庭前的准备

在经初步庭审发布审判令后，为了保证法庭审判的顺利进行，还应进行一系列准备工作，其中比较重要的有：

1. 提前调取证据。在紧急情况下，根据当事人的要求，法院或陪审法院的院长决定调取不可拖延调取的证据，并至少提前24小时将提前调取证据的日期、时间和地点通知公诉人、被害人和辩护人。提前调取证据应遵循法庭审理的程序。有关取证行为的笔录收入为法庭审理而准备的卷宗之中。

2. 辩护人的活动。在为出庭确定的期限内，当事人及其辩护人有权在现场查看被扣押的物品，在文书室查阅为法庭审理而收集的文书和文件并取得副本。

3. 传唤证人、鉴定人和技术顾问。如果当事人打算询问证人、鉴定人或技术顾问，应当至少先于开庭前7日向文书室储存名单并且说明需要了解的情形，法院或陪审法院的院长以命令的形式批准传唤在名单中列举的证人、鉴定人和技术顾问。

4. 在法庭审理中的开释。如果刑事诉讼不应当提起，不应当继续进行，或者犯罪已经消灭并且为查明犯罪不需要进行法庭审理，在听取公诉人和被告人的意见之后并且在他们不表示反对的情况下，法官在合议室宣告不可上诉的不应追诉的判决，并且在判决的决定部分说明有关的理由。

5. 审查当事人。在开始进行法庭审理之前，庭长应审查当事人的设立是否合法。如果被告人的辩护人未出庭，庭长就应按照有关规定为被告人另行指定一名辩护人。

（三）宣布开庭

意大利宣布开庭的程序比其他国家要复杂得多，主要程序如下：

1. 庭长宣布法庭审理开始,然后由法官的助理人员宣读有关的指控。

2. 介绍事实和要求举证。首先由公诉人简要地介绍指控所针对的事实并列举他要求法庭加以采纳的证据。随后,民事当事人的代理人、民事责任人的代理人、对财产刑承担民事责任的人的代理人和被告人的辩护人按顺序列举他们打算证明的事实并要求采纳有关的证据。

3. 被告人自动陈述。在对事实进行介绍之后,法官应告知被告人他没有作证的义务,但他有权在法庭审理的任何阶段进行他认为适当的陈述,这种陈述应当直接涉及指控的对象并且不妨碍法庭调查。如果在上述陈述过程中被告人偏离了指控的对象,庭长应对他发出警告;如果被告人继续偏离,庭长应制止他发言。

4. 法官就证据问题作出的处置。法官在听取当事人意见后,依照有关规定裁定采纳证据。

(四)法庭调查和辩论

新法典采取了对抗式的法庭审判程序。参加法庭审判的当事人包括三方,即检察官、民事当事人和被告人。在法庭程序开始时,检察官、民事当事人以及被告人的辩护律师依次作开头陈述,介绍各自的诉讼主张和所要提出的证据。然后各方当事人按照开头陈述的顺序向法庭提出各自的证据,各方都有权对他方向法庭提出的证据的可采性提出异议,法庭应当及时对此作出裁定。法庭调查从调取公诉人要求的证据开始,然后依次调取其他当事人所要求的证据。

1. 询问证人。询问证人之前,庭长应告诫证人有义务说实话。除涉及不满14周岁的未成年人外,庭长还应告诫证人,如果他作虚假证明或保持沉默的话,将承担哪些刑事法律责任。各方提出的证人应首先向法庭宣誓,表示其对作证的法律义务和责任已经了解,并保证所说的话都是实话。随后,证人应提供自己的一般情况。

宣誓过后,应当由提出该证人的一方进行主询问,其他各方则对该证人进行交叉询问。询问未成年人由庭长根据当事人的问题和意见进行。法典要求证人证言必须与案件事实有关,各方在主询问中不得提出诱导性的问题;明显会导致法庭对证人产生偏见或故意对证人进行刁难的问题也被禁止提出;当要求传唤的当事人和有着共同利益的当事人进行询问时,禁止提出具有揭示性倾向的问题;庭长负责保证对证人的询问不致于损伤其人格;经庭长批准,为帮助回忆,证人可以要求查阅由其制作的文件;在询问证人期间,庭长应尽力保证问题的关联性、回答的真实性、询问的公平性和反驳的正当性。

2. 询问鉴定人和技术顾问。鉴定人和技术顾问应当出庭就其鉴定的程序和结论作出说明,并接受各方当事人的询问,但他有权向法庭提交书面鉴定报告或结论,该书面结论与鉴定人和技术顾问在法庭上的陈述经审查后可同时作为法庭判决的根据。

询问鉴定人和技术顾问,应按询问证人的程序和规则进行。鉴定人和技术顾问在任何情况下都有权查阅文件、书面说明和出版物,这些材料可以由法官决定获取。

如果证人、鉴定人或技术顾问由于正当阻碍原因根本不可能出庭的话,根据当事人的请求,法官可以决定在其所处的地点进行询问,但被告人和其他当事人分别由各自的辩护人或代理人代表参加。如果被告人提出要求,法官也可允许与询问有关的被告人亲自参加询问。

3. 询问当事人。庭长根据以下顺序询问提出有关要求的或者已经表示同意接受询问的当事人：民事当事人、民事责任人、对财产刑承担民事责任的人和被告人。开始时，由要求询问的辩护人或公诉人提出问题，然后，继续由公诉人、民事当事人的代理人、民事责任人的代理人、对财产刑承担民事责任的人的代理人、共同被告人和被代理人的辩护人提出问题。最初进行询问的人可以提出新的问题。

4. 宣读有关文书。在法庭调查的过程中，法官可以主动决定全部或部分地宣读收录为法庭审理准备的卷宗中的文书。当由于不可预见的事实或情形而不可能重复有关的证明行为时，根据当事人的要求，法官也可以决定宣读由公诉人或法官在初步庭审中取得的文书。但不得宣读被告人和证人在初期侦查或初步庭审期间向司法警察、公诉人或法官所作陈述的笔录，也禁止宣读记载司法警察活动的笔录和其他文书。

宣读有关文书必须遵循以下规则：①宣读陈述笔录只能在询问陈述人之后进行，除非未对该人进行询问；②宣读鉴定报告只能在询问鉴定人之后进行；③只有当以核实是否存在追诉条件为目的时，才允许宣读关于口头告诉或申请的笔录；④除宣读外，法官也可以主动列举在作出裁决时可加以采用的具体文书。上述列举等同于对这些文书的宣读。但是当属于陈述笔录并且一方当事人提出要求时，法官应决定全部或部分地加以宣读。

由上述的调查程序可知，意大利新刑事诉讼法并没有将法庭审判程序彻底地当事人主义化，法官在庭审中仍有权参加对证据的调查活动，但这种调查是在法庭上进行的。除了主持庭审程序进行和维护庭审秩序之外，法官还要运用法典所确立的证据规则对各方当事人提出的证据的可采性进行审查，以确保庭审的公正性。主审法官有权要求各方当事人在法庭上继续调查他认为应当进一步调查的问题，并且在必要时可以直接指定某一鉴定人对某一专门问题作出重新鉴定。同时，在各方对证人和被告人进行主询问和交叉询问的过程中，法官可提出自己的问题，要求证人和被告人回答。法官的这种询问带有补充询问的性质，但当事人仍然可以继续进行询问。尤其重要的是，《意大利刑事诉讼法》第507条规定，法官有权在各方当事人提出证据并进行法庭调查完毕后，要求某一方当事人就他认为是"绝对必要"的证据进行调查，并须在指定的期间内向法庭提出这一证据。法典的上述规定似乎可以认为是对审问式法庭审判程序的保留，但其主要目的在于：使法官有机会对各方当事人主导进行的法庭调查进行弥补，从而纠正和克服那种完全由当事人在法庭上调查证据所带来的弊端。

（五）最后陈述

法庭调查之后，由庭长主持最后陈述。具体程序是：公诉人以及民事当事人的代理人、民事责任人的代理人、对财产刑承担民事责任人的代理人和被告人的辩护人分别提出并解释各自的结论。公诉人和当事人的辩护人可以进行答复，但答复仅允许进行一次，且内容以反驳对方的观点为限。在任何情况下，如果被告人和辩护人要求最后发言，应当得到允许，否则将导致行为的无效。

在最后陈述过程中，庭长有权制止任何离题、重复和打断发言的做法。但除非出现法律规定的必要情况，否则不得为调取新证据而打断最后陈述的进行。

最后陈述完毕后，庭长宣布法庭审理结束，进入评议阶段。

（六）评议和宣判

1. 评议。判决在法庭审理结束后立即评议作出。参加法庭审理的法官均应当参加评议，否则行为完全无效。如果由于上述法官受阻而需要由其他法官代替他们参加评议，已经作出的决定只要未被明确宣告撤销，则均保持有效。

评议的内容包括与指控有关的事实问题和法律问题，与诉讼有关的问题，以及有关适用刑罚和保安处分的问题。评议应秘密进行，法官在评议中必须采用法庭审理中调取的证据。

在评议过程中，所有法官都应对各个问题发表自己的意见，并说明理由。庭长从资历较浅的法官开始收集意见，庭长最后表态。在陪审法院的审判中，人民陪审员首先表态，然后再由职业法官发表意见。

如果需要宣读以速记方式制作的庭审笔录或者需要听取或观看法庭审理中的录音或录像，法官应中断评议并且在合议室中进行有关活动，受委托进行记录的助理人员也参加该活动。

2. 宣判。对案件的裁决以表决的方式进行，对被告人认定有罪的判决必须以一致同意为条件。如果在就刑罚或保安处分的强度问题表决时出现了两种以上的意见，那么要求处以较严厉的刑罚或处分的意见将被并入要求处以严厉刑罚或处分的意见，依次进行直至出现多数票。在任何情况下，如果票数相等，优先采纳对被告人较为有利的意见。

评议结束后，庭长制作并且签署判决书的决定部分。在此之后，立即起草对判决所依据的事实根据和法律根据的扼要叙述。

判决应当由庭长或合议庭的一名法官以宣读的方式当庭公布。由合议庭发布的判决书应当由庭长和起草判决书的法官签署。判决书宣布后储存在法院文书室。

意大利刑事诉讼法中规定的判决的种类很复杂，大体上分为开释判决、处罚判决和对民事问题的裁决三类。其中，开释判决又分为不应追诉判决、无罪判决和宣布犯罪消灭的判决三种。

六、上诉程序

意大利的审理上诉案件的法院有两种，一是上诉法院，二是最高法院，因此上诉的程序也分为两种，即向上诉法院提起的上诉和向最高法院提起的上诉。

（一）向上诉法院提起的上诉

1. 提起主体。就意大利刑事诉讼法的内容来看，能够向上诉法院提起上诉的主体大致有以下几类：

（1）被告人。被告人可以针对处罚判决或者开释判决向上级法院提出上诉。但这种提起权有两条限制：一是被告人不得因事实不成立或者未实施行为而针对开释判决提出上诉；二是如果对违警罪仅仅适用了罚金刑，不得针对有关的处罚判决向上级法院提起上诉，也不得针对涉及仅被判处了罚金或者代替刑罚的违警罪的开释判决向上级法院提出上诉。

（2）检察官。检察官也可以针对处罚判决或者开释判决向上级法院提出上诉。针对负责初期侦查的法官、陪审法院和法院的判决，驻上诉法院的检察长和驻法院的共和国检察官可以提出上诉；针对在独任法官所的负责初期侦查的法官的判决和独任法官的判决，驻上诉法院的检察官和驻独任法官所的共和国检察官可以提出上诉。

（3）民事当事人、民事责任人和被害人。民事当事人、被害人，包括未设立为民事当事人的被害人，可以要求检察官提出具有任何刑事效力的上诉。民事当事人、民事责任人和被告人可以仅为民事利益而提出上诉，并且依照普通的民事诉讼程序提出、审理和裁决，但其效力不及于刑事部分。未提出上诉的当事人可在接到其他当事人上诉的通知后 15 日内提出附带上诉。

2. 上诉的提起。上诉一般应当在宣告判决、裁定或决定的 15 日之内提出，但意大利刑事诉讼法对于不能当庭宣告判决、裁定或决定的一些复杂情况，规定了 30 日和 45 日的上诉期。

上诉应当以书面方式提起，在上诉状中列举被上诉的判决、裁定或决定，以及作出判决、裁定或决定的法官，并说明上诉所针对的段落或问题、上诉请求、理由以及各项请求所依据的法律根据和事实根据。

上诉状由上诉人亲自或者通过受委托人向发布有关判决、裁定或决定的法官的文书室提出。有关的公务员在上诉状上注明收到该上诉状的日期并与提交该上诉状的人一起在上面签名，将其同诉讼文书附在一起，并根据要求出具收件证明。上诉人也可以通过邮寄的方式递交上诉状。法官的文书室收到上诉状后，应负责通知法官身边的公诉人并且立即向对方当事人送达副本。

3. 上诉的审理和裁决。在上诉审中，一般应当遵循关于一审程序的可适用的规范，但其审理方式毕竟与一审审理方式有所不同。上诉审一般采取书面审理，由上诉法官在合议室根据书面材料即可进行裁决。但如果上诉人的上诉请求中要求进行法庭调查，调取新的证据时，则应进行开庭审理。开庭审理首先应由庭长或者由他指定的审判员报告上诉原因，其他程序大致与一审程序相同。上诉审理后可得出以下几种结果：

（1）被告人提起上诉的，适用上诉不加刑原则，即法官不得科处在刑种或刑度上更为严厉的刑罚，不得使用新的或更为严厉的保安处分。但是，他可以在一定的范围内对犯罪行为给予更为严重的法律定性，只要这种定性不超过一审法院的管辖权。

（2）当提出上诉的人是公诉人时，如果上诉涉及的是处罚判决，法官可以在一审法官的权限范围内对行为给予更为严重的法律定性，改变刑罚的种类，增加刑罚的幅度，撤销优惠，在必要时适用保安处分，并且采取法律规定的或者允许的任何其他处置。

如果上诉涉及的是开释判决，法官可以宣告有罪判决并决定采用上述各种处置，或者因与一审判决所列举的原因不同的其他原因而宣告开释。

如果法官同意一审判决，在法律规定的情况下，他可以适用、变更或者排除附加刑和保安处分。

（3）在任何情况下，如果接受被告人针对竞合情节或犯罪、包括因连续关系而结合在一起的情节或犯罪提出的上诉，所科处的总刑罚应当相应地减少。

（4）在判决时可以主动地适用缓刑、不在司法档案证明书中提及处罚以及一项或数项减轻情节。在必要时也可以依照刑法典的有关规定实行比较性审判。[1]

除法律有明确规定的情况之外，上诉法官可以宣告判决，对受到上诉的判决加以确认或修改。上诉法官就民事诉讼宣告的判决可以立即执行。上诉法官的判决连同诉讼文书由文书室负责立即移送给一审法官，如果后者有权予以执行并且无人向最高法院上诉。

（二）向最高法院提起的上诉

1. 提出上诉的情形。向最高法院提起的上诉一般是针对法院的判决、裁定或决定在适用法律上或者在诉讼程序上有错误而提起的，既可以针对一审判决进行，也可以针对二审判决进行。可以提出这种上诉的理由主要有以下几种：

（1）法官行使的权力根据法律只能由立法机关或行政机关行使，或者不允许由公共权力机构行使；

（2）未遵守或者错误地适用刑事法律或者在适用刑事法律时所应考虑的其他法律规范；

（3）未遵守可能导致行为无效、不可采用、不可接受或预期无效的诉讼规范；

（4）在当事人根据有关的规定已经提出要求的情况下，未调取决定性证据；

（5）当在受到上诉的决定文书中出现瑕疵时，没有说明理由或者对理由的说明显然不合乎逻辑。

在列明上述理由的同时，法律又规定了若干例外情况，即在下述情况下，即使不是法律上有错误或诉讼程序上有错误也可以向最高法院提出上诉：

（1）被告人可以针对处罚判决、开释判决或者不可向上级法院上诉的不应追诉判决向最高法院提出上诉。他也可以仅仅针对判决中有关诉讼费用的规定向最高法院提出上诉。

（2）驻上诉法院的检察长可以针对任何在上诉审中宣告的或者不可向上级法院上诉的处罚判决或开释判决向最高法院提出上诉。

（3）驻法院的共和国检察官可以针对任何独任法官或独任法官所负责初期侦查的法官宣告的、不可向上级法院上诉的处罚判决或开释判决向最高法院提出上诉。

2. 上诉的审理。向最高法院上诉的期限、方式和程序与普通上诉相同。

向最高法院上诉的案件，由最高法院组成合议庭进行审理。审理的程序与普通上诉审程序相同，根据情况可以作出维持原审判决的裁定，也可以作出变更或撤销原审判决的裁定。后者又可根据情况分为以下几种：①撤销判决但不发回更审；②撤销判决发回更审；③仅在民事上撤销判决；④部分撤销判决。这几种情形在《意大利刑事诉讼法》中的第620条至第627条有明确、详细的规定。

---

[1]《意大利刑事诉讼法典》，黄风译，中国政法大学出版社1994年版，第210页。

七、再审程序

意大利的刑事诉讼法没有把再审程序独立列编加以规定，而是规定于上诉编中。这是因为意大利刑事诉讼理论将再审视为依附于上诉程序的一种救济审程序。只不过对再审的申请是针对已经发生法律效力的处罚判决或刑事处罚令而设立的。

（一）可以提起再审的情况

可以提起再审的情况有以下几种：

（1）如果判决或者刑事处罚令所依据的事实，不可能同由普通法院或特别法官作出的其他生效刑事判决所认定的事实相互和谐。

（2）如果判决或者刑事处罚令认为被判刑人应承担责任的犯罪同民事法院或者行政法院的判决具有依从关系，这后一判决随后被撤销。

（3）如果在处罚后出现或者发现新的证据，可以单独地或同已有证据一起证明应当依照有关规定对被判刑人实行开释。

（4）如果证明处罚是因在文书或审判中作假或者因被法律规定为犯罪的其他行为而宣告的。

（二）再审提起的主体

有权提出再审要求的主体有：

（1）被判刑人或其近亲属，对被判刑人有监护权的人，如果被判刑人已经死亡，继承人或其近亲属有权提出要求。

（2）处罚判决宣告地的上诉法院的检察长。

再审要求应当亲自或者通过特别代理人提出。要求中应当具体列举据以提出该要求的理由和证据，并且连同有关文书和文件提交给宣告一审判决或者刑事处罚令的法官所在辖区的上诉法院文书室。

（三）再审的审理和裁决

如果再审理由经审查被接受的话，再审程序就被启动了。再审程序开始后，首先要发布命令暂缓执行原判决，然后由上诉法院院长发布传唤令进行再审。

在接受改判要求的情况下，法官撤销处罚判决或刑事处罚令，宣告开释并且在决定部分说明原因。法官不得仅仅根据对在先前审判中调取的证据的不同判断而宣告开释。在驳回改判要求的情况下，法官判决提出该要求的个人支付诉讼费用；如果已经决定中断执行，则决定恢复执行刑罚或保安处分。

如果被判刑人在提出再审要求后死亡的，上诉法院院长应任命一位保佐人，后者在再审中行使本应由该被判刑人行使的权利。

在再审中被开释的人，如果未因故意或严重过失而造成司法错误，有权要求根据服刑或收容的时间以及处罚对其个人和家庭所造成的后果获得赔偿。如果被判刑人死亡，包括在进行再审之前死亡，要求赔偿的权利由其配偶、直系亲属和尊亲属、兄弟姐妹、一亲等以内姻亲以及同死者有收养关系的人行使。赔偿的要求应当在再审判决生效后的两年内提出。

上述的赔偿通过支付一笔钱款的方式实现,或者考虑到权利人的状况和损害的性质,通过设立终身年金的方式实现。还可以根据权利人的要求,由国家付费将权利人安置在某一处所。对于再审后宣告的判决,可以再向最高法院提出上诉。

第五节 意大利刑事证据制度

《意大利刑事诉讼法》的第三编专门规定了证据制度,对证明方式和收集证据的方法进行了详细的说明。

一、刑事诉讼证明的概念与特点

在意大利刑事诉讼法典中没有直接规定刑事诉讼证明涵义的条款,根据意大利学者的学理解释,关于刑事诉讼证明概念的内容主要包括以下几个方面。

(一) 刑事诉讼证明具有过程性特点

意大利刑事诉讼证明过程通常被认为由四个阶段构成,即取证阶段、采证阶段、质证阶段和认证阶段。

取证阶段的证明即寻找证据来源的活动,是由诉讼的双方当事人来承担(即公方的检察官和私方的被告人)的,其取证证明的过程为:首先,基于举证义务规则,检察官有义务搜寻证据并向法官举证证明被告人的犯罪;随后为了反驳原告的指控,被告人可以寻找能使法官确信原告指控的依据不可靠的证据或者能够说明案件事实与原告所指控的情况相反的证据。

采证阶段的证明即采纳证据材料的活动,是由法官与双方当事人共同完成的,即由双方当事人提出申请,而由法官按照法律规定认定证据材料是否可采。

质证阶段的证明即质疑证据材料可靠性的活动,是以交叉询问的方式在双方当事人之间展开的。双方当事人(检察官与被告的辩护人)按照法律规定的程序实施询问,法官居中裁判以确保提出问题的相关性、合法性以及反驳、回答问题的正确、真实。

认证阶段的证明即评价、认定证据材料的可靠性以便用于定案的活动,是由法官单独完成的。法官按照内心确信的原则评定证据材料的可信性、可靠性,并使之成为定案的依据。

(二) 刑事诉讼证明具有逻辑性特点

意大利一些学者们主张:刑事诉讼证明是一个逻辑思维过程,任何非理性的、非逻辑的证明活动不仅无法获得真理而且是非常危险的,刑事诉讼证明只有遵循逻辑思维法则,才能最大程度的获得案件真实。还有一种观点认为:逻辑法则并非刑事证明活动的惟一方式,其理由是,在刑事证明活动中,人们不仅仅使用逻辑思维中的演绎推理、归纳推理和类比推理,多数时候还需要应用经验法则和科学规律。科学规律虽然适用于一切事物,但需要根据具体情况正确地使用,而经验法则则是人们经验的总结,并非具有普遍的适用性，而依具体的生活经历、社会环境的不同而有所差异。因此，由此得出的证明结论，或多或少带有一定程度的可能性倾向。

由此可以看出，意大利法学界将刑事诉讼证明看成是主观思维与客观行为过程的统一，并且认为：证明过程是一个大过程，它既包括收集、采纳证据的过程，也包括质疑、评价证据的过程。[1]

二、证据制度中所应遵循的原则

（一）个人道德自由原则

这一原则是指任何人都有权利根据自己的"自由意志"决定是否提供证据以及证据的具体内容。因此，意大利刑事诉讼法典规定，不管有关人员是否同意，可能对他的"自主决定的自由"产生影响的，或者影响他对事实的记忆和评价能力的方法和技术都是禁止的。

（二）证据形式自由原则

证据形式自由原则是指法官对案件事实的认定，不受法律规定的证据形式的拘束。尽管意大利刑事诉讼法中列举了证据的形式，但这种列举是不详尽的，因此法官可以依靠法律未规定的证据形式，如果它们是有用的并且不会对个人道德自由产生相反的影响。换句话说，法典列举的证据的形式并不是限制性条款，只要不违背法律，其他任何证据形式，包括最新知识和科学技术都可以被使用。因此，《意大利刑事诉讼法》第189条规定："如果需要获取法律未规定的证据，当该证据有助于确保对事实的核查并且不影响关系人的精神自由时，法官可以调取该证据。法官在就调取证据的方式问题上，应听取当事人意见后决定采纳该证据。"

（三）提供证据权利原则

这一原则指的是，当事人（检察官和私人当事人）有提供证据的权利，除法律禁止的或明显多余或无关的证据外，法官必须接受。但这一原则有一个例外，即受到有组织犯罪指控的被告没有提供证据的权利。

（四）证据的自由评价原则

这一原则又被称为自由心证原则，指法律不给法官规定评价证据的标准，法官可以根据对当事人提供在他面前的证据的了解所形成的内心确信，自由地评价证据。法官对证据的评价既不受法律规定的限制，也不受当事人所举证据的约束。

但是，意大利刑事诉讼法对法官的自由评价证据原则还是设立了一些限制性规定，主要内容有：首先，法官不能依靠非法取得的证据或其他违法的证据形成内心确信；其次，法官在对证据作出判断的时候应当说明所采用的标准；再次，不得根据嫌疑推断事实的存在，除非有关嫌疑是重大的、明确的和相互一致的；最后，同一犯罪案件的共同被告人或者根据《意大利刑事诉讼法》第12条规定有牵连关系的诉讼案件的被告人的

---

[1] 孙维萍：《中意刑事诉讼证明制度比较》，上海交通大学出版社2007年版。

陈述应当同其他可证明该陈述可信性的证据材料结合起来加以判断。

(五) 控方举证原则

这一原则是指检察官在刑事诉讼过程中，必须提供无合理怀疑的证据证明被告人有罪，被告人没有证明自己无罪的义务。也就是说，举证责任由控方承担。这一原则是无罪推定原则的必然要求，也体现了有利被告的精神。

意大利刑事诉讼理论认为，被告在刑事诉讼中提供证据是从权利角度讲的，而不是从义务角度讲的，因此尽管法律上也规定了被告人提供证据的程序，但这是从他行使辩护权的角度而采取的诉讼行为，不能据此推断他有举证责任。

三、证明对象

《意大利刑事诉讼法》第187条以列举的方式明确了刑事诉讼中的证明对象，它们分别是：①与控告、可罚性、刑罚或保安处分的适用有关的事实；②与适用诉讼规范有关的事实；③如果设立了民事当事人，与因犯罪而产生的民事责任有关的事实。

刑事诉讼理论认为，法律本身不能成为证明对象，但是外国的法律（如印度的双重刑事管辖条件的适用）却应当证明。

四、证据的可采性与排除规则

证据根据当事人的请求而采纳，法官采用裁定的方式立即排除法律所禁止的证据和明显多余或意义不大的证据。法律规定哪些证据将当然获得采纳。对于证据的可采性问题，当事人可以进行辩论，在听取当事人的辩论之后，法官也可以撤销有关采纳的证据。

伴随着证据的可采性问题而产生的正是证据的排除规则。《意大利刑事诉讼法》第191条规定："采用法律禁止的手段而获取的证据不得被采纳。"这一条款所指的证据既包括被告人口供、证人证言，也包括物证和书证。这种规定标志着意大利在采纳英美证据法中的排除规则方面走在了其他大陆法系国家的前面。

但是，第191条的规定很难在实践中得到彻底的贯彻。这是因为，新刑事诉讼法典要求司法警察在搜查时一般需要持有令状，但警察对物证和书证的收集并不是在任何情况下都受这种法律规定的约束。例如，《意大利统一警察法》规定，司法警察在任何情况下均可以对那些可能藏匿武器的处所进行无证搜查。这一法律规定的根据并不是刑事诉讼法，而是意大利宪法中有关警察在必要的和紧急的情况下有权对公民的自由作出限制的规定。这种限制无须预先获得法官的批准。这样，以维持公共秩序为目的而进行的搜查，就与为侦查犯罪而进行的搜查在法律上明确区分开来。但在实际上，这种区分势必会导致警察只要是为了寻找武器就可以在走私案件或其他与武装犯罪无关的案件中进行无证搜查，因为法律并不禁止警察在上述搜查中将其所获取的书证和物证用作对犯罪嫌疑人不利的证据。这样，新刑事诉讼法典所确立的"排除规则"对于司法警察的搜查行为就仅具有有限的约束力。从实质上看，这种排除规则仅仅是一种对非法取得的言词证据的禁止规则。

五、证明方式

意大利刑事诉讼法虽然规定了证据形式自由的原则,但还是对七种证明方式作出了明确而详细的规定,它们是:证人证言、询问当事人、对质、辨认、司法实验、鉴定、文书。

(一) 证人证言

1. 证人资格。原则上,所有人都具有作证能力。但也有许多例外规定:

(1) 作证能力方面的限制。当为评价证人的陈述而需要调查证人身体或精神状况是否适宜作证时,法官可以决定采用法律允许的手段进行适当核查。

(2) 不得兼任证人的情况。下列人员不得兼任证人:同一犯罪的共同被告人;有关联案件的被告人;民事责任人和对财产刑承担民事责任的人;在同一诉讼中担任法官或公诉人职务的人。

(3) 近亲属的回避权。被告人的近亲属没有义务作证。但是当他们提出控告、告诉或申请时或者他们的近亲属受到犯罪侵害时,应当作证。这一规定还适用于同被告人有收养关系的人。此外,虽然不是被告人的配偶,但与其像配偶一样共同生活的人或者曾经与其共同生活的人,已经同被告人分居的配偶,对其宣告撤销、解除或者终止同被告人缔结的婚姻关系的人,对于在配偶共同生活期间发生或者从被告人那里得知的事实也没有义务作证。

(4) 职业秘密。有几种人员没有义务就自己的职务或职业原因而了解到的情况作证,这些人有:其章程与意大利法律制度不相抵触的宗教职业的司铎;律师,法定代理人,技术顾问,公证人;医生,外科医师,药剂师,产科医师,以及其他从事卫生职业的人。

(5) 职务秘密。公务员、公共职员和受委托从事公共服务的人员,有义务不就因其职务原因而了解到的并且应当保密的事实作证。

(6) 国家秘密。公务员、公共职员和受委托从事公共服务的人员,有义务不就属于国家秘密的事实作证。但是,证人以此理由主张不作证,法官应当通知内阁总理,请求他对此作出确认。

(7) 司法警察和安全机构的情报人员。法官不得强令司法警官和警员以及情报和军事或安全机构的工作人员泄露其情报人员的名字。如果对这些情报人员不作为证人加以询问,则不得调取和使用由他们提供的情报。

2. 证言范围。意大利刑事诉讼法规定,证人可以就构成证明对象的事实受到询问。证人不得就被告人的道德状况作证,除非涉及足以对与犯罪和社会危险性有关的人格作出评价的特定事实。

询问也可以涉及证人与当事人或与其他证人之间的亲属关系和利害关系以及为判断其可信性而需要审核的情形。只有当必须联系犯罪人的品行来评断被告人的行为时,才允许就有助于确定被害人人格状况的事实作证。

对证人的询问应围绕确定的事实,不得就公众中的传闻作证,也不得在作证中发表个人意见，除非这是在就事实进行作证时所不可避免的。

3. 作证方式。意大利采用"传闻法则"，要求证人必须就其所亲自感知的案件事实作证，而不得转述他人的证言。因此意大利刑事诉讼法规定，当证人告知对事实的了解来源于其他人时，法官应决定传唤这些人作证，否则该证人就来源于其他人的事实所作的陈述是不可使用的，除非因上述其他人员死亡、患病或者查无下落而不可能对其进行询问。与此相联系，如果证人拒绝或者不能够指出他获知有关事实的来源，不得对该证人的证言加以使用。司法警官和警员也不得就从证人那儿得知的陈述内容作证。

意大利刑事诉讼法还对调取具有特殊身份的证人的证言作了特殊规定：①调取共和国总统的证言应当在其行使国家首脑职权的驻地进行；②如果需要调取议会主席、内阁总理或者宪法法院院长的证言，上述人员可以要求在其行使职务的驻地接受询问，以便保障他们能够继续正常地行使其职权；③如果需要对外交人员或者驻外期间负有外交使命的人员进行询问，调查请求应当通过司法部转递给当地的领事机关；④在听取梵蒂冈驻意大利的外交人员、某一外国驻意大利的外交人员作证时，应当遵守国际条约和国际惯例。在法庭审判中询问证人应当遵守下列规则：①询问证人通过就具体的事实发问进行；②在询问过程中，禁止提出可能有损于回答的真诚性的问题；③当要求传唤证人的当事人和有着共同利益的当事人进行询问时，禁止提出具有提示性倾向的问题；④庭长负责使对证人的询问不损伤对其人格的尊重；⑤经庭长批准，为帮助回忆，证人可以要求查阅由其制作的文件；⑥在询问证人期间，庭长应尽力保证问题的关联性、回答的真实性、询问的公平性和反驳的正当性。

4. 证人的义务和法律责任。证人有义务出庭并如实作证，在法庭上证人由当事人自己或他们的律师询问、盘问和再盘问，或主审法官可以在当事人之后提问，对于他们的提问，证人有义务回答。

证人如果不履行上述义务要承担法律责任，为此《意大利刑事诉讼法》第207条规定："如果在调查中证人的陈述自相矛盾。不完全或者与已掌握的证据相抵触，庭长或者法官应向其指出上述情况，重申第479条第2款提到的告诫。如果证人在法律明确规定的情况外拒绝作证，也应当重申上述告诫；如果证人继续拒绝作证，立即将有关文书移送公诉人，以使依法处理。"该条第2款还规定，如果证人作伪证，则根据《意大利刑法》第372条的规定，追究证人的伪证责任。

（二）询问当事人

这里的当事人是相对于检察官而言的，意大利刑事诉讼理论认为，为保持对抗式的诉讼方式，应将检察官视为当事人之一，但是从证明方式的角度讲，又不能以对检察官的询问作为证明方式。所以这里的询问当事人实际上是指对不应作为证人接受询问的民事当事人的询问、对财产承担民事责任人的询问和对被告人的询问三种。

根据意大利刑事诉讼法的规定，对民事当事人、民事责任人的询问，适用询问证人的规则，这里不再重复。

在审判前的初期侦查阶段，被告人享有沉默权，因此在这一阶段对被告人的询问没有实质意义，而且即使被告人在这一阶段不保持沉默，即他自愿回答问题，也不具有证据价值，对其询问所作的记录不能作为证据使用。因此，对被告人的询问，作为一种证明方式，是在法庭审判阶段进行的。

根据《意大利刑事诉讼法》第210条的规定，被告人（包括互相牵连的诉讼中的被告人）有义务出庭，如果被告人拒绝出庭，可以对其进行传唤，在必要时可以决定拘传。被告人在法庭上没有沉默权，但有拒绝陈述权。沉默权和拒绝陈述权有相似之处，但又有区别，享有沉默权意味着可以不回答任何问题；享有拒绝陈述权，则仅指对案件事实不作任何陈述，对于其他问题则应当回答。根据《意大利刑事诉讼法》第210条和第66条的规定，在法庭调查中被告人有义务说明自己的一般情况和一切有助于辨别其身份的情况，除此以外，则有权不回答问题。如果被告人不行使拒绝陈述权，那么，他的陈述，也可以作为一种证明方式。

对被告人询问时，被告人应当得到一名辩护人的帮助，这种帮助以辩护人参加询问的形式出现。

（三）对质

对质只能在已接受询问的人员之间进行，并且以他们对重要的事实和情节说法不同为前提条件。

进行对质的程序是，法官先向参加对质的主体列举他们以前的陈述，然后询问他们是确认还是更改这些陈述，在必要时可以要求他们相互辩驳。

对于法官提出的问题，参加对质的人所作的陈述以及其他在对质过程中发生的情况，都应当记入笔录。

（四）辨认

辨认分对人的辨认和对物的辨认两种。

1. 对人的辨认。当需要对人加以辨认时，法官要求辨认者描述有关人的情况，列举一切他所记得的特征；然后询问他在以前是否对该人进行过辨认，在案件发生前后是否见过需加以辨认者，包括其照片，是否有人向他指出过或者描述过该人，是否存在其他可能影响辨认可信性的情况。这些活动的内容都应记入笔录。

在辨认者退出后，法官安排至少两人共同接受辨认，他们应当尽可能与需加以辨认者相似，包括在服装上相似等。然后要求后者选择在其他人之间的位置，使其在辨认活动中处于同其他人相同的条件之中。在将辨认者重新带入后，法官询问他是否认识某个在场的人，在作出肯定回答的情况下，要求他指出谁是他认识的人，并要求对此作出肯定的回答。

如果有理由认为辨认者因需加以辨认者在场而感到胆怯或者受到其他影响时，法官可决定在辨认时不让后者看见前者。对于辨认活动的过程，应当记入笔录，否则行为无效。法官也可以决定通过照相、录像或者采用其他手段将进行辨认的情况记录下来。

2. 对物的辨认。当需要对犯罪物品或者其他与犯罪有关的物品进行辨认时，亦应当先让辨认人详细描述物品的特征，并记入笔录，然后进行辨认。

在可能的情况下，准备至少两件与需加以辨认物相类似的物品，法官询问辨认人是否认识这些物品中的一件，在得到肯定回答的情况下，要求辨认人指出他认识哪件并且加以肯定。对声音、声响或者其他可感受的东西进行辨认时，遵照上述规则进行。

（五）司法实验

当需要检验某一事实是否已经或者是否可能以某种特定的方式发生时，可以进行司法实验。通过司法实验可以尽可能地再现该事实发生时或者被认为发生时的情况并且重复该事实的发展方式。

司法实验的决定由法官作出，在决定中应当扼要地说明实验的对象、进行实验的日期、时间和地点，也可以在决定中指定一位专家进行特定的工作。法官还应为有关工作的进行作出适当的安排，作出关于拍照、录像或者采用其他手段加以记录的决定。在确定实验的方法时，法官可以作出适当的处置，以保证司法实验不侵害人的良心，不使人的健康和公共安全受到危害。

司法实验的全过程，都应当记入笔录。

（六）鉴定

当需要借助专门的技术、科学或技艺能力进行调查或者获取材料或评论时，可以进行鉴定，但是不允许为确定是否具有犯罪的惯常性、职业性或倾向性或者为确定被告人的特点和人格以及与病理性无关的心理特性而实行鉴定。

鉴定人由法官任命，当鉴定具有明显的复杂性或者要求具备不同学科的知识时，法官可以任命数人进行鉴定。鉴定人一经任命就具有鉴定义务，拒绝接受任命，构成犯罪。但是鉴定人的鉴定是有报酬的。

鉴定人必须具备某一特定学科的专门知识和能力，下列人员不具备鉴定人资格：①未成年人、被禁治产人、被剥夺权利的人、患有精神病的人；②被禁止（包括暂时禁止）担任公职的人、被禁止或者暂停从事某一职业或技艺的人；③被处以人身保安处分或防范处分的人；④不能担任证人或者有权回避作证的人，被要求担任证人或译员的人；⑤在同一诉讼中或者在有牵连的诉讼中被任命为技术顾问的人。

对鉴定人还存在回避问题，法官回避的理由适用于鉴定人。鉴定人具备应当回避的情形时，应当自动回避，也可以由当事人申请回避，还可以由法官依职权决定回避。

在决定进行鉴定后，公诉人和当事人有权任命自己的技术顾问，各方任命的技术顾问的数目不得超过鉴定人的数目。技术顾问进行如下活动：①可以参加聘任鉴定人的活动并向法官提出要求、评论和保留性意见；②可以参加鉴定工作，向鉴定人提议进行具体的调查工作，发表评论和保留性意见；③如果技术顾问是在鉴定工作完成之后任命的，他可以对鉴定报告加以研究，并要求法官允许他询问接受鉴定的人和考查被鉴定的物品和地点。在对鉴定人的一般情况进行审核后，法官询问鉴定人是否具有鉴定资格，重点审查有无禁止鉴定和应当回避鉴定的情形，然后告知他有关的义务和刑法所规定的责任，要求他作出以下声明："我意识到我在履行职务时所承担的道德责任和法律责任，我保证将努力履行自己的职责，全心全意地为查明真相服务，并且严守有关鉴定工作的秘密。"在听取鉴定人、技术顾问、公诉人和在场的辩护人的意见后，法官向鉴定人提出疑问。

在履行了上述聘任手续后，鉴定人立即进行必要的审核活动并回答法官提出的疑问，其意见将被记入笔录。如果由于问题复杂，鉴定人认为不可能立即作出回答的，他可以要求法官给他一个期限，最长不得超过 90 天，特别复杂的情况下可以多次延长，但每次不得超过 30 日且经多次延长后不得超过 6 个月。在此期间内，鉴定人经法官批准，可以查阅法律规定为法庭审理而收集的案卷材料、文件和经由当事人提交的物品；可以获准参加对当事人的询问和调取证据的活动；可以获准使用自己信得过的助手，以进行不包含评价工作的实际活动；可以向被告人、被害人或者其他人员了解情况。通过这些活动，形成鉴定结论以后，鉴定人应当再次出庭，向法庭报告鉴定结论，并回答法官和有关人员的提问，如果必须使用书面注解说明鉴定意见，经法官许可，鉴定人可以提交书面报告。

（七）文书

意大利对文书这种证明方式采取了广义的解释，即指通过照片、影片、录音或者其他手段反映事实、人或物的文书和其他文件。收集文书要尽可能收集文书原本。如果需使用的文书原本由于任何原因而被毁灭、丢失或者窃取并且不可能找回，也可以调取它的副本。在法庭中首先要对文书的来源进行审查，并将文书提交当事人或者证人加以辨认。然后在法庭中高声宣读，并在宣读后，听取控辩双方的意见。

第九章 俄罗斯刑事诉讼法

第一节 俄罗斯刑事司法制度的历史沿革

俄罗斯联邦简称"俄罗斯",位于东欧和北亚,领土总面积为1707.54万平方公里,居世界第一位;总人口为1.42亿。俄罗斯联邦共有130多个民族,俄罗斯人约占总人口的82.9%。俄罗斯联邦原由89个联邦主体构成,近年来,一些联邦主体相继通过全民公决实现了合并,最近一次合并是2008年1月1日,俄罗斯伊尔库茨克州和乌斯季奥尔登斯基布里亚特自治区合并为伊尔库茨克州,目前,俄罗斯84个联邦主体包括:21个共和国、8个边疆区、47个州和1个犹太自治州、2个联邦直辖市和5个自治专区。各个共和国除了根据1992年3月31日《俄罗斯联邦条约》让与联邦的权力之外,在各自境内拥有一切国家权力。

俄罗斯联邦是一个既古老又年轻的国家,从基辅罗斯算起,俄罗斯迄今已有1100多年的历史,大致可分为三个历史阶段:沙俄时期、苏俄时期和俄罗斯联邦时期。

一、沙俄时期的刑事司法制度

俄罗斯人是东斯拉夫人的主要组成部分,东斯拉夫人是斯拉夫人中人数最多的一个分支,历史上大多居住在辽阔的东欧平原上。公元6世纪起,居住在南方的东斯拉夫人始称为罗斯人。公元8世纪,罗斯人的部落联盟发展为一些公国,其中较大的是第聂伯河中游的基辅公国和北部的诺夫哥罗德公国。公元882年,诺夫哥罗德的王公奥列格征服基辅和众多小公国,建立以基辅为中心的早期封建制国家,史称基辅罗斯,这便是俄罗斯国家的起源。

习惯法是公元9~10世纪基辅罗斯的主要法律渊源,以王公为首的贵族是各种法律纠纷的裁判者,刑事审判采取绝对的私诉原则,即只有受害人有权提出起诉,而且被告人有权决定是否应诉。

公元10世纪,拜占庭基督教对罗斯人的影响日益增大,并于公元988年被奉为国教,相应地建立了一批宗教法院,这些法院在司法活动中采用拜占庭法的原则,拜占庭法是在罗马法的基础上形成的,因此,罗马法对中世纪的俄国法律制度产生了重大影响。公元11世纪,统治者将依照拜占庭法的原则颁布的法令加以整理,并将其与确认的习惯法原则汇编在一起,称为"罗斯真理",又名"罗斯法典",是俄罗斯第一部成文法典。基辅罗斯诸王公立法活动的另一个内容表现为制定和颁布教会条例和条令，例如《弗拉基米尔条例》、《雅罗斯拉夫王公条例》等。公元11世纪时，公社法院已消失，王公、市长、乡长等既是行政长官又是法官，同时教会的司法权也得到确立，教会法院管辖诸如擅自解除婚姻关系、诱拐妇女等违反教规的犯罪。另外，教会封建主还有权审判依附于他们的居民的一切案件。

从"罗斯真理"的内容可以看出，当时的诉讼具有控告式诉讼的特征，刑事案件中不区分原告和被告，双方当事人享有同样的权利，并承担凭证据证明自己主张的责任，法官仅负责裁判。裁判的主要证据有：供词、见证人和目击人的陈述、神明裁判和发誓等。

公元12世纪，基辅罗斯分裂成十几个小公国，这些小公国时分时合，混战不断。公元1243年，蒙古人侵入并建立钦察汗国，统治俄罗斯达两个半世纪。公元14世纪初，莫斯科公国强盛起来，公元15世纪后期，莫斯科大公伊凡三世兼并其他公国并摆脱了钦察汗国的统治。其子瓦西里三世时东北俄罗斯统一，俄罗斯成为一个统一的中央集权国家。公元1547年伊凡四世加冕即位，自称为沙皇，从此莫斯科大公国又称沙皇俄国，简称沙俄。

在俄罗斯中央集权制国家形成时期，"罗斯真理"依然是最重要的法律渊源，同时统治者也颁布了一些新的法律文件，例如公元1497年伊凡四世颁布了第二律书又称"沙金律书"。公元1649年，沙皇政府召开"国民会议"，次年该会议的成果《阿列克赛·米海伊洛维奇法典》颁布，它是一部典型的农奴制度法典。

公元1497年律书对法院的组织和活动作出了详细的规定，当时国家法院体系与世袭法院体系并存，教会机关则有自己的中央和地方法院。

在俄罗斯中央集权制国家形成时期，诉讼程序和基辅罗斯时期没有很大区别，仍主要采用控告式诉讼，15世纪起法官的权力得到了一定增强，虽然在一些次要的刑事案件中仍采用控告式，但在一些严重的犯罪案件中，纠问式诉讼在一定程度上取代了控告式诉讼，法官有权决定是否需要审判，被告人不再由原告送上法庭，而是由一名地方官吏持法官的传票将其带上法庭。法院积极参与各阶段的工作，包括收集证据、讯问被告、拷打逼供，判决也由司法机关执行。

公元18世纪是俄罗斯历史发展中的一个重要阶段，17世纪末18世纪初彼得一世采取了一系列的改革措施，颁布了许多文件以巩固国家政权。在这一时期，法律和行政命令有了区别，法律是元老院、宗务院、沙皇以下的各种会议和各署颁布的文件，法律的批准权在沙皇。当时的法律包括法令、条例和规程，自1649年法典颁布之后至19世纪上半叶，俄罗斯进行了大量的立法工作。为整理这些杂乱无章的法令、条例和规程，1830年和1833年先后出版了《俄罗斯帝国法令全书》和《俄罗斯帝国现行法律全书》。

亚历山大二世统治时期（1855～1881年）被称为"大改革时期"。1864年，亚历山大二世颁布了司法改革法令。这次司法改革有了较多的资产阶级因素：建立独立于行政部门的法院系统，并规定法官除因违法行为不得被免职；确立公开审判的原则；确立法庭审判中采用口头辩论和口头证言的原则；在刑事案件的审判中采用陪审团制度；规定诉讼当事人有聘请律师代理的权利；按照英国模式建立治安法院，专门负责刑事案件；按照法国模式设立预审法官，专门负责刑事案件审判前的调查工作；规定检察官的职责主要是刑事案件的起诉。元老院依然是最高法院、上告法院和最高司法监督机关,但法院体系仍很复杂,分为地方和一般的两种。地方司法机关包括治安法院和治安法官大会、司法行政机关和乡法院;一般司法机关分为区法院和审判院,审判院是区法院的上诉审级。

检察机关和检察监督形式的确立是彼得一世时期的重要改革。针对地方法院在很大程度上受到地方行政机关控制,国会实际上无法控制各地方法院审判活动的情况,彼得一世建立了一个与司法和行政机构平行的检察系统,作为沙皇监督地方事务的"眼睛",以加强中央对地方的控制。1722年,彼得一世仿效法国设立总检察长为首的检察机关,对法律遵守情况进行公开监督,检察机关通过三种方式——监督、忠告或警告,向上一级监督机关提出异议或上告,以维护法律的效力。这个时期检察机关的一个特点是,它的组织活动贯穿着集中化和严格的一长制原则,检察机关是一个统一的整体,各级检察机关都只服从总检察长。

1864年的司法改革规定了检察长在刑事诉讼中进行活动的任务和程序,规定检察长不得干预法院的工作,不得妨碍或限制法官的独立审判,同时还规定检察机关必须经常监督司法侦查员的工作、有权提起刑事诉讼、有权对法院的判决以上诉书形式提出抗诉,还负责监督法院刑事判决的执行。

1697年彼得一世颁布法令,规定一切案件应采用纠问式诉讼,因此以前沙俄民刑案件适用的控告式诉讼被纠问式诉讼取代。纠问式诉讼具有不公开和书面方式的特点:刑事案件由法官提起;诉讼程序分为侦查和审判两个阶段;在审判阶段法官先评定侦查所获得的材料,然后进行宣判;形式证据理论在这一时期被广泛采用,法律预先规定每一种证据的效力,规定什么样的证据是完整的、充分的;本人的供词被认为是最完整的证据,一个证人的证言只能算半个证据,有时只算1/3个证据(视证人的地位和性别而定)。凡是违反誓约者、曾被驱出国境者、受教会诅咒者、曾因犯罪而受刑者及15岁以下者不得充当证人。除供词、证言之外,书面文件是第三种主要证据。

二、苏俄时期的刑事司法制度

1917年十月革命爆发后,诞生了俄罗斯苏维埃联邦社会主义共和国,简称苏维埃俄罗斯(苏俄)。1922年12月,俄罗斯、乌克兰、南高加索和白俄罗斯四个独立的苏维埃共和国在自愿平等并可自由退出的原则基础上建立了一个统一的新国家——苏维埃社会主义共和国联盟。

社会制度的变化当然也影响到了刑事诉讼领域。1917年11月,列宁签署的关于法院的第一号法令正式废除了一切旧的法院、检察院、侦查机关和律师机构,并提出要"以革命良心对待旧法",这后来发展为"社会主义法律意识",成为苏联内心确信证据制度的渊源。1918年3月和7月发布的关于法院的第二号和第三号法令继续阐发了"社会主义法律意识"这一新的概念,并确立了一系列重要的诉讼原则,如用本民族语言进行诉讼、法庭审理的合议制原则和公开原则、在处理关于案件的一切问题时人民陪审员和专职审判员权利平等、保障刑事被告人的辩护权等。所有这些规范,对于扩大和加强苏维埃刑事诉讼制度和民主基础，保证在刑事诉讼中达到客观真实，建立审查刑事判决是否合法和有无根据的崭新规则，都有重要意义。1922年5月第一部苏俄刑事诉讼法典颁布，它明确规定了刑事诉讼的任务、民主原则和刑事诉讼各主体的权利，以及每一诉讼阶段的活动等。

苏联成立以后，颁布了许多全联盟性的立法文件，《苏维埃和各加盟共和国诉讼程序立法纲要》就是其中之一。这一纲要规定了最重要的、全国统一的原则，同时吸收了苏维埃刑事诉讼立法发展中所取得的进步成果，大大地完善了刑事诉讼立法。它明确规定了保障人身不受侵犯、保障刑事被告人的辩护权、评定证据的规则、对刑事判决上诉自由等原则。

1936年宪法进一步发展了一些诉讼原则，例如审判权只能由法院行使、审判员独立并且只服从法律、用本民族语言审判、法庭公开审理、保障刑事被告人的辩护权等。宪法还规定，苏联检察长对法制实行最高监督，苏联最高法院对全国各级法院的活动实行监督。

在刑事诉讼立法领域中，最重要的规范性文件莫过于1958年12月颁布的《苏联和各加盟共和国刑事诉讼立法纲要》，该纲要规定了刑事诉讼中的社会主义法制原则，即侦查机关、检察院、法院和所有诉讼参加者都必须准确地坚决地遵守法律；诉讼公开原则；审判员独立并且只服从法律的原则；法律和法院面前一律平等原则；等等。该纲要完善了实践已经证明的各项诉讼原则，确定了苏维埃刑事诉讼的民主性，规定了审判、检察、侦查和调查机关同犯罪作斗争的共同任务和职责，规定了每个机关为实现上述任务而拥有的职权。它明显地扩大了诉讼参加人的权利，特别是刑事被告人及其辩护人和受害人的权利，并加强了对这种权利的保障。该纲要还巩固和发展了适用于整个诉讼及其各个阶段的民主原则。

1960年，俄罗斯联邦最高苏维埃根据1958年的"纲要"制定了新的《苏俄刑事诉讼法典》，该法典取代了1923年的《苏俄刑事诉讼法典》，吸收并发展了"纲要"的规则，明确规定各个诉讼主体的地位、权利和义务以及对这些权利的保障，全面阐明了刑事诉讼的体系，详尽规定了诉讼的每一个阶段的制度。

三、俄罗斯联邦的刑事司法制度

存在了69年的苏维埃社会主义共和国联盟解体后，作为苏联国际法意义上的继承国——俄罗斯联邦于1993年12月12日以全民投票的方式通过了新宪法，8年后新的《俄罗斯联邦刑事诉讼法》颁布，它是各部门法中耗费时间和财力最多的一部法律。

第二节 俄罗斯刑事司法组织

一、法院

俄罗斯按照三权分立的原则对其司法体制进行了大规模的改革。1991年10月24日俄罗斯联邦最高苏维埃通过的《俄罗斯司法改革构想》，这个纲领性文件规定了司法改革的总体方向，力图通过司法改革，使法院能够真正独立，摆脱政治倾向和意识形态成见，保护社会秩序和正义，最终建成现代民主法治国家。在刑事诉讼法方面，主张完善联邦司法体系，恢复陪审团制度，确立以辩论制为基础的诉讼构造，彻底转换法院原先的指控角色。而1993年《俄罗斯联邦宪法》和1996年12月31日《俄罗斯联邦宪法性法律法院体系法》则最终确立了俄罗斯联邦的司法体制。关于法院的设置、职权、地位、作用及法官的地位保障是由一系列法律文件加以确定的，除了以上几部法律法规，比较重要的还有《俄罗斯联邦法官地位法》、《俄罗斯联邦和解法官法》和《俄罗斯联邦宪法性法律宪法法院法》。俄罗斯联邦司法体制的主要特点有以下几个方面：

1. 确立司法机关在国家机构中独立于立法机关和行政机关的地位，使其占据诉讼程序的中心位置，从而与议会、政府三权分立。法院的作用不再只是服务于同犯罪现象作斗争，还要以公正和中立的地位实施法律，实现法治，保护公民免受不法侵害。相应地，俄罗斯联邦通过立法取消了检察机关对法院的法律监督权。

2. 司法权只能由法官和陪审员代表法院行使，通过宪法、民事、行政和刑事程序来实现。法院行使司法权不受任何意志的干扰，只服从于俄罗斯联邦宪法和法律。法院的司法职能不仅包括审判职能，还有诉讼程序中所具有的监督职能，包括刑事诉讼中用以控制侦查行为的司法审查职能等。法院角色的重新定位使得整个司法活动成为一个有机的整体。

3. 为保障司法权的独立，俄罗斯联邦还实行了一系列配套的改革措施。比如，改变了过去法院在财政拨款上依赖地方各级政府的做法，建立了由联邦政府统一管理法院财政预算的制度，规定由联邦国家财政机构根据预算将法院经费直接划拨给联邦最高法院，然后由后者逐级向下拨付，并且在联邦最高法院设立司法财政管理局，负责整个法院系统的财政管理。俄罗斯联邦立法还规定，建立法官个人职业保障，实行法官任职终身制，法官退休年龄定为70岁，未经法定程序并符合法定理由，不得剥夺其法官职务，法官不得被任命或选举担任其他任何职务，或未经本人同意而被调往其他法院任职；保证法官拥有与其地位相符的经济收入和物质生活条件，其薪水在任职期间不得减少等。

4. 设立宪法法院和仲裁法院，改革普通法院，从而构建出一个完整的司法体制系统。在这个体系中，三类法院相互联系、区别，又各自成为相对独立的子系统，具有多层次的结构和特性。

（一）宪法法院

俄罗斯联邦宪法法院早在苏联解体前就已经建立，1991年5月16日俄罗斯第一部宪法法院法获得通过，1991年12月选举产生13名联邦宪法法院法官，1994年7月21日通过的《俄罗斯联邦宪法法院法》规定，宪法法院是司法权的组成部分，负责宪法监督。2007年1月24日，俄罗斯联邦委员会批准宪法法院从莫斯科迁至圣彼得堡，首次将联邦国家权力机关常设工作地点设在首都以外的城市。

宪法法院由19名法官组成。宪法法院法官候选人由联邦委员会成员、国家杜马议员、俄联邦各主体立法机关、最高司法机关、联邦司法机关、全俄法学会、法律科研和教学机构向总统提出建议，然后由总统向联邦委员会提名。联邦委员会应在14天内决定任命问题，同时必须以秘密投票方式、经过独立的程序来任命每一名宪法法院法官，在联邦委员会全体代表中获得简单多数票者方可任职。

宪法法院在不少于3/4的法官在职的情况下可以进行工作。宪法法院法官任期根据未修订的《俄罗斯联邦宪法法院法》为12年，不得连任，但是，2005年4月5日颁布的《关于修改俄罗斯联邦宪法法院法的联邦宪法性法律》第1条第2款规定：宪法法院法官实行任职终身制。

成为宪法法院法官的条件为：俄联邦公民，年满40岁，享有崇高声望，接受过高等法学教育，有至少15年的法律职业工龄且精通法律。

根据《俄罗斯联邦宪法法院法》第22~23条的规定，俄联邦宪法法院的主要职权有：

（1）审理各联邦共和国宪法和各联邦主体宪章；联邦法律；联邦总统命令和指令、联邦政府颁布的规范性文件；各共和国和各联邦主体就联邦国家权力机关管辖的问题、联邦国家权力机关与联邦主体国家权力共同管辖的问题所颁布的法律和其他规范性文件；联邦国家权力机关与联邦主体之间以及各联邦主体相互之间的条约；俄罗斯联邦已签署但尚未生效的国际条约是否违宪的案件。

（2）对俄罗斯联邦的宪法进行解释。

（3）对指控俄罗斯联邦总统叛国或者犯有其他重大罪行是否符合法定程序作出结论。

（4）就俄罗斯联邦宪法划归宪法法院管辖的问题，向国家杜马提出立法动议。

（5）解决国家权力机关之间的权限纠纷。其中包括：联邦国家权力机关的权限纠纷；联邦国家权力机关与联邦各主体国家权力机关之间的权限纠纷；各联邦主体内部国家权力机关之间的权限纠纷。

（6）根据俄罗斯联邦公民的投诉和法院的询问，对具体案件中适用或者应予适用的法律是否符合俄罗斯联邦宪法进行审查。

（7）行使俄罗斯联邦宪法、俄罗斯联邦条约、俄罗斯联邦宪法性法律、联邦国家权力机关与联邦主体关于划分管辖对象与权限的条约所赋予的其他职权。

（二）普通法院

俄罗斯联邦刑事案件的审判权只能由普通法院行使，其中包括：和解法官、区法院、联邦各主体（共和国、边疆区、州、联邦直辖市、自治州、自治专区）法院、联邦最高法院和军事法院。

1. 和解法官。俄国1864年的司法章程设立了和解法官，负责审理法定刑1年以下的刑事案件和诉讼标的不超过500卢布的民事案件。1998年12月17日，俄罗斯联邦总统签署了《俄罗斯联邦和解法官法》。根据该法，俄罗斯联邦和解法官为俄罗斯联邦主体普通法官，并从属于俄罗斯联邦统一的司法系统。和解法官应为年满25岁的俄罗斯联邦公民，具有法学高等教育学历，法律职业工作工龄不少于5年，未实施过有损于法律职业的行为，通过专业资格考试并获得相应俄罗斯联邦主体的法官资格评审委员会的推荐。和解法官由联邦各主体法律规定的程序任命（选举）。和解法官的任期由相应的俄罗斯联邦主体法律规定，但不得超过5年，其工资由联邦财政预算拨付给联邦最高法院司法财政管理局，再由后者下发，其职务工资的数额应为俄罗斯联邦最高法院院长职务工资的60%。在联邦直辖市进行工作的和解法官的职务工资应为俄罗斯联邦最高法院院长职务工资的64%。《俄罗斯联邦和解法官法》第3条规定，和解法官作为第一审级审理最高刑期不超过2年剥夺自由的犯罪案件；关于发出法院命令的案件；没有子女争议的离婚案件；夫妻之间分割共同财产的案件；家庭法律关系产生的其他案件，但关于父（母）身份的争议，确定父亲身份，剥夺亲权，收养子女的案件除外；诉讼价额不超过递交诉讼申请之时法律规定的最低劳动报酬500倍的财产争议案件；劳动关系产生的案件；关于确定土地、建筑物和其他不动产使用程序的案件；根据《俄罗斯联邦行政违法法典》规定的属和解法官管辖的行政违法案件。2002年7月1日生效的《俄罗斯联邦刑事诉讼法》第31条放宽了和解法官对刑事案件的管辖范围，它规定，最高刑期不超过3年剥夺自由的犯罪案件由和解法官作为第一审级审理。

2. 区法院。区法院是按照行政区域所设的基层法院，负责审理绝大多数刑事案件，《俄罗斯联邦刑事诉讼法》第31条第2款规定，区法院审理除《俄罗斯联邦刑事诉讼法》第31条第1、3、4款规定以外的所有犯罪案件。2004年1月1日以前，审理涉及严重犯罪和特别严重犯罪的刑事案件时，可以在区法院中由1名法官独任审理，也可以根据刑事被告人在决定开庭审判前提出的申请由1名法官和2名人民陪审员组成合议庭审理。从2004年1月1日起，人民陪审员不再参与刑事审判，《俄罗斯联邦刑事诉讼法》规定了新的陪审法庭制度，根据刑事被告人的申请，各共和国最高法院、边疆区法院、州法院、联邦直辖市法院、自治州法院和自治专区法院的1名法官和由12名陪审员组成的陪审团审理《俄罗斯联邦刑事诉讼法》第31条第3款规定的归由它们审理的案件[1]，而区法院可以依照决定开庭审判之前刑事被告人提出的申请由3名法官组成合议庭审理归其管辖的严重犯罪和特别严重犯罪的刑事案件，其他情况下则由1名区法院的法官独任审理。除此之外，区法院还依照第一上诉程序审理和解法官作出的判决和裁决。

3. 联邦各主体法院。联邦主体法院一般设在共和国、边疆区、州、联邦直辖市、自治州、自治专区，其法官由俄罗斯联邦总统根据最高法院的提名进行任命。联邦主体法院负责审理的刑事案件除《俄罗斯联邦刑事诉讼法》第31条第3款所列案件之外，还包括涉及国家机密的案件，依照第二上诉程序上诉和抗诉的案件，其司法活动接受联邦最高法院的监督。

4. 联邦最高法院。联邦最高法院是普通法院体系中民事、刑事、行政案件以及其他案件的最高审判机关。联邦最高法院依职权按照一审、二审和再审程序对刑事案件进行审理，并就审判实践问题作出解释。联邦最高法院作为一审法院审理对联邦委员会委员、国家杜马议员和联邦法院法官的刑事案件，但他们在法庭审理前必须提出该项申请。

---

[1] 陪审员负责回答所指控犯罪事实是否存在、是否为受审人所为、他对此是否有罪过这三个问题。

5. 联邦军事法院。根据《俄罗斯联邦军事法院法》第 7 条第 1 款第 2 项的规定，军事法院负责审理军人和进行军事集训的公民所实施的犯罪。如果团伙犯罪中有一人的案件应由军事法院管辖，如果该人或其余不是军人的公民不表示反对，则该刑事案件可以由军事法院全案审理，如果其中任何一人表示反对，则该案件应单独分案管辖。

（三）仲裁法院

俄罗斯联邦仲裁法院是审理商业、财产、税务、土地等经济纠纷案件以及其他与进行经营性活动和经济活动有关的案件的专门法院。俄罗斯联邦仲裁法院体系分为四个级别，第一个级别是共和国、边疆区、州、联邦直辖市、自治州、自治专区的仲裁法院，共 81 个；第二个级别是上诉审仲裁法院；第三个级别是联邦大区仲裁法院，主要对法律的适用进行审查，共 10 个；第四个级别是俄罗斯联邦最高仲裁法院，其职责主要是对各仲裁法院的工作进行监督和进行司法解释，其编制为 90 人。

二、检察机关

1722 年俄罗斯沙皇彼得一世设立检察院，其主要任务是监督国家机关，其中包括法院。其后，检察院追究犯罪的职能逐渐加强。

1864 年司法改革取消了检察院监督国家机关和法院的权力，而赋予其领导侦查和进行刑事追究的职责（包括出庭支持公诉）。

1917 年 11 月 24 日苏维埃政权颁布法令废除了旧的检察制度。

1922 年重新建立的检察机关无论在审前阶段还是审判阶段，都拥有了广泛的权力，除刑事追究职能之外，它还具有了一般监督及监督法院的职能。

1993 年的《俄罗斯联邦宪法》规定俄罗斯联邦检察机关是统一的、下级检察长服从上级检察长和俄罗斯联邦总检察长的集中体系。根据《俄罗斯联邦刑事诉讼法》第 37 条第 1 款，检察长是在《俄罗斯联邦刑事诉讼法》规定的权限范围内以国家名义在刑事诉讼过程中进行刑事追究，同时对调查机关和侦查机关的诉讼活动实行监督的公职人员。检察长系统分为联邦总检察长及其副职，联邦各主体检察长和与其级别相当的检察长及他们的副职，区、市检察长和与其级别相当的检察长及他们的副职三个级别。

2007 年 6 月 5 日关于修改《俄罗斯联邦刑事诉讼法》和《俄罗斯联邦检察院法》的第 87 号联邦法律对《俄罗斯联邦刑事诉讼法》有关检察长职权的规定以及《俄罗斯联邦检察院法》进行了大量修改。根据新修改的法律，检察长有关监督职能方面的职权有以下七类：第一类是对提起刑事案件的合法性和根据性进行监督的权力，包括检查在接受、登记和处理犯罪举报过程中联邦法律规定执行情况的权力；在认为侦查员或调查人员关于提起刑事案件的决定不合法或没有根据时作出拒绝提起刑事案件的决定的权力；出于审查和检查文书的必需，根据申请把调查人员（不包括侦查员）审查犯罪举报的期限从 3 日延长到 30 日；在自诉案件中，如果没有被害人的告诉，而犯罪行为是对处于依赖从属地位或由于其他原因不能自主行使其权利的人实施的，则调查人员（不包括侦查员）经检察长同意，有权提起刑事案件。第二类是监督审前调查是否具备合法主体的权力，包括解决审前调查机关之间关于刑事案件侦查管辖争议的问题；根据侦查管辖的规定将刑事案件从一审前调查机关移送给另一审前调查机关；批准要求调查人员回避的申请以及他们要求的自行回避；如果调查人员在进行审前调查时违反刑事诉讼法的要求，停止他们继续进行调查；向任何审前调查的联邦行政机关调取刑事案件并将案件移送给俄罗斯联邦检察院侦查委员会的侦查员，但必须说明移送的根据。第三类是对审前调查程序的合法性进行监督的权力，包括审议针对调查人员和侦查员行为的申诉；要求调查机关和侦查机关消除调查或审前调查中出现的违反联邦法律的情况；撤销下级检察长、调查人员非法的或没有根据的决定，对于侦查员非法的或没有根据的决定则只能由侦查机关负责人才有权撤销。第四类是对适用强制措施进行监督的权力，包括对侦查员向法院提出选择、撤销或者变更强制处分的申请或对根据法院决定才允许进行的其他诉讼行为的请求表示同意；如果确认侦查员违反了刑事诉讼法相关规定，而刑事被告人的最长羁押期限已经届满，可以变更该强制处分；对为了审前调查的利益而对拘捕犯罪嫌疑人的事实进行保密的决定表示同意。第五类是检察长对送交其的附有起诉书的刑事案件的监督权力，包括有权认定证据不具有可采性；在刑事案件归上级检察长管辖时，将案件移送上级检察长批准起诉书；终止调查人员移送的附有起诉书的刑事案件。第六类是检察官在刑事诉讼中保护个人权利的权力，包括批准调查人员关于终止刑事案件决定的权力；如果检察长作为公诉人在法庭审理过程中产生了已提交证据无法支持对受审人提出的指控的确信，有权放弃指控。第七类是检察官在已发生法律效力的法院判决的再审程序中具有的监督权力，包括对已经发生法律效力的法院刑事判决、裁定或裁决提出再审抗诉；因新的或新发现的情况提起刑事案件诉讼的权力。

　　检察长进行刑事追诉方面的权力有以下四类：第一类是检察长发动刑事追诉的权力，包括检察长有权根据发现的违反刑事法律的事实，作出向侦查机关或调查机关移送相关材料使其解决刑事追诉问题的决定，认定侦查员拒绝提起刑事案件为非法或没有根据之后，有权作出向侦查机关负责人移送相关材料使其解决关于撤消侦查员拒绝提起刑事案件问题的决定，认定调查机关、调查人员拒绝提起刑事案件为非法或没有根据之后，应撤销关于拒绝提起刑事案件的决定并通知调查机关负责人。第二类是检察长领导调查的权力，包括向调查人员提出关于调查方向以及诉讼行为程序的书面指示的权力；延长调查期限的权力。第三类是检察长行使国家公诉职能的权力，包括批准起诉书或起诉意见书；将刑事案件发还调查人员、侦查员并附关于补充调查、改变指控范围或被告人定罪以及重新制作起诉书或起诉意见书和修改已经发现的缺点的书面指示；检察长批准起诉书后向法院移送刑事案件同时把起诉书及其附件发给被告人、辩护人和被害人，如果后两种人有此要求；支持国家公诉保障其合法有据。第四类是检察长对尚未生效的法院裁判的抗诉权，包括通过第一上诉程序或第二上诉程序对尚未生效的法院裁判提出上诉和抗诉。

　　当前，俄罗斯检察长领导审前侦查的权力基本被取消，对于整个审前程序的领导职权只限于在调查这种简易审前调查形式中。俄罗斯刑事诉讼结构发生了重要变革，大部分刑事案件从立案到移送检察院批准起诉书阶段，检察机关作为追诉机关的角色已经淡化，检察长趋于中立的地位使案件在审前侦查阶段就具备了对抗制的基础。

三、侦查员

侦查员是有权进行刑事案件侦查和享有俄罗斯联邦刑事诉讼法典规定的其他权限的公职人员。现行刑事诉讼法典不再沿用"审前调查机关侦查员"这一称谓，而是简单的把他归为公职人员。大多数犯罪案件，其中包括较为重大复杂的刑事案件都归他们侦查，侦查员是检察院、国家安全（局）机关、内务（部）机关和麻醉品与精神药物流通管制机关中的公职人员。

侦查员是独立的侦查主体，他有权依法提起刑事案件；有权受理刑事案件或将刑事案件送交侦查机关领导以便按侦查管辖进行移送；有权独立进行调查，作出关于实施侦查行为或其他诉讼行为的决定，但需要取得法院裁判和侦查机关领导批准的除外；有权向调查机关发出具有强制力的关于进行侦缉活动、执行拘捕、拘传、扣押、进行其他诉讼行为的书面委托，以及有权在进行上述行为时得到协助；在侦查机关领导同意的情况下，有权对检察长作出的将案件退回侦查员的决定提出申诉等。

侦查员根据职位一般分为侦查员、首席侦查员、特别重大案件侦查员和特别重大案件首席侦查员。

四、调查机关和调查人员

调查机关是指有权进行调查和享有其他诉讼权限的国家机关和公职人员。根据其职权所属主体不同，调查机关包括联邦内务机关、国家联邦消防监督机关等行政机关和俄罗斯联邦首席司法警官、俄罗斯联邦首席军事司法警官、俄罗斯联邦各主体的首席司法警官以及他们的副职、主任司法警官、主任军事司法警官以及俄罗斯联邦宪法法院、俄罗斯联邦最高法院和俄罗斯联邦最高仲裁法院的主任司法警官，部队、军团的指挥员以及军事机构、卫戍区的首长等公职人员。

上述调查机关享有以下权力：提起刑事案件；根据俄罗斯联邦刑事诉讼法规定的程序对不必进行侦查的刑事案件进行调查；对必须进行侦查的刑事案件实施紧急侦查行为；根据侦查员的委托采取侦缉措施以及实施个别侦查行为（执行拘捕、拘传、逮捕等）。

根据俄罗斯联邦刑事诉讼法的规定，远距离航行的海洋船舶和内河船舶的船长——对在这些船舶上实施的犯罪案件；远离调查机关所在地的地质勘探队和越冬地的领导人——对在该地质勘探队和越冬地所在地实施的犯罪案件；俄罗斯联邦外交代表机构和领事机构的首脑——对在该机构地域范围内实施的犯罪案件有权作出提起刑事案件的决定和实施紧急侦查行为。

调查人员根据调查机关首长或其副职的决定行使调查机关的调查权限。调查人员有权独立实施侦查行为和其他诉讼行为及作出诉讼决定，但依法需要调查机关首长同意、检察长批准和（或）法院裁判的情形除外。调查人员和侦查员的权限基本相同，但调查人员诉讼地位的独立性小于侦查员，检察长和调查机关首长的指示对调查人员具有强制力，调查人员有权对调查机关首长的指示向检察长提出申诉，对检察长的指示，有权向上级检察长提出申诉，申诉不中止这些指示的执行。

第三节 俄罗斯刑事诉讼程序

一、概述

1991年12月苏联解体，俄罗斯联邦采用修订和增补的方式继续沿用原有大部分法律，其中包括刑事诉讼法。2001年11月22日，俄罗斯联邦国家杜马通过了新的《俄罗斯联邦刑事诉讼法》，2001年12月5日经俄罗斯联邦联邦委员会批准，于2002年7月1日生效。法典共分6个部分，共19编，57章，477条。至今，在不到6年的时间里，法典已经进行了28次修订和增补。

（一）刑事诉讼原则

俄罗斯刑事诉讼原则是法律所确认的，指导刑事诉讼整体和具体制度构建的基本思想，它具有强制性、确定性和保障性的特点，违反这些基本原则所作的裁判可能会产生无效的后果。

《俄罗斯联邦刑事诉讼法》第二章规定了以下十四项基本原则：

（1）刑事诉讼的目的是维护受到犯罪侵害的人和组织的权利和合法利益，保护个人免受非法的和没有根据的指控、判刑以及限制权利和自由。对有罪的人进行刑事追究和判处公正的刑罚，与不对无辜者进行刑事追究、免除其刑罚、对每个没有根据地受到刑事追究的人进行平反，同样符合刑事诉讼的目的。

（2）法院、检察长、侦查员、调查机关和调查人员无权适用与俄罗斯联邦刑事诉讼法相抵触的联邦法律。法院如在刑事案件诉讼过程中确认联邦法律或其规范性文件不符合该法典，则应根据该法典作出裁判。法院、检察长、侦查员、调查机关或调查人员在刑事诉讼过程中违反本法典的规范所取得的证据不允许采信。法院的裁定，法官、检察长、侦查员、调查人员的决定应该合法、有据，并说明理由。

（3）只有法院才能进行审判。除非根据法院的刑事判决并依照俄罗斯联邦刑事诉讼法规定的程序，任何人不得被认为有罪和受到刑罚。受审人享有依照俄罗斯联邦刑事诉讼法规定对受审人案件具有审判管辖权的法院和法官审理其刑事案件的权利，该权利不得被剥夺。

（4）尊重个人名誉和人格。

（5）人身不受侵犯。没有俄罗斯联邦刑事诉讼法规定的合法根据，任何人不得因犯罪嫌疑受到拘捕或被羁押。法院作出裁判前的拘留时间不得超过48小时。

（6）在刑事诉讼中维护人和公民的权利和自由。其中包括，调查人员、侦查员、检察长和法院必须向享有作证豁免权，但同意作证的人说明其陈述在以后的审理过程中可能被用作证据。

（7）住宅不受侵犯。

（8）通信、电话和其他谈话、邮件、电报和其他通讯秘密。

（9）无罪推定。刑事被告人在未依照俄罗斯联邦刑事诉讼法规定的程序被证明有罪并由已经发生法律效力的法院判决确定其有罪以前，应被认为无罪。嫌疑人和被告人没有义务证明自己无罪。所有依俄罗斯联邦刑事诉讼法规定的程序不能排除的对被告人有罪的怀疑，均应作对被告人有利的解释。有罪判决不得根据推测作出。

（10）控辩双方辩论制。

（11）保障嫌疑人和被告人的辩护权。

（12）证据评价自由。法官、陪审员以及检察长、侦查员、调查人员根据自己基于刑事案件中已有全部证据的总和而形成的内心确信，同时遵循法律和良知对证据进行评价。

（13）使用俄语以及俄罗斯联邦成员共和国的国家语言进行刑事诉讼。如果刑事诉讼参与人不通晓或不足够通晓刑事案件所使用的语言，应对他们说明并保障他们使用母语或其他所通晓语言的权利。

（14）对诉讼行为和决定提出申诉的权利。

（二）审判管辖

俄罗斯联邦刑事诉讼法所规定的审判管辖除了解决某个案件应当由哪个第一审法院审理的问题之外，还涉及第一审法院的组成人员问题。关于法院审判第一审刑事案件的规则有：标的（类别）管辖、地域管辖和特别管辖三种。

1. 标的（类别）管辖。这种审判管辖是根据具体案件的内容（标的），其中主要是被告人所实施犯罪的特点来确定的。

（1）和解法官审理最高刑罚剥夺自由不超过3年的刑事犯罪案件，但《俄罗斯联邦刑事诉讼法》第31条第1款规定的犯罪除外。

（2）区法院审理除和解法官、上级普通法院和联邦最高法院审判管辖以外的所有犯罪案件。

（3）各共和国最高法院、边疆区法院和州法院、联邦直辖市法院、自治州法院和自治专区法院审理《俄罗斯联邦刑事诉讼法》第31条第3款规定的犯罪案件，其中包括涉及国家机密的犯罪案件。

2. 地域管辖。刑事案件应在犯罪实施地的法院审理；如果犯罪行为在一法院管辖地开始，而在另一法院管辖地结束，则该刑事案件由犯罪行为结束地的法院管辖；如果犯罪在不同地方实施，则刑事案件由该案中大多数被调查之犯罪的实施地或最严重犯罪实施地的法院管辖。

3. 特别管辖。特别管辖是作为一般规则的标的管辖和地域管辖的例外，它取决于被告人的个人属性。

（1）俄罗斯联邦最高法院审理《俄罗斯联邦刑事诉讼法》第31条第4款规定的犯罪案件。

（2）卫戍区军事法院审理军人和进行军事集训的公民实施的所有犯罪案件，但属于上级军事法院管辖的案件除外。

(3) 军区（舰队）军事法院审理军人和进行军事集训的公民实施的《俄罗斯联邦刑事诉讼法》第 31 条第 3 款所列之犯罪案件。

(三) 强制措施

《俄罗斯联邦刑事诉讼法》把刑事诉讼强制措施系统化为三个相对独立的体系：拘捕犯罪嫌疑人、强制处分和其他诉讼强制措施。

1. 拘捕犯罪嫌疑人这一强制措施的实质在于，不经法院的许可，短期剥夺涉嫌犯罪的人的人身自由，目的是查明其身份、与犯罪的牵连和解决对其适用强制处分的问题。当某人在实施犯罪时被抓住或在实施犯罪行为之后立即被抓住；当被害人或目击证人指认某人实施犯罪时；当某人身体或衣服上、他所在处所或住宅里发现明显犯罪痕迹时，如果调查机关、调查人员或侦查员认为他涉嫌实施了可能判处剥夺自由的犯罪，则有权拘捕他。除此之外，当有其他材料说明有根据怀疑某人实施犯罪时，如果该人企图躲藏，或者没有经常住所地，或者其身份不明，或者侦查员经侦查机关领导以及调查人员经检察长同意已经向法院提交了对该人选择羁押作为强制处分的请求，则可以对该人实行拘捕。调查人员或侦查员应在拘捕犯罪嫌疑人之时起的 12 小时内通知其一名近亲属。在开始询问嫌疑人之前，根据其请求，应保证犯罪嫌疑人与其辩护人单独会见，内容保密，并且在任何情况下会见的时间不得少于 2 小时。如果在拘捕犯罪嫌疑人之时起的 48 小时内未对他选择羁押作为强制处分，或者法院没有作出延长拘留期的决定，则应释放犯罪嫌疑人。拘留期即使是在法官决定延长的情况下总共也不得超过 120 小时。

2. 强制处分，是指为了防止被告人，特殊情况下也包括犯罪嫌疑人，躲避调查、侦查或审判；继续从事犯罪活动；威胁证人或刑事诉讼的其他参与人、毁灭证据或以其他方式妨碍刑事诉讼，而采取的一种限制其人身自由的诉讼措施。强制处分有以下几种：

(1) 具结不外出。具结不外出和行为保证要求嫌疑人或被告人以书面形式保证：不经调查人员、侦查员或法院的许可不离开经常或临时住所地；在指定期限内听候调查人员、侦查员或法院的传唤到案；不妨碍刑事案件的诉讼程序。所谓住所地是指包括被告人住宅所在居民区的范围。

(2) 人保。它是指值得信任的人以书面形式担保嫌疑人或被告人履行听候传唤到案和不妨碍诉讼的义务。选择人保作为强制处分，必须根据一个或几个保证人的请求并经被保证人同意。如果保证人不履行自己的义务，可以依法对他处以数额达最低劳动报酬额 100 倍的金钱处罚。

(3) 部队指挥机关监管。它是指部队指挥机关采取俄罗斯联邦武装力量规章所规定的措施，对身为军人或进行军事集训公民的嫌疑人或被告人进行监管，以保证该人履行听候传唤到案和不妨碍诉讼的义务。

(4) 对未成年犯罪嫌疑人或刑事被告人进行监管。它是指未成年犯罪嫌疑人或刑事被告人的父母、监护人、保护人或其他值得信任的人以及他所在的专门儿童教养机构负责人作出书面保证，负责监督他不经许可不离开住所地、听候传唤和不妨碍诉讼。

(5) 交纳保证金（物）。它是指嫌疑人或被告人或其他自然人或法人将金钱、有价证券或财物交到选择强制处分的机关的提存账户上，以保证他们在侦查员、调查人员或法院传唤时到案和预防他们实施新的犯罪。保证金（物）的种类和数额由选择强制处分的机关或人员考虑嫌疑人、被告人所实施犯罪的性质、个人情况以及保证金（物）缴纳人的财产状况决定。选择保证金（物）可以在刑事诉讼的任何时间进行，但必须依照《俄罗斯联邦刑事诉讼法典》关于羁押的程序由法院决定。嫌疑人、被告人不履行或违反有关的义务，保证金依照法院根据《俄罗斯联邦刑事诉讼法典》第118条作出的决定没收作为国家收入，在其他情况下，法院在作出刑事判决以及在作出关于终止刑事案件的裁定或裁决时，应当解决保证金归还交纳人的问题，在侦查员、调查人员终止刑事案件时，保证金（物）应退还给交纳人，对此应在终止案件的决定中予以说明。

（6）监视居住。它是指限制嫌疑人、被告人的行动自由并禁止他们：与特定的人交往；收、发邮件；利用任何通讯手段进行谈话。如果存在俄罗斯联邦刑事诉讼法关于羁押的根据，考虑到嫌疑人、被告人年龄、健康、家庭及其他状况，可以按照羁押的程序，根据法院的决定选择监视居住作为强制处分。在法院关于选择监视居住作为强制处分的裁决或裁定中，应说明对嫌疑人、被告人的具体限制，并规定负责对上述限制进行监督的机关或公职人员。

（7）羁押。羁押这一强制处分根据法院的决定对实施刑事法律规定的刑罚超过2年剥夺自由的犯罪，并且不可能适用其他更宽缓的强制处分时对嫌疑人、被告人适用。选择羁押作为强制处分时，法官的裁决中应该说明据以作出该裁决的具体事实情节。在特殊情况下，有下列情况之一的，可以对实施刑事法律规定刑罚不足2年剥夺自由的犯罪的嫌疑人、被告人适用羁押：嫌疑人、被告人在俄罗斯联邦境内没有经常住所地，或身份不确定，或违反过以前所选择的强制处分，或躲避审前调查或审判。要求选择羁押作为强制处分的申请，由审前调查地或嫌疑人拘捕地的区法院在收到材料后的8小时内独任审理。

3. 其他诉讼强制措施。这包括保证听候传唤到案、拘传、停职、扣押财产、金钱处罚五种。

二、审前程序

（一）提起刑事案件

提起刑事案件在现代俄罗斯刑事诉讼中是指，法律授权的专门机关和公职人员，为了确定案件事实及相关行为中是否存在犯罪构成要件或者免予诉讼的情况，而对犯罪材料信息进行接受、登记和审查，最终作出提起或拒绝提起刑事案件决定的诉讼活动。作为独立的诉讼程序，刑事案件的提起是每个刑事案件必经的第一阶段。

这一阶段有着重要意义。首先，可以确定审前调查具体的起始时间，从而保证对审前调查的有效监控；其次，可以保障相关人员的合法权利，检举人及时知晓其检举的接受情况，在未被接受的情况下可以进行申诉，而被提起刑事案件的人成为犯罪嫌疑人，可以依法行使防御的权利，其中包括有权得到对其提起刑事案件的决定的副本；再次，刑事案件的提起为采取诉讼强制措施、进行侦查行为和审判准备了必要条件，而在提起刑事案件之前能够进行的只有勘验现场、检验和指定司法鉴定三种侦查行为；最后，提起刑事案件程序能够排除那些不存在犯罪构成要件的信息材料，从而避免浪费司法资源。

有权提起刑事案件的机关和人员包括调查机关、调查人员和侦查员。提起刑事案件的事由有：检举犯罪、自首以及从其他来源得到的关于已经实施或正在预备的犯罪的举报。提起刑事案件的根据是存在说明犯罪要件的足够的材料。

拒绝提起刑事案件的情况包括：不存在犯罪事件；行为中不存在犯罪构成；刑事追究的时效届满；犯罪嫌疑人或被告人死亡，但是为了恢复死者名誉而必须进行刑事诉讼的情形除外；刑事案件只能根据被害人的告诉提起而被害人没有告诉的。

调查人员、调查机关和侦查员必须受理、审查任何关于已经实施或正在预备的犯罪的材料信息，并在其职权范围内在得到该材料信息之日起的 3 日内作出以下决定之一：提起刑事案件；拒绝提起刑事案件；根据侦查管辖移送检举材料。

（二）调查

审前调查分为调查和侦查两种形式。调查是审前调查的一种简易形式，由调查人员（侦查员）在不必进行侦查的刑事案件中采用。

调查程序适用于一些轻罪、中等严重的犯罪案件，以及情况简单的审前调查中。

调查的主体一般是调查机关和调查人员，其具体范围在前文已经详述，而侦查员只有在法律专门规定的情况下才可以进行调查。对于必须进行侦查的刑事案件，调查机关应依法提起刑事案件并实施紧急侦查行为。区别于旧的《苏俄刑事诉讼法》第 119 条的规定，现行俄罗斯联邦刑事诉讼法没有给出紧急侦查行为的具体范围，调查机关在实践中一般根据情况自行确定。

调查应在提起刑事案件之日起的 20 日内进行，这个期限可以由检察长延长，但延长期不得超过 10 日。对涉嫌实施犯罪的人员，调查人员有权经检察长同意后向法院申请选择羁押作为强制处分。

调查终结后，或者在对嫌疑人选择羁押作为强制处分后的 10 日内，调查人员应制作起诉意见书，起诉意见书的内容包括：制作的日期和地点；制作人的姓、名和父称的第一个字母；被追究刑事责任的人的情况；实施犯罪的地点和时间、方式、动机、目的、后果和其他对该刑事案件有意义的情节；提出的指控，并指出《俄罗斯联邦刑法》中相关的条、款、项；列举证实指控的证据和辩护方所援引的证据；减轻和加重刑罚的情节；关于被害人的情况，犯罪对他所造成损害的性质和大小；应该传唤出庭的人员名单。调查人员制作的起诉意见书，应由调查机关的首长批准，刑事案件材料应与起诉意见书一起送交检察长。

检察长审查与起诉意见书一并移送来的刑事案件，并在 2 日内对其作出以下决定之一：批准起诉意见书并将刑事案件移送法院；将刑事案件退回补充调查或重新制作起诉意见书，此时检察长可以延长调查期限，为进行补充调查所延长的期限不得超过 10 日，为重新制作起诉意见书所延长的期限不得超过 3 日；终止刑事案件；移送刑事案件进行侦查。

在批准起诉意见书时，检察长有权作出决定从中删除个别指控内容或者重新提出较轻的指控。起诉意见书的副本应按规定的程序发给被告人、他的辩护人和被害人。

(三) 侦查

1. 侦查的一般规定。

（1）侦查作为审前调查的完备形式，能够最大限度的保障确定案件事实和实现诉讼参加人的权利，因此，侦查是审前调查的基本形式，除一些例外，绝大多数刑事案件都必须进行侦查。

（2）侦查管辖。它是指综合法律规定的刑事案件的各项特征，并据其确定有权进行侦查的具体机关。侦查管辖一般分为以下三类：第一类是类别特征的侦查管辖，取决于犯罪的性质以及侦查的复杂程度。这种管辖划分被用来区分侦查机关和调查机关之间、各不同侦查机关之间的权限。第二类是地域特征的侦查管辖，根据含有犯罪要件的行为的实施地确定。如果必须在另一地点进行侦查和侦缉行为时，侦查员有权亲自进行这些行为或委托相应的侦查员或调查机关进行，接受委托的侦查员和调查机关必须在 10 日之内完成委托事项。如果犯罪在一地开始，而在另一地结束，则刑事案件在犯罪结束地进行侦查。如果犯罪在不同地点实施，则根据侦查机关上级首长的决定在大多数犯罪的实施地或最严重犯罪的实施地进行侦查。另外包括侦查在内的审前调查活动可以在刑事被告人或大多数证人所在地进行，以保证调查的全面、客观和遵守诉讼期限。第三类是专门特征的侦查管辖，以主体的特点为划分标准，主要涉及主体的身份和职业。

（3）侦查员的权限。侦查员的诉讼权力由于 2007 年 6 月 5 日关于修改《俄罗斯联邦刑事诉讼法》和《俄罗斯联邦检察院法》的第 87 号联邦法律的出台而变得更为广泛，这一重大变革在前文已有详述。侦查员作出的关于他受理的刑事案件的决定，所有企业、机关、组织、公职人员和公民都必须执行。侦查员一般独自对案件进行侦查，他有义务对他所受理的刑事案件承担全部责任，如果案件情况复杂或工作繁重，侦查员有权委托侦查组进行侦查。

（4）侦查期限。刑事案件的侦查应在自提起刑事案件之日起的 2 个月期限内终结。侦查期限包括自提起刑事案件之日起直至案件连同起诉书或关于将刑事案件移送法院审议采取医疗性强制措施的决定一并送交检察长之日的时间或直至作出关于终止刑事案件的决定之日的时间。侦查的期限不包括侦查中止的时间。侦查期限可以由区、市或同级的侦查机关首长延长到 3 个月。调查特别复杂的刑事案件，侦查期限可以由俄罗斯联邦主体侦查机关首长延长到 12 个月。只有在特殊情况下，侦查的期限才能由俄罗斯联邦检察院侦查委员会主席、相应联邦行政机关侦查机关首长及其副职再延长。在恢复被中止或终止的刑事案件的情况下，补充侦查的期限由侦查机关的首长确定，该期限不得超过自侦查员收到该案件之日起的 1 个月。如果必须延长侦查的期限，侦查员应作出相应的决定并至少在侦查期限届满之前 5 日将决定送交侦查机关首长。侦查员必须以书面形式将延长侦查期限的事宜通知被告人及其辩护人以及被害人和其代理人。

2. 侦查行为。狭义的侦查行为是指俄罗斯联邦刑事诉讼法所列举的 11 种收集和审查证据的行为，其中包括：

（1）询问。询问在侦查行为实施地进行。侦查员在认为必要时，有权在被询问人所在地进行。一次询问的持续时间不得超过 4 小时。至少间隔 1 小时休息和用餐后才允许继续询问，而且一天内询问的总时间不得超过 8 小时。如果有医生证明，则询问时间的长短根据医生的诊断书确定。询问前侦查员应确定他们的身份，向他们说明其权利和责任，以及相应侦查行为实施的程序。如果侦查员对被询问人通晓刑事诉讼所用语言产生怀疑，则应该查明被询问人希望用何种语言作陈述。在询问中，侦查员有选择询问策略的自由，但禁止提出诱导性问题，有权主动提出或根据被询问人的请求进行拍照、录音、录像和电影拍摄，被询问人有权利用文件和记录。询问的过程和结果均应在讯问笔录中予以反映，询问结束后，应交给被询问人阅读或根据他的请求由侦查员宣读，被询问人关于补充和修改笔录的请求必须予以满足。

（2）当面对质。如果以前被询问的几个人的陈述中存在重大矛盾，则侦查员有权让他们当面对质。当面对质时，侦查员首先应查明要进行当面对质的人是否相互认识，他们的关系如何，然后依次让被询问人就当面对质要查明的情况进行陈述，陈述之后，侦查员可以向每个被询问人提问，在当面对质的过程中，侦查员有权出示物证和文件，进行当面对质的人经侦查员允许可以相互提问。

（3）提供辨认。侦查员可以将人或物品提供给证人、被害人、犯罪嫌疑人或刑事被告人辨认，尸体也可以提供辨认。辨认前，应询问辨认人以前见到被辨认的人或物品时的情况，以及他们打算依据哪些特征和特点进行辨认。

（4）对陈述进行就地核对。为了确定对案件有意义的新情况，对于嫌疑人、被告人以及被害人或证人以前所作的陈述，可以在与所调查的事件有关的场所进行就地核对或就地查实。对陈述进行就地核对就是由之前被询问的人就地模仿所调查事件的状况和情节，指出对刑事案件有意义的物品、文件、痕迹，以及演示一定的行为。核对过程中不允许外部干涉，不允许提诱导性问题，不允许同时核对几个人的陈述。

（5）勘验。为发现犯罪痕迹，以及查明对刑事案件有意义的其他情况而对现场、地点、住房、其他房舍、物品和文件进行调查。犯罪痕迹和其他被发现物品的勘验应在侦查行为实施地进行，如果勘验需要很长时间或就地勘验确有困难，可以对物品进行提取、包装、加封，并由侦查员和见证人当场签字证明。住房的勘验只能经居住人的同意或根据法院的决定进行。尸体勘验在尸体发现的现场进行，同时应有见证人、法医鉴定人参加，必要时，还可以聘请其他专家参与。

（6）检查。它是在不需要进行司法鉴定的情况下，对嫌疑人、被告人、被害人或证人进行的，旨在发现其身体上的特殊标志、犯罪痕迹、身体伤害、查明其醉酒状态或其他对案件有意义的性质和特征的侦查行为。

（7）搜查。它是为发现和收缴犯罪工具以及其他对案件有意义的物品和文件，而对某一地点或某个人进行的一种侦查行为。在进行搜查时，被搜查房舍的占有人或他的成年家庭成员应在场，辩护人以及被搜查房舍的占有人的律师也有权在场。

（8）提取。在必需收缴对案件有意义的一定物品和文件时，如果确切知道他们所在的地点和持有人，则进行提取。如果提取的文件含有关于公民在银行和其他信贷组织的存款和账户的信息，则必须根据法院的裁判才能提取。

（9）谈话的监听和录音。在严重犯罪和特别严重犯罪案件中，如果有足够的理由认为，犯罪嫌疑人、刑事被告人以及其他人的电话和谈话可能含有对刑事案件有意义的信息材料，可以根据法院的裁判进行监听和录音。在存在对被害人、证人或他们的近亲属、亲属、亲近的人实施暴力、勒索和其他犯罪行为威胁时，电话和其他谈话的监听和录音可以根据这些人员的书面申请直接进行。

（10）司法鉴定。它是指根据侦查员的决定，在必要的时候，指定国家司法鉴定人或具有专门知识的鉴定人进行的一种侦查行为。如果为了确定死亡原因、确定健康损害的性质和程度等情形时，必须指定司法鉴定。在指定和进行司法鉴定时，嫌疑人、被告人以及他们的辩护人有权：了解关于指定司法鉴定的决定；申请鉴定人回避或申请在另一鉴定机构进行司法鉴定；申请吸收他们指定的其他人作为鉴定人或者申请在某一具体的鉴定机构进行司法鉴定；申请在指定司法鉴定的决定上增加向鉴定人提出的问题；经侦查员许可在进行司法鉴定时在场并对鉴定人进行解释；了解鉴定结论或关于不能作出结论的报告，以及了解对鉴定人进行询问的笔录。

（11）侦查实验。它是指为了审查和确认对案件有意义的材料，而通过模拟行为以及再现一定事件的状况或其他情况进行的一种侦查行为。在这种情况下检查是否能够对某些事实的存在、一定行为的实施、某种事件的发生进行认识，以及查明已发生事件的先后顺序和痕迹形成的机理。

广义的侦查行为还包括确定刑事被告人、提出指控、讯问被告人、变更和补充指控等行为：

（1）确定刑事被告人，是刑事案件审前调查程序中责任重大的一个阶段，它表明进行侦查的人员对特定的人实施某犯罪行为已形成内心确信，因此，只有在有足够的证据证明有根据指控一个人实施犯罪时，侦查员才有权作出将该人作为刑事被告人进行追究的决定。确定刑事被告人是侦查程序所特有的制度，当审前调查以调查形式进行时，不需要作出确定刑事被告人的决定，犯罪嫌疑人在调查人员制作起诉意见书后成为刑事被告人。

（2）提出指控，应在作出确定刑事被告人的决定之时起的3日之内进行，侦查员应向刑事被告人说明所提出指控的实质，他的权利义务，以及查明他对指控的立场等。

（3）讯问刑事被告人，应在提出指控之后立即由侦查员依法进行。在讯问开始时，应问明被告人是否承认自己有罪，是否希望就指控的实质作陈述和用何种语言进行陈述。如果被告人拒绝作陈述，应在讯问笔录中作相应的记载，如果被告人在第一次讯问时拒绝作陈述，只有根据其本人的请求才能对他再次进行讯问。

（4）指控的变更和补充。如果在侦查过程中发现有根据变更已经提出的指控，侦查员应依法作出新的关于确定刑事被告人的决定，如果已经提出的指控的某一部分没有得到证实，则侦查员应作出决定终止相应部分的刑事追究。

3. 侦查的中止和终结。

（1）侦查的中止。中止侦查的情形包括：应该作为刑事被告人受到追究的人没有确定；嫌疑人或被告人躲避侦查或因其他原因下落不明；嫌疑人或被告人所在地明确，但他参加刑事案件的实际可能不存在;有医生证明嫌疑人或被告人临时患有严重疾病,因而不能参加侦查行为或其他诉讼行为。在中止侦查前,侦查员应完成所有在嫌疑人或被告人不在的情况下可能实施的侦查行为,并采取措施侦缉他或确定犯罪实施人。

(2)侦查的终结。终结侦查最基本的形式是制作起诉书,并将其与所有案件材料一起送交检察长。起诉书的内容同前文提到的调查人员制作的起诉意见书的内容基本相同。侦查终结还有其他几种形式:作出终止刑事案件或刑事追究的决定;作出将案件移送法院,以便适用医疗性强制措施的决定。

(3)检察长对案件的处理。检察长对侦查员移送来的附有起诉书的刑事案件进行审查,并在10日内对它作出下列决定之一:批准起诉书并将刑事案件移送法院;用书面指示将案件退回侦查员,由其进行补充侦查、改变指控的范围或对被告人行为的定罪、或者重新制作起诉书和修改起诉书中发现的缺点;在刑事案件归上级法院管辖时,将刑事案件移送上级检察长批准起诉书。

三、第一审法院诉讼程序

(一)预备开庭

1. 预备开庭的一般程序。预备开庭阶段是审判程序的第一个阶段,在这个阶段,法官应确定开庭审理的诉讼条件是否具备,保证与案件审理有关的必要人员出庭,这种准备性质的审查监督工作在以前的刑事诉讼法律中被称为交付审判。

法官对移送到法院的案件有权作出以下三种裁判:按照审判管辖移送案件;指定庭前听证;决定开庭审判。裁判应在自法院收到案件之日起的30日内作出,如果此时被告人处于被羁押的状态,则法官应在自收到案件之日起的14日内作出裁判。并且,法院有权根据控辩方的请求,向他们提供补充了解案件材料的可能。

法官作出的关于决定开庭审判的裁决中,应该写明作出裁决的日期、地点、法院名称、作出裁决的法官的姓以及名和父称的第一个字母,除此之外,还应解决开庭的地点、日期和时间问题;案件是否由法官独任审理还是合议庭审理的问题;指定辩护人的问题;根据控辩双方提出的名单传唤人员出庭的问题;案件是否公开审理的问题;关于强制处分的问题;裁决还应该包含关于开庭审判的决定,指出每个被告人的姓、名和父称以及被指控实施何种犯罪。

案件的法庭审理应该在自法官作出关于开庭审判的裁决之日起的14日内开始,由陪审法庭审理的案件,30日内开始。

2. 庭前听证。在下列情况下,法院根据控辩一方的申请或者主动进行庭前听证:一方提出排除证据的申请;有根据将案件退回检察长;存在中止或终止案件的根据;为了解决案件由陪审法庭审理的问题。

关于进行庭前听证的申请,可以由一方在了解案件材料后或者在刑事案件与起诉书一并移送法院后在自收到起诉书副本之日起的3日内提出。

法官在控辩双方的参与下,在不公开的审判庭独任进行庭前听证。传唤控辩双方出庭的通知至少应在进行庭前听证前3日发出。根据控辩双方的申请,除享有作证豁免权的人之外，任何了解侦查行为或了解关于提取文件并将其归入刑事案件的情况的人均可作为证人被询问。

当一方申请排除证据时，法官应向另一方查明其是否对该申请有异议，在没有异议时，如果不存在进行庭前听证的其他理由，法官应同意申请并作出开庭的决定。

控辩双方有权申请从法庭出示的证据清单中排除任何证据。在提出申请时，申请的副本应在向法庭提交申请之日提交给另一方。如果法院作出关于排除证据的裁判，则该证据即失去法律效力，不得作为刑事判决或其他法院裁判的根据，在法庭审理过程中也不得进行调查和使用。如果案件由陪审法庭审理，则控辩双方或法庭审理的其他参加人无权告知陪审员关于依照法院裁判排除了的证据。在对刑事案件进行实质审理时，法院根据一方的申请有权再次审查关于认定被排除的证据可以采信的问题。

根据庭前听证的结果，法官作出以下裁判之一：按照审判管辖移送案件；将案件退回检察长；中止案件的诉讼；终止案件；决定开庭审判。如果法官满足了排除证据的申请并在这种情况下决定开庭审判，则在裁决中应指出：什么证据被排除，以及用以说明该证据被排除的理由的哪些案卷材料不得在法庭上进行调查和宣读，并不得在证明过程中进行利用。

对法院根据庭前听证结果作出的裁判不得进行申诉，但关于终止刑事案件的裁判，以及决定开庭审判的裁判中关于强制处分问题的部分除外。

(二) 法庭审理

法庭审判是整个刑事诉讼程序的中心，法庭对案件进行实体审理，并以俄罗斯联邦的名义公开认定受审人的罪与罚。

1. 法庭审理的一般条件。整个法庭审理程序阶段必须遵守的一系列重要原则和规则，例如：公开性原则；法庭组成人员不变原则；控辩双方平等原则；公诉人参加法庭审理的规则；受审人参加法庭审理的规则；辩护人参加法庭审理的规则；被害人参加法庭审理的规则；民事原告人或民事被告人参加法庭审理的规则；专家参加法庭审理的规则；法庭审理的范围；刑事案件的终止。这被称为法庭审理的一般条件，除此之外，还包括：

(1) 直接和言词原则。除特别程序外，在法庭审理时，所有证据均应进行直接审查。法庭听取受审人、被害人、证人的陈述，听取鉴定结论，检验物证，宣读笔录和其他文件，进行审查证据的其他行为。

(2) 法庭审理的延期和中止。如果由于某一个被传唤的人不到庭或者由于必须调取新的证据而不可能进行法庭审理时，法院应作出关于延期进行法庭审理的裁定或裁决，同时采取措施，传唤或拘传不到庭的人员和调取新证据。

(3) 法庭审理中强制处分问题的解决。受审人自案件移送法院之日起至法院作出判决之间的羁押期限不得超过6个月，只有在严重犯罪和特别严重犯罪案件中才允许延长羁押期限，每次延长的时间不得超过3个月。

(4) 审判庭的秩序。法庭审理的参加人以及所有出席审判庭的人，对法庭均应称呼"尊敬的法庭"，对法官称呼"法官大人"。

2. 法庭和庭审参加人。法院在法庭审理中占据主导地位，拥有包括审判权在内的广泛权力，有权实施各种诉讼行为。领导审判庭的审判长负责保证法庭秩序，负责在庭审程序中采取一切合法措施保障控辩双方的辩论和平等。

公诉人在庭审中的地位与辩方相同，在向法院主张自己的观点时，不具有优先权。如果在庭审中公诉人产生确信，已经提交的证据无法支持指控，则应该放弃指控并向法庭叙述放弃的理由。公诉人在法庭审理中完全或部分放弃指控，刑事案件或刑事追究依法完全终止或相应部分终止。

辩方参加人在庭审中行使包括辩护权在内的各种诉讼权利，地位与控方平等。

3. 审判庭的预备部分。审判长在预定的时间宣布开庭和要审理的案件，之后，由法庭书记员报告应该出庭人员的到庭情况，以及不到庭人员缺席的原因。审判长向翻译人员说明其法定权利和责任，翻译人员对此具结保证。

出庭的证人在对他们进行询问之前，应退出审判庭，法警应采取措施使未被询问的证人不与已经被询问的证人以及出席审判庭的其他人员交往。

在审判长确定受审人身份及其他相关情况后，应查明起诉书副本或检察长变更指控决定的副本的送达情况。接下来，审判长宣布法庭组成人员，以及向控辩双方说明其申请法庭组成人员或某位法官回避的权利。然后审判长向诉讼参加人说明其各自在庭审中所拥有的权利，首先是受审人，而后是被害人、民事原告人和民事被告人，以及鉴定人和专家。

最后，审判长询问控辩双方是否申请传唤新的证人、鉴定人和专家，是否要求调取新的物证和文件，以及是否要求排除证据。

4. 法庭调查。法庭调查程序是法庭审理的核心部分，在这个阶段，法庭在控辩双方的参与下，对证据进行独立、深入、全面的审查。法庭调查自国家公诉人叙述对受审人提出的指控开始，之后，审判长询问受审人是否明白对他的指控，是否承认有罪，以及他或他的辩护人是否希望表示自己对所提出指控的态度。

审查证据的先后顺序由向法庭提交证据的一方确定，首先提交证据的是控方。当受审人同意进行陈述时，首先对他进行询问的是辩护人和辩方的法庭审理参加人，然后是国家公诉人和控方的法庭审理参加人，审判长对诱导性问题和与案件无关的问题应予以制止。法庭在控辩双方都询问完之后向受审人提问。

接下来，询问被害人和证人。证人应分别并在未被询问的证人不在场的情况下被询问。询问前，审判长先确认证人的身份，查明他与受审人和被害人的关系，然后向他说明法定的权利、义务和责任。提出传唤证人请求的一方首先对该证人提问，法官在控辩双方都询问完证人后向其提问。询问被害人的程序和询问证人相同。

法庭有权根据控辩双方的申请，或主动传唤在审前调查过程中作出鉴定结论的鉴定人，对他进行询问，要求他对其所作的鉴定结论进行说明或补充。在宣读鉴定结论后，控辩双方可以向鉴定人提问，首先提问的是要求进行司法鉴定的一方。

法庭可以根据控辩双方的申请，或者主动地指定司法鉴定。当数名鉴定人的结论存在矛盾，并且矛盾又不能通过法庭审理中对鉴定人进行询问而予以解决时，法庭可以根据控辩双方的申请，或主动指定重新鉴定或补充鉴定。

物证的勘验可以根据控辩双方的请求在法庭调查的任何时间进行，地点和房舍的勘验，以及侦查实验由法庭在控辩双方的参加下进行，必要时还应有证人、鉴定人和专家的参加。

控辩双方提交的证据审查完毕之后，审判长对双方是否申请补充法庭调查进行询问，如果有申请对法庭调查进行补充的，法庭予以讨论并作出相应决定。

5. 控辩双方辩论。法庭调查完毕后，法庭开始听取双方辩论。控辩双方辩论发言的先后顺序由法庭决定，同时，在任何情况下都由公诉人首先发言，而由受审人及其辩护人最后发言。在控辩双方辩论的所有参加人发言以后，他们每个人还可以进行一次辩驳。最后答辩权属于受审人和他的辩护人。

6. 受审人的最后陈述。在控辩双方的辩论结束后，审判长应让受审人作最后陈述，此间，不允许向他作任何提问。法庭不得对最后陈述做时间上的限制，但是，如果受审人叙述的情况与案件无关，审判长有权加以阻止。

7. 评议和判决。在听取受审人的最后陈述后，法庭退入评议室作出刑事判决。判决应该合法、有据和公正，判决分为无罪判决和有罪判决两种，有罪判决不得以推测为根据，受审人实施犯罪的罪过必须在法庭审理过程中，被当庭调查核实过的所有证据总和所证实，才能作出有罪的判决。在作出有罪判决时，应当决定：被判刑人应服刑；判处刑罚而免予服刑；免予刑罚。

四、第二审法院诉讼程序

俄罗斯的第二审诉讼程序专门用来审查未发生法律效力的法院裁判是否合法有据，有第一上诉审程序和第二上诉审程序之分。

（一）第一上诉审程序

第一上诉审程序是指，作为第一上诉审法院的区法院的法官以和解法官作出的尚未生效的刑事裁判中被提起上诉和抗诉的部分为限，在控辩双方的参与下，对案件的事实和法律部分进行新的审理，并作出判决或裁决的再审程序。

第一上诉审程序审理的对象是和解法官作出的尚未生效的刑事判决和裁决，但是以下三种审理过程中作出的裁决不是第一上诉审程序的对象：①关于审查证据程序的裁决；②关于满足或驳回刑事诉讼参加人申请的裁决；③关于保障审判庭秩序的措施的裁决，但关于处以罚金的裁决除外。第一上诉审法庭应当审查和解法官的裁判是否合法、是否根据充分和是否公正，但这种审查不是全面审查，而只是针对裁判中被提起上诉和抗诉部分的审查。如果在审理刑事案件时，涉及该案中其他被判刑人或被宣告无罪人利益的情况将被确定，而对之并未曾提出上诉或抗诉，则刑事案件也要针对这些人的情况进行审查，在这种情况下，不允许恶化他们的状况。

在第一上诉审的庭审程序中，法官可以对原来的证据进行审查，控辩双方可以申请传唤新的证人、进行司法鉴定、调取第一审法院拒绝审查的物证和文件，并且法官无权以该申请曾被第一审法院驳回为由而拒绝满足申请。

第一上诉审程序的主体可以分为两类，第一类是有权按照第一上诉审程序对法院裁判提出上诉（抗诉）的主体，包括被判刑人、被宣告无罪的人、他们的辩护人和法定代理人、国家公诉人、上级检察长、被害人和他们的代理人。附带民事诉讼原告人、被告人或他们的代理人有权对法院裁判中涉及附带民事诉讼的部分提出上诉，成为第一上诉审程序的主体之一。

控辩双方都必须以书面形式提交上诉状和抗诉书，上诉状（抗诉书）必须包括以下六个方面的内容：受理上诉状或抗诉书的第一上诉审法院的名称；上诉人或抗诉人的情况，他的诉讼地位、住所地或所在地；对什么刑事判决或其他法院裁判提出上诉或抗诉，以及指出原判法院的名称；上诉人或抗诉人提出的理由和证明其要求的证据；上诉状或抗诉书的附件清单；上诉人或抗诉人的签字。

如果上诉状或抗诉书不符合上面所列各项要求并因而妨碍刑事案件的审理，法官应退回上诉状或抗诉书，同时规定重新制作上诉状或抗诉书的期限。法官以裁决的方式作出以上决定，上诉人有权对该裁决依第二上诉审程序提出上诉。法官的要求如果没有被执行，或者上诉状或抗诉书未在规定期限内送交，则视为没有提出上诉或抗诉。在这种情况下，案件的第一上诉审程序终止，刑事判决即发生法律效力。

第一上诉审程序的第二类主体是有权对提出的上诉（抗诉）进行审理并作出裁判的主体，即独任审理的区法院法官。

控辩双方自宣布刑事判决之日起的 10 日内可以通过原和解法官向区法院递交上诉状和抗诉书，如果受审人被羁押，则该期限从自向他送达刑事判决书副本之日起计算。原和解法官应将已经提出的上诉或抗诉的事宜通知被判刑人、被宣告无罪的人、他的辩护人、公诉人、被害人、他的代理人以及民事原告人、民事被告人和他们的代理人，同时向上述人员送达上诉状或抗诉书副本并向他们说明可以以书面形式对上诉或抗诉提出答辩。

提出上诉和抗诉的人有权在区法院审判庭开始前撤回、变更上诉和抗诉，或补充新的理由。但是，在上诉期届满后由检察长提交的补充抗诉书或变更抗诉的申请书中，以及被害人、自诉人及其代理人在此期限后提出的补充上诉书中，不得提出恶化受审人状况的问题，包括：要求认定一审法院拒绝认定的某些犯罪情节、适用更重的罪名、加重刑罚等——如果原来的上诉书或抗诉书中没有这样的要求。

独任审理的一名区法院法官在收到刑事案件后，应当检查案件是否属第一上诉审法院管辖，上诉状和抗诉书是否符合法律的规范性要求，是否有应当回避的情形。按照第一上诉审程序开始审理的时间不得迟于收到上诉状或抗诉书之日起的 14 天。

决定开庭的裁决的内容包括：开始审理案件的时间、地点；传唤证人、鉴定人或其他人员到庭的事项；保留、选择、撤销或变更对受审人或被判刑人的强制处分；根据法律决定不公开审理；对本裁决上诉的程序。

没有对原审法院的刑事判决提出上诉或抗诉的人员不到庭，不妨碍案件的审理和判决，但是公诉人、提出上诉的自诉人、提出上诉的受审人或被判刑人，或由他人为之提出上诉或抗诉的受审人或被判刑人，以及辩护人必须出席审判庭。

第一上诉审的法庭调查程序适用第一审程序中相应的一般规则，包括审判庭的预备部分，法庭调查中证据审查的顺序，对受审人、被害人和证人的询问等。法官在受审人最后陈述之后退入评议室进行裁决。根据刑事案件的审理结果第一上诉审法院可以作出：①维持第一审法院判决不变，驳回上诉或抗诉的裁决；②撤销一审法院有罪判决，宣告受审人无罪或终止刑事案件的无罪判决；③撤销第一审法院无罪判决，宣告受审人有罪的有罪判决；④变更第一审法院判决的刑事判决。第一上诉审法院撤销或变更第一审法院刑事判决并作出新的刑事判决的根据是：①原刑事判决中叙述的原判法院结论不符合第一上诉审法院认定的案件事实情节；②违反刑事诉讼法；③适用刑事法律不正确；④所判处的刑罚不公正。

(二) 第二上诉审程序

第二上诉审程序是指，第二上诉审法院以第一审法院以及第一上诉审法院作出的尚未生效的刑事裁判（和解法官作出的刑事裁判除外）中被提起上诉和抗诉的部分为限，在控辩双方的参与下，对案件的法律和事实部分进行新的审理，并作出裁定的再审程序。

第二上诉审程序的审理对象是除和解法官裁判之外的第一审法院的判决、裁定、裁决，以及第一上诉审法院的判决和裁决，具体包括：区法院作为第一审法院和第一上诉审法院作出的刑事判决和其他裁判；俄联邦共和国最高法院、边疆区或州法院、联邦直辖市法院、自治州法院和自治专区法院作出的刑事判决和其他裁判；俄联邦最高法院刑事案件审判庭作出的刑事判决和其他裁判。第二上诉审法庭审查第一审法院或第一上诉审法院的刑事判决和其它裁判是否合法、是否根据充分和是否公正，这种审查不是全面审查，而只是针对裁判中被提起上诉和抗诉部分的审查。

第二上诉审程序的主体可以分为两类：有权按照第二上诉审程序对法院裁判提出上诉（抗诉）的主体和有权对提出的上诉（抗诉）进行审理并作出裁判的主体。第一类包括被判刑人、被宣告无罪的人、他们的辩护人和法定代理人、国家公诉人、上级检察长、被害人和他们的代理人。而附带民事诉讼原告人、被告人或他们的代理人有权对法院裁判中涉及附带民事诉讼的部分提出上诉。

第二上诉审程序上诉状和抗诉书的具体内容有：受理上诉状或抗诉书的第二上诉审法院的名称；上诉人和抗诉人的情况，其诉讼地位、住所地或所在地；被提出上诉和抗诉的刑事判决或其他裁判，原判法院名称；上诉人或抗诉人的理由，并指出撤销或变更法院裁判的根据；上诉状或抗诉书的附件清单；上诉人或抗诉人的签字。

第二上诉审程序的第二类主体包括：俄联邦共和国最高法院、边疆区或州法院、联邦直辖市法院、自治州法院和自治专区法院刑事案件审判庭；俄联邦最高法院刑事案件审判庭；俄联邦最高法院申告庭。审判庭实行合议制，由3名普通联邦法院法官组成，并由其中1名法官担任审判长。

第二上诉审法院应当在自收到刑事案件之日起的1个月内开始审理。审判的时间、地点由收到刑事案件及上诉状和抗诉书的法官决定，并在开庭14日前将开庭的时间和地点通知控辩双方。

第二上诉审法院审理案件的程序由预备部分、审理部分和裁判部分组成。在预备部分先由审判长宣布审判庭开庭，并宣布根据谁的上诉和抗诉审理什么刑事案件。之后，审判长宣布法庭组成人员以及控辩双方出席审判庭人员的名单。审判长还应查明法庭审理参加人是否申请回避或有其他需要由法庭裁断的申请。

在审理部分，首先由一名法官简短叙述刑事判决和其他被提出上诉的法院裁判的内容，以及上诉和抗诉的内容。之后法庭听取上诉方或抗诉方论证自己理由的发言，以及听取另一方的答辩。如果有多份上诉，则发言的先后顺序由法院考虑控辩双方意见后决定。在审理中，法庭有权根据一方的申请直接依照第一审程序中的法庭调查规则审查证据：可以询问被判刑人、被害人、证人、鉴定人，可以勘验物证，进行辨认等。在第二上诉审程序中的被审查证据的范围主要是以前侦查阶段、审判阶段所收集的原有证据，并且必须在控辩双方主动申请下进行针对性的证据审查。为了证实或推翻上诉状和抗诉书的理由，控辩双方有权向第二上诉审法庭提交补充材料。补充材料不得通过实施侦查行为取得，也不允许根据补充材料变更刑事判决或撤销刑事判决并中止刑事案件。向法庭提交补充材料的人必须指出材料通过什么途径取得和为什么必须提交补充材料，如果这些补充材料是通过违反法律的方式取得的，应当排除。

在第二上诉审法院审理案件程序的裁判部分，法官在评议室做出以下裁定之一：①维持刑事判决和法院其他裁判不变，驳回上诉或抗诉；②撤销刑事判决和法院其他裁判，并终止刑事案件；③撤销刑事判决或法院其他裁判，并将案件发还第一审法院或第一上诉审法院，从庭前听证或者法庭审理阶段，或者从法庭在陪审团作出判决后的行为开始重新进行法庭审理；④变更刑事判决或法院其他裁判。

第二上诉审法院如果认为应当对被判刑人适用关于更重犯罪的刑事法律或判处更重的刑罚，只可以作出撤销刑事案件判决并发还重审的裁定，而无权直接变更刑事判决。无罪判决，只能根据检察长的抗诉或被害人或其代理人的上诉，以及根据不同意无罪结论的被宣告无罪的人的上诉，才可以由第二上诉审法院撤销。第二上诉审法院在作出撤销刑事判决，并将案件发还第一审法院或第一上诉审法院重新审理的裁定时，只有根据控诉方的抗诉或上诉才允许恶化被判刑人、被宣告无罪的人的状况。

第二上诉审裁定的内容包括：作出裁定的日期和地点；法院的名称和上诉审判庭的组成人员；上诉人和抗诉人的情况；参加第二上诉审法院案件审理的人员的情况；上诉人或抗诉人理由的简短叙述，以及参加第二上诉审法庭的人员的答辩；所作裁判的理由；第二上诉审法院根据上诉或抗诉所作的裁判；关于强制处分的决定。第二上诉审法院在撤销和变更刑事判决的裁定中，应当指出重新进行法庭审理时应该消除的违反《俄罗斯联邦刑事诉讼法》规范的情况；导致判处不公正刑罚的情况；撤销或变更刑事判决的根据。第二上诉审法院的指示在重新审理案件时必须执行。在撤销刑事判决并将案件发还重新审理时，第二上诉审法院无权对以下问题进行预断：指控已经得到证明还是没有得到证明；某一证据真实还是不真实；一些证据优先于另一些证据；刑罚。

第二上诉审裁定应由法庭全体组成人员签字，并在法官从评议室返回后在审判庭内宣读。法官在退入评议室之前，应宣布宣读第二上诉审裁定的时间，该时间在任何情况下都不得迟于该刑事案件第二上诉审结束之日起 3 日。第二上诉审裁定在作出之后的 7 日内与刑事案件一起送交原判法院执行。规定被判刑人应该解除羁押的第二上诉审裁定，如果被判刑人参加第二上诉审法院的庭审，则裁定的这个部分应立即执行。在其他情况下，第二上诉审裁定的副本或其结论中关于解除被判刑人羁押部分的摘抄件应送达羁押场所的行政机关立即执行。

通过第二上诉审程序撤销或变更法院裁判的根据有：①刑事判决中叙述的法院结论不符合第一审法院和第一上诉审法院所认定的案件事实情节；②违反刑事诉讼法；③适用刑事法律不正确；④刑事判决不公正。而撤销陪审法庭裁判的根据必须是：违反刑事诉讼法；适用刑事法律不正确或者刑事判决不公正。

在下列情况下，刑事判决中所叙述的法院结论被认为不符合第一审法院或第一上诉审法院所认定的案件事实情节：①法院的结论没有被审判庭审查核实的证据所证实；②法院没有考虑到可能对法院结论产生重大影响的情节；③当存在对法院结论有重大意义的相互矛盾的证据时，判决中没有指出法庭根据什么确认一些证据而否定另一些证据；④判决中所叙述的法院结论含有重大矛盾，这些矛盾影响了或可能影响认定被判刑人或被宣布无罪的人有罪或无罪，适用刑事法律或者量刑是否正确等问题的解决。

第二类撤销或变更法院裁判的根据——"违反刑事诉讼法"，是指通过剥夺或限制《俄罗斯联邦刑事诉讼法》规定的刑事诉讼参加人的权利、不遵守诉讼程序或用其他途径影响了或可能影响作出合法的、根据充分的和公正的刑事判决的行为。法院根据陪审团无罪判决作出的无罪判决，只有在违犯刑事诉讼法的行为限制了检察长、被害人或其代理人提交证据的权利或影响了向陪审员所提问题和回答的内容时，才可以根据上述人员的上诉撤销。法律规定了在任何情况下均应撤销或变更法院裁判的根据：法院未依法终止刑事案件；作出刑事判决的法庭组成不合法，或者作出陪审团判决的陪审团组成不合法；在受审人缺席的情况下审理案件，但在轻罪或中等严重的犯罪案件中，受审人或被判刑人申请缺席审理其案件的情况除外；如果依照法律的规定必须有辩护人参加审理而辩护人没有参加，或者发生了侵犯刑事被告人获得辩护人帮助的权利的行为；侵犯受审人使用其通晓的语言和利用翻译人员帮助的权利；没有给予受审人参与控辩双方辩论的权利；没有让受审人作最后陈述；在作出陪审团判决时违反陪审团评议保密原则，或在作出刑事判决时违反法官评议保密原则；有法庭认为不可采信的证据作为刑事判决的依据；在相关法院裁判上没有法官的签字，或在合议庭审理时其中一名法官没有签字；没有审判庭笔录。

第三类撤销或变更法院裁判的根据是"适用刑事法律不正确"，包括：①违反《俄罗斯联邦刑法》总则的要求；②适用的不是应该适用的《俄罗斯联邦刑法》分则的条、款、项；③判处了比《俄罗斯联邦刑法》分则相应条款的规定更重的刑罚。

第四类撤销或变更法院裁判的根据是"刑事判决不公正"，即判处的刑罚与犯罪严重程度、被判刑人个人不相当，或者刑罚虽未超过《俄罗斯联邦刑法》分则相应条款规定的限度，但刑罚的种类或轻重程度由于过轻或过重而不公正。只有在检察长提出抗诉或自诉人、被害人或其代理人提出上诉认为刑事判决处刑过轻时，才可能认定第一审法院判决或第一上诉审法院判决由于过轻而不公正,并以必须判处更重刑罚为由撤销原判。

五、刑事判决的执行

刑事判决的执行是刑事诉讼的最后阶段,换言之,只有当法院对案件所作判决、裁定、裁决的所有部分被实际执行之后,诉讼程序才应视为终结。已经发生法律效力的法院判决、裁定或裁决对所有国家机关、地方自治机关、社会团体、公职人员、其他自然人和法人均具有强制力,必须在俄罗斯联邦全境内绝对执行。

法院判决、裁定、裁决的交付执行,由审理案件的第一审法院进行。在判决交付执行前,审理案件的审判长或法院院长可以根据羁押中的被判刑人的近亲属、亲属的请求,向他们提供会见的机会。有罪判决的副本由法官或法院院长送交刑罚执行机构或机关,后者应立即将刑事判决的执行情况通知作出有罪判决的法院。

(一) 判决的生效和执行

第一审法院的判决在按照第一上诉程序或者第二上诉程序提出上诉或抗诉的期限届满,没有提出上诉或抗诉时,发生法律效力。第一上诉审法院的判决在按照第二上诉程序对它提出上诉或抗诉的期限届满,没有提出上诉或抗诉时,发生法律效力。在按照第二上诉程序提出上诉或抗诉时,如果判决没有被第二上诉审法院撤销,则在作出第二上诉审裁定之日发生法律效力。第一审法院判决在其发生法律效力之日起的 3 日内,或从第一上诉审法院或第二上诉审法院发还刑事案件之日起的 3 日内,交付执行。

(二) 裁定或裁决的生效和执行

第一审法院或第一上诉审法院的裁定或裁决在按照第二上诉程序提出上诉或抗诉的期限届满后或在第二上诉审法院作出裁定之日起发生法律效力并交付执行。不得按照第二上诉程序提出上诉或抗诉的法院裁定或裁决,立即发生法律效力并交付执行。第二上诉审法院的裁定自宣布之时起立即发生法律效力。

(三) 延期执行刑事判决

判处强制性社会公益劳动、劳动改造、限制自由、拘役或剥夺自由的刑事判决,在有下列根据之一时,可以由法院决定推迟一定期限执行:被判刑人罹患使之难于服刑的疾病的——延期到康复;被判刑妇女怀孕或有幼年子女的——延期到幼年子女满 14 岁,因侵害人身的严重或特别严重犯罪被判处剥夺自由超过 5 年的妇女除外;火灾、其他自然灾害、唯一具有劳动能力的家庭成员重病或死亡,以及其他特殊情况,对被判刑人或其近亲属造成严重后果或构成发生严重后果威胁的——延期执行的期限由法院规定,但不得超过 6 个月。

六、已发生法律效力的法院判决、裁定和裁决的再审

(一) 监督审诉讼程序

监督审程序是对下级法院作出的,已发生法律效力的判决、裁定和裁决进行有利于被判刑人的审查的一种诉讼制度。监督审诉讼程序同第一上诉程序、第二上诉程序在本质上，都是为了保障具体案件的审判合法、有据和公正。为了适用关于更重犯罪的刑事法律，而以量刑过轻为由，或依照导致被判刑人状况恶化的其他根据，通过监督审程序对有罪判决以及法院裁定和裁决进行再审，是不允许的，对无罪判决或法院关于终止刑事案件的裁定或裁决进行再审，也是不允许的。依照监督程序审理案件时，可以减轻对被判刑人的刑罚或适用关于较轻犯罪的刑事法律。

依照监督审程序对已发生法律效力的判决、裁定和裁决提出的再审申请不同于一般的刑事案件诉讼申请，它在内容和法定形式方面都与别的申请不同，由检察长提出的这种申请称为抗诉，由其他诉讼参加人提出的称为申诉。

有权向监督审法院提出上诉（抗诉）的人员除了检察长之外，还有犯罪嫌疑人、刑事被告人、被判刑人、被宣告无罪的人、他们的辩护人或法定代理人、被害人和他的代理人。

依照上诉书法定形式制作的申诉状或抗诉书，应直接送交有权审理有关申诉或抗诉的再审法院。申诉状或抗诉书还应附上：被提出申诉或抗诉的刑事判决或其他法院裁判的复印件；第一上诉审法院的判决或裁定、第二上诉审法院的裁定以及监督审法院的裁定的复印件——如果对该刑事案件曾作出过这些判决和裁定；在必要时，附上申诉人或抗诉人认为能够证明申诉状或抗诉书所述理由的其他诉讼文书的复印件。

按照监督审程序审理申诉或抗诉的法院分别有：

共和国最高法院、边疆区或州法院、联邦直辖市法院、自治州法院和自治专区法院的主席团：对和解法官的刑事判决和裁决，区法院的刑事判决、裁定和裁决，共和国最高法院、边疆区或州法院、联邦直辖市法院、自治州法院和自治专区法院的第二上诉审裁定，进行审理。

俄罗斯联邦最高法院刑事审判庭：对曾经依照监督程序向共和国最高法院、边疆区或州法院、联邦直辖市法院、自治州法院和自治专区法院主席团提出过申诉或抗诉的和解法官的刑事判决和裁决，区法院的刑事判决、裁定和裁决，共和国最高法院、边疆区或州法院、联邦直辖市法院、自治州法院和自治专区法院的第二上诉审裁定，对不是俄罗斯联邦最高法院按照第二上诉程序审理之对象的共和国最高法院、边疆区或州法院、联邦直辖市法院、自治州法院和自治专区法院的刑事判决、裁定和裁决，对共和国最高法院、边疆区或州法院、联邦直辖市法院、自治州法院和自治专区法院主席团的裁决，进行审理。

俄罗斯联邦最高法院主席团：对俄罗斯联邦最高法院申告庭的裁定，俄罗斯联邦最高法院刑事审判庭刑事判决和裁定，俄罗斯联邦最高法院法官关于决定审判庭开庭的裁决，进行审理。

申诉和抗诉由监督审法院在收到申诉状或抗诉书后的 30 日内审理，为了申诉或抗诉审理的必要，审理申诉或抗诉的法官有权在规定的权限范围内调取任何刑事案卷。在审查申诉或抗诉后，法官作出以下裁决之一：驳回申诉或抗诉；提起监督程序并将申诉状或抗诉书移送监督审法院审理，如果已经调取刑事案卷，则刑事案卷一并移交。共和国最高法院、边疆区或州法院、联邦直辖市法院、自治州法院和自治专区法院的院长，俄罗斯联邦最高法院院长或者副院长有权不同意法官关于驳回申诉或抗诉的决定，在这种情况下他可以撤销以上决定，作出提起监督程序并将申诉状或抗诉书移送监督审法院审理的裁决。

监督审法院应在作出提起监督审程序决定后的15日内，俄罗斯联邦最高法院应该在30日内，开庭审理申诉和抗诉。法院将开庭的日期、时间和地点通知嫌疑人、被告人、被判刑人、被宣告无罪的人、他们的辩护人或法定代理人、被害人和他的代理人，以及检察长。应该出席审判庭的有：检察长，以及被判刑人、被宣告无罪的人、他们的辩护人或法定代理人，另外，上诉和抗诉直接涉及其利益的其他人，如果提出申请，也可以出庭。

法庭审理的开始，先由共和国最高法院、边疆区或州法院、联邦直辖市法院、自治州法院和自治专区法院主席团成员，俄罗斯联邦最高法院主席团成员，或其他以前没有参加过该刑事案件审理的法官报告案件的情况，报告人应叙述案件的案情，刑事判决、裁定和裁决的内容，申诉状或抗诉书的理由和作出提起监督程序裁决的理由，其间，可以向报告人提问。

然后，由检察长发言支持他所提出的抗诉，如果被判刑人、被宣告无罪的人、他们的辩护人或法定代理人、被害人或其代理人出席审判庭，则他们有权在检察长发言之后进行口头解释。之后，控辩双方退出审判庭。

在双方退出审判庭后，共和国最高法院、边疆区或州法院、联邦直辖市法院、自治州法院和自治专区法院的主席团、俄罗斯联邦最高法院的主席团作出裁决，而俄罗斯联邦最高法院刑事审判庭则作出裁定。关于撤销或变更法院的刑事判决、裁定和裁决的决定，以法官们的简单多数票获得通过，在法官票数相等时，视为驳回上诉或抗诉，但是俄罗斯联邦最高法院主席团在审理对死刑案件提出的上诉或抗诉时，如果出席审判庭的俄罗斯联邦最高法院主席团成员中，表决赞成保留死刑的少于2/3，则关于要求撤销死刑或将死刑改判为更轻刑罚的上诉或抗诉被视为得到通过。

在依照监督程序审理刑事案件的时候，法院不受申诉或抗诉理由的限制，而有权全面检查案件的整个诉讼程序。如果刑事案件中有几个人被判刑，而仅对其中一人或一部分人提出申诉或抗诉，则监督审法院有权针对所有被判刑人检查该刑事案件。如果刑事案件中有几个人被判刑或被宣告无罪，则法院无权对不属于申诉或抗诉对象的被宣告无罪的人或被判刑人撤销刑事判决、裁定和裁决——如果撤销刑事判决、裁定和裁决可能恶化他们的状况。

根据案件的审理结果，监督审法院有权：驳回上诉或抗诉，维持原判；撤销法院的刑事判决、裁定和裁决和所有随后作出的法院裁判，并终止案件的诉讼；撤销法院的刑事判决、裁定和裁决和所有随后作出的法院裁判，移交刑事案件重新进行法庭审理；撤销第一上诉审法院的刑事判决，移送案件重新进行第一上诉审审理；撤销第二上诉审法院的裁定和所有随后作出的法院裁判，移送案件重新进行第二上诉审审理；变更法院的刑事判决、裁定和裁决。监督审法院的裁定应由法庭全体人员签字，而裁决应由主席团开庭时的审判长签字。

通过监督程序撤销或变更法院的刑事判决、裁定和裁决的根据与通过第二上诉程序撤销或变更刑事判决的根据相同。监督审法院在下列情况下，可以撤销或变更第一审法院的裁定或裁决、第二上诉审法院的裁定、监督审法院的裁定或裁决：第一审法院的裁定或裁决不合法或根据不足；上级法院的裁定或裁决对以前作出的刑事判决、裁定和裁决不予变更、予以撤销或变更是没有根据的；裁定或裁决的作出违反了《俄罗斯联邦刑事诉讼法》，这种违反影响了或可能影响法院作出的裁定或裁决的正确性。

监督审法院在审理刑事案件时无权作出下列行为：确认判决中没有认定的或推翻的事实，以及认为判决中没有认定的或推翻的事实已经得到证明；预断指控已经得到证明或者没有得到证明、某一证据真实或者不真实，或者一些证据优先于其他证据；作出关于第一审法院或第一上诉审法院适用某一刑事法律的决定或关于刑罚的决定。监督审法院在撤销第二上诉审法院的裁定时，同样无权预断第二上诉审法院在重新审理该刑事案件时可能得出的结论。

不允许向原来作出过驳回申诉或抗诉裁判的监督审法院提出再次申诉或抗诉的申请。

（二）因新发现的情况或新的情况而恢复刑事案件的诉讼

案件诉讼因新发现的情况或新的情况而恢复的制度，是再审程序中的特殊类型。因新发现的情况或新的情况，可以撤销已经发生法律效力的法院刑事判决、裁定和裁决，恢复案件的诉讼。

1. 因新发现的情况或新的情况而恢复案件诉讼的根据。

（1）新发现的情况。①已发生法律效力的法院刑事判决所确认的，导致不合法、无根据或不公正刑事判决的，导致不合法、无根据裁定或裁决的，被害人或证人的故意虚假陈述、鉴定人的故意虚假鉴定结论，以及伪造的物证、侦查行为笔录、审判行为笔录和其他文件，或者故意错误的翻译。②已发生法律效力的法院刑事判决所确认的，导致不合法、无根据或不公正刑事判决的，导致不合法、无根据裁定或裁决的，调查人员、侦查员或检察长的犯罪行为。③已发生法律效力的法院刑事判决所确认的，法官在审理该刑事案件时实施的犯罪行为。

上述在刑事判决或法院其他裁判发生法律效力前已经存在，但不为法院所知悉的所谓新发现的情况，是恢复刑事案件诉讼的根据之一。

（2）新的情况。①俄罗斯联邦宪法法院认定法院在该刑事案件中适用的法律不符合《俄罗斯联邦宪法》。②欧洲人权法院认定俄罗斯联邦法院在审理刑事案件时因下列情形而违反了《保护人权与基本自由公约》的规定：适用了不符合《保护人权与基本自由公约》规定的俄罗斯联邦法律，以及其他违反《保护人权与基本自由公约》的行为。③其他新的情况。

上述在法院作出裁判前不知悉的、排除行为有罪性质和应受刑罚性质的所谓新的情况，是恢复刑事案件诉讼的又一根据。

除判决外，法院裁定或裁决，侦查员、调查人员关于因时效期届满、大赦或特赦、被告人死亡或未达到刑事责任年龄而终止案件的决定也可以确认以上所列情况。

2. 恢复诉讼的期限。因新的情况或新发现的情况有利于被判刑人而再审有罪判决的，没有期限的限制。被判刑人的死亡并不妨碍以给其平反为目的的、因新的情况或新发现的情况而进行的诉讼恢复。

只有在俄罗斯联邦刑法规定的追究刑事责任的时效内，并且必须是在自发现新的情况之日起的1年内，才允许再审无罪判决，或者关于终止刑事案件的裁定或裁决，以及以量刑过轻或必须对被判刑人适用关于更重犯罪的刑事法律为由再审有罪判决。所谓发现新的情况或新发现情况之日是指：①法院对故意作虚假陈述、提供虚假证据、作不正确翻译或者在刑事诉讼过程中实施犯罪行为的人作出刑事判决、裁定或裁决之日；②俄罗斯联邦宪法法院关于该刑事案件中适用的法律不符合俄罗斯联邦宪法的裁判发生法律效力之日；③欧洲人权法院关于存在违反《保护人权与基本自由公约》规定的裁判发生法律效力之日；④检察长签署关于因新的情况必须恢复诉讼的结论之日。

3. 恢复刑事案件诉讼的程序。因新的情况或新发现的情况而提起诉讼程序的权利属于检察长。但因俄罗斯联邦宪法法院认定法院在刑事案件中适用的法律不符合《俄罗斯联邦宪法》，以及欧洲人权法院认定俄罗斯联邦法院在审理刑事案件时违反了《保护人权与基本自由公约》规定的情况下，由俄罗斯联邦最高法院主席团根据俄罗斯联邦最高法院院长的报告，在收到该报告之日起的一个月内，对法院判决、裁定、裁决进行再审。并根据对审查报告的结果，俄罗斯联邦最高法院主席团依照俄罗斯联邦宪法法院的裁决或欧洲人权法院的裁决，撤销或变更法院对刑事案件的裁判。俄罗斯联邦最高法院主席团裁决的副本在3日内送交俄罗斯联邦宪法法院、该裁决涉及的当事人、检察长和俄罗斯联邦驻欧洲人权法院特派员。

因新的情况或新发现的情况而提起诉讼程序的理由可以是公民、公职人员的举报，以及在其他刑事案件的审前调查和法庭审理过程中取得的材料。如果举报中包括有已生效刑事判决所确认的，导致不合法、无根据或不公正刑事判决、裁定或裁决的，被害人或证人故意作虚假陈述、鉴定人故意作虚假鉴定结论，伪造物证、侦查行为笔录、审判行为笔录和其他文件，或者故意错误翻译；调查人员、侦查员或检察长犯罪行为；以及已生效刑事判决所确认的，法官在审理该刑事案件时实施犯罪行为的情况，则检察长应作出关于因新发现的情况而提起诉讼的决定，进行有关调查，调取刑事判决副本和法院关于该刑事判决生效的证明文件。如果举报中包括有所谓其他新的情况时，检察长应作出关于因新的情况而提起诉讼的决定，同时将相关材料送交侦查机关首长，以便其对这些情况进行调查，以及根据所发现的违反刑事法律的事实决定关于刑事追究的问题，在调查新的情况时可以依照《俄罗斯联邦刑事诉讼法》规定的程序实施侦查行为和其他诉讼行为。

在检查或调查终结后，如果有根据对刑事案件恢复诉讼，检察长依法将刑事案件连同自己的结论、刑事判决的副本和检查或调查的材料一并送交法院。如果没有恢复刑事案件诉讼的根据，检察长应作出决定终止对案件提起的诉讼。决定应通知利害关系人。作为人权保障的重要措施，法律规定，检察长必须告知利害关系人有权对终止提起诉讼的决定向有权解决因新的情况或新发现的情况而恢复该案件诉讼问题的法院依法提出申诉。

检察长关于因新的情况或新发现的情况必须恢复刑事案件诉讼的结论应接受审查，对和解法官的刑事判决和裁决，由区法院进行审查；对区法院的刑事判决、裁定、裁决，由共和国最高法院、边疆区法院和州法院、联邦直辖市法院、自治州法院和自治专区法院的主席团审查；对共和国最高法院、边疆区法院和州法院、联邦直辖市法院、自治州法院和自治专区法院的刑事判决、裁定、裁决，由俄罗斯联邦最高法院刑事审判庭审查；对俄罗斯联邦最高法院刑事审判庭作为第一审法院审理刑事案件的过程中作出的刑事判决、裁定、裁决，由俄罗斯联邦最高法院申告庭审查；对俄罗斯联邦最高法院申告庭的裁定，以及俄罗斯联邦最高法院刑事审判庭在作为第二审法院或监督审法院审理刑事案件过程中作出的裁定，由俄罗斯联邦最高法院主席团审查。值得注意的是，在关于因新的情况或新发现的情况而恢复刑事案件诉讼问题的审查程序中，如果以前依照第二上诉程序或监督审程序曾对案件进行过审理，并不妨碍同一审级的法院依照因新的情况或新发现的情况对案件恢复诉讼的程序对案件进行审理。

关于开庭审理的程序，应依照监督审法院审理案件的程序进行。

在审查检察长关于因新的情况或新发现的情况而恢复案件诉讼的结论后，法院作出以下裁判之一：①撤销法院的刑事判决、裁定或裁决，并移送案件重新进行法庭审理；②撤销法院的刑事判决、裁定或裁决，并终止刑事案件；③驳回检察长的结论。

在这里，法院无权对刑事判决、裁定和裁决作出变更，因为被作出不合法、无根据或不公正判决、裁定或裁决的刑事案件的案件事实，由于新发现的情况而处于尚未认定的状态，没有变更判决、裁定或裁决的基础。

第四节　俄罗斯刑事证据制度

一、证据

刑事案件的证据是法院、检察长、侦查员、调查人员依照法定程序据以确定在案件办理过程中存在还是不存在应该证明的情况，以及对于刑事案件有意义的其他情况的任何信息材料。允许作为证据的有：①犯罪嫌疑人、刑事被告人的陈述；②被害人陈述、证人证言；③鉴定人的结论和陈述；④专家的结论和陈述；⑤物证；⑥侦查行为笔录和审判行为笔录；⑦其他文件。

违反《俄罗斯联邦刑事诉讼法》的要求而获得的证据不允许采信。不允许采信的证据不具有法律效力，不得作为指控的根据，也不得用来证明法律所规定的应该证明的任何情况。不允许采信的证据包括：①嫌疑人、被告人在没有辩护人在场时，包括在他拒绝辩护人的情况下在案件审前诉讼过程中所作的，没有被嫌疑人、被告人在法庭上证实的陈述；②被害人、证人基于猜测、假设、传闻所作的陈述，以及证人不能指出其信息来源的证言；③违反本法典的要求所获得的其他证据，比如非法使用身体或心理强制手段收集的证据,调查人员、侦查员、检察长和法官在应当回避而没有回避的情况下收集的证据。

俄罗斯证据法理论中最常见的证据分类有:人证和物证;原始证据和派生证据;有罪证据和无罪证据;直接证据和间接证据。

二、证明

证明是调查人员、侦查员、检察长和法院为了确认刑事案件应证明的情况而收集、审查和评定证据的活动。在刑事案件的诉讼中,应该证明的情况有:①犯罪事件(实施犯罪的时间、地点、方式和其他情节);②刑事被告人实施犯罪的罪过,罪过的形式和犯罪动机;③说明刑事被告人个人身份的情况;④犯罪所造成损害的性质和大小;⑤排除行为有罪性质和应受刑罚性质的情节(正当防卫、在拘捕犯罪人时造成损害、紧急避险、身体或心理受到强制、合理风险、执行命令和指令);⑥减轻和加重刑罚的情节;⑦可能导致免除刑事责任和免除刑罚的情节(积极悔过、与被害人和解、形势改变、追究刑事责任的时效期届满、可以通过适用强制性教育感化措施矫正未成年人);⑧确认依刑法应没收的财产是犯罪所得,或者是来自于此的收入,或者作为犯罪工具或为资助恐怖主义、非法武装、犯罪团伙曾被使用或准备使用过的情况;⑨促成犯罪的情况。

收集证据、审查证据和评定证据共同构成了证明过程的三要素。

证据的收集由调查人员、侦查员、检察长和法院在刑事案件办理过程中通过侦查行为和其诉讼行为进行,收集证据包括发现、调取、取得和固定证据等各种活动。法官是中立的裁判者,不是追诉机关,其收集证据的权限因此受到限制,带有补充的性质。

犯罪嫌疑人、刑事被告人以及被害人、民事原告人、民事被告人及其代理人有权收集和提交书面文件和物品,这些书面文件和物品在嫌疑人、被告人、被害人、民事原告人、民事被告人及其代理人要求将其附于刑事案卷的申请经过调查人员、侦查员、检察长和法院的审查批准后,可以作为证据附于案卷。辩护人有权通过以下途径收集证据:取得物品、文件和其他信息材料;经本人同意后对人员进行询问;要求国家权力机关、地方自治机关、社会团体和组织提供证明书、说明书和其他文件,上述机关和团体有义务提交所要求的文件或其复印件。

调查人员、侦查员、检察长和法院通过将证据与刑事案件中现有的其他证据进行对比,以及确认证据来源、取得能证实或推翻被审查证据的其他证据等方式对证据进行审查。审查证据时可以实施包括对质、侦查实验、对陈述进行就地核对、司法鉴定等在内的各种侦查行为。

对每一个证据均应从相关性、可采性、客观性的角度进行评定,而对所有证据的总和应从是否足以解决刑事案件的角度进行评定。调查人员、侦查员、检察长有权根据嫌疑人、被告人的申请或主动地认定证据的不可采性,被认定不可采信的证据不得列入起诉书或起诉意见书。法院有权依照庭前听证的程序根据控辩双方的申请或主动地认定证据的不可采性。提交作为证明案件情况的侦缉活动结果应该包含对案件中应该证明的情况有意义的信息材料,指出获得证据或可能成为证据的物品的来源,以及可以在刑事诉讼条件下用来审查以这些物品为根据的证据的材料，侦缉活动的结果，如果不符合法律对证据的要求，同样禁止在证明过程中加以使用。已经生效的刑事判决所确认的情况，如果没有引起法院的怀疑，法院、检察长、侦查员、调查人员应予以承认而无需再进行补充审查，但是，这种刑事判决不能认定以前不是本案参加人的人有罪。

三、证据的种类

（一）犯罪嫌疑人陈述

犯罪嫌疑人陈述，即在审前程序过程中依法进行询问时，由犯罪嫌疑人陈述的信息材料。犯罪嫌疑人陈述，一方面是嫌疑人维护自身利益的重要手段，另一方面是侦查员、调查人员查明属于证明对象情况的信息来源。提供陈述是嫌疑人的权利而非义务，因此，拒绝陈述或者故意作虚假陈述的嫌疑人不承担法律责任。如果犯罪嫌疑人的陈述是在有辩护人在场的情况下作出的，则可能在案件中，包括在其以后放弃这些陈述时被用作证据。在法庭审理时，如果受审人的当庭陈述有矛盾，可以通过宣读审前调查阶段的犯罪嫌疑人陈述进行比较评定。

（二）刑事被告人陈述

刑事被告人陈述，即在审前程序过程中进行询问时或在法庭上，由被告人陈述的信息材料。被告人承认自己实施犯罪的罪过，只有在他的犯罪被刑事案件证据的总和所证实时才能成为指控的根据。如果在第一次询问时刑事被告人拒绝作出陈述，则只有根据他本人的申请才能就同一指控再次进行询问。

（三）被害人陈述

被害人陈述，即在审前程序过程中进行询问时或在法庭上，由被害人陈述的信息材料。被害人陈述不仅是确定案件事实真相的手段，也是被害人在刑事案件中维护自身权益的手段，因此，区别于证人，被害人提供陈述不仅是其义务，也是其权利。向被害人可以询问任何在刑事案件诉讼中应予以证明的情况，包括他与犯罪嫌疑人、刑事被告人的相互关系。被害人一般和案件结局有利害关系，因此他可能作出不实的陈述，另外，被害人在侦查终结时了解案件全部材料，在法庭证据调查时在场，这些情况都会使其陈述的真实性受到影响。

（四）证人证言

证人证言，即在审前程序过程中进行询问时或在法庭上，由证人陈述的信息材料。可以向证人询问与刑事案件有关的任何情况，包括刑事被告人、被害人的个人情况以及他与他们之间和与其他证人之间的相互关系。可能成为证人的人范围很广，但是法官、陪审员不得作为证人被询问因参加办理该刑事案件而知悉的案件的情况；犯罪嫌疑人的律师和辩护人、刑事被告人的律师和辩护人，不得作为证人被询问因要求他提供法律帮助而知悉的情况；律师不得作为证人被询问因他提供法律帮助而知悉的情况；神职人员不得作为证人被询问从忏悔中知悉的情况；联邦委员会委员、国家杜马议员未经本人同意不得作为证人被询问由于行使职权而知悉的情况。证人收到询问传票时必须到案，没有正当理由不到案的，可以对其实行拘传或处以金钱处罚。证人的证言必须真实，拒绝作陈述的，或者故意作虚假陈述的，依法承担刑事责任，故意提供虚假证言，但在刑事判决作出之前声明该证言系虚假的证人，可以免除刑事责任。证人有权拒绝作对自己、自己的配偶和其他近亲属不利的证明，在证人同意作陈述时，应事先向他说明他的陈述可能在刑事案件中，包括在他以后放弃这些陈述时被用作刑事案件的证据。

（五）鉴定人和专家的结论和陈述

鉴定人结论是鉴定人就刑事案件经办人员或者控辩双方向他提出的问题所提交的书面研究内容和结论。鉴定结论应该包括序言部分、研究部分和结论部分，鉴定人的结论可以是绝对的，也可以是推测性的，鉴定人的绝对结论是证据，鉴定人的推测结论不具有证据意义。鉴定人陈述是鉴定人在鉴定结论提出后，为说明或进一步明确该鉴定结论而进行询问时，由鉴定人陈述的信息材料。专家的结论是以书面形式提交的就控辩双方向他提出的问题所作出的判断。专家陈述是询问时由专家对关于需要专门知识的情况所陈述的信息材料，以及对自己的意见所作的说明。专家是具有专门知识、依照法定程序为了在研究刑事案件的材料方面协助发现、固定和提取物品和文件、使用技术手段，向鉴定人提出问题以及向控辩双方和法院解释其职业权限范围内的问题而被聘请参加诉讼行为的人员。

（六）物证

物证，包括充当犯罪工具的或保留着犯罪痕迹的物品；犯罪行为所侵害的物品；实施犯罪行为所获得的金钱、有价值的物品和其他财物；可以成为揭露犯罪和查明刑事案件情况的手段的其他物品和文件。这些物品应予以勘验、认定为物证并附于案卷之中，对此应作出相应的决定。在作出刑事判决时，以及在作出关于终止刑事案件的裁定或裁决时，应该解决物证的处理问题。在这种情况下：属于被告人的犯罪工具应予以没收，或者移交给相应的机构，或者销毁；禁止流通物应该移交给相应的机构或者销毁；没有价值的和无人认领的物品，应予以销毁，如利害关系人或机构请求领取时，可以交给他们；实施犯罪行为所获得的金钱、有价值的物品和其他财物，以及由此而获得的收入应返还法定占有人；作为物证的文件，在刑事案卷的整个保存期内应留在刑事案卷中，或者根据利害关系人的请求交给利害关系人；其余物品交付法定占有人，而在法定占有人不确定时移送给国家所有，关于物证归属的争议通过民事诉讼程序解决。审前程序过程中收缴的而没有被认定为物证的物品，应当返还给原占有人。刑事案件中的物证应当保管直至刑事判决生效或直至终止刑事案件的裁定或裁决的申诉期届满，并与刑事案卷一并移交，但下列情形除外：由于笨重或其他原因而不能随刑事案卷保管的物品，包括难于保管或保障其特殊保管条件的费用与其价值相当的大宗商品，可以拍照或摄制成录像带或电影胶片，尽可能地封存在调查人员、侦查员指定的地点，刑事案卷应附上关于这种物证所在地的文书，也可以附上足以进行比较研究的物证样品，可以在无损于证明的情况下，返还给法定占有人，可以按照俄罗斯联邦政府规定的程序交付拍卖，拍卖所得款项计入作出没收上述物证决定的机关的提存账户直至刑事判决生效或直至终止刑事案件的裁定或裁决的申诉期届满，刑事案卷应附有足以进行比较研究的物证样品；易坏商品和产品，以及迅速老化的财产，保管困难或保障其特殊保管条件的费用与其价值相当的，可以返还其占有人，可以在无法返还的情况下，依照俄罗斯联邦政府规定的程序交付拍卖，拍卖所得款项计入作出没收上述物证决定的机关的提存账户，或者存入俄罗斯联邦政府确定的清单上所录的银行或其他信贷机构的提存账户直至刑事判决生效或直至终止刑事案件的裁定或裁决的申诉期届满，刑事案卷应附有足以进行比较研究的物证样品，在易坏商品和产品已经不具有使用价值的，应该予以销毁，并制作笔录；没收的非法流通的乙醚酒精、酒精产品和含酒精产品，以及长期保存会危及人的生命和健康或危害环境的物品，在进行必要的审查之后应交付进行加工或者销毁，对此应制作笔录；在侦查过程中发现的实施犯罪行为所获得的金钱、有价值的物品和其他财物，以及由此而获得的收入，应该依法予以扣押；在侦查过程中收缴的金钱和其他有价值的物品，在进行勘验和实施其他必要的侦查行为后：交由俄罗斯联邦政府确定的清单上所录的银行或其他信贷机构保管，直至刑事判决生效或直至终止刑事案件的裁定或裁决的申诉期届满，如果钱币的个别性特征对于证明有意义，也可以随案卷保管。

（七）侦查行为和审判庭笔录

侦查行为和审判庭笔录，是调查人员、侦查员、检察长、法院用来记载实施具体行为全部情况，包括使用技术手段的情况的书面文件。笔录的内容或格式不符合法律的要求，将导致其记载的信息材料被认定为不可采信的证据。

（八）其他文件

其他文件，当其所叙述的信息材料对于确定刑事案件诉讼中应该证明的情况有意义时，视为证据。文件中可以是以书面形式，也可以是以其他形式固定下来的信息材料，其中包括照片、电影胶片、录音带、录像带材料以及依照法律程序取得、收缴或提交的其他信息载体。文件应归入刑事案卷并在案卷的整个保存期中保存，根据法定占有人的请求，收缴并归入刑事案卷的文件或其复印件可以退还给他。

主要参考书目

1. ［德］克劳思·罗科信：《刑事诉讼法》，吴丽琪译，法律出版社 2003 年版。
2. ［德］托马斯·魏根特：《德国刑事诉讼程序》，岳礼玲等译，中国政法大学出版社 2004 年版。
3. ［法］卡斯东·斯特法尼等：《法国刑事诉讼精义》（上、下），罗结珍译，中国政法大学出版社 1998 年版。
4. ［美］伟恩·R. 拉费弗等：《刑事诉讼法》（上、下册），卞建林等译，中国政法大学出版社 2003 年版。
5. ［美］爱伦·豪切斯泰勒·斯黛丽等：《美国刑事法院诉讼程序》，陈卫东等译，中国人民大学出版社 2002 年版。
6. ［美］乔恩·R. 华尔兹：《刑事证据大全》，何家弘等译，中国人民公安大学出版社 2004 年版。
7. ［英］麦高伟·威尔逊主编：《英国刑事司法程序》，姚永吉等译，法律出版社 2003 年版。
8. ［意］戴维·奈尔肯编著：《比较刑事司法论》，张明楷等译，清华大学出版社 2004 年版。
9. ［日］松尾浩也：《日本刑事诉讼法》（上、下卷），丁相顺译，中国人民大学出版社 2005 年版。
10. ［日］田口守一：《刑事诉讼法》，刘迪等译，法律出版社 2000 年版。
11. 宋英辉等：《外国刑事诉讼法》，法律出版社 2006 年版。
12. 陈光中主编：《21 世纪域外刑事诉讼立法最新发展》，中国政法大学出版社 2004 年版。
13. 齐树洁主编：《英国司法制度》，厦门大学出版社 2005 年版。
14. 齐树洁主编：《英国证据法》，厦门大学出版社 2002 年版。
15. 孙长永：《探索正当程序——比较刑事诉讼法专论》，中国法制出版社 2005 年版。
16. 何家弘主编：《外国证据法》，法律出版社 2003 年版。

图书在版编目（CIP）数据

外国刑事诉讼法/卞建林,刘玫主编.—北京：中国政法大学出版社，2008.9
ISBN 978-7-5620-3300-4

Ⅰ.外… Ⅱ.①卞…②刘… Ⅲ.刑事诉讼法—外国—高等学校—教材 Ⅳ.D915.3
中国版本图书馆CIP数据核字(2008)第152034号

出版发行	中国政法大学出版社
经　　销	全国各地新华书店
承　　印	固安华明印刷厂

787×1092　　16开本　　23.5印张　　520千字
2008年10月第1版　　2008年10月第1次印刷
ISBN 978-7-5620-3300-4/D·3260
定　价：36.00元

社　　址	北京市海淀区西土城路25号
电　　话	(010)58908325（发行部）　58908285（总编室）　58908334（邮购部）
通信地址	北京100088信箱8034分箱　邮政编码 100088
电子信箱	zf5620@263.net
网　　址	http://www.cuplpress.com　（网络实名：中国政法大学出版社）
声　　明	1. 版权所有，侵权必究。 2. 如有缺页、倒装问题，由本社发行部负责退换。
本社法律顾问	北京地平线律师事务所